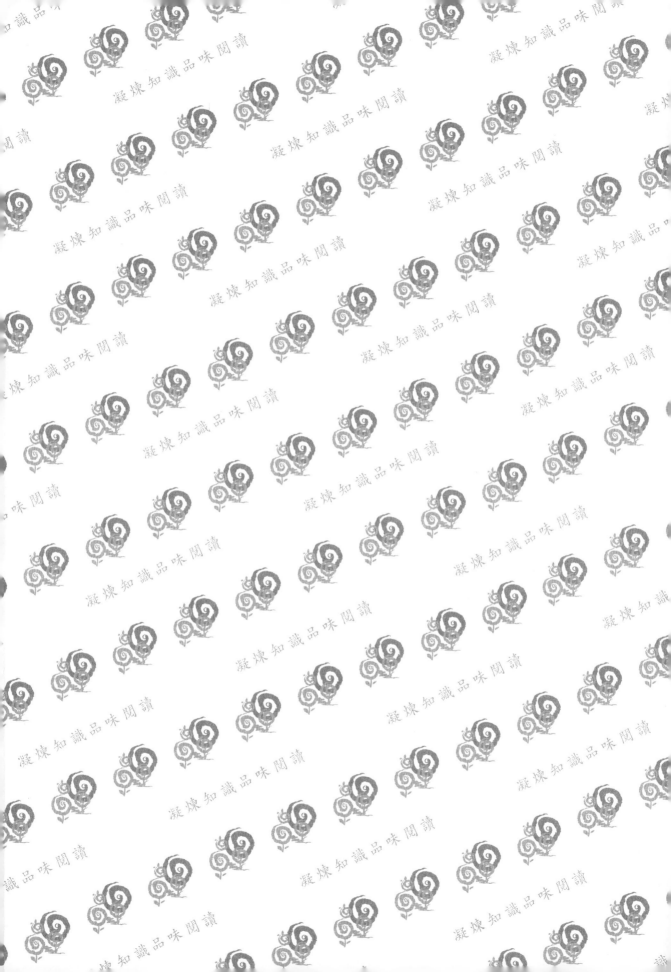

總體經濟學 第2版

Macroeconomics

謝德宗 著

五南圖書出版公司 印行

再版序

　　自從作者在 1970 年代中期進入台大經濟系任教後，同時講授《總體經濟學》與《貨幣銀行學》兩門攸關總體金融的課程，轉眼間半世紀即將過去。作者在授課初始，即追求將自己的想法架構於上課內容上，而非限縮在國外教科書，照本宣科演唱一遍。是以凡是作者曾經講授過的課程，都嘗試著將累積的教材演繹理成一本書，而且隨著時間推移，每本教科書都會一再改版，以完全不同的面貌出現。

　　從 1990 年代起，作者陸續撰寫過三本各具特色的總體經濟學教科書。爾後，每次約隔 7 年，作者的行囊中就會持續累積回饋意見、新穎教學思維與 7 年的學期考試資料，從而誘使作者起心動念，思索另外撰寫心中理想的總體教科書。到了 2014 年出版的《總體經濟學》中，作者想要將總體理論概念的起源、傳承與演化過程融為一爐，嘗試依循教科書的章節架構，將總體經濟學者生平事蹟與研究領域，引薦其貢獻於教科書的字裡行間，讓讀者能夠掌握理論概念的來龍去脈，不再是侷限於片段零散的總體知識，從而展現迥異於其他教科書的特色。

　　2014 年迄今，8 年光陰飛逝，此時正逢跨越 2008 年金融海嘯與 2019 年爆發 COVID-19 的期間，國際經濟與金融局勢波瀾起伏，當年詮釋原書的經濟環境儼然劇變。此外，作者在講授該書的過程中，發現有些章節安排欠缺順暢，概念表達有待補實與修正。隨著滄海桑田時間流轉，原書引薦的總體經濟學者動態亟須增補調整，凡此均讓作者興起重作馮婦意願，戮力重寫畢生最後一本總體經濟學，文字描述與內容異動超越近半，猶如再作新書。

　　1930 年代大蕭條，讓墨守傳統思維的決策當局束手無策。J. M. Keynes 總結斷簡殘篇的古典學派理論，聚集非主流的古典學派主張，系統化完整論述的《一般理論》，建立當代總體理論的里程碑，啟動輝煌壯闊的總體經濟學派論述與論辯。總體理論是兼具理論與實用的學門，是政府擬定總體政策的基石，也是輔助人們研判景氣變動，擬定各種決策的參考。實務上，讀者研讀總體理論，將須兼顧「直覺」與「符合現實」，而掌握「為何」與「如何」也是同等重要。據此，本書特色即在關注何者是重要且實用的總體經濟議題，結合純理論的運用，精簡高深繁瑣的理論推導過程。尤其是讀者如何精準剖析相關訊息與掌握經濟活動脈絡，運用總體理論進行預測與評估，將是確保決策精確性，避免掉入可能的陷阱而陷入操作偏誤。

　　此外，讀者若要精準掌握總體概念與彼此間的關聯性，進而如何運用理論，則需透過不斷演練習題，提升對理論的掌握度。是以作者將早先出版的《總體經濟學題庫解析》(2007)，再次依循本書章節順序，亦步亦趨重新設計為搭配本書的《總體經濟學題庫》(2021)。讀者在閱讀本書後，若能配合演練題庫，當能發揮事半功倍效果，透徹瞭解每一個概念與書中細節。

　　最後，本書封面來自於父親謝州融先生描繪的一系列畫作之二。父親自國中校長職位退休後，居家沉醉於畫作，超級享受作畫之樂，30 餘年來累積絕美佳作超逾 500 幅，也曾將心愛畫作贈與諸多好友校長的學校家長會拍賣，所得資金用作學校的獎學金。雙親先後離世 3 年有餘，睹畫思人恍如就在隔日。「哲人日已遠，典型在夙昔」，作者將此書獻給遠離塵世的雙親，表達深深的思念。同時，作者深深感謝 40 年來超過 5,000 位修習總體理論的學生們，他們遍及年過半百的上班族與青春洋溢的在學生，消逝的 40 餘年宛如霎時瞬間，不同世代的學生持續反映各種意見，讓作者得以持續修正，

他們的意見至今反映在作者畢生最後一本的總體理論上，為此而畫下完美句點。

台大經濟學系教授

謝德宗

2022 年 7 月 20 日

目 錄
Contents

CHAPTER 8
總體經濟均衡與傳統學派爭論 239

CHAPTER 9
通貨膨脹、Phillips 曲線與穩定政策 269

CHAPTER 17
貨幣政策與總體審慎政策　　591

Finance

CHAPTER **1**

導　論

個案導讀

2007 年美國次級房貸事件蔓延至 2008 年的房利美 (Fannie Mae) 與房地美 (Freddie Mac) 二房事件，旋即於當年 9 月 15 日引爆雷曼兄弟 (Lehman Brothers) 破產，紐約道瓊股價指數一日間重挫 778 點，市值蒸發 1.2 兆美元，正式掀開金融海嘯 (financial tsunami) 浪潮。從 2008 年 8 月中旬至 10 月中旬，道瓊指數崩跌 30%，21 個已開發國家的股價指數下跌 21%，新興國家股價指數也重挫 28%，係 1971 年以來最大跌幅。截至 2008 年 10 月止，全球股票市值相對 2007 年高峰時期約蒸發 29 兆美元，相當於各國 GDP 的 40%，國際景氣迅速凍僵，台灣也陷入「薪餉四成」與「無薪休假」困境，哀鴻遍野堪與 1930 年代大蕭條比擬。值此時刻，各國政府競相祭出量化寬鬆 (quantitative easing, QE) 紓困，導致全球資金氾濫與政府債台高築。邁入 2018 年 3 月，美國總統川普 (Donald John Trump) 掀起中美貿易戰，國際經濟巨幅震盪。時序進入 2020 年初，全球爆發新冠肺炎 (COVID-19)，迅速擴散而讓全球深陷鎖城與鎖國，國際股市在 3 月間重挫超過三成，各國政府僅能奮力紓困。美國總統拜登 (Joseph Robinette Biden Jr.) 於 2021 年 3 月再次執行高達 1.9 兆美元紓困案，積極推動高達 3 兆元的基礎建設案。龐大資金狂潮湧向全球各國，全球金融市場為之動盪。

　　面對黑天鵝群集而來，政府為脫離蕭條泥沼，莫不卯盡全力尋求對策化解。總體理論是探討景氣脈動的學門，探索解決總體經濟問題的方案，而相關政策選擇更是學者間的爭論焦點。本章首先探討經濟理論類型，說明景氣循環內涵與衡量方式。此外，將說明總體理論發展過程，探討其研究議題內涵。

1.1　經濟理論起源與類型

　　經濟理論起源最早可溯及 Aristole 的著作，是探討人們從事經濟活動的社會科學，包括關注個別廠商與家計部門、或市場的行為，以及研究這些成員彼此互動與集體運作所產生的總體經濟活動現象。經濟理論兼具理論和實用性，不僅探尋影響經濟活動的因素，也研究成員互動引發的經濟現象與對策。不論個人選擇決策或政府政策，均是面對資源限制下，尋求落實個人或社會冀望的目標。

看不見的手
價格機能運作促使市場供需達成均衡。

　　Adam Smith (1776) 發表《國富論》(The Wealth of Nations)，主張「看不見的手」(invisible hand) 即是價格機能 (price mechanism)，引導人們基於私利而擬定決策，導引體系邁向「公私利益調和」境界。自由放任 (laissez faire) 有助於提升社會福祉，政府管制經濟活動勢必招來不利後果。另外，Smith 強調資本累積與技術進步是經濟發展的動力，成為經濟成長理論的先驅。在《國富論》問世一百六十年後，John Maynard Keynes (1936) 發表《就業、利息與貨幣的一般理論》(The General Theory of Employment, Interest and Money)，質疑古典理論的「體系恆處充分就業狀態」的說法，指出有效需求不足而讓體系身陷蕭條，政府應有積極作為，擴張公共支出誘發投資意願，方能跳脫大量失業困境。Keynes 挑戰自由放任的說法，強調政府振興景氣的重要性與必要

看得見的手
政府透過總體政策或管理來影響經濟活動，藉以彌補價格機能失靈。

性，此即 A. D. Chandler (1997) 所稱的「看得見的手」(visible hand) 即是政府干預 (govern ment intervention)，從而引爆鑽研總體理論風潮，而讓 1980 年諾貝爾經濟學獎得主 Lawrence Klein (1947) 將此開創性主張譽為「Keynes 革命」(Keynesian Revolution)。

總體經濟學者：Adam Smith (1723~1790)

(一) 生平

　　1723 年 6 月 5 日出生於蘇格蘭 Fife County 的 Kirkcaldy，1740~1746 年間就讀於牛津大學 Ballio 學院。1748 年於愛丁堡演講授修辭學和純文學，隨後研究「財富的發展」與闡述經濟哲學，為《國富論》奠定基礎。自 1751 年起，任教於 Glasgow 大學，講課領域包括倫理學、修辭學、法學、政治經濟學以及「治安和稅收」的領域。1759 年出版《道德情操論》(*The Theory of Moral Sentiments*) 後，授課方向自此轉向法律學和經濟學。1763 年轉任政治家 Charles Townshend 兒子的私人家教。1776 年出版《國富論》而被譽為「經濟學之父」。1790 年 7 月 17 日去世，享年 68 歲。

(二) 對總體理論的貢獻

　　Adam Smith 在《國富論》中，指出市場透過「看不見的手」引導廠商生產正確商品種類和數量，同時批評政府管制將會妨礙產業發展，並以「讓他做、讓他去、讓他走」來主張「自由放任」。此外，Adam Smith 闡述歐洲產業成長和商業發展歷史，提供資本主義經濟與自由貿易的理論基礎，經濟學就此成為獨立學門，進而開創「古典學派」(classical school)。

　　表 1-1 將經濟理論類型劃分如下：

• 依據價值判斷 (value judgement)

John Neville Keynes(1891) 率先依據探討內涵而將經濟學分為兩類：

1. 實證經濟學 (positive economics)　探討可用事實驗證的經濟議題，關心人們的經濟行為「是什麼」(what it is)，不管經濟決策是非善惡，未涉及倫理道德與價值判斷。該類理論從攸關經濟行為的假設出發，提出臆說 (hypothesis) 配合嚴謹的邏輯推理，分析經濟活動過程並預測其結果，具有一般所稱的「實證性」，此即是理論模型的推演。

2. 規範經濟學 (normative economics)　探討「應該是什麼」(what it should be) 為目標，在設定價值標準下，探討經濟現象的因果關係 (causality)，選擇適當的操作模式以增進社會福祉，此即是政策的制定。

　　舉例來說，針對「國際油價與農產品價格飆漲」議題，實證經濟學首先弄清楚漲價前提，再經由邏輯推理論證，獲得能否實現的結論與探討實現的途徑，進而預測兩者漲價可能衍生的後果。反觀規範經濟學則是基於特定價值標

> **實證經濟學**
> 探討可用事實驗證的經濟議題，關注人們的經濟行為是什麼。

> **規範經濟學**
> 設定價值標準，探討經濟現象的因果關係，選擇適當操作模式以增進社會福祉。

3

準 (政府追求目標) 來評估是否漲價，前提是否合乎情理，然後再探討漲價幅度爲何方屬合理。

圖 1-1

經濟理論類型

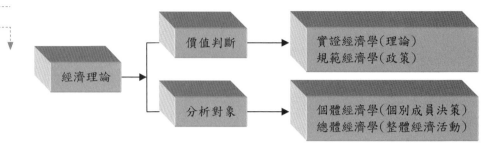

• 依據分析對象

個體經濟學

以消費者和廠商決策與個別市場活動爲探討核心。由於消費者與廠商決策存在衝突性，需透過價格機能協調取得共識，又稱價格理論。

總體經濟學

以景氣循環、失業、通貨膨脹等總體經濟脈動爲探討核心。由於分析對象與國民所得變動息息相關，又稱所得理論。

個體基礎

總體經濟活動取決於個別成員的決策。

加總問題

累加個別成員決策結果即是總體經濟活動。

1. 個體經濟學 (microeconomics)　以消費者和廠商決策與個別市場活動爲探討核心，由於消費者與廠商決策具有衝突性，需透過價格機能協調取得共識，故又稱爲價格理論 (price theory)。

2. 總體經濟學 (macroeconomics)　以景氣循環、失業、通貨膨脹等總體經濟脈動爲探討核心，分析對象因與國民所得變動息息相關，又稱爲所得理論 (income theory)。舉例來說，報紙經濟版常見「財政部台北國稅局表示，自 2018 年度起，營利事業所得稅適用稅率由 17% 調高爲 20%」、「油價與農產品價格飆漲帶來通貨膨脹壓力」、「次級房貸與二房事件」、「中美貿易大戰，雙方競相提高進口關稅」等報導，內容均是涉及景氣循環、物價與利率波動、預算赤字、貿易餘額與國際收支變化等總體經濟議題。

個體與總體理論的差異性主要在研究對象和議題的選擇，以及處理不同成員間的關係。前者探討個別成員決策，檢視其決策行爲與彼此互動關係時，將係立基於各種總體活動不變。反觀後者探討國家或國際經濟活動，檢視景氣循環變化時，通常忽略個別成員異質性的存在。舉例來說，總體理論關心台灣國民產出的循環成長趨勢，然而個體理論卻是重視某類型勞動所得相對其他勞動所得的關係，如教授 / 勞工、金控董事長 / 高科技新貴。不過從研究方法來看，兩種理論使用分析方法的差異性日益縮小，尤其是現代總體理論部分轉向探索經濟成員決策，爲總體經濟活動尋求合理的個體基礎，此與個體理論追求最適化決策完全一致。至於兩種理論的關係有二：

• 個體基礎(microfoundation)　總體經濟活動將立基於個別成員的決策結果。

• 加總問題 (aggregation problem)　適當累加個別成員決策結果即可成爲總

體經濟活動，如累加最終商品與勞務價值即形成總體產出、一籃子商品價格的加權平均值即是物價指數、累加某些貨幣性資產即成爲各種貨幣餘額等。若要精確掌握總體經濟活動變化，則須掌握個別成員的決策模式與變化。

值得注意者：總體經濟活動是個別成員執行決策的總和結果，但卻非單純的加總關係。在許多場合，以簡單直接累加個別成員決策結果來衡量總體活動，容易釀成偏誤。舉例來說，衡量國民產出價值，經常面臨重複計算問題，如：厚木銷售汽車零件給裕隆製造汽車，裕隆又透過裕日銷售汽車，汽車價格已經涵蓋所有汽車零件價值。是以累加厚木的汽車零件價值與裕隆的汽車產值，將可衡量國家生產總值，但卻重複計算汽車零件價值，膨脹國家實際產出值。再看另一例子，政府支付退休公務員月退俸讓其安享餘年，但從總體角度來看，這是政府移轉個人的支出，與國民產出值扯不上關係。

在累加個體變數成爲總體變數的過程中，除需注意某些問題外，有些概念在個體理論可能正確，訴諸總體理論則有待商榷。比方說，在世俗觀念中，個人勤儉持家將是美德，致力於儲蓄或可累積財富。然而改由社會整體來看，人們縮衣節食致力儲蓄，廠商生產的商品因而乏人問津？人們未雨綢繆、精打細算，景氣市況卻是深陷低迷，突顯個人決策結果可能與總體活動背道而行，兩者未必是單純的加總關係。

經濟理論關注焦點是在探索目前市場狀態或稱均衡 (equilibrium) 狀態如何形成，或在無外生因素干擾或衝擊下，體系如何維持現狀不變。表 1-2 顯示經濟理論採取分析均衡的模式。

均衡
在無外生因素干擾下，體系維持現狀不變的狀態。

- 部分均衡分析 (partial equilibrium analysis) 由 Alfred Marshall 創始，在其他條件不變 (ceteris paribus) 下，個體理論藉此探討單一市場如何邁向均衡，而總體理論則是探討體系如何達成準均衡 (quasi equilibrium) 狀態，這也可稱爲靜態分析 (static analysis)。

部分均衡分析
在其他條件不變下，探討單一市場或體系如何邁向均衡，又稱準均衡。

- 一般均衡分析 (general equilibrium analysis) 由 Leon Warlas 創始，再由 1972 年諾貝爾經濟學獎得主 Kenneth Arrow 與 1983 年諾貝爾經濟學獎得主 Gerard Debreu 發揚光大，探討體系所有市場相互關聯時，如何達成均衡狀態。傳統個體理論設立高度分散化模型，探討所有市場如何同時達成一般均衡 ($D_i = S_i$，$i = 1, 2, ..., n$)。隨著 Keynes 發表《一般理論》後，典型的總體理論改採高度累加模型，以「物以類聚」方式簡化所有商品爲商品、貨幣、債券 (生息資產) 與勞動市場等，再分析四者如何同時達成一般均衡。

一般均衡分析
探討體系所有市場相互關聯時，如何達成均衡狀態。

比較靜態分析

探討體系脫離均衡後，新舊均衡狀態將會出現何種差異性。

動態分析

探討體系遭致衝擊，如何邁向均衡狀態的過程。

接著，面對外生因素變化衝擊，經濟理論以比較靜態分析 (comparative static analysis) 探討體系脫離均衡狀態後，新舊均衡狀態將會出現何種差異性。另外，經濟理論也以動態分析 (dynamic analysis) 討論體系遭致衝擊後，如何邁向新均衡狀態的過程。在此，1970 年諾貝爾經濟學獎得主 Samuelson (1947) 提出對應原理 (correspondence principle)，探討內部自發性力量引發失衡體系調整，保證能夠回復均衡狀態的穩定條件，此即穩定性分析 (stability analysis)。

圖 1-2

經濟均衡分析模式

對應原理

內部自發性力量引發失衡體系調整，保證能夠回復均衡的條件，又稱穩定性分析。

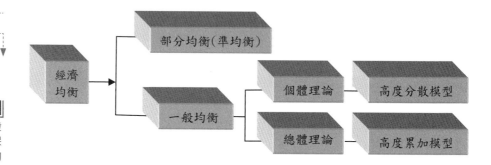

最後，圖 1-3 顯示總體理論從長期與短期觀點分析體系均衡現象。在確定環境下，短期均衡係指在存量 (stock) 變數 (以固定時點的數量衡量) 固定下，流量 (flow) 變數 (以單位時間內的數量衡量) 達成均衡的狀態，又稱為準均衡 (quasi equilibrium)；長期均衡係指存量與流量變數同時達成均衡的狀態，又稱充分均衡 (full equilibrium)。另外，在訊息不全下，短期均衡係指在預期變數固定下，體系內各市場達成均衡的狀態；長期均衡係指在預期變數充分調整下，體系實際變數與預期變數同時達成均衡的狀態。

充分均衡

存量與流量變數同時達成均衡的狀態。

圖 1-3

總體經濟的長短期均衡分析

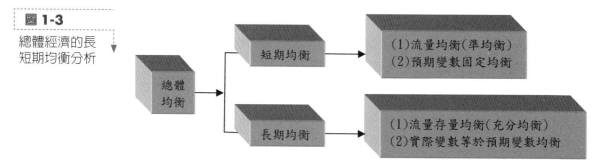

觀 念 問 題

- 試說明總體經濟均衡概念的類型？
- 試說明個體經濟學與總體經濟學的關聯性？
- 試說明規範經濟學與實證經濟學的差異性？

1.2 總體循環流程與景氣循環的衡量

圖 1-4 顯示開放體系 (open economy) 的總體循環流程。在物物交換經濟 (barter economy)，循環流程僅有實質商品流動。隨著體系邁入使用貨幣交易的貨幣經濟 (money economy)，循環流程擴充為包括實質商品與貨幣兩種流量。

- 實質流量 (實質部門)　實質商品與勞務在經濟成員間移轉，活動結果將反映在國民所得帳，參與成員包括家計部門、廠商、政府與國外四個部門。
  1. 家計部門　擁有因素投入生產 (因素供給者)，獲取工資、債券利息、股息與租金等，在繳稅後用於消費支出，剩餘金額即是儲蓄。
  2. 廠商　僱用因素生產 (因素需求者)，出售商品與勞務獲取收入，同時支付薪資、租金、利息、股息和稅金，以及從事實質投資活動。
  3. 政府　透過課稅獲取租稅收入，用於融通提供公共財 (public goods) 及執行財政政策。當政府收入超過支出，將出現預算盈餘，反之則有預算赤字。
  4. 國外部門　本國與外國相互從事貿易活動，當本國出口 (外國進口) 超過本國進口 (外國出口)，本國將出現貿易盈餘，反之則有貿易赤字。
- 貨幣流量 (金融部門)　貨幣與金融資產在經濟成員移轉，活動結果將反映在國民財富帳，參與成員包括央行、金管會與金融機構，前兩者控制貨幣數量與執行貨幣政策、監理政策，後者則創造銀行信用與提供金融服務。

公共財
不具排他性與互斥性的商品。

圖 1-4
總體循環流程

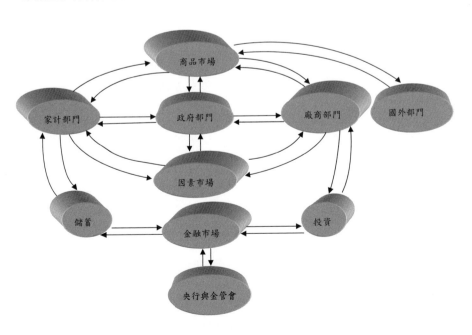

　　總體理論針對上述循環流程進行探討，尤其關注經濟成員間互動引發的短期景氣循環與長期經濟成長變化。其中，景氣係指體系在某段期間的經濟活動頻率，反映經濟活動盛衰變化。在經濟發展軌跡中，某些時期的景氣熱絡形成擴張，與時漸進而邁向尖峰 (peak)，隨後轉趨和緩甚至負成長而墜入收縮滑落谷底 (trough)，重新再展開復甦邁向另一擴張期，周而復始構成完整景氣循環。換言之，景氣循環係指經濟擴張與收縮交替的週期性波動現象。

　　圖 1-5 顯示：景氣循環反映總體經濟波動過程，包含景氣谷底至尖峰擴張期 (expansion) 的復甦 (recovery) 與繁榮 (prosperity) 情境，以及隨後反轉邁入衰退 (recession) 與蕭條 (depression) 的收縮期 (contraction)，一連串波動周而復始但不定期發生，持續期間由 1~10 年不等。實務上，擴張期與收縮期各自應持續超過 5 個月，全循環至少需 15 個月，總計分成四個階段。

圖 1-5

景氣循環期間

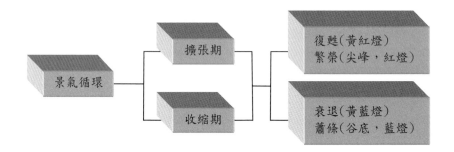

　　景氣循環雖具週期性，波動週期卻無規則性，通常可歸類如下：

循環類型	期間	觀察對象	循環週期	影響因素
Kitchin 循環	短期波動	存貨循環	3~4 年	生產、銷售、庫存調整
Juglar 循環	中期波動	設備投資循環	10 年	設備投資、技術革新、生產力變動
Kuznets 循環	中長期波動	建築循環	17~18 年	房屋使用年限、住宅需求、都市化
Kondratieff 循環	長期波動	—	50~60 年	人口成長、新資源開發、資本累積與戰爭

　　國家發展委員會編製「台灣景氣指標」包括景氣動向指標、景氣對策信號與產業景氣調查三部分，前兩者運用統計資料反映總體經濟環境變化，後者則依據廠商提供的客觀數據及主觀判斷，進行了解個別產業所處的景氣循環位置。

- 景氣動向指標　將某些反映未來景氣變化的時間數列 (time series) 資料，經過季節性調整、標準化因子調整、加權平均等統計處理，合併成綜合指數時間數列，除可反映景氣動向外，並能衡量景氣變動幅度。表 1-1 係台灣景氣動向指標內容。國發會綜合製造業接單狀況、每人每月工作時數、股價指數、房屋建築的申請面積、貨幣供給、物價變動以及海關出口等資料編成領先指標指數，再依編製指數高低判斷未來景氣良窳，作為預期未來經濟脈動的訊息來源。

1. 領先指標 (leading indicator) 綜合指數　依據能夠提前反映景氣變化的指標編製而成，包括製造業新接訂單變動率、製造業每月平均工作時數、台灣地區房屋建築申請面積、海關出口值變動率、躉售物價變動率、M_{1B} 變動率與股價變動率等七項指標。實證結果顯示：領先指標連續上升 (下降) 3 個月視為景氣復甦 (下降) 的標竿，當領先指標下降 1%~2% 且半年內至少有一半的構成項目下降時，將意味著景氣循環趨降。

> **領先指標**
> 提前反映景氣變化的指標。

2. 同時指標 (coincident indicator) 綜合指數　依據能夠同步反映當時景氣環境的指標編製而成，包括工業生產變動率、製造業生產變動率、國內貨運量、製造業銷售值、製造業平均每月薪資變動率及票據交換金額變動率等六項指標。過去經驗顯示，同時指標與景氣大致同步達到高峰或谷底，決策當局觀察同時指標變化，可以確定景氣趨勢。

> **同時指標**
> 同步反映當時景氣變化的指標。

3. 落後指標 (lagging indicator)　經濟指標變動落後於市場經濟活動，如單位產品勞動成本、抵押放款利率、未清償債務、存貨總水準、長期失業、全部投資支出等，該類指標在 1984 年以後即未再編製。

> **落後指標**
> 落後景氣變化的指標。

景氣動向指標	指標涵義
領先指標	具有領先景氣變動性質的指標，可用於預測短期未來景氣變化。
景氣對策信號	依據政策目標選擇具有代表性的指標，基於其變動綜合判斷景氣狀況，再以燈號表示。
躉售物價指數 (WPI)	衡量商品批發價格的物價指數，可作為判斷廠商獲利情形。
消費者物價指數 (CPI)	衡量一般家庭主要消費財價格的相對變化。當通貨膨脹率 (消費者物價指數年增率) 上升太快時，央行通常採取緊縮貨幣政策。
M_{1B} 年增率	為銀行活期存款、活期儲蓄存款、支票存款及大眾持有的通貨淨額。
外銷訂單金額	主要衡量接到國外訂單總額。
外銷訂單指數	根據每月外銷訂單金額變化比率求得的指數。
貨幣供給	體系在某一時點存在的貨幣數量。

表 1-1
景氣動向指標內涵

- 景氣對策信號　以交通號誌的五種信號燈反映景氣狀況的指標，亦稱「景氣燈號」。國發會採取製造業新接訂單、出口、工業生產、製造業成品存貨率、非農業部門就業等五項實質指標，以及 M_{1B} 餘額、放款、票據交換、股價等四項金融指標，總共九項指標編製景氣對策信號，將經季節調整後的每項指標，依變動率或比率訂出四個分界點 (檢查值)，並以此四個數值作為區分五種燈號的分界點，用於反映景氣好壞：

38 分以上 (紅燈)：景氣過熱，應採「緊縮」政策。

32~37 分 (黃紅燈)：景氣活絡，宜採「緊中帶鬆」政策。

23~31 分 (綠燈)：景氣穩定，應採中立性政策。

18~22 分 (黃藍燈)：景氣欠佳，宜採「鬆中帶緊」政策。

17 分以下 (藍燈)：景氣衰退，應採「寬鬆」政策。

至於國發會編製景氣對策信號各構成項目檢查值的內容如下：

	紅燈 Red ● 熱絡 Buoyant	黃紅燈 Yellow-red ● 轉向 Transitional	綠燈 Green ● 穩定 Stable	黃藍燈 Yellow-blue ● 轉向 Transitional	藍燈 Blue ▽ 低迷 Slowdown
綜合判斷 (分) Total Scores	45~38 分	37~32 分	31~23 分	22~18 分	17~9 分
個別項目分數 Scores of Component Indicators	5 分	4 分	3 分	2 分	1 分
貨幣總計數 M_{1B} 變動率 Monetary Aggregates M_{1B}	12 個月前比 12-month change (%)　　15 —— 12 —— 6 —— 2.5				
直接及間接金融變動率 Direct and Indirect Finance	12 個月前比 12-month change (%)　　10 —— 8 —— 5 —— 3				
股價指數變動率 Stock Price	12 個月前比 12-month change (%)　　24 —— 11 —— -4 —— -22				
工業生產指數變動率 Industrial Production	12 個月前比 12-month change (%)　　9 —— 7 —— 3 —— 0				
非農業部門就業人數變動率 Nonagricultural Employment	12 個月前比 12-month change (%)　　2.6 —— 2.2 —— 1.2 —— 0.6				
海關出口值變動率 Exports	12 個月前比 12-month change (%)　　15 —— 11 —— 5 —— 1				
機械及電機設備進口值變動率 Imports of Machinery and Electrical Equipment	12 個月前比 12-month change (%)　　25 —— 16 —— 7 —— -4				
製造業銷售值變動率 Manufacturing Sales	12 個月前比 12-month change (%)　　11 —— 7 —— 3 —— 0				
批發零售及餐飲業營業額指數變動率 Wholesale, Retail and Food Services Sales	12 個月前比 12-month change (%)　　8 —— 5 —— 2 —— 0				

- **產業景氣調查** 綜合整理每月廠商問卷資料而成，屬於質的調查性質。調查重點在於廣泛徵詢各產業內廠商之營業狀況及其對未來景氣的判斷，依據各產業之產銷、訂單、存貨及利潤變動情形，了解各產業景氣狀況；依據廠商對未來 3 個月的景氣預期，判斷不同產業短期景氣變動方向。

表 1-2 顯示國內經濟指標的來源。依據職責範圍，國內公布經濟指標的單位包括：

- 政府部門，包括主計總處、經濟部、中央銀行和經建會。
- 民間單位，包括台灣經濟研究院和台灣綜合研究院。
- 主計總處、國發會、中研院經濟研究所、中華經濟研究院也會定期發表對景氣看法和預測。

公布日期	指標名稱	公布單位
每月 5 日	物價概況	主計總處
每月 5 日	外匯存底	中央銀行
每月 7 日	海關進出口	財政部
每月 21 日	就業市場	主計總處
每月 23 日	外銷訂單、工業生產	經濟部
每月 25 日	貨幣供給	中央銀行
每月 25 日	景氣動向	台經院
每月 27 日	景氣概況	國家發展委員會
每月 29 日	商業動向	經濟部
每季第二個月中旬	經濟成長率	主計總處
每季第二個月中旬	國際收支	中央銀行

表 1-2

國內經濟指標的來源

觀 念 問 題

- 試說明體系內完整的景氣循環，包括哪些階段？
- 試說明決策當局選擇衡量景氣循環的指標類型為何？
- 何謂領先指標與同時指標？

1.3 總體理論發展背景與關注議題

早在 16 世紀，重商主義 (mercantilism) 率先探討國家財富的形式和累積等議題，主張政府應採保護貿易政策，積極干預經濟活動，追求提升國家富裕的目標，首開討論總體政策議題的先河。到了 18 世紀，Adam Smith (1776) 在《國富論》檢視經濟發展的原因與條件，指出資本累積與技術進步是推動經濟發展的動力，成為開創古典學派的祖師。古典學派接續認為透過自由放任與尊重價格機能運作，體系自然會處於穩定均衡，偶而出現失業情境，也會因工資滑落而消失，失業與景氣衰退僅是偶發現象，不會持續太久。

在 1929~1939 年，全球大蕭條 (Great Depression) 釀成嚴重失業與產量持續下滑，以美國為例，當時的紐約股市崩盤、廠商破產與銀行連環倒閉，失業率高達 25%、總產出更僅及大蕭條前的一半，引爆嚴重社會問題。持續數十年的大蕭條顯然背離古典學派看法 (失業會因工資下降而消失) 與主張 (政府應該無為而治)，促使 Keynes 另起爐灶，發表《一般理論》解釋新總體現象，倡議解決失業與衰退的因應之道，彰顯政府在經濟活動中扮演的角色，引領風騷促成 Keynesian 學派與古典學派分庭抗衡，開創總體理論獨立發展的里程碑。

邁入 1940~1950 年代，人們相信政府運用政策組合，衰退與失業將可迎刃而解。不過在進入 1960 年代後，由於國際景氣承平已久，美國卻逐漸深陷越戰泥沼而支付鉅額軍費，龐大預算赤字引爆通膨，經濟環境迥異於 1930 年代的蕭條景象。尤其是 1970 年代油價狂飆引發衰退和通膨並存，社會關注焦點也由失業轉向通膨，古典學派的繼承者貨幣學派與理性預期學派迅速躍居景氣循環理論的核心。

另一方面，先進國家經濟在 1950 年代呈現平穩高速成長狀態，1987 年諾貝爾經濟學獎得主 Robert M. Solow、以及 Trevor W. Swan 各自針對政府推動經濟發展風潮，提出新古典成長理論，另闢總體理論新議題。由於該理論的多數前提假設與實際現象脫節，難以解釋先進與開發中國家間，何以出現成長落差，1995 年諾貝爾經濟學獎得主 Robert E. Lucas 與 2018 年諾貝爾經濟學獎得主 Paul Romer 遂從 1980 年代起，開始探究引發經濟成長的內生因素，而經濟成長原動力、生產技術來源與促進成長的政策遂躍居總體理論關注的焦點。

爾後，1997 年亞洲金融風暴讓亞洲國家深陷破產危機，2008 年金融海嘯再次讓全球瞬間陷入空前緊縮與衰退困境，美國持續祭出三次量化寬鬆化解。然而龐大的政府紓困支出終於在 2010 年起引爆歐豬五國 (PIIGS) 主權債務危機，衝擊歐元區國家的金融與經濟穩定性。時間進入 2018 年 3 月，美國總統

川普簽署備忘錄，宣稱「中國偷竊美國智慧財產權和商業祕密」，對進口中國商品加徵關稅與設置貿易壁壘，大陸商務部也迅速加徵 25% 額外關稅反制，一連串關稅貿易戰因而持續至今未止，深刻影響全球經濟活動。屋漏偏逢連夜雨，2019 年 12 月從中國大陸武漢市爆發新冠肺炎 (COVID-19) 疫情，迅速蔓延擴散全球，龐大感染者與死亡者衍生出鎖城與鎖國行動，人們除了失業，便是居家工作，宅經濟 (home economy) 型態儼然成形。此外，各國政府再度發揮紓困振興景氣，龐大預算赤字與無限量化寬鬆 (infinite QE)，引爆資金狂潮席捲全球金融市場，資產通膨與泡沫化迫在眉睫。這些新型態經濟環境變遷，除發展出許多新穎政策觀念外，也帶動總體新議題的討論。

　　從上述總體理論發展背景來看，總體理論當前關注的議題，包括下列數項：

- 窮國如何脫貧致富　高經濟成長能讓窮國脫貧，如何設計經濟成長政策成為總體經濟學者的最大挑戰。若能提高窮國經濟成長率，將可紓緩世界貧窮問題，消除恐怖主義威脅，進而創造穩定世界。在此，刺激經濟成長的關鍵議題，包括：何種機構將能推動經濟成長？鼓勵金融科技 (financial technology, Fintec) 發展將能提升金融體系效率，進而顯著提升經濟成長率？教育在經濟成長過程中的角色為何，而鼓勵研發政策的重要性為何？

- 儲蓄偏低或過高　高儲蓄率透過轉換成高投資率，將能推動經濟成長與提升長期實質產出水準。不過體系若缺乏健全金融機構轉化高儲蓄為投資，勢必會因資金氾濫而釀成資產泡沫化。反觀一國儲蓄率偏低，則將缺乏緩衝器來因應嚴重衰退，往往陷入宣告破產困境。

- 財政健全與重整　洛桑國際管理學院 (IMD) 及世界經濟論壇 (WEF) 發布競爭力報告，國家財政穩健性將是重要衡量指標，政府債務關係國家債信評等至鉅。從 2008 年爆發金融海嘯迄今，再加上新冠肺炎疫情肆虐，各國年年執行龐大紓困案，政府債台急速累積，債務清償危機勢必危及經濟穩定與金融穩定，縮減政府債務與預算赤字躍居政府施政關注的議題。

- 降低通膨代價　在 1970 年代末期，超過 10% 的通膨率成為政府施政的夢魘。某些經濟學者建議央行採取緊縮政策來遏制通膨，卻會引來產出遽降與高失業驟增的痛苦後果。在 2008 年爆發金融海嘯期間，商品物價通膨率一度驟降至零，隨著各國央行實施量化寬鬆，卻讓金融市場出現資產通膨現象。尤其是 2019 年爆發新冠肺炎，各國競相撒幣紓困，資產通膨益發嚴重，且有跡象轉化為商品物價的通膨，已經成為關注焦點。

- 如何避免金融危機　美國從 2007 年爆發次級房貸 (subprime mortgage) 危機，迅速蔓延為二房事件，旋即引爆 2008 年金融海嘯，金融資產價格重

宅經濟
人們將時間多數分配在家庭生活，減少出門消費所帶來的商機與現象。

無限量化寬鬆
2020 年 3 月爆發新冠肺炎疫情重創全球經濟，聯準會宣布無限制收購美國公債，釋出資金。

金融科技
高科技公司運用通訊網路技術介入金融服務而提升金融業運作效率。

次級房貸
提供信用紀錄不佳、無所得來源證明、還款能力較弱購屋者的房屋抵押貸款。

挫釀成金融市場崩盤與企業倒閉，衍生蕭條年百年罕見。自此，金融危機根源與如何因應，已成當今總體理論的熱門議題。

- 政策主動性　穩定政策追求紓緩景氣循環波動，穩定經濟活動運行。積極論者 (activist) 支持透過權衡 (discretion) 來遏止失業潮蔓延，政府若無因應措施，將讓過多民眾遠離工作。不過非積極論者 (nonactivist) 卻指出，體系內含自我調節機能，將讓蕭條消失而自行回歸正常環境，積極政策可能會出現於不適當時間，反而引發不必要干擾經濟活動運行。

- 政策是否遵循法則　考慮總體政策的預期角色後，政府以權衡執行短期政策，可能醞釀壞的長期結果，如高通膨。反之，遵守法則 (rule) 因事先考慮合宜的長期趨勢，反而會產生好的長期結果。

- 貿易失衡是否危險　經常帳反映一國貿易活動，出現盈餘而成為淨債權人，意味著本國儲蓄大於投資，以及資源流向他國使用 (相當於融通他國)，如中國大陸、日本與台灣等。反之，陷入赤字而成為淨債務人，代表本國儲蓄小於投資，他國資源大量流入融通本國當期消費和投資，如美國。全球貿易長期失衡引發大量跨國資金移動，成為點燃 2007~2009 年金融海嘯的柴油。

權衡
政府觀察實際經濟脈動，適時調整政策工具來穩定經濟活動。

法則
政府評估未來經濟環境變化，針對追求目標事先公布預擬因應策略並付諸實施。

總體經濟學者：John Maynard Keynes (1883~1946)

(一) 生平

　　1883 年 6 月 5 日出生於英國劍橋，父親 John Neville Keynes (1852~1949) 曾任劍橋大學教務長，是知名的邏輯學家與經濟學家。1895~1902 年就讀於伊頓公學，1902 年進入劍橋大學國王學院，主修數學。1906 年投入 Alfred Marshall 門下學習經濟學，並以第二名通過國家文官考試，前往印度事務部工作兩年。1908 年 Marshall 邀請 Keynes 擔任劍橋大學經濟學講師，1911 年擔任《經濟期刊》編輯。1913 年出版《印度通貨與金融》(*Indian Currency and Finance*) 成為金匯兌本位制度的經典著述。1915 年擔任英國財政部顧問，而於 1919 年代表財政部參與巴黎和會，會後出版《和平的經濟後果》(*The Economic Consequences of Peace*)，強烈批評各國要求德國支付鉅額賠償，不僅不會成功，反將招致不幸後果。1936 年出版《一般理論》開展總體理論成為獨立學門的里程碑。1946 年 4 月 21 日去世，享年 64 歲。

（二）對總體理論的貢獻

Keynes 主張政府應積極扮演經濟舵手角色，運用財政與貨幣政策對抗景氣衰退，以紓緩 1930 年代的經濟大蕭條。Keynes 為 1950~1960 年代的資本主義經濟繁榮期奠定政策思維，因而被譽為「資本主義救星」與「戰後繁榮之父」。此外，主導資本主義經濟活動的 Keynesian 思想也從 1940 年代演變成 Keynesian 學派，每逢經濟體系陷入衰退情境，立即喚起人們對 Keynes 的深沉回憶，發揮重大政策影響，持續至今不變。

1.4 總體理論演變過程與本書架構

總體理論發展混合著眾說紛紜觀點。尤其是經濟學知識並非以嚴謹累積的型態發展，許多總體理論在某時代被視為錯誤或荒謬，轉換另一情境卻捲土重來躍為真理。是以單從歷史條件、經濟型態、國家地域特徵和文化傳統途徑，全盤否定或肯定某種總體理論，顯然是危險且有待商榷。

有趣的是，經濟理論革命與反革命戰爭持續上演，Harry G. Johnson (1971) 剖析總體理論發展過程，指出 Keynesian 革命與貨幣學派反革命深獲學者青睞原因，包括：經濟理論與實際經濟環境配合、理論新穎卻與舊理論藕斷絲連、配合新研究方法發展、新理論提供寬廣發展空間，吸引年輕學者投入。綜觀近百年來的總體理論發展，約可分成下列四段期間：

- 《一般理論》出版前的古典理論　1930 年代之前的經濟學核心是個體理論。在自由競爭機制下，古典學派認為價格機能運作將讓體系處於均衡，景氣衰退與失業不會持續長存，此時的總體理論僅係附屬角色。然而市場結構由競爭轉向寡頭壟斷，日積月累的經濟問題終於在 1920 年代末期引爆史無前例的大蕭條。面對持續嚴重的衰退困局，古典學派未能作出理論解釋和提出有效的政策主張，而讓 Keynes (1936) 批評為「理論與事實不符，應用起來非常糟糕」，遂另闢蹊徑掀起總體理論與政策爭論的風潮。

- Keynesian 革命登場　Keynes 從「有效需求不足」觀點來解釋大蕭條現象，探索蕭條原因與因應策略，彰顯政府在經濟活動的角色。Keynes 從理論、方法和政策三個層面，提出迥異於古典學派的主張：理論上，反對自然就業係屬常態的看法；方法上，將實質經濟和貨幣經濟融為一體，

消弭古典學派運用「二分法」(dichotomy) 的不一致性，開創總體理論分析模式；政策上，揭示政府部門干預經濟活動的必要性。這些差異性讓 Keynes 思維耳目一新，因而被 Klein 譽為「Keynesian 革命」。

- 新古典綜合的炫風　在 1950~1960 年代，Keynes 觀點在美國獲得廣泛回響，市場經濟是資本主義經濟的基礎，不過政府角色卻愈趨重要。John Richard Hicks (1937) 與 Alvin Hansen (1949) 基於《一般理論》(論述政府干預的經濟學)，結合新古典個體理論 (論述市場機制的經濟學)，遂成新古典綜合 (neoclassical synthesis) 體系，並突顯財政政策影響總需求與總產出的效果遠勝於貨幣政策。

- 新興古典學派和新興 Keynesian 學派的爭雄　1970 年代油價飆漲讓供給面波動 (如：原料價格變化、技術進步或生產力上升) 成為解釋產出波動的關鍵因素，學者們競相建立供給面總體模型來解釋景氣變化，此即實質景氣循環理論 (real business cycle theory)。在此期間，Robert Lucas Jr. 將個體決策與理性預期 (rational expectation) 概念引進總體模型，設立古典學派隨機模型解釋實際現象，形成新興古典學派 (new classical school)。相對的，Stanley Fischer 與 N. Gregory Mankiw 也採類似模式，闡釋工資僵化係基於人們的最適化決策，讓 Keynesian 學派轉型為新興 Keynesian 學派 (new Keynesian school)，用於說明景氣循環發生的根源。

理性預期
理性成員運用所有可得訊息，基於經濟理論推演的預期，平均而言將等於實際值。

最後，有關本書架構，如圖 1-6 所示。

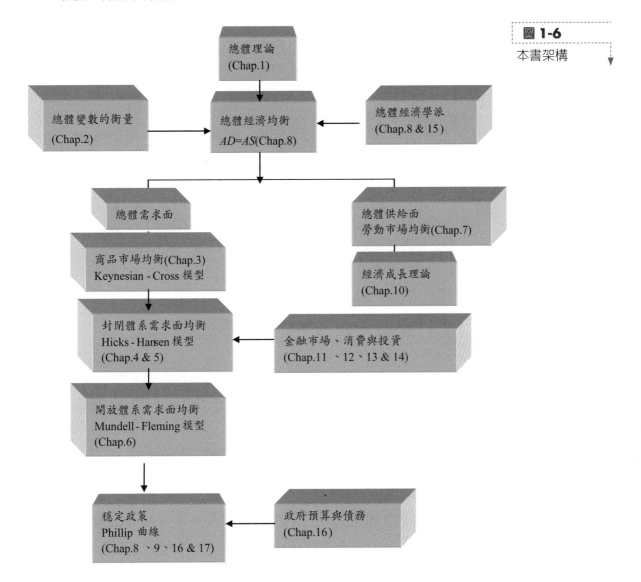

圖 1-6
本書架構

總體經濟理論：Harry Gordon Johnson (1923~1977)

(一) 生平

1923 年 5 月 26 日出生於加拿大 Toronto，1943 年取得 Toronto 大學學士。1944 年進入加拿大軍隊受訓後，在 1945 年被送往英國服役，隨後返回加拿大眾議院從事文職工作。1958 年取得哈佛大學博士，隨後任教於 St. Francis Xavier 大學。1959~1977 年任教於芝加哥大學，1966~1974 年前往倫敦經濟學院與加拿大 Queen 大學擔任訪問教授。1977 年獲得美國經濟協會選為院士。1977 年 5 月 9 日去世，享年 55 歲。

(二) 對總體理論的貢獻

Johnson 在發展 Heckscher-Ohlin 貿易理論貢獻匪淺，尤其是從貨幣學派觀點提出解決國際收支平衡的方法，在國際金融與總體理論占有重要地位，而其提出《*Keynesian* 革命和貨幣學派反革命》(*The Keynesian Revolution and the monetarist Counter-revolution*, 1971) 更是聞名於世。

知識補給站

「諾貝爾經濟學獎」並非諾貝爾遺囑提及的五大獎勵領域，而是由瑞典銀行在 1968 年為紀念諾貝爾而增設，也是唯一由諾貝爾基金會官方頒發的「非諾貝爾獎」(non-Nobel Prize)，一般稱為「瑞典銀行經濟學獎」。該獎項評選標準與授獎儀式與其他諾貝爾獎完全相同，係由瑞典皇家科學院遵循「貢獻人類最大利益」原則，每年頒發一次。在 1969 年瑞典銀行的 300 周年慶典時，首次頒發經濟學獎給挪威人 Frisch 和荷蘭人 Tinbergen 兩人。截至 2000 年為止，超過 60% 的經濟學獎得主是美國公民 (包括以出生地、歸化途徑取得美國國籍者)，只有四名得主來自美國或西歐以外的地區。其中，Elinor Ostrom 在 2009 年成為首位女性經濟學獎得主。

問題研討

小組討論題

一、評論題

1. 總體理論與個體理論的主要差異就在加總程度不同，兩門理論思維顯著不同。基本上，彼此毫無關聯性。

2. 個體理論關注於研究相對價格的決定，而總體理論則偏向討論絕對價格的決定。

3. 總體理論屬於整體分析，是以物價水準係以物價指數衡量。

二、問答題

1. 完整的總體循環流程，包括家計部門、廠商、政府與國外部門等四個主要成員，試說明四者間的互動關係為何？

2. 總體政策擬定者關心的經濟議題，包括哪些？

3. 總體經濟活動，包括成長、循環與就業等三個主要面向，試問：彼此間的關聯性為何？有無階段之分？有何政策組合可達成一箭三鵰？

4. 試說明景氣循環現象為何？何種理論可用於說明景氣循環？又景氣對策與景氣指標所指為何？

5. 經濟理論陳述的時間概念與一般認知不同，如：Keynes 曾有句名言：「長期而言，我們都不在人世。」，是以經濟政策只要短期能夠奏效即可。試說明總體理論如何區分上述提及的「長期」與「短期」概念？

6. 國發會為了衡量不同時期經濟活動盛衰情況，將一些代表經濟活動且對景氣變動敏感的經濟變數，運用適當統計方式綜合處理，使其大致能具體即時反映景氣概況，試回答下列相關問題：

   (a) 何謂景氣動向指標及景氣對策？

   (b) 試說明領先、落後與同時指標如何建構？

   (c) 景氣對策的燈號顏色代表何種意義？

網路練習題

1. 美國在 2007 年爆發次貸危機，迅速擴散成為 2008 年的金融海嘯，讓全球經濟陷入百年罕見的經濟衰退。試上網搜尋台灣在 2008~2009 年間，金融資產價格 (股價指數暴跌)、失業率暴衝與經濟成長率反轉為負成長的狀

況，試評論金融危機對實質經濟活動造成的影響。

2. 試連結台灣的中央銀行網站，找出央行理監事會在 2008~2011 年間，每季開會紀錄，配合此段期間失業率與經濟成長率的變化趨勢，整理出央行執行貨幣政策思維的變化情形。

國民所得的衡量

個案導讀

2009 年 8 月 8 日，莫拉克颱風侵襲台灣，造成嚴重的人員傷亡與財務損失，包括房舍、財物、生產設施與道路橋梁毀損，減損資本存量 (國民財富)。不過，國民財富價值減損不直接影響產出，只有在衝擊生產活動與有效需求時，才會反映在生產面與需求面變化。主計總處估計，農產相關產業受創最重，2009 年第三季實質產出毛額將減少 150~180 億元。若干工廠受到淹水、斷水與斷電影響而停工，但多數廠商加班趕工補救，救災所需相關產品殷切而激勵擴產，第三季工業實質產出毛額因而淨增加 10 億元。另外，部分旅遊景點及聯外道路受損，影響住宿及餐飲、批發及零售、運輸倉儲通信等產業較大，第三季服務業實質毛額預估減少 40~60 億元。至於受災居民財富遭致重創，削弱消費能力及消費意願，農、畜、漁產等食物類價格飆漲，排擠一般家庭支出，是以主計總處預估 2009 年第三季民間消費將減少 170~190 億元，服務輸出則因來台旅客人數下降，預估減少 20~40 億元。

綜合莫拉克颱風衝擊效果，2009 年第三季實質產出與經濟成長率將下降 0.6%~0.7%。隨著重建工作加速展開，預期第四季實質產出減幅可望縮小至 0.1%~0.2%。不過災民死傷與心靈創傷則無

法量化估計,這部分影響並不亞於物質面,甚至有過之而無不及。本章將討論如何累加個別產業報表為總體報表,進而形成國民所得帳與國民財富帳,同時說明國內生產毛額的組成結構。隨後再探討以每人實質國民所得衡量社會福祉的缺點,進而說明各種修正的衡量方法。

 2.1 國民會計帳

2.1.1 生產方法 *(GNP)*

1971 年諾貝爾經濟學獎得主 Simon Kuznets 在 1930 年代率先研究國民所得的組成項目,建立衡量總體經濟活動的指標,而被譽為「國民所得之父」。同一期間,1984 年諾貝爾經濟學獎得主 Richard Stone 也投入發展國民帳戶系統,提升總體經濟實證分析基礎,另被譽為「國民經濟統計之父」。兩人協助聯合國推廣規範計算方式後,提供政府掌握總體經濟脈動的訊息,加速總體實證分析發展。

國民會計帳是總結一國經濟活動成果的帳戶,猶如廠商會計帳總結廠商營運結果一樣,除能反映固定期間的國家經濟脈動外,其各細項也將反映所有成員在某段期間的活動成果。另外,若將歷年國民所得帳進行縱向比較,也可顯現經濟活動的長期趨勢。聯合國於 1968 年修訂「國民經濟會計系統」(System of National Accounts, *SNA*),內容包括國民所得帳、產業關聯表 (input-output tables)、資金流量表 (flow of funds tables)、國民資產負債表 (national balance sheets)、國際收支表 (balance of payments) 等帳戶系統。行政院主計總處則依據該系統編印「國民所得統計年報」,按季公布於「國民經濟動向統計季報」,每隔五年修訂一次。

 總體經濟學者:Simon Smith Kuznets (1901~1985)

(一) 生平

1901 年 4 月 30 日出生於烏克蘭的 Kharkiv 市,1922 年移居美國。1923~1926 年分別獲得 Columbia 大學經濟學士、碩士與博士學位,1927 年進入國民經濟研究局 (NBER) 工作。到了 1936~1954 年期間,擔任賓州大學教授。爾後,在 1954~1960 年期間轉往 John Hopkins

大學擔任經濟系教授，而 1960~1971 年任教於哈佛大學經濟系。1971 年獲頒諾貝爾經濟學獎。1985 年 7 月 8 日去世，享年 85 歲。

(二) 對總體理論的貢獻

Kuznets 專注於研究景氣循環，提出長達 20 年的「Kuznets 循環」而有卓越貢獻。其次，針對美國總產值的形成進行分析，發展出國民所得及其組成項目的定義和計算方法，而被譽為「國民所得之父」。另外，Kuznets 從事經濟發展分析，針對已開發國家歷經一世紀的成長過程，依其成長特質提出經濟發展階段論，而為總體發展理論的經典之作。

總體經濟學者：John Richard Nicolas Stone (1913~1991)

(一) 生平

1913 年 8 月 30 日出生於英國倫敦，1935 年獲得劍橋大學文學學士，旋即前往金融機構從事保險經紀人工作。1939 年在英國經濟作戰部工作，負責航運和石油統計，1940 年轉往內閣辦公室中央經濟資訊處工作，協助 1977 年諾貝爾經濟學獎得主 James Meade 完成全國經濟和財政情況調查統計。1944 年與 Meade 合作出版《國民所得和支出》(*National Income and Expenditure*)，成為計算國民所得的經典之作。1945 年擔任劍橋大學應用經濟系主任，當時年僅 32 歲且僅有學士學位。1947 年協助聯合國完成《國民所得衡量和社會帳戶》編製，同時在劍橋大學設立國民會計帳戶研究組。1948 年獲得劍橋大學碩士，1957 年獲得劍橋大學博士。1955~1980 年擔任劍橋大學財務與會計教授，除建立英國計量經濟模型外，並協助聯合國修訂「國民經濟會計系統」(*SNA*, 1968)。1976 年擔任劍橋大學 Gonville and Caius 學院名譽研究員，1978 年由英皇授予爵士稱號，獲選為皇家經濟學會主席。1984 年獲頒諾貝爾經濟學獎。1991 年 12 月 6 日去世，享年 79 歲。

(二) 對總體理論的貢獻

Stone 在發展國民會計帳戶系統發揮奠基性貢獻，大幅提升總體實證分析的基礎。此外，Stone 為聯合國建立計算國民所得系統，作為各國計算國民所得的標準，而被譽為「國民經濟統計之父」。

依據總體循環流程，經濟活動係從生產、所得與支出三個面向循環運行，故從這三者來衡量國民所得，僅需在計算過程中，就概念上適當調整，各自所獲結果必然相等，「總生產＝總所得＝總支出」將是國民所得三面等價原則。

- 生產方法 (production approach) 廠商從事生產活動創造附加價值，累加體系內初級產業(農業)、次級產業(包括製造業、營造業)與三級產業(包括工商服務業、金融保險業及政府等)的附加價值，可得供給面或生產面的國民生產毛額 (GNP)。聯合國國民經濟會計系統 (SNA) 在 1993 年認為 GNP 是衡量收入狀況的總量指標，不適合取名為「生產」，遂將 GNP 改稱國民所得毛額 (gross national income, GNI)，台灣也在 2014 年 11 月發布國民所得統計時，同步進行名詞修訂。

- 支出方法 (expenditure approach) 經濟成員將所得用於消費、投資、政府支出與淨輸出，累計各種支出可得需求面的國民支出毛額 (GNE)。

- 所得方法 (income approach) 或分配方法 (allocation approach) 廠商生產結果再扣除負稅(政府)後，將分配給參與生產活動的因素提供者，如：薪資(勞工)、租金(地主)、利息(金主)與利潤(廠商)，累計這些項目可得分配面的國民所得毛額 (GNI)。

生產總額
在固定期間，所有廠商生產商品與勞務以市場價格衡量的總值。

附加價值
生產總值扣除投入原材料與半成品價值。

國內生產毛額 (GDP)
在固定期間，經濟成員在國境內生產最終商品與勞務，以市場價格衡量的總值。

圖 2-1 係國民所得計算過程。在固定期間內，國內所有產業(如：製造業、服務業等)僱用勞動與機器設備製造商品或提供服務，依據市場價格計算價值的總和即是生產總額 (total production)，此係衡量經濟發展層級的最佳指標。隨後，生產總額扣除投入的原材料與半成品價值，可得附加價值 (value-added) 總和或稱國內生產毛額 (gross domestic product, GDP)，亦即「在固定期間內，經濟成員在國境內生產最終商品與勞務，以固定市場價格衡量的總值」。至於附加價值率則是指生產毛額占生產總額的比率，主要可以拆解成勞工薪資(勞動所得)、企業盈餘、固定資本消耗 (capital consumption allowances) 或折舊 (depreciation) 與間接稅淨額等四部分。

圖 2-1
國民所得計算過程

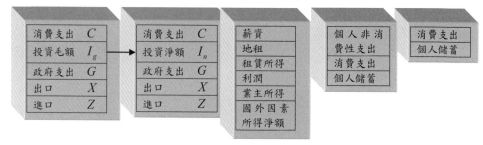

(1) 國內生產毛額（產出方法）　(2) 國內產出淨額（支出方法）　(3) 國民所得（所得方法）　(4) 個人所得　(5) 可支配所得

- 固定期間　　衡量國民所得時間係以年為單位，但為求掌握短期經濟活動變化，也採季為衡量單位，計算國民所得的季成長率，作為判斷景氣循環的指標。
- 區域與國籍　　開放體系衡量當期生產最終商品與勞務價值，可用區域「國民產出毛額」(gross national product, *GNP*) 與國籍「國內產出毛額」(*GDP*) 為劃分標準。*GDP* 係指一國常住居民 (未必是本國人) 在境內創造附加價值的總和，*GNP* 則是一國國民在國內外創造附加價值的總和。兩者差異就在於國外因素所得淨額 (net foreign factor income)，此即本國因素在外國獲取所得 (如台商的海外投資收益、台籍員工的海外工作所得，以及央行運用外匯獲取的孳息)，與外國因素在國內獲取所得 (如：外籍勞工所得與跨國基金操作台股所得) 的差額。

國民生產毛額 (*GNP*)
在固定期間，本國國民在國內外創造附加價值的總和。

國外因素所得淨額
本國因素的海外所得扣除外國因素在國內所得的差額。

$$GNP(\text{國籍}) = GDP(\text{區域}) + \text{本國因素的海外所得} - \text{外國因素在本國的所得}$$

在此，常住居民係指居住國內超過一年之個人、公司、政府機關及非營利機構等，治外法權機構 (如使領館) 雖是常駐國外，但卻屬於本國治權範圍，其相關人員仍是本國常住居民。另外，旅居國外的國民 (如華僑) 與短期停留的外國人 (如客座教授、外籍顧問等) 均非常住居民，但簽約超過一年的菲傭與泰勞等長期居留者，則屬於常住居民。

在 1980 年代之前，台灣經濟體系對外開放程度不大，幾乎是沒有對外，投資少，國外所得來源極少，而外人來台直接投資較多，從台灣賺取所得較多，是以每人 *GDP* 幾乎是年年超前每人 *GNI*，但是兩者差距不大。在 1982 年，每人 *GNI* 是 2,698 美元，而每人 *GDP* 是 2,699 美元，兩者幾乎是平手。邁入 1983 年起，當年每人 *GNI* 為 2,908 美元，正式超越每人 *GDP* 的 2,903 美元。此後，經濟國際化與金融自由化蔚為風潮，跨國資金與外籍勞工移動性大幅提升，尤其是從 1980 年代後期起，台商擴大對外投資，賺取盈餘匯回金額逐漸攀升，而央行持有外匯存底也急速累積，運用外匯獲取孳息邊增，每人 *GDP* 與 *GNI* 間的差距呈現擴大趨勢。2020 年的每人 *GDP* 為 28,383 美元，而每人 *GNI* 則為 29,203 美元，兩者差距約為 3%。

一般而言，主計總處先估計 *GDP*，再加計「國外因素所得淨額」而得 *GNI*，包括台灣勞工的海外所得、台商在海外投資的盈餘，以及央行運用外匯的孳息 (占主要部分) 等，然後扣除外商在台灣投資所得與外籍勞工所得。理論上，國民在海外獲取所得均應計入 *GNI*；實務上，僅是計算廠商與央行獲取海外收益匯回台灣的部分而已。

- 經過市場交易　GDP 係指當年最終商品與勞務以市場交易價值的總和。值得注意者：當期價格分為批發 (產地或出廠) 及零售 (消費者) 價格，兩者差距即是反映運費、提供中介服務的價差與稅賦 (企業間接稅)。在此，體系生產結果係以當期生產者價格計算，消費支出與投資支出則以當期購買者價格計算。舉例來說：張三豐在武當山種植葡萄，釀成葡萄酒供道友享用，這些生產與消費未經市場交易，無法列入 GDP。再比方說，春嬌在家相夫教子，整理家務而未經市場交易，故不列入 GDP。如果春嬌改變心意，選擇外出工作賺取薪資每月 2 萬元，並支薪 2 萬元請菲傭照顧小孩，此一轉變將讓 GDP 擴張 4 萬元。

- 最終商品與附加價值計算方法　現代體系採取分工與專業化生產，多數商品通常歷經冗長的迂迴生產與行銷過程。實務上，人們當期從事商品交易，可分為非正式市場 (informal market) 與正式市場 (formal market)。前者屬於未納入管理，難以統計資料，交易結果多數無法直接計入當期國民產出，導致從不同層面計算國民所得，將會形成誤差項。後者的商品交易內容，如圖 2-2 所示：包括當期與非當期生產兩類。就當期生產的商品而言，累加所有產業當期生產的商品可得全國生產總額 (反映體系就業狀況)，包括中間財 (intermediate goods)、最終商品與勞務的市場價值 (GDP)，為避免重複計算，全國生產總額扣除中間財價值即是 GDP。非當期生產商品交易，主要包括二手銷售 (secondhand sales) 的舊車、舊屋 (房地產)、舊家具等耐久財 (durables)，以及包括股票、債券、外匯與衍生性商品等金融資產，這些交易涉及資金流通，對生產活動無直接貢獻，其市場成交值不計入 GDP。

非正式市場
被課稅也未受任何形式政府監管的組織市場。

正式市場
納入課稅範圍且受政府監管的有組織市場。

中間財
用於再加工或轉售用於他種商品生產的商品與勞務。

耐久財
消費期間跨越數個 GDP 期間的商品。

圖 2-2
正式市場的商品交易類型

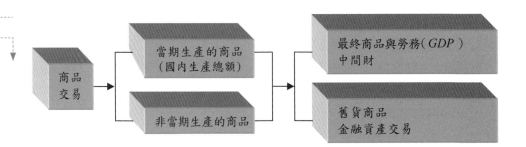

不過舊貨與金融資產成交值變化對 GDP 真無影響嗎？在 1986~1990 年期間，台灣的貿易盈餘暴增，大量資金流入股市，讓台股指數從 1989 年 6 月 19 日突破 10,000 點關卡，狂飆至 1990 年 2 月 12 日盤中的 12,682 點高峰，同時帶動房地產價格暴漲。爾後，在 2009~2021 年期間，由於美國聯準會執

行無限量化寬鬆，龐大外資湧入台灣，在 2022 年 1 月 5 日創下盤中歷史高峰 18,619.61 點。股價與房價雙飆，帶動兩個市場交投熱絡，但其成交值與 *GDP* 無關。不過證券業與房屋仲介業提供經紀與中介勞務，收取成交值的某一比例 為手續費或佣金，此是最終勞務產值。兩種資產成交值擴大，意味著兩者的勞 務產值暴增，景氣熱絡而讓短期 *GDP* 成長率攀升。不過股價與房價上漲若無 實質面配合，價格脫離基本面過大，勢必滑落而讓市場崩潰，輕則拖累景氣衰 退與 *GDP* 成長率下降，重則引爆泡沫經濟 (bubble economy) 而重創經濟穩定 性，大蕭條與金融海嘯即是明顯結局。

泡沫經濟
股價與房價上漲很難 持之以恆，一旦價格 滑落而讓成交值萎 縮，將引發景氣衰退 與 *GDP* 成長率下降。

　　以遠東百貨銷售毛衣為例，說明在迂迴生產過程產生附加價值的情形。清 境農場 (初級產業) 出售價值 50 元的羊毛給中和羊毛 (加工廠，上市公司)(次 級產業或製造業)，並將 50 元支付工資、租金、利息，剩餘部分為利潤。中 和羊毛將羊毛加工後，以 75 元賣給嘉裕西服 (製造業，上市公司)，除支付清 境農場 50 元外，剩下 25 元用於支付工資、租金、利息，剩餘部分則是利潤。 如此程序持續至消費者以 200 元從遠東百貨 (三級產業或服務業) 買走毛衣為 止。在每一產銷階段中，廠商支付原料成本與銷售價格的差額，就是附加價 值，此係使用因素生產必須支付工資、租金與利息成本，剩餘部分則是利潤。 在產銷毛衣過程中，納入 *GDP* 的價值到底為何？答案是 200 元，正好是累加 每階段產銷過程創造的附加價值 200 元，也就是最終商品價格。直接累加產銷 過程的交易總值 325 元，將是生產總額，以此衡量當年最終產出價值 (*GDP*)， 顯然重複計算高估結果。

　　廠商從事生產活動，將勢必耗損生產設備，包括自然貶值、正常淘汰折耗 或報廢，以及可預見或意外損失，此即「固定資本消耗」或稱折舊。一般係以 「效用折現法」或「重估後的當期價值」，相對上期重估值計算差額而得，並 非採取帳面價值 (歷史成本) 攤銷折舊。為持未來生產規模不變，反映體系生 產力或財富變動，通常以部分 *GDP* 彌補當年消耗的固定資本，形成國內生產 淨額 (net domestic product, *NDP*) 或國民生產淨額 (net national product, *NNP*) 概 念。舉例來說，某國年初資本存量 1,000 億元，該年生產 *GDP* 8,000 億元卻消 耗機器與設備價值 800 億元，導致年底資本餘額僅剩 200 億元。為更新這些機 器與設備，須從 *GDP* 中扣除 800 億元而讓淨值降為 7,200 億元，方能精確衡 量當年產出價值。

固定資本消耗
在固定期間，廠商使 用固定資產生產所減 損的當期價值，以效 用折現法或重估後， 當期價值較上期重估 值差額衡量。

折舊
廠商以固定資產帳面 價值 (歷史成本) 提 存當年生產損耗的價 值。

國內或國民生產淨額 (*NDP* 或 *NNP*)
國內或國民生產毛額 扣除折舊後的淨額。

$$NDP(NNP) = GDP(GNP) - depreciation$$

　　值得注意者：固定資本消耗並不包括未預期重大災害毀壞的資本，如： 911 恐怖攻擊事件 (September 11 Attacks)、921 大地震、88 莫拉克颱風侵襲、

311 福島大地震等，或異常特殊事件 (如未預期技術創新) 而減損的資產價值，這些毀損值將列為資本損失，記錄在「資產負債重估調整帳」。

2.1.2 支出方法 (GNE)

國民支出毛額 (GNE)

在固定期間，體系購買當期生產最終商品與勞務的總值。

從支出觀點來看，國內產出毛額是各部門對當期生產最終商品與勞務支出的累加，此即國民支出毛額 (gross national expenditure, GNE) 概念：

$$GDP = \underbrace{C_d + I_d + G_d}_{\text{國內產品支出}} + \underbrace{X}_{\text{出口}}$$
$$= (C_d + C_m) + (I_d + I_m) + (G_d + G_m) + X - (C_m + I_m + G_m)$$
$$= (C + I + G) + X - Z$$
$$= (C + I + G) + NX$$

貿易餘額

出口扣除進口的淨額，或稱淨出口。

國內消費支出 $C = (C_d + C_m)$、投資支出 $I = (I_d + I_m)$ 與政府支出 $G = (G_d + G_m)$ 均包含國貨與舶來品，而舶來品 $Z = (C_m + I_m + G_m)$ 分別由家計部門、廠商與政府購買，淨出口或稱貿易餘額 (trade balance) 則是出口扣除進口 $NX = X - Z$。

消費支出

家計部門對當期生產耐久財、非耐久財與勞務的支出。

非耐久財

消費期間在一個 GDP 期間的商品。

消費

享受商品提供的勞務。

• 消費支出 (consumption expenditure, C)　家計部門對耐久財 (D)(如：汽車、冰箱等)、非耐久財 (nondurable goods, ND)(如衣服、牙膏等) 與勞務 (如律師、醫生、理髮師等提供的服務) 的支出。消費 (consumption) 係享受商品提供的勞務，消費支出是購買當期生產最終商品與勞務的支出，兩者差異在於耐久財使用期間橫跨數個 GDP 計算期間，而耐久財提供勞務的當期價值 C_D，設算如下：

$$C_D = \delta D + rD$$

δ 是耐久財折耗率，rD 是購買耐久財機會成本。理論上，消費者消費耐久財，將評估購買或租用的利弊得失，一旦購買與租賃達成均衡，G_D 值將等於租金。

• 投資毛額 (I_g)　在固定期間內，國內經濟成員 (廠商與政府) 購入商品未

用於當期中間消費 (intermediate consumption)，而成為當期存貨及固定資產增加者，包含「固定資本形成毛額」(business fixed investment) 及「存貨增加」。中間消費與資本形成毛額的差異就在該商品能否產生未來利益。投資淨額 (net investment) 即是資本形成 (capital formation)，而投資毛額與淨額的差額即是固定資本消耗或折舊，又稱為重置投資 (replacement investment)。

1. 固定資本形成毛額 (gross fixed capital formation)　產業（民間投資）、政府（公共投資）及提供家庭服務之民間非營利機構等生產單位，取得可再生而持續用於生產活動的生產財，再扣除處置該類商品之二手貨。依據資本財型態可分為營建工程（如住宅、廠房、校舍、道路、機場）；運輸工具與機器設備；土地改良、耕地與果園開發；種畜、役畜與乳牛，以及電腦軟體及礦藏探勘等無形固定資產。

2. 存貨變動 (inventory change)　在固定時點上，存貨係指廠商購入商品且非用於增加固定資產的數量，但不包括家庭及對家庭服務之民間非營利機構持有的商品。存貨增加係指比較固定期間內期末與期初存貨存量，期末存量若大於期初存量，存貨增加為正數，若是小於期初存量，存貨增加即為負數。

人們出租自有住宅，將屬於資本財而非消費耐久財。存貨則依購入用途及製造過程再分為原材料（如織布廠購進棉紗、農場購進肥料）、在製品（廠商將原材料加工，但未完成生產過程者）、製成品（等待出售的商品）等，這些未出售商品符合投資概念，故被納入 *GDP* 內。在固定期間內，期末存貨超過期初，存貨將會累積；期末存貨小於期初，存貨則會遞減。

- 政府購買最終商品與勞務支出 (*G*)　政府同時扮演「政府服務生產者」與「最終消費者」角色。由於政府服務常無市場價格，通常係以投入成本衡量服務價值，亦即公務員薪資、公共資產折舊與購買非耐久財（政府服務的中間財），如文具、水電支出等。在政府產出中，賣給家計部門則屬最終消費（如公立博物館門票收入、公立學校學雜費收入），賣給廠商則歸為中間財（如高速公路休息站之攤位租金收入、觀光旅館等級標識收入），未銷售部分即視為政府最終消費。值得注意者：政府債務利息支出、社會福利支出、補貼廠商支出，既非政府生產也非最終消費。
- 淨出口　國民所得帳僅考慮輸出淨額，此係「外國購買本國商品與勞務支出 *X*」[以離岸價值 (*FOB* 價格) 計算]，扣除「本國對外國商品與勞務支出 *Z*」[按到岸價值 (*CIF* 價格) 計算] 後的餘額。進口商品係依到岸價

中間消費
廠商基於製造、加工或轉售而購買商品與勞務，包括原物料耗用價值、佣金與租金支出、營業費用等。

固定資本形成毛額
從事各種經濟活動的生產單位，取得可再生且持續用於生產過程的資本財，扣除處置該類商品之二手貨銷售。

投資淨額或資本形成
投資毛額扣除折舊後的淨額，將會造成資本累積。

重置投資
維持資本存量不變所必須進行的投資。

存貨變動
在固定期間內，期末與期初存貨的差額。

值計算，應分解為 *FOB* 價格、運費與保險三項，而由外國公司承運與保險者，應視為服務之輸入。

- 何種交易活動需計入本國生產總額？試說明原因。
  (1) 陳先生一年前失業，現在每月領取 500 元政府的失業救濟金維持生活。
  (2) 黃小姐本星期購買樂透贏得 20,000 元獎金。
  (3) 古董經紀商沈先生賣出價值 500,000 元的唐代古物，賺取 10% 的佣金。
  (4) 曾小姐在閒暇時，喜歡編織毛衣，並花費 150 元購買毛線。她若僱用紡織廠員工代為編織，則需支付工錢 200 元。
  (5) 小李最近買賣台積電股票賺取 80,000 元

2.1.3 所得方法 *(GNI)*

國民所得毛額 *(GNI)*
因素擁有者提供土地、勞動、資本與企業精神，投入生產獲取報酬的總和。

從所得方法來看，國民所得毛額 *(GNI)* 係因素擁有者提供土地、勞動、資本與企業家能力 (企業精神)，投入生產活動獲取報酬的總和。從廠商觀點，此係使用因素的成本；就因素供給者而言，則係在生產過程發揮貢獻而獲取的報酬。體系內因素所得來源，可表示如下：

國民所得＝受僱人員所得 (勞動所得)＋財產所得 (資本所得)
受僱人員所得＝薪資、福利津貼、補助及實物折值＋社會保險雇主負擔部分
財產所得＝利息＋租金＋企業所得
企業所得＝利潤 (企業盈餘)＋(財產所得收入－財產所得支出)
國外因素所得淨額＝國外因素所得收入－國外因素所得支出

綜合以上所述，國民所得定義如下：

國民所得 *(NI)*＝薪資＋租金＋利息＋利潤 (＋業主所得)
＋國外因素所得淨額

社會安全保險
體系透過國民所得重分配，對人們基本生活水準給予保障的保險制度。

從廠商支付成本角度來看，國民所得內容包括：

- 薪資　包括廠商負擔勞工的部分社會安全保險 (social security insurance) 支出、部分補貼國民年金與全民健保費用，而薪資扣除社會安全保險支出

的淨額即是受僱人員報酬 (compensation to employees)。

受僱人員報酬
勞工薪資扣除社會保險支出的淨額。

- 租金　提供財產供他人使用所收取的報酬。
- 利息　廠商使用資金而支付的成本，公債利息不包括在內。
- 企業所得　包括：(1) 業主所得 (proprietors income) 或非公司組織的盈餘，如獨資、合夥或合作社的淨所得；(2) 公司利潤。

業主所得
獨資與合夥事業係由國稅局定期查定營業稅額，進而核定營利所得。

實務上，政府課徵貨物稅 (企業間接稅) 以及企業與政府移轉支付，均讓銷售成本上升，進而轉嫁給消費者。政府補貼係反映廠商的實際收益遠超過銷售收益，兩者差額將可抵銷部分生產成本，屬於企業間接稅的減項，而間接稅扣除補助即是間接稅淨額。考慮這些因素影響而計算的國民生產淨額，即稱為依市價計算的國民所得毛額 (GNI)。

接著，人們將其資源投入生產而獲取國民所得，將與實際個人所得 (personal income, PI) 或申報所得稅時的綜合所得存在落差：

個人所得 (PI)
人們申報所得稅的實際綜合所得。

- 不勞而獲　個人的綜合所得有部分並非當期賺來，如無生產的所得、資產重估增值、國際贈與 (國際經濟援助、技術援助、宗教慈善團體救濟與捐贈、僑民匯款等)、企業與政府移轉支付 (失業保險、社會福利金)、公債利息收入等均非國民所得，卻是屬於個人所得。
- 勞而不獲　生產因素獲取國民所得，卻未落入自己口袋。就勞工而言，工作獲取的薪資，包括給受僱者補償與社會安全保險 (如提撥退休金準備與參加國民年金) 兩部分，前者係由勞工實際落袋，而後者卻未由勞工取得。再就盈餘分配方式而言，將包括繳納營利事業所得稅、提存法定公積金、員工紅利與董監事酬勞、保留盈餘與股東紅利，而僅有股東紅利才由個人實際取得。
- 可支配所得 (disposable income, DI)　個人可以自行運用的所得。主計總處家庭收支調查將其定義如下：

可支配所得 (DI)
個人可以自行運用的所得，此即個人綜合所得扣除非消費性支出的剩餘部分。

$$可支配所得 = 個人 (綜合) 所得 - 非消費性支出$$
$$= 消費支出 + 儲蓄$$

實務上，非消費支出包括綜合所得稅、房屋稅、地價稅與其他直接稅 (如遺產稅與贈與稅)，以及各種社會保險 (健保、公保、勞保、農保、軍保與國民年金保費) 支出。就總體理論而言，可支配所得即簡化為稅後所得，即個人綜合所得扣除所得稅後的淨額，將用於消費支出或儲蓄。國民儲蓄 (national saving) 則是指在固定期間的各部門儲蓄總額，來源有三：

國民儲蓄
各部門在固定期間的儲蓄總和。

- 政府儲蓄 (S_g)　政府預算包括經常門與資本門，政府儲蓄係指經常收入超過經常支出的餘額 (並非預算盈餘)。
- 廠商儲蓄 (S_f)　廠商當期提撥的折舊、各項公積金及保留盈餘，係屬融通未來支出的內部資金 (internal fund) 來源。
- 家庭儲蓄(S_h)　家庭及非營利機構的可支用所得扣除最終消費支出的餘額。

內部資金

廠商提存的折舊、公積金與保留盈餘。

有關各種儲蓄概念的定義如下：

國民儲蓄淨額 ＝ 國民可支配所得 － 國民消費 (＝ 民間消費 ＋ 政府消費)

國民儲蓄毛額 ＝ 國民儲蓄淨額 ＋ 固定資本消耗 (折舊)

國民儲蓄率 (即儲蓄率) ＝ 國民儲蓄毛額 ÷ 國民生產毛額

GNI 在支付各種租稅 T(如企業間接稅、公司所得稅、個人所得稅與其他租稅) 後，再分配於國民消費 C 與儲蓄 S。

$$GNI = C + S + T$$

依據國民支出毛額 (GNE) 的定義：

$$GNE = C + I + G + X - Z$$

綜合上述兩式可得：

$$(X - Z) = (S - I) + (T - G)$$

由上式可歸納出目前各國常見的組合環境：

- 貿易盈餘 ($X - Z$) > 0、超額儲蓄 ($S - I$) > 0 與預算盈餘 ($T - G$) > 0 三者並存，台灣在 1990 年代之前，屬於該狀況。
- 貿易盈餘 ($X - Z$) > 0、超額儲蓄 ($S - I$) > 0 與預算赤字 ($T - G$) < 0 同時存在，台灣在 1990 年代之後，屬於該狀況。
- 貿易盈餘 ($X - Z$) > 0、儲蓄不足 ($S - I$) < 0 與預算盈餘 ($T - G$) > 0 同時存在，台灣在 1970 年代之前，屬於該狀況。
- 貿易赤字 ($X - Z$) < 0、儲蓄不足 ($S - I$) < 0 與預算赤字 ($T - G$) < 0 三者並存，美國長期陷入貿易赤字與預算赤字的「雙赤字」(twin deficit) 環境。

雙赤字

貿易赤字與政府預算赤字並存的現象。

至於下列狀況則是未曾出現：

- 貿易赤字 ($X - Z$) < 0、儲蓄不足 ($S - I$) < 0 與預算盈餘 ($T - G$) > 0 同時存在的狀況。

- 貿易赤字 $(X-Z)<0$、超額儲蓄 $(S-I)>0$ 與預算赤字 $(T-G)<0$ 同時存在的狀況。

觀念問題

- 上市大貿易商高林實業在 2016 年進口韓國汽車 100 輛，買入價格每台 75 萬元，隨即於當年以每輛 135 萬元賣出 80 輛，其餘汽車預期在 2017 年以每輛 120 萬元賣出。假設其他狀況維持不變，高林交易活動對 2016 年國民所得會計帳中的存貨投資、國民所得、GDP、貿易餘額將會造成何種影響？
- 試說明國民所得帳包括的主要國民所得型態爲何？爲何國民所得不會等於 GDP？
- 試說明國民所得帳包括哪些國民所得概念？爲何國民所得不會等於 GDP？
- 試說明 GDP、GNP 與 GNI 等概念的關聯性，同時分析以每人 GDP 評估一國生活水準可能產生的缺失。
- 試以國民所得會計帳恆等式，分析當政府預算赤字減少、但貿易盈餘增加，此一現象對國內儲蓄和投資將造成何種影響？
- 某國主計總處發布 2019 年的總體相關資料：政府支出爲 580 億元、租稅收入爲 430 億元、投資 750 億元、儲蓄 850 億元、進口 390 億元。針對這些資料，試說明該國在 2019 年的經濟環境 (政府預算、國內總供需、貿易餘額) 可能爲何？

2.2　物價指數的衡量

在前節分析中，我們以當期市場價格累加最終商品與勞務的價值，分別求出 GDP、所得與支出，這些均屬名目變數 (nominal variable)。不過，我們觀察名目 GDP(景氣) 變動，卻難以分辨到底出自物價、或商品與勞務數量變化所致？人們關心景氣變化，通常係針對實質 gdp 變動而言，專指以固定價格 (非目前價格) 衡量當期生產，而以商品與勞務來衡量的經濟變數即是實質變數 (real variable)。

名目變數
以當期市場價格衡量的經濟變數。

實質變數
以某期間固定價格衡量的當期經濟變數。

$$實質\ gdp = \frac{名目\ GDP}{物價水準}$$

物價指數 (price index) 係一籃商品與勞務價格的加權平均值，在計算物價指數的過程中，Laspeyres(1864) 將權數固定在基期 (base period)，Paasche (1874)

物價指數
一籃商品與勞務價格的加權平均值。

基期
統計數據用作比較基礎的期間。

則將權數固定在 t 期。

(一) 固定權數

1. Laspeyres 物價指數 (用於計算各種物價指數)

$$P_L = \frac{\sum P_t Q_0}{\sum P_0 Q_0}$$

2. Paasche 物價指數 (用於計算 GDP 平減指數)

$$P_P = \frac{\sum P_t Q_t}{\sum P_0 Q_t} = \frac{GDP}{gdp}$$

理想指數
L 式與 P 式物價指數的幾何平均數，或稱連鎖權數。

P_t 與 P_0 是 t 期與基期價格，Q_t 與 Q_0 是 t 期與基期數量。由於兩種衡量方式各具缺點，Irving Fisher (1930) 遂提出理想指數 (ideal index)，修正兩者的偏誤：

(二) 連鎖權數 (chain-weight)

$$P_F = \sqrt{(P_L \times P_P)}$$

最後，再說明與總體理論相關的物價指數類型。

消費者物價指數 (CPI)
衡量一籃商品與勞務目前支出相對基期支出的比值。

• 消費者物價指數 (consumer price index, CPI)　商品需求面 (消費者) 的零售物價，衡量一籃商品與勞務價格相對基期物價的比值，反映家庭購買商品與勞務平均價格變動情形。都市居民係從市場購買消費財，支付代價即是 CPI，其變動將可反映生活成本變化。央行也以 CPI 變動率衡量通膨與貨幣購買力，廠商調整薪資、財政部調整稅負 (所得稅免稅額、土地增值稅) 均是以此為參考指標。台灣 CPI 的統計分類包括：

1. 基本分類　包括台灣地區 CPI 與都市 CPI、台灣省 CPI，三者除編製總指數外，下分 7 大類、40 中類及 63 小類之分類指數。
2. 特殊分類　指數依商品性質編製特殊分類指數，包括商品及服務二大類，其下再細分成 8 個中類指數。

生活成本指數
在維持效用不變下，消費者在不同時期支出的比值。

　　另外，生活成本指數 (cost of living index) 係維持效用不變，消費者在不同時期支出的比值。消費者可購買不同商品組合來滿足相同效用，但因效用是抽象概念，實務上，遂以購買固定商品組合來顯現相同效用水準，此係編製 CPI 的理論基礎。生活成本與生活品質息息相關，生活品質提

升帶動生活成本增加,如過去看黑白電視,現在改看大螢幕液晶電視;從前在國內旅遊,現在偏好周遊列國。生活成本變化隱涵消費數量;品質及價格變動,與 CPI 概念不盡相同。

- 躉售物價指數 (wholesale price index, WPI) 商品供給面 (廠商) 的批發物價,反映生產者出售原材料、半成品及製成品價格變動情形。主計總處將大宗物資依基本分類編製 WPI,並依產地區分為生產者物價指數 (國產品物價) 及進口品物價指數,而內銷品 (國產內銷品及進口品) 的 WPI(批發價) 將是觀察 CPI(零售價) 變化的領先指標。此外,WPI 將用於平減名目所得為實質所得,提供公司重估資產的評價依據。

  WPI 與 CPI 長期存在高度相關,但就月資料而言,兩者走勢可能南轅北轍,理由就在計算成分的差異性。衡量 WPI 的成分僅包括商品,CPI 則涵蓋最終商品與勞務。物價是總體經濟活動最終的濃縮資訊,而 WPI 則包含廠商的原料、半成品及成品等三階段的資訊,這些生產層面的成本變化將會連結至未來通膨,是以政府將其變化視為重要的觀察指標,但重要性稍遜於 CPI。

- 進口與出口物價指數 (price index of import & export) 反映進出口商品價格變動情形,是衡量貿易財國際市場價格變動指標。進出口單價指數係以樣本商品進 (出) 口值除以進 (出) 口量,求得樣本商品的單位價值,再進行編製全部或各類進 (出) 口商品單位價值指數。該指數變化隱含商品品質與價格變動因素,較難衡量純粹的進出口商品價格變動。由於各類商品進出口量在 t 期 (計算期) 與基期常有巨大差異,主計總處遂以理想指數計算進口或出口物價指數 I_P:

$$I_P = \sqrt{(\frac{\sum p_t q_0}{\sum p_0 q_0})(\frac{\sum p_t q_t}{\sum p_0 q_t})} \times 100$$

P_t、P_0 是樣本商品在 t 期與基期價格,q_t、q_0 則是 t 期與基期數量。

- 隱含的 GDP 平減指數 (implicit GDP deflator) 名目 GDP 成長代表實質 gdp 成長加上隱含的物價平減指數變化。物價指數是直接調查商品的市場價格,GDP 平減指數則先以當期價格計算名目 $GDP_t = \sum_{i=1}^{n} P_i^t Q_i^t$,再除以實質 gdp (以基期價格計算當期產出價值 $gdp_t = \sum_{i=1}^{n} P_i^{t-1} Q_i^t$),並乘以 100 而得 GDP 平減指數。

$$real\ gdp_t = \sum_{i=1}^{n} P_i^{t-1} Q_i^{t}$$

$$GDP\ price\ deflator = \frac{GDP_t}{real\ gdp_t}$$

以下舉例說明各種指數計算方式，以及名目 *GDP* 與實質 *gdp* 概念。某國生產橘子與蘋果兩種最終商品，兩期價格與產量，如下表所示。

1. 價格與數量	第 1 年 (1 期)	第 2 年 (2 期)
(1) 橘子	$0.1(P_1)$ 與 $30(Q_1)$	$0.2(P_2)$ 與 $20(Q_2)$
(2) 蘋果	$0.2(P_1)$ 與 $10(Q_1)$	$0.25(P_2)$ 與 $20(Q_2)$
2. 以當期價格計算的支出或產出價值		
(1) 橘子	$(P_1Q_1)0.1 \times 30 = 3$	$(P_2Q_2)0.2 \times 20 = 4$
(2) 蘋果	$(P_1Q_1)0.2 \times 10 = 2$	$(P_2Q_2)0.25 \times 20 = 5$
(3) 名目 *GDP*	$3 + 2 = 5$	$4 + 5 = 9$
3. 每年的貨幣支出 (以各年價格計算)		
(1) 固定 P_1 (Laspeyres)	$0.1 \times 30 + 0.2 \times 10 = 5$（第一年的名目 *GDP*）	$0.1 \times 20 + 0.2 \times 20 = 6$（第二年的實質 *gdp*）
(2) 固定 P_2 (Paasche)	$0.2 \times 30 + 0.25 \times 10 = 8.5$	$0.2 \times 20 + 0.25 \times 20 = 9$（第二年的名目 *GDP*）
4. 每年的貨幣支出 (以各年數量計算)		
(1) 固定 Q_1 (Laspeyres)	$0.1 \times 30 + 0.2 \times 10 = 5$	$0.2 \times 30 + 0.25 \times 10 = 8.5$
(2) 固定 Q_2 (Paasche)	$0.1 \times 20 + 0.2 \times 20 = 6$	$0.2 \times 20 + 0.25 \times 20 = 9$
5. 物價指數的計算 (第一年 = 100) (第二年 / 第一年)		
(1) 固定 Q_1 (Laspeyres)	1.00	$(5a) = 8.5/5 = 1.7$ (*CPI*)
(2) 固定 Q_2 (Paasche)	1.00	$(5b) = 9/6 = 1.5$
(3) 連鎖權數 (幾何平均)	1.00	$\sqrt{1.7 \times 1.5} = 1.6$
6. 隱含 *GDP* 平減指數 (名目 *GDP* / 實質 *gdp*) (第一年 = 100) **(第二年名目 *GDP* / 第二年實質 *gdp*) = (4b) / (4a)**		
	1.00	$(4b)/(4a) = 9/6 = 1.5$

知識補給站

生產是經濟活動中最重要的一環，生產指數 (production index) 是觀測體系生產的數量指數 (quantity index)，其與物價指數的關係如下：

價值指數	價格變化	品質變化	數量變化
物價指數	價格變動	剩餘 (A)	
數量指數	剩餘 (B)		數量變化

商品價值變化可拆解為價格、品質與數量等三個因素變化，若從價值變化中剔除物價變動因素，剩餘 (A) 部分即是實質變動 (包含品質與數量變化)。若從價值變化中剔除數量變化因素，剩餘 (B) 部分即屬單位價值變化 (包含價格及品質變化)。

上述分析顯示，CPI的衡量誤差將隱含重大政策涵義，尤其是 CPI 上升，將會高估生活成本上升：

(1) 政府移轉支付指數化若是釘住 CPI，而 CPI 將誇大生活成本上漲，勢必讓政府移轉支付出現過度擴張現象。

(2) CPI 膨脹率過度誇大實際通膨率，促使央行採取超過應有的步驟來降低通膨率，如採取過度緊縮的調高利率政策。

(3) CPI 誇大生活成本上升，低估人們的實質所得，顯現的家庭狀況比實際還差，促使政府透過租稅體系，執行所得重分配政策。

觀念問題

• 試說明以 CPI 衡量生活成本變化有何不合理現象？當市場出現新產品、或產品品質提升時，以 CPI 衡量生活成本可能產生何種結果？

• 總體經濟學家如何區分名目變數與實質變數？為衡量經濟活動或經濟福利變化，就名目或實質 GDP 而言，何者係屬較佳的指標？理由為何？

2.3 社會福祉的衡量

2.3.1 國內產出毛額的缺陷

體系出現經濟成長，來源包括：

- 供給面的勞動增加、資本累積與技術進步等，促使潛在產能上升。
- 需求面的消費與投資支出或出口等有效需求擴大。

上述兩者配合將擴大體系規模，而經濟規模擴大速度稱為實質經濟成長率，通常以當期實質 gdp 對上期 gdp 的增加率衡量，而以當期價格計算的 GDP 增加率則稱為名目成長率。

每人 GDP 或 GNI
GDP 或 GNI 除以期中人口數。

每人 GDP (per capita GDP) 是 GDP 除以期中人口數 (期初與期末人口數之平均值)，將可衡量國民生產力；而每人 GNI (per capita GNI) 是 GNI 除以期中人口數，則是反映國民生活水準。不過部分 GNI 係以稅收型態成為政府收入，部分則以提撥公積金及保留盈餘型態成為廠商儲蓄，僅有流入家庭的部分才能由個人使用，促使每人 GNI 與個人所得出現落差。此外，每人 GDP 將轉換成以關鍵貨幣 (key currency) 的美元衡量，並以購買力平價指數 (兩國物價比值) 平減為各國實質產出值，才能進行跨國福祉比較。至於物價水準可定義為購買力平價指數與匯率的比值，再乘以 100。不過以購買力平價衡量的每人 gdp 進行跨國比較，也將存在下列缺陷：

關鍵貨幣
使用頻率與做為外匯準備比率最高，並於國際交易被廣泛接受做為清算的貨幣。

金融深化
以金融資產規模 (M_2 餘額) 占經濟活動規模 (GNP) 來衡量。

- 市場交易總值的衡量　　GDP 係是正式市場交易結果，而一國商品化程度則視金融深化 (financial deepening) 程度而定，此即人們以貨幣交易商品與勞務價值占全部交易總值比率的大小。另外，非正式市場 (地下經濟) 包括兩類：

1. 法律禁止的非法經濟，如走私、盜採砂石。
2. 所得申報或統計調查未能涵蓋的隱藏經濟，如地下工廠、逃漏稅。

從國民所得帳觀點，有生產活動即須計算產值，縱使未必是法律或社會風俗允許，然其產出仍將交易，交易所得可能用於購買合法交易的產出，且支付地下經濟產出的所得來源亦可能來自合法市場，若未計算地下經濟活動價值，將使國民所得帳流程有所不足，明顯低估而不合理。

外部性
人們從事經濟活動，未經他人同意而引起其生產條件、所得或資產狀況變動。

- 外部性 (externality)　　人們從事經濟活動，未經他人同意而引起其生產條件、所得或資產狀況變動，如空氣汙染，即是形成外部效果。不過外溢

效果 (spillover effect) 不確定，如何估計也相當複雜困難，即使能夠內部化，如徵收空汙費，能否反映真正價值也有待商榷。在國民所得帳中，環境防治費 (涵蓋政府支出、防汙民間投資與災害損失補償) 被視為最終消費，而計入國民所得。舉例來說，1995 年美國 Florida 州一場颶風讓該年 GDP 增加 150 億美元；1996 年賀伯颱風讓台灣損失 192.14 億元，卻讓當年 GDP 增加。尤其是政府和廠商未投入防治汙染，可能損害國民健康與增加醫療費用，但是後者卻列入最終消費而引起 GDP 增加。

外溢效果
某經濟成員的經濟流動對他人行業造成的影響。

- 家庭生產 (household production)　家庭主婦做家事是非市場活動，若設算價值且計入 GDP，勢將隱含體系無失業存在，導致「失業」概念難以定義，且意味著人口愈多，產值愈大，只要一直「生小孩」，GDP 將持續遞增。實際上，落後國家的人口眾多，生活水準卻是低落。是以國民所得帳特別定義：「供自身最終使用的產出 (自產自用)」，除自用住宅服務 (住宅房屋屬於具生產性的資產)、初級 (農林漁牧業) 產品及自用資產等需設算價值外，其餘無須計算產值；至於菲傭、泰勞的服務係透過市場交易，非屬自身消費，故須計算產值。

家庭生產
人們使用自己的資本與自己的無償勞動為自己的消費生產商品與勞務，如住宿、膳食、清洗衣服與育兒。

- 農業生產　農業部門常有自給自足情況，產品自用部分須依市場價格設算計入 GDP，不過休閒性農林漁牧活動則未計入，如打獵或釣魚所獲的獵物和漁獲。

跨國比較將會面臨上述問題，跨期比較則會面臨物價變動問題，一般係以適當的物價指數平減為實質概念來比較。當年名目 GDP 對上年 GDP 的增加率稱為名目成長率，實質 gdp 對上年實質 gdp 的增加率則是實質成長率。值得注意者：隨著時間推移，體系內商品或勞務的數量與品質可能改變，依據固定價格計算的價值僅能消除價格變動因素，並未排除品質提升部分，是以實質成長率將隱含數量與品質的「質量」變動。

2.3.2　淨經濟福利指標

針對 GDP 概念衍生的問題，1981 年諾貝爾經濟學獎得主 Tobin 與 2018 年諾貝爾經濟學獎得主 Nordhaus(1972) 共同提出淨經濟福利 (net economic welfare, NEW) 指標來補強，基於消費觀點來衡量體系創造的附加價值。政府估算淨經濟福利，係先計算 NDP，再進行下列調整：

淨經濟福利 (NEW)
基於消費觀點來衡量體系當期創造的附加價值。

(＋) 設算產生正效用的商品價值 (家庭主婦勞務、水電工修理自家水電等設算價值)
　　1. 休閒價值

    2. 技術進步與品質提升

    3. 增加服務的地下經濟

    4. 增進福利的政府支出

(一) 扣除產生負效用商品的設算價值 (環境汙染、生態破壞、都市化損失⋯⋯)

    1. 負產品 (防治汙染支出、都市化造成交通壅塞成本、以及維護治安支出等社會成本)

    2. 無益產品 (國防、警察、消防、太空研究⋯⋯)

　　依據兩位學者估算結果，在 1940~1968 年間，美國每人每年 *NEW* 概念的所得幾乎只有每人 *GDP* 的一半，兩者差距在 1968 年後，呈現擴大趨勢，甚至已經低於 *GDP* 的一半。另外，日本以 *NEW* 為基礎，將環境汙染納入考慮，如水、空氣、垃圾汙染，而於 1973 年提出淨國家福利指標 (net national welfare)。日本列出每項汙染的可容許標準，再調查汙染狀況，凡是超過汙染標準，將編列經費改善，並將該筆支出從國民所得中扣除。爾後，Daly 與 Cobb (1989) 提出永續經濟福利指標 (index of sustainable economic welfare)，嘗試以更多指標來衡量國家進步狀況，考慮因素包括計算財富分配狀況，落在分配不均標準外，必須被扣分，並計算社會成本，如失業率、犯罪率，嚴謹區分經濟活動中的成本與效益，如醫療支出、超時工作屬於社會成本，不能稱作對體系有貢獻。

　　除由經濟與社會觀點來修正 *GDP* 概念外，聯合國發展署 (1990) 提出人力發展指標 (human development index)，打破傳統主張所得愈高就愈幸福的概念，認為隨著國民所得超過一定程度後，對人類福祉發揮的效益將逐漸遞減。以台灣為例，1993 年的每人所得為 10,852 美元，依據該指標，經過調整後的每人所得僅剩下 5,854 美元。除調整國民所得外，人力發展指標還考慮人口平均壽命、成人文盲比例與學齡兒童就學率等變數，反映人力開發係人類重要的發展指標，同時顯示高所得國家在人力指標上未必較高。

　　最後，聯合國環境署 (1995) 提出永續發展指標 (sustainability indicators)，從經濟、環境、政府組織與民間機構等四大範疇，就人類行為中，足以影響永續發展的活動提出標準。由於包含範圍太廣，這項指標目前仍在繼續改進中。

知識補給站

網路上盛行一個攸關「創造 GDP」與「社會福祉」的冷笑話，當中問題何在，引人深思！

兩位經濟系學生擅長成本效益分析，某次結伴出遊，忽遇一隻黑狗剛拉了一坨狗屎（當期產品，正負效用未知？）。此時，甲生想要捉弄乙生，遂提出：「若你願意吃下狗屎，我支付 50 萬元」（透過市場交易）。乙生經過評估：「不就是坨狗屎嗎？吃了卻是可得 50 萬元！」，迅速決策吞下狗屎（最終商品消費）獲取 50 萬元（市場價值）。甲生旋即後悔僅為讓乙生吃下狗屎，就支付 50 萬元代價！乙生雖是獲得 50 萬元，卻因狗屎味道差且有礙健康，因而心情不佳（福利下降）！兩人正在懊惱之際，又見前方有隻白狗也拉了坨狗屎，乙生遂建議甲生：「你若吃了狗屎，我也同樣支付 50 萬元」。甲生痛心損失 50 萬元之餘，毫不猶疑吞了狗屎，取回 50 萬元。

兩次市場交易讓兩人毫無所獲，卻各自吞下狗屎，心情盪到谷底（社會福祉下降），遂返校向講授總體理論的教授訴苦。然而兩鬢斑白的教授聽完兩人交易過程後，卻是激動顫抖的說：「100 萬元啊！兩位同學吃了兩坨狗屎，就為國家創造百萬元 GDP，貢獻匪淺啊！」（虛幻的 GDP 增加，而社會福祉卻是遞減！）

總體經濟學者：William Dawbney "Bill" Nordhaus (1941~)

(一) 生平

1941 年 5 月 31 日生於美國新墨西哥州 Albuquerque，在 1963 年與 1973 年分別獲得耶魯大學的學士和碩士，1967 年獲得 MIT 博士，旋即任教於耶魯大學經濟系和森林暨環境研究學院。1986~1988 年間擔任教務長，1992~1993 年間擔任財務和行政副總裁。此外，自 1972 年迄今都是 Brookings 經濟活動小組成員，並在 1977~1979 年間擔任卡特政府的經濟顧問。同時，在 2014~2015 年間，曾經擔任波士頓聯邦準備銀行董事會主席。

(二) 對總體理論的貢獻

Nordhaus 是將經濟學運用於分析氣候變遷問題的開創者，在 1990 年代中期，發展出 DICE 模型 (Dynamic Integrated model of Climate and the Economy)，針對地表的碳排放如何改變大氣當中的碳排放濃度，接著又將如何影響全球暖化，最終造成產業損失為何，開啟一套完整敘述的數理模型。隨後，Nordhaus 又建立 RICE 模型 (Regional dynamic Integrated model of Climate and the Economy)，分析全球不同區域的情況，將世界分成美國、歐洲、俄國、中國等地，使得模型分析更加全面化。在 DICE 和 RICE 模型中，Nordhaus 嘗試計算全

球暖化的經濟成本，評估經濟、能源耗用與氣候變遷之間的交互作用，其研究對社會發展、人類生存至關重要，或可讓人類避免淪於經濟與環境「雙輸」的窘境。

另外，Nordhaus 與 Tobin 發表《非要成長不可？》(*Is Growth Obsolete?*, 1972)，提出經濟福利指標 (*NEW*)，發現在二次大戰後，美國經濟福利指標成長速度略低於 GNP 成長率，結論是 GNP 指標夠好，同時指出「成長是否過時了嗎？我們不以為然」。GNP 與其他國民所得累計數字雖非完美的福利指標，但修正這些統計的明顯缺陷後，這些數字傳達的長期進步趨勢依然不變。

觀念問題

- 決策當局運用 GDP 進行比較各國生活水準，將會面臨何種困難？是否有其他衡量變數加以補充？
- 試說明以 GDP 衡量國民所得為何會出現低估情況？

2.3.3　綠色國民所得帳

　　綠色國民所得帳又稱環境與經濟綜合帳，透過記錄經濟活動與環境間的關係，提供環境資源變化資訊，藉以反映經濟發展的同時，對自然環境與資源的利用程度與衝擊效應。傳統國民所得帳基於市場機能運作，僅考慮市場與少數非市場交易活動，忽略環境汙染及自然資源損耗的負面影響，導致汙染擴大 (甚至災難頻傳)，政府耗費防治 (或重建工作) 支出愈多，GDP 卻反而成長，此種矛盾現象難以詮釋體系永續成長或經濟發展。

　　為求體系永續發展，落實「滿足當代需求，兼顧維護後代滿足其需求能力之發展」目標，聯合國在 1987 年召開世界環境和發展會議，結合世界銀行與世界自然基金成立工作小組。直至 1990 年初，聯合國整合環境和經濟的社會會計帳，重新設計「環境經濟綜合帳整合系統」(System of Environmental and Economic Accounting, *SEEA*) 架構，以傳統國民所得帳為核心，配合天然資源與環境汙染的輔助系統，形成圖 2-3 所示，涵蓋市場價值及非市場價值的「綠色國民所得帳」(green national income account) 架構。

　　事實上，傳統國民所得帳涵蓋部分的環境資源 (如土地及森林資源)，但卻侷限於環境資源帶給擁有者經濟利益，如森林產生的經濟利益來自木材，而

綠色國民所得帳
為兼顧經濟、環境與社會均衡發展，將自然資源消耗及環境品質變化等影響由 GDP 中扣除，又稱環境帳、資源帳或環境與經濟綜合帳。

木材的市場價格即是國民所得帳計算的市場價值。這種衡量方法的缺失來自兩
方面：

- 成本面　廠商追求利潤極大，製造汙染卻未設算汙染成本，損害自然環
  境也未估計負面的「非市場價值」，低估商品價格，誤導人們擴大消費汙
  染與損害環境的商品。
- 資產面　國民所得帳提及的資產 (經濟財和環境財) 具有市場價值，但僅
  限於擁有所有權者可控制其產量、銷售銷量及售價的資產。未經合法開發
  而砍伐之森林、野生水果和海中的魚等具有公共財特性的自然資源，因無
  「所有權者」、亦無法掌握產量，則不在國民所得帳考慮範圍。

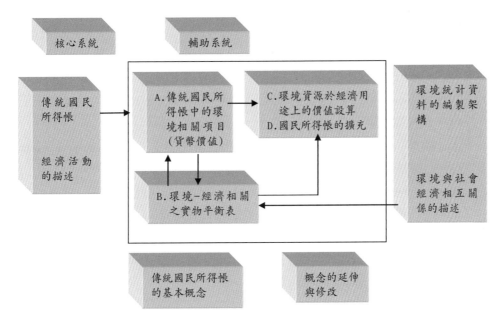

圖 2-3
綠色國民所得
帳架構

行政院主計總處在 2001 年 12 月首次試編綠色國民所得帳，先計算國內生
產淨額 (*NDP*)，然後再扣除下列兩項設算值：

1. 自然資源折耗 (environmental assets depletion)　自然資源使用量超過自然
   生長及補注，造成存量下降的價值。以開採收入減開採成本的淨價格法
   (net price method)，估計過度開採地下水及礦藏資源的利潤。

2. 環境品質折耗 (environmental degradation)　估算為減少排放至環境中造成
   危害的汙染量所須投入成本，或人體、生物、景觀與生態系曝露在此汙染
   下受損的金額。以維護成本法 (maintenance cost method) 對未採取預防空
   氣、水及廢棄物汙染措施的防治費用，估算應投入的汙染防治成本，作為

自然資源折耗
以開採收入減開採成
本的淨價格法，估計
過度開採地下水與礦
藏資源的利潤。

環境品質折耗
對未採預防空氣、水
及廢棄物汙染措施，
估算應投入的汙染防
治成本，作為環境品
質折耗的估計值。

環境品質折耗的估計值。

舉例來說，主計總處公布 2019 年的台灣綠色國民所得帳，當年的自然資源折耗為 146.8 億元，環境品質損失分別為 439.3 億元，兩者合計 586.1 億元，占 *GDP* 的 0.51%。

2.4 國民財富帳

國民財富帳
在固定時點，記錄人們從事經濟活動結果的總合資產負債表。

人造資本
係指用於生產其他商品或勞務的工具，如：機器設備與基礎設施。

生態資本或自然資本
體系的自然資源存量。

人力資本
從事人力保健、教育訓練，而能在未來產生一連串收益。

社會組織資本
透過社會組織中的脈絡、信任或規範，協調人們彼此間行動，促進團體合作而提高體系效率。

國民財富帳 (national wealth account) 係指在固定時點，記錄經濟成員從事經濟活動結果的總合資產負債表。*GDP* 係反映一國生產活動的最終成果，但也反映當年新增的財富流量，成為國民財富累積的主要來源。世界銀行將各國財富分為四種：

- 人造資本 (man-made capital)　包括機器設備、工廠、道路等公共設施等。
- 生態資本 (ecological capital) 或自然資本 (natural capital)　包括礦物、土地、水資源、環境品質與景觀等。
- 人力資本 (human capital)　1979 年諾貝爾經濟學獎得主 Theodore W. Schultz (1960) 率先完整闡述人力資本理論，1992 年諾貝爾經濟學獎得主 Gary S. Becker 接續探討人力資本與個人所得分配的關係，此將反映於現今人們的教育、健康與飲食營養程度，進而影響經濟成長。
- 社會組織資本 (social and organization capital)　Robert D. Putnan (1992) 將其定義為「社會組織的特徵，如信任、規範與人際脈絡，將能透過促進相互合作來提高社會運作效率」。

隨後再評估每種資本價值，經過累加並以貨幣表示的每人財富值，除用於衡量體系財富或人民福祉外，兼具反映未來發展潛力。

除上述的國家財富分類外，圖 2-4 係總體理論的資產類型。

圖 2-4
資產類型

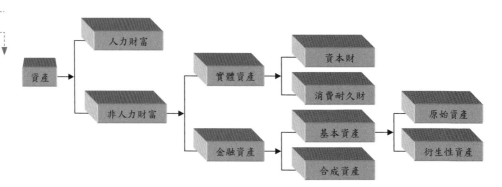

首先區分總財富與淨財富，此將關係財富效果的變化：

- 總財富　1976 年諾貝爾經濟學獎得主 Friedman (1956) 指出，權利或能力在未來能夠產生一連串預期收益即是財富，可分爲人力財富 (human wealth) 與非人力財富 (non-human wealth)。前者係指人們的素質、所受教育與訓練，將能在未來產生一連串預期收益；後者則指人們擁有資源或權利，而能在未來產生一連串預期收益。
- 淨財富 (net wealth) 或淨值　某項資源屬於持有者的資產，卻無相對應的負債或不構成資產發行者的負債。

非人力財富包括實體資產與金融資產，前者包括資本財與消費耐久財，後者包括基本資產 (basic asset) 與合成資產 (synthetic asset)。基本資產又分爲原始資產 (primary asset) 與衍生性資產 (derivative asset)，前者包括固定收益證券 (fixed income security)，如存款、票券與債券、股票、共同基金、保險等；後者則以基本資產或其價格爲基礎而衍生的資產，包括期貨、選擇權、認購權證與金融交換等。合成性資產則是上述資產的組合。

人們從事實質經濟活動與金融活動，產生結果將牽動國民所得帳與國民財富帳變化，而 Tobin (1961) 指出兩種帳戶將透過下列管道相互聯繫：

- 會計恆等式 (accounting identity)　在固定期間內，人們保有儲蓄 (國民所得帳)，將於期末轉爲財富累積，促使財富總值遞增 (國民財富帳)。接著，人們將選擇以各種資產保有儲蓄資金，提升各種資產的貨幣價值。
- 金融性技術關係 (financial technical relation)　在貨幣經濟中，實質部門運作往往涉及金融部門融資，而國民所得帳與國家財富帳的聯繫管道，包括：
  1. 廠商發行股票或債券募集資金，將讓實質部門 (實體投資需求) 與金融部門 (股票或債券供給) 相聯繫。
  2. 政府預算赤字若以發行公債或央行盈餘繳庫融通，則預算赤字將與債券或貨幣餘額聯繫。
  3. 國外部門進口與出口不等，貿易餘額將會引起外匯資產變化。

人力財富
人們的素質、接受教育訓練，而能在未來產生一連串收益。

非人力財富
人們擁有資源或權利，而能在未來產生一連串收益。

基本資產
包括原始資產與衍生性資產。前者包括固定收益證券，如存款、票券與債券，以及股票、基金、保險等。後者則以基本資產或其價格為基礎而衍生的資產，包括期貨、選擇權、權證與金融交換等。

合成資產
由原始資產與衍生性資產組合而成的金融商品。

會計恆等式
反映廠商或人們的資產、負債與股東權益之間的關係。

金融性技術關係
體系內實質部門運作與金融部門融資間的關係。

總體經濟學者：Theodore W. Schultz (1902~1998)

(一) 生平

　　1902 年 4 月 30 日出生於美國 South Dakota 州 Arlington 郡，1924 年畢業於 Brooklyn 農業學校，旋即進入 South Dakota 州立學院就讀。1928~1930 年間獲得 Wisconsin 大學科學碩士和哲學博士學位。1934~1943 年任教於 Iowa 州立學院經濟系與社會系教授。1943~1972 年間任教於芝加哥大學經濟學教授。1946~1961 年間擔任芝加哥大學經濟學系主任，是芝加哥學派代表人物之一。1960 年擔任為美國經濟學會會長，1972 年榮獲美國經濟學會最高榮譽的 Francis A. Walker 獎。1979 年獲頒諾貝爾經濟學獎。1998 年 2 月 26 日逝世，享年 96 歲。

(二) 對總體理論的貢獻

　　在 1930~1940 年代，Schultz 關注攸關美國農業危機問題，同時延伸至探討發展中國家農業發展情況，探索傳統農業何以無法成為經濟成長的泉源。尤其是 Schultz 關注農業部門發展的落後與貧窮，以及工業高生產效率帶來的所得分配問題，率先系統化分析教育投資如何影響農業生產效率，對經濟發展理論發揮重大貢獻。此外，Schultz 提出《人力資本投資》(*Investment in Human Capital*, 1961)，強調人力資本投資是加速經濟成長的關鍵因素，而被譽為「人力資本理論」之父。

 總體經濟理論學者：Gary S. Becker (1930~2014)

(一) 生平

　　1930 年 12 月 2 日出生於賓州的 Pottsville，1951 年取得 Princeton 大學文學士學位，1953 年獲得芝加哥大學經濟學碩士，1955 年獲得芝加哥大學博士，1960 年擔任 Columbia 大學教授。1970 年起任教於芝加哥大學。1967 年獲得美國經濟協會授予 John Bates Clark 獎。1974 年擔任美國經濟學會副會長。1992 年獲頒諾貝爾經濟學獎。2014 年 5 月 3 日逝世，享年 84 歲。

(二) 對總體理論的貢獻

　　Becker 發表《生育率的經濟分析》(*An Economic Analysis of Fertility*, 1969) 是當代人口經濟學的基石；《人力資本》(*Human Capital: A Theoretical and Empirlcal Analysis, with Special Referenece to Education*, 1964) 是人力資本理論的經典著作，成為 1960 年代「人力投資革命」的起點；《家庭論》(*A Treatise on the Family*, 1981) 是有關家庭問題的劃時代著作，個體人口經濟學的代表作。三部著作是經濟理論的經典，而其時間經濟學與新消費論引發的風潮被譽為「Becker 革命」。

　　在 1970 年代，Becker 是芝加哥學派重要成員，主張自由競爭的市場經濟，反對政府干預經濟活動，力主總體理論須立基於個體理論基礎，經濟學應建立在「自由放任」和「市場均衡」上。Becker 與 Milton Friedman 一樣，認為有效的理論只要能獲得有用的「預測」即是可行，對現象直觀描述並無必要性，並且質疑政府干預市場的能力，其理論觀點不僅濃縮了「芝加哥傳統」，同時開拓新的應用範圍而被譽為「理論創新者」。

觀念問題

- 某國主計總處發布 1998 年 GDP 是新台幣 60 兆元、物價指數 100、美元對台幣匯率為 1：30；而 2000 年 GDP 是新台幣 70 兆元、物價指數 140、美元對台幣匯率為 1：35。若以 1998 年物價水準為基期，試問 2000 年以美元衡量的名目與實質 GDP 將如何變化？

- 某國主計總處預估 2004 年實質經濟成長率為 4.1%，消費者物價較 2003 年微幅上漲 0.38%，係 2001 年以來，物價首度止跌回升。此種預估將隱含何種涵義？

- 某國主計總處發布「2003 年的 GDP 可達 10 兆 1,876 億元，每人 GDP 為 13,167 美元，台幣對美元匯率為 34.1 美元；2004 年可再增加 604 美元，亦即每位國民的生產價值可增加約新台幣 2 萬元」。依據該項訊息，試說明新台幣匯率與以美元衡量的每人 GDP 在當年的可能變化為何？

 問題研討

小組討論題

一、評論題

1. 在固定期間內，一國的 *GNP* 值一定大於 *GDP*。

2. 台灣證券集中市場加權指數由 2001 年初的 6,500 點跌到 4,300 點，全民財富總值巨幅減少，影響所及是促使 2001 年的經濟成長率變為 -2.18%。

3. 地下經濟活動將因政府無從掌握，而未列入國民所得的計算中。

4. 隨著體系迂迴生產過程的加工層次增加，最終商品價值的加總將小於附加價值的累加，理由是：最終商品排除中間財部分，僅計算下游廠商的產值，而附加價值卻在各生產階段皆可發生。

5. 菲傭在台工作賺錢，雖不會影響台灣的 *GNP*，卻會改變台灣的 *GDP*。反觀台商在東南亞投資獲利，雖然列入台灣的 *GNP*，但卻不屬於台灣的 *GDP*。

6. 北歐丹麥僅有畜牧業與農產加工業兩個產業，兩者的損益表如下所示。該國採取「最終商品與勞務方法」計算之 *GDP* 總值，將會大於採取「因素所得方法」計算之 *NI*。

畜牧業損益表				農產加工業損益表			
收入		支出		收入		支出	
零售	120	飼料	65	零售食品	250	購入肉品	60
售肉品	60	地租與工資	130	售飼料	65	購牛	100
售牛	100			食品與飼料的存貨累積	0	地租與工資	130

二、針對下列活動，判斷其對國民所得帳的影響。

1. 趙敏前往奧地利維也納觀光，購買當地生產之紀念品 2 萬元，可計入台灣 *GNP*。

2. 張無忌在美國工作，受僱於美國 IBM 公司，年薪台幣 300 萬元，可計入台灣 *GDP*。

3. 華碩電腦外銷美國筆記型電腦 100 億元，可同時計入台灣 *GNP* 與 *GDP*。

4. 文曄科技期初存貨 10 億元，期末存貨 10 億元，該公司當年的投資金額為 10 億元。

5. 張三豐在台灣股市以 28.5 萬元投資聯發科技股票 1,000 股,當年的投資支出將增加 28.5 萬元。

6. 泛德汽車為德國 BMW 汽車的台灣代理商,該公司進口汽車出售的佣金收入,將可同時計入台灣的 *GNP* 與 *GDP*。

三、問答題

1. 試說明國民生產毛額、國內支出毛額與國民所得毛額等概念的關聯性,同時分析以每人國民生產毛額評估一國生活水準可能產生之缺失。

2. 試說明各國改用 *GDP* 取代 *GNP* 來衡量國民所得的原因。

3. 試以國民所得會計帳恆等式,分析當政府預算赤字減少、但貿易赤字增加,此一現象對國內儲蓄和投資可能造成的影響?

4. 主計總處發布 2009 年的總體相關資料:政府支出為 580 億元、租稅收入為 430 億元、投資 750 億元、儲蓄 850 億元、進口 390 億元。針對這些資料,試說明台灣當年的經濟狀況 (政府預算、國內總供需、貿易餘額) 可能為何?

5. 依據衡量 *GDP* 的支出方法,試問下列交易是否影響 *GDP*,且是屬於總支出的何種項目?
   (a) 張無忌購買建於 2001 年的公寓。
   (b) 趙敏購買新出廠的洗碗機。
   (c) 農場買進新的耕耘機來種植農作物。
   (d) 老年殘障者從政府收到殘障補助金。
   (e) 台灣國防部向美國購入新型戰鬥機。

四、計算題

1. 行政院主計總處公布某年的台灣國民所得帳資料如下:

進口	400	資本折舊	520
投資毛額	460	未分配盈餘	230
出口	90	政府移轉性支付	100
間接稅	220	國外因素所得淨額	100
政府財貨及勞務支出	840	個人所得稅	430
社會安全支付	330	政府補貼	850
公司營利事業所得稅	100	家戶移轉性支付	100
消費	800	公債利息	100

依據上述資料,試計算 *GNP*、*GDP*、*NNP*、*NI* 與 *DPI*。

2. 某年的台灣國內生產毛額 (GDP) 為 5,000 億元。同一期間，鴻海集團與宏碁集團在歐洲發行公司債，支付利息 200 億元。接著，台積電公司派遣工程師支援國外策略聯盟公司，獲得美國英特爾公司支付薪資 30 億元。同時，大陸工程公司承包台北捷運工程，引進大批菲勞與泰勞工作，而支付薪資 60 億元。試計算台灣在該期間之國民所得毛額 (GNP) 為何？

3. 假設國民所得帳如下 (單位：新台幣百億元)：

出口	364	進口	338
民間消費支出	454	政府消費支出	110
國外因素所得淨額	9		

(受僱人員國外所得淨額為 −3，企業盈餘國外所得淨額為 +12)

國內資本形成毛額	178	國內資本形成淨額	114
受僱人員薪資 (不包括國外部分)	396		
企業盈餘 (不包括國外部分)	239		

試計算：GDP、GNP、NNP、NI。

4. 假設台塑石化公司在 2011 年的損益表如下所示：

台塑石化公司損益表　(單位：千元)

收入		支出	
營業收入	2,500	工資 (本國勞工)	500
		工資 (外國勞工)	600
		利息	150
		租稅	120
		折舊	300
		原料	750
		利潤	80

試計算下列問題：台塑石化創造的 GDP、GNP、NDP 以及台塑石化創造的國內 NI 附加價值？

5. 某國 (NA) 僅生產甲、乙、丙三種消費財，在 2000 年與 2004 年的價格與產量分別為：(數量的單位是百萬)

	2000		2004	
	價格	數量	價格	數量
甲物品	10	800	14	1,000
乙物品	25	4,000	30	5,000
丙物品	12	2,500	15	2,000

該國主計總處以 2000 年為計算消費者物價指數 *CPI* 的基期。該國貨幣 (NA) 在 2000 年兌換美元匯率為 $e = (\frac{NA}{US}) = 5$，在 2004 年兌換美元匯率為 $e = (\frac{NA}{US}) = 6$。試針對該國在 2004 年相對 2000 年的經濟狀況資料，計算下列問題：

(a) 該國名目 *GDP* 成長率。

(b) 該國的 *CPI* 上漲率。

(c) 該國在 2004 年的 *GDP* 平減指數。

(d) 該國的實質 *GDP* 上漲率。

(e) 該國以美元表示的實質 *GDP* 上漲率。

(f) 該國在 2000 年為 1.1 萬人，但在 2004 年卻減少為 1.05 萬人，以美元表示的每人實質 *GDP* 上漲率。

👍 網路練習題

1. 請連結行政院主計總處網站 (http://www.dgbas.gov.tw/)，查閱有關台灣生產總額、中間財產值與國民生產毛額的相關資料，以及各產業產值的變化情況。

2. 請連結行政院主計總處網站 (http://www.dgbas.gov.tw/)，查閱有關綠色國民所得帳的編製內容，以及台灣的綠色國民所得與國民生產毛額的差異為何。

3

儲蓄與投資的互動

個案導讀

1998 年 11 月，日本小淵內閣決議發放「地域振興券」7,000 億日圓，符合資格者，每位發放 2 萬日圓，希望減輕年輕夫婦育兒負擔以提高生育率，同時也透過減輕低所得高齡者負擔，以降低年輕人重擔、提升消費來活絡地方經濟。日本在 1999 年 1 月 1 日發放地域振興券，經濟成長率從 1998 年 −1.5% 提升至 0.7%，然而 2001 年則又回歸原點。

2008 年 9 月，國際金融海嘯重創景氣，國發會建議發放消費券，編列特別預算舉債 858 億元新台幣 (每人 3,600 元)，並於 2009 年 1 月 18 日發放，成為台灣經濟政策的首例。政府發放消費券擴大預算赤字，替代率卻是超過六成 (亦即取代原本就要購買商品的支出)，預期乘數效果不大，不過卻引發旋風式的消費風潮。邁入 2020 年初，新冠肺炎釀成封城鎖國而重創景氣，政府再次自 2020 年 7 月 15 日起，發放振興三倍券，每人繳納 1,000 元而取得新台幣 3,000 元的等值消費券，而在 2021 年 9 月 22 日再度發放振興五倍券 (5,000 元)，同樣也掀起一陣消費風潮。政府執行這些紓困政策，僅有短期放煙火的炫麗燦爛，卻幾近於毫無實質效果。本章將回顧 1930 年代大蕭條期間，Keynes 提出《一般理論》的核心主張，討論儲蓄與投資在 Keynesian-Cross 模型中，如何決定所得，同時說明財政政策效果。另外，也將從古典學派的可貸資金理論觀點，檢視儲蓄與投資如何決定實質利率。

3.1 Keynes 革命的貢獻

　　美國華爾街股市在 1923~1929 年間交投異常熱絡，道瓊股價指數漲幅超過五倍有餘，並於 1929 年 9 月 3 日攀升至最高峰的 381.17 點。然而 1929 年 10 月 24 日股價開始崩跌，到了 10 月 29 日的黑色星期二 (black Tuesday) 更擴大成股災，一路滑落至 230.07 點。此後縱有反彈，然而道瓊股價指數終究是大江東去，一路重挫到 1932 年 7 月 8 日的歷史低點 41.22 點，從 1929 年的高峰滑落總共蒸發 89%，重創美國景氣，深陷困境。

　　1930 年代大蕭條對已開發和開發中國家帶來毀滅性打擊。每人所得、稅收、盈餘、物價全面滑落，國際貿易銳減 50%，美國失業率飆升到 25%，有些國家甚至超越 33%。全球各大主要城市無從倖免，尤其是依賴重工業的地區，而農產品價格遽降約 60% 而重創農業。值此之際，全球景氣處於史無前例大蕭條，各國無不深陷龐大失業潮與所得劇降困境。就在古典理論無從解釋現狀、束手無策之際，Keynes (1936) 發表《一般理論》探索大蕭條的根源，主張政府干預經濟活動勢在必行，開創總體理論發展的里程碑，因而被 Klein (1947) 譽為「Keynes 革命」。

　　圖 3-1 顯示 Keynes 的《一般理論》體系包括三部分，可從總供給與總需求兩方面解釋。就總需求而言，體系透過商品價格和利率浮動調整，理論上，總需求將會邁向配合充分就業產出。然而在大蕭條期間，減產和失業情況迅速惡化失控，價格機能運作失靈，而 Keynes 體認當中關鍵就在「有效需求不足」(effective demand)。就總供給而言，勞動市場透過貨幣工資浮動調整，理論上，也將趨向自然就業，然而勞動市場不完全性卻讓「持續性失業」(persistent unemployment) 糾結而蔚為常態。

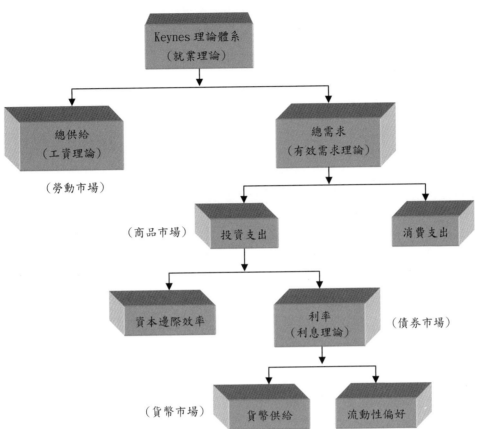

圖 3-1
Keynes 的一般
理論體系

- 就業理論　在大蕭條期間，商品供給過剩導致失業潮、廠商倒閉與市況低迷無所不在，當中原因顯然與有效需求不足有關。有效需求係指預期可讓廠商獲取盈餘極大、或與總供給相等而處於均衡狀態的總需求 (包括消費和投資支出)，從而決定就業與產出。Thomas Malthus 早在《政治經濟學原理》(*Principles of Political Economy*, 1820) 就提出有效需求不足將讓體系陷入危機狀態，Keynes 則在《一般理論》(1936) 接收這一概念，指出古典學派所稱「大蕭條可由價格機能運作自行回歸自然就業」正式破產，政府唯有以「看得見的手」推動公共建設，創造商品和勞動需求，消弭超額供給方能回復自然就業。尤其是體系就業增加帶動產出與消費增加，消費增幅低於產出增幅 (儲蓄出現)，唯有擴張投資補足當期產出與消費間的缺口，才能維持就業不變，是以投資誘因 (視資本邊際效率與貨幣利率而定) 與消費傾向是決定總需求的兩大支柱，從而形成有效需求理論的架構。

- 利率理論　Keynes 認為利率是人們放棄持有流動性資產所要求的補償，將視流動性偏好 (liquidity preference) 與貨幣供給而定。貨幣是唯一具有

有效需求
預期可讓廠商獲取盈餘極大，或與總供給相等而處於均衡狀態的總需求。

流動性偏好
人們對流動性資產的需求。

完全流動性的資產，人們使用他人資金須付利息，補償他人放棄持有完全流動性資產的利益。投資是決定就業的主因，利率則是決定投資的因素之一，是以貨幣政策影響就業的重要性，顯而易見。

- 工資理論　Keynes 認爲體系有效需求 (投資與消費支出) 不足，即使貨幣工資下跌也僅能引起物價下跌，提供廠商增產誘因仍嫌不足，無法發揮擴大就業效果。

總體經濟學者：Thomas Robert Malthus (1766~1834)

(一) 生平

1766 年 2 月 13 日出生於英國 Surrey，1784 年進入劍橋大學耶穌學院，曾在辯論、拉丁文和希臘文課程中獲獎，主修數學。1791 年獲得碩士學位，兩年後入選爲耶穌學院院士，1797 年擔任聖公會鄉村牧師。1805 年成爲英國第一位政治經濟學教授，任教於東印度公司學院。Malthus 與 David Ricardo 在學術與公共政策上常有爭論，並成爲摯友。1834 年 12 月 23 日去世，享年 68 歲。

(二) 對總體理論的貢獻

Malthus 在《人口學原理》(*An Essay on the Principle of Population*, 1798) 中指出：「人口成長超越糧食供給，將會導致每人分享的糧食減少」，若無環境限制，人口將呈幾何速度成長，糧食供給僅能以算術速度成長，只有自然原因 (事故和衰老)、災難 (戰爭、瘟疫及饑荒)、道德限制和罪惡 (包括殺嬰、謀殺節育等) 才能抑制人口過度成長。一般認爲高出生率引來更多勞動力而有利於經濟成長，Malthus 卻指出即使高出生率可讓產出成長，卻將降低每人產出，爲經濟成長設下「Malthus 人口陷阱」(population trap)，因而被譽爲「人口經濟學之父」。

此外，Malthus (1802) 率先質疑「供給創造需求」的 Say 法則，認爲消費者若未將所得全部支出，反而大事儲蓄，體系總供給未必等於總需求。人們過度節儉將會縮減商品的有效需求，廠商生產的商品將陷入滯銷，從而釀成全面性不景氣。此一觀點被百年後的 Keynes 接收，證實「節儉未必是美德」的結論，也成爲《一般理論》的主軸。

總體經濟學者：Lawrence Klein (1920~2013)

(一) 生平

1920 年 9 月 14 日出生於美國 Nebraska 州 Omaha 城。1942 年從加州 Berkeley 大學畢業。1944 年取得 MIT 經濟學博士，然後參加芝加哥大學 Cowles 委員會的經濟計量學班。1947 年擔任加拿大政府顧問，協助加拿大政府建立第一個經濟計量模型。1958 年擔任賓州 Wharton 商學院經濟系教授，並建立 Wharton 模型。1959 年獲得美國經濟學會頒發俗稱「小諾貝爾經濟獎」的 John Bates Clark 獎。1980 年獲頒諾貝爾經濟學獎。2013 年 10 月 20 日去世，享年 93 歲。

(二) 對總體理論的貢獻

Klein 率先將計量經濟學引進 Keynesian 理論，建立總體計量模型，尤其在《Keynesian 革命》(1947) 首次以數學模型表述 Keynesian 理論，成為典型的範本。此外，Klein 在《美國經濟計量模型，1929~1952》中，發展出結構、規模和先進估計方法的計量模型，成為總體計量模型鼻祖，率先用於預測景氣循環，同時協助各國建立總體計量模型。

3.2 Keynesian-Cross 模型

3.2.1 基本模型與乘數分析

經濟模型 (economic model) 是實際經濟活動縮影，簡化理論以彰顯經濟變數間的關聯性，猶如樣品屋對比真實房屋的關係，而模型優劣則視人們想要了解問題的程度而定。一般而言，經濟學者嘗試濃縮錯綜複雜的經濟現象成為簡單模型，並以文字、圖形或數學式描繪經濟活動運作現象，包括各種總體變數的決定。基本上，建立經濟模型將有五個流程：

經濟模型
實際經濟活動縮影，簡化理論以顯現經濟變數間的關聯性。

- 尋找與認定有趣且具意義的經濟議題。
- 選擇由模型解釋的內生變數 (endogenous variable)，以及解釋內生變數的外生變數 (exogenous variable)，後者係視為當然或非由模型決定的因素。舉例來說，為解釋某國失業率 (內生變數) 變化，經濟學者通常設定政府支出或消費者樂觀性 (consumer optimism) 為已知 (外生變數)。一般而言，隨著總體模型日益完整或複雜化，內生變數隨之增加，外生變數則趨於銳

內生變數
由模型決定的變數。

外生變數
視為當然或非由模型決定的變數。

減。

- 設定一組方程式來連結外生變數與內生變數的變化。舉例來說，在其他條件不變下，我們設定連結政府支出變動與失業率變化的公式，此即是簡單的經濟模型。
- 比較模型結論與實際結果。舉例來說，我們設定解釋失業率的模型，則可比較前期實際失業率與模型預測失業率的差異性。模型預測值與實際值不符，則再回到第二步驟修正模型。
- 模型若能充分解釋實際資料，則能用於預測下一期失業率如何變動，提供制定政策來降低失業率。

Hansen (1947) 將《一般理論》的基本觀念率先通俗化與美國化，建立只有商品市場均衡的 Keynesian 模型。爾後。Samuelson (1948) 再次推廣成 Keynesian-Cross 模型，兩者合稱 Hansen-Samuelson 模型，成為 Keynes 的所得支出理論 (income-expenditure theory)。該理論單純是商品市場均衡模型，符合作為總體模型最低門檻的底限模型 (rock-bottom model)，是所有總體模型的基礎，而其基本假設或所處環境背景如下：

底限模型
符合建立總體模型最低門檻的模型。

物價僵化
名目價格難以改變的情況。

價格黏性
體系物價在短期調整較商品市場供需關係調整緩慢。

潛在產出或自然產出
體系充分利用既有資源可生產的最大產出。

結構式模型
由行為方程式、恆等式與均衡式構成的模型。

- 大量失業與產能過剩並存。體系有效需求增加，廠商僅需將閒置產能開工即可，也無須提高薪資即能聘僱工人投產，總供給曲線是完全物價彈性的水平線。
- 體系實際產出小於潛在產出，實際失業率大於自然失業率，物價僵化 (price rigidity) 甚至存在價格黏性 (sticky price)。在此，潛在產出 (potential output) 或自然產出 (natural output) 係指體系充分利用既有資源可生產的最大產出。
- 貨幣市場存在過剩資金，利率 r^* 維持不變。

上述假設隱含商品市場物價與貨幣市場利率同屬外生變數。Keynesian 學派通常偏好設立由行為方程式、恆等式與均衡式構成的結構式模型 (structural model) 來解釋經濟活動運行，是以 Keynesian-Cross 的直線型態模型如下：

消費函數	$C = C(Y, r^*) = a + bY$
投資函數	$I = I(Y, r^*) = I_0$
總需求（支出）	$E = C + I$
總供給	$Y = C + S$
總體均衡	$Y = E$

Y 是所得，a 是自發性消費 (autonomous consumption) 係由外生變數 (如消費者偏好等非經濟因素，或本模型假設固定的經濟變數利率 r^*) 決定。I_0 是自發性投資，取決於動物本能 (animal spirits) 等非經濟因素，或本模型假設固定的經濟變數。

動物本能
Keynes 指出在不確定環境下，人們的財務決策將取決於心理情緒與從眾心態的非理性行為。

　　體系均衡係指在無外在因素干擾下，將維持現狀不變。針對上述結構式模型，由總體均衡 $Y = E = C + I_0$ 將可求出由經濟參數 (如邊際消費傾向) 與外生變數構成的縮減式模型 (reduced form model)，此係古典或貨幣學派偏好使用分析經濟活動的模型。

縮減式模型
由經濟參數與外生變數構成的模型。

$$Y = \frac{a}{1-b} + \frac{I_0}{1-b} = \frac{A}{1-b}$$

$A = a + I_0$ 包括自發性消費支出與投資支出。$0 < \dfrac{\partial C}{\partial Y} = b < 1$ 是邊際消費傾向 (marginal propensity to consume, MPC)，係所得增加引起消費支出增加的比例，bY 是誘發性消費 (induced consumption)。$APC = \dfrac{C}{Y}$ 是平均消費傾向 (average propensity to consume, APC)，係消費支出占所得的比例。在結構式模型中，由總供給等於總需求的均衡條件，$Y = E = C + I$，可再衍生另一均衡條件 $I = S$：

邊際消費傾向
所得增加引起消費支出增加的比例。

平均消費傾向
消費支出占所得的比例。

$$Y = E = C + I$$
$$Y - C = I = S$$

　　從上式可求出儲蓄函數如下：

$$S(Y, r^*) = -a + (1-b)Y = -a + sY$$

$0 < \dfrac{\partial S}{\partial Y} = s = (1-b) < 1$ 是邊際儲蓄傾向 (marginal propensity to save, MPS)，係所得增加引起儲蓄增加的部分，$b + s = 1$ 意味著 MPC 與 MPS 之和為 1。$APC = \dfrac{S}{Y}$ 是平均儲蓄傾向 (average propensity to save, APS) 係指儲蓄占所得比例，$APS + APC = 1$。上述均衡條件的涵義是：當預擬儲蓄 (planned saving) 等於預擬投資 (planned investment)，體系將達成均衡。在國民所得帳中，實現儲蓄 (realized saving) 永遠等於實現投資 (realized investment)，體系卻可能處於持續變動中。兩種概念間是否存在矛盾現象？

邊際儲蓄傾向
所得增加引起儲蓄增加的比例。

平均儲蓄傾向
儲蓄占所得的比例。

　　預擬儲蓄 S_P 與預擬投資 I_P 分別由家計部門與廠商決策，乃是不同的事前

(ex-ante) 函數關係。一旦兩個函數代表的曲線相交即是達成均衡。反觀實際儲蓄 S_a 與實際投資 I_a 則是事後 (ex-post) 的實際值，兩者透過非意願性存貨累積 ΔInv^{up}(unplanned inventory accumulation) 項目調整而趨於相等：

$$S_a = I_a = I_f + \Delta Inv^p + \Delta Inv^{up}$$

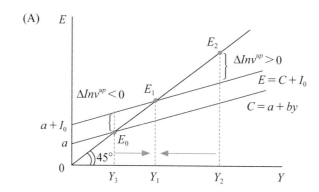

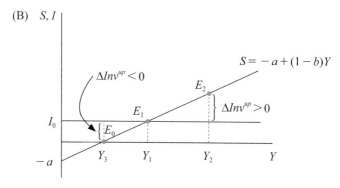

廠商預擬投資 I_P 包括預擬固定資本設備投資 I_f 與存貨變動 ΔInv^{up}，而前者通常會實現。在圖 3-2(A) 中，縱軸支出 E 代表事前或預擬概念，橫軸所得 Y 則為事後或實現概念，45° 線意味著是「事前等於事後、或預擬等於實際」的概念。預擬總支出曲線 $E = C + I_0$ 與 45° 線交於 E_1 點，預擬儲蓄 $S(Y)$ 等於預擬投資 I_0，體系達成均衡。圖 3-2(B) 顯示，在實際所得 Y_2 下，實際支出 $E = C(Y_2) + I_0$ 小於實際所得 Y_2，$S_p > I_p$ (供過於求)，將讓廠商累積非意願性存貨 $\Delta Inv^{up} > 0$，勢必減產而裁員，產出逐漸降低至均衡水準 Y_1。另外，實際所得若為 Y_3，實際支出 $E = C(Y_3) + I_0$ 超過實際所得 Y_3，$S_p < I_p$(超額需求)，廠商安全庫存遞減 $\Delta Inv^{up} < 0$，勢必增加僱用勞工擴產，產出逐漸擴張至均衡水準 Y_1。唯有 $S_p = I_p$ 或 $Y = E$，非意願性存貨累積 $\Delta Inv^{up} = 0$(安全庫存不變)，體系達成均衡，廠商生產與僱用勞工將維持穩定狀態。

圖 3-3 顯示，自發性支出 $(A = a + I_0)$ 每期恆常性增加，流量概念的支出曲線 $E_1(A_1)$ 方能上移駐足在 $E_2(A_2)$ 曲線位置，產出 Y_1 增加至 Y_2，而支出增加 $\Delta Y = Y_2 - Y_1$ 相對所得增加 $\Delta A = A_2 - A_1$ 的比例即是 Keynes (1936) 所稱的需求乘數 (demand multiplier)，此即就前述的縮減式取變動量，每一變動量前的係數即是乘數值：

需求乘數
總支出增加引起產出增加的比例。

$$dY = (\frac{1}{1-b})(da) + (\frac{1}{1-b})(dI_0)$$

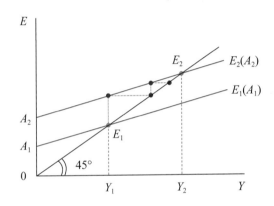

圖 3-3
恆常性支出增加的乘數效果

就上述乘數效果推理如下：人們在第一期擴大自發性支出 ΔA，旋即成為體系所得，並在第二期增加誘發性消費支出 $b\Delta A$、第三期 $b(b\Delta A)$，直至第 n 期的 $b^n\Delta A$，每次增加支出比例為邊際消費傾向，累加各期消費支出增加總額即是所得增加總額：

$$\Delta Y = \Delta A + b\Delta A + b_2\Delta A + b_3\Delta A + ... + b^{n-1}\Delta A$$
$$= \Delta A(1 + b + b_2 + b_3 + ... + b^{n-1})$$

針對上述等比級數求解，可得：

$$\frac{dY}{dA} = \frac{1}{1-b}$$

舉例來說，台北市目前所得 $Y_0 = 100$，消費函數 $C = a + bY = 10 + 0.8Y$，若每年均維持投資支出 $I_0 = 20$：

$$Y_1 = C_1 + I_0 = (a + bY_0) + I_0 = (10 + 0.8 \times 100) + 20 = 90 + 20 = 110$$
$$Y_2 = C_2 + I_0 = (a + bY_1) + I_0 = (10 + 0.8 \times 110) + 20 = 98 + 20 = 118$$
$$Y_3 = C_3 + I_0 = (a + bY_2) + I_0 = (10 + 0.8 \times 118) + 20 = 104.4 + 20 = 124.4$$

上述過程將如下表所示,逐期擴張下去。在邊際消費傾向不變下,所得增加不僅帶動消費支出增加,儲蓄也跟著增加。一旦儲蓄增加到等於投資,總支出與上期總所得相等,體系將達到均衡,產出擴張過程隨即停止,均衡所得為150。

Y	C	S	I	b
100	90	10	20	0.8
110	98	12	20	0.8
118	104.4	13.6	20	0.8
124.4	109.52	14.88	20	0.8
……	……	……	……	……
150	130	20	20	0.8
150	130	20	20	0.8

再者,廠商投資支出是即興式演出或恆常性增加,影響產出是否有異?鴻海董事會於 2002 年 7 月宣布在新北市土城設立全球研發總部,累積投資金額超過 200 億元。該項投資計畫付諸執行,勢將反映在就業機會擴張、原料供應商的業績成長,但執行方式不同,對新北市影響也有差異。

1. 鴻海一次性投入 200 億元,新北市有效需求增加 200 億元,圖 3-3 的 $E_1(A_1)$ 曲線立即上移至 $E_2(A_1 + 200 億元 = A_2)$ 曲線,廠商先以庫存因應商品銷售額擴張,再帶動供應商增產 200 億元商品 (供給增加) 來補足庫存。邁入第二年不再有投資,需求將回歸原先水準 $E_1(A_1)$ 曲線,產出仍維持增加 200 億元。在 $MPC = 0.8$ 下,第一年所得增加 200 億元,人們將就當中的 4/5 增加消費 (需求增加 $\Delta E = 160$ 億元),顯然低於產出增加 $\Delta Y = 200$ 億元。此一結果讓廠商累積非意願性庫存,只好裁員減產,回歸原先均 E_1 衡點。

2. 鴻海改採每年投資 10 億元持續 20 年 (累計 200 億元),圖 3-3 的 $E_1(A_1)$ 曲線立即上移且長達 20 年駐足在 $E_2(A_1 + 10 億元 = A_2)$ 曲線,有效需求每年增加 10 億元。廠商先以庫存因應銷售額擴張,並增產 10 億元商品 (供給增加)。到了第二年,投資持續 10 億元,體系依然維持在 E_2 曲線,而產出增加 $\Delta Y = 10$ 億元,在 $MPC = 0.8$ 下,人們增加消費 $\Delta C = 8$ 億元,而投資依然為 10 億元,市場存在超額需求 $\Delta E = 10 < \Delta E = \Delta C + \Delta I = 18$ 億元,廠商依然面臨非意願性庫存遞減,須再增產而帶動所得擴張。邁入第

三年，人們所得持續增加帶動誘發性消費增加，銷售額持續擴大，廠商仍須再增產。如此過程持續 20 年，在乘數為 $(1-b)^{-1}=5$ 下，鴻海每年固定增加投資 10 億元，將讓所得擴張 50 億元，來源包括消費增加 40 億元與每年投資增加 10 億元。

觀念問題

- 試説明在經濟模型中，內生變數與外生變數的區別爲何？
- 試説明建立總體模型的五個步驟爲何？
- 某國儲蓄函數爲 $S=-500+0.25Y$，當該國所得爲 $Y=100,000$ 時，其平均消費傾向與儲蓄傾向分別爲何？
- 假設張無忌的消費函數爲 $C=1,500+0.75Y_d$，試計算當其可支配所得爲 3,000 時，預擬消費與預擬儲蓄分別爲何？

總體經濟學者：Alvin Hansen (1887~1975)

(一) 生平

1887 年 8 月 23 日出生於美國 South Dakota 州的 Viborg，1918 年獲得 Wisconsin 大學 Madison 分校博士，隨即前往 Brown 大學任教。1923 年轉往 Minnesota 大學任教，專精研究景氣循環。1935 年協助建立社會安全制度，爾後在 1937~1956 年期間任教於哈佛大學直至退休。在羅斯福總統實施「新政」時期，曾任政府經濟顧問。1946 年協助起草《充分就業法案》(Full Employment Act)，創立經濟顧問委員會，1967 年獲頒 Francis A. Walker 獎。1975 年 6 月 6 日去世，享年 89 歲。

(二) 對總體理論的貢獻

Hansen 創立美國 Keynesian 學派與新古典綜合學派，出版《Keynes 理論導讀》(A Guide to Keynes, 1953) 成爲當時最暢銷的 Keynesian 學派入門讀物。Hansen 對 Keynesian 學派發展的貢獻有二：1. 與 Samuelson 共同提出解釋景氣循環的加速數與乘數模型，又稱 Hansen-Samuelson 模型。2. 推廣 Hicks 的 IS-LM 模型而合稱 Hicks-Hansen 模型。兩種模型是 Keynesian 學派理論的標準範本，也是所有總體理論的核心。

3.2.2　節儉的矛盾性

加速數與乘數理論
加速數與乘數交互運作是引發景氣循環的關鍵因素。

Samuleson (1939) 與 Hicks (1950) 延續前節乘數理論，再次推出加速數與乘數理論 (accelerator-multiplier theory)，進一步解釋景氣循環變動緣由。基本的加速原理 (acceleration principle) 係指廠商 t 期投資支出 I_t 將受前兩期消費變動 $(C_{t-1} - C_{t-2})$ 影響，而消費又取決於所得，投資函數 I_t 因而可表為：

加速原理
當期投資受前兩期消費支出變動影響。

$$
\begin{aligned}
I_t &= \beta(C_{t-1} - C_{t-2}) \\
&= b\beta(Y_{t-1} - Y_{t-2}) \\
&= b\beta\Delta Y_{t-1}
\end{aligned}
$$

加速數
前期所得變動量引發投資支出的比率。

b 是邊際消費傾向，β 是加速數。針對加速原理主張「投資支出取決於前期所得變動量」的說法，Keynesian-Cross 模型簡化投資函數為視「景氣」而定，並以所得作為衡量景氣變數：

$$
\begin{aligned}
I &= I(Y) \\
&= I_0 + iY
\end{aligned}
$$

邊際投資傾向
所得增加引起投資支出增加的比例。

邊際投資傾向 (marginal propensity to invest) i 是所得增加引起投資支出增加的比例，誘發性投資 (induced investment) iY 係所得變動引發的投資支出。將新的投資函數代入前節的結構式模型，可得新縮減式如下：

誘發性投資
所得變動引發的投資支出。

$$
\begin{aligned}
Y &= \frac{A}{1-b-i} + \frac{I_o}{1-b-i} \\
&= \frac{A}{s-i} + \frac{I_o}{s-i}
\end{aligned}
$$

圖 3-4 顯示投資曲線 $I_0(Y)$ 為正斜率，與儲蓄曲線 $S_0(Y)$ 交於 A 點，而儲蓄曲線斜率須大於投資曲線斜率 $(s > i)$，體系才能達成穩定均衡，均衡所得為 Y_2，新乘數值大於原先乘數值 $(1-b-i)^{-1} = (s-i)^{-1}$。接著，眾人皆知「勤儉致富」，然而同時縮衣節食 (景氣前景堪慮而未雨綢繆，儲蓄意願上升)，

節儉的矛盾性
人們儲蓄意願上升，將導致實際儲蓄下降的結果。

卻可能「好事多磨」引來「節儉的矛盾性」(paradox of thrift) 後果 (實際儲蓄反而減少)，成為「累加個體未必就是總體」的典型範例。從總體觀點來看，眾人節儉勢必釀成商品滯銷而讓市況低迷。圖 3-4 顯示，在其他條件不變下，眾人深謀遠慮 (儲蓄意願上升) 導致 S_0 曲線上移至 S_1，投資若屬動物本能型態，$I = I_0$，均衡點 C 將移向 D，產出 Y_1 減為 Y_3 而擴大失業。另外，投資函數 $I_0(Y)$ 若與景氣密切聯繫，未雨綢繆讓 S_0 曲線上移至 S_1，均衡點 A 則移向 B，產出 Y_2 降為 Y_4，投資減少擴大失業，實際儲蓄反而縮水，形成「追求節儉致

富，反將陷落貧困」的矛盾現象。

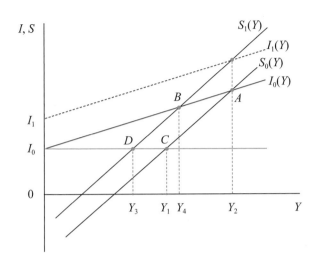

圖 3-4
節儉的矛盾性

　　Keynes 基於大蕭條環境而推演「有效需求理論」，當時銀行紛紛倒閉，金融仲介 (financial intermediation) 功能蕩然無存，儲蓄意願 (未雨綢繆) 提升淪為窖藏資金，需求縮減加深市況低迷。2008 年金融海嘯肆虐，國內「無薪休假」盛行讓實際失業率飆過 8% (官方資料高達 6.07%)。2020 年 3~6 月間新冠肺炎肆虐造成封城鎖國，人們面對茫然未來，縮衣節食以求自保，卻是落井下石而讓市況蕭索、人潮消失，充分體現「節儉矛盾性」的真意。政府推動經濟發展，提倡儉樸並非要求人們縮衣節食，而是鼓勵降低非必要消費，將資源轉向融通投資支出，藉以加速資本累積。實際上，政府同時鼓勵儲蓄與投資，將促使圖 3-4 中的 $S_0(Y)$ 與 $I_0(Y)$ 曲線同步上移至 $S_1(Y)$ 與 $I_1(Y)$ 曲線，兩者同行維持總需求不變，但將擴大未來產能而帶動經濟成長。

金融仲介
從擁有剩餘資金的成員，將其資金移轉給資金匱乏的成員。

總體經濟學者：Paul Anthony Samuelson (1915~2009)

(一) 生平

　　1915 年 5 月 15 日出生於美國 Indiana 州 Gary。1935 年取得芝加哥大學文學學士。1936 年獲得哈佛大學文學碩士。1940 年任 MIT 經濟學助教授。1941 年獲得哈佛大學理學博士，並獲得哈佛的 David A. Wells 獎。1944~1945 年間任職於輻射實驗室經濟學研究員，並擔任財政部經濟顧問。1948~1949 年擔任 Guggenheim 基金會研究員，出版巨著《經濟學》(*Economics*)。1947 年成為 John Bates Clark 的首位得獎者。1959~1960 年被 John F. Kennedy 總統任命為事務委員會調查諮詢小組顧問。1961 年續任財政部經濟顧問，將自己的理論體系

稱爲新古典綜合學派。1965 年接任聯邦準備銀行經濟諮詢委員會顧問，擔任國際經濟學會會長。1970 年獲頒諾貝爾經濟學獎。2009 年 12 月 13 日過世，享年 95 歲。

(二) 對總體理論的貢獻

Samuelson 的研究涉及經濟理論諸多領域，被譽爲經濟學界最後一個通才，最大貢獻是出版《經濟分析的基礎》(*Foundations of Economic Analysis*, 1947)，以數學方式將經濟理論進行基本表述，成爲研究經濟學的基礎。尤其是其出版的《經濟學》是在《國富論》問世後，繼 John Miller 的《政治經濟學原理》(1848) 與 Alfred Marshall 的《經濟學原理》(1890) 兩本書的第三部集大成之作。

觀念問題

- 主計總處驗證台灣儲蓄與投資行爲模式，獲得儲蓄函數型態爲 $S = -100 + 0.2Y$、投資函數型態爲 $I = -200 + 0.3Y$，試問台灣的均衡所得爲何？
- 台大謝教授建立 Keynesian-Cross 模型討論台灣經濟均衡，設定消費與投資函數型態分別爲 $C = a + bY$、$I = c + dY$。試問台灣經濟體系若要具有穩定性，則需要具備何種性質？

3.2.3　動態分析

乘數分析屬於比較靜態分析，討論體系自發性支出變動後，新舊均衡所得的差異性。至於自發性支出變動，體系邁向新均衡的調整途徑與穩定性爲何，則是動態分析關注焦點。在上述模型中，超額商品需求 $(E - Y > 0)$ 將引導所得呈現擴張現象，所得調整方程式可設定如下：

$$\begin{aligned}
\frac{dY}{dt} &= k(E - Y) \\
&= k(A + bY + I + iY - Y) \\
&= k(A + I) - k(1 - b - i)Y
\end{aligned}$$

$0 < k < \infty$ 是所得調整速度，此係面對超額商品需求，廠商僱用工人增產並非瞬間完成。解上述微分方程式，可得體系產出變化的時間途徑：

$$Y(t) = Y^* + D^* e^{-k(1-b-i)t}$$

上述時間途徑顯示，所得變動若要收斂至均衡值 Y^*，$(1-b-i)>0$ 必須成立。圖 3-5 顯示總支出曲線 E'_1 斜率超過 45° 線斜率，亦即 $MPC + MPI = b+i > 1$，總支出曲線上移至 E'_2 時，均衡點 C 將缺乏穩定性，此係該點右邊隱含廠商庫存面臨非意願性遞減 (總產出小於總需求)，將會增產而持續擴張產出。反之，偏離均衡點的左邊反映廠商庫存非意願性累積 (總產出大於總需求)，將會減產而讓產出持續萎縮。唯有當總支出曲線 E_1 斜率小於 45° 線斜率或 $b+i<1$，總支出曲線上移至 E_2 時，體系才能達成穩定均衡點 B。

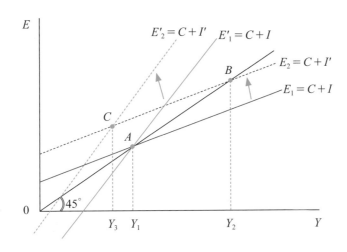

圖 3-5
動態分析的穩定性

• 景氣循環過程

Samuelson (1939) 建立考慮時間落後因素的景氣循環模型。

總需求 (支出)	$E_t = C_t + I_t + A_t$
總體均衡	$Y_t = E_t$

A_t 是自發性支出。假設消費函數 C_t 取決於前期所得 Y_{t-1}：

$$C_t = bY_{t-1}$$

依據加速原理，當期投資支出取決於兩期消費支出的變動量 $(C_t - C_{t-2})$：

$$I_t = \beta(C_t - C_{t-2}) = b\beta(Y_{t-1} - Y_{t-2})$$

當體系達成均衡，可得國民所得的二階差分方程式：

$$Y_t = A_t + b(1+\beta)Y_{t-1} - b\beta Y_{t-2}$$

從上式可解出體系產出的時間途徑：

$$Y(t) = k_0 \lambda_1^t + k_1 \lambda_2^t + \frac{A}{1 - b(1 + \beta) + b\beta}$$

$$\lambda_1, \lambda_2 = \frac{1}{2}\left\{b^2(1+\beta)^2 \pm \sqrt{\left[b^2(1+\beta)^2 - 4b\beta\right]}\right\}$$

當體系達成穩定均衡，$Y_t = Y_{t-1} = Y_{t-2} = Y^*$：

$$Y^* = \frac{A}{1 - b(1 + \beta) + b\beta}$$

　　舉例來說，某國邊際消費傾向 $b = 0.5$、加速數 $\beta = 1$，從第一期起增加恆常性支出 $A = 100$。由於消費支出取決於前期所得、誘發性投資取決於前兩期所得差額，對本期毫無影響，第一期所得僅因 A 增加而擴大 100，同時出現與前期所得差額為 100。邁入第二期，A 依然是 100，消費支出則依上期所得增加 50 ($b = 0.5$)，誘發性投資則是前兩期所得差額 100 ($\beta = 1$)，第二期所得 $Y = 100 + 50 + 100 = 250$，相較第一期增加 150。同理，第三期所得 375 包括 $A = 100$、消費 125、誘發性投資 150，往後各期經由乘數與加速效果交互運作，將讓產出呈現波動現象。

• 經濟成長過程

投資雙元性

投資增加引起短期總需求擴張造成景氣循環，長期則透過資本累積擴大產能而帶動經濟成長。

　　投資活動具有雙元性 (duality)，除引起短期總需求擴張造成景氣循環外，並因長期資本累積擴大產能，提升未來長期總供給。人們的儲蓄透過金融機構仲介，將可轉化為融通投資的資金來源，Harrod (1939) 與 Domar (1946) 將 Keynesian-Cross 模型轉換為經濟成長模型，用以決定體系長期成長途徑，我們將在第十章另行討論。

3.3 財政政策

3.3.1 政府預算與財政政策類型

　　總需求變化是主導景氣循環的關鍵因素。在 1990~2019 年期間，台灣民間消費占 GDP 比率由 52.26% 微幅滑落至 50.83%，也曾經在 2001 年達到 56.67% 高峰，多數期間都是在 52%~54% 間波動，呈現高度穩定性。再就同期間的資本形成比率來看，則由 25.49% 滑落至 22.12%，但在 1993 年曾經高達 28.67%，2009 年則滑落至 19.91%，波動較為劇烈。綜合構成民間支出的兩大

因素，台灣的投資與消費占 *GDP* 比例均同步穩定向下滑落。

　　就封閉體系而言，民間支出 (消費與投資) 占 *GDP* 比率長期滑落，意味著每年產出與支出間的缺口擴大，若無外來投資或擴大政府支出彌補缺口，體系邁向失業或蕭條之路勢所難免。為了避免資本主義經濟體系邁向衰退崩潰道路，擴大經濟活動中的政府職能，財政政策不失為是對抗衰退的有效工具。

　　圖 3-6 顯示政府預算內容與影響層面。政府執行財政政策，主要反映在政府編列的預算內容，而依其收支性質分為經常門與資本門，各自涵蓋歲出與歲入兩部分。

- 政府支出　　政府購買當期商品與勞務的實質支出，包括消費性 (經常門) 與資本性 (資本門) 支出。前者是政府消費，直接影響當期總需求 *AD*，如僱用公務員薪資、經常性支出。後者則是政府投資，除直接影響總需求外，將因累積公共資本或基礎建設，擴大未來產能而增加總供給 *AS*，如機場捷運、捷運萬大線。至於政府移轉支出則納入負所得稅 (negative income tax) 範疇，如退休金、撫卹金、紓困補貼，是租稅毛額 (gross tax) 的減項，提升可支配所得而影響消費支出，間接影響總需求。

圖 3-6
政府預算內容及影響層面

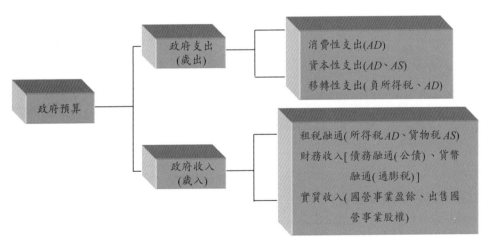

- 政府收入　　包括實質收入與財務收入。

1. **實質收入 (租稅融通)**　　課稅與國營事業盈餘繳庫是政府預算歲入的核心來源。依據稅賦性質分為兩類：(1) 直接稅 (direct tax)：以所得稅為主，納稅人是負擔租稅者，改變可支配所得影響消費支出，進而影響總需求。(2) 間接稅 (indirect tax)：以貨物稅為主，繳納租稅者透過交易轉嫁給負擔租稅者，改變商品相對價格與生產成本而影響總供給。另外，

國營事業每年的盈餘繳庫，對總需求與總供給沒有影響，而台灣央行盈餘繳庫占中央政府預算歲入超過 10% 以上，也隱含貨幣供給增加。

2. **財務收入** 包括向大眾發行公債 (或向銀行賒借) 與國營事業民營化的釋股收入。另外，政府發行公債由央行承購 (政府債務貨幣化)，如美國聯準會執行量化寬鬆 (QE)，或直接發行貨幣融通引發物價上漲，將民間資源移轉由政府使用，形同向人民課徵通膨稅 (inflationary tax)。

依據政府預算內容，接續討論政府部門如何介入經濟活動。

通膨稅
央行發行貨幣融通政府支出，透過物價上漲而將民間資源移轉由政府使用，形同向人民課徵通膨稅。

自動或內在穩定因子
事先評估未來景氣變化，將預擬財政措施內含在預算。

健全財政
政府維持預算平衡。

社會安全制度
由社會保險、社會救助、福利津貼與福利服務四大支柱構成。

• **財政法則** 此即自動或內在穩定因子 (automatic or built-in stabilizer)。古典學派堅持政府職責是維護良好環境 (如國防、基礎建設、教育、治安與建立健全制度等)，執行預算平衡的健全財政 (sound finance)，事先評估未來景氣變化，將預擬的穩定措施內含在預算，無須再介入經濟活動。在衰退期間，自動穩定因子 (個人所得稅與營利事業所得稅) 將縮減家庭所得與廠商盈餘下降幅度，減輕消費支出遭受衝擊程度。再者，資本累積帶動經濟成長，但也讓財富集中於少數人。體系若無所得重分配機制，貧富懸殊將日益明顯。政府建立失業保險與社會福利制度，除扮演自動穩定因子外，也將發揮所得重分配效果，成為社會安全制度 (social security system) 不可或缺的一環。

依據政府在預算中是否內含穩定措施，基本結構式模型將修正如下：

結構式模型	考慮景氣循環變化	未考慮景氣變化
消費函數	$C = C(Y) = A + bY_d$	$C = C(Y) = A + bY_d$
投資函數	$I = I_0 + iY$	$I = I_0 + iY$
政府支出	$G = G_0$	$G = G_0$
可支用所得	$Y_d = Y - T_N$	$Y_d = Y - T_N$
租稅淨額	$T_N = (T_0 - R_0) + (t - r)Y$	$T_N = (T_0 - R_0)$
總需求 (支出)	$E = C + I + G$	$E = C + I + G$
總體均衡	$Y = E$	$Y = E$
縮減式模型		
均衡所得	$Y^* = \dfrac{A + I_0 + G_0 - bT_0 + bR_0}{1 - b(1 - t - r) - i}$	$Y^{**} = \dfrac{A + I_0 + G_0 - bT_0 + bR_0}{1 - b - i}$

強調政府在經濟活動中的職能後，基本結構式模型修正如下：

1. 消費支出取決於可支配所得 $Y_d = Y - T_N$，此係國民所得 Y 扣除所得稅淨額 T_N（所得稅毛額扣除政府移轉支出 R，net tax）。

2. 個人所得稅 $T = T(Y)$ 包括定額稅與比例稅兩部分，可用平均稅率 $\theta = \dfrac{T}{Y}$ 概念說明所得稅制型態。

   (1) 比例稅 (proportional tax)：所得增加引起平均稅率不變，如 $T = tY$ 或 $\dfrac{\partial \theta}{\partial Y} = 0$。

比例稅
所得增加，平均稅率不變。

   (2) 累退稅 (regressive tax)：所得增加帶動平均稅率遞減，如 $T = T_0 + tY$ 或 $\dfrac{\partial \theta}{\partial Y} < 0$。

累退稅
所得增加，平均稅率遞減。

   (3) 累進稅 (progressive)：所得增加導致平均稅率遞增，如 $T = T_0 + t(Y)Y$ 或 $\dfrac{\partial \theta}{\partial Y} > 0$、$\dfrac{\partial t}{\partial Y} > 0$。

累進稅
所得增加，平均稅率遞增。

3. 實務上，各國個人所得稅係採累進稅制，$T = t(Y)(Y - D) - L$ 是綜合所得淨額，D 是免稅額與寬減額，L 是累進差額，$t(Y)$ 是稅率、$\dfrac{\partial t}{\partial Y} > 0$。

4. 政府移轉支出或補貼即是負所得，包括定額與比例性移轉支出兩部分。

   綜合以上所述，完整的所得稅制度將如下所示：

1. 個人所得超過最低維持生活水準（免稅額 D），必須繳納所得稅。

$$T = t(Y)(Y - D) - L \qquad t'(Y) > 0$$

2. 個人所得低於最低維持生活水準，可獲政府補貼或稱負所得稅，此係 Milton Friedman (1962) 在《資本主義與自由》(*Capitalism and Freedom*) 中率先提出的概念。(r 是政府補貼比率)

$$R = r(Y)(D - Y) \qquad r'(Y) < 0$$

   政府評估景氣循環趨勢，在預算內含自動或內在穩定因子，透過縮小外生干擾引發的乘數效果，得以削減景氣波動幅度。

$$(\frac{dY}{dA})^{**} = (1 - b - i)^{-1}(\text{無穩定因子}) > (\frac{dY}{dA})^{*} = [1 - b(1 - t - r) - i]^{-1}(\text{內含穩定因子})$$

- 權衡性政策 (discretionary policy)　政府評估經濟情勢，主動調整財政工具影響景氣，無須顧慮預算是否平衡，此即功能性財政 (functional finance)。在台灣的中央政府預算中，政府面臨意外支出，先以第一預備金支援，金額若超出第一預備金，再申請動用第二預備金。政府面對重大事故或災難，辦理業務支出超過法定預算，可辦理追加預算附屬於總預算，年度決算必須調整併入總預算。在特殊情況下，為融通權衡性財政政策，可依特定條件成立特別預算，與總預算並立且單獨辦理決算。

古典學派認為政府課稅融通支出，執行平衡預算的健全財政，將毫無效果可言。不過 Keynesian 學派卻認為平衡預算支出 $(\Delta G = \Delta T)$ 增加，仍有發揮效果餘地。

- 邊際消費傾向小於 1，租稅乘數效果小於政府支出乘數效果。
- 政府對富裕階層課稅 (低邊際消費傾向，b_r)，再全額補貼低收入戶 (高邊際消費傾向，b_p)，$\Delta T = \Delta R$ 透過所得重分配效果 (income redistribution effect)，將引起消費增加 $(b_p - b_r)\Delta R > 0$，促使國民所得增加。

1989 年諾貝爾經濟學獎得主 Haavelmo 提出單一乘數理論 (unit multiplier theorem) 或稱 Haavelmo 定理，係指「政府實質支出與定額稅等額增加，所得將呈現等額增加，平衡預算乘數為 1。值得注意者：此種結果僅適用極為簡化的總體模型，$I = I_0$、$T_N = T_0$，人們的邊際消費傾向完全相同，將這些狀況代入前面的縮減式模型，可得權衡性財政政策效果如下：

- 租稅乘數與移轉支出乘數：

$$\frac{dY}{dT_0} = -b(1-b)^{-1}$$

$$\frac{dY}{dR_0} = b(1-b)^{-1}$$

- 政府實質支出乘數：

$$\frac{dY}{dG} = (1-b)^{-1}$$

針對上述相關的財政工具變動乘數值，政府實質支出 $(\Delta G > 0)$ 增加，係直接進入商品市場購買商品與勞務，不假手他人，發揮效果直接確定。政府減稅 $(\Delta T < 0)$ 或擴大福利支出 $(\Delta R > 0)$，則是藉由改變人們可支配所得，透過邊

際消費傾向而增加消費支出。實務上，後者發揮效果與否，端看人們是否將減稅或補貼金額用於支出而定。舉例來說，在 2009 年 1 月 18 日，爲因應金融海嘯衝擊，政府發放每人 3,600 元消費券，限定在當年 9 月底使用完畢。同樣的，在 2020 年 7 月 15 日，爲因應新冠肺炎衝擊，政府也發放振興三倍券，限定在當年 12 月 31 日前使用完畢。另外，政府接續在 2021 年 9 月 22 日再度發放振興五倍券，限定在 2022 年 4 月底用完。三者採取發放消費券而非現金，並限期用完，即在避免發放現金可能被窖藏，喪失立即刺激消費效果。

實務上，政府恆常性減稅或增加福利支出，人們的可能反應有三種：

- 依據上述理論推演結果，平衡預算乘數是：

$$\frac{dY}{dG} + \frac{dY}{dT_0} = (1-b)^{-1} - b(1-b)^{-1} = 1$$

$$\frac{dY}{dR_0} + \frac{dY}{dT_0} = b(1-b)^{-1} - b(1-b)^{-1} = 0$$

總體模型若屬複雜型態，平衡預算乘數將是：

$$\frac{dY}{dG} + \frac{dY}{dT_0} = (1-b)[1-b(1-t-r)-i]^{-1} < 1$$

- 人們對政府政策全無反應，將減稅或福利增加視爲未來租稅負債增加，因而全部作爲儲蓄，並不調整消費行爲，乘數效果爲零。此即是 Barro-Ricardo 等值理論 (equivalence theorem) 發揮效果。
- 政府減稅或增加福利支出，人們全部用於消費，相當於邊際消費傾向 $b = 1$，乘數效果將與政府支出效果一樣。

依據 Keynesian 學派看法，政府支出效果主要受邊際消費傾向與邊際投資傾向影響，兩者則視人們預期未來景氣走勢而定。實務上，影響人們消費及廠商投資信心的重要因素，還包括對政府執政能力的信心，財經政策朝令夕改，勢必擴大景氣循環的不確定風險，如核四的興廢。尤其是政府難以拿捏精確時機，政策制定與執行存在時間落後，效果並非立竿見影，訊息不全與時間落後因素可能加劇景氣循環波動。

Barro-Ricardo 等值理論

在理性預期臆說成立下，人們會將政府預算限制內化到自己的消費行爲，是以改變課稅時機 (課稅或發行公債) 不會影響人們的消費行爲。

總體經濟理論學者：**Trygve Magrius Haavelmo (1911~1999)**

(一) 生平

1911 年 12 月 13 日生於挪威 Oslo。1933 年畢業於 Oslo 大學，除前往挪威政府貿易委員會服務外，同時擔任 Oslo 大學經濟研究所助理。1938 年任職於 Akershus 大學統計學講師，1939 年應 Rockefeller 基金會邀請，以研究員身分至美國芝加哥大學任教。1941 年獲得哈佛大學博士，1945 年擔任挪威駐美國大使館商務參贊。1947 年擔任挪威工商部和財政部處長，1948 年擔任 Oslo 大學經濟系教授，從事計量經濟理論研究。1950 年獲選挪威科學院院士，1957 年擔任計量經濟學會會長，1975 年獲選為美國經濟學會榮譽會員，1979 年獲選丹麥科學院院士，1989 年獲頒諾貝爾經濟學獎。1999 年 7 月 26 日過世，享年 89 歲。

(二) 對總體理論的貢獻

Haavelmo 關注經濟分析中常被忽略的隨機因素，將統計學引入經濟預測，得出從隨機抽樣調查中推演經濟理論的方法，以及利用統計數字來驗證經濟理論，並進行經濟預測。Haavelmo 將隨機模型視為計量經濟學基礎，對建立計量經濟學貢獻卓著，促使經濟理論更符合科學性。

觀 念 問 題

- 主計總處估計台灣的消費函數為 $C = 20 + 0.8(Y - T_N)$，$T_N = T - R$，T_N 是淨租稅，R 是政府移轉支出。就簡單的所得支出模型來看，當內政部規劃增加發放老人年金 $\Delta R = 1,000$ 時，考慮老人們面對此措施可能採取的因應對策後，主計總處評估台灣所得可能出現波動的範圍為何？

- 中研院經濟所估計台灣的儲蓄函數為 $S = -150 + 0.2(Y - T)$，所得稅法規定的租稅函數為 $T = 10 + 0.1y$、$G = 100$、$I = 20$，而台灣目前的所得 $y = 1,000$，試計算台灣的實際消費與政府預算盈餘為何？

3.3.2　緊縮缺口與膨脹缺口

圖 3-7(B) 顯示，Keynesian-Cross 模型的總供給曲線係由兩段構成。體系邁向自然產出 y^* 前 (蕭條環境)，總供給曲線 AS 是落在物價 P_0 的水平線。一旦自然產出 y^* 到來 (膨脹環境)，總供給曲線將迅速轉為垂直線，與總需求曲

線 AD^* 交於 E^* 點，將決定自然產出 y^* 與物價 P_0。

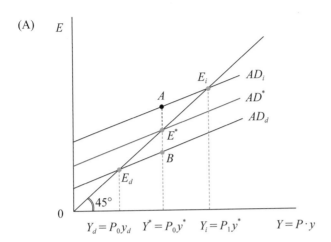

圖 **3-7**
緊縮缺口與膨脹缺口

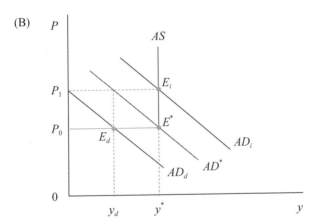

在圖 3-7(B) 中，總需求曲線 AD_d 與總供給曲線 AS 交於 E_d 點，將決定實質產出 y_d、名目所得為 $Y_d = P_0 \times y_d$；而在圖 3-7(A) 中，AD_d 曲線與對應自然產出的 AD^* 曲線間的差距 E^*B 稱為緊縮缺口 (deflationary gap)。AD_i 與 AS 曲線交於 E_i 點，將決定自然產出出 y^* 與物價 P_1，而 AD_i 與 AD^* 間的差距 AE^* 則稱膨脹缺口 (inflationary gap)，名目所得為 $Y_i = P_1 \times y^*$ 的變化將是反映物價上漲。

當體系陷入膨脹缺口環境，物價面臨上漲壓力。政府必須緊縮恆常性支出 AE^* 或增稅 $AE^* \times ($ 邊際消費傾向 $)^{-1}$，緊縮總需求來消除物價上漲壓力。反之，體系滑落緊縮缺口窘境，政府則須增加恆常性支出 E^*B 或減稅 $E^*B \times ($ 邊際消費傾向 $)^{-1}$，擴大總需求來回復自然產出境界。

歷史總以不同型態循環出現。2007 年美國次貸危機旋即於 2008 年初招來二房事件，蔓延至 9 月即演成金融海嘯，國際景氣瞬間淪落百年罕見蕭條。時間飛逝來到 2020 年初，新冠肺炎橫空出世，全球瞬間陷入封城與鎖國，國際

緊縮缺口
在自然就業下，總供給超過總需求的部分。

膨脹缺口
在自然就業下，總需求超過總供給的部分。

景氣再遭重創，蕭條氣氛不遑多讓，恍如 1930 年代大蕭條的翻版。面對此種困境，Keynes 的容顏與思維迅速浮上人們眼簾，各國政府按圖索驥尋求解套，新穎紓困政策紛紛出籠。

不過 Keynes 理論適用對象並非成熟體系長期運作的環境，以此背景形成政策來紓解一般經濟問題，適用性有待商榷。尤其是 Keynes 理論愈被簡化，甚至援用作擬定政策依據，可能產生的政治後果也會愈趨明朗。不論 Keynes 是否橫空出世，大蕭條終將喚來經濟政策思維變革，類似「政府負有維持經濟穩定與自然就業的責任」的期望也會揮之不去。大蕭條環境醞釀 Keynes 理論誕生，成為培育 Keynesian 學派蓬勃發展的溫床。隨著體系回歸正常運作環境後，基於蕭條環境而擬定的政策是否必須重新反思？同樣的，各國政府為紓解國際金融海嘯衝擊，甚至因應新冠肺炎而推出持續不止的紓困案，猶如飲鴆止渴，事過境遷如何遏止爆發後遺症，將是一件艱鉅的工程。

知識補給站

在 2007 年，新加坡預算盈餘高達新台幣 1,438 億元，逐在農曆新年後發給國民大紅包，金額高達 404 億元新台幣。其中，讓人們樂不可支的就是約 194 億元新台幣係直接發放給國民，超過 21 歲的公民在 2008 年 4 月和 10 月獲得兩次分紅，每人可分得 6,740 元台幣，中低所得者和老年者更可加發多達 1 萬元台幣。在這次分紅行動，新加坡也將部分資金用於照顧弱勢者。

另外，在 2008 年 2 月，香港財政司宣布當年政府預算盈餘高達 1,156 億元港幣，占香港 GDP7.2%，創下歷史高峰。香港政府選擇還富於民策略，以退稅和分發成長紅利方式，每戶發放電費津貼 1,800 港元，政府公屋居民免繳一個月租金。財政司也提出 2009 年度預算案，將個人所得稅免稅額由 10 萬元提高到 10.8 萬元，降低所得稅稅率 1%，同時也降低物業稅與非有限公司所得稅。

觀念問題

- 台北市政府研考會估算北市自然產出為 7,500，消費函數 $C = 700 + 0.7y$、投資函數 $I = 500 + 0.1y - 1,000r$，$r = 2\%$。試問：北市將面臨何種缺口？缺口為何？

- 諾魯的消費函數為 $C = a + b(Y - T)$，租稅函數 $T = T_0 + tY$，投資函數為 $I = I_0$，政府支出 $G = G_0$。試計算該國政府採取平衡預算支出 $(G_0 = T_0)$，平衡預算乘數為何？

- 澎湖縣消費函數 $C = 500 + bY$，期初投資支出 $I = I_0$，自然產出 $y^* = 6,000$。縣政府增加恆常性支出 100，將使均衡產出由 4,000 擴張為 4,500。試計算澎湖縣的期初投資支出為何？在期初又會面臨何種缺口？

- 何謂膨脹缺口？決策當局若採「無為而治」策略，該缺口能否自動消失？

3.4 可貸資金理論

在蕭條環境中，Keynesian-Cross 模型指出，儲蓄與投資互動 (商品市場均衡) 將決定均衡產出。隨著經濟場景轉換至自然就業環境，古典學派則是認為儲蓄與投資互動 (資本市場或可貸資金市場均衡) 將是決定均衡利率。圖 3-8 是利率決定過程。古典學派提出**實質可貸資金理論** (real loanable fund theory)，而新古典學派則提出**貨幣性可貸資金理論** (monetary loanable fund theory) 來探討體系利率的決定。

古典學派提出儲蓄投資理論或稱實質可貸資金理論，認為廠商投資的資金來源以儲蓄為主，儲蓄則是家計部門當期未消費的金額，而儲蓄與投資共同決定均衡利率。家計部門犧牲當期消費 (取決於時間偏好) 而儲蓄，將要求給與實物補償；而廠商投資機器設備取得資本邊際生產力，則願意支付實物作為利息。兩者相等決定的利率即是以實體商品衡量或購買力不變的**實質利率** (real rate)。古典學派認為家計部門當期的儲蓄 (有效需求減少)，透過利率機能運作轉由廠商用於投資 (有效需求增加)，促使體系維持在自然就業狀態。

實質可貸資金理論
儲蓄等於投資將決定實質利率。

貨幣性可貸資金理論
可貸資金供需將決定名目利率。

實質利率
以商品衡量的報酬率。

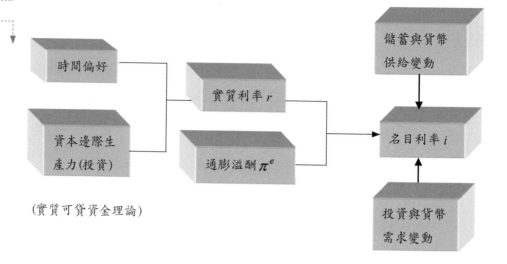

(實質可貸資金理論)

(貨幣性可貸資金理論)

廠商發行公司債募集資金融通投資支出 $I(r, y^*)$ 形成可貸資金需求 $F^d(r)$ 或新增公司債供給 $\Delta B_c^s(P_b)$。另一方面，家計部門以債券形式保有預擬儲蓄 $S(r, y^*)$，則是形成可貸資金供給 $F^s(r)$ 或新增債券需求 $\Delta B_c^d(P_b)$。一般而言，普通債

票面利率
發行債券規定債券利息與面值的比率。

券係以固定票面利率 (coupon rate) 發行，債券價格是 $P_b = \dfrac{1}{r}$。是以可貸資金市場 (或債券市場) 供需可表示如下：

$$\Delta B_c^d(P_b) = F^s(r) = S(r, y^*)$$
$$\quad (-) \qquad (+) \qquad (+,+)$$
$$\Delta B_c^s(P_b) = F^d(r) = I(r, y^*)$$
$$\quad (+) \qquad (-) \qquad (-,+)$$

體系在自然產出 y^* 狀態下，儲蓄等於投資將讓可貸資金市場 (或債券市場) 達成均衡 A 點，圖 3-9 中的均衡利率 r_1 即是以商品衡量或實質購買力不變的實質利率。古典學派認為儲蓄取決於時間偏好，投資則與資本的邊際生產力息息相關，兩者相等決定的均衡實質利率即是長期利率，而自然就業下的均

自然利率
體系達成自然就業下的實質利率。

衡實質利率又稱為自然利率 (natural rate of interest)。隨著人們未雨綢繆心思濃厚，儲蓄曲線 S_1 將右移至 S_2，在投資曲線 $I = F_1^d$ 不變下，實質利率 r_1 下跌至 r_2，可貸資金數量 F_1 增加為 F_2，刺激廠商擴大投資。

圖 **3-9**
古典實質可貸
資金理論

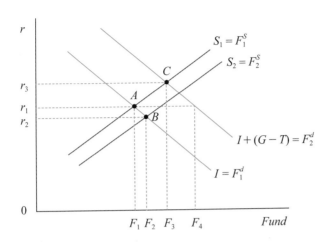

再考慮政府部門運作對利率的影響。政府擴張支出導致預算出現赤字 $(G-T)>0$，並在可貸資金市場發行公債融通，增加公債供給 $\Delta B_g^s(P_b)$。假設公司債與公債完全替代，可貸資金供給需求或債券供給 $\Delta B^s = \Delta B_c^s + \Delta B_g^s$ 可表為：

$$\Delta B^s(P_b) = \Delta B_c^s + \Delta B_g^s = F^d(i) = I(r, y^*) + (G-T)$$
$$(+) \qquad\qquad (-) \quad (-, +)$$

圖 3-9 顯示，可貸資金需求 $F_1^d = I$ 將因政府預算赤字增加而右移至 $F_2^d = I + (G-T)$，在儲蓄曲線 (可貸資金供給) S_1 不變下，實質利率 r_1 上漲為 r_3，可貸資金數量 F_1 擴增至 F_3。政府預算赤字增加 $F_1F_4 = G-T$，資金來源包括：(1) 實質質利率上漲誘使儲蓄增加 F_1F_3(消費減少)；(2) 實質利率上漲削弱投資誘因，投資支出下降 F_1F_4 釋出的資金。

到了 1930 年代，Keynes 在《一般理論》提出流動性偏好理論 (liquidity preference theory)，轉向由貨幣市場供需決定均衡貨幣利率 (money rate) 或名目利率 (nominal rate)，此即金融市場的借貸利率。然而瑞典學派的 Bertil Ohlin 與劍橋學派的 D. H. Robertson 則是綜合古典學派的儲蓄投資理論和 Keynes 的流動性偏好利率理論，結合貨幣因素與實質因素，提出貨幣性可貸資金理論，修正可貸資金供給或新增債券需求函數如下：

$$\Delta B^d(P_b) = \Delta B_c^d + \Delta B_g^d = F^s(r) = S(r, y^*) + \left(\frac{\Delta M_0^s}{P_0}\right)$$
$$(-) \qquad\qquad (+) \quad (+, +)$$

至於可貸資金需求 (或新增債券供給) 包括廠商與消費者預擬保有的貨幣餘額 (周轉金)，以及廠商融通當期資本支出的需求：

流動性偏好理論
貨幣市場供需決定名目利率。

貨幣利率
又稱名目利率，係指金融市場借貸資金的利率。

$$\Delta B^s(P_b) = \Delta B_c^s + \Delta B_g^s = F^d(i) = I(r, y^*) + (G - T) + \Delta L(i)$$
$$(+) \qquad\qquad (-) \quad (-, +)$$

人們增加保有貨幣 $\Delta L(i)$ 與貨幣利率或名目利率呈反向變動，而央行將能完全控制名目貨幣餘額 ΔM_0^s。圖 3-10 顯示，投資 $I(r)$ 等於儲蓄 $S(r)$ 將決定體系內均衡實質利率 r_1。在物價不變下，可貸資金供需（或債券供需）相等 $(F_1^d = F_2^s)$，將決定均衡貨幣利率 i_1，並等於實質利率 $i_1 = r_1$。央行採取寬鬆政策促使貨幣餘額由 $\dfrac{\Delta M_0^s}{P_0}$ 遞增為 $\dfrac{\Delta M_1^s}{P_0}$，可貸資金供給曲線則由 F_1^s 右移至 F_2^s，均衡貨幣利率 i_1 滑落至 i_2，實質利率維持 r_1 不變。由於貨幣利率低於實質利率 $(i_2 < r_1)$，體系將出現超額商品需求或投資過度 (AC) 現象，推動物價上漲引發實質餘額下降，可貸資金供給曲線因而左移。隨著物價上漲至 P_1，F_2^s 曲線重回 F_1^s 位置，貨幣利率又回歸原先水準 i_1。

圖 **3-10**
新古典貨幣性
可貸資金理論

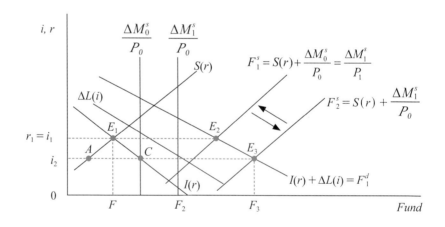

圖 3-10 中出現貨幣利率 (i) 與實質利率 (r)，兩者互動將說明如下。貨幣利率或名目利率是金融市場借貸利率，或廠商募集資金支付的成本。實質利率是廠商購買資本財生產所獲的報酬率，或維持購買力不變的報酬率，相當於資本的邊際生產力。在通膨過程中，兩者將因物價變化（實質購買力變化）而出現差異。舉例來說，台南養雞大王舉債購買 $(\dfrac{1}{P_0})$ 隻母雞，直到還款日擁有母雞與雞蛋數量為 $(\dfrac{1}{P_0})(1 + r^e)$，$r^e$ 是預期的雞蛋數量（實質報酬率）。若以 P_1^e 價格出售母雞與雞蛋，可得預期名目收益 $(\dfrac{P_1^e}{P_0})(1 + r^e)$，而到期清償名目本息為 $(1 + i)$。一旦養雞大王清償到期借款名目本息，等於舉債營運的預期收益，

則將不再增加或減少借款，亦即達成均衡條件如下：

$$(1+i) = (\frac{P_1^e}{P_0})(1+r^e)$$
$$= (1+\pi^e)(1+r^e)$$
$$= 1 + r^e + \pi^e + r^e\pi^e$$

當 $r^e\pi^e$ 值趨於微小，可得 Irving Fisher (1930) 的 Fisher 方程式 (Fisher equation)，貨幣利率等於預期實質利率 (假設等於實質利率，$r^e = r$) 加上預期通膨率。

$$i = r^e + \pi^e$$

貨幣利率 ＝ 預期實質利率 ＋ 預期通膨率

Fisher 方程式
貨幣利率等於實質利率加上預期通膨率。

在預期通膨率為零，實質利率主要受時間偏好與資本的邊際生產力影響，金融市場通常以財政部發行的國庫券 (treasury bill) 報酬率 (無風險利率) 衡量。實務上，金融業常用一年期定存利率扣除消費者物價指數 CPI 年增率衡量事後實質利率 (ex-post real rate)，而事前實質利率 (ex-ante real rate) 則是以未來預期通膨率為準，並非過去發生的實際通膨率。舉例來說，張無忌投資獲取報酬率 7%，預期通膨率為零，一年後實質購買的商品與勞務將增加 7%。一旦體系通膨率攀升至 10%，張無忌在一年後的收入雖然增加 7%，卻須增加支付 10% 代價換取相同的商品與勞務，實際投資所得反而貶值 3%。

國庫券
財政部為融通短期資金缺口而發行的票券。

事後實質利率
名目利率扣除消費者物價指數年增率。

一般而言，資金需求者在金融市場支付貨幣利率 i，金主則在意收取實質利率 r，是以可貸資金市場均衡可表為：

事前實質利率
名目利率扣除預期通膨率。

$$F^d(i) = F^s(r) = F^s(i - \pi^e)$$
$$\quad (-) \qquad (+) \qquad\quad (+)$$

值得注意者，實質利率與預期通膨率同屬預期概念。實務上，在通膨期間，名目利率、實質利率與通膨率三者互動將存在三種現象。

- Fisher 效果　古典學派認為實質利率基本上維持不變，體系發生通膨，貨幣利率將反映預期通膨率變化而等幅上升。圖 3-11 顯示，古典學派認為可貸資金供給曲線 $F_1^s(i - \pi^e)$ 為垂直線，體系爆發通膨引起金主預期通膨率上升 ($\pi^e > 0$)，將讓可貸資金供給左移至 $F_2^s(i - \pi^e)$，推動名目利率上升至 i_2，實質利率不變，$\Delta i_2 i_1$ (貨幣利率上漲) $= \Delta i_2 i_1$ (預期通膨率 π^e 上升)。就政策涵義而言，Fisher 效果隱含貨幣政策中立性，央行無法透過權衡性政策改變實質利率，進而影響實質部門決策。

Fisher 效果
名目利率全部反映預期通膨率上升。

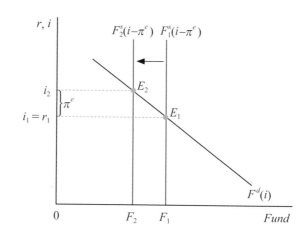

Harrod 效果

在通膨過程中，實質利率完全反映預期通膨率下降。

金融壓抑

央行採取利率上限與資本管制措施，進而壓低名目利率與降低債務成本。

- Harrod 效果　Keynesian 學派認為央行採取金融壓抑 (financial repression)，導致金融市場利率僵化，或央行釘住利率，可貸資金需求曲線如圖 3-12 所示為水平線 $F^d(i)$，資金供給曲線則是正斜率線 $F_1^s(i-\pi^e)$。體系出現通膨，促使可貸資金供給曲線 $F_1^s(i-\pi^e)$ 左移至 $F_2^s(i-\pi^e)$，實質利率將反映預期通膨率變化而等幅下降，亦即 $\Delta i_1 r_2$ (實質利率下跌) $= \Delta i_1 r_2$ (預期通膨率 π^e 上升)。

圖 3-12

Harrod 效果

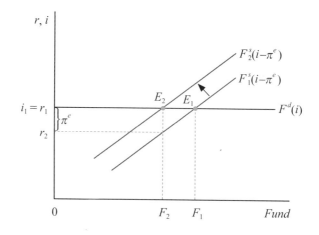

Mundell-Tobin 效果

在通膨過程中，出現名目利率上漲而實質利率下跌的現象。

- Mundell-Tobin 效果　圖 3-13 顯示，可貸資金供給曲線 $F_1^s(i-\pi^e)$ 與可貸資金需求曲線 $F^d(i)$ 交於 A 點，決定均衡利率 $i_1 = r_1$。體系爆發通膨無疑是對資金供給者課徵通膨稅 (購買力下降)，稅率即是預期通膨率，金主勢必減少資金供給，促使可貸資金供給曲線左移至 $F_2^s(i-\pi^e)$，透過金融市場交易，部分轉嫁給資金需求者，名目利率上漲至 i_2，實質利率則降低至 r_2，$\Delta i_2 i_1$ (貨幣利率上漲) $= -\Delta i_1 r_2$ (實質利率下跌) $+ \Delta i_2 r_2$ (預期通膨率 π^e)，此即稱為 Mundell-Tobin 效果。

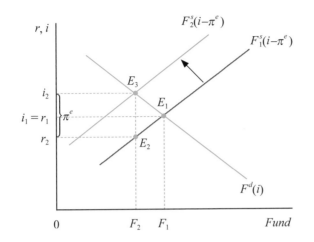

圖 **3-13**

Mundell-Tobin
效果

總體經濟學者：Irving Fisher (1867~1947)

(一) 生平

1867 年 2 月 27 日出生於紐約 Saugerties，1888 年畢業於耶魯大學，自 1890 年起，在耶魯大學擔任數學教師。1898 年獲得耶魯大學首位經濟學博士，論文《價值與價格理論的數學研究》是以定量分析研究效用理論。在 1898~1935 年期間擔任耶魯大學經濟學教授。1913 年創立生命延續研究所 (Life Extension Institute)，擔任該所保健指導委員會主席，並與醫學專家 Fisk 合著《如何生活》(*How to Live*) 暢談養生之道。1926 年擔任 Remington Rand 公司董事。1929 年與 J. A. Schumpeter、J. Timbergen 成立計量經濟學會，並在 1931~1933 年擔任學會會長。1935 年成為耶魯大學名譽教授。1896~1910 年擔任 Yale Review 的編輯。1947 年 4 月 29 日去世，享年 80 歲。

(二) 對總體理論的貢獻

Fisher 被譽為美國首位數理經濟學家，提出交易方程式 (equation of exchange) 解釋通膨的原因，而穩定物價將可穩定體系。此外，Fisher 在 1923 年創辦計量經濟協會，是發展計量經濟學的領導者。Fisher 對一般均衡理論、數理經濟學、物價指數編製、總體理論與貨幣理論都卓有貢獻。尤其是 Fisher 在《貨幣的購買力》(*The Purchasing Power of Money*, 1911) 關注貨幣理論議題，提出交易方程式建立貨幣數量與物價指數間的關係，而成為貨幣學派的先驅。同時，Fisher 在《利率理論》(*The Theory of Interest Rate*, 1930) 探討跨期分析、資本預算、金融市場與 Fisher 方程式，奠定現代消費理論、投資理論與金融理論的基礎。此外，Fisher 在 1926 年提出失業與和通膨關係的統計，成為「Phillips 曲線」的原創者，影響力持續至今。

 總體經濟學者：**Bertil Gotthard Ohlin (1899~1979)**

(一) 生平

1899 年 4 月 23 日出生於瑞典，先後就讀於 Lund 大學、Stockholm 商學院、劍橋大學與哈佛大學。1924 年任教於 Copenhagen 大學經濟系。1930 年擔任 Stockholm 商學院經濟學教授，1938 年當選為議員，是瑞典著名的政治活動家。1944 年擔任瑞典主要反對黨自由黨主席達 23 年之久，在聯合政府擔任貿易部長。1969~1975 年擔任諾貝爾經濟學獎委員會主席。1977 年獲頒諾貝爾經濟學獎。1979 年 8 月 3 日去世，享年 81 歲。

(二) 對總體理論的貢獻

Ohlin 在國際貿易和國際資本移動具有開拓性貢獻，並以 Heckscher-Ohlin 模型 (因素稟賦理論) 而稱雄於貿易理論。此外，Ohlin 是社會自由主義者，理論主張類似 Keynesian 理論，其發表《貨幣政策、公共工程、補貼和關稅是消除失業的工具》，對瑞典政府擬定政策發揮重大影響，而與 Keynes 的《一般理論》思想一脈相承。同時，他發表的《資本市場和利率政策》也對利率與資本市場運作發揮重大影響力。

觀念問題

- 台灣貨幣市場目前利率為 1.5%，人們原先預期消費者物價上漲率 0.5%，而主計總處卻發布實際消費者物價下跌 0.1%。假設台灣金融市場符合 Fisher 效果說法，主計總處發布此種訊息，將對市場利率造成何種衝擊？
- 試評論：「Mundell-Tobin 效果係指央行增加貨幣供給引發物價上升，迫使實質利率提高以補償儲蓄者損失。」
- 試評論：「就長期而言，高通貨膨脹率除帶來高利率外，也將推動實質利率上漲。」

👍 問題研討

👫 小組討論題

一、評論題

1. 台灣政府預算制度原先設計為：政府購買商品與勞務支出 $G=G_0$、社會福利支出 $R=R_0-rY$、租稅收入 $T=T_0+tY$。爾後，財政部委託學者研究稅制改革，建議修正預算制度為 $G=G_0$、$R=r(D_0-Y)$、$T=t(Y-D_0)$，D_0 是維持最低生活水準。此種制度變革將可強化財政政策的自動穩定因子。

2. 在政府預算制度中，租稅係採取定額稅課徵，政府移轉支出亦與所得無關，則該制度將缺乏自動穩定因子。

3. 假設體系內沒有投資存在，則均衡所得將永遠落在所有消費者的收支平衡水準上。換言之，只有當某些人想要投資時，其他人才有可能進行儲蓄。

4. 中研院經濟所依據實際資料估計台灣消費函數型態為 $C=120+0.8(Y-T+R)$。財政部訂定租稅函數為 $T=T_0+0.2Y$，社會福利支出函數為 $R=R_0-0.2Y$。實務上，農民們面對政府發放農民年金，將出現各種可能反應。立法委員基於選票考慮，透過恆常性增加發放農民年金 $\Delta R=1,000$，預期對台灣所得造成的影響為 $5,000 \geq \Delta Y>4,000$。

5. 體系內儲蓄增加將會降低產出，進而引起景氣衰退，是以人們的所得應全部用於消費以維持景氣繁榮。

二、問答題

1. 經濟成長主要是依據儲蓄和投資。隨著信用卡交易方式盛行，人們通常擁有多張信用卡或現金卡，倚賴短期借貸維持生活費用，國民平均儲蓄率日漸降低。試分析低儲蓄率對體系短期景氣循環、長期成長和未來國民生活水準的影響。

2. 試解釋政府是否應該經常遵守「財政收支必須平衡」原則？

3. 中研院經濟所設立包含政府部門的簡單 Keynesian 模型如下：

國民生產淨額	$Y=C+I+G$
消費函數	$C=C_0+c(Y-T)$
投資函數	$I=I_0+iY$
政府支出	$G=G_0$
定額淨租稅	$T=T_0$

針對上述總體模型，回答下列問題：

(a) 試計算該模型達成均衡的所得與乘數。

(b) 何謂「誘發性投資」？並解釋其產生原因。

(c) 中研院經濟所考察國內投資活動變化後，決定修正假設投資函數為 $I = I_0 + iY$，試以修改後的 Keynesian 模型論證「誘發性投資存在將會加強乘數效果的作用」。

(d) 延續 (c) 題，財政部決定修正稅收淨額為 $T = T_0 + iY$，$0 < t < 1$。試問此時的均衡所得與乘數為何？

(e) 試依據 (d) 題的結果，說明何謂財政制度的「自動穩定因子」？

4. 針對一國商品市場運作結果，古典學派與 Keynesian 學派各自提出何種理論進行解釋？是否有所差異？

5. 假設政府實質稅收與實質支出同時增加相同金額。試從 Keynesian 學派與新古典學派觀點，說明此種平衡預算變動，對利率與所得的影響為何？你的答案是否會受邊際消費傾向影響？

6. 試比較 Keynesian-Cross 模型與可貸資金理論對儲蓄與投資的看法。

三、計算題

1. 甲國屬於封閉體系，經濟活動可簡單描繪如下：

消費函數	$C = 2,000 + 0.8(Y - T)$
投資函數	$I = 1,000$
政府支出	$G = 4,000$
定額淨租稅	$T = 5,000$

試計算下列問題：

(a) 均衡所得為何？

(b) 假設自發性投資由 1,000 億元增至 1,500 億元，均衡所得將如何變化？投資乘數為何？

(c) 該國自然產出若為 20,000 億元，在自發性投資不變下，政府必須增加多少支出才能達成自然就業目標？若政府維持支出不變，則須降低多少淨租稅才能達成自然就業？

2. 下表為所羅門在 2012 年和 2013 年的民間消費支出、政府所得稅收入和國民所得。試計算所羅門的邊際消費傾向 (MPC) 和邊際儲蓄傾向 (MPS)。

	民間消費支出	政府所得稅收	國民所得
2012	1,040	480	1,800
2013	1,200	500	1,900

3. 以下是千里達的總體經濟活動資料：

消費函數　$C = 450 + 0.65Y$

投資函數　$I = 250$

總需求　　$AD = E = C + I$

總供給　　$AS = Y$

試計算下列問題：

(a) 邊際消費傾向 MPC 和邊際儲蓄傾向 MPS 為何？

(b) 試作圖表示消費函數和投資函數。

(c) 當投資支出增加 25 時，均衡所得將如何變化？乘數為何？

(d) 儲蓄函數為何？

4. 不丹是封閉的小國經濟，其經濟活動可描繪如下：

消費函數　$C = 500 + 0.6(Y - T)$

國內投資　$I = 200$

政府支出　$G = 400$

租稅函數　$T = 0.1(Y - 300)$

試計算下列問題：

(a) 均衡產出為何？

(b) 均衡消費支出與平均消費傾向為何？

(c) 該國投資支出由 200 增加至 300，均衡產出將如何變動？乘數為何？

(d) 該國自然產出為 2,500，若民間消費、國內投資與稅賦維持不變，政府支出必須增加多少才能達成自然就業目的？

(e) 該國採取門戶開放政策，應該如何發展貿易活動才能促進經濟成長？

5. 在不考慮金融市場影響下，台灣總體模型可表示如下：

富有者消費函數　$C^R = 100 + 0.4Y_d^R$

貧窮者消費函數　$C^P = 200 + 0.9Y_d^P$

所得分配狀況　　$Y^R = 0.8Y$

$\qquad\qquad\qquad\quad Y^P = 0.2Y$

可支用所得 $\qquad Y_d^R = Y^R - T$

$$Y_d^P = Y^P + R$$

租稅函數 $\qquad T = 30$

政府移轉支出函數 $R = 30$

投資支出函數 $\qquad I = 30$

政府支出 $\qquad G = 30$

總體均衡條件 $\qquad Y = C^P + C^R + I + G$

試計算下列問題:

(a) 均衡所得爲何?

(b) 政府移轉支出乘數與租稅乘數爲何?

(c) 政府增加課稅用於融通支出 $(dT_0 = dG_0)$,平衡預算乘數爲何?

(d) 政府增加課稅用於福利支出 $(dT_0 = dR)$,平衡預算乘數爲何?

(e) 假設台灣所得分配趨於平均,新所得分配狀況如下: $Y^P = 0.4Y$ 與 $Y^R = 0.6Y$,試計算投資乘數?

6. 國發會估計 2011 年的台灣消費函數爲 $C = 400 + 0.8y_d - 1,000(i - \pi^e)$、投資函數爲 $I = 300 + 0.18y - 2,000i$,政府支出 $G = 700$,租稅函數 $T = 100 + 0.1y$。試回答下列問題: (r 是實質利率,i 是貨幣利率,π^e 是預期通膨率)

(a) 台灣受歐債危機衝擊而陷入衰退狀況,物價維持不變,而央行訂定貨幣利率 $i = 5\%$。試依據 Keynesian-Cross 模型,台灣的均衡所得爲何?當政府擴大支出爲 $G = 730$,台灣的均衡所得將變爲何?

(b) 隨著台灣已經邁向自然產出境界,$y^* = 12,000$,而在物價穩定下,依據可貸資金理論,試問:台灣的均衡利率爲何?當政府擴大支出爲 $G = 730$,台灣的均衡利率將變爲何?

(c) 延續 (b) 題的政府支出未增加情況下,國際油價上漲引起台灣人們預期通貨膨脹率上升爲 $\pi^e = 3\%$,試問:台灣均衡的名目利率與實質利率分別爲何?

7. 國家發展委員會估計台灣的投資函數與儲蓄函數分別如下:

投資函數 $\quad I = 500 - 2,000r$

消費函數 $\quad C = 100 + 0.8y_d - 3,000r$

r 是實質利率,y_d 是可支配所得。台灣總儲蓄包括民間儲蓄 $S_p = y_d - C - T$,政府儲蓄 $S_g = T - G$。假設台灣處於自然產出境界 $y = 3,000$,政府支出

$G = 500$，政府稅收 $T = 500$。試依據新古典可貸資金理論，回答下列問題：

(a) 當可貸資金市場達到均衡，均衡實質利率為何？此時投資、民間儲蓄與政府部門儲蓄各為何？

(b) 當財政部擴大支出至 800，對均衡實質利率造成何種影響？對投資造成的排擠效果為何？

(c) 財政部執行健全財政政策，等量增加政府支出與課稅 $\Delta G = \Delta T$。試問均衡實質利率將如何變化？對投資是否造成排擠效果？

👍 網路練習題

1. 試上網搜尋政府於 2009 年 1 月 18 日發放消費券與 2020 年 7 月 15 日發放振興三倍券的相關報導，嘗試就評論消費券與三倍券的正反效果，做一綜合整理與評論。

2. 試上網查閱在 2007~2008 年間，香港、澳門與新加坡政府發放財政紅利的狀況，並說明其與台灣政府在 2009 年發放消費券的差異性。

封閉體系的 Hicks-Hansen 模型

個案導讀

在 2008 年 9 月 14 日，雷曼兄弟申請破產與美林證券被美國銀行接管，持有投資銀行商品的機構無不深陷混亂狀態，迅速引爆金融海嘯，影響所及，重創國際景氣，台灣三大科學園區的高科技公司紛紛以「無薪休假」、「薪餉四成」策略因應。迫於失業率高漲，行政院院會在 2008 年 9 月 11 日通過「因應景氣振興經濟方案」，擬定「刺激消費」、「振興投資、加強建設」，以及「穩定金融、促進出口」等三個政策方向，內容涵蓋照顧弱勢、鼓勵消費、促進就業、優惠房貸、加強公共建設、促進民間投資、穩定股市與金融環境、加強中小企業融資、拓展出口，以及推動租稅改革等措施，投入補貼及減稅金額 1,226 億元新台幣。隨後，立法院於 2009 年 1 月 13 日通過《振興經濟擴大公共建設投資特別條例》，預定未來四年投入 5,000 億元，每年創造就業機會 16.8 萬人次，藉以提升經濟成長率 0.45%。另外，為振興低迷景氣，央行也從 2008 年 9 月起，連續降息 7 次，重貼現率跌到歷年最低水準 1.25%，積極塑造寬鬆金融環境。

針對上述總體經濟活動變化，本章將運用 Hicks-Hansen (IS-LM) 模型，探討國內商品市場與貨幣市場如何達成均衡，同時分析決定總體經濟現狀的因素，說明體系達成均衡的動態調整過程。

4.1 總體預算限制與 Walras 法則

　　經濟學是討論面對資源稀少性，人們如何選擇的問題，是以經濟成員 (包括家計部門、廠商與政府部門) 擬定最適決策，各自均須面臨預算限制。同樣的，個別成員決策有其預算限制，累加成總體經濟活動，每個部門決策將需考慮購買商品或勞務 (資金用途) 要等於預算的限制 (資金來源)，亦即每一部門各有其資金流量表。

　　在固定期間內，體系內三個部門擬定決策所需面對的預算限制如下：

- 家計部門獲取勞動所得 WN^s 與廠商分配紅利 π 後，在追求跨期效用 (兩期消費或消費與儲蓄) 極大下，將先繳納個人所得稅 PT_H，再用於購買商品 (消費支出)PC^d，並將剩餘部分 (儲蓄) 以增加債券 $\frac{1}{r}(B^d - B)$ 與貨幣 $(M_H^d - M_H)$ 持有。

$$PC^d + \frac{1}{r}(B^d - B) + (M_H^d - M_H) + (PT_H) = WN^s + \pi$$

P 是物價，r 是利率，W 是貨幣工資，N^s 是勞動供給，T_H 是個人實質所得稅，C^d 是實質消費。B^d 是固定票面利率的債券需求，$P_b = \frac{1}{r}$ 是債券價格。M_H^d 是家計部門的貨幣需求，M_H 是其原先持有的貨幣數量。

家計部門資金流量表

資金用途		資金來源	
個人所得稅	PT_H	勞動所得	WN^s
消費	PC^d	資本所得 (紅利)	π
儲蓄 (PS)			
債券需求變動	$\frac{1}{r}(B^d - B)$		
貨幣需求變動	$(M_H^d - M_H)$		

- 廠商的營運資金來源，包括出售商品收入 Py^s 與發行債券 $\frac{1}{r}(B^s - B)$ 在追求利潤極大下，支付工資成本 WN^d 僱用勞工、投資購買機器設備 PI^d、繳納營利事業所得稅 PT_F、分配家計部門紅利 π，剩餘部分則增加持有貨幣

$(M_F^d - M_F)$ 。

$$WN^d + PI^d + (M_F^d - M_F) + (PT_F) + \pi = Py^s + \frac{1}{r}(B^s - B)$$

N^d 是勞動需求，T_F 是實質營利事業所得稅，I^d 是實質投資，B^s 是固定票面利率的債券供給，M_F^d 是廠商的貨幣需求，M_F 是其原先持有的貨幣數量。

廠商部門資金流量表

資金用途		資金來源	
廠商所得稅	PT_F	出售商品收入	Py^s
薪資成本	WN^s	發行債券收入	$\frac{1}{r}(B^s - B)$
投資支出	PI^d		
紅利支出	π		
貨幣需求變動	$(M_F^d - M_F)$		

最後，為求簡化，假設政府係以增加發行貨幣 $(M^s - \overline{M})$ 與課稅 $(PT = PT_H + PT_F)$ 來融通支出 PG，$\overline{M} = M_H + M_F$。

$$PG = (M^s - \overline{M}) + PT$$

政府部門資金流量表

資金用途		資金來源	
政府購買商品與勞務	PG	租稅收入	$P(T_H + T_F)$

累加三部門預算限制式即是體系總預算限制式，再依據市場供需歸類，可得 Walras 法則如下：

$$\frac{W}{P}(N^d - N^s) + (C^d + I^d + G^d - y^s) + \frac{1}{P}(M_H^d + M_F^d - M^s) + \frac{1}{rP}(B^d - B^s) = 0$$

由 Walras 法則可衍生下列涵義：

• 經濟成員擬定決策將須面對總合預算限制，此與體系是否均衡無關。
• 所有市場超額需求或超額供給總合為零。
• 體系內 $(n-1)$ 個市場達成均衡，第 n 個市場必然均衡，是以討論體系均衡，將可選擇放棄任一市場，無須討論。

在此，Hicks-Hansen 模型反映 Keynesian 學派觀點，屬於大量失業與產能過剩的蕭條模型，隱含總供給曲線為水平線，無須討論勞動市場均衡。該模型採取 Keynes 的流動性偏好理論說法，利率係由貨幣市場決定，選擇不討論債券市場，而由商品市場 (IS 曲線) 與貨幣市場 (LM 曲線) 決定體系均衡，此即 IS-LM 模型或稱 Hicks-Hansen 模型。相對的，古典學派認為勞動市場恆處自然就業狀態，總供給曲線為垂直線，也無須討論勞動市場均衡。不過該模型係採可貸資金理論說法，利率係取決於債券 (可貸資金) 市場，故不討論貨幣市場，而由商品市場 (IS 曲線) 與債券市場 (BF 曲線) 決定體系均衡，此即 IS-BF 模型或稱 Patinkin 模型。

總體經濟學者：Leon Warlas (1834~1910)

(一) 生平

1834 年 12 月 16 日出生在法國 Evreux，畢業於巴黎礦業學院，曾任職於銀行、擔任記者、小說家與鐵路公司祕書。1870 年任教於瑞士 Lausanne 大學教授政治經濟學，受到 Augustin Cournot 影響，率先將數學引進經濟學，1874 年出版《純粹經濟學原理》(*Elements of Pure Economics*)。1893 年與 Vilfredo Pareto 兩人成為洛桑學派 (數理經濟學) 的核心。1910 年 1 月 5 日去世，享年 77 歲。

(二) 對總體理論的貢獻

Warlas 出版《純粹經濟學原理》(1874)，以聯立方程組討論體系所有市場如何達成均衡，成為「一般均衡理論之父」。此外，Warlas 建立 Warlas 法則，探討在 n 個市場體系，只要求解 $(n\text{-}1)$ 個市場結清的聯立方程組，就可達成一組均衡解，該項說法在 1950 年代由 1972 年諾貝爾獎得主 Kenneth Arrow 與 1983 年得主 Gerard Debreu 發展出更嚴格版本。

觀念問題

- 試評論有關 Walras 法則內容的敘述：
  (1) Walras 法則是反映體系達成均衡所需的條件。
  (2) 體系存在 5 個市場，其中 4 個市場同時出現超額供給，剩下第 5 個市場必然處於超額需求狀態。

4.2　商品市場均衡 (*IS* 曲線)

Hicks (1937) 結合新古典一般均衡理論與 Keynes 思維，率先以 *IS-LM* 模型詮釋《一般理論》，十餘年後再由 Hansen (1949) 推廣於詮釋均衡所得的決定。該模型純粹關注需求面的所得決定，供給面則以蕭條環境的物價僵化一筆帶過，基本假設包括：

- 體系僅有兼作消費財與資本財的單一商品，商品價格即是物價。
- 體系處於蕭條狀態，物價維持不變，是以名目所得變動即是實質產出變動。
- 廠商發行公司債融通投資支出，並由家計部門持有，支付公司債利息將是家計部門所得。
- 體系只有貨幣與債券兩種資產。
- 人們採取靜態預期 (static expectation) 形成，如本期的預期物價、所得與利率均取決於前期數值。

> **靜態預期**
> 人們對未來變數預期將取決於目前值。

在第三章中，人們預擬支出 (消費與投資) 受利率與所得影響，但因利率不變，是以預擬支出僅取決於所得。在本章，利率將能自由變動，預擬支出同時受實質所得與實質利率影響。在商品市場均衡 (所得等於預擬支出) 下，實質利率和實質所得組合能讓商品市場均衡的軌跡稱為投資儲蓄曲線 (investment-saving schedule, *IS*)，其上各點均反映商品總產出等於總需求。商品市場結構式模型可表示如下：

> ***IS* 曲線**
> 實質利率與實質產出組合能讓商品市場均衡的軌跡。

總支出	$E = C + I$
消費函數	$C = C(r, y)$
投資函數	$I = I(r, y)$
商品市場均衡	$y = E = C(r, y) + I(r, y)$

針對商品市場均衡方程式全微分，可得 *IS* 曲線斜率如下：

$$\frac{dr}{dy}\Big|_{IS} = \frac{1 - C_y - I_y}{C_r + I_r} = \frac{S_y - I_y}{C_r + I_r}$$

$$= \frac{1 - (\frac{C}{y})\varepsilon(C, y) - (\frac{I}{y})\varepsilon(I, y)}{(\frac{C}{r})\varepsilon(C, r) + (\frac{I}{r})\varepsilon(I, r)}$$

$$= \frac{(\frac{S}{y})\varepsilon(S,y) - (\frac{I}{y})\varepsilon(I,y)}{(\frac{C}{r})\varepsilon(C,r) + (\frac{I}{r})\varepsilon(I,r)}$$

$\varepsilon(C,r) = C_r(\frac{r}{C}) < 0$ 與 $\varepsilon(I,r) = I_r(\frac{r}{I}) < 0$ 分別是消費支出與投資支出的利率彈性。$\varepsilon(C,y) = C_y(\frac{y}{C}) > 0$ 與 $\varepsilon(I,y) = I_y(\frac{y}{I}) > 0$ 是消費支出與投資支出的所得彈性，$\varepsilon(S,y) = S_y(\frac{y}{S})$ 是儲蓄的所得彈性。依據 *IS* 曲線斜率，相關型態如圖 4-1 所示：

- 負斜率曲線 (IS_1)　$(1 - C_y - I_y) > 0$ 代表邊際支出傾向小於 1。*IS* 曲線斜率將視投資與消費支出的利率彈性與所得彈性而定，*IS* 曲線斜率愈小 (愈趨平坦)，意味著利率利率彈性愈大，或所得彈性愈小。反之，*IS* 曲線趨於陡峭 (斜率愈大)，則隱含利率彈性變小，或所得彈性變大。

- 水平線 (IS_2)　就長期而言，古典學派認為投資取決於利率變化，消費則視終身所得 (life time income) 變化而定，兩者深具利率彈性，$(C_r + I_r)$ 趨於無窮大，導致長期 *IS* 曲線趨於平坦，具有高利率彈性。

- 正斜率曲線 (IS_3)　$(1 - C_y - I_y) < 0$ 代表邊際支出傾向大於 1。當廠商投資決策深受景氣循環影響時，*IS* 曲線斜率可能反轉為正值，此係罕見的狀況。

- 垂直線 (IS_4)　就短期而言，Keynesian 學派關注景氣波動，認為投資與消費視景氣變化而定，$C_r + I_r = 0$ 而缺乏利率彈性，導致短期 *IS* 曲線趨於垂直線，Bernhard Felderer 與 Stefan Homburg (1992) 稱為投資陷阱 (investment trap)。

投資陷阱
短期消費與投資缺乏利率彈性，促使 *IS* 曲線呈現垂直線。

圖 4-1
IS 曲線類型

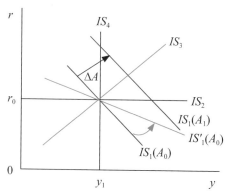

至於能讓 *IS* 曲線變化的因素，包括：

- 消費者信心　人們對景氣前景趨於樂觀，主動增加消費支出 ΔA，$IS_1(A_0)$ 曲線將右移至 $IS_1(A_1)$；相反地，景氣前景黯淡而讓消費者未雨綢繆心思濃厚，緊縮消費支出而讓 *IS* 曲線左移。消費者的時間偏好改變，引起邊際消費傾向擴大，或邊際儲蓄傾向縮小，亦即消費支出的所得彈性變小，或是消費支出的利率彈性變大，均讓 $IS_1(A_0)$ 曲線旋轉為 $IS'_1(A_0)$ 曲線，斜率絕對值變小或彈性變大。
- 廠商信心　廠商對未來景氣樂觀而投資意願遞增，將讓 $IS_1(A_0)$ 曲線右移。反之，廠商信心悲觀而縮減投資，促使 *IS* 曲線左移。至於邊際投資傾向 (所得彈性) 投資的利率彈性改變，將會改變 *IS* 曲線斜率。
- 政府支出　財政部採取權衡性政策，改變政府支出 G，將造成 $IS_1(A_0)$ 曲線平行移動。
- 租稅　考慮政府課稅與實施福利制度影響後，商品市場均衡方程式修正為：

$$y = E = C(r, y_d) + I(r, y)$$
$$y_d = y - (T_0 - R_0) - (t - r)y$$

IS 曲線斜率將如下所示：

$$\left. \frac{dr}{dy} \right|_{IS} = \frac{1 - (1 - t - r)C_y - I_y}{C_r + I_r}$$

政府調整稅率 t 或移轉支出比例 r，即是改變財政法則 (自動穩定因子)，將會改變 *IS* 曲線斜率。若是調整定額稅 T_0 或定額移轉支付 R_0，則是引起使 *IS* 曲線平行移動。

總體經濟學者：**John Richard Hicks (1904~1989)**

(一) 生平

　　1904 年 4 月 8 日出生於英國 Warwick，1926 年獲得牛津大學碩士，1932 年獲得牛津大學博士，並且任教於劍橋大學倫敦經濟學院。之後在 1938~1946 年期間任教於 Manchester 大學，1946 年回到牛津大學任教。在 1942~1971 年間先後成為英國科學院院士、瑞典皇家科學院院士、義大利 Linacre 學院院士、美國科學院外國院士，並擔任牛津 Nuffield 學院名譽委員、劍橋 Gonville 與 Cainus 學院名譽委員、皇家經濟學會會長、維也納大學名譽委員等職務。1964 年封爵士，1972 年獲頒諾貝爾經濟學獎。1989 年 5 月 20 日去世，享年 86 歲。

(二) 對總體理論的貢獻

Hicks 建立 *IS-LM* 模型 (1937) 詮釋 Keynes 理論，成為 Keynesian 學派的理論核心，隨後又在《景氣循環理論》(*A Contribution to the Theory of the Trade Cycle*, 1950) 與 Samuelson 共同提出「乘數—加速原理」，尋找景氣循環波動根源，並進一步發展結構性通膨理論。在個體理論方面，Hicks 以序數效用理論和無異曲線來解釋邊際效用價值論，發展出一般均衡理論。尤其是 Hicks 繼 Kaldor 之後提出新的補償標準，在批評 Pigou 的福利經濟學基礎上，建立新福利經濟學理論體系。總之，Hicks 對總體理論貢獻涵蓋工資理論、貨幣理論、成長理論、資本理論，甚至也在經濟學方法論與經濟史理論貢獻卓著。

觀 念 問 題

- 行政院主計總處檢視國民所得帳資料，發現 2008 年國際金融海嘯讓國內 *IS* 曲線呈現左移，試說明可能原因為何？

  試評論有關 *IS* 曲線的描述：

  (1) *IS* 曲線未必呈現負斜率。

  (2) 投資支出的利率彈性愈小，*IS* 曲線將愈趨於平緩。

  中研院經濟所估計台灣在 2011 年的消費函數 $C = 50 + 0.8y - 2,000r$，投資函數 $I = 20 + 0.3y - 1,000r$。如果主計總處公布的台灣目前經濟狀態為 $(r, y) = (3\%, 300)$，則商品市場將處於何種狀態？

4.3 貨幣市場均衡 (*LM* 曲線)

在貨幣經濟體系，貨幣提供交易媒介 (medium of exchange)、計帳單位 (unit of account) 與價值儲藏 (store of value) 等三種功能，而 Keynes (1936) 在《一般理論》指出人們基於交易 (transaction)、預防 (precaution) 與投機 (speculation) 等三種動機而持有貨幣，是以流動性偏好函數可表為：(有關貨幣需求與供給理論將於第十一章與十二章再行討論)

$$L = L(i, y) = ky + l(i)$$

在 1930 年代大蕭條期間，利率滑落至谷底，人們預期利率難以再降，或預期債券價格已達高峰，遂採取空頭 (bear) 操作，拋售債券轉為持有貨幣，等待債券價格回升時，才再買回債券。在圖 4-2 中，人們預期利率滑落谷底 i_0，將持續拋售債券而持有貨幣，流動性偏好曲線變為完全利率彈性的水平線，Robertson 稱為流動性陷阱 (liquidity trap) 或 Keynesian 區域。此時人們持有貨幣餘額屬性多數是投機動機的閒置餘額，預期未來利率或將彈升，缺乏保有債券誘因，轉而持有投機現金餘額，貨幣需求的利率彈性趨於無窮大。

另外，體系內完整的貨幣供給函數將由三部分構成：

$$M^s = M(i, y) = M_0 + M_1(i) + M_2(y)$$

空頭

預期金融資產價格下跌，先出售資產，待價格滑落後再買回而獲利者。

流動性陷阱

人們預期利率滑落谷底，將拋售債券轉而持有貨幣，流動性偏好曲線呈現水平線。

- M_0　央行掌控的貨幣餘額，也是執行權衡性政策直接影響的餘額。

- $M_1(i)$　銀行創造存款貨幣將受貨幣利率影響，$M_i^s = \dfrac{\partial M^s}{\partial i} = (\dfrac{M}{i})\varepsilon(M^s, i)$ > 0，$M_i^s = \varepsilon(M^s, i)$ 是貨幣供給的利率彈性。

- $M_2(y)$　央行執行貨幣法則產生的貨幣餘額，$M_y^s = \dfrac{\partial M^s}{\partial y} = (\dfrac{M}{y})\varepsilon(M^s, y)$，$M_y^s = \varepsilon(M^s, y)$ 是貨幣供給的所得彈性。

央行執行貨幣法則方式，包括：

1. 順風而行 (leaning with the wind)：央行採取順景氣循環策略，貨幣供給與景氣呈正向變動，$M_y^s > 0$。
2. 逆風而行 (leaning against the wind)：央行採取逆景氣循環策略，貨幣供給與景氣呈反向變動，$M_y^s < 0$。
3. 央行釘住利率。傳統央行係控制貨幣而讓利率浮動，但從 1990 年代初期，開始轉向釘住利率而讓貨幣餘額變動，此即是量化寬鬆概念的出現，而貨幣供給曲線無形中也轉為水平線而具有完全利率彈性。尤其是 2008 年爆發金融海嘯，以及 2020 年爆發新冠肺炎，美國聯準會執行無限量化寬鬆，維持極低利率而無限制增加貨幣供給。

順風而行

央行採取順景氣循環策略，貨幣供給與景氣呈正向變動。

逆風而行

央行採取逆景氣循環策略，貨幣供給與景氣呈反向變動。

接著，體系內各種貨幣利率與實質產出組合能讓貨幣市場達成均衡的軌跡，即稱為流動性偏好—貨幣供給曲線 (liquidity preference-money supply schedule, *LM*)。

LM 曲線

貨幣利率與實質產出組合能讓貨幣市場均衡的軌跡。

$$L(i, y) = \frac{M^s(i, y)}{P}$$

針對貨幣市場均衡方程式全微分，可得 LM 曲線斜率如下：(假設物價固定為 1)

$$\left.\frac{di}{dy}\right|_{LM} = \frac{M_y - L_y}{L_i - M_i}$$

$$= \frac{(\frac{M}{y})\varepsilon(M, y) - (\frac{L}{y})\varepsilon(L, y)}{(\frac{L}{i})\varepsilon(L, i) - (\frac{M}{i})\varepsilon(M, i)}$$

$-\infty \le \varepsilon(L, i) = L_i(\frac{i}{L}) \le 0$ 是流動性偏好的利率彈性，$\varepsilon(L, y) = L_y(\frac{y}{L}) \ge 0$ 是流動性偏好的所得彈性。$\infty \ge \varepsilon(M^s, i) = M_i^s(\frac{i}{M^s}) \ge 0$ 是貨幣供給的利率彈性，$\varepsilon(M^s, y) = M_y(\frac{y}{M^s}) \ge$ 或 ≤ 0 是貨幣供給的所得彈性。圖 4-2 顯示 LM 曲線將有四種型：

- 正斜率曲線 (LM_1)　$(L_i - M_i) < 0$ 且 $(M_y - L_y) < 0$。央行可採「維持貨幣餘額不變」$(M_y = 0)$、「逆風而行」$(M_y < 0)$ 或「順風而行」法則 $(M_y > 0)$，但在經濟成長過程中，貨幣供給成長幅度若小於貨幣需求成長幅度 $(M_y < L_y)$，再加上前兩種狀況，均可讓 LM_1 曲線呈現正斜率，此係總體理論最常見的狀況。

- 垂直線 (LM_2)　$(L_i - M_i)$ 趨近於零。古典學派認為貨幣僅扮演交易媒介角色，人們持有貨幣全數用於交易，流動性偏好的利率彈性趨近於零。在央行充分掌控貨幣數量下，貨幣供給的利率彈性同樣趨近於零，LM_2 曲線呈現垂直狀況，又稱為古典區域。

圖 4-2

LM 曲線的類型 ↓

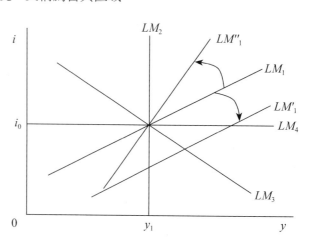

- 負斜率曲線 (LM_3)　在經濟成長過程中，央行採取「順風而行」法則，促使貨幣成長幅度超過貨幣需求成長幅度 ($M_y > L_y$)，而在貨幣市場均衡時，利率將會下跌，LM_3 曲線將是罕見呈現負斜率情況。
- 水平線 (LM_4)　水平 LM 曲線出現的環境有三種：(1) 流動性陷阱：貨幣需求的利率彈性趨於無窮大，$\varepsilon(L, i) \to \infty$；(2) 央行採取釘住利率措施，貨幣供給的利率彈性趨於無窮大，$\varepsilon(M, i) \to \infty$；(3) 央行採取順風而行法則，針對景氣循環引起貨幣需求變動，等量調節貨幣供給 ($L_y = M_y$)。

最後，影響 LM 曲線發生變化的因素，包括：

金融創新

面對經濟環境變化與技術進步，金融市場參與者創新金融商品與變革交易方式。

- 流動性偏好　人們持有貨幣意願下降，LM_1 曲線將右移至 LM'_1。金融創新 (financial innovation) 提升金融資產流動性，模糊貨幣與資產的分野，也讓流動性偏好缺乏利率彈性，LM_1 曲線向左旋轉爲 LM''_1，斜率趨於陡峭 (較大)。此外，金融科技進步大幅改善支付制度 (payment system)，也會降低持有貨幣意願。
- 貨幣供給　央行執行量化寬鬆，LM_1 曲線將右移至 LM'_1；而央行調整貨幣法則內容，則是改變 LM_1 曲線斜率。

觀 念 問 題

- 當人們就其所得的 25% 以貨幣型態保有時，央行增加貨幣供給 100 元，將讓 LM 曲線平行右移幅度爲何？
- 試評論：「央行採取逆風而行貨幣法則，隨著景氣繁榮而緊縮貨幣供給，LM 曲線必然成爲負斜率。」

總體經濟學者：**Dennis H. Robertson (1890~1963)**

(一) 生平

　　1890 年 5 月 23 日出生於英國 Lowestoft。1912 年畢業於英國劍橋大學 Trinity 學院，取得古典文學與經濟學學位。1914 年任教於劍橋大學 Trinity 學院。1926~1927 年間前往亞洲，經由俄羅斯前往中國旅遊。1930 年擔任劍橋大學高級講師，1938 年擔任倫敦經濟學院教授與銀行學系主任，後因戰爭需要，被調往財政部任職。1944 年接替 A. C. Pigou 擔任政治經

濟學講座教授，返回劍橋大學任職至 1957 年退休。1944~1946 年擔任平衡收支皇家委員會首席成員，1957~1958 年擔任價格、生產和收入 Cohen 委員會的唯一經濟學家。1963 年 4 月 21 日去世，享年 74 歲。

(二) 對總體理論的貢獻

Robertson 關注貨幣理論、利率與通貨膨脹議題，詮釋貨幣最為傳神：「為人類創造幸福的貨幣，除非有效控制，否則將成為災禍與混亂的泉源」。換言之，「水可載舟、亦可覆舟」，貨幣如流水一般，過多或過少都會產生問題，帶來災難通常係指「通膨」與「通縮」。Robertson 提出「a devilish kind of act of burglary」，「如鬼般的」(devilish) 形容詞則是描述「國家增加貨幣供給，以低利率放款給企業」，將釀成通膨後果，而被蔣碩傑院士在 1981 年的王 (作榮) 蔣 (碩傑) 論戰中，稱為「五鬼搬運法」。

4.4 債券市場均衡 (*BF* 曲線)

依據 Warlas 法則，Keynesian 學派選擇商品市場與貨幣市場來決定體系均衡所得與利率。新古典學派的 Patinkin (1956) 在《貨幣、利息與物價》(*Money, Interest and Prices*) 中，運用 Hicks-Hansen 分析模式重新詮釋古典學派論點。依據古典學派觀點，利率取決於可貸資金市場或債券市場，是以選擇商品市場與債券市場來決定體系均衡，捨棄貨幣市場不予討論。

凡是能讓債券市場 (可貸資金市場) 達成均衡的貨幣利率與實質所得組合軌跡，即稱為債券—可貸資金曲線 (bond-loanable fund schedule, *BF*)。新古典學派考慮貨幣供需對利率的影響後，提出貨幣性可貸資金理論，將可貸資金或債券市場供需函數表示如下：

BF 曲線
貨幣利率與實質產出組合能讓債券市場均衡的軌跡。

$$\Delta B^d(P_b) = F^s(i) = S(r, y) + \frac{\Delta M^s}{P}$$

$$\Delta B^s(P_b) = F^d(i) = I(r, y) + G + \Delta L\,(i, y)$$

ΔB^d 與 ΔB^s 是當期新增債券需求與供給，ΔL 與 ΔM^s 分別是當期新增貨幣需求與供給。當 $\Delta B^d = \Delta B^s$ 或 $F^s = F^d$ 時，債券或可貸資金市場達成均衡，將可決定均衡貨幣利率。

$$S(r, y) + \frac{\Delta M^s}{P} = I(r, y) + G + \Delta L(i, y)$$

就上式兩邊分別加上前期的 $\overline{\frac{M^s}{P}} = \overline{L}$，可得：

$$B^d = \overline{B} + \Delta B^d = S(r, y) + \frac{M^s}{P} = I(r, y) + G + \Delta L(i, y) = \overline{B} + \Delta B^s = B^s$$

重新整理上式，在不考慮勞動市場下，可得債券市場均衡方程式。此一結果也可從 Walras 法則求出：(假設物價為 1)

$$\frac{r}{P_r}(B^s - B^d) = [C(r, y) + I(r, y) - G - y] + \left[L(i, y) - \frac{M^s}{P}\right]$$

$B^s = \overline{B} + \Delta B^s = \overline{B} + \Delta B^d = B^d$，$L = \overline{L} + \Delta L$、$M^s = \overline{M} + \Delta M^s$，$\overline{B}$、$\overline{L}$、$\overline{M}$ 分別是前一期的債券、貨幣需求與貨幣供給量。由上式可得債券市場均衡方程式：

$$\Delta B^d = \Delta B^s \quad \text{或} \quad B^d = B^s$$

$$\{C(r, y) + I(r, y) - G - y\} + \left[L(i, y) - \frac{M^s}{P}\right] = 0$$

針對上式全微分，可得債券市場均衡軌跡 BF 曲線斜率：$(i = r)$

$$\left.\frac{dr}{dy}\right|_{BF} = \frac{1 - C_y - I_y - L_y + M_y}{C_r + I_r + L_r - M_r} = \frac{S_y - I_y - L_y + M_y}{C_r + I_r + L_r - M_r}$$

觀念問題

- 某國消費與投資函數分別為 $C = 200 + 0.8y - 250r$、$I = 100 + 0.3y - 350r$。流動性偏好與實質貨幣供給函數為 $L = 100 + 0.3y - 1{,}000r$、$(\frac{M^s}{P}) = m^s = 200 + 500r$，該國債券市場均衡軌跡 BF 曲線為正斜率。

- 試評論：某國消費與投資函數分別為 $C = 120 + 0.8y$、$I = 50 - 250r$。流動性偏好與實質貨幣供給函數為 $L = 100 + 0.2y - 1{,}000r$、$(\frac{M^s}{P}) = 200$。如果該國經濟環境目前落在 $(r, y) = (6\%, 800)$，債券市場勢必出現超額供給 5。

- 試評論：LM 曲線係描述貨幣市場處於均衡時的利率與所得組合，若依據資產選擇理論內涵，債券市場在 LM 曲線上依然處於均衡狀況。

由於 IS 與 LM 曲線的斜率值可正可負，BF 曲線斜率值也不確定，各種可能性都有。在最簡化的 $C_r = I_y = M_r = M_y = 0$ 情況下，BF 曲線斜率將視邊際儲蓄傾向 S_y 與邊際持有貨幣傾向 L_y 孰大而定。

$$\left.\frac{dr}{dy}\right|_{BF} = \frac{1 - C_y - L_y}{I_r + L_r} = \frac{S_y - L_y}{I_r + L_r} \gtrless 0$$

 總體經濟學者：Don Patinkin (1922~1995)

(一) 生平

1922 年 1 月 8 日出生於美國伊利諾州芝加哥。1943 年畢業於芝加哥大學，同年在芝加哥神學院完成十年的猶太法典研究。1947 年獲得芝加哥大學博士，1947~1948 年擔任科爾斯委員會研究員，並在芝加哥大學和伊利諾斯大學任教。1949~1969 年返回以色列 Hebrew 大學擔任埃利澤・卡普蘭經濟和社會科學學院教授。1956 年出版《貨幣、利息與物價》，1969 年起，擔任以色列 Morris Falk 經濟研究所所長。1995 年 8 月 7 日過世，享年 74 歲。

(二) 對總體理論的貢獻

Patinkin 的主要貢獻在於貨幣理論，並在 1960 年代針對 Keynesian 學派建立個體基礎，整合貨幣理論 (總體理論) 和 Warlas 價值理論 (個體基礎)，創造引人注目的一貫性與邏輯性理論，補強古典學派模型邏輯缺失，從而成為新古典學派大將。

 4.5 總體均衡與動態調整過程

IS 曲線僅是商品市場均衡，由於缺乏足夠資訊來決定均衡所得和利率，故須配合 LM 曲線 (貨幣市場) 提供額外資訊，方能顯現體系的均衡所得和利率。在 IS-LM 模型中，內生變數涵蓋實質所得 y、物價 P、貨幣利率 i 與實質利率 r 四個變數，卻僅有二條方程式，顯然無法求解。不過該模型背景是蕭條環境，物價呈現僵化 ($P = 1$)，人們預期通膨為零 ($\pi^e = 0$)，依據 Fisher 方程式，實質利率等於貨幣利率 ($i = r$)，內生變數因而縮減為兩個，因而可以求出均衡解。

圖 4-3 係 Hicks-Hansen 體系的均衡。在一般狀況下，IS 曲線為負斜率，LM 曲線為正斜率，兩者交於 E 點，讓蕭條體系達成均衡，將可決定 $y*$ 與 $i*$，同時劃分成四個區域。LM 曲線是貨幣市場均衡 $(L=M)$ 的所得與利率組合，脫離線上的點均屬失衡，如 LM 曲線右方的 C 與 D 區，在貨幣供給與利率固定下，從線上各點右移代表所得增加，交易性貨幣需求增加，促使兩點隱含 $L>M$ 現象。另外，LM 曲線左方的 A 與 B 區反映所得減少，交易性貨幣需求減少，讓這兩點隱含 $L<M$ 的現象。

再者，IS 曲線是商品市場均衡 $(y=E)$ 的所得和利率組合，脫離 IS 曲線上的點均屬失衡，如 IS 曲線右邊的 A 與 D 區，在所得不變下，從線上各點上移代表利率上升而縮減消費與投資支出，促使 $y>E$。同理，在 IS 曲線左邊的 B 與 C 區，在所得不變下，從線上各點下移代表利率下降而擴張消費與投資支出，促使 $y<E$。

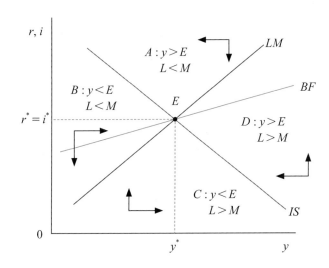

圖 **4-3**

Hicks-Hansen
體系均衡

在一般狀況下，BF 曲線呈現正斜率，曲線上方代表超額債券需求，下方代表超額債券供給。依據 Warlas 法則，三個市場超額需求總和為零，BF 曲線將經過圖 4-3 中的 D 與 B 區域，同時經過均衡點 E。換言之，Keynesian 學派以商品市場與貨幣市場決定體系均衡，而新古典學派則以商品市場與債券市場決定體系均衡，最終均衡結果將屬相同。

再討論 Hicks-Hansen 體系發生失衡的動態調整過程。我們將模型簡化，當體系失衡時，兩個市場的調整方式如下：

• 商品市場失衡引起所得 (產出) 調整，可設定為超額商品需求的直線函數：

$$\frac{dr}{dy} = k_1 (E - y) = k_1 [C (r, y) + I (r, y) - y]$$

• 貨幣市場失衡起利率調整，可表爲超額貨幣需求的直線函數：

$$\frac{dr}{dy} = k_2 (L - M) = k_2 [L (r, y) - M (r)]$$

k_1、k_2 分別是兩個市場的調整速度。依據 Samuelson (1947) 的處理方式，將上述聯立微分方程式以其可能的均衡點 (y^*, r^*) 爲中心，進行一階 Taylor 數列展開：

$$\frac{dr}{dt} = k_1 (E - y) = k_1 [(C_y + I_y)(y - y^*) + (C_r + I_r)(r - r^*)]$$

$$\frac{dr}{dt} = k_2 (L - M) = k_2 [(L_r - M_r)(r - r^*) + L_y (y - y^*)]$$

假設上述兩式的解值分別爲：

$$y = Ae\lambda^t + y^*$$
$$r = Be\lambda^t + r^*$$

A 與 B 是常數項，λ 是特性方程式 (characteristic equation) 的特性根。

$$\frac{dy}{dt} = \lambda Ae^{\lambda t} = \lambda(y - y^*)$$
$$= k_1(C_y + I_y - 1)(y - y^*) + k_1(C_r + I_r)(r - r^*)$$
$$\frac{dr}{dt} = \lambda Be^{\lambda t} = \lambda(r - r^*)$$
$$= k_2 [L_y (y - y^*)] + k_2 [(L_r - M_r)(r - r^*)]$$

上述聯立微分方程式同時等於零，$\frac{dy}{dt} = \frac{dr}{dt} = 0$，體系將達成均衡。

$$k_1[(C_y + I_y - 1) - \lambda](y - y^*) + k_1[(C_r + I_r)](r - r^*) = 0$$
$$k_2 L_y(y - y^*) + k_2[(L_r - M_r) - \lambda](r - r^*) = 0$$

將上述兩式整理成矩陣形式：

$$\begin{bmatrix} k_1(C_y + I_y - 1) - \lambda & k_1(C_r + I_r) \\ k_2 L_y & k_2(L_r - M_r) - \lambda \end{bmatrix} \begin{bmatrix} y - y^* \\ r - r^* \end{bmatrix} = \begin{bmatrix} 0 \\ 0 \end{bmatrix}$$

所得與利率均爲正值，左邊矩陣的行列式值將爲零，可得特性根的方程式如下：

$$\lambda^2 - [k_1(C_y + I_y - 1) + k_2(L_r - M_r)]\lambda$$
$$+ k_1k_2[(C_y + I_y - 1)(L_r - M_r) - (C_r + I_r)L_y] = 0$$

上述二次式方程式存在 λ_1 與 λ_2 兩根，故可再表爲：

$$\lambda_2 - (\lambda_1 + \lambda_2)\lambda + \lambda_1\lambda_2 = 0$$

比較上述兩式，可得：

• 行列式條件 (determinant condition)

$$\lambda_1\lambda_2 = k_1k_2[(C_y + I_y - 1)(L_r - M_r) - (C_r + I_r)L_y] = 0$$

• 對角和條件 (trace condition)

$$\lambda_1 + \lambda_2 = [k_1(C_y + I_y - 1) + k_2(L_r - M_r)]$$

上述方程式的判別式爲：

$$\Delta = [k_1(C_y + I_y - 1) - k_2(L_r - M_r)]^2 + 4k_1k_2[(C_r + I_r)L_y]$$

接著，Samuelson (1953) 提出對應原理，指出依據比較靜態分析結果說明外生變數衝擊的影響，無法正確反映實際現象。唯有規劃經濟變數的動態調整條件，才能確認體系面對外生干擾，能否重新邁向均衡。凡是無法滿足穩定條件的比較靜態結果，均屬錯誤而應捨棄。當時間趨近於無窮，體系達成均衡的條件是：$\dfrac{dy}{dt} = \dfrac{dr}{dt} = 0$，利率與所得趨近於 (r^*, y^*)。至於體系邁向均衡的條件是：特性方程式的兩根必須同時爲負值，或滿足 $\lambda_1 + \lambda_2 < 0$ 與 $\lambda_1\lambda_2 > 0$ 的條件。從這兩個條件將衍生下列涵義：

• $\lambda_1\lambda_2 > 0$ 隱含 LM 曲線斜率須大於 IS 曲線斜率。

$$\frac{1 - C_y - I_y}{C_r + I_r}\Big|_{IS} < \frac{-L_y}{L_r - M_r}\Big|_{LM}$$

• $\lambda_1 + \lambda_2 < 0$ 將含利率 (貨幣市場) 調整速度必須超過所得 (商品市場) 調整速度，兩者比值將需超越下列數值。

$$\frac{k_1}{k_2} > \frac{C_y + I_y - 1}{M_r - L_r}$$

　　圖 4-4 顯示 IS_1 曲線爲負斜率與 LM 曲線爲正斜率，λ_1、λ_2 同時爲負值，體系遭受干擾將會收斂到穩定均衡。反觀當 $\lambda_1 + \lambda_2 > 0$ 而 $\lambda_1\lambda_2 > 0$，λ_1、λ_2 同時爲正值，體系屬於發散體系，IS 曲線斜率爲正但小於 LM 曲線斜率。值得注意者：當 $\lambda_1\lambda_2 < 0$，λ_1、λ_2 爲一正值與一負值，不論對角和條件是否滿足，體系屬於鞍點 (saddle point) 均衡，體系趨向均衡的唯一機會係落在馬鞍途徑 (saddle path) XX 軌跡上的 (r, y) 組合。一旦體系原先狀態未落在 XX 軌跡，出現動態調整，將被不穩定的馬鞍途徑 UU 牽引而朝兩邊發散。

圖 4-4
不穩定的 Hicks-
Hansen 體系

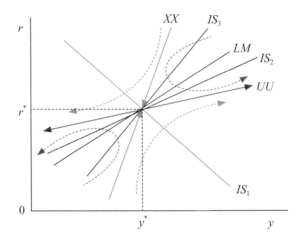

　　最後，我們將討論 $IS\text{-}LM$ 模型建構過程中潛藏的邏輯缺陷。商品市場是流量概念，係指單位期間的速率均衡 (全期總量相等)；而貨幣市場則是存量概念，係指特定時點的數量均衡。經濟理論爲分析總體經濟活動變化，通常在漫長的時間歷程中截取一段，討論該段期間均衡狀態的達成。此種期間選擇將出現「期初」與「期末」時點均衡的爭議。$IS\text{-}LM$ 模型係結合商品 (期間) 與貨幣市場 (固定時點) 來形成總體均衡，兩者顯然面臨時間維度 (time dimension) 不同的問題，是以應以選擇該期間的哪一點爲準，期初、期末或整段期間各時點的平均或每一時點，均讓人難以抉擇。就時間層面來看，$IS\text{-}LM$ 模型隱含兩個市場同時達成均衡，甚難相容。

　　針對時間問題，Hicks (1981) 則認爲 Keynesian 學派的短期通常是在一年內，而 $IS\text{-}LM$ 模型更是屬於極短期 (ultra-short-period) 的一週內經濟。不過即使在一週內，均衡仍是時點均衡，而 Keynesian 模型均衡則是一個期間的運作過程。要將建立在「時點均衡」基礎的模型轉化爲「期間均衡」，不僅要求體

系在期末均衡，且要保證各時點也需均衡，此將不符現實。有鑑於此，Frederic S. Miskin (2011) 提出貨幣政策曲線來取代 *LM* 曲線，引進預期可變因素，另外發展出動態總需求與總供給模型，我們將在第九章另行探討。

觀念問題

- 依據 *IS–LM* 模型的說法，某國的期初均衡所得與利率為 (r_0, y_0)，面臨外來衝擊改變均衡狀態為 (r_1, y_1)，而 $y_1 > y_0$、$r_1 < r_0$，試問：此種衝擊可能來自何方？
- 試說明 *IS–LM* 曲線相交所切割的四個區域，將各自反映何種市場的超額需求或超額供給？

問題研討

小組討論題

一、評論題

1. 央行經研處估計 2012 年的台灣 LM_1 曲線為 $m_1 = l_1 + \alpha_1 y - \beta_1 i$。同一期間，中研院經濟所估計的 LM_2 曲線為 $m_2 = l_2 + \alpha_2 y - \beta_2 i$，$m_1$ 是實質貨幣餘額。如果 $\dfrac{\alpha_1}{\beta_1} = \dfrac{\alpha_2}{\beta_2}$、$l_1 > l_2$，當央行執行量化寬鬆政策，$LM_1$ 曲線水平移動幅度將超過 LM_2 曲線移動幅度。

2. 某國商品與貨幣市場均衡函數分別為 $y = C(r, y) + I(r, y) + G_0$、$m_0 = L(r, y)$，$m_0$ 是實質貨幣餘額。假設 $L_r = I_r = 0$，該國廠商信心趨於樂觀而擴大自發性投資支出，結果是推動利率上漲，反而降低誘發性投資支出，促使總投資如何變動，將無從判斷。

3. 央行經研處估計國人將就所得的 25% 比例選擇持有貨幣餘額，在維持利率不變下，央行擴大貨幣供給 100 億元，結果促使 LM 曲線右移幅度為 25 億元。

4. 主計總處日前公布台灣經濟環境是商品市場處於均衡狀態，但卻落在 LM 曲線的右邊，此時體系將出現產出減少與利率上升現象。

5. 經建會估計台灣的邊際支出傾向大於 1，而主計總處公布的實際資料顯示當前環境係落在 IS 曲線右方區域，此時台灣的廠商將面臨非意願性存貨呈現遞減與資金緊縮環境。

6. 彼時央行彭總裁透過公開市場操作來降低利率，導致廠商投資成本下降，將會擴大投資意願而帶動 IS 曲線右移。

7. 央行理監事會通過 2013 年的台灣貨幣供給函數為 $M = M_0 + m_1 y - m_2 i$，相對 2012 年的貨幣供給函數而言，M_0 與 m_1 係數同時調高，兩個參數調整將讓 2013 年的 LM 曲線相對 2012 年的 LM 曲線移動方向不確定。

二、問答題

1. 家計部門消費決策與廠商投資決策全都視景氣循環而定，並不考慮利率變動衝擊的影響。試分析下列事件如何影響經濟活動？

   (a) 經濟成員的消費與投資信心趨於悲觀，導致投資與消費意願滑落。

   (b) 投資人因政府開徵證所稅而增加貨幣需求。

2. 台灣總體結構式模型可表示如下：

$IS：y = a + bg - ct - dr + em$

$LM：m - p = hy - kr$

所有經濟變數均經過對數轉換，係數均爲正值。$x_i = \ln X_i$，$X_i = p, m, g, t, r$。p 是物價、m 是貨幣供給、g 是政府支出、t 是租稅，r 是利率。依據該模型回答下列問題：

(a) 台灣均衡所得與利率的縮減式爲何？

(b) 在其他情況不變下，試推演與說明 $\dfrac{dr}{dm}$、$\dfrac{dr}{dg}$、$\dfrac{dr}{dt}$、$\dfrac{dr}{dp}$ 的結果？

(c) 試說明 m、g、t 與 p 變動對 IS 或 LM 曲線移動方向及利率的影響？

3. 試以 IS-LM 圖形說明下列情境將會落在何種區域，同時說明體系將如何調整：

(a) 預擬支出超過所得，同時出現超額貨幣供給。

(b) 非意願存貨投資爲正值，而且實質貨幣需求小於實質貨幣供給。

(c) 非意願存貨投資爲負值，而且存在超額貨幣需求。

(d) 預擬支出小於所得，同時出現實質貨幣需求超過實質貨幣供給。

4. 針對下列因素變化，試說明將對 LM 曲線的位置與斜率造成何種影響？不變、移動、旋轉或後兩者皆有？

(a) 名目貨幣供給。

(b) 貨幣需求對利率與所得的敏感度。

(c) 企業與消費者信心。

(d) 市場利率。

(e) 在 2001 年，歐元區國家將本國通貨轉換爲歐元，各國商品勞務價格與支票帳戶餘額均以各國通貨兌換歐元的固定比率轉換。

(f) 人們從使用支票購物移轉爲使用信用卡購物。

(g) 人們從使用支票購物移轉爲使用簽帳卡購物。

5. 針對下列總體模型，試說明在貨幣學派 (古典學派) 與財政學派 Keynesian 學派) 環境下，模型內何種方程式的係數值會異於一般正常情況？係數值可能爲何？

$C = a + b y_d$　　　　$M^s = M_0$

$y_d = y - T$　　　　　$I = I_0 - er + fy$

$T = T_0 + ty$　　　　$L = L_0 + hy - gr$

6. 試運用 IS-LM 模型預測下列現象對所得、利率、消費與投資產生的衝擊效果。同時，請說明央行須採何種措施才能讓體系內所得維持在期初水準。

(a) 隨著高速度電腦晶片發明，促使許多廠商決定將他們的電腦系統升級。

(b) 信用卡詐欺風潮四起，促使人們以現金交易的頻率上升。

(c) 暢銷書《*Retired Rich*》讓人們信服而提高所得中的儲蓄比率。

二、計算題

1. 台灣總體經濟活動將可濃縮成以勞動、商品、貨幣與債券市場運作來表示。假設台灣景氣低迷，勞動市場存在大量失業而維持物價 $P = 1$，其餘函數分別如下：

消費函數 $\qquad C = 800 + 0.65y - 500$

投資函數 $\qquad I = 200 + 0.15y - 1,500r$

政府支出 $\qquad G = 200$

名目貨幣供給 $\qquad M^S = 2,000$

流動性偏好函數 $\qquad L = 1,000 + 0.2y - 2,000r$

依據上述資料，試計算下列問題：

(a) 台灣的均衡所得與利率為何？

(b) 當台灣債券市場達成均衡時，BF 曲線的斜率值為何？

(c) 台灣面臨外來衝擊，促使實際所得與利率變為 $(y, r) = (4,000, 8\%)$，試問：商品市場與金融市場將處於何種環境？

2. 某國的總體結構式模型可表示如下：

實質投資 $\qquad I = 800 + 0.16y - 1,500r$

實質政府支出 $\qquad G = 600$

實質消費支出 $\qquad C = 1,200 + 0.8y_d - 500r$

租稅函數 $\qquad T = 250 + 0.2y$

實質貨幣需求 $\qquad L = 600 + 0.2y - 2,000r$

名目貨幣供給 $\qquad M^S = 1,600$

y 是實質產出。該國目前陷入蕭條而讓物價 $P = 1$，試作圖說明與計算下列問題：

(a) 該國的 IS、LM 曲線與 BF 方程式及其斜率值為何？

(b) 該國的均衡產出及利率為何？

(c) 延續 (a) 題，央行增加貨幣供給 $\Delta M^s = 200$，均衡產出與利率如何變化？

(d) 延續 (a) 題，財政部擴大支出 $\Delta G = 200$，均衡產出與利率如何變化？政府預算將如何變化？

(e) 延續 (a) 題，財政部提高定額稅 $\Delta T = 250$ 或稅率 $t = 0.3$，均衡產出與利率將分別如何變化？政府預算又將如何變化？

2. 中研院經濟所利用總體資料估計某年的台灣 IS 與 LM 曲線迴歸方程式如下：

IS 曲線
$$y = 1,300 - 1,000r + 0.02m$$
$$(2.58)^* \, (-0.98)^* \, (2.56)^*$$

LM 曲線
$$y = -500 + 2,500r + 0.01M_{1A}$$
$$(-3.89)^* \, (2.58)^* \, (2.12)^*$$

迴歸式下方括弧中的數字表示各係數之 t 統計量，* 是符合顯著水準 $\alpha = 1\%$。由於台灣目前處於景氣衰退環境，某位經濟院士擔任行政院政務委員兼任經建會主委，依據上述迴歸結果，經建會主委應該建議採取何種政策來刺激景氣？理由為何？

3. 某桃花源地區的經濟活動可以簡單描述如下：

消費函數　　　　$C = 1,500 + 0.8y_d - 500r$
淨投資函數　　　$I = 500 + 0.1y - 1,000r$
政府支出　　　　$G = 300$
所得稅函數　　　$T = 0.2(y - D) - 15$
租稅寬減額　　　$D = 100$

y_d 是可支配所得，r 是利率，y 是國民所得，t 是稅率。試回答下列問題：

(a) 桃花源地區的 IS 曲線方程式為何？並說明 IS 曲線的經濟意義。

(b) 試問該地區採取的所得稅制係屬於累進、累退或比例稅性質？為什麼？

(c) 當政府支出增加 $\Delta G = 100$、提高 $\Delta D = 50$ 或降低稅率 $\Delta t = 0.1$ 時，該地區的 IS 曲線將出現如何變化？

4. 台灣經建會建立的總體結構式模型如下：

消費函數　　　　　$C = a + 0.6y$
自發性消費支出　　$a = 1,600 - 1,000r$
投資函數　　　　　$I = 450 + 0.2y - 1,500r$
貨幣需求函數　　　$L = 500 + 0.2y - 2,000r$
貨幣供給函數　　　$\dfrac{M^s}{P} = 2,100$

試依據上述資料，計算下列問題：

(a) 台灣的 *IS*、*LM* 與 *BF* 曲線的均衡方程式為何？

(b) 台灣的均衡利率與所得水準為何？

(c) 台灣達成均衡時的消費與投資支出為何？

(d) 主計總處公布目前狀況為 $(r, y) = (10\%, 8,500)$，試利用 *IS-LM* 線標示出台灣目前經濟環境所處位置？貨幣市場是處於何種狀況？資金不足或過剩數量為何？

(e) 延續 (d) 題，商品市場係處於何種狀況？非意願性存貨變動數量為何？

 網路練習題

- 請連結行政院主計總處網站 (http://www.dgbas.gov.tw/)，點選國情統計通報，查閱有關台灣經濟活動最近的變化狀況，說明哪些係屬於引起 *IS* 與 *LM* 曲線的變動。

CHAPTER

5

貨幣政策與財政政策效果的爭論

個案導讀

在 2008 年 9 月 14 日 (星期日)，雷曼兄弟在聯準會拒絕提供資金支援後，聲明破產，無獨有偶，美林證券 (Merrill Lynch) 同一天也宣布由美國銀行 (BOA) 收購。兩件事併發，旋即掀開國際股市崩跌序幕。隨後再搭配 9 月 16 日，美國國際保險集團 (AIG) 因持有龐大信用違約交換契約 (credit default swap,CDS) 而被調低信用評級，自身捲入流動性危機 (liquidity crisis)。龐大的黑天鵝群集而至，國際金融海嘯巨浪迎面撲來，完美風暴瞬間急凍國際景氣。台灣三大科學園區十室九空，競相以「無薪休假」、「薪餉四成」因應。行政院院會在 2008 年 9 月 11 日通過「因應景氣振興經濟方案」，祭出「刺激消費」、「振興投資、加強建設」與「穩定金融、促進出口」三個政策，涵蓋照顧弱勢、鼓勵消費、促進就業、優惠房貸、加強公共建設、促進民間投資、穩定股市與金融環境、加強中小企業融資、拓展出口以及推動租稅改革等措施，投入補貼及減稅金額 1,226 億元新台幣。立法院稍後於 2009 年 1 月 13 日通過《振興經濟擴大公共建設投資特別條例》，預定未來四年

投入 5,000 億元,每年創造就業機會 16.8 萬人次,拉升經濟成長率 0.45%。為挽救低迷景氣,央行也配合演出,從 2008 年 9 月起,連續降息 7 次,重貼現率跌到歷史低點 1.25%,塑造寬鬆金融環境。

在經濟活動中,政府職能長期就是經濟學者關注焦點。本章將先討論總體政策類型,分別探討權衡性財政政策與貨幣政策效果。隨後,將分別檢討財政政策可能引起的後遺症,以及財富效果帶來的影響。

5.1 總體政策類型與效果

政府執行財政政策與貨幣政策方式,將如表 5-1 所示,分為兩類:

- 法則　政府審度經濟情勢,事先公布因應策略而付諸執行。就財政政策而言,財政部預估未來景氣變化,將財政法則 (fiscal rule) 內含於預算,連結景氣循環與政府收支強化自動穩定因子,藉以縮小景氣循環幅度。就貨幣政策而言,央行預估未來景氣變化,針對預擬目標訂定貨幣法則 (monetary rule),藉以發揮穩定經濟效果。一般而言,古典學派堅信透過價格機能運行,體系將能邁向自然產出境界,故將預擬追求目標內含在政府預算或貨幣法則,公告遊戲規則提供經濟成員決策參考。

財政法則
預估未來景氣變化,在預算中連結景氣循環與政府收支,透過內在自動穩定因子來穩定經濟活動。

貨幣法則
預估未來景氣變化,針對預擬達成目標訂定貨幣成長率或利率,藉以穩定經濟活動。

- 權衡　政府視經濟情勢變化,適時調整政策工具,干預經濟活動運行紓緩經濟問題。就財政政策而言,財政部因應景氣劇變,主動調整支出或稅收,藉以縮小景氣循環幅度。就貨幣政策而言,央行評估金融環境變化,主動調整貨幣工具,改變貨幣餘額與銀行信用數量,藉以穩定金融。一般而言,Keynesian 學派認為價格機能失靈,外生干擾隨機發生,政府掌握景氣與金融環境變化,主動出擊,透過干預紓緩經濟問題。

表 5-1
總體政策工具與執行方式

政策\學派	財政政策	貨幣政策
古典學派	財政法則 (調整 IS 曲線斜率)	貨幣法則 (變動 LM 曲線斜率)
Keynesian 學派	權衡性財政政策 (移動 IS 曲線位置)	權衡性貨幣政策 (調整 LM 曲線位置)

政府若依法則行事，改變法則將直接影響結構式模型的政策參數值，將是影響 IS 與 LM 曲線斜率。若是採取權衡措施，則是直接調整結構式模型的政策變數水準值，引發 IS 與 LM 曲線移動。以下設定簡化的結構式模型：

商品市場均衡　　$y = E = C(r, y_d) + I(r, y) + G$

貨幣市場均衡　　$L(r, y) = \dfrac{M_0}{P}$

租稅函數　　　　$T = T_0 + ty$

針對上述兩式聯立求解，可得體系均衡解。若要探討政策變動的影響，可就前述兩式全微分：(蕭條體系的物價僵化，$P = 1$)

$$dy = (C_r + I_r)dr + [(1 - t)C_y + I_y]dy + dG - dT_0$$
$$L_r dr + L_y dy = dM$$

整理上述兩式成矩陣形式：

$$\begin{bmatrix} [(1 - t)C_y + I_y - 1] & (C_r + I_r) \\ L_y & L_r \end{bmatrix} \begin{bmatrix} dy \\ dr \end{bmatrix} = \begin{bmatrix} -dG + dT_0 \\ dM \end{bmatrix}$$

就上式矩陣求解，可得財政部採取財政政策 ($dG > 0$ 或 $dT_0 > 0$) 與央行採取貨幣政策 ($dM > 0$) 的效果如下：

• 財政政策效果

$$\frac{dy}{dG} = \left\{ [1 - (1 - t)C_y - I_y] + \frac{(C_r + I_r)L_y}{L_r} \right\}^{-1}$$

• 貨幣政策效果

$$\frac{dy}{dM} = \left\{ L_y + [1 - (1 - t)C_y - I_y] + \frac{L_r}{(C_r + I_r)L_y} \right\}^{-1}$$

觀念問題

- 試說明法則與權衡的差異性？
- 何謂貨幣法則與權衡性貨幣政策？其對 LM 曲線的影響各自為何？
- 何謂自動穩定因子與權衡性財政政策？其對 IS 曲線的影響各自為何？

5.2 貨幣政策效果

一般而言，體系內貨幣供給變動來源有三：

錢雨
央行增加貨幣供給，將資金均勻分配給人們，猶如以直昇機在空中撒錢一樣。

公開市場操作
央行在公開市場買賣證券，調節貨幣餘額。

公債貨幣化
財政部發行公債，係由央行買進融通。

鑄幣權
央行壟斷發行貨幣權利。

鑄幣稅
央行發行貨幣，買進生息資產而獲取孳息。

通膨融通
央行發行貨幣融通政府支出，引起通膨。

通膨稅
央行發行貨幣融通政府支出，推動物價上漲，造成購買力下降，將民間資源移轉由政府使用，形同向人們課稅。

- 錢雨 (money rains)　Friedman (1963) 為分析純粹貨幣數量增加效果，提出派遣直昇機撒錢 (helicopter drops) 案例，直接挹注民間部門資金，均勻灑在每人身上，人們持有現金餘額等比例增加，將不會出現分配效果。

- 公開市場操作 (open market operation)　央行在貨幣市場買進 (或賣出) 可轉讓定存單，釋出 (或收回) 貨幣，$dM = -dB$。此外，央行也在外匯市場買進 (或賣出) 美元 F，釋出 (或收回) 貨幣，$dM = -dF$。

- 政府預算赤字融通　中央政府預算出現赤字，財政部發行公債而由央行承購，此即「量化寬鬆」(QE) 或「公債貨幣化」(monetization of public debt)。再者，央行掌握鑄幣權 (seigniorage)，透過公開市場買進生息資產而釋出貨幣 ($dM>0$)，取得孳息即是鑄幣稅 (seigniorage tax)，再將盈餘上繳國庫融通預算赤字，同樣也會增加貨幣供給。最為糟糕者，央行發行貨幣直接融通算赤字，推動物價上漲，無疑是「五鬼搬運」民間資源，移轉由政府使用，此即「通膨融通」(inflationary finance)，形同向人們課徵通膨稅 (inflationary tax)。

(1) 鑄幣稅

$$R_s = (rt)\frac{dM}{dt} = (rtM)\left(\frac{1}{M}\frac{dM}{dt}\right) = (rtM) \times m$$

　　央行發行貨幣獲取鑄幣稅是供給面 (名目產出) 概念，取決於持有資產的報酬率 r 與期間 t，再乘上貨幣成長率 m 與貨幣餘額 M。以台灣為例，央行干預外匯市場買超美元 (外匯準備累積) 而釋出台幣，旋即在國際金融市場操作賺取外國資產孳息，構成台灣 GNI 的一部分 (總供給增加)。爾後，央行上繳部分盈餘給國庫而成為政府實質收入，但也引起貨幣供給增加。

(2) 通膨稅

$$BD = G - T_N = \frac{dM}{P} = \left(\frac{M}{P}\right)\left(\frac{dM}{M}\right) = l \times m = \pi \times l$$

　　央行發行貨幣融通預算赤字，獲取的通膨稅係指增加的貨幣 (dM) 所能購買的商品數量，將等於實質餘額 (實質貨幣需求，$l = \frac{M}{P}$) 與貨幣成長率 m 的乘積。依據貨幣數量學說 ($MV = Py$)，若無經濟成長與流通速度 (velocity, V) 不

變，$\dot{y}=\dot{V}=0$，貨幣成長率 m 將等於通膨率 π，$m=\pi$，是以通膨稅是對持有貨幣者課徵通膨率 π 的租稅，也就是貨幣供給增加引起物價上漲，持有貨幣者的實質購買力減少造成的損失，該部分即是由政府挪用。

知識補給站

截至 2021 年 2 月底，台灣央行持有外匯準備高達 5,433.26 億美元，僅次於中國大陸 (3.35 兆美元)、日本 (1.38 兆美元)、瑞士 (1.08 兆美元)、俄羅斯 (5,857 億美元) 與印度 (5,839 億美元)，排名世界第六。依據 2021 年 2 月底當日市價計算，外資持有國內股票、債券與新台幣存款餘額合計 6,703 億美元，約當外匯存底 123%。隨著央行持有外匯資產規模擴大，運用資金獲取孳息隨之成長。央行盈餘 (無須繳稅) 依據《中央銀行法》提列 20%~50% 公積金後，剩餘部分則是繳交國庫。在中央政府總預算歲入中，央行預算盈餘繳庫約占總預算歲入超過一成以上，在 2005~2008 年間，央行實際繳庫盈餘分別為 1,676 億元、1,639 億元、1,857 億元與 1,673 億元，並在 2009 年金融海嘯過後，達到 2,380 億元高峰。爾後，在 2010~2020 年間，央行繳庫盈餘均維持在 1,800~1,804 億元間。財政部面臨政府收支嚴重短差，要求央行充當救火隊。央行每年編列盈餘繳庫預算數約為 1,800 億元，此係央行運用外匯資產的孳息，相當於 GNI 增加，不過以央行上繳國庫盈餘來融通預算赤字，無異於也是增加發行貨幣融通。

依據前面的解值內容分析，在 Hicks-Hansen 模型中，央行執行貨幣政策的影響傳遞流程如下：

$$M^s \uparrow \rightarrow \underbrace{L_r(-) \rightarrow r \downarrow}_{\substack{(a)\ 貨幣需求的\\利率彈性}} \rightarrow \underbrace{\begin{Bmatrix}(1)C_r(-)\\(2)I_r(-)\end{Bmatrix}}_{(b)\ 支出的利率彈性} \rightarrow E \uparrow \rightarrow \underbrace{\begin{Bmatrix}(1)C_y(+)\\(2)I_y(+)\end{Bmatrix}}_{(c)\ 乘數效果} \rightarrow y \uparrow \cdots\cdots$$
$$(3)L_y(+) \rightarrow r \uparrow$$

央行增加貨幣供給，透過貨幣需求運作 (流動性效果)，可能促使利率下降 (取決於貨幣需求的利率彈性 L_r)，誘使消費支出與投資支出增加 (取決於支出的利率彈性，$E_r = C_r\ L_r$)，帶動總支出 E 增加，經過乘數效果運作而提高國民所得。換言之，傳統貨幣政策 (traditional monetary policy) 將是透過利率變化引發資本成本效果 (cost of capital effect)，影響消費與投資決策，才會引起國民所得變化。

傳統貨幣政策
央行透過調整短期利率，進而帶動長期利率下降，以刺激總需求增加。

資本成本效果
央行執行寬鬆政策促使利率下降，提升消費與投資誘因，擴大支出而提高所得。

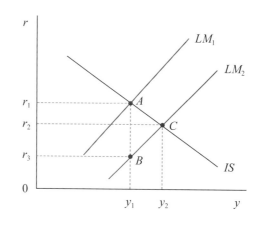

圖 5-1
貨幣政策效果

圖 5-1 顯示 *IS* 與 *LM* 曲線屬於正常型態，央行增加貨幣供給 $(dM>0)$，LM_1 曲線右移至 LM_2。在利率 r_1 不變下，人們將超額貨幣餘額用於購買金融資產，推動金融資產價格上漲，引導利率迅速滑落至 r_3，此即流動性效果 (liquidity effect)。利率滑落將刺激消費與投資意願，透過乘數效果提升國民所得。在所得擴張過程中，人們將增加交易性貨幣需求，推動利率回升，此即所得效果 (income effect)，體系在 *C* 點達成均衡。在現代金融體系，網路通訊技術進步帶動訊息傳播無遠弗屆，依據 2013 年諾貝爾經濟學獎得主 Eugene Francis Fama 提出效率市場臆說 (efficient market hypothesis)，央行的擴張政策造成貨幣市場失衡，政策訊息變化立即改變人們預期，促使金融資產價格迅速調整，體系由 *A* 點直接降至 *B* 點，超額貨幣供給迅速結清，從而落在新的貨幣市場均衡 LM_2 曲線上。然而此時的商品市場處於失衡狀態，是以體系透過流動性效果與所得效果相互影響，沿著 LM_2 曲線逐步趨向最後均衡的 *C* 點。

流動性效果
央行增加貨幣供給，促使人們將超額貨幣餘額投入購買金融資產，導致利率下降。

效率市場臆說
金融市場價格充分反映所有可獲得的訊息，恆處於均衡狀態。

在 *IS-LM* 模型中，有關貨幣政策效果強弱的說明如下：

• 貨幣政策效果優異

貨幣學派
在 1950~1960 年代由 Friedman 創立，強調貨幣餘額變動是引起景氣循環與物價波動的主因。

1. 垂直的 *LM* 曲線 (古典區域)：在 1960 年代，傳統古典學派或極端貨幣學派 (monetarism) 認為貨幣僅是作為交易媒介，人們持有貨幣純粹是為了交易，貨幣需求函數將變為 $l=ky$，在央行充分掌控貨幣供給下，*LM* 曲線係為垂直線，即是俗稱的古典區域。圖 5-2 顯示寬鬆貨幣政策讓 LM_1 曲線右移至 LM_2，將能發揮強烈增加所得效果 (y_1 擴張至 y_2)：

$$\frac{dy}{dM} = (L_y)^{-1} = k^{-1}$$

在貨幣需求缺乏利率彈性下，人們會將超額貨幣供給全部投入交易，促使利率 r_1 下降至 r_2，誘發總支出增加，所得由 y_1 提升至 y_2，刺激貨幣需求增加來消化超額貨幣供給，從而讓貨幣市場重回均衡。

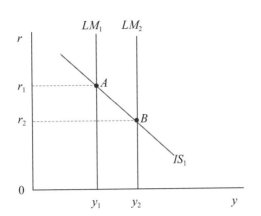

圖 5-2

垂直 *LM* 曲線的
貨幣政策效果

2. 水平的 *IS* 曲線：就長期而言，古典學派認為消費與投資支出具有高利率
   彈性 $(C_r + I_r \to \infty)$，*IS* 曲線趨於水平線。圖 5-3 顯示擴張性貨幣政策讓
   LM_1 曲線右移至 LM_2，促使所得增加 (y_1 擴張至 y_2) 的結果將與前述狀況
   相同。

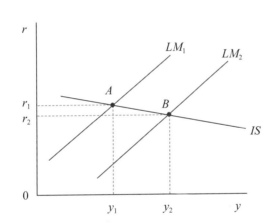

圖 5-3

IS 曲線趨近水
平的貨幣政策
效果

• 貨幣政策毫無效果

1. 垂直的 *IS* 曲線 (投資陷阱)：在 1950 年代，代表極端 Keynesian 學派的財
   政學派 (fiscalism) 認為體系短期總支出毫無利率彈性 $(C_r + I_r \to 0)$ 而淪落
   投資陷阱，*IS* 曲線趨近於垂直線，人們不因利率變動而改變支出意願。
   在圖 5-4 中，擴張性貨幣政策將讓 LM_1 曲線右移至 LM_2，超額貨幣供給
   透過流動性效果促使利率下跌，不過商品市場缺乏利率彈性，利率 r_1 必
   須大幅下跌至 r_2，才能刺激貨幣需求增加來結清超額貨幣供給，而因消
   費支出與投資支出增幅極少，所得擴張有限或是不變 (y_1y_2 趨近於零)，乘
   數效果為零。

財政學派

1950 年代的極端
Keynesian 學派，強
調政府應以財政政策
作為紓解景氣循環工
具。

圖 5-4

垂直 *IS* 曲線的
貨幣政策效果

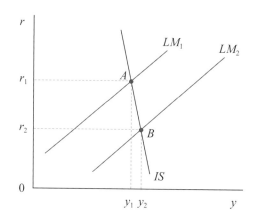

2. 流動性陷阱 (Keynesian 區域)：Keynesian 學派認爲金融市場邁入空頭走勢，人們出清金融資產轉而持有貨幣，多數屬於閒置餘額，貨幣需求具有高利率彈性而掉落流動性陷阱，*LM* 曲線趨於水平。圖 5-5 顯示流動性陷阱落在 *LM* 曲線的 E_1 點左方，擴張性貨幣政策雖讓 LM_1 曲線右移，卻僅是擴大流動性陷阱或稱 Keynesian 區域，流動性效果讓利率些微下降就能引發大量貨幣需求，迅速結清超額貨幣供給，影響總支出的效果微弱，乘數效果趨近於零，均衡所得不受影響。

圖 5-5

流動性陷阱下
的貨幣政策效
果

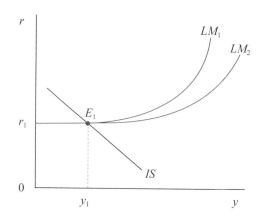

知識
補給站

　　1997 年亞洲金融風暴重創台灣景氣，從 2000 年 12 月 29 日至 2003 年 6 月 27 日間，央行連續調低重貼現率 15 次，引導銀行存款利率首次逼近零利率。時至 2008 年金融海嘯來襲，海關進出口貿易概況顯示，2008 年 12 月出口總值 136.4 億美元，創下 2003 年 10 月以來低點。再與 2007 年同月比較，減少 98.4 億美元或

減 41.9%，是歷年來最大降幅，且連續四個月負成長年減 41.9%；反觀進口總值 117.8 億美元，主要來自原油、基本金屬及其製品、電子產品進口減少，係 2003 年 11 月迄今最低值，相較 2007 年同月減少 94.8 億美元，減幅 44.6%，是歷年來最大降幅且連續三個月負成長。凡此早已反映於高科技業在 2008 年第三季與第四季的「無薪休假」，央行為此也從 2008 年 9 月 25 日至 2009 年 1 月 7 日連續 6 次降息，幅度達到 2.125%，重貼現率、擔保放款融通利率與短期融通利率分別由 2.00%、2.375%、4.25% 調降至 1.5%、1.875%、3.75%。不過央行總裁彭淮南強調，台灣不會成為零利率國家，也不會陷入通縮狀態。

總體經濟學者：Eugene Fama (1939~)

(一) 生平

1939 年 2 月 14 日出生於美國 Massachusetts 波士頓，1960 年畢業於 Tufts 大學經濟系，在學期間曾獲選為優秀學生運動員，1964 年從芝加哥大學 Booth 學院取得 MBA 與博士。此外，Fama 曾被 Rochester 大學頒授法學學士學位，比利時 Leuven 大學頒授榮譽法學博士，1982 年獲頒 Chaire Francqui (比利時國家科學獎)。1998 年以發表在《財務經濟學雜誌》的〈市場效率、長期報酬與和行為金融〉(Market Efficiency、Long-Term Returns and Behavioral Finance) 獲得 Fama-DFA 獎，此係在資本市場和資產定價領域的最佳論文。2001 年當選美國財務學會院士，也是計量經濟學會和藝術與科學學院、美國科學院院士。2005 年獲得 Deutsche 銀行獎 (財務經濟學)。2006 年由 CFA 機構頒授 Nicholas Molodovsky 獎。2007 年獲得 Morgan Stanley 美國金融協會獎，推崇其在金融方面的傑出貢獻。2007 年由 CME 創新中心頒授 Fred Arditti 創新獎，2009 年獲得財務的 Onassis 獎融資。2013 年獲頒諾貝爾經濟學獎。

(二) 對總體理論的貢獻

Fama 針對金融市場運作提出開創性見解，將嚴謹理論推演與實證方法引進投資管理領域，探討資產組合管理中的風險與報酬關係，進而轉化為財務觀點與行為操作模式。尤其是 Fama 提出效率市場臆說，成為總體理論中對金融市場運作行為假設的重要依據，成為主導央行執行貨幣政策的重要思維，而其論文的引用率超高而影響深遠，從而被譽為「現代金融之父」。

- 面對正斜率 *LM* 曲線的環境，在商品市場維持不變下，央行擴張貨幣供給將對所得與利率造成何種影響？
- 體系同時面臨貨幣供給擴張、流動性偏好降低與儲蓄率降低等狀況時，均衡所得與利率將如何變化？
- 央行總裁評估運用權衡性貨幣政策刺激景氣，何種環境組合將能發揮最大效果？

5.3 財政政策效果

　　在 1923~1929 年間，美國股市交投異常熱絡，道瓊股價指數於 1929 年 9 月 3 日奔向 381.17 點高峰。累積六年漲幅高達五倍，投資人早已輕忽投資風險，無不憧憬股市再創新高，連投資大師 Irving Fisher 也宣稱「股價已經邁向看似永恆的高地」。此話一出卻讓股市反轉連跌一個月，道瓊指數一度蒸發 17%。邁入 10 月後，道瓊指數稍見起色，曾讓 9 月蒙受虧損的過半投資人回本，然而好景不常而跌勢重現，10 月 24 日的「黑色星期四」出現加劇跡象，10 月 28 日 (道瓊重挫 12.82%) 及 29 日 (道瓊重挫 11.73%，交易量高達 1,600 萬股，直至 1968 年才超越該紀錄) 連續暴跌。爾後的 11 月 ~12 月以及 1930 年初，道瓊指數雖曾短暫反彈，接踵而來是急墜 1932 年 7 月 8 日的 41.22 點深淵。從 381.17 點高峰起算，總計崩跌 89%，直至 1954 年 11 月 23 日方得重回 1929 年水準。華爾街股災伴隨從 1925 年頂峰滑落的美國房地產，持續不止的黑天鵝群聚不去，終於引爆 1930 年代大蕭條，資本主義工業國家無一倖免，莫不深陷空前困境。

　　在 1930 年代之前，政府也曾調整支出與稅收，發揮刺激或抑制景氣效果，但無正式的「財政政策」之名。面對空前的景氣衰退，胡佛總統 (Herbert Clark Hoover) 堅持古典學派的自由放任政策，靜待經濟形勢好轉。然而經濟危機持續擴散蔓延至 1933 年，半數銀行倒閉，超過 13 萬家企業破產，失業潮暴衝超越 1,300 萬人，社會動盪讓人們期盼大有為政府力挽狂瀾，帶領國家脫離困局。

　　在此經濟環境背景下，羅斯福 (Franklin Delano Roosevelt) 以「反對自由放任、擴大政府干預經濟」的競選宣言，於 1932 年贏得絕大多數選民支持。他

在 1933 年 3 月就任總統後，宣布實施新政 (New Deal)，依據經濟情勢變化和政策執行情況，持續調整政策工具，對金融、農業、工業、社會救濟、公共工程及財政等層面進行干預，強化政府穩定經濟與促進經濟發展職能。新政內容包括救濟 (relief)、復興 (recover) 與改革 (reform)：救濟係救助急需幫助的失業者和貧民；復興則提供失業者工作機會，讓蕭條體系恢復運轉；改革則以長期措施改善總體經濟環境。

羅斯福總統實施新政，彰顯政府干預經濟活動角色。Keynes 則是擷取 Malthus 的思維與延續「新政」觀點，突顯「財政政策」解決「有效需求不足」問題的重要性。隨著時間推移，有關財政政策內涵與發揮影響的看法持續深化：

(1) 從傳統觀點認為僅是管理需求的工具 (Keynesian 學派需求面經濟學)，逐漸轉向突顯作為影響總供給的誘因 (古典學派供給面經濟學)。
(2) 不再侷限於總體理論議題，而是迅速轉入個體理論 (如財政學與公共經濟學) 領域發展。
(3) 除影響經濟活動運行外，轉向著重社會目標，如運用財政工具促成所得分配公平性；除致力於紓緩景氣循環外，兼顧考慮中長期發展與成長。

完整的財政政策內容涵蓋政府支出與融通兩部分：

• 支出政策 政府支出包括購買實質商品與勞務 G (消費性與資本性支出)，以及移轉性支出 (通常視為政府稅收的扣抵項目)。
• 融通政策 此即是政府預算限制融通 (government budget constraint financing)，政府收入來源包括實質收入 (租稅融通) 與財務收入 (公債與貨幣融通)。

純粹的財政政策包括政府支出與課稅，以及採取公債融通預算赤字。針對以貨幣融通預算赤字，Keynesian 學派係從事前來看，認為事出有因，政府支出在先是政策發動源頭，遂此認定是財政政策；反觀貨幣學派則由事後論斷，政府支出流量缺乏永續性，貨幣存量增加則具永續性，將其歸屬為貨幣政策。至於賦稅調整與政府支出出自財政部掌控，兩者引發效果卻迥然不同：

• 政府購買商品與勞務支出，直接提升產出與所得，效果具有確定性；減稅則是增加可支配所得，卻未必用於消費 (或將轉為儲蓄)，難以確定商品需求變化，政策效果有待商榷。

- 從總支出內容 $(E = C + I + G)$ 來看，政府支出增加是增加公共財取代私有財，減稅則是擴大總支出中的私人消費財比例。

依據前面的解值內容，財政政策影響流程可表示如下：

$$G \uparrow \to E \uparrow \to y \uparrow \to \begin{cases} (1)\, C_y(+) \to C \uparrow \to E \uparrow \to y \uparrow\ (正向效果) \\ (2)\, I_y(+) \to I \uparrow \to E \uparrow \to y \uparrow\ (正向效果) \\ (3)\, L_y(+) \to L \uparrow \to r \uparrow \to \begin{bmatrix} C_r(-) \\ I_r(-) \end{bmatrix} \to E \downarrow \to y \downarrow\ (排擠效果) \end{cases} \to y \uparrow$$

政府擴大支出直接增加商品需求 (總支出增加)，透過乘數效果擴張所得，經由邊際消費傾向 C_y 與投資傾向 I_y 運作，帶動民間支出 $(E = C + I)$ 擴大，發揮正面效果。不過所得增加，提升交易性貨幣需求，迫使貨幣利率上漲，負面衝擊消費支出 C_r 與投資支出 I_r，從而縮減總支出與國民所得，形成排擠效果。圖 5-6(A) 顯示 IS 與 LM 曲線均是正常型態，財政部增加支出將讓 $IS(G_0)$ 曲線右移至 $IS(G_1)$。以下將分兩種狀況討論：

- 在 1980 年代之前，央行採取金融壓抑措施，將利率暫時控制在 r_1。政府恆常性擴張支出，第一波將引起所得 y_1 過度擴張至 y_2，政府支出乘數效果與 Keynesian-Cross 模型相同：

$$\frac{dy}{dG} = (1 - C_y - I_y)^{-1}$$

在所得擴張過程中，人們將增加交易性貨幣需求，央行若維持貨幣供給不變，貨幣市場勢必陷入緊縮而引發利率上漲壓力，削減消費與投資誘因，所得由 y_2 降低至 y_3，該部分稱為 Hicks 交易性排擠效果 (Hicksian transaction crowding-out effect)。圖 5-6(B) 顯示的所得時徑將從 t_1 的 A 點 (y_1 所得) 先移往 B 點 (y_2 所得)，再滑落至 C 點 (y_3 所得)，利率上漲將排擠部分民間支出，進而緊縮部分所得 $y_3 y_2$。

$$\frac{dy}{dG} = \left\{ \underbrace{(1 - C_y - I_y)}_{\substack{Keynesian\ Cross\ 模型 \\ A \to B}} + \underbrace{\left[\frac{(C_r + I_r)L_y}{L_r} \right]}_{\substack{Hicks\ 排擠效果部分 \\ B \to C}} \right\}^{-1}$$

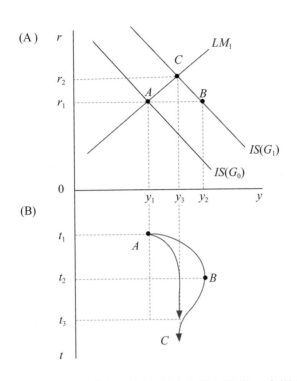

圖 5-6
財政政策效果

- 金融市場是效率市場，價格調整迅速反映所有訊息，市場永遠處於均衡狀態。政府恆常性增加支出，體系由 A 點沿著 LM_1 曲線直接邁向 C 點，利率與所得呈現同時遞增現象，政府支出增加部分取代消費與投資支出，所得由 y_1 僅增加至 y_3。圖 5-6(B) 顯示的所得時徑將從 t_1 的 A 點 (y_1 所得) 直接移往 C 點 (y_3 所得)，金融市場瞬間調整，不會引發排擠 y_3y_2 的現象。

> **效率市場**
> 金融資產價格調整迅速反映所有訊息。

在 Hicks-Hansen 模型中，財政政策能否發揮顯著效果，將說明如下：

• 財政政策效果不彰

1. 垂直的 LM 曲線 (古典區域)：古典學派認為貨幣需求缺乏利率彈性，而央行能夠控制貨幣供給，LM_1 曲線呈現垂直線。圖 5-7 顯示政府恆常性擴張支出將使 $IS(G_0)$ 曲線右移至 $IS(G_1)$，體系均衡由 A 點沿著 LM_1 曲線直接移動至 C 點，利率上漲造成消費支出與投資支出等量減少，$dG = -dE$，完全排擠效果讓乘數效果為零。

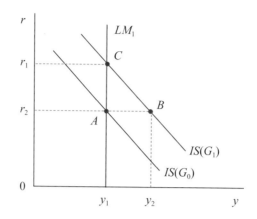

圖 **5-7**
垂直 *LM* 曲線的
財政政策效果

2. 水平的 *IS* 曲線：古典學派認為長期消費與投資具有高度利率彈性，*IS* 曲線趨於水平線。在圖 5-8 中，政府恆常性擴張支出促使 $IS(G_0)$ 曲線右移至 $IS(G_1)$，利率些微上漲即可巨額縮減消費與投資支出，$IS(G_1)$ 曲線迅速左移回原先的 $IS(G_0)$，均衡所得幾乎不受影響。

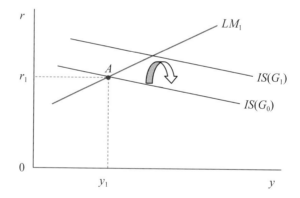

圖 **5-8**
趨近水平 *IS* 曲線的財政政策效果

• 財政政策效果輝煌

1. 垂直的 *IS* 曲線（投資陷阱）：財政學派認為短期總支出缺乏利率彈性（$C_r + I_r \to 0$），甚至掉落投資陷阱困境，短期 *IS* 曲線趨近於垂直線。在圖 5-9 中，恆常性政府支出擴張將使 ($IS(G_0)$) 曲線右移至 ($IS(G_1)$)，雖然帶動利率上漲，但因消費與投資對利率變動反應薄弱，乘數效果將與 Keynesian-Cross 模型的乘數效果相同而達到最大。

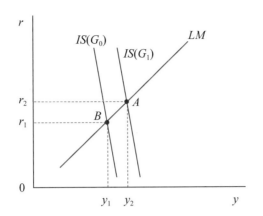

圖 5-9

趨近垂直 IS 曲
線的財政政策

2. 流動性陷阱 (Keynesian 區域)：當人們的貨幣需求對利率變動極為敏感
而陷入流動性陷阱環境、央行採取釘住利率措施，或央行執行順風而行
法則讓 $L_y = M_y$，LM 曲線將趨於水平。圖 5-10 顯示政府恆常性擴張支
出促使 $IS(G_0)$ 曲線右移至 $IS(G_1)$，市場利率 r_1 不變而不會引發排擠民
間支出效果，政策效果與前述相同。

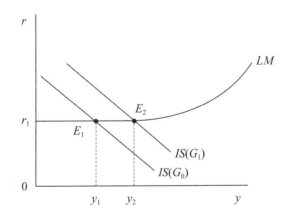

圖 5-10

流動性陷阱下
的財政政策效
果

綜合上述有關財政政策與貨幣政策效果的討論後，可將相關結果列於圖
5-11 作一總結。

圖 **5-11**

權衡性政策效
果變化

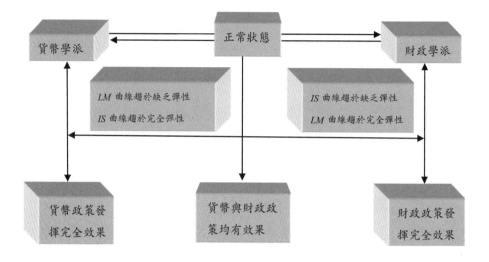

觀念問題

- 某國儲蓄函數為 $S = -a + br$，投資函數為 $I = c + dy$，$a, b, c, d > 0$，r 是利率，y 是所得。當 LM 曲線具有完全彈性時，財政部削減預算赤字，將對該國產生何種衝擊？
- 某立法委員在立法院國是論壇，建議財政部採取暫時減稅措施但維持政府支出不變，若依 Keynesian 學派觀點，體系經過調整後，最終均衡結果為何？
- 試說明在封閉體系下，財政部同時等量減少支出與定額稅，長期將產生何種結果？

5.4 排擠效果與拉入效果

5.4.1 公私部門支出間的關係

在 1950 年代，不同學派激烈辯論財政與貨幣政策效果，焦點集中在 *IS-LM* 兩條曲線的相對斜率大小，甚至是關注特殊環境 (短期或長期) 的政策效果比較。不過在正常環境下，兩者效果難分軒輊。邁入 1970 年代後，兩大陣營爭論焦點，逐步轉向討論財政政策伴隨預算融通的後續效應。尤其是從 2010 年起，各國長期執行赤字預算而導致債台高築，由希臘首開債務危機先河，連續引爆歐豬五國的主權債務危機，導致金融市場震盪與景氣波動，更讓「政府緊縮預算赤字與降低債務累積」的「財政重整」(fiscal consolidation) 議題浮上跨國討論焦點。

財政重整

係指以削減政府預算赤字與債務累積為目的的政策。

Keynes 與 Henderson (1929) 率先提出排擠效果 (crowding out effect) 概念，質疑當時英國首相 Lloyd George 執行財政政策效果，關注政府與民間經濟活動的替代性，開啟爾後爭論財政策有效性的新戰場。

排擠效果
政府部門活動擴張排擠民間部門的經濟活動。

- B. Friedman (1978) 與 Branson (1979) 定義「政府支出 G 取代民間支出 E，或讓具利率敏感性的民間支出呈反向變動，$\frac{\partial E}{\partial G} < 0$，將是排擠效果」。相對的，「民間支出若與政府支出共進退，$\frac{\partial E}{\partial G} > 0$，則稱為拉入效果」。

- Spencer 與 Yohe (1970) 以「所得變動」為評估標準，政府支出擴張而讓所得持平甚至減少，則存在排擠效果。政府支出乘數，$\frac{\partial y}{\partial G} = 0$ 顯示具有完全排擠、$\frac{\partial y}{\partial G} < 0$ 則是過度排擠、$0 < \frac{\partial y}{\partial G} < 1$ 將反映部分排擠效果。就此三者而言，「完全排擠」與「過度排擠」才是 Spencer 與 Yohe 心目中的排擠效果，部分排擠並非定義範圍。

在某些情況下，上述兩種標準可能衝突，如 Friedman 與 Branson 認定 $\frac{\partial E}{\partial G} < 0$ 是具有排擠效果，卻可能產生 $0 < \frac{\partial y}{\partial G} < 1$ 效果，但 Spencer 與 Yohe 卻不認為存在排擠效果現象。

Buiter (1977) 將排擠效果分成直接與間接排擠兩類。就前者來看，David 與 Scadding 提出絕對理性臆說 (ultrarationality hypothesis)，指出公部門係私部門的延伸，政府收支直接影響人們的效用函數或預算限制。財政政策若被人們以相對應反向操作中立化，政府行為僅是覆蓋在民間活動上的面紗而已。直接排擠效果 (direct crowding-out effect) 與結構式模型設定息息相關，若以 *IS-LM* 模型解析，實際上意謂著財政活動無法移動 *IS* 曲線，故又稱事前或結構式排擠效果 (structural crowding-out effect)，涉及層面如下：

絕對理性臆說
公部門係私部門延伸，財政政策被人們反向操作中立化而無效果可言。

直接、事前或結構式排擠效果
公私部門支出互為完全替代，模型設定就直接或事前產生排擠效果。

- 儲蓄：民間儲蓄毛額占 *GNI* 比例長期維持穩定，不因政府執行財政政策而有所變化，此即 Denison 法則 (1958)。

- 財富：Robert J. Barro (1974) 在〈政府債券是淨財富？〉(Are government bonds net wealth?) 中指出，人們將目前預算赤字視為未來租稅負債，財政部發行公債彌補預算赤字，等同於增加未來租稅負債，人們不會因持有公債增加而視為財富增加，此即是 Barro-Ricardo 等值理論，將在第十六章再詳細討論。

- 消費：政府的某些消費性支出，如教育、法律、治安及衛生保健等，將與

民間消費支出存在直接替代性。

- 投資：政府的資本支出是廠商投資的延伸，將會替代民間投資。
- 借款：人們安排資產組合，常將公債與公司債歸為同類。是以財政部發行公債，將是在金融市場與廠商競逐資金，勢必推動利率上升，導致廠商常有「無米之炊」怨言，進而排擠民間投資。

知識補給站

　　行政院於 2004 年 6 月 18 日實施一年期《公共服務擴大就業暫行條例》，提供失業者短期公共服務之就業機會，發揮紓緩景氣循環，落實社會安全體系功能。南韓從 1998 年實施「公職工作計畫」或許是成功案例，不過日本擴大公共投資 10 餘次，景氣依然在谷底沉淪。是以「政府失靈」(government failure) 關鍵就在執行效率，政府擴大就業計畫能否奏效，顯然與下列因素有關：

(1) 提升參與者職場競爭力並協助轉業。隨著網路通訊技術進步，體系由傳統製造業迅速朝服務業與高科技業轉型，帶動這兩類產業的勞工需求遞增，初級勞工需求減低而陷入失業。然而紓緩初級勞工失業困難、培養技術勞工費時，促使台灣深陷低成長與高失業率窘境。擴大就業計畫提供平地造林、河川及水庫管理、觀光景觀、觀光景點整治、防疫、社區防災等公共服務工作，迥異於民間就業型態，屬於短期救急政策，對提升就業技能或協助轉業的效益有限。

(2) 提供短期經濟保障與吸納失業者。擴大就業計畫僱用人員由公立就業服務機構推介，且需符合 35~65 歲，辦理求職登記日前三年累計工作六個月之失業者，避免摩擦性失業者與怠志勞工瓜分就業機會，落實照顧真正的「非自願性失業者」。

(3) 職場疏離。擴大就業計畫工作係以政府部門業務為主，內容、性質異於民間作業型態，可能造成擔任公共服務工作後，參與者排斥一般職場規範，影響未來就業意願。以南韓為例，政府提供無其他收入、不具請領失業給付資格、未領訓練生活津貼的失業者九個月工作機會，包括老人居家服務、在就業服務中心擔任諮商，第一年有 44 萬人、第二年有 78 萬人參加，工作期滿可再申請。但因缺乏管控，原本提供弱勢者的職位卻吸引高教育青壯年失業者「搶飯碗」，更嚴重的是，部分人不願再回到一般職場。

　　最後，公共服務擴大就業計畫追求降低失業率與降低失業給付，但因負面效果而讓預期效益大打折扣：

(1) 替代效果：政府將部分業務轉由參與該計畫者處理，甚至遣散部分公務人員，以致產生新的失業公務人員。

(2) 排擠效果：政府部門就業人數增加，擴大短期勞動需求，廠商可能需要提高薪資僱用勞工，形成政府的臨時性工作排擠民間原有的長期工作機會。

(3) 依賴效果：參與者安於現狀，長期依賴公共服務工作，缺乏尋找民間工作誘因。

5.4.2 間接排擠效果

　　間接排擠效果 (indirect crowding-out effect) 係指財政活動經由結構式模型運作，引發公部門活動取代民間活動的現象，此與人們決策是否理性無關。換言之，財政工具變動透過利率與物價調整，間接衝擊消費與投資決策，此即事後或縮減式排擠效果 (reduced-form crowding-out effect)。

> **間接、事後或縮減式排擠效果**
> 政府支出變動透過利率與物價調整，間接影響消費與投資決策，引發排擠民間支出效果。

- 交易性排擠效果　　央行執行金融壓抑，嚴格管制金融市場運作而讓市場利率調整速度緩慢。圖 5-12(A) 顯示恆常性政府支出增加讓 $IS(G_0)$ 曲線右移至 $IS(G_1)$，在利率 r_1 暫時不變下，(B) 圖中的 $E = C(r_1) + I(r_1) + G_0$ 上升至 $E = C(r_1) + I(r_1) + G_1$，所得由 y_1 過度擴張至 y_2，乘數效果是 Keynesian-Cross 模型顯現的乘數值。

(A)

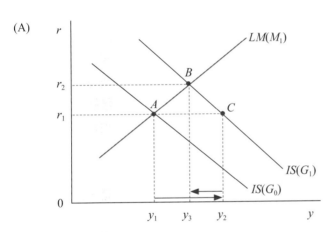

> **圖 5-12**
> 交易性排擠效果

(B)

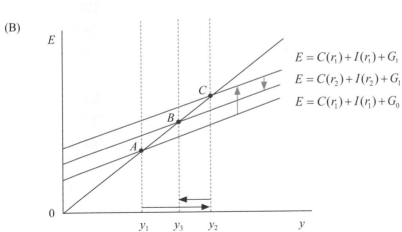

所得增加擴大交易性貨幣需求，將引起貨幣市場緊縮 (超額貨幣需求)。隨著央行逐步鬆綁利率管制，導引市場利率上升，將會縮減投資與消費意願，總支出曲線 $E = C(r_1) + I(r_1) + G_1$ 下移至 $E = C(r_2) + I(r_2) + G_1$，均衡所得由 y_2 縮減至 y_3，減少的 $y_3 y_2$ 即是交易性或 Hicks 排擠效果。不過金融市場若是效率市場，利率調整迅速，體系運作永遠落在貨幣市場均衡的 LM 曲線上，是以政府支出增加，將引起 IS 曲線沿著 LM 曲線逐步右移，利率與所額逐步遞增，而不會出現超額所得擴張的部分。

金融排擠效果

政府發行公債造成強力貨幣收縮，引起利率上漲而排擠私部門支出。

融資動機

人們預擬支出前，需先尋求資金來源。

- 金融排擠效果 (financial crowding-out effect)　Keynes(1937) 提出融資動機 (finance motive) 概念，指出人們預擬支出前，需先尋求資金來源，形成融資動機貨幣需求，流動性偏好取決於利率與預擬支出 E，總體模型修正為：

商品市場均衡　$y = E = C(r, y) + I(r, y) + G$

貨幣市場均衡　$L(r, E) = \dfrac{M_0}{P}$

財政部規劃擴大支出，先在債券市場發行公債募集資金，向人們借錢而引發融資動機貨幣需求增加，而借來資金則進入財政部在央行的國庫，引起強力貨幣收縮，造成貨幣供給減少。圖 5-13 顯示財政部發行公債引起 $LM(G_0)$ 曲線左移至 $LM(G_1)$，體系短期均衡由 A 點移往 B 點，利率上漲，緊縮投資與降低所得，形成金融排擠效果。隨著政府支出逐漸增加，$IS(G_0)$ 曲線將逐步右移至 $IS(G_1)$，而國庫存款將因政府支出增加而緩步釋出，促使強力貨幣擴張，$LM(G_1)$ 曲線再移回 $LM(G_0)$，體系均衡由 B 點移往 C 點。換言之，金融排擠效果僅是一個過渡效果，發生在財政部募集資金與開始支出的期間內。

圖 5-13

金融排擠效果

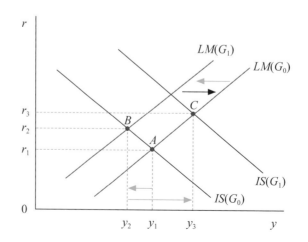

値得注意者：恆常性政府支出增加讓 $IS(G_0)$ 曲線右移且停留在 $IS(G_1)$。雖然財政部每年發行公債融通，從金融市場募集資金後，再因支出而將資金釋出，維持市場貨幣供給不變，但是公債累積畢竟是存量概念，長期累積的公債餘額將會改變人們的最適資產組合比例，從而進行調整資產組合內容，增加持有貨幣餘額以回復原先持有貨幣比例，將會促使 LM 曲線出現左移現象，緊縮效果趨於強烈。

5.4.3　拉入效果

一般而言，政府支出屬性分為移轉性支出與補貼 (社會福利支出)、消費性與資本性支出三類，政府消費性支出無從累積資本，自然較易出現排擠效果。至於政府從事公共投資，透過累積社會基礎建設資本，將能擴大產能而帶來拉入效果 (pulling-in effect)。是以排擠效果可定義為 $\frac{\partial E}{\partial G} < 0$，拉入效果是 $\frac{\partial E}{\partial G} > 0$，而民間支出函數 E 可表為：

$$E(r, y) = C(r, y) + I(r, y)$$
$$\quad\quad\quad (-,+) \quad\quad (-,+)$$

拉入效果
政府支出增加帶動民間支出增加。

針對上述函數，等支出曲線 (iso-expenditure curve) 定義為：能夠產生相同民間支出的利率與所得組合軌跡，斜率如下：

$$\frac{dr}{dy}\Big|_{EE} = \frac{-(C_y + I_y)}{C_r + I_r} > 0$$

等支出曲線
利率與產出組合能夠產生相同民間支出的軌跡。

圖 5-14 顯示等支出曲線 E_1 是低利率彈性 (高所得彈性)，E_1' 曲線則是高利率彈性 (低所得彈性)。若未考慮政府預算融通，恆常性政府支出增加讓 $IS(G_0)$ 曲線右移至 $IS(G_1)$，體系均衡由 A 點移到 B 點，E_1 或 E_1' 曲線分別移至 E_2 或 E_2' 曲線。至於政府支出對民間支出的影響，將如下表所示：

$$\underset{\substack{(\,貨幣供給\\維持不變\,)}}{G\uparrow} \rightarrow \begin{cases} (1)\,y\uparrow \rightarrow \begin{bmatrix} C_y(+) \\ I_y(+) \end{bmatrix} \underset{(\,所得彈性\,)}{\rightarrow} \underset{}{C與I}\ \uparrow \rightarrow E\uparrow\ (\,拉入效果\,) \\[3mm] (2)\,r\uparrow \rightarrow \begin{bmatrix} C_r(-) \\ I_r(-) \end{bmatrix} \underset{(\,利率彈性\,)}{\rightarrow} \underset{}{C與I}\ \downarrow \rightarrow E\downarrow\ (\,排擠效果\,) \end{cases} \rightarrow E\uparrow 或\downarrow$$

政府支出增加引起所得增加與利率上漲，前者帶動消費與投資支出增加而產生拉入效果；後者則會削減消費與投資支出而帶來排擠效果。綜合兩者

可知，政府支出產生拉入或排擠效果，端視兩者的利率彈性與所得彈性大小而定。就缺乏利率彈性的 E_1 曲線而言，在 B 點，$E_2 > E_1$（在利率固定下，B 點所得較高，E_2 支出較高），財政政策將會造成拉入效果（利率上升削減民間支出，將超過所得上升擴大的民間支出）。但就高利率彈性的 E_2 曲線而言，在 B 點，$E_2' < E_1'$（在所得固定下，B 點利率較高，E_2' 支出較小），財政政策將引發排擠效果（所得上升擴大民間支出，將小於利率上升縮減的民間支出）。

圖 5-14

排擠效果或拉入效果

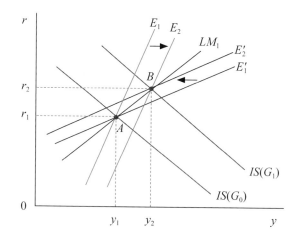

觀念問題

• 一般而言，政府支出增加會對民間支出造成排擠效果，但也聽說政府擴大公共支出有助於擴大民間投資增加。兩種說法背後的理由各為何？

5.5　財富效果

5.5.1　貨幣數量變動的傳遞途徑

自 2008 年金融海嘯爆發迄今，各國央行實施量化寬鬆，帶動全球股市長達十餘年的多頭走勢，尤其是 2020 年初，新冠肺炎橫空出世，各國政府更是推出天文數字的紓困案，無限量化寬鬆推動各國股市飆漲持續創新高。Berkshire Hathaway 創辦人 Warren Buffett (2001) 在《財富雜誌》(*Fortune Magazine*) 曾說：

如果股市總市值占 *GDP* 比例的曲線落在 70% 或 80%，對我們來說，將

是買股票的好機會。若是接近 100%，我們就該踩剎車了；一旦逼近 200%，我們買股票就如玩火。

　　Buffett 指數是指一國上市股市總市值占每季 GDP 的比率，可作為判斷股市是否過熱或過冷的指標。自 1980 年代末期以來，台灣股市總值占 GDP 比重成長迅速，在 2021 年 4 月 23 日攀升到 267.18，意味著台灣股市過熱，潛藏高度投資風險。然而此種現象也意味著台灣股市規模日益擴大，上市或上櫃公司將可透過股市與債市以直接金融籌資，部分取代向銀行借款的間接金融。一旦上市或上櫃公司從股市募集部分資金，股價劇烈波動勢必衝擊籌資意願。此外，「春江水暖鴨先知」，股市引導人們預期未來產業前景與經濟情勢，股價因而預先反應，提供廠商評估擴大投資與否的誘因，而投資人將決定是否投入股市，影響廠商籌資與人們配置資產至鉅。

　　另外，投資人從事擴張信用交易，利用融資融券操作股票，在股價波動過程中，擴大股市波動幅度。依據台灣證券交易所統計，台灣股市成交值約四成來自信用交易，加上當日沖銷達 20%，僅剩四成交易未涉及財務槓桿。尤其是台灣股市潛藏股票質借風險，大股東以股票質押借取資金護盤，1998 年底的國內股市崩跌造成大股東跳票，擴散成引爆本土型金融風暴。

　　股市波動也將衝擊物價、貨幣餘額與利率等金融指標。人們若採取同一預期，股市呈現大好或大壞景象，資產通膨形成泡沫而危及金融體系，成為政府關注焦點。依據國際貨幣基金 (IMF) 研究，各國股市飆漲，景氣榮景可期；股市崩盤演變成金融危機，勢必重創景氣。由於股市波動影響景氣循環具相當能耐，政府因而不得不另眼相看。尤其是在各國經濟成長來源中，至少超過五成動力來自消費支出，政府對股市波動引發財富效果變化的憂慮並非全無道理。

　　傳統 Keynesian 學派討論貨幣政策效果，僅侷限於「資本成本效果」單一管道，新 Keynesian 學派接續擴張貨幣政策影響實質部門決策的傳遞過程，包括：

- 金融市場　　貨幣餘額增加提升人們對金融資產需求，廠商則因持有貨幣餘額充裕，降低發行公司債或股票意願 (金融資產供給減少)。金融機構持有資金擴大，勢必增加生息資產需求。

　　綜合上述三部門行為變化，貨幣餘額增加影響資產供需變化，引起人們持有金融資產餘額、組合、價格、報酬率相對變化，進而調整支出決策。此種透過金融資產餘額變化，讓人們能夠執行原先因無法取融資而停擺的決策，即是信用可得效果 (credit available effect)；透過資產價格變化影響消費與投資決策，則稱為價值效果 (valuation effect)；透過資產收益率變化影響廠商投資決策，則是資本成本效果。

信用可得效果
貨幣數量變動引起金融資產餘額變化，進而影響民間支出。

價值效果
貨幣數量變動影響資產價格變化，進而影響民間支出。

實質餘額效果

保有貨幣餘額增加將會擴大消費支出。

- 商品市場　人們持有貨幣餘額增加，勢必投入消費支出，此種影響商品市場的財富效果，即是實質餘額效果 (real balance effect)。

一般而言，總體理論對財富變動如何影響經濟活動，出現兩種看法：

財富論者

央行增加貨幣餘額，促使人們增加消費支出。

- 財富論者 (wealth theorist)　古典學派提出直接調整機能 (direct adjustment mechanism) 或現金餘額調整機能 (cash balance mechanism)，說明央行增加貨幣數量 (財富數量增加) 超過人們預擬持有餘額，人們會將超額財富用於支出，此即「貨幣餘額 (信用數量)—財富—總支出」的傳遞途徑。

直接調整機能或現金餘額調整機能

實際貨幣餘額增加超過人們預擬持有的餘額，將會直接引起支出增加。

- 資產組合論者 (portfolio theorist)　新 Keynesian 學派提出間接調整機能 (indirect adjustment mechanism) 或利率調整機能 (interest rate mechanism)，說明央行透過公開市場操作增加銀行超額準備，後者的因應策略有二：

資產組合論者

央行增加貨幣餘額，促使人們調整資產組合，透過資產報酬率變化而影響支出。

1. 擴大放款：銀行擴大放款而出現超額放款供給，導引放款利率下降。
2. 買進公債：銀行購買公債造成超額需求，促使公債價格上升與收益率下降。

無論銀行採取何種因應方式，均會破壞金融市場均衡，引發資產組合調整，此種過程即是「貨幣餘額—資產組合調整—總支出」的傳遞途徑。

間接調整機能或利率調整機能

實際貨幣數量增加將會透過利率變化，間接改變體系內支出水準。

5.5.2　財富效果類型

在公開市場上，金融資產價格將因訊息變化而劇烈波動，從而產生財富效果，實質財富 $a = \dfrac{A}{P}$ 定義如下：

$$a = \frac{A}{P} = \frac{M}{P} + \frac{B_g}{rP} + \frac{E(y)}{rP}$$

B_g 是固定票息的公債，$E(y)$ 是股票發放的股利，取決於景氣循環 (以所得為替代變數)。依據上述定義，財富效果劃分如下：

- 直接財富效果　在物價、利率與所得不變下，每單位債券與股票發放股利固定，債券與股票數量增加即是債券利息與股利增加。一般而言，公債通常不視為淨財富，此係新古典學派的 Barro- Ricardo 等值理論認為財政部發行公債，未來需以課稅清償，公債增加即是未來租稅負債增加，兩相抵銷，公債餘額變動並非淨財富增加。但在訊息不全下，Keynesian 學派認為人們無從將公債價值換算為未來租稅負債增加，未被計算的公債價值將可列入淨財富。

圖 5-15 顯示央行增加貨幣供給讓 $LM(M_1)$ 曲線右移至 $LM(M_2)$，體系均衡由 A 點移 B 點，利率 r_1 下降 r_2、所得 y_1 增加 y_2，此即傳統貨幣政策效果。一般而言，財富效果通常直接引進消費函數，人們持有貨幣餘額增加，消費意願上升而 $IS(M_1)$ 曲線右移 $IS(M_2)$，體系 C 點達成均衡。引進財富效果將強化貨幣政策效果，破解體系掉落投資陷阱或流動性陷阱時，貨幣無能 (monetary impotence) 的說法。在 2000 年代初期，日本為紓緩長期通縮環境，面對傳統貨幣政策倚賴的「資本成本管道」窒礙難行 (日本為零利率)，遂改採古典學派的「現金餘額調整機能」說法，透過公開市場操作將貨幣餘額直接挹注經濟體系，引起民間支出增加，此即非傳統貨幣政策 (non-traditional monetary policy) 的量化寬鬆措施。

貨幣無能
體系內產出無法對貨幣供給或利率變化做出反應。

非傳統貨幣政策
央行使用前瞻指引、資產購買、定期融資放款，市場運作調整與負利率等工具來執行貨幣政策。

圖 5-15
貨幣政策與財富效果

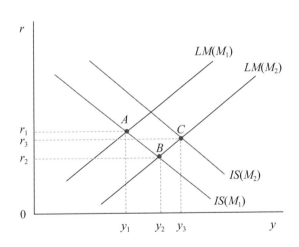

• 間接財富效果 　總體理論討論財富效果，焦點主要放在消費函數，前述模型將修正如下：

商品市場均衡 　$y = E = C(r, y, a) + I(r, y) + G_0$

貨幣市場均衡 　$L(r, y) = \dfrac{M_0}{P}$

1. 物價誘發財富效果 (price-induced wealth effect) 　在名目財富數量不變下，物價變動引起實質財富變化，進而改變實質部門決策。

(1) Keynes 效果 　上述模型若無財富效果 $C_a = 0$，物價滑落提升實質貨幣餘額，此即相當於貨幣供給增加，圖 5-16 中的 $LM(P_1)$ 曲線將右移至 $LM(P_2)$，利率 r_1 下降至 r_2 而刺激消費與投資支出增加 $y_1 y_2$，促使所得增加，此即是 Keynes 效果，與財富效果無關。

物價誘發財富效果
在名目財富數量不變下，物價變動引起實質財富變化，促使消費支出變化。

Keynes 效果
物價下跌引起實質餘額增加，促使利率下降而引起消費與投資支出增加，帶動所得增加。

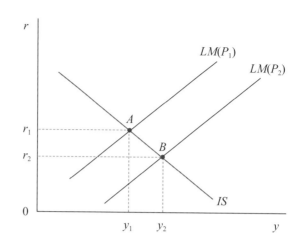

(2) Harberler-Pigou 效果與 Patinkin 實質餘額效果　圖 5-17 顯示體系原
先均衡在 A 點,物價下降促使實質餘額增加,$LM(P_1)$ 曲線右移至
$LM(P_2)$,所得擴張 y_1y_2 即是 Keynes 效果。隨後,物價下跌提升實質
財富 (實質購買力上升),透過刺激消費支出增加,$IS(P_1)$ 曲線將右
移至 $IS(P_2)$,體系均衡落 C 點,所得再擴張 y_2y_3 即是 Harberler-Pigou
或 Patinkin 效果。

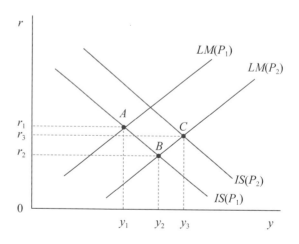

(3) Fisher 財富效果　財富效果發生係基於資產為淨財富或外在資產
(outside asset)。實務上,體系充滿著債權人與債務人並存的內在資
產 (inside asset),物價變動將會引起財富重分配,債權人受益而增加
消費,債務人受損而緊縮消費。體系內總消費是由債權人 C^R 與債務
人 C^P 兩個族群構成:

$$C = C^R(r, y, a) + C^P(r, y, d)$$

資產 a 將等於負債 d，$a = d$。當物價滑落時，將出現三種可能結果：

① 雙方的邊際消費傾向相同 $C_a^R = |C_d^P|$，物價滑落引發消費支出擴張 (債權人增加消費) 與緊縮 (債務人縮衣節食) 正好抵銷，僅會出現 Keynes 效果，IS 曲線不會移動。

② 債權人 (一般升斗小民，小金主的存款者) 的邊際消費傾向大於債務人 (富裕階層，大額借款者)，$C_a^R > |C_d^P|$，物價下跌引發 Pigou 效果，總消費支出增加促使 $IS(P_1)$ 曲線右移至 $IS_P(P_2)$。

③ 債權人 (富裕階層而擁有龐大資產的大金主) 的邊際消費傾向小於債務 (貧無立錐而債台高築的低收入戶)，$C_a^R < |C_d^P|$，物價下跌帶來 Fisher 財富效果，總消費支出縮減反而讓 $IS(P_1)$ 曲線左移至 $IS_F(P_2)$，形成逆 Pigou 效果，此即是 Fisher 財富效果。

2. 利率誘發財富效果 (interest-induced wealth effect)　市場利率變動引起股票或債券價值變動，實質財富變動提升消費誘因，Keynes (1936) 稱為意外所得效果 (windfall income effect)。針對商品市場均衡方程式全微分，可得考慮利率誘發財富效果後的 $IS(a)$ 曲線斜率 (絕對值) 將小於無財富效果的 IS 曲線斜率，$IS(a)$ 曲線相對具有利率彈性：

> **利率誘發財富效果或意外所得效果**
> 利率變動引起股價變動，進而誘發消費支出增加。

$$0 > \frac{dr}{dy}\bigg|_{IS(a)} = \frac{1 - C_y - I_y}{\underbrace{C_r + I_r}_{(1)} + \underbrace{C_a a_r}_{(2)}} > \frac{dr}{dy}\bigg|_{IS} = \frac{1 - C_y - I_y}{C_r + I_r}$$

在此，利率變動對消費支出的影響，包括：

(1) 直接效果　直接影響消費支出與投資支出 $C_r + I_r < 0$。

(2) 間接效果　透過影響財富價值 $a_r < 0$ 而衍生財富效果，再間接改變消費支出 $C_a > 0$。

圖 **5-18**
利率誘發的財
富效果

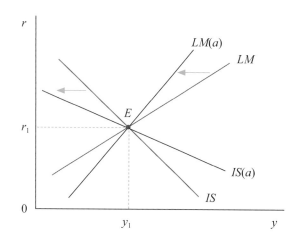

另外,也可將利率誘發財富效果引進流動性偏好函數,此即人們持有的實質財富增加,將會重新調整資產組合,增加每種資產的持有餘額。

$$L(r, y, a) = \frac{M_0}{P}$$

針對貨幣市場均衡方程式全微分 $(P = 1)$,可得考慮財富效果的 $LM(a)$ 曲線斜率將大於無財富效果的 LM 曲線斜率,$LM(a)$ 曲線的利率彈性較小:

$$\frac{dr}{dy}\Big|_{LM(a)} = \frac{-L_y}{L_r + L_a a_r} > \frac{dr}{dy}\Big|_{LM} = \frac{-L_y}{L_r} > 0$$

$L_a > 0$。若將利率誘發財富效果引進 IS-LM 模型,圖 5-18 顯示的 $IS(a)$ 曲線將較具利率彈性、$LM(a)$ 曲線則較缺乏利率彈性,貨幣政策效果將趨於顯著。

3. 所得誘發財富效果 (income-induced wealth effect)　上市與上櫃公司採取的股利政策 (dividend policy) 通常係依當年盈餘作為發放標準,股利多寡顯然與景氣循環 (以所得為替代變數) 有關。所得變動影響股利變動,連帶引起股票價值波動,進而影響人們消費決策。

所得誘發財富效果
景氣循環引發股利變動,帶動股價變化促使消費支出變動。

股利政策
上市或上櫃公司訂定發放股利的方式。

針對商品市場均衡式全微分,可得僅考慮所得誘發財富效果的 $IS(a)$ 曲線斜率如下:

$$0 > \frac{dr}{dy}\Big|_{IS(a)} = \frac{1 - C_y - C_a a_y - I_y}{C_r + I_r} > \frac{dr}{dy}\Big|_{IS} = \frac{1 - C_y - I_y}{C_r + I_r}$$

同樣的,將所得誘發財富效果引進貨幣市場,可得 $LM(a)$ 曲線斜率如下:

$$\frac{dr}{dy}\bigg|_{LM(a)} = \frac{-L_y - L_a a_y}{L_r + L_a a_r} > \frac{dr}{dy}\bigg|_{LM} = \frac{-L_y}{L_r} > 0$$

$a_y > 0$。從上述兩條曲線斜率值可知：考慮所得誘發財富效果後，圖 5-18 顯示 $IS(a)$ 曲線的利率彈性變大、$LM(a)$ 曲線的利率彈性變小，有助於強化貨幣政策效果。

知識補給站

J. G. Gurly 與 E. S. Shaw 在《金融理論中的貨幣》(*Money in a Theory of Finance*, 1960) 率先提出外在貨幣 (outside money) 概念，指出外在貨幣是央行對民間的負債，但因人們可用於購買商品，因而也是民間的淨資產。隨著兩人提出外在貨幣與內在貨幣 (inside money) 概念，在 1960 年代引起重大回響，經濟學者競相論證兩者能否產生財富效果，躍居總體理論的熱門議題。

(1) 政府發行公債能否視為淨資產？公債是由國庫 (以課稅清償) 擔保，屬於民間的未來租稅負債，應從民間資產扣除。不過此種租稅負債係於未來分期清償，人們甚難估計未來分攤租稅負債的現值，未被預估的租稅負債 (公債) 仍可視為淨資產。

(2) Gurly 與 Shaw 指出銀行發行活存、活儲與定存吸收資金，經過徵信調查後，用於放款。對體系而言，存款係人們的資產，也是銀行的負債，兩者正好抵銷。另外，銀行放款取得放款債權也為人們的貸款負債抵銷，是以銀行創造存款與放款無從增加體系淨資產。不過 B. P. Pesek 與 T. R. Saving 卻在《貨幣、財富與經濟理論》(*Money, Wealth and Economic Theory*, 1967) 中主張，銀行存款雖為內在貨幣，但應視為淨資產，此係銀行吸收存款 100 元，提存法定準備率 10%，將可放款 90 元，放款利率若為 10%，銀行將能賺取 9 元。倘若銀行股票也以相同利率貼現，銀行股票總值將上升 90 元，而銀行股價上漲當然應視為淨資產增加。依據兩人觀點，不論內在與外在貨幣均屬淨財富，區分兩者毫無意義。

觀念問題

• 若將財富效果引進貨幣需求函數，財政部採取公債融通支出的效果，相對未考慮財富效果的情況，何者為大或小？

• 試評論：「意外所得效果與實質餘額效果係屬名異實同的財富效果。就 IS-LM 模型而言，兩者若同時出現於消費函數中，擴張性貨幣政策將促使 IS 與 LM 兩條曲線同時移動。」

5.6 政策組合效果

在一般正常環境下，財政政策與貨幣政策各有所長，均能發揮影響經濟活動效果。實務上，政府面對複雜經濟問題，經常以不同政策組合因應，產生效果分別如下：

•「寬鬆財政─寬鬆貨幣」政策組合

圖 5-19 顯示體系景氣遭逢金融海嘯衝擊、新冠肺炎肆虐而深陷藍燈閃爍區域，政府應採寬鬆政策因應，藉以振衰起敝。政府擴大支出讓 $IS(G_0)$ 曲線右移至 $IS(G_1)$，體系均衡由 A 點移至 B 點，所得擴張引起交易性貨幣需求增加，貨幣市場勢必陷入緊縮環境。為紓緩利率上漲引發的排擠效果，央行採取寬鬆政策，將 $LM(M_0)$ 曲線右移至 $LM(M_1)$，所得進一步擴張至 y_2，從而達成振興景氣的目標。

圖 **5-19**

「寬鬆財政─寬鬆貨幣」政策

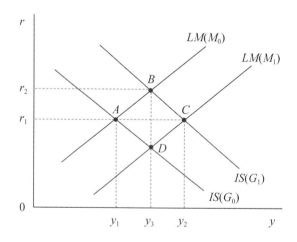

此類政策組合涵蓋財政部擴張支出與央行增加貨幣供給兩部分。就前者而言，僅是單純的政府支出增加而已；就後者而言，涉及層面就極為多元化。

1. 央行直接發行貨幣通政府支出，此即膨脹性融通，如非洲小國辛巴威過去編列政府預算，歲入來源即是央行發行的貨幣餘額。另外，央行進場買進財政部發行的公債則是公債貨幣化，美國聯準會在 2009~2013 年執行 QE_1 與 QE_2 政策內容，以及 2018~2021 年執行龐大紓困案而採取的無限量化寬鬆，都是屬於這類操作。上述兩者都是引起 LM 曲線右移，不過差異性為：前者的膨脹性融通是央行直接印鈔票給政府用，無須歸還。後者的公債貨幣化指示由央行暫時借錢給財政部，公債到期，財政部仍需編列預算

課稅來還，此時 LM 曲線將會左移。

2. 財政部發行公債由銀行與大眾購買，造成銀行體系資金緊縮。為紓緩金融環境緊縮，央行開放貼現窗口 (discount window)，提供銀行以公債做擔保的短期擔保融通，增加銀行借入準備 (borrowed reserve)，亦即央行變相增加強力貨幣，造成貨幣供給增加，也是讓 $LM(M_0)$ 曲線右移至 $LM(M_1)$，維持金融市場利率不變。短期均衡由 B 點移至 C 點，此即調節性貨幣政策 (monetary accommodation)。

另外，央行收受銀行業轉存款 (redeposit) 對象限定為吸收基層金融 (信用合作社、農會信用部與漁會信用部) 存款的全國農業金庫、郵匯局與配合貨幣政策執行的合庫、土銀與台銀，累計金額超過 2 兆元。是以央行也可釋出這些銀行的轉存款，達成紓緩金融環境緊縮的狀況。

3. 央行掌握鑄幣權 (如買進外匯釋出台幣)，獲取鑄幣稅 (在國際金融市場運用外匯獲取孳息) 係屬總供給 (本國因素在國外所得) 的一環。隨後央行將盈餘繳庫融通預算赤字，成為總支出 (轉換為通膨稅) 的一環。該部分列入政府的實質收入，卻也同時增加貨幣供給。舉例來說，2008 年爆發金融海嘯，各國政府積極紓困，力挽狂瀾，台灣財政部要求央行在 2009 年增加繳庫盈餘超過 500 億元，達到 2,380 億元的歷史高峰，此舉相當於增加貨幣供給。

4. 央行採取釘住利率措施(相當於執行無限量化寬鬆)，或依循「順風而行」法則，一旦財政部擴大支出推動利率上漲與景氣趨於熱絡，即透過公開市場操作，增加貨幣供給，以滿足市場增加的貨幣需求，從而維持利率不變。

值得注意者，政府支出係屬流量，央行增加貨幣供給則是存量，是以下一期僅有貨幣供給增加效果，$IS(G_1)$ 曲線將移回 $IS(G_0)$，體系均衡落在 D 點。

• 「緊縮財政—緊縮貨幣」政策組合

此一政策組合與前述組合所要追求的目標正好相反。圖 5-20 中，面對景氣處於黃紅燈 (景氣活絡) 甚至邁向紅燈 (景氣過熱) 區域，政府應採緊縮政策因應，抑制過熱的經濟活動。財政部緊縮支出而讓 $IS(G_0)$ 曲線左移至 $IS(G_1)$，體系均衡由 A 點移至 B 點，所得下降將減少交易性貨幣需求，金融環境趨於寬鬆，利率出現下跌趨勢。央行若追求穩定利率目標，透過公開市場操作緊縮貨幣供給，也是讓 $LM(M_0)$ 曲線左移至 $LM(M_1)$，短期均衡由 B 點移至 C 點，此種貨幣性調節可防止利率下跌而擴大支出誘因，從而達到緊縮支出，最終促使景氣熱度降溫 $y_3 y_1$。

貼現窗口
央行提供銀行短期擔保融通的貨幣工具。

借入準備
銀行面臨法定準備不足時，向央行申請的短期擔保融通。

調節性貨幣政策
央行從事公開市場操作，紓緩貨幣市場的資金變動狀況。

圖 5-20

「緊縮財政—緊縮貨幣」政策

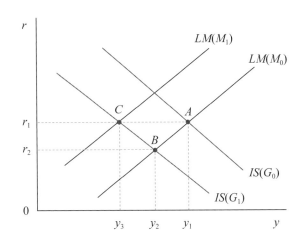

●「寬鬆財政—緊縮貨幣」政策組合

　　圖 5-21 顯示財政部擴大支出讓 $IS(G_0)$ 曲線右移至 $IS(G_1)$，體系均衡由 A 點移至 B 點，所得增加擴大交易性貨幣需求，金融環境緊縮而推動利率上漲。央行追求穩定經濟活動，透過公開市場操作緊縮貨幣供給，或採取「逆風而行」法則，讓 $LM(M_0)$ 曲線左移至 $LM(M_1)$，短期均衡由 B 點移至 C 點，降低政府支出擴張帶來景氣過熱現象。此種政策雖可穩定景氣 y_1 不變 (產出)，卻是擴大政府支出占 GDP 比率，政府部門規模加速擴大。此外，政府支出擴大排擠民間支出，而投資支出更因央行緊縮政策推動利率上漲，而且取得資金困難而趨於萎縮，對資本累積與產能擴大產生不利影響，勢必影響長期經濟成長。

圖 5-21

「寬鬆財政—緊縮貨幣」政策

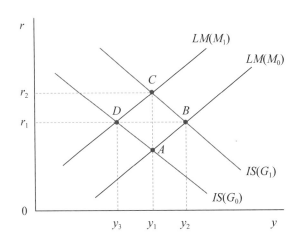

•「緊縮財政─寬鬆貨幣」政策組合

　　圖 5-22 顯示財政部緊縮支出讓 $IS(G_0)$ 曲線左移至 $IS(G_1)$，體系均衡由 A 點移至 B 點，人們所得下降而減少交易性貨幣需求，金融市場寬鬆而讓利率下跌。央行追求穩定景氣，採取公開市場操作擴大貨幣供給，或實施「逆風而行」法則，讓 $LM(M_0)$ 曲線右移至 $LM(M_1)$，短期均衡由 B 點移至 C 點，避免政府緊縮支出帶來景氣衰退。世界各國政府長期遵循 Keynesian 學派執行擴張財政支出的說法，導致債台高築。尤其是 2008 年爆發金融海嘯，龐大的紓困案導致政府陷入債務危機，因而自 2010 年開始，逐漸引爆歐債危機，其中的歐豬五國被迫進行財政重整，縮減預算赤字，此即 IS 曲線左移。另一方面，歐洲央行則採取量化寬鬆因應，此即是 LM 曲線右移。此種政策將能穩定景氣 y_1，同時縮小政府支出占 GDP 比率，緊縮政府部門規模。民間投資將因利率下跌而擴張，加速資本累積與擴張未來產能，經濟成長速度將會提升。

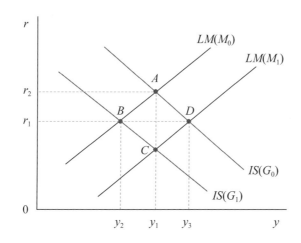

圖 **5-22**

「緊縮財政─寬鬆貨幣」政策

問題研討

小組討論題

一、評論題

1. 國發會以實際資料驗證某年的台灣消費函數 $C = 20 + 0.8y$、投資函數為 $I = -10 + 0.3y - 400r$。當時的央行理監事會決議採取釘住利率目標 $r = 10\%$，政府決議擴大支出 $\Delta G = 10$（由 10 增加為 20），台灣均衡所得卻會由 200 萎縮為 100。

2. 2008 年國際金融海嘯重創國內景氣陷入「無薪休假」與「薪餉四成」的窘境。行政院遂於 2009 年 1 月 19 日發放每人 3,600 元消費券，央行彭總裁也配合實施量化寬鬆貨幣政策。此種政策組合於短期內將促使金融市場利率上漲，長期對利率影響則不確定。

3. 從 2011 年底至 2012 年 8 月，國發會發布台灣景氣對策信號連續超過 10 個藍燈，依據 Keynesian 理論，行政院院會應該決議要求央行彭總裁採取寬鬆貨幣政策，透過大幅降低利率與增加貨幣在外流通數量，方能達到刺激景氣作用。

4. 體系僅有內在資產流通，則由考慮財富效果的 Hicks-Hansen 模型可知：一旦物價發生變動，名目所得有可能呈現收縮或擴散現象。

5. 台經院依據台灣狀況設立簡化總體模型，包括商品市場均衡 $C(y) + I(r) = y$ 與貨幣市場均衡 $L(r, y, \frac{E(y)}{r}) = M_0$，$E(y)$ 是名目股利。依據上述模型，財政政策效果將優於貨幣政策效果。

6. 台灣投資人熱衷進出股市，消費行為深受股市波動影響。然而金融海嘯重創台灣，景氣陷入投資陷阱，此時央行彭總裁採取寬鬆貨幣政策，顯然毫無效果可言。

7. 從 2010 年初起，歐豬五國陸續爆發債務危機，影響所及，讓國際景氣復甦乏力。為振興低迷景氣，財政部遂於 2010 年宣布降低個人綜合所得稅率與營利事業所得稅率，央行也配合實施量化寬鬆貨幣政策。不論短期或長期，兩個機構聯手的政策搭配，將讓台灣產出與利率趨於攀升。

8. 台灣政府債台高築，必須進行財政重整，但也要求央行搭配執行量化寬鬆政策，此舉在長期將有助於資本累積與加速經濟成長。

9. 政府擴大赤字預算，搭配央行執行「逆風而行」政策，短期內將發揮振興景氣效果，長期也能加速經濟成長。

10. 爲求降低失業率，政府決議擴大公共支出，同時搭配央行執行「順風而行」政策，此舉長期將爲體系累積通貨膨脹壓力。

二、問答題

1. 行政院爲振興國家經濟，在 2003 年分別提出「擴大公共建設方案」及「公共服務擴大就業計畫」兩項計畫。不過政府採取增稅或發行公債融通支出，卻可能引發排擠效果或拉入效果。
   (a) 試解釋排擠效果與拉入效果。
   (b) 試依據 Keynesian 模型說明兩項方案對國民所得的影響？

2. 經建會估計台灣的 *IS-LM* 模型可表爲：消費函數 $C_t = a + by_t$、投資函數 $I_t = d + ey_t$，$y_t = C_t + I_t + G_t$、$\frac{M_t^s}{P_t} = l_1(y_t) + l_2(r_t)$，政府支出 G_t 不受所得 y_t 與利率 r_t 影響，a、b、d、$e > 0$。試回答下列問題：
   (a) 當政府增加 G_t 時，台灣的均衡所得與利率是否上升？
   (b) 政府支出有臨時性與恆常性之分，(a) 題結果是否發生變化？
   (c) 央行增加 M_t 時，台灣的均衡消費、儲蓄與投資是否增加？

3. 貨幣政策或財政政策何者相對有效，是貨幣學派 Keynesian 學派爭論的重點。謝教授以 1990 年爲分界點，估計台灣的國內民間支出 (消費與投資支出) 與貨幣需求函數的迴歸式，分別如下：

   1970~1990　$M_t^d = 1,350 + 0.35y_t - 2,100r_t$
   $E_t = 3,840 + 0.8y_t - 1,000r_t$

   1991~2010　$M_t^d = 850 + 0.20y_t - 500r_t$
   $E_t = 6,840 + 0.6y_t - 4,500r_t$

   假設央行可以完全掌控貨幣數量。在其他條件不變下，試問：在此兩段期間內，政府採取何種政策，將可發揮較佳效果？

4. 試利用 *IS-LM* 模型，分析下列兩種狀況：
   (a) 景氣持續低迷，嚴重損及廠商信心，投資意願趨於保守。人們面對失業率未見改善，未雨綢繆而提高儲蓄率。
   (b) 財政部與央行想要聯手刺激投資意願，但卻仍想維持 *GDP* 不變。

5. 試以 *IS-LM* 模型，繪圖說明下列狀況對體系均衡所得及利率的影響：
   (a) 貨幣需求完全缺乏利率彈性，財政部採取擴張支出策略。
   (b) 貨幣需求的利率彈性無窮大，財政部進行財政重整。
   (c) 預擬支出的利率彈性爲零，央行執行寬鬆貨幣政策。
   (d) 體系陷入流動性陷阱困境，央行採取緊縮貨幣政策。

(e) 貨幣需求的利率彈性爲零，央行採取緊縮貨幣政策。

6. 下表是台灣近三年來的 GDP 與利率的資料，假設三年來的經濟活動變化取決於政府採取權衡性政策，試問政府曾經採取何種政策活動？

時間	GDP (兆元)	金融市場利率 (%)	物價指數
1999	620	5.5%	100
2000	590	7%	100
2001	750	7%	100

7. 主計總處估計 2008 年的台灣儲蓄函數爲 $S = -100 + 0.2y - 0.3a$，投資函數爲 $I = 200 + 0.1y$，$a = \dfrac{M}{P}$ 是實質資產，y 是所得。2008 年國際金融海嘯重創景氣，台灣金融體系也掉落流動性陷阱環境，央行理監事會決議執行量化寬鬆政策刺激景氣。試回答下列問題？

(a) 台灣的 IS 曲線呈現何種型態？商品市場處於何種情境？

(b) 央行執行擴張性貨幣政策是否發揮效果？

8. 主計總處估計 2008 年的台灣儲蓄函數爲 $S = -100 + sy - 0.3a$，而投資函數型態爲 $I = 200 + iy$，$s - i > 0$，$a = \dfrac{M}{P}$ 是實質貨幣餘額，y 是所得。同一期間，央行也公布台灣的流動性偏好方程式爲 $L = 200 + 0.2y - br$。試以圖形回答下列問題？

(a) 台灣在 2008 年的 IS 曲線與 LM 曲線呈現何種型態？

(b) 2008 年國際金融海嘯迫使台灣企業競相採取「無薪休假」策略，試比較政府採取擴張性財政或貨幣政策因應的效果，何者較佳？

9. 依據 IS-LM 模型，當政府想要提高投資誘因，又要防止產出波動，試問採取何種財政與貨幣政策組合，才能達成該項目標？在 1980 年代初期，美國政府因減稅而陷入預算赤字，而聯準會也同時採取緊縮政策。試問：此種政策組合將產生何種效果？

10. 央行評估採取兩種貨幣政策：(1) 維持貨幣供給不變，而讓利率浮動調整；(2) 調整貨幣供給而維持利率不變。在下列狀況，試以 IS-LM 模型分析何種政策用於穩定產出的效果較佳？

(a) 體系內所有衝擊均來自商品與勞務需求的外生變動。

(b) 體系內所有衝擊均來自貨幣需求的外生變動。

三、計算題

1. 某封閉島國的總體結構式模型如下：

消費函數　　　　$C = 1{,}600 + 0.8y_d - 5{,}000r$

投資函數　　　　$I = 800 + 0.1y - 10{,}000r$

貨幣供給函數　　$M_s = 2{,}000$

政府支出函數　　$G = 600$

所得稅　　　　　$T = 0.25y$

流動性偏好函數　$L = 1{,}450 + 0.2y - 10{,}000r$

該國物價因景氣低迷而維持在 $P=1$。試計算下列問題：

(a) 該國均衡所得、民間支出(包括消費與投資支出)與實質貨幣需求為何？

(b) 央行維持貨幣供給固定，試問財政部增加恆常性支出 300，對民間支出(包括消費與投資)將造成排擠或拉入效果？其排擠或拉入的民間支出為何？

(c) 該國自然產出預估為 $y^* = 10{,}000$，政府若希望在維持利率不變下消除該缺口，試問：須採何種財政政策和貨幣政策組合方式解決？

2. A 與 B 二國均屬於封閉體系，商品市場結構完全相同：

消費支出　　　　$C = 200 + 0.8(y - T)$

投資支出　　　　$I = 100$

政府支出　　　　$G = 300$

所得稅　　　　　$T = 250$

至於兩國貨幣市場模型如下：

A 國實質貨幣需求 $L_A = 0.4y_A - 5{,}000r_A$

B 國實質貨幣需求 $L_B = 0.4y_B - 2{,}500r_B$

假設兩國央行將貨幣供給控制在 $M_A^s = M_B^s = 500$，兩國物價為 $P_A = P_B = 1$，r 為利率。試計算下列問題：

(a) 兩國均衡所得與利率各自為何？

(b) 兩國央行若執行量化寬鬆政策，將貨幣供給從 500 擴張為 1,000，在物價維持不變下，試問哪一國的均衡利率變動較大？

(c) 兩國央行維持貨幣供給不變，財政部若將政府支出從 300 擴大至 400，在維持物價不變下，試問哪一國產生的排擠效果較大？

3. 國發會建立台灣總體結構式模型如下：

消費函數	$C = 600 + 0.8y_d - 500r$
投資函數	$I = 280 + 0.1y - 1,500r$
政府支出	$G = 220$
租稅函數	$T = 0.25y$
淨出口	$X - Z = 215 - 0.2y$
流動性偏好	$L = 800 + 0.2y - 1,000r$
貨幣供給	$M^s = 1,200$

假設物價水準 $P = 1$。試計算下列問題：

(a) 該國均衡所得與利率為何？此時的政府預算將處於何種狀況？

(b) 為因應景氣復甦，財政部執行退場機制，縮減恆常性政府支出 $\Delta G = -45$，在貨幣供給不變下，體系新均衡所得與利率為何？

(c) 延續 (b) 題，財政部從事擴大內需活動，是否對民間支出 (包括消費支出與投資支出) 產生排擠效果，數量為何？在達成新均衡後，政府預算將如何變化？

(d) 延續 (a) 題，央行增加發行名目貨幣供給 $\Delta M^s = 18$。在物價不變下，體系新均衡所得與利率分別為何？此時的政府預算又將如何變化？

👍 網路練習題

- 請連結央行 (http：//www.cbc.gov.tw) 與財政部網站 (http://www.mof.gov.tw)，查閱在 2008~2009 年國際金融海嘯期間，兩個政府部門曾經執行哪些政策，你認為這些政策的效果如何？

6

國際收支、匯率
與總需求

個案導讀

2009 年 10 月 8 日，前央行總裁彭淮南針對 10 月份外國人的新台幣存款帳戶餘額超過 4,000 億元，提出三點評論：「歡迎長期國際資金流入，但不歡迎熱錢；認同國際貨幣基金會強調各國央行必要時可以管制跨國資金移動；匯率過度波動將衝擊金融體系穩定性。」到了 2009 年 11 月 19 日，彭總裁接續在立法院指出，外資仍有 3,500 億元停留在國內銀行帳戶，若不投資台灣股市，則應撤離台灣。

　　長期以來，柳樹理論是前央行彭淮南總裁提出的穩定台幣匯率思維，基本道理是實施管理浮動匯率 (managed floating rate)，依據實際金融環境變化，適時干預市場匯率，讓匯率波動具有彈性，猶如柔軟柳枝於強風來襲時擺動而不易折斷。央行從 1998 年開始實踐柳樹理論後，台幣兌換美元匯率則穩定於 28~35 區間波動，然而也因某些程度的干預匯率，造成外匯存底迅速累積與國內資金汎濫。隨著 2008 年金融海嘯來襲，2020 年新冠肺炎橫掃全球，各國大量紓困搭配央行量化寬鬆，龐大美元資金四處流竄。台灣央行基於穩定匯率，僅能拼命買超美元，並發行可轉讓定存單進行部分沖銷，截至 2022 年 1 月底，外匯準備累積持續創下 5,488.74 億美元歷史新高，名列世界第五。

　　針對國際金融海嘯、歐債危機、中美貿易大戰與新冠肺炎肆虐接踵發生，美國紓困案引爆無限量化寬鬆，讓熱錢橫掃全球金融市場，而台灣當然也難以倖免。本章首先探討國際收支帳內涵，說明匯率決定理論。接著，將說明 Mundell (1963) 與 Fleming (1962) 模型內涵，探討在不同匯率制度下，政府採取權衡性貨幣政策與財政政策的效果。最後，不論 Hicks-Hansen 模型 (封閉體系) 或 Mundell-Fleming 模型 (開放體系)，焦點均在處理總體需求面均衡，而由兩者將可推演出傳統的總需求函數，將探討其決定因素為何。

6.1　國際收支帳

　　在開放體系，跨國交易活動係指居民與非居民間從事的經濟流量，涉及跨國商品、勞務、金融資產所有權移轉或資金提供，如表 6-1 所示，分為商品、勞務、單向移轉 (unilateral transfers)、資本移動、黃金與通貨等五大類。

表 6-1
跨國交易類型

跨國交易類型	本　國	外　國
商品	對美國輸出筆記型電腦	自美國購進原棉
非貨幣性黃金	民間金礦主把產品售給央行	自南非進口黃金
勞務		
商品運輸及保險	紡織品由長榮海運承運之運費	商品出口由外商保險
其他運輸	新航使用中正機場設施	搭乘西北航空飛機出國
旅行	日本旅客來台觀光	商團赴歐招商與考察
投資所得	東南亞投資利潤匯回	支付海外公司債利息
政府	美國在台協會費用	台灣駐美代表處費用
其他勞務	出售電影海外版權	支付海外報章雜誌廣告費用
單向移轉		
民間匯款及禮品	張無忌收到親戚殷家匯款	李四匯給兒子美國留學費用
機關匯款與贈品	收到美國教會救濟物資	蔣經國基金會贈送美大學圖書
政府移轉	美國經濟援助	台灣農耕隊在國外費用
資本交易		
長期資本 (民間)	德國西門子公司在台設廠	清償海外公司債本金

跨國交易類型	本　國	外　國
短期資本 (民間)	輸入預付款	償還短期外債本金
地方政府	開發貸款	償還海外國際聯貸本金
中央政府	在國外發行債券	認股股本 (如：國際開發銀行)
黃金與通貨	央行持有美國公債券減少	央行自外匯市場買進美元

　　統計上述跨國交易活動結果的會計帳即是國際收支帳 (balance of payment account)，係指固定期間內 (通常一年)，本國與他國成員從事跨國交易的會計記錄，屬於流量概念。台灣央行在 2005 年 5 月依據國際貨幣基金公布第六版《國際收支與國際投資部位手冊》(Balance of Payments and International Investment Position Manual, Six edition，簡稱 BPM6) 編製國際收支平衡表。表 6-2 係 2021 年台灣第一季國際收支平衡表，以複式簿記型態分為借貸兩方，貸方記載商品勞務輸出，所得、經常移轉及資本帳收入，對外債權減少、對外債務增加，準備資產減少；借方記載商品勞務輸入，所得、經常移轉及資本支出，對外債權增加、對外債務減少，準備資產增加。

國際收支帳
記錄本國與他國成員從事跨國交易結果的會計帳。

A. 經常帳	25,961
商品：收入 (出口)	97,597
商品：支出 (進口)	78,847
商品貿易淨額	18,750
服務：收入 (輸出)	11,960
服務：支出 (輸入)	9,135
商品與服務收支淨額	21,575
初次所得：(收入)	7,746
初次所得：(支出)	2,752
商品、服務與初次所得收支淨額	26,569
二次所得：(收入)	2,170
二次所得：(支出)	2,778
投資所得	5,100(收入)
商品、服務與所得收支淨額	13,535
B. 資本帳	-4
資本帳：(收入)	1

表 6-2
2021 年第一季台灣國際收支表
(單位：億美元)

資本帳：(支出)	5
A+B(經常帳與資本帳合計)	25,957
C. 金融帳	15,931
直接投資：資產	3,475
股權與投資基金	2,057
債務工具	1,418
直接投資：負債	2,379
股權與投資基金	732
債務工具	1,647
證券投資：資產	23,255
股權與投資基金	8,822
債務證券	14,433
證券投資：負債	-12,489
股權與投資基金	-12,802
債務證券	313
衍生金融商品	-222
衍生金融商品：資產	-6,184
衍生金融商品：負債	-5,962
其他投資：資產	-1,057
其他股本	9
債務工具	-1,066
其他投資：負債	19,630
其他股本	--
債務工具	19,630
	2,122
A+B+C（經常帳、資本帳、金融帳）	10,026
D. 誤差與遺漏淨額	516
E. 準備與相關項目	10,542
準備資產	10,542

資料來源：中央銀行網站。

以下就表 6-2 的國際收支平衡表內容說明如下。

- 經常帳 (current account) 或稱經常交易　衡量跨國實質資源移動，包括商品進出口、勞務輸出入、向國外收取與支付國外報酬，以及跨國性經常轉移。經常帳交易按總額記錄，反映本國向他國提供或從他國獲取實質資源的情況，內容細分如下：

  經常帳
  記錄本國與外國從事商品與勞務進出口、投資與勞務所得及單向移轉的會計帳。

  1. 商品帳　一般商品、原物料以及非貨幣黃金進口與出口。
  2. 勞務帳　運輸、旅遊、保險服務、金融服務及其他服務輸出入，如 2008 年開放兩岸直航，陸客來台觀光人數遽增，台灣觀光勞務收支占經常交易比例大幅攀升。
  3. 所得帳　本國因素在國外獲取報酬 (如台商在中國大陸投資收益、台灣員工在中國大陸工作所得)，以及外國因素在本國賺取收益 (如外資在台灣操作股票利得與股息、外勞在台灣工作所得)，主要分為勞動所得與投資收益。在此，從 1990 年代起，台灣央行持有外匯資產迅速累積，在國際金融市場運用獲取孳息遽增，成為台灣 *GNI* 超前 *GDP* 的主要原因。
  4. 移轉帳　本國對他國無償提供或接受實質及金融資源，包括跨國匯款、捐款、官方援助及退休金等。

- 資本帳 (capital account) 或稱資本交易　衡量無經濟價值報償的固定資產移轉，主要是債務減免及移民轉移 (移民在兩國間移動商品及金融資產變動的互抵帳目)，以及包括土地、地下資產、專利權、版權、商標權 (如統一超商與全家超商) 與著作權 (如《哈利波特》與《暮光之城》小說) 等非生產、非金融資產的跨國交易。

  資本帳
  記錄跨國資本移轉與獲得或處分非生產性、非金融性資產、專利權、租約、可移轉性契約與商譽之會計帳。

- 金融帳 (financial account)　理論上，金融自由化與國際化將會強化金融市場競爭性，進而降低資金成本，引導資金流向最有利投資機會，提高資金配置效率。經濟成員從事跨國金融資產及負債交易的結果即是金融帳，而因金融交易獲取的報酬或支付利息則屬經常帳交易。

  金融帳
  記錄跨國從事直接投資、證券投資、其他投資結果的會計帳。

  1. 直接投資 (direct investment)　直接投資係指取得公司所有權或經營權，是屬於廠房設備的長期投資。在此，外人直接投資 (foreign direct investment, *FDI*) 將可為本國帶來資本累積、技術移轉、引進管理技術、建立行銷網、創造就業、促進經濟成長等利益。
  2. 證券投資 (portfolio investment)　證券投資標的包含權益證券、債務證券 (債券、票券與貨幣市場工具) 和金融衍生商品。就權益證券而言，外國人取得本國權益證券方法，包括：

(1) 本國公司到國外股市掛牌，如美國存託憑證 (*ADR*) 或全球存託憑證 (*GDR*)；(2) 本國公司在境外發行權益連結的金融商品，如海外可轉債，爾後即執行轉換權而持有權益證券；(3) 跨國資金進入本國股市購買權益證券。另外，就債務證券而言，隨著資本市場國際化，外國債券市場 (foreign bond market) 和境外債券市場 (Eurobond market) 成為國際資本市場重要一環，公司前往國外發行債券，使用外幣計價即稱為外國債券，美國、瑞士、日本和盧森堡為主要外國債券市場。公司到國外發行債券但不以當地貨幣計價則稱為境外債券。

3. **衍生金融商品 (financial derivative)**　包括期權契約 (如認股權證) 以及遠期契約 (如期貨、利率交換、通貨交換、遠期利率協定、遠期外匯)。

4. **其他投資**　未歸類在外人直接投資、證券投資的所有金融交易和準備資產。準備資產是分析一國央行持有對外部位的關鍵因素，包含黃金、特別提款權 (special drawing rights, *SDRs*)、普通提款權 (reserve position in the fund)、外匯資產 (包括貨幣、存款和證券) 及其他所有權。

上述三個帳戶屬於自主性交易 (autonomous transactions)，係人們基於偏好、所得、利率、匯率，國內外商品勞務相對價格等因素，從事跨國交易的成果。國際收支失衡則是指三個帳戶餘額總和不為零，大於零是順差，小於零為逆差。

- 準備與相關項目 (reserves and related items) 或外匯準備變動　係衡量本國央行持有外匯資產變動額，包括做為外匯準備的黃金、外幣及其他流動性資產、國際貨幣基金 (*IMF*) 之提款權與特別提款權 (*SDRs*) 等，其變動淨額等於前述三個帳戶餘額總和。該帳戶是調節性交易 (accomodating transaction)，本國面臨自主性交易發生缺口，需進行事後彌補交易活動，包括短期官方資本移動、以及其他國際準備資產移動。

值得注意者：國際貨幣基金定義廣義外匯準備為包括政府持有黃金與可兌換外幣、國際貨幣基金的現金準備部位與特別提款權。台灣並非 *IMF* 會員而無後兩項，但再外加「央行資產負債表中的國外資金」與「全體金融機構資產負債表中的國外資產淨額」兩項。至於狹義外匯準備則不包括黃金與握有的外幣等。央行持有外匯準備，可用於干預外匯市場與提供跨國交易活動的最後清算。凡是作為外匯準備必須具備高流動性，亦可作為央行從事對外清算與無條件使用的資金。

另外，官方資本主要來自於世界銀行 (world bank)、區域性開發銀行和不同國家政府共同成立的機構，可分兩類：(1) 官方非優惠性融資：貸

特別提款權

IMF 創設的準備資產與記帳單位，分配給會員國使用資金的權利。會員國可用於向其他會員國換取外匯，以清償國際收支逆差，可與黃金、國際通貨作為外匯準備。

自主性交易

基於交易者自身利益或其他因素而發生的交易，主要包括經常項目、資本與金融項目，也稱為事前交易。

調節性交易

由自主性交易引起為彌補其差額而進行的國際經濟交易，又稱為事後交易。

款利率係依目前市場利率、契約中無優惠性條款，如借款者未來必須清償所有貸款金額和貸款金額不包含任何補助款。(2) 官方開發援助主要有補助款 (grants) 與優惠性融資，不同機構的補助款目的、用途也不盡相同，如世界銀行補助款主要是為幫助貧窮國家復原或支撐其償債能力。至於主權基金或稱主權財富基金 (sovereign wealth fund) 出現於 1956 年，持有龐大外匯準備或石油出口國家成立專門投資機構，由政府主導長期策略性投資，藉以擴大外匯收益，達到財政平衡或其他目的。不同國家的主權基金為配合其特殊目的，尋求投資標的種類與性質也不同，如挪威政府退休基金為因應退休金支出快速成長，完善規劃投資各國金融資產；俄羅斯安定基金則是為穩定金融體系，投資風險容忍度極低，篩選投資標的為穩定低風險金融商品。依據資產市值排名，目前世界前十名的主權基金依序為阿拉伯聯合大公國的阿布達比投資局 (ADIA)、挪威政府退休金基金、沙烏地阿拉伯的外國資產控股公司、中國外匯管理局投資公司、中國投資公司、香港 (中國) 金融管理局投資組合基金、新加坡政府投資公司 (GIC)、科威特投資局、中國大陸的全國社會保障基金、俄羅斯國家財富基金。

> **主權財富基金**
> 由主權國家政府所成立，進而用於長期投資的金融資產或基金。

- 誤差與遺漏 (net errors and omissions)　此係金融帳、資本帳與金融帳餘額的總和與外匯準備的差額，將是用於平衡國際收支帳未平衡的借貸差額。

觀念問題

- 何謂國際收支帳？國際收支帳包括的個別帳戶內容為何？
- 從 1990 年代以後，台灣廠商積極引進外籍勞工，此舉將會影響國際收支帳戶中的何種帳戶？如何影響？

6.2　外匯市場

外匯係指本國擁有對外國的短期請求權，包括外國貨幣、票據與證券。外匯市場參與者，包括個人、廠商、外匯銀行、外匯經紀商與央行，並依下列標準分類：

- 交易對象　人們直接與銀行交易的「銀行與顧客間市場」(bank-customer market) 屬於零售市場。「外匯指定銀行間」軋平外匯持有部位、「央行及

> **銀行與顧客間市場**
> 人們與銀行交易外匯的市場，屬於零售市場。

銀行間市場

「外匯指定銀行間」、「央行與銀行間」相互交易外匯的市場。

銀行間」干預外匯操作，將透過元太與台北外匯經紀公司的「銀行間市場」(interbank market) 撮和，屬於批發市場。

- 市場型態　在營業時間內，外匯交易參與者透過外匯交易所集中競價交易即是有形市場，利用電話、電傳電報及網路系統而無固定交易時間與場所即是無形市場。
- 交割期限　在外匯成交後的第二個營業日辦理交割者即是即期外匯市場，在未來特定日期辦理交割者即是遠期外匯市場。
- 交易範圍　外匯銀行僅與當地外匯銀行交易即屬區域性市場，同時與主要國際金融中心交易即屬國際性市場。

國際貿易往來或跨國金融交易均需交付對方貨幣清算，而匯率是兩國貨幣間的兌換比率，如 1 美元兌換 80 日圓，或兌換 29.5 元台幣，表示方式有二：

直接匯率

以國幣表示的外幣價值。

間接匯率

以外幣表示的國幣價值。

- 直接匯率 (direct exchange rate)　$e = \dfrac{NT}{US}$，以國幣表示的外幣價值，又稱價格報價法或美國基礎。
- 間接匯率 (indirect exchange rate)　$e^* = \dfrac{1}{e} = \dfrac{US}{NT}$，以外幣表示的國幣價值，又稱數量報價法或歐洲基礎。

基於上述定義，$e = \dfrac{NT}{US} = 30$ 下降為 $e = 29$，從新台幣觀點來看，則係從 $\dfrac{1}{30}$ 變為 $\dfrac{1}{29}$，新台幣變動率 $\dot{e}$ 可計算如下：

$$\dot{e} = \frac{(\frac{1}{29}) - (\frac{1}{30})}{(\frac{1}{30})} = \frac{30 - 29}{29} = 3.448\%$$

計算台幣兌美元匯率變動率的公式為：

$$\dot{e} = \frac{舊匯率 - 新匯率}{新匯率}$$

若從美元觀點來看，美元變動率 $\dot{e}$ 可計算如下：

$$\dot{e} = \frac{29 - 30}{30} = \frac{29 - 30}{30} = -3.33\%$$

換言之，計算美元兌台幣匯率變動率的公式為：

$$\dot{e} = \frac{\text{新匯率} - \text{舊匯率}}{\text{舊匯率}}$$

G. Goschen (1861) 提出國際借貸理論 (international indebtedness theory)，說明國際收支與匯率的關聯性，指出構成國際收支帳的每項成分，實際上係反映外匯市場供需，透過外匯供給 F^s 與需求 F^d 運作，將可決定圖 6-1 顯示的均衡匯率 e^*。

國際借貸理論

國際收支帳的各個單項將反映外匯市場供需，從而決定均衡匯率。

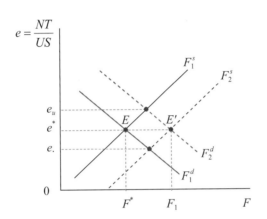

圖 6-1

外匯市場均衡

實務上，各國採取的匯率制度將如圖 6-2 所示，而固定匯率 (央行完全干預) 與浮動匯率 (價格機能決定) 則是分居兩個極端，其餘制度則是央行干預與價格機能並行決定。

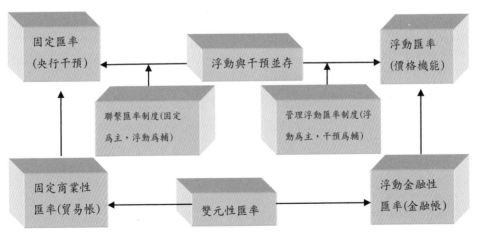

圖 6-2

匯率制度類型

固定匯率制度

央行固定國幣匯率，透過干預外匯市場來維持匯率固定。

- 固定匯率制度 (fixed exchange rate regime)　1970 年代之前，在金本位制度 (gold standard system) 下，兩國商議決定匯率為固定值 $\bar{e}$，依此匯率交易與清算。隨著外匯供需變化而讓均衡匯率 e^* 偏離 $\bar{e}$，可能出現低估

金本位制度

貨幣的價值等於含金量，匯率取決於各國貨幣含金量的比率。

($\overline{e} > e^*$) 或高估 ($\overline{e} < e^*$)，央行將須承受其中差額部位，同時衍生下列結果：

1. 爲維持匯率固定或穩定，央行須在外匯市場買超 (匯率低估) 或賣超美元 (匯率高估)，造成外匯累積 (或遞減) 與貨幣供給增加 (或遞減)，引發潛在通膨 (或緊縮) 風險。尤其在匯率高估 ($\overline{e} < e^*$) 之際，經濟情勢若未反轉，央行爲護盤而持續賣超美元，將讓外匯存底迅速枯竭，如 1997 年亞洲金融風暴期間，韓國、泰國均發生類似情事。

2. 央行執行沖銷政策 (sterilization policy)，發行 (或買回) 可轉讓定存單，收回 (或釋出) 國幣以穩定貨幣供給。在此過程中，央行買超美元 (匯率低估) 將會累積外匯準備，賺取外匯資產運用收益 (鑄幣稅收入增加)，但須支付發行可轉讓定存單沖銷的利息；央行若賣超美元 (匯率高估)，則讓外匯準備枯竭，運用外匯資產收益銳減，但因收回可轉讓定存單而減輕利息支出。

沖銷政策
央行干預外匯市場以穩定匯率，再發行或買回可轉讓定存單以維持貨幣數量不變。

浮動匯率制度
匯率取決於外匯供需，央行未做干預。

- 浮動匯率制度 (floating exchange rate regime)　匯率取決於外匯市場供需，由價格機能決定而央行完全不干預。圖 6-1 顯示外匯需求曲線 F_1^d 與供給曲線 F_1^s 交於 E 點，將決定均衡匯率 e^*。由於影響匯率變動因素過多，而且外匯市場是 24 小時交易，任何風吹草動，政治金融局勢遽變將會擴大匯率變異性，除衝擊國際貿易與跨國投資活動，更將擴大避險成本。

實務上，多數國家既未維持匯率不變，也未放手任由外匯市場決定匯率，而是擷取央行干預與市場機能兩種特質，從而形成下列匯率制度：

管理浮動匯率制度
央行干預外匯市場，將匯率波動控制在某一區間。

聯繫匯率制度
國幣匯率釘住關鍵性貨幣不變，透過該關鍵性貨幣對其他貨幣浮動。

美元化制度
將國幣與美元的兌換匯率固定，甚至由美元取代國幣扮演交易媒介、計價單位與價值儲藏功能。

- 管理浮動匯率制度 (managed floating exchange rate regime)　本質上係偏向浮動匯率制度，央行視外匯市場變化情勢，適時進場干預，讓匯率波動落在央行設定的目標區間，此即類似台灣央行執行的柳樹理論，實際上係將傳統的固定匯率轉化爲穩定匯率 (stabilize exchange rate)。

- 聯繫匯率制度 (linked exchange rate regime)　某些國家日常交易可能全面使用外幣，或與國幣平行使用，此即稱爲美元化 (dollarization)，巴拿馬、薩爾瓦多和厄瓜多是美元化的例子，這三國未發行自己的貨幣，公營機構和民間機構放棄原有貨幣而改用美元。此種現象發生原因是本身通膨嚴重導致原有貨幣喪失價值，或因銀行體系陷入嚴重危機，只好放棄自身的貨幣政策而實施美元化。另外，將國幣與關鍵貨幣維持固定兌換比例，如美元。由於美元匯率完全浮動，國幣對他國貨幣的匯率則透過聯繫美元匯率浮動。舉例來說，香港從 1983 年 10 月 17 日實施聯繫匯率制度，港幣以

7.75~7.85 兌換 1 美元與美元掛勾，本質上是偏向固定匯率制度，而金融管理局的首要貨幣政策目標即是穩定匯率。一般而言，政府不會主動干預外匯市場，匯率穩定主要由香港三家發行貨幣銀行 (中銀香港、香港上海匯豐銀行、渣打銀行) 進行套利達成，可稱爲一個自動調節機能，此係香港聯繫匯率制度與固定匯率制度的最大差異之處。

除上述匯率制度外，政府爲達成特殊目的，如加強出口競爭力、抑制進口等，也會針對交易對象或不同性質交易採取不同匯率，如針對經常帳交易採取固定商業匯率 (commercial exchange rate)，針對金融帳交易採取浮動金融匯率 (financial exchange rate)，兩種匯率並存即是雙元匯率(dual exchange rate)制度。

最後，名目匯率 (nominal exchange rate) $e = \dfrac{NT}{US}$ 係指兩國貨幣的兌換比率，其波動除改變兩國商品相對價格外，也將影響兩國相對競爭力。然而面對國際市場競爭，爲衡量國貨在國際市場平均競爭力變化、國幣相對各國貨幣匯率的平均變動幅度，政府遂以某時點爲基準 (名目匯率爲 100)，選擇主要貿易對手國貨幣組成貨幣籃，考慮彼此間貿易額與競爭程度而賦予適當權數，透過加權計算名目有效匯率指數 (nominal effective exchange rate index, NEER)。台灣以 1993 年爲基期，選擇 15 國貨幣依某一權數累加而得名目有效匯率指數 NEER，該指數上升表示新台幣對主要貿易對手國貨幣升值。

$$NEER = \sum_{j=1}^{n} \theta_j e_{ij}$$

e_{ij} 是 i 種貨幣對 j 種貨幣的匯率，θ_j 是權數，計算方法爲：採取幾何加權平均法，加權方式考慮雙邊貿易、多邊貿易和第三市場加權等 11 種方式。

商業匯率
針對經常帳交易採取固定匯率制度。

金融匯率
針對金融帳交易採取浮動匯率制度。

雙元匯率制度
針對經常帳與金融帳分別採取固定與浮動匯率制度。

名目匯率
兩國貨幣兌換比率。

名目有效匯率指數
以某時點為基準，選擇主要貿易對手國貨幣組成貨幣籃，並以適當權數加權而得匯率指數。

觀念問題

- 國際金融市場頻頻爆發金融危機，跨國基金爲因應投資人贖回要求，只好從台灣股市撤資，在 2008 年第三季間匯出超過 100 億美元。央行基於穩定匯率與控制貨幣數量，進行干預外匯市場，此舉將造成何種結果？
- 美國聯準會在 2011 年 6 月停止執行量化寬鬆貨幣政策後，台灣央行若無因應策略，則對台灣外匯市場影響爲何？
- 香港採取釘住美元的聯繫匯率制度，而且符合 Marshall-Lerner 條件。美國聯準會若調漲重貼現率，將對香港經濟活動形成何種衝擊？
- 在台灣現行匯率制度下，股市熱絡吸引外資流入時，對台幣匯率有何影響？

6.3 匯率決定理論

開放體系國際收支的自發性交易帳戶主要由兩者構成：(1) 貿易帳 $(X-Z)$：取決於國內超額供給或需求 $(X-Z)=(Y-E)$，由實質面長期決策決定；(2) 金融帳 (F)：取決於跨國金融資產移動淨額，多數由金融面短期決策決定。至於移轉帳與資本帳與經濟變數 (物價、利率、所得與匯率) 關聯性偏低，基本上可視為取決於外生變數。是以古典學派針對貿易帳提出購買力平價理論來詮釋長期匯率決定，而 Keynesian 學派則從金融帳角度以利率平價理論來說明短期匯率決定。

6.3.1 購買力平價理論

單一價格法則

同質商品經過套利交易活動後，價格將趨於相同。

在完全競爭市場下，單一價格法則 (law of one price) 指出若未考慮運輸成本、關稅、貿易障礙及訊息成本，兩國生產單一同質貿易財 (traded goods)，在透過商品套利後，若以某貨幣表示的商品價格相等，貿易財將停止移動，或兩國貿易邁向均衡。Gustav Cassel 在《1914 年後的貨幣和外匯》(1922) 中針對一國貿易帳，提出購買力平價理論說明長期均衡匯率決定。

絕對購買力平價理論

名目匯率將取決於兩國相對物價。

• 絕對購買力平價理論 (absolute purchasing power parity hypothesis, *APPP*)
兩國貨幣兌換比率或名目匯率，將視兩國貨幣的相對購買力或相對物價而定，從而決定長期均衡匯率。

$$e = \frac{P}{P^*}$$
$$P = eP^*$$

實質匯率

兩國商品交換比率。

貿易條件

或稱實質匯率，兩國商品的相對價格或交換比率。

P 與 P^* 分別是台灣與美國物價，e 是以國幣表示的外幣價格。另外，實質匯率 (real exchange rate) 或稱貿易條件 (terms of trade) 係指本國與外國商品的互換比率，或是兩國貨幣的實質購買力的比例：

$$\varepsilon = \frac{\left(\dfrac{1}{P}\right)}{\left(\dfrac{1}{ep^*}\right)} = \frac{eP^*}{P}$$

由上式可引申出下列涵義：
1. 兩國名目匯率若是均衡匯率，實質匯率將是 1。
2. 在名目匯率不變下，本國物價上漲而外國物價不變，實質匯率將小於

1(類似升值)，本國商品競爭力相對下降，促使本國出口銳減、進口增加，貿易帳逆差而讓名目匯率面臨貶值壓力。舉例來說，一籃商品的美元價格上漲 10%，代表美元喪失購買力 10%；此時，同一籃商品的新台幣價格若也上漲 15%，將反映美元價值相對台幣升值 5%。

　　在此，兩國物價並非一成不變，若以名目有效匯率指數衡量本國商品的國際競爭力，顯然有所偏誤，政府因而改採以物價指數修正的實質匯率來衡量。實務上，台灣的主要貿易對手包括美、日、德、英、加、港 (中國) 等，新台幣在同一期間可能對歐元、日圓貶值，卻對美元、英鎊升值，且因各國物價變化不一，以某國名目匯率與物價變化作為衡量實質匯率基礎，僅能反映相對該國競爭力變化，無法反映在國際市場的平均變化情況，政府遂採取以一單位國貨可換取舶來品數量的<u>實質有效匯率指數</u> (real effective exchange rate index, *REER*) 來衡量。一般而言，*REER* 係以與台灣貿易比重較大國家貨幣的匯率進行加權，權數視政策目標而定，包括出口、進口、貿易額、世界出口市場、平均出口、平均貿易權數與雙重加權等，而台灣則選擇貿易比重為權數：

實質有效匯率指數
以某時點為基準，選擇與本國貿易比重較大國家，以適當權數加權計算一單位國貨可換取外國貨數量。

$$REER = \alpha_1 \left(\frac{P}{e_1 P_1^*}\right) + \alpha_2 \left(\frac{P}{e_2 P_2^*}\right) + \cdots + \alpha_n \left(\frac{P}{e_n P_n^*}\right)$$

$$= \alpha_1 \left(\frac{1}{e_r^1}\right) + \alpha_2 \left(\frac{1}{e_r^2}\right) + \cdots + \alpha_n \left(\frac{1}{e_r^n}\right)$$

　　另外，實質匯率指數是指一單位舶來品可換取國貨數量，正好與實質有效匯率指數相反。P 與 P_i^* 分別是台灣與一籃貨幣的 i 國物價指數，e 是 i 國貨幣以新台幣表示的匯率，是 i 國所占權數，e 是台灣與 i 國間的實質匯率指數。基期實質有效匯率指數為 100，t 期指數高於 100(升值)，反映國幣對一籃貨幣價值高估，應有貶值空間。

* 相對購買力平價理論 (relative purchasing power parity hypothesis, *RPPP*)
均衡匯率將隨兩國通膨率 (π、π^*) 調整，或匯率貶值率等於兩國預期通膨率差額。依據前述理論，下列關係將會成立：

相對購買力平價理論
匯率貶值率等於本國與外國預期通膨率的差額。

$$p_t = e_t p_t^* \qquad p_{t+1} = e_{t+1} p_{t+1}^*$$

就上述兩式相除，可得：

$$\frac{p_{t+1}}{p_t} = \frac{e_{t+1} p_{t+1}^*}{e_t p_t^*}$$

$$\frac{p_t(1+\pi^e)}{p_t} = \frac{e_t p_t^*(1+e_t^*)(1+\pi^{e^*})}{e_t p_t^*}$$

$$(1+\pi^e) = (1+e_t^*)(1+\pi^{e^*})$$

$$\pi^e = e_t^* + \pi^{e^*} + e_t^*\pi^{e^*}$$

$$e_t^* = \frac{\pi^e - \pi^{e^*}}{1+\pi^{e^*}}$$

假設 $e_t^*\pi^{e^*}$ 趨近於零，上式可簡化為：

$$e_t^* = \pi - \pi^*$$

　　當匯率貶值率等於兩國預期通膨率差額，相對購買力平價關係即成立。另外，貨幣學派假設本國債券與外國債券完全替代，長期匯率取決於兩國貨幣餘額相對值。貨幣數量學說顯示一國物價與貨幣數量的關係：

$$MV = Py$$

$$P = M \times \left(\frac{V}{y}\right) = kM$$

V 是流通速度，y 是體系產出。古典學派通常假設 $k = \dfrac{V}{y}$ 為穩定值，兩國物價分別取決於各自的貨幣數量。

$$P = kM \qquad P^* = k^*M^*$$

再引進絕對購買力平價理論：

$$e = \frac{P}{P^*} = \frac{kM}{k^*M^*} = \theta\left(\frac{M}{M^*}\right)$$

就上式取對數，再對時間微分，可得：（$d\ln\theta/dt = 0$）

$$\dot{e}_t = \dot{M} - \dot{M}^*$$

　　貨幣學派認為匯率貶值率將等於兩國貨幣成長率差額。本國貨幣成長率高於外國貨幣成長率，將表示國幣購買力相對下跌，匯率趨於貶值。

大麥克指數
在絕對購買力平價理論成立下，以兩國麥香堡價格的比值來衡量兩國貨幣匯率。

　　英國《經濟學人》(*Economist*) 基於上述理論，於 1986 年 9 月推出以麥香堡價格衡量的大麥克指數 (Big Mac Index)，計算各國匯率是否處於適當水準。麥當勞於 1968 年開發麥香堡，全球連鎖店的製作過程與成分幾乎相同，可稱為具有代表性的同質商品。《經濟學人》遂以麥香堡價格取代一籃商品的物價，

透過絕對購買力平價來預測合理的匯率指標。舉例來說，美國麥香堡售價 5 美元，當匯率 $e = \left(\dfrac{NT}{US}\right) = 29$，以匯率換算的台灣售價應該是 145 元，但卻只賣 79 元而相對便宜。若未考慮運輸成本與關稅、貿易障礙及訊息成本等因素，人們可從台灣買進麥香堡轉售美國賺取差價，套利將讓目前匯率 $e = \left(\dfrac{NT}{US}\right) = 29$ 逐漸趨近 $e = \left(\dfrac{79}{5}\right) = 15.8$。換言之，台灣麥香堡價格相對美國價格低於名目匯率，顯示匯率低估，透過套利將讓匯率升值，反之亦然。爾後，《經濟學人》也在 2004 年 1 月推出「中杯拿鐵指數」(tall latte index)，以一杯星巴克 (Starbucks) 咖啡取代大麥克，同樣用於衡量各國貨幣間的合理名目匯率。

值得注意者，以大麥克價格衡量購買力平價有其侷限性，如各國租稅政策、商業競爭力與生產漢堡成本未必能夠反映該國經濟狀況。在許多國家，人們進入麥當勞用餐，遠比在當地餐廳吃飯要貴，不同國家對大麥克需求也不一樣，如美國低收入者可能一週數次前往麥當勞用餐，但對開發中或落後國家而言，低收入戶卻可能遠離麥當勞。

依據購買力平價理論，兩國匯率等於一籃商品的購買力平價 (單一價格法則)。實務上，實際匯率朝向購買力平價隱含的均衡匯率調整機能並不存在：

- 該理論係比較兩國物價指數 (一籃商品的價格) 而決定匯率，實務上，物價指數包含無法跨國交易的非貿易財 (non-traded goods)，如建築業與零售服務，體系缺乏讓非貿易財與勞務價格在跨國間趨於一致的套利活動，促使匯率甚難反映購買力平價。

- 匯率除取決於商品貿易 (貿易帳) 外，外國對本國資產需求 (金融帳) 也扮演重要角色，如跨國資金湧入投資台股。

- 在兩國預期通膨率差異確定下，政府透過財政政策與貨幣政策將會改變匯率，如從事國外移轉支出、補貼出口或課徵進口關稅。

- 各國因素稟賦不同，為維護自身利益而設定貿易障礙，如關稅、補貼與配額，此種貿易因素差異將影響價格機能運作，妨礙購買力平價理論成立。

- 國際貿易活動從報價、訂單到運送、結匯等交易程序須耗費時間，促使貿易帳影響匯率常有時間落後。相對貿易活動而言，金融國際化與電子化引導跨國資金移動瞬間完成，直接迅速衝擊匯率而於短期內巨幅波動。尤其是開發中國家為隔離跨國資金移動的不利影響，經常干預外匯市場來弭平匯率波動。

非貿易財
不進入國際貿易活動的商品與勞務。

總體經濟學者：**Gustav Cassel (1866~1945)**

(一) 生平

1886 年 11 月 20 日出生於瑞典的 Stockholm，分別從瑞典 Uppsala 大學與 Stockholm 大學獲得學位，並於 1904~1933 年擔任 Stockholm 大學經濟學教授。1920 年於比利時 Brussel 會議中解決世界貨幣問題，1921 年在國際聯盟財政委員會工作成績卓著，贏得國際盛譽。1945 年 1 月 14 日世逝，享年 78 歲。

(二) 對總體理論的貢獻

Cassel (1916) 總結前人理論，系統化提出購買力平價理論，成為匯率決定理論的重要基礎。另外，Cassel 在 1920~1930 年代提出「過度投資理論」(over-investment theory) 來詮釋景氣循環的緣由，為爾後的實質景氣循環理論 (RBC) 奠定基礎。

觀 念 問 題

• 央行追求台幣匯率穩定在 $e=\left(\dfrac{NT}{US}\right)=32$ 上下 2% 區間波動。2008 年爆發國際金融海嘯迫使外資大量賣出台股，並將資金撤回美國以因應投資人贖回基金要求。試問央行要如何干預外匯市場，方可維持匯率波動落在鎖定範圍內？

• 試評論：「外匯市場預期美國物價上漲 5%，也預期台灣物價上漲 3%，則預期美元兌換台幣匯率將貶值 2%。」

• 何謂購買力平價理論？有人曾對各國漢堡速食做實證研究，發現各國漢堡價格卻無法滿足該理論，可能原因是什麼？試舉例說明。

6.3.2 利率平價理論

交互理論
跨國資金移動除影響遠期匯率外，也會影響即期匯率與利率。

Tobin 稅
針對現貨外匯交易課徵某一比率的稅，降低因投機性交易而引發外匯市場動盪。

Keynes 在《貨幣改革論》(*A Tract on Monetary Reform*, 1923) 中率先提出利率平價理論 (interest rate parity, *IRP*)，Paul Einzig 接續在《遠期外匯理論》(1931) 和《外匯史》(1937) 中提出動態利率平價的「交互理論」(theory of the reciprocity)，認為套利資金移動除影響遠期匯率外，也會影響即期匯率和利率，從而提供由金融帳決定短期匯率的理論基礎。

Keynes 指出利率平價理論若要放諸四海皆準，前提是「跨國資金自由移動」(無外匯管制)、「足夠套利空間」[扣除 Tobin 稅 (Tobin tax) 與交易成本後

能夠獲利] 以及「龐大套利資金」(足以影響匯率與利率)，三者缺一不可。基於上述前提，風險中立者 (risk neutral) 在本國投資一年獲取本息 (1+r)，而考慮跨國投資而未拋補 (uncovered) 或暴露在匯率風險下，所獲本息為 $\frac{(1+r^*)}{e_t} \times E(\widetilde{e}_{t+1})$，$r$ 與 r^* 是本國與外國資產報酬率，e_t 是 t 期即期匯率 (spot exchange rate)，e_{t+1} 是 $t+1$ 期即期匯率。投資人透過套利，國內外金融操作的預期報酬率最終將趨於一致，跨國資金不再移動而衍生出國際 Fisher 效果 (international Fisher effect)：

$$1+r = (1+r^*)\left[\frac{E(\widetilde{e}_{t+1})}{e_t}\right] = (1+r^*)(1+e_t^*)$$
$$1+r = 1+r^*+e_t^*+r^*e_t^*$$
$$r-r^* = e_t^*(1+r^*)$$

重新整理上式，可得下列關係：

$$e_t^* = \frac{r-r^*}{(1+r^*)}$$

當 $r^*e_t^*$ 趨近於微小，預期匯率貶值率等於兩國利率差額，此即國際費雪效果：

$$e_t^* = r-r^*$$

同樣的，利率平價理論也可用於說明即期匯率與遠期匯率間的關係，此即拋補利率平價理論 (covered IRP)。投資人從事跨國利息套利並進行外匯拋補，以遠期匯率 F_t 在遠期外匯市場預售未來獲取的外國資產收益，藉以規避匯率風險：

$$1+r = (1+r^*)\left[\frac{F_t}{S_t}\right] = (1+r^*)(1+\beta)$$

$S_t = e_t$ 是即期匯率，β 值是換匯率 (swap rate)：

$$\beta = \frac{F_t-S_t}{S_t}$$
$$1+r = 1+r^*+\beta+r^*\beta$$
$$r-r^* = \beta(1+r^*)$$

重新整理上式，可得下列關係：

$$\beta = \frac{r - r^*}{(1 + r^*)}$$

當 $r^*\beta$ 趨近於微小，換匯率將等於兩國利率差額：

$$\beta = r - r^*$$

本國利率大於外國利率，換匯率是正值，遠期匯率出現溢價 (premium)；國內外利率相等時，換匯率為零，遠期匯率呈現平價 (par)；本國利率低於外國利率，換匯率是負值，遠期匯率呈現貼水 (discount)。實務上，遠期外匯市場供需雙方均是風險怯避者 (risk averter)，交易過程將會要求風險溢酬 (risk premium)，是以當市場預期台幣趨於升值，廠商前往銀行出售遠期外匯，銀行將在換匯率上再加上預期外幣升值幅度或台幣貶值幅度 $\dot{e}_t^e$。

利率平價理論的基礎是效率金融市場，龐大套利交易與迅速掌握套利機會，套利資金將能決定一國利率和匯率。實務上，該理論有其侷限性：

- 該理論僅能是用於小國。大國利率主要由自身經濟金融環境決定，如央行貨幣政策、通膨壓力、資金運用效率與金融資源配置，甚至也受消費和儲蓄偏好影響。尤其是大國資金規模遠超過套利資金，後者難以影響大國利率與匯率變動。大國央行執行貨幣政策引導國內利率變動，將會引領風騷影響國際利率。同樣的，大國匯率也是取決於自身經濟金融環境，如產品競爭力、貿易結構、貨幣購買力與通膨預期等，套利資金移動，基本上很難撼動。

- 金融市場存在不完全競爭、訊息不全、資本管制、從眾效果 (herding effect)、動物本能等，促使市場缺乏效率性，利率平價理論難以詮釋實際情況。

- 利率平價理論假設市場僅有單一金融資產或金融資產完全替代，導致市場僅有單一利率。實務上，利率多元化，何種金融資產報酬率，如存款或放款利率、公債利率或票券利率能夠符合該理論說法，無從得知。

理論上，金融自由化與國際化將會強化金融市場競爭性，降低資金成本，提高資金配置效率。開放跨國資金自由移動，將以證券投資與短期借款等短期資金移動較快，容易衍生不利影響：

(1) 威脅金融穩定　證券投資偏向短期投資，追逐短利且進出迅速，不穩

風險怯避者
投資人厭惡風險，若要其承擔風險，必須給予風險補償。

風險溢酬
投資人在投資具有風險的資產時，要求的報酬率高於無風險資產報酬率的部分。

從眾效果
人們決策係仿效領頭者行為而定。

定隨機性極高。龐大外資迅速進出國境，不僅衝擊本國匯率、貨幣供給、物價、股價、利率與外匯準備變動，引發金融市場劇烈震動，甚至危及景氣變化。尤其是開發中國家金融市場規模很小，難以承受外資大量進出衝擊。George Soros 於 1970 年創立對沖基金 (hedge fund) 的量子基金 (Quantum Funds)，曾多次以金融工具襲擊許多國家的貨幣而得利，包括 1992 年襲擊英鎊，該事件被稱爲「黑色星期三」，1997 年中襲擊泰國、馬來西亞等國外匯市場與股票市場，引爆亞洲金融危機，重創東亞各國金融體系與景氣。爾後，Soros 試圖狙擊港幣，在香港政府力守下，未能得逞，但是恆生指數也因而一日崩跌 3,000 餘點。

對沖基金
在追求保本與控制潛在風險下，以追求絕對報酬爲操作目標的基金。

(2) 引發跨國財富重分配　　外國專業投資機構以優越投資理財技術，在開發中國家證券市場獲利通常高於本國投資人，且多扮演市場領導者，相當程度內具有影響市場能力，此種市場競爭結果不利於本國在國際財富重分配的位置。

　　有鑑於此，Keynes (1936) 提出課徵金融交易稅，藉以降低金融市場波動與增加政府稅收。邁入 1970 年代中期，各國紛紛改採浮動匯率制度，匯率波動超出預期而衍生投機操作，可能引發金融危機而重創景氣。是以 1981 年諾貝爾經濟獎得主 Tobin (1972) 提出「課徵通貨交易稅 (currency transaction tax) 以降低外匯市場投機性交易」的說法，以「車輪內灑沙子」(throw some sands in the wheels) 來描述此一概念，透過特定通貨交易稅，預期將可抑制跨國短期資金大量移動。爾後，Tobin (1995) 再次指出，在穩定匯率下，課徵通貨交易稅還可讓央行擁有更多貨幣政策自主性，以兼顧內部與外部平衡目標。是以「Tobin 稅」概念除了 Keynes 著重市場穩定性與政府稅收考量外，更延伸至涉及貨幣政策有效性的思維，藉由課稅提高交易成本，限制跨國短期資金移動，大幅提升貨幣政策自主性。

觀念問題

- 美元一年期定存利率是 2%，歐元一年期定存利率是 4%，人們目前可用 1 美元買進 1.3 歐元。試回答下列問題：

(1) 何謂利率平價理論？

(2) 依據利率平價理論，在一年期遠期外匯市場中，1 美元將可兌換多少歐元？

政府從 1991 年開放外資投資台股後，截至 2021 年 4 月底，在台灣股市「喊水會結凍」的外資持有國內股票及債券按當日市價計算，連同其台幣存款餘額持續攀升至 7,272 億美元，約占央行持有外匯存底的 134%，持續創下歷史新高，而其每年從台股獲取的股息與資本利得也超越 8,000 億元。在 2021 年 4 月底，央行持有外匯準備累積達到 5,411 億美元，超逾六成是外資匯入投資台股的資金，而央行每年運用外匯準備獲取孳息 (鑄幣稅) 長期維持在 3,000 億元以上，並將繳庫盈餘穩定在每年 1,800 億元左右，占中央政府預算歲入超過 10%。

外資挾其龐大資金，在台灣金融市場居於領導者角色，同步在股市、匯市與期市翻雲覆雨，引發金融市場巨幅震盪。央行總裁彭淮南因而形容：「大白鯊進入小池塘，必然水花四濺！」，明確點出台灣金融市場規模無法承受短期資金大量進出，突顯捍衛匯市穩定的必要性。有鑑於此，央行曾經在 2010 年第二季理監事會議中，就以〈後金融危機時代總體經濟學的省思〉為題，指出在金融危機期間，恐慌情緒點燃投資人的「動物本能」，非理性集體行動造就金融市場劇烈震盪，證實在貪婪的自利心與非理性行為下，市場機能徒然讓金融資產價格偏離基本面，遠離市場基本教義派主張「市場機能運作可迅速恢復供需平衡」的臆說。

2020 年初爆發新冠肺炎橫掃全球，封城鎖國遍及全球各國。各國政府拼命紓困與執行量化寬鬆，造成龐大美元資金四處流竄，引發各國金融市場劇烈震盪，資產通膨日益演變成資產泡沫，金融海嘯陰影緩慢浮現。回顧歷史，資產泡沫演化成金融危機歷歷在目，金融危機何日再現，已非是否發生而是何時屆臨的問題。資產通膨已有轉化為商品通膨的跡象，央行的職責除穩定物價外，穩定金融更是主題。央行理監事會議一再指出，放任跨國資金亂竄極端危險，央行必須干預外匯以穩定金融，管理浮動匯率將優於自由浮動匯率。是以央行對跨國資金移動採取審慎監理，確保台灣金融體系與景氣不會在資金狂潮中滅頂。

6.4 Mundell-Fleming 模型

6.4.1 開放體系總體模型

隨著體系對外開放，就實質面而言，跨國貿易將讓國民所得帳出現淨出口或貿易餘額 (X-Z)。就金融面而言，跨國資金交流形成資金進出國境。開放體

系分成小型與大型體系，前者經濟規模較小，在國際市場是價格接受者，無從影響他國經濟活動：後者經濟規模龐大，在國際市場居於價格決定者，影響他國經濟活動而會引來回饋效果 (feedback effect)。

　　Hicks-Hansen 模型是分析蕭條體系的重要工具，Mundell (1963) 與 Fleming (1962) 接續延伸擴張至開放體系，形成 Mundell-Fleming 模型而用於研究開放體系的政策效果。除封閉體系存在的四個市場外，開放體系再出現兩國貨幣交易的外匯市場。在蕭條體系下，依據 Walras 法則將選擇商品、貨幣與外匯市場討論開放體系均衡。首先，開放體系總需求包括國內支出 (domestic absorption，消費 C、投資 I 與政府支出 G) 與淨出口 (出口減去進口，X-Z) 兩部分，而開放體系 Keynesian-Cross 模型或商品市場均衡可表爲：

國內支出
由消費支出、投資支出與政府支出構成。

$$Py = PC + PI + PG + PX - eP^*Z$$

e 是名目匯率，P^* 是進口品的國外價格。將上式以國內物價 P 平減：

$$y = C + I + G + X - \varepsilon Z$$

$\varepsilon = \dfrac{eP^*}{P}$ 是實質匯率或貿易條件。上述模型的相關函數可設定如下：

消費函數	$C = C(y) = A + by_d$
投資函數	$I = I_0 + iy$
政府支出	$G = G_0$
可支用所得	$y_d = y - T_N$
租稅函數	$T_N = T_0 + ty$

　　在國內外物價已知下 $(P = P^*)$，小型開放體系無法影響外國經濟活動，出口是外生固定值 $X = X_0$。本國進口則取決於本國所得：

$$Z(y) = Z_0 + zy$$

$\dfrac{\partial Z}{\partial y} = z > 0$ 是邊際進口傾向 (marginal propensity to import)，係所得增加引起進口增加的比例。從開放體系 Keynesian-Cross 結構式模型，將可推演出縮減式模型：

邊際進口傾向
所得增加引起進口增加的比例。

$$y^* = \frac{A + I_0 + G_0 + X_0 - \varepsilon Z_0 - bT_0}{1 - b(1 - t) - i + z}$$

相對封閉體系而言，在考慮貿易因素後，小型開放體系的支出乘數 (以自發性消費支出 A 為代表) 將會縮小：

$$\frac{\partial y^*}{\partial A}\Big|_{open} = \frac{1}{1-b(1-t)-i+z} < \frac{\partial y^*}{\partial A}\Big|_{close} = \frac{1}{1-b(1-t)-i}$$

體系景氣處於藍燈環境，政府可採擴大出口或減少進口策略，效果類似增加投資和政府支出，可讓所得呈現倍數增加。接著，商品市場均衡方程式可修正如下：

$$y = C(r,y) + I(r,y) + G + X(\varepsilon, y^*) - \varepsilon Z(\varepsilon, y)$$
$$ -,+ \qquad -,+ \qquad\qquad +,+ \qquad -,+$$

依據購買力平價理論，出口取決於實質匯率與外國所得 y^*，進口取決於實質匯率與本國所得。針對上式全微分，可得開放體系 IS 曲線斜率相對封閉體系 IS 曲線斜率為陡 (斜率絕對值較大)，亦即是較缺乏利率彈性：

$$\frac{dr}{dy}\Big|_{IS}^{open} = \frac{1-C_y-I_y+\varepsilon Z_y}{C_r+I_r} < \frac{dr}{dy}\Big|_{IS}^{close} = \frac{1-C_y-I_y}{C_r+I_r} < 0$$

再討論貨幣市場均衡。封閉或開放體系的貨幣需求函數並無差異，不過封閉體系的貨幣供給僅有央行發行的國內準備貨幣 (reserve money) NR，而開放體系的貨幣供給來源還包括外匯準備 FR 累積而增加的貨幣供給。

準備貨幣
又稱強力貨幣，係由通貨淨額與銀行提存的準備構成。

$$L(r,y) = \frac{NR+eFR}{P}$$
$$ -,+$$

針對貨幣市場均衡方程式全微分，可得 LM 曲線斜率：(假設 $P=1$)

$$\frac{dr}{dy}\Big|_{LM} = \frac{-L_y}{L_r} > 0$$

由於國際收支帳中的移轉帳與資本帳經濟變數關聯不大，國際收支餘額主要由貿易帳餘額 $(X-\varepsilon Z)$ 與金融帳餘額 F 兩者構成。當國際收支餘額 BP 為零時，外匯市場將達成均衡：

$$BP = X(\varepsilon, y^*) - \varepsilon Z(\varepsilon, y) + F(\alpha)$$
$$ = B(\varepsilon, y, y^*) + F(\alpha) = 0$$

F 是資金流入淨額。依據利率平價理論，$\alpha = r - r^* - e^* > 0$ 將吸引跨國資金流入，r^* 是國外利率、e^* 是預期匯率貶值率。在 Mundell-Fleming 模型中，人們對經濟變數採取靜態預期，預期通膨率與預期匯率貶值率 $\pi^e = e^* = 0$。就上式全微分，可得外匯市場均衡曲線或國際收支平衡曲線 BP 斜率如下：

$$\frac{dr}{dy}\bigg|_{BP} = \frac{\varepsilon Z_y}{F_\alpha} > 0$$

在跨國資金完全自由移動下，大國的金融資產提供特殊附加價值 (如安全性)，與他國金融資產並非完全替代，隨著資產替代性愈小，BP 曲線將愈缺乏利率彈性。反觀小國的金融資產未具特殊附加價值，與他國金融資產完全替代，本國金融資產報酬率經過風險平減後，將趨近於國際市場報酬率，BP 曲線具有完全利率彈性，是落在國際市場利率上的水平線。不過小國央行採取外匯管制以提高交易成本，使得國內外資金移動能力受到限制，BP 曲線將隨管制程度擴大，不僅轉為正斜率且日益缺乏利率彈性。一旦央行嚴格管制金融帳，禁止跨國資金移動 $F(\alpha) = 0$，將讓國際收支帳僅剩下貿易餘額，BP 曲線將是缺乏利率彈性的垂直線。

接著，再討論實質匯率貶值 (包括名目匯率貶值、國內物價下跌或國外物價上漲) 對 IS 與 BP 曲線影響，就貿易餘額 $B = (X - \varepsilon Z)$ 對匯率偏微分：

$$\frac{\partial B}{\partial \varepsilon} = \frac{\partial X}{\partial \varepsilon} - Z - \varepsilon \frac{\partial Z}{\partial \varepsilon}$$

$$= (\frac{X}{\varepsilon})(\frac{\varepsilon}{X})(\frac{\partial X}{\partial \varepsilon}) - Z\left[1 + (\frac{\varepsilon}{Z})(\frac{\partial Z}{\partial \varepsilon})\right]$$

假設期初貿易餘額 $X - \varepsilon Z = 0$，上式可表為：

$$\frac{\partial B}{\partial \varepsilon} = (\frac{X}{\varepsilon})\left[\phi(X, \varepsilon) + \phi(Z, \varepsilon) - 1\right]$$

$$\phi(X, \varepsilon) = \frac{\varepsilon}{X}\frac{\partial X}{\partial \varepsilon} \text{ 是出口的匯率彈性}$$

$$\phi(Z, \varepsilon) = -\frac{\varepsilon}{Z}\frac{\partial Z}{\partial \varepsilon} \text{ 是進口的匯率彈性}$$

Marshall-Lerner 條件

出口與進口的匯率彈性和大於 1，將可確保匯率貶值可以改善貿易餘額。

一國貿易餘額原先處於平衡狀態，上式大於零或出口與進口匯率彈性和大於 1，將稱為 Marshall-Lerner 條件，實質匯率貶值會讓貿易餘額出現盈餘，IS 曲線與 BP 曲線將因匯率貶值而右移。反之，上式小於零，意味著 Marshall-

Lerner 條件未獲滿足，匯率貶值反而造成貿易餘額逆差。值得注意者，名目匯率貶值與國外物價上漲引起實質匯率貶值，將會帶動 IS 與 BP 曲線右移，而本國物價下跌也會引其實質匯率貶值，則是帶動 IS、LM 與 BP 三條曲線同步右移。

總體經濟學者：John Marcus Fleming (1911~1976)

1911 年 3 月 13 日出生於英國蘇格蘭的 Bathgate，在畢業於 Bathgate 高中與 Edinburgh 大學後，在 Geneva 國際關係與發展學院與倫敦學院經濟系攻讀學位，是英國經濟學者，擔任國際貨幣基金組織研究部副主任。Fleming 與 Mundell 同時發展出 Mundell-Fleming 模型，成為國際金融理論的標準分析工具，而對總體理論的貢獻集中在福利經濟學、貿易與匯率政策。由於 Fleming 在 1976 年 2 月 3 日去世，享年 65 歲，因而錯失獲頒諾貝爾經濟學獎的機會。

6.4.2　固定匯率制度

• 小國 (跨國資金完全移動)

圖 6-3 顯示小國央行開放跨國資金完全移動且未干預外匯市場，由於本國資產與他國資產完全替代 (F_a 趨於無窮大)，BP 曲線呈現水平線。在固定匯率制度下，IS 與 LM 曲線交點決定小國內部均衡 (internal equilibrium) 或準均衡，而 BP 曲線代表外部均衡 (external equilibrium)。三條曲線同時交於 A 點即是達成充分均衡，小國均衡利率 r_1、均衡所得 y_1、國際收支 $BP = 0$。

> **內部均衡**
> 體系處於無通膨的自然就業狀態。

> **外部均衡**
> 體系國際收支達成平衡，或淨出口與淨資金外流的差額為零的狀況。

1. 貨幣政策效果　央行執行寬鬆政策，$LM(NR_1)$ 曲線右移至 $LM(NR_2)$，小國均衡由 A 點移至 B 點 (內部均衡)，利率由 r_1 降低至 r_2(引發資金外流)，所得由 y_1 增加至 y_2(引起進口增加)，國際收支呈現逆差 (外部失衡)，B 點僅是準均衡。由於金融帳與貿易帳同時陷入逆差，外匯市場將出現超額需求，國幣面臨貶值壓力。為維持固定匯率，央行須賣出外匯，收回國幣 ($\overline{e}FR_1$ 降低為 $\overline{e}FR_2$)。

央行若採取沖銷政策，在貨幣市場買回可轉讓定存單釋出貨幣 (NR_3)，藉以抵銷外匯準備遞減造成的貨幣供給緊縮，維持 $LM(NR_2) = LM(NR_3 + \overline{e}FR_2)$ 不變，則可暫時落在準均衡 B 點。央行若未採

取沖銷政策，LM 曲線將逐漸左移回原先位置，利率緩慢回升，跨國資金外流減少與貿易帳逆差縮小，國際收支回復平衡，小國回歸原先充分均衡 A 點，貨幣政策毫無效果可言。換言之，央行執行貨幣政策喪失貨幣自主性 (monetary autonomy)，僅是以增加國內準備貨幣 $(NR_2 - NR_1)$ 來取代外匯準備減少 $[\overline{e}(FR_2 - FR_1)]$ 而已。

貨幣自主性
央行執行貨幣政策具有獨立性，不受外在因素變化干擾。

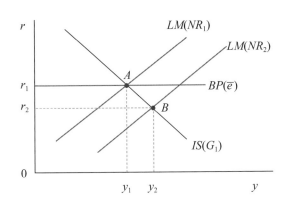

圖 6-3
小國的貨幣政策效果

2. **財政政策效果**　圖 6-4 顯示若未考慮預算融通問題，政府擴張支出讓 $IS(G_1)$ 曲線右移至 $IS(G_2)$，小國均衡由 A 點移至 B 點 (內部均衡)，利率由 r_1 上升至 r_2(吸引資金內流而讓金融帳順差)，所得由 y_1 增加至 y_2(帶動進口增加而讓貿易帳逆差)。由於跨國資金移動具有完全利率彈性，金融帳順差 (外匯市場供給增加) 超過貿易帳逆差 (外匯需求增加)，國際收支順差而讓國幣面臨升值壓力。為維持固定匯率，央行須買入外匯 (外匯準備 $\overline{e}FR_1$ 累積至 $\overline{e}FR_2$) 而讓國幣供給增加。

如果央行採取沖銷政策，發行可轉讓定存單收回國幣 (國內準備貨幣由 NR_1 減少為 NR_2)。小國均衡停留在 B 點，貨幣市場均衡為 $LM(NR_1 + \overline{e}FR_1) = LM(NR_2 + \overline{e}FR_2)$ 曲線。不過央行若袖手旁觀，外匯準備累積將讓 $LM(NR_1 + \overline{e}FR_1)$ 曲線右移至 $LM(NR_1 + \overline{e}FR_2)$，在 C 點達成充分均衡，所得擴增至 y_3，寬鬆財政政策將會附加一個擴張性貨幣政策。

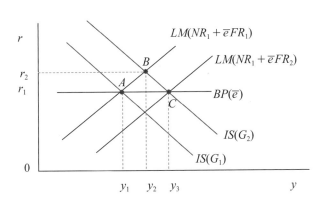

圖 6-4
小國的財政政策效果

綜合以上所述，小國顯然無法同時達成跨國資金自由進出、維持固定匯率、以及保有貨幣政策自主性 (穩定貨幣供給或利率) 的狀態，此種現象稱

不可能的三位一體

小型開放體系無法同時維持國際資金自由移動、匯率固定與貨幣政策自主性狀態，或稱「三難選擇」。

為 Mundell 的「三難選擇」(Mundellian trilemma)，或稱「不可能的三位一體」(impossible trinity)。在跨國資金自由進出與匯率固定下，跨國資金移動將讓國內利率趨向於國際利率，央行將喪失貨幣政策自主性，無從穩定貨幣供給或利率。舉例來說，香港在 1983 年 10 月 17 日採取將港幣釘住美元的聯繫匯率制度，在跨國資金自由進出下，香港利率完全由美國主導。另外，在跨國資金自由進出且央行堅持貨幣政策自主性下，國內利率變化誘發跨國資金移動，將因引發匯率反向變動而抵銷，促使資金移動不影響貨幣供給，是以央行擁有貨幣政策自主性，卻無法維持匯率固定。上述兩種情況均是跨國資金移動造成雙率僅能擇一控管，而在央行管制資金移動後，即可控制雙率，如亞洲金融危機後，採取金融鎖國的馬來西亞。

• 大國或採取外匯管制的小國

在跨國資金完全自由移動下，大國的金融資產提供額外附加價值，與他國資產僅具部分替代性；小國採取外匯管制措施，如限制跨國資金進出 (如外資進出台灣必須向金管會與央行申請，核准後方能匯入或匯出資金)、或是課徵 Tobin 稅，這兩種狀況均讓跨國資金移動不具完全利率彈性，BP 曲線將呈現正斜率。此外，隨著大國證券的特殊性強化，或是小國管制跨國資金愈趨嚴格，BP 曲線斜率將會愈趨陡峭而降低利率彈性。在此，相對 LM 曲線斜率來看，可能出現兩種狀況，排除 LM 與 BP 兩條曲線重合的狀況。

1. 財政政策

(1) **LM 曲線斜率大於 BP 曲線斜率**　圖 6-5 顯示體系期初均衡在 A 點，在不考慮預算融通下，政府擴張支出讓 $IS(G_1)$ 曲線右移至 $IS(G_2)$，準均衡落在 B 點，所得 y_1 增加至 y_2(貿易餘額出現逆差)，而利率 r_1 上漲至 r_2(吸引跨國資金流入，金融帳順差)。當大國的金融資產附加價值尚可，或小國管制外匯程度較低，跨國資金移動具有較高利率彈性，LM 曲線斜率大於 $BP(\bar{e})$ 曲線斜率，金融帳順差超過貿易帳逆差而讓國際收支出現盈餘，匯率面臨升值壓力。基於維持匯率固定，央行須在外匯市場買進外匯 (外匯準備 $\bar{e}FR_1$ 累積至 $\bar{e}FR_2$)，國幣供給增加。同樣地，央行可採取沖銷政策，讓體系落在準均衡 B 點上。央行若未沖銷，$LM(NR_1 + \bar{e}FR_1)$ 曲線將因外匯資產累積而右移至 $LM(NR_1 + \bar{e}FR_2)$，在 C 點達成充分均衡，產出再次擴張至 y_3，亦即政府支出增加具有效果。

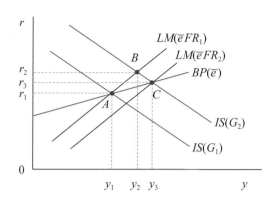

圖 6-5
財政政策效果

(2) *LM* 曲線斜率小於 *BP* 曲線斜率　　圖 6-6 顯示政府擴張支出讓 $IS(G_1)$ 曲線右移至 $IS(G_2)$，體系準均衡落在 B 點，所得增加 (貿易餘額出現逆差) 與利率上升 (吸引跨國資金流入，金融帳順差)。如果大國證券的特殊性強化，或小國管制外匯程度攀升 (如提高課徵 Tobin 稅的稅率)，兩種狀況將讓跨國資金移動的利率彈性縮小，導致 $BP(\bar{e})$ 曲線斜率大於 *LM* 曲線斜率，跨國資金流入小於貿易餘額逆差，國際收支淪為逆差而讓外匯市場出現超額需求，國幣出現貶值壓力。央行為維持匯率固定，將賣出外匯而收回國幣 (外匯準備 $\bar{e}FR_1$ 遞減為 $\bar{e}FR_2$)，金融市場將因此出現緊縮現象。在此，央行可採取反沖銷措施，買回可轉讓定存單釋出國幣 (NR_1 將增加到 NR_2)，體系維持在準均衡 B 點。如果央行順其自然不予理會，外匯準備遞減將讓 $LM(NR_1 + \bar{e}FR_1)$ 曲線左移至 $LM(NR_1 + \bar{e}FR_2)$，所得 y_2 下降至 y_3，利率上升為 r_3，財政政策效果將會縮水。

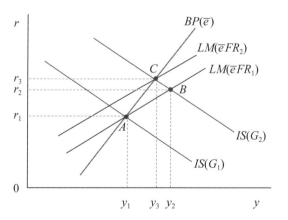

圖 6-6
財政政策效果

　　值得注意者：小國嚴格管制跨國資金移動，甚至讓金融帳餘額從國際收支中消失，*BP* 曲線將轉為完全無利率彈性的垂直線。此時，政府擴張支出 (*IS* 曲

線右移) 將造成貿易逆差,匯率面臨貶值壓力,將讓央行必須賣出外匯來穩定匯率,造成貨幣供給緊縮 (LM 曲線左移),若未沖銷,最終結果將是毫無效果可言。

綜合以上分析,可得下列結論:在固定匯率制度或央行採取穩定匯率的環境下,當小國央行完全開放跨國資金自由移動,政府擴大支出的效果將會最大。隨著央行逐步監控外資流入,課徵 Tobin 稅或限制流入資格條件,BP 曲線將日益陡峭而逐漸缺乏利率彈性,財政政策效果日益縮小,最終趨於無效。

2. 貨幣政策

圖 6-7 顯示央行實施擴張政策 (國內信用 NR_1 增加至 NR_2),LM_1 曲線右移至 LM_2,準均衡落在 B 點,國內利率下降 (引發本國資金外移,金融帳逆差)、所得擴張 (進口增加導致貿易逆差),國際收支赤字引發超額外匯需求。基於維持匯率固定,央行將在外匯市場賣出外匯,外匯準備 $\bar{e}FR_1$ 遞減為 $\bar{e}FR_2$ 而緊縮貨幣供給,金融環境趨於緊俏。央行若是實施反沖銷操作,買回央行可轉讓定存單,再次增加國內信用為 NR_3,可將體系暫時維持在 B 點。央行若無相應的反沖銷措施,原先增加的國內信用 (NR_2),將因外匯準備減少而遭到抵銷,LM_2 曲線左移回到 LM_1,寬鬆貨幣政策毫無效果可言,只是貨幣供給結構由國內信用 ($\Delta NR > 0$) 增加取代外匯準備遞減 ($\Delta \bar{e}FR > 0$),貨幣供給依然維持不變。

值得注意者,隨著小國央行管制外資移動日益嚴苛,BP 曲線逐漸趨向缺乏利率彈性,甚至轉為垂直線,貨幣政策依然是毫無效果可言。

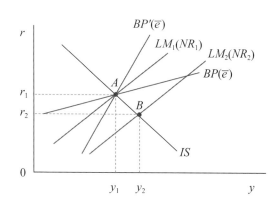

圖 6-7

貨幣政策效果

觀念問題

- 試評論：「*BP* 曲線必然爲正斜率曲線，且斜率將大於 *LM* 曲線。」
- 試評論：「某國實施固定匯率制度，依據 Mundell-Fleming 模型，其財政政策無法影響景氣，而貨幣政策將影響景氣波動。」
- 試說明 *IS-LM-BP* 曲線的涵義及切割平面後的兩邊各代表什麼？
- 試說明在固定匯率制度下，經濟部採取獎勵出口政策對產出與利率的影響。

總體經濟學者：Robert A. Mundell (1932~2021)

(一) 生平

1932 年 10 月 24 日出生於加拿大 Ontario 省的 Kingston，畢業於英屬 Colombia 大學，稍後取得華盛頓大學碩士，1956 年獲得 MIT 經濟學博士。1956~1957 年在芝加哥大學做政治經濟學博士後研究，1961 年任職於國際貨幣基金在 Stanford 大學和 John Hopkins 大學高級國際研究院 Bologna（義大利）中心任教。1966~1971 年擔任芝加哥大學的經濟學教授和《政治經濟期刊》(JPE) 編輯。自 1974 年起，擔任美國哥倫比亞大學教授。1965、1974、1998 與和 2000 年分別擔任聯合國、國際貨幣基金組織、世界銀行等國際機構和加拿大、歐洲國家政府及美國聯準會顧問。由於倡議並直接涉及歐元建立過程，因而被譽爲「歐元之父」。1997 年美國經濟學會頒發傑出人士獎，1998 年獲選爲美國藝術和科學院院士，1999 年獲頒諾貝爾經濟學獎。2021 年 4 月 4 日去世，享年 90 歲。

(二) 對總體理論的貢獻

Mundell 致力於鑽研國際金融理論，系統化建立標準化國際金融模型，成爲國際金融領域的先行者與預言家。此外，Mundell 也是結合貨幣與財政政策理論的開拓者，改寫通膨和利率理論，倡導以貨幣方法來解決國際收支平衡問題，同時還是供給學派倡導者之一。

6.4.3　浮動匯率制度

• 小國 (跨國資金完全移動)

1. 貨幣政策　圖 6-8 顯示央行擴大國內信用 NR_1 為 NR_2，LM_1 曲線右移至 LM_2，體系準均衡落在 B 點，促使利率下降 (跨國資金外流) 與所得擴張 (貿易帳逆差)，國際收支逆差導致超額外匯需求，國幣匯率趨於貶值。在符合 Marshall-Lerner 條件下，匯率貶值增加淨出口，$IS(e_1)$ 曲線逐步右移至 $IS(e_2)$，在 C 點達成充分均衡，貨幣政策發揮強烈效果。在調整過程中，貨幣供給組合 $M_1^s = NR_1 + e_1FR_1$ 轉變為 $M_2^s = NR_2 + e_2FR_2$，$NR_2 > NR_1$、$FR_2 < FR_1$、$e_2 > e_1$，$e_1FR_1 = e_2FR_2$。

圖 6-8

貨幣政策效果

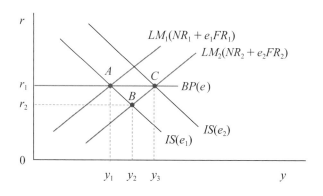

2. 財政政策　圖 6-9 顯示政府擴張支出讓 $IS(G_1, e_1)$ 曲線右移至 $IS(G_2, e_1)$，準均衡落在 B 點，利率上漲吸引跨國資金內移 (金融帳順差引起外匯供給增加)、所得增加導致貿易帳逆差 (外匯需求增加)，國際收支盈餘 (金融帳盈餘超過貿易逆差引起匯率升值。在滿足 Marshall-Lerner 條件下，匯率 e_1 升值至 e_2 將削減淨出口，$IS(G_2, e_1)$ 因而左移至 $IS(G_2, e_2)$ 曲線 [原先 $IS(G_2, e_1)$ 曲線位置]，亦即是政府支出增加將完全由淨出口減少抵銷，體系回歸期初均衡 A 點，$M^s = NR_1 + e_1FR_1 = NR_1 + e_2FR_2$，而 $FR_2 > FR_1$、$e_2 < e_1$，$e_1FR_1 = e_2FR_2$，擴張性財政政策毫無效果可言。

圖 6-9

財政政策效果

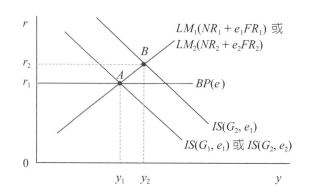

• 大國或採取外匯管制的小國

1. 財政政策

(1) *LM* 曲線斜率大於 *BP* 曲線斜率　　圖 6-10 顯示體系期初均衡在 *A* 點。政府擴張支出讓 $IS(G_1, e_1)$ 曲線右移至 $IS(G_2, e_1)$，準均衡落在 *B* 點，所得 y_1 增加至 y_2(貿易餘額逆差)，利率 r_1 上漲至 r_2 吸引國際資金流入 (金融帳順差)。在此狀況下，國際資金流入將超過貿易餘額逆差，造成國際收支盈餘，外匯準備也由 FR_1 累積至 FR_2，超額外匯供給促使匯率升值。在滿足 Marshall-Lerner 條件下，匯率 e_1 升值至 e_2 將削減淨出口，促使 $IS(G_2, e_1)$ 曲線左移至 $IS(G_2, e_2)$、$BP(e_1)$ 曲線左移至 $BP(e_2)$，在 *C* 點達成充分均衡，政府擴張支出促使所得將縮小至 y_3，財政政策仍然有效。值得注意者：在財政政策引發調整過程中，貨幣供給維持不變，但是結構變化為 $M^s = NR_1 + e_1FR_1 = NR_1 + e_2FR_2$，而 $FR_2 > FR_1$、$e_2 < e_1$，$e_1FR_1 = e_2FR_2$。

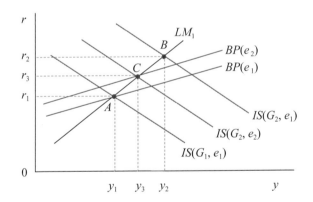

圖 **6-10**
財政政策效果

(2) *LM* 曲線斜率小於 *BP* 曲線斜率　　圖 6-11 顯示體系原先均衡在 *A* 點。財政部擴大支出讓 $IS(G_1, e_1)$ 曲線右移至 $IS(G_2, e_1)$，準均衡落在 *B* 點，所得增加 (貿易帳逆差)，利率上升 (吸引跨國資金流入，金融帳順差)。在此狀況下，跨國際資金流入幅度小於貿易餘額逆差，國際收支逆差引發超額外匯需求，匯率出現貶值。在滿足 Marshall-Lerner 條件下，匯率貶值將會擴張淨出口，促使 $IS(G_2, e_1)$ 曲線再度右移至 $IS(G_2, e_2)$ 曲線、$BP(e_1)$ 曲線右移至 $BP(e_2)$ 曲線，在 *C* 點達成充分均衡，擴張性財政政策促使所得擴增至 y_3，利率持續上漲至 r_3。

圖 6-11
財政政策效果

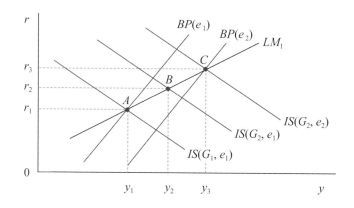

值得注意者：小國嚴格監理跨國資金移動，甚至讓金融帳餘額從國際收支中消失，BP 曲線轉為全無利率彈性的垂直線。此時，政府擴張支出 (IS 曲線右移) 造成貿易逆差，但因外資無法流入，國際收支逆差讓匯率趨於貶值。在符合 Marshall-Lerner 條件下，本國淨出口增加帶動 $IS(G_2, e_1)$ 與 $BP(e_1)$ 曲線右移至 $IS(G_2, e_2)$ 與 $BP(e_2)$ 位置，財政政策效果極佳。

2. 貨幣政策效果

圖 6-12 顯示體系期初均衡在 A 點。不論 LM 與 BP 曲線斜率為何，央行擴張國內信用 NR_1 至 NR_2，LM_1 曲線右移至 LM_2，準均衡移向 B 點，利率下降 (跨國資金外移，金融帳逆差)、所得增加 (貿易逆差)，國際收支逆差引起超額外匯需求，促使匯率貶值。在滿足 Marshall-Lerner 條件下，匯率貶值將會擴張淨出口，讓 $IS(e_1)$ 曲線右移至 $IS(e_2)$，$BP(e_1)$ 或 $BP'(e_1)$ 曲線右移至 $BP(e_2)$ 或 $BP'(e_2)$ 位置，最終在 C 點達成充分均衡，所得將擴張至 y_3，貨幣政策將可發揮效果。

圖 6-12
貨幣政策效果

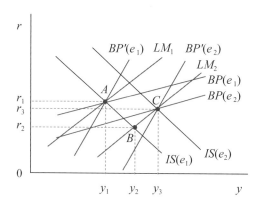

同樣地，當小國採取嚴苛外匯管制，導致 $BP(e_1)$ 曲線轉為垂直線，央行執行寬鬆政策，將會引起所得擴張而出現貿易逆差，匯率趨於貶值。在符合 Marshall-Lerner 條件下，本國出口淨額增加，將會引起 $IS(e_1)$ 或 $BP(e_1)$ 兩條曲線同步右移至 $IS(e_2)$ 與 $BP(e_2)$ 位置，所得將會擴張，貨幣效果極佳。

觀念問題

- 試以 Mundell-Fleming 模型討論小國放任國際資金完全移動，且又採取浮動匯率制度時，決策當局採取寬鬆銀根與擴大內需政策對匯率與所得的可能影響。
- 在固定匯率制度下，跨國資金具有完全移動性，試說明在央行採取完全沖銷措施下，決策當局執行寬鬆財政政策效果？
- 大國採取固定匯率制度，當央行向銀行買進可轉讓定存單時，該體系將面臨何種衝擊？

6.5　總需求函數

依據 P. H. Hall 與 M. L. Treadgald (1982) 的說法，O. H. Brownlee (1950) 率先提出總需求曲線概念，體系總需求係由商品市場與貨幣市場交互運作而成。就實質部門而言，封閉體系總需求由消費 C、投資 I 與政府支出 G 構成，此即 IS 曲線的部分：

$$y = C[r, (1-t)y] + I(r, y) + G$$

y 是產出，r 是實質利率，t 是所得稅率。在貨幣經濟體系，多數經濟活動需以貨幣為交易媒介，促使體系對商品與勞務的總需求將需考慮貨幣市場影響，此即 LM 曲線的部分。為求簡化，假設央行完全控制貨幣供給，$M^s = M_0$。

$$L(i, y) = \frac{M_0}{P}$$

假設人們採取靜態預期形成，本期的預期通膨率即是前期的實際通膨率 $\pi_t^e = \pi_{t-1}$，名目利率等於實質利率 $(i = r)$。是以總需求曲線將定義為：「商品市場與貨幣市場同時均衡的物價與實質產出組合軌跡」，可由圖 6-13(A) 中 IS-LM 曲線推演而得。當物價為 P_0 時，實質貨幣供給是 $\frac{M_0}{P_0}$，貨幣市場均衡為

$LM(M_0, P_0)$ 曲線，$IS(\varepsilon_0, a_0)$ 與 LM 曲線交於 A 點，正好對應 (B) 圖中 AD_1 曲線的 $A(P_0, y_0)$ 點。隨著物價下跌至 P_1，實質貨幣供給增加為 $\dfrac{M_0}{P_1}$，引起 $LM(M_0, P_0)$ 曲線右移至 $LM(M_0, P_1)$，兩個市場在 B 點達成均衡，將對應 AD_1 曲線的 $B(P_1, y_1)$ 點。物價持續下跌讓 LM 曲線持續右移，IS 曲線與各個 LM 曲線交點代表在不同物價下，商品與貨幣市場同時均衡的利率與產出組合，連接各點的軌跡即是總需求曲線 AD_1。

圖 **6-13**

AD 曲線的推導

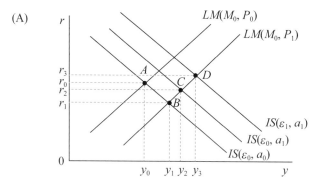

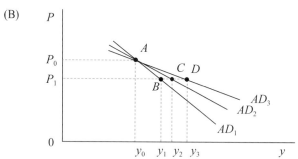

就 IS 與 LM 曲線的方程式全微分：

$$(C_r + I_r)dr = [1 - (1-t)C_y - I_y]dy$$

$$L_r dr + L_y dy = -\frac{M_0}{P^2}dP$$

合併上述兩式且消除利率變動 (dr) 項目，可得 AD 曲線斜率：

$$\frac{dP}{dy}\Big|_{AD} = \left\{ \left[\frac{1 - (1-t)C_y - I_y}{C_r + I_r} \right] \cdot L_r + L_y \right\} \left(\frac{-M_0}{P^2} \right)^{-1} < 0$$

$$\quad\quad (-)\quad\quad\quad (-)\ (+)\quad (-)$$

封閉體系的 AD 曲線通常是負斜率，此係物價下跌 (實質餘額增加引起利

率下跌) 發揮 Keynes 效果，刺激消費與投資支出增加，透過乘數效果而讓產出增加。圖 6-14 顯示的三度空間中，物價下跌促成所得增加與利率下跌，黑色平面 (商品市場均衡軌跡) 與藍色曲面 (貨幣市場均衡軌跡) 交集部分曲線，即是兩者在 y-P 平面上，同時達成均衡的軌跡 (利率因素已被消除而隱含在內)，此即總需求曲線。

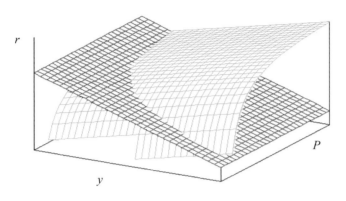

圖 6-14

三度空間的總需求曲線

依據封閉體系的總需求曲線斜率值，AD 曲線型態可說明如下：

- $C_r + I_r \to \infty$　IS 曲線具有高利率彈性，AD 曲線為負斜率。

$$\frac{dP}{dy}\Big|_{AD} = (L_y)(\frac{-M_0}{P^2})^{-1} < 0$$

- $C_r + I_r = 0$　IS 曲線缺乏利率彈性 (處於投資陷阱)，AD 曲線斜率無窮大，呈現垂直線 (Keynes 效果為零) 而缺乏物價彈性。
- $I_r \to \infty$　LM 曲線具有高利率彈性 (處於流動性陷阱)，AD 曲線斜率為負無窮大，完全缺乏物價彈性而為垂直線 (Keynes 效果不存在)。
- $I_r = 0$　LM 曲線缺乏利率彈性，AD 曲線為負斜率。

接著，再將財富效果引進消費函數。為精確描述財富效果影響，體系可分為債權人 (C^R) 與債務人 (C^P) 兩群消費者，兩者的邊際消費傾向未必相同，商品市場均衡重設如下：

$$y = C^R(r, y, a) + C^P(r, y, d) + I(r, y) + G$$

體系內所有資產均屬內在資產，資產等於負債，$a = \dfrac{A}{P} = d = \dfrac{D}{P}$ 是實質資產與實質債務。物價下跌讓債權人相對富裕而增加消費 $(\dfrac{\partial C^R}{\partial a})(\dfrac{\partial a}{\partial P}) = C_a^R a_P$，

$1 > C_a^R > 0$ 是資產變動誘發的邊際消費傾向。債務人將因實質債務增加而削減消費 $(\frac{\partial C^P}{\partial d})(\frac{\partial d}{\partial P})dP = C_d^P d_P$ ， $-1 < C_d^P < 0$ 是負債變動誘發的邊際消費傾向。針對上式全微分：

$$(C_r^R + C_r^P + I_r)dr = (1 - C_y^R - C_y^P - I_y)dy + (C_a^R + C_d^P)(\frac{A_0}{P^2})dP$$

綜合以上所述，考慮財富效果後的 AD 曲線斜率將是：

$$\frac{dP}{dy}\Big|_{AD(a)} = \left[\underbrace{(\frac{1 - C_y^R - C_y^P - I_y}{C_r^R + C_r^P + I_r})(L_r)}_{(+)} + \underbrace{L_y}_{(+)} \right]\left[\underbrace{(\frac{-L_r}{C_r^R + C_r^P + I_r})}_{(-)}\underbrace{[\frac{A_0(C_a^R + C_d^P)}{P^2}]}_{(\pm)} - \frac{M_0}{P^2} \right]^{-1}$$

依據上述斜率值，總需求曲線型態將有如下變化：

- $C_a^R + C_d^P = 0$　債權人與債務人對財富變動的消費傾向相同，總需求曲線斜率與未考慮財富效果的狀況一樣，物價變動僅會出現 Keynes 效果。
- $C_a^R + C_d^P > 0$　債權人對財富變動的消費傾向大於債務人，AD 曲線斜率的絕對值變小，物價變動將會帶來 Keynes 效果以及 Pigou-Harberler 或 Patinkin 效果，促使圖 6-14(B) 中的 $IS(\varepsilon_0, a_0)$ 線右移至 $IS(\varepsilon_0, a_1)$，總需求曲線是 AD_2，相對 AD_1 曲線將會更具有物價彈性。
- $C_a^R + C_d^P < 0$　債務人對財富變動的消費傾向大於債權人，物價變動引發 Fisher 財富效果或逆 Pigou 效果，AD 曲線斜率變為正值 (缺乏物價彈性)、呈現垂直線 (Keynes 效果等於 Fisher 效果)，甚至反轉成正斜率 (Fisher 效果大於 Keynes 效果)，此係較為罕見。

隨著小國對外開放後，商品市場均衡將繼續修正如下：

$$y = C(r, y, a) + I(r, y) + G + X(\varepsilon) - \varepsilon Z(\varepsilon, y)$$

$\varepsilon = \frac{eP^*}{P}$ 是實質匯率或貿易條件。小國符合 Marshall-Lerner 條件，國內物價下跌導致貿易條件改善 (實質匯率貶值)，將會刺激本國淨出口增加。圖 6-14 顯示當物價下跌時，$IS(\varepsilon_0, a_1)$ 曲線將右移至 $IS(\varepsilon_1, a_1)$，物價下跌引起實質財富增加為 a_1，而實質匯率貶值為 ε_1，同時產生 Pigou 效果刺激消費增加 [$IS(\varepsilon_0, a_0)$ 右移至 $IS(\varepsilon_0, a_1)$]，以及貿易條件效果 (terms of trade effect) 引起貿易順差 [$IS(\varepsilon_0, a_1)$ 右移至 $IS(\varepsilon_1, a_1)$]，總需求曲線是 AD_3，將強化 Keynes 效果與 Pigou 效果而

貿易條件效果
國內物價下跌引起實質匯率貶值，刺激淨出口增加而有助於擴大國內總需求。

讓開放體系的總需求曲線更富於物價彈性。

觀念問題

- 試評論下列說法的正確性：

  (1) Keynes 效果讓 *IS* 曲線富於利率彈性、*AD* 曲線富於物價彈性。

  (2) 當體系存在物價誘發財富效果時，垂直的 *AD* 曲線係反映 Pigou 效果與 Keynes 效果相互抵銷的結果。

  (3) 當體系出現意外所得效果時，*IS* 曲線將會發生移動。

- 試說明邊際消費傾向、投資對利率的敏感性、交易性貨幣需求的所得彈性、投機性貨幣需求的利率彈性等變數與總需求曲線斜率間的關係。

- 何謂總需求曲線？此與個體理論討論的需求曲線有何差異？

問題研討

小組討論題

一、評論題

1. 2008 年金融海嘯震撼國際金融市場，央行彭總裁遂採取部分外匯管制因應。由於跨國基金為因應投資人贖回基金需求，大量拋售台股並匯出資金。由於台灣係屬小國，跨國基金行為將惡化台灣的貿易條件，帶動 IS 曲線左移，但 BP 曲線不受影響，均衡所得則趨於下降。

2. 主計總處發布 2011 年的台灣 CPI 膨脹率為 1%，同一期間，美國商務部發布 CPI 緊縮率為 1%，而台幣兌換美元匯率卻升值 1%。如果兩國匯率係由購買力平價理論決定，我們判斷 2011 年央行曾在外匯市場買超美元，並讓台幣兌換美元匯率貶值 3%，才會出現匯率升值 1% 的結果。

3. 開放體系採取財政擴張措施，將透過匯率貶值而帶動出口淨額增加。

4. 某開發中國家採取「出口導向」的經濟發展政策，為配合此一政策執行，央行採取低估國幣匯率的固定匯率制度。在強力維護該制度運作下，央行將會賺取鉅額鑄幣稅，但為維持國幣數量不變，也需支付鉅額的沖銷操作利息。

5. 某小國實施浮動匯率制度，政府為拓展貿易活動，將貿易帳完全自由化，但卻嚴格管制金融帳。依據 Mundell-Fleming 模型，該國政府實施擴張性財政政策顯然無法影響景氣變化，但卻會造成匯率升值。

6. 體系採取固定匯率制度，實施財政政策影響產出的效果，將會大於採取浮動匯率制度的財政政策效果。

7. 在其他條件不變下，利率平價條件意味著隨著預期匯率遞增，將會促使國幣升值。

8. 在固定匯率制度下，開放體系的貨幣數量必須是固定值。

二、問答題

1. 跨國基金賣出台股並將資金大幅撤離台灣，央行彭總裁追求穩定美元兌換台幣匯率在某一區間，試問：

   (a) 央行須如何干預外匯市場，而對貨幣供給影響為何？

   (b) 為避免干預外匯市場引發貨幣供給變動，央行在公開市場應如何操作？

   (c) 央行若未採沖銷措施，則干預外匯市場，結果將如何影響國內產出與

利率？

2. 台灣央行早期實施嚴格外匯管制，跨國資金很難進出台灣。隨著金融自由化潮流盛行，央行僅保留部分外匯管制而允許跨國資金自由移動，試問：此舉對央行執行貨幣政策效果將帶來何種衝擊？

3. 某國實施固定匯率制度，貨幣市場與國際收支在期初達成均衡。如果央行決議在貨幣市場買回可轉讓定存單，試回答下列問題：

    (a) 貨幣市場在初期會存在超額供給或超額需求？為什麼？

    (b) 在貨幣市場失衡下，該國總支出將如何變化？為什麼？

    (c) 在其他狀況不變下，(b) 題的變化又將如何影響該國所得、經常帳餘額、金融帳餘額與貨幣供給？

4. 針對台灣的美元市場，試說明下列狀況對美元供需與新台幣匯率的影響。

    (a) 國內景氣好轉，各項產品進口增加。

    (b) 國內投資環境改善，吸引 Google 公司前來彰化設立 ISP 公司。

    (c) 跨國基金預期新台幣將有貶值趨勢。

    (d) 國際景氣停滯，對外出口下滑。

    (e) 目前台幣兌換美元匯率為 $e^* = 29$，央行若設定目標匯率為 28.5，則應如何操作？

5. 水果日報調查 2012 年 12 月各國麥當勞銷售麥香堡的價格，以及美元在各國外匯市場的即期匯率，如下所示。

國　　家	當地價格	即期匯率 （每一美元）
美國 (US)	US3.5	
台灣 (TAI)	NT68	29.1
日本 (JAP)	Yen370	88
新加坡 (SIG)	SD2.8	1.2

試依據上表，回答下列問題：

(a) 試說明「大麥克指數」的理論基礎與所需的假設為何？以此指數衡量兩國均衡名目匯率，將會面臨何種問題？

(b) 試依據「大麥克指數」計算台幣、日圓與新加坡幣兌換美元的均衡匯率分別為何？

(c) 台灣央行彭總裁追求穩定現行匯率，同時又要控制貨幣數量，試問須在外匯市場與貨幣市場進行何種操作？

(d) 延續 (c) 題，就央行而言，從事上述操作過程，將可獲取何種利益與付

出何種代價？

(e) 假設台灣是採取部分外匯管制的小型開放體系，而彭總裁允許台幣匯率緩步朝「大麥克指數」顯示的均衡匯率調整。試問：在台幣匯率並非一次達到均衡此過程中，台灣的 *IS*、*LM* 與 *BP* 曲線將如何變化？

6. 台灣是採取完全浮動匯率制度的小型開放體系，央行雖然管制跨國資金移動，但是跨國資金移動仍具高度利率彈性。假設台灣目前處於充分均衡狀態，而且物價平穩不變。由於中央政府負債超過台幣 4 兆元以上，是以立法院審查 2013 年中央政府預算時，決議大幅緊縮政府支出，並且增加課稅。在其他條件不變下，試問：此種中央政府預算將對 2013 年的台灣經濟活動造成何種影響？

(a) 台灣在達成準均衡時，國際收支帳的內容將如何變化？

(b) 台灣在邁向充分均衡時，外匯市場供需與匯率將如何變化？

(c) 試以 *IS-LM-BP* 模型說明台灣達成充分均衡後，均衡所得與利率將如何變化？

7. 某大國採取固定匯率制度，試回答下列問題：

(a) 財政部採取增稅的緊縮政策，將與小國採取相同政策的效果有何差異？

(b) 央行採取買回債券的擴張貨幣政策，將與小國採取相同政策的效果有何差異？

8. 假設人們無法相信央行在未來能夠打擊通貨膨脹的承諾，試回答下列問題：

(a) 此舉對預期台幣匯率變動的影響為何？

(b) 此舉對台幣即期匯率的影響為何？

9. 從 1970 年代起，香港改採港幣釘住美元的聯繫匯率制度。在 2009~2012 年間，美國聯準會主席 Bernake 陸續執行三次量化寬鬆貨幣政策，試回答下列問題：

(a) 香港金融管理局須在外匯市場採取何種操作？港幣供給將如何變化？

(b) 香港淨出口將如何變化？香港的 *IS* 與 *AD* 曲線將如何變化？

10. 開放體系實施浮動匯率制度，試依據 *IS-LM-BP* 模型，回答下列問題：

(a) 外國產出增加將對本國產出造成何種影響？

(b) 外國利率上升將對本國產出造成何種影響？

(c) 試說明外國財政與貨幣擴張對本國產出的影響為何？

三、計算題

1. 某開放體系的總體結構式模型如下：

消費函數　$C = c_0 + c_1(y - T)$
投資函數　$I = d_0 + d_1 y$
進口函數　$IM = m_1 y$
出口函數　$X = x_1 y^*$

假設該國採取固定匯率制度，外國所得 y^*、租稅 T 與政府支出 G 均為外生變數。試回答下列問題：

(a) 商品市場的均衡所得為何？

(b) 假設 $0 < m_1 < c_1 + d_1 < 1$，政府支出增加對產出與出口淨額造成影響為何？

接著，本國邊際進口傾向是 $m_1 = 0.5$，外國是 $m_1^* = 0.1$，而兩國的邊際支出傾向相同，$c_1 + d_1 = c_1^* + d_1^* = 0.6$。試回答下列問題：

(c) 兩國規模差異極大，你預期哪國的 m_1 值較大？理由為何？

(d) 針對 (b) 題，計算哪國政府支出對產出與出口淨額發揮較大影響效果？

2. 本國與外國總體模型完全相同，外國模型只是在每一方程式附加星號 $*$：

消費函數　$C = 10 + 0.8(y - T)$
投資函數　$I = 10$
政府支出　$G = 10$
租稅函數　$T = 10$
進口函數　$IM = 0.3y$
出口函數　$X = 0.3y^*$

兩國均採取固定匯率制度，y^* 是外國所得。試回答下列問題：

(a) 在 y^* 固定下，本國均衡所得與乘數為何？本國轉向閉關自守，出口與進口同時歸零，試問乘數是否改變？

(b) 試求解兩國均衡產出與乘數？該乘數為何異於 (a) 題的答案？

(c) 外國維持政府支出 G^* 不變，本國將須擴大政府支出 G 多少，才能達成產出目標為 125？此時的兩國出口淨額與政府預算赤字為何？

(d) 兩國政府同時追求目標產出 125，增加相同政府支出數量。試問：兩國要達成目標產出，將需增加政府支出為何？此時的兩國出口淨額與預算赤字為何？

(e) 類似在 (d) 題中的同時增加 G 與 G^* 的財政協調，實務上為何將有困難

達成？

3. 某小型開放體系的總體結構式模型如下：

商品需求函數　　$y = 450 + 0.85y - 500r + NX$
淨出口額函數　　$NX = 150 - 0.1y + 4e$
經常帳餘額　　　$CA = NX$
金融帳餘額　　　$FA = 100 + 1,000r$
貨幣市場均衡　　$L = 1,500 + 0.5y - 1,500r$

假設央行控制貨幣供給爲 2,000，並將匯率穩定在 $e = 25$。試利用 IS-LM-BP 模型計算體系達成準均衡時，均衡利率與產出爲何？此時的國際收支呈現何種情況？

4. 在物價平穩狀況下，某大型開放體系的總體模型可表爲：

商品需求函數　　$y = 2,000 + 0.85y - 250r + NX$
淨出口額函數　　$NX = 150 - 0.1y + 4e$
經常帳餘額　　　$CA = NX + R$
移轉帳餘額　　　$R = 100$
金融帳餘額　　　$F = 100 + 2,000r$
流動性偏好函數　$L = 0.25y - 1,000r$
貨幣供給　　　　$M^s = 2,000$

針對上述模型，計算下列問題：

(a) 央行若將匯率穩定在 $e = 30$。試利用 IS-LM-BP 模型，計算在達成準均衡時，均衡所得、利率與國際收支爲何？

(b) 央行決定放任匯率完全自由浮動，在達成充分均衡時，均衡所得、利率與匯率分別爲何？

5. 在 2001 年某日，美國的 3 個月聯邦政府國庫券的名目利率爲 5.350%，而加拿大的 3 個月政府國庫券的名目利率爲 5.035%。在此利率水準下，債券市場交易者認爲持有美國國庫券或加拿大公債對他們而言是無差異。試問：

(a) 在此狀況下，外匯市場對加拿大幣兌美元匯率變動的預期爲何？爲什麼？

(b) 當日的 1 元加拿大幣若能兌換 0.71045 美元，則市場對 3 個月後的加拿大幣兌美元匯率預期水準爲何？

6. 某封閉小國經建會建立總體結構式模型如下：(y 是實質所得，r 是利率)

流動性偏好函數　　$L = 0.2y - 10,000r$

實質消費支出　　　$C = 800 + 0.8y$

投資支出函數　　　$I = 400 - 20,000r$

實質政府支出　　　$G = 200$

名目貨幣供給　　　$M^s = 800$

試計算下列問題：

(a) 該國的 IS、LM 與 AD 曲線方程式為何？

(b) 當物價 $P = 2$ 下降為 $P = 1$ 時，該國出現 Keynes 效果為何？

(c) 該國的中研院經濟所發現人們熱衷操作股票，因而建議修正實質消費

函數為 $C = 800 + 0.8y + 0.2m$，$m = \dfrac{M^s}{P}$ 是實質貨幣餘額。在其他狀況

不變下，AD 曲線方程式將如何變化？當物價 $P = 2$ 下降為 $P = 1$ 時，

該國出現 Pigou 效果為何？

(d) 延續(c)題，貿易自由化讓該國淨出口額函數為 $NX = 100 - 0.1y + 40\varepsilon$，

$\varepsilon = \dfrac{eP^*}{P}$ 是實質匯率。假設央行穩定匯率在 $e = 30$，外國物價 $P^* = 1$。

在其他狀況不變下，AD 曲線方程式將如何變化？當物價 $P = 2$ 下降為

$P = 1$ 時，該國出現貿易條件效果為何？

👍 網路練習題

1. 請上網搜尋攸關歐債危機爆發的相關訊息，同時判斷對台灣外匯市場可能
造成何種影響。

2. 請上網搜尋 2008 年爆發國際金融海嘯，跨國基金賣出台股並將資金撤離
台灣，對台灣外匯市場造成的衝擊，以及央行在此期間採取的因應措施。

CHAPTER **7**

生產函數、因素市場與
總供給函數

本章大綱

個案導讀

行政院主計總處公布 2021 年 3 月就業人數 1,152.1 萬人較 2 月增加 7,000 人或 0.06%；失業人數 43.9 萬人則較 2 月減少 4,000 人或 0.85%。失業率 3.67% 較 2 月下降 0.03%，而經季節變動因素調整後的失業率 3.72%，則較 2 月減少 0.01%。非勞動力人數為 826.3 萬人，較 2 月減少 9,000 人或 0.11%，勞動力參與率為 59.14% 較 2 月攀升 0.03%。另外，人力銀行在 2020 年 11 月公布《台灣地區薪資福利調查報告》，包含年本薪、津貼、固定保障年終與年中獎金、以及績效獎金、佣金、業績獎金、員工分紅等變動獎金的平均年薪總額 64.1 萬元，由於受新冠肺炎疫情影響，僅比 2019 年增加 5,000 元增幅 0.7%。當年新鮮人大學起薪 31,227 元、碩士起薪 35,661 元則是創下五年來新高。

從 2002 年迄今，台灣經濟發展存在奇特現象，「實質 *GDP* 持續成長，實質薪資卻停滯不前」。依據主計總處資料，2002 年之前的「每工時實質 *GDP*」與「每工時實質薪資」成長趨勢類似，但自 2002 年之後，前者依然持續成長，後者卻幾近停滯。實際上，兩者是不同的概念。前者衡量「每

單位勞動帶來的產出」，後者則是「每單位勞動的薪資可買到的消費量」。在計算過程中，兩者分別以「GDP 平減指數」與「消費者物價指數 (CPI)」平減，前者是「生產財價格」，後者則是「消費財價格」。自 2002 年後，台灣 GDP 平減指數 (生產財價格) 出現衰退，而 CPI(消費財價格) 持續上漲 (油價狂飆)，才是造成實質薪資成長「落後」實質 GDP 成長的主因。

失業率與薪資變化隱含總體環境與景氣循環變化狀況。本章首先說明生產函數內涵，並討論因素市場供需函數的形成。接著，將從勞動市場與生產部門達成均衡的過程，探討體系總供給函數的形成。最後，將說明勞動力、就業與失業間的關係，探討失業類型與解決方法。

7.1 生產函數與技術進步

在生產過程中，廠商使用固定技術 t，組合勞動 N、土地 La、資本 K 與

企業精神
廠商承擔風險從事營運的能力。

企業精神 (entrepreneurship, E) 等因素投入生產。生產函數係指固定期間內，廠商運用現行技術，組合因素生產所能創造的最大產出。一般而言，經濟理論探討的產出係指利用因素創造的附加價值，並未包含原料或中間財價值，係屬淨

淨產出
廠商利用生產因素創造的附加價值，或產品價值 (毛產出) 扣除原料價值的剩餘部分。

產出 (net output) 概念，而包含中間財在內則是毛產出 (gross output)。習慣上，每種因素係以「勞工 / 小時」(勞動勞務) 與「機器 / 小時」(資本勞務) 表示，而非以勞動、資本和土地數量表示，此係生產函數涉及的投入屬於流量而非存量變數：

$$Y = F(N, K, La, E, t)$$

人力資本
人們的素質與所受教育訓練，而於未來可獲取的所得川流。

勞動泛指人們提供的基本勞務，並非技術工人 (skilled labor) 或隱含人力資本 (human capital) 在內。土地是自然稟賦 (endowment)，資本或稱生產財，係人們創造的生產工具，包括固定資本的機器設備與廠房，以及變動資本的存貨。至於企業精神則是廠商承擔風險從事營運，此種生產者稱為企業家。

在總體理論中，新古典生產函數 Y 經常採取 Cobb-Douglas 型態，資本與勞動間具有部分替代性：

$$Y = AF(N, K) = AK^{\alpha}N^{1-\alpha}$$

總因素生產力
泛指資本與勞動無法解釋的生產力。

F_{NN}、$F_{KK} < 0 < F_N$、F_K，此即生產因素具有邊際報酬遞減特質。A 是描述總體生產力，或係指總因素生產力 (total factor productivity)，泛指資本與勞動無法解釋的生產力。另外，生產函數在總體理論扮演重要角色，串聯商品市場與

因素市場，涉及所得分配問題，也可用來解答眾人疑惑：「為何有些國家如此富裕或貧窮？」

　　新古典學派通常假設生產函數具有一階齊次 (homogenous of degree one) 性質，此即已開發國家通常處於規模報酬不變 (constant returns to scale) 下生產，故以勞動平減可得每人產出 y 或勞動平均生產力，將取決於每人資本 (per capita capital, $k = \dfrac{K}{N}$) 或稱資本勞動比率 (capital-labor ratio)、資本密集度 (capital intensity)，以及生產力 A：

資本密集度
資本對勞動比率或每人資本。

$$\lambda Y = AF(\lambda N, \lambda K)$$

假設 $\lambda = \dfrac{1}{N}$，並將其代入上式：

$$y = \frac{Y}{N} = AF\left(1, \frac{K}{N}\right) = Af(k)$$

　　從每人產出函數型態可知，窮國與富國的差異在於每人資本 k 與生產力 A 存在重大落差所致。就 Cobb-Douglas 函數分別對勞動與資本偏微分，可得兩者邊際生產力如下：

$$MP_N = \frac{\partial Y}{\partial N} = \frac{(1-\alpha)Y}{N}$$

$$MP_K = \frac{\partial Y}{\partial K} = \frac{\alpha Y}{K}$$

　　圖 7-1 顯示在資本存量固定下，生產函數係描述產出與勞動數量的關係。隨著資本 K_1 累積至 K_2，或是出現技術進步，生產函數將由 Y_1 上移至 Y_2。在勞動數量 N_1 固定下，B 點斜率 (反映勞動的邊際生產力) 將大於 A 點。

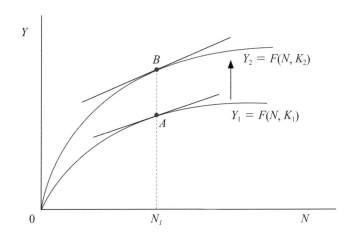

圖 7-1
生產函數

　　總體理論也偏好使用固定替代彈性 (constant elasticity of substitution, *CES*) 生產函數：

$$Y = \gamma \left[\delta K^{-\rho} + (1-\delta) N^{-\rho} \right]^{-1/\rho}$$

等量曲線
資本與勞動的各種組合能夠產生相同產出的軌跡。

γ 是規模因素，δ 是分配參數，$\rho = (1/\sigma) - 1$ 是替代參數，σ 是資本與勞動的替代彈性，可用圖 7-2 的等量曲線 (isoquant curve) 表示。在等量曲線 Y_1 固定下，資本與勞動的替代彈性將是固定值。另外，Keynesian 學派偶而也主張勞動與資本在短期內完全互補，或稱為 Leontief 生產函數，可表為圖 7-2 的等量曲線：

$$Y = \min_{\{u,v\}} \left\{ \frac{N}{u}, \frac{K}{v} \right\}$$

勞動係數
生產一單位產出所需投入勞動數量。

資本係數
生產一單位產出所需投入資本數量。

u 是勞動係數 (coefficient of labor)，也是勞動平均生產力的倒數，v 是資本係數 (coefficient of capital)，也是資本平均生產力的倒數。當廠商採取最佳效率生產時，

$$Y = \frac{N}{u} = \frac{K}{v}$$

此時，體系使用的資本勞動比率、資本密集度或每人資本 k 將是：

$$k = \frac{K}{N} = \frac{v}{u}$$

圖 7-2
等量曲線型態

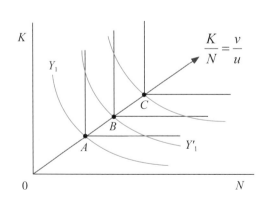

接著，技術進步係在因素投入固定下，產出呈現增加現象，此係教育品質提升、組織結構改善、健康醫療系統完善與創新研發成果促使生產效率提升，而對生產函數衝擊，包括三種類型：

- 勞動增加 (labor-augmenting) 技術進步　在資本勞動比率固定下，勞動平均與邊際產量出現遞增現象，此即 Harrod 中性技術進步，或稱使用勞動 (labor-using) 或資本節省 (capital-saving) 技術進步，生產函數可表為：

$$Y(K,N,t) = F[K, A(t)N]$$

> **勞動增加技術進步**
> 或稱 Harrod 中性技術進步。在資本勞動比率固定下，勞動平均與邊際產量出現遞增現象。

- 資本增加 (capital-augmenting) 技術進步　在資本勞動比率固定下，資本平均與邊際產量出現遞增現象，此即 Solow 中性技術進步，或稱使用資本 (capital-using) 或勞動節省 (labor-saving) 技術進步，生產函數可表為：

$$Y(K,N,t) = F[A(t)K, N]$$

> **資本增加技術進步**
> 或稱 Solow 中性技術進步。在資本勞動比率固定下，資本平均與邊際產量出現遞增現象。

- Hicks 中性技術進步　在資本勞動比率固定下，勞動與資本的平均與邊際產量以齊一速度遞增，反映全部因素生產力 $A(t)$ 隨時間成長的現象：

$$Y(K,N,t) = A(t)F[K, N]$$

> **Hicks 中性技術進步**
> 在資本勞動比率固定下，勞動與資本的平均與邊際產量以齊一速度遞增。

總體經濟學者：Wassily Leontief (1906~1999)

(一) 生平

1906 年 8 月 5 日出生於德國的 Munich，1925 年獲得 Leningrad 大學社會學碩士。1928 年獲得德國 Berlin 大學經濟學博士。1931 年任教於美國哈佛大學經濟系，從事投入產出方法研究。1946~1975 年擔任哈佛大學教授，1948~1973 年主持哈佛經濟濟究計畫並擔任主持人。1973 年獲頒諾貝爾經濟學獎，1975 年擔任紐約大學經濟學教授、經濟分析研究所所長。1999 年 2 月 5 日去世，享年 95 歲。

(二) 對總體理論的貢獻

Leontief 率先創造「投入產出分析」(input-output analysis)，此係研究體系各部門生產間相互依賴的關係，針對各產業間錯綜複雜交易，提供實用系統化經濟分析方法，對掌握一國總體經濟脈動發揮顯著貢獻。

觀念問題

- 試說明全部因素生產力與勞動生產力的差異性。
- 某國生產函數若為 $Y = F(N, N) = A(2K + 3N)$，試證明該生產函數呈現固定規模報酬性質。
- 某國使用生產函數 $Y = F(N, N) = AK^{0.4}N^{1.0}$ 生產，試計算勞動邊際生產力。試問：該生產函數的勞動邊際生產力是否呈現遞減性質？

7.2 因素市場需求函數

假設因素市場與商品市場均是完全競爭，廠商僱用勞工與使用資本財生產，將能在商品市場順利出售，否則將會受到限制。勞工提供勞務數量 $N = h \times E$ 可用就業量 E 與工時 h 的乘積衡量，而資本財提供勞務數量可用資本數量 K 表示。廠商追求利潤 π 極大，將受生產函數 $Q = F(N, K)$ 的技術限制：

$$Max. \quad \pi = PQ - WN - \rho K$$
$$S.t. \quad Q = F(N, K)$$

資本使用者成本
廠商使用資金所需支付的代價。

P 是商品價格、W 是貨幣工資，ρ 是資本使用者成本 (user cost of capital)。就上式微分，可得下列兩個最適條件：

$$W = P \times MP_N(N, K)$$
$$\rho = P \times MP_K(N, K)$$

勞動邊際產值
廠商增加勞工僱用而增加的產出價值。

就上述兩式聯立求解，可得廠商僱用最適勞工與資本財數量。圖 7-3 顯示：廠商使用固定產能 $K = K_0$ 生產，增僱勞工將引起勞動邊際產量遞減。在商品價格 P_0 與貨幣工資 W_0 已知下，當貨幣工資等於勞動邊際產值 (value of marginal product of labor)，$W_0 = VMP_0 = P_0 \times MP_N$，最適勞工僱用量為 N_0。廠商增僱勞工需多付工資 (成本) W_0，但將增加產出 (收益) VMP_N。當邊際收益大於邊際成本，廠商增僱勞工將可提高利潤；反之，則不然。隨著貨幣工資 W_0 下降至 W_1，廠商增僱勞工至 N_1。再者，商品價格 P_0 上漲至 P_1，勞動邊際產值曲線右移至 $VMP_1 = P_1 \times MP_N$，在貨幣工資為 W_1 時，廠商擴大僱用勞工至 N_2。

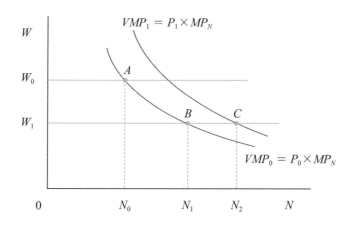

圖 **7-3**

最適勞工僱用量

將上式移項，最適勞工僱用條件為實質工資 $w = \dfrac{W}{P}$ 等於勞動邊際產量 MP_N：

$$w = \frac{W}{P} = MP_N = F_N(N, K_0)$$

就上式取反函數可得代表性廠商的勞動需求函數，累加所有廠商的勞動需求，可得圖 7-4 顯示的以實質工資表示的負斜率短期勞動市場需求曲線 N^d。

$$N^d = F_N^{-1}(\frac{W}{P}, K_0) = f(w, K_0)$$

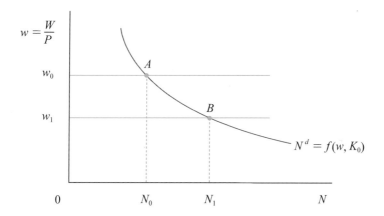

圖 **7-4**

勞動需求曲線

依據相同推理方式，也可求得資本市場需求曲線如下：

$$K^d = F_K^{-1}(\frac{\rho}{P}, N_0) = g(\frac{\rho}{P}, N_0)$$

觀念問題

- 竹科的半導體產業使用生產函數型態爲 $Y = 3NK - N^2 - K^2$，假設該產業使用的資本存量爲 $K = 20$，其勞動需求函數爲 $N^d = 30 - \dfrac{W}{2P}$。

- 試説明生產函數斜率與勞動邊際產量的關係爲何？當勞動邊際產量固定時，生產函數型態爲何？

- 吳教授針對台灣婦女一天時間 (T) 分配方式進行研究，結果如下：

$$N(\text{工作}) = 1 + 0.1T \ ; \ R(\text{休閒}) = 1 + 0.1T \ ; \ H(\text{家務}) = 10 - 0.4T$$

  針對上述實證結果，吳教授的研究結果顯然可以接受。

7.3 勞動供給函數

總體理論通常設定資本供給爲固定值，但針對勞動供給型態卻是意見分歧，較具顯著差異的説法有二：

- 在經濟成長模型中，勞動供給係以穩定比例成長，缺乏工資彈性。

- 在 Keynesian 學派循環模型中，勞動供給在某一就業範圍內呈現完全工資彈性，亦即貨幣工資僵化或黏性工資 (money wage rigidity, sticky wage)。

貨幣工資僵化或黏性工資

在勞資雙方簽訂勞工契約後，貨幣工資將確定而不易調整。

在單期分析中，人們追求當期休閒 L(或工作 N)與消費 C 產生的效用最大：

$$Max \ U = U(C, L)$$
$$\text{或} \ U = U(C, N)$$

人們消費若無須耗費時間，則全部時間 $T = 24$ 小時將投入休閒與工作，時間限制將是：

$$T = N + L$$

全額所得

人們將全部時間投入工作可獲取的所得。

人們日以繼夜工作可獲取全額所得 (full income) WT，此即勞動所得。另外，人們也有資本所得 (或資產價值) 來源 A_0，兩者全用於消費與休閒。休閒價格包括放棄工作的貨幣工資 W 與休閒所需支付的成本。爲求簡化，假設休閒無須另行支付成本，人們的預算限制將是：

$$PC + WL = Y = WT + A_0$$

P 是消費財 (一籃子商品) 價格或一般物價。假設人們的資本所得為零，而人們追求效用極大，必須同時考慮時間限制與預算限制，最適條件將是消費與休閒的邊際替代率 (marginal rate of substitution, MRS_{LC}) 等於相對價格：

$$MRS_{LC} = -\frac{dC}{dL} = \frac{U_L}{U_C} = \frac{W}{P}$$

針對均衡條件與預算限制式聯立求解，可得代表性個人的勞動供給函數：

$$N^s = N^s(P, W)$$

新古典學派假設上述函數具有零階齊次 (homogenous of degree zero) 特性，在訊息完全下，人們能能夠確掌握物價變動，故可表為實質工資 w 的函數：

$$N^s = N^s\left(\frac{W}{P}\right) = g^s(w)$$

圖 7-5 顯示無異曲線 $U_1(C, L)$ 與預算線 C_1T 相切於 A 點，人們效用極大化。面對貨幣工資 W_0 與消費財價格 P，人們選擇最適休閒 L_1 與工時 L_1T。在消費財價格 P 不變下，貨幣工資上漲推動實質工資上漲，預算線 C_1T 向上旋轉至 C_2T，可做一條與 C_2T 平行的直線，與 $U_1(C, L)$ 曲線相切於 B 點。由 A 點移至 B 點稱為替代效果 (substitution effect)，此係實質工資上漲 (物價不變) 吸引人們減少休閒 L_2L_1(增加工時 L_2L_1) 以取代消費增加。另外，實質工資上漲將增加所得，引發所得效果 (income effect) 造成的影響端視休閒性質而定。

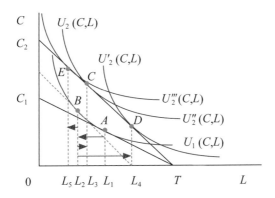

圖 **7-5**
消費與工時的選擇

• 休閒是正常財 (normal goods)　所得增加吸引休閒增加 (或工時減少)，最適均衡若落在 C 點，所得效果增加休閒 L_2L_3 小於替代效果 L_2L_1，工時將增加為 L_3L_1，勞動供給為正斜率。隨著人們渴望休閒日益炙熱，促使正所得效果擴大而等於負替代效果，勞動供給曲線轉呈垂直線。如果最適

均衡落在 D 點，強烈正所得效果引起休閒增加 (工時減少)L_2L_4 而超越負替代效果 L_2L_1。一旦休閒躍升為高級財 (superior goods)，工時將減少為 L_4T，勞動供給曲線轉為負斜率。

- 休閒係劣等財 (inferior goods) 　負所得效果將讓休閒 (工時增加) 減少 L_2L_5，人們的均衡落在 E 點，再配合負替代效果 L_2L_1，工時將變為 L_5T，此時勞動供給曲線呈現正斜率。

如果勞工的資產所得或財富 A_0 遞增，將只會產生所得效果，是否增加工時端視休閒的屬性而定。綜合以上所述，勞動供給曲線 $N^s(w)$ 係指在每一實質工資下，人們願意提供工時 (必須符合廠商要求的工作條件) 的軌跡。隨著經濟發展層次不同，圖 7-6 顯示完整的勞動供給曲線呈現 S 型態，包括三部分：

- A 點以下的負斜率部分　　實質工資降低至 w_s，落到古典學派 Ricardo 與 Malthus 所稱的維持生存的工資水準 (subsistence level of wage)，亦即實質工資長期將傾向於落在維持勞工生活所需的最低工資水準，或稱為工資鐵律 (iron law of wages)。一旦實質工資若持續下降，人們唯有賣力工作，才能換取維持生存所需的所得。

維持生存的工資水準或工資鐵律
實質工資長期將傾向於落在維持勞工生活所需的最低工資水準。

- $A{\sim}B$ 點間的正斜率部分　　在一般正常狀況，休閒的屬性是劣等財，或正常財的所得效果不強，實質工資上漲吸引人們增加工時。
- B 點以上的垂直線與負斜率部分　　隨著經濟發展層級上升，已開發國家的勞工視休閒為高級財，實質工資超越 w_h，引爆強烈正所得效果來抵銷負替代效果，勞動供給曲線由正斜率轉為垂直線，多數狀況都是缺乏工資彈性，甚至再進一步演變成負斜率，實質工資上漲讓人們降低工時。

圖 7-6
勞動供給曲線

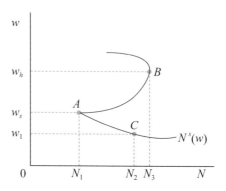

為詮釋新古典勞動供給曲線 (長期) 缺乏彈性，而 Keynesian 勞動供給曲線 (短期) 卻具完全彈性，Lucas 與 Rapping (1970) 接續將前述的單期模型擴大為跨期模型，提出跨期替代臆說 (intertemporal substitution hypothesis)。同樣

地，人們追求兩期消費與工作產生的跨期效用極大：

$$Max. \quad U = U(C, C^e, N, N^e)$$
$$+, + \quad -, -$$

C 與 C^e 是目前與預期消費，N 與 N^e 是目前與預期工時。人們面臨的跨期預算限制式如下：

$$PC + \frac{P^e}{1+i}C^e = WN + \frac{W^e N^e}{1+i} + A_0$$

A_0 是人們持有的資產價值、i 是貨幣利率，P 與 P^e 是目前與預期物價，W 與 W^e 是目前與預期貨幣工資。就上述兩式求解，可得跨期替代臆說的勞動供給函數：

$$N^s = N(W, \frac{W^e}{1+i}, P, \frac{P^e}{1+i}, A_0)$$

上述函數同樣具有零階齊次特性，以物價 P 平減可轉換如下：

$$N^s = N[\frac{W}{P}, \frac{W^e}{P(1+i)}, 1, \frac{P^e}{P(1+i)}, \frac{A_0}{P}]$$
$$+ \quad - \quad - \quad -$$

Lucas 與 Rapping 再將上述勞動供給函數直接設定為對數直線型態：

$$\ln N_t^s = \beta_0 + \beta_1 \ln(\frac{W_t}{P_t}) - \beta_2 \ln\left[\frac{W_t^e}{P_t(1+i_t)}\right] - \beta_3 \ln\left[\frac{P_t^e}{P_t(1+i_t)}\right] - \beta_4 \ln(\frac{A_t}{P_t})$$
$$= \beta_0 + \beta_1 \ln w_t - \beta_2 \ln\left[(\frac{P_t^e}{P_t})(\frac{W_t}{P_t^e})\right] + \beta_2 \ln(1+i_t) - \beta_3 \ln(\frac{P_t^e}{P_t}) + \beta_3 \ln(1+i_t) - \beta_4 \ln(\frac{A_t}{P_t})$$
$$= \beta_0 + \beta_1 \ln w_t - \alpha \ln(\frac{P_t^e}{P_t}) - \beta_2 \ln(w_t^e) + \alpha \ln i_t - \beta_4 \ln(\frac{A_t}{P_t})$$
$$== \beta_0 + \beta_1 \ln w_t - \beta_2 \ln(w_t^e) + \alpha \ln r_t - \beta_4 \ln a_t$$

$\alpha = \beta_2 + \beta_3$，$w_t = \frac{W_t}{P_t}$ 是實質工資，$w_t^e = \frac{W_t^e}{P_t^e}$ 是預期實質工資，$\ln(1+i_t) \cong \ln i_t$，π_t^e 是預期通膨率，$\ln(\frac{P_t^e}{P_t}) = \ln(1+\pi_t^e) \cong \ln \pi_t^e$，而 $r_t = i_t - \pi_t^e$ 為實質利率。上述 Lucas -Rapping 勞動供給函數顯示下列涵義：

- 目前實質工資若大於預期實質工資，人們將會增加工時。
- 人們預期實質利率上升，目前所得相對有吸引力，將誘使工時增加，並將

跨期替代臆說

在景氣繁榮期間的工資較高，而景氣衰退期間的工資較低，是以人們將在衰退期間增加休閒，自願失業，而在繁榮期間增加工時。

所得用於投資以擴大未來價值。

- 實質財富效果 $(a_t = \dfrac{A_0}{P_t})$ 將讓人們缺乏工作誘因，亦即休閒是正常財。

  重新整理上式：

$$\ln N_t^s = \beta_0 + \beta_1(\ln w_t - \ln w_t^e) + (\beta_1 - \beta_2)\ln w_t^e + \alpha \ln r_t - \beta_4 \ln a_t$$

上述 Lucas-Rapping 勞動供給函數將隱含下列結果：

- 就短期而言，人們若認為未來實質工資不變，短期勞動供給彈性是 β_1，相當於暫時性實質工資變動 $(\ln w_t - \ln w_t^e)$ 引發的勞動供給彈性。

- 就長期而言，若是消除實質工資逐年成長趨勢，$w_t = w_t^e$ 將屬合理假設，長期勞動供給曲線的工資彈性變為 $(\beta_1 - \beta_2) \gtrless 0$，意味著呈現正斜率或後彎型態。

- Lucas 與 Rapping 驗證上述勞動供給函數，結果指出短期勞動供給彈性 $\beta_1 = 1.4$ 符合 Keynesian 學派說法，長期勞動供給彈性 $(\beta_1 - \beta_2)$ 趨近於零也符合新古典學派想法。實質利率與財富效果對勞動供給影響將可忽略。

- Lucas-Rapping 勞動供給函數兼具景氣循環與生命循環的雙重意義。

  1. 就景氣循環而言，景氣復甦帶動勞動需求殷切，目前實質工資將超越長期趨勢；景氣衰退則讓勞動需求轉弱，目前實質工資將落在長期趨勢之下。預期恆常性實質工資調整若落後目前實質工資一期，繁榮期間的暫時性實質工資將呈正向變動，勞動供給彈性相對變大；而蕭條期間的暫時性實質工資則呈逆向變動，勞動供給彈性相對縮小。

  2. 就生命循環而言，人們步入中年，生產力上升而能獲取較高薪資，勞動供給意願相對上升；反觀在青年或老年期，生產力低落僅能獲取較低薪資，工作誘因相對較低。

工資既是勞工提供勞務的報酬，也是廠商支付的成本，而實際工資涵蓋現金與實物薪資，以及廠商提存的各種社會保險 (部分健保費與退休金)。國民所得帳中的受僱人員報酬是所有勞工的所得，是以工資將是總勞動報酬除以受僱人數。在經濟活動中，工資將扮演雙重角色，既是廠商生產成本，也是有效需求來源，影響經濟活動管道有二：

- 總需求層面　理論上，工資上漲將會刺激消費，不過短期卻是削弱投資誘因，前者若大於後者，總需求則將增加，促使所得增加。爾後，依據投資的加速原理，需求擴張有助於創造利潤，中長期投資也可由工資帶動而

增加。是以提高工資影響總需求利弊，必須經由實證結果才能確知。

• 總供給層面　　依據效率工資臆說 (efficiency wage hypothesis)，工資上漲影響經濟成長管道，包括誘使廠商改採資本密集方式生產，增加投資提升加速資本累積擴大產能，透過深化勞動分工來提升勞動生產力。

依據 Amit Bhaduri 與 Stephen Marglin (1990) 定義，體系所得分配比例若由工資轉向利潤，或提高利潤份額有利於經濟活動，將是利潤帶動體系 (profit-led regime)；反之，若對經濟活動衝擊係屬負面，則是工資帶動體系 (wage-led regime)。

利潤帶動體系
利潤份額占所得分配比率上升有利於經濟活動。

• 總需求層面　　工資帶動需求體系 (wage-led demand regime) 的特質為：勞工 (勞動所得) 的消費傾向遠高於企業家 (資本所得)、體系開放程度低且出口的價格彈性低、投資的加速效果較高且對成本變動不敏感等；至於利潤帶動需求體系 (profit-led demand regime) 的特質恰好相反。目前的實證研究僅限於 OECD 國家，歐元區、英、美屬於工資帶動需求體系，而奧地利則是利潤帶動需求體系。

工資帶動體系
工資份額占所得分配比率上升有利於經濟活動。

• 總供給層面　　工資帶動供給體系 (wage-led supply regime) 的特質為：實質工資成長愈快，誘使勞動生產力加速成長、工資提高對強化生產力的投資具有強烈正面效果；至於利潤帶動供給體系 (profit-led supply regime) 的特質正好相反。綜合多數 OECD 國家的實證結果顯示：工資成長愈快將會加速勞動生產力成長，反映長期實質工資成長對勞動生產力提升並無負面效果。此外，就法國、美國及丹麥的個別廠商研究資料發現，就個體而言，廠商提供的勞動條件愈好 (如較高薪資、紅利等)，員工表現的勞動生產力亦較佳。

工資帶動需求體系
工資調整速度愈快，將有利於擴大總需求。

利潤帶動需求體系
體系內利潤份額所占比例上升，將會帶動總需求增加。

工資帶動供給體系
實質工資成長愈快，將加速勞動生產力成長，從而強化生產力的投資。

Lavoie 與 Stockhammer (2011) 綜合需求面及供給面的實證結果，指出經濟區域愈大的國家，愈有可能是工資帶動成長 (wage-led growth) 體系。是以國際勞動組織 (International Labor Organization, ILO) 在《世界工作報告》(2010) 中，建議出口導向的新興及開發中國家採取以所得帶動成長策略，將緊密結合勞工所得成長與勞動生產力，進而降低倚賴國外需求來促進經濟成長。

利潤帶動供給體系
利潤成長愈快，將有利於提升投資，進而帶動經濟成長。

最後，政府採取「工資帶動成長」策略，提出政策必須考慮經濟結構與所得分配情勢等特性，對勞工採取積極有效分配政策，如提高最低工資、加強集體談判 (collective bargaining) 機制、強化勞工福利、工會組成等。一旦採取策略未考量經濟特性，勢必導致體系不穩定成長或停滯成長。

知識
補給站

　　近年來「什麼都漲，就是薪水不漲」一直是台灣受薪階級琅琅上口的話題。

　　近十幾年來，台灣經濟發展令人費解的現象是實質產出持續成長，但實質薪資卻落入停滯。在 1981~2014 年間，每工時實質產出（或稱勞動生產力）相較於 1981 年增加約 352%，而每工時實質薪資卻僅成長 182%。在 2002 年之前，兩者都是持續成長，勞動生產力卻於 2002 年後成長趨緩，但在 2002~2014 年間累積成長率也有 34%，但實質薪資成長卻是近乎停滯甚至淪為負值，兩者成長率間出現相當大反差。

　　針對此一謎團，過去文獻解釋是經濟成長果實分配給勞工的比率愈來愈少，受僱人員報酬占 GDP 比例（勞動報酬份額）遞減。在 1990 年初期，該比例邁向歷史高峰 49%，爾後從 2002 年起即「停止滑落」轉而「停滯」在 42% 上下波動至今。近十五年來，實質薪資成長大幅落後勞動生產力成長，除了勞動報酬份額變化的因素外，經過與實際統計資料對應後，發現兩個因素鮮少提及：

(1) 薪資占勞動報酬比率：雇主提撥部分勞健保費與退休金也是「勞動報酬」的一環，卻未納入實質薪資。若是「非薪資報酬」占勞動報酬比例逐年遞增，忽略這部分變化，顯然高估實質薪資成長「落後」實質產出成長的幅度。

(2) 產出和消費的相對價格：「每工時實質產出」與「每工時實質薪資」分別衡量不同經濟概念。前者反映每單位勞動的產量，用於衡量生產力，通常以 GDP 平減指數（產出價格）平減。後者則反映每單位勞動的薪資可換取的消費量，用於衡量購買力，通常以 CPI（消費價格）平減。

　　實證結果顯示在 2002~2014 年間，台灣實質薪資成長「落後」與勞動生產力年成長率的現象，有高達 87% 的原因來自產出價格。相對消費價格滑落，CPI（消費財價格）持續上漲而 GDP 平減指數（產出價格）反轉走跌。兩種物價指數走勢背離，造成以兩者各自平減實質薪資與勞動生產力，產生的成長趨勢將會出現極大反差。在此，即使將每工時實質產出改以 CPI 平減，讓其成長率如同每工時實質薪資的走勢一般，但也是從 2002 年後開始呈現停滯，此即意味著儘管台灣的單位勞動產出持續成長，但能換取的消費數量（購買力）卻早已停止成長。

資料來源：林依伶與楊子霆，〈經濟成長、薪資停滯？初探台灣實質薪資與勞動生產力成長脫勾之成因〉，2019。

觀念問題

- 勞工若將消費與休閒視為正常財，面對工資率攀升後，將進行何種反應？
- 台灣勞動市場供給曲線呈現正斜率時，試解讀可能代表何種涵義？
- 竹科高科技電子業為吸引人才，競相調高貨幣工資率，然而工程師們卻傾向減少工時，試問如何解釋該現象？
- 試說明下列事件對實質工資率與實質資本租賃價格的影響：
  (1) 台灣產業大量引進外籍勞工。
  (2) 911 大地震摧毀台灣中部地區廠商的廠房設備。
  (3) 通訊網路技術進步，大幅提升生產效率。

總體經濟學者：Christopher A. Pissarides (1948~)

(一) 生平

　　1948 年 2 月 20 日出生在塞普路斯 Nicosia，擁有塞普路斯和英國雙重國籍。1970 年畢業於 Essex 大學經濟學士，1971 年獲得 Essex 大學經濟碩士，1973 年獲得倫敦經濟學院博士。1974~1976 年在英國 Southampton 大學研究，1976 年起擔任倫敦經濟學院經濟學教授，同時擔任經濟表現研究中心負責研究項目主管。2005 年獲頒 IZA 勞動經濟學獎，獲選為英國社會科學院院士。2010 年獲頒諾貝爾經濟學獎。

(二) 對總體理論的貢獻

　　Pissarides 關注勞動市場和總體經濟活動間互動的議題，從事探討搜尋、匹配理論以及經濟結構性成長等問題，研究議題集中在勞動市場、經濟成長和經濟政策等總體領域。此外，他推動匹配函數概念的確立，用於解釋特定期間內從失業至就業的流動狀況，成為利用此一函數進行估計的先驅。

7.4 就業與失業

　　圖 7-7 顯示台灣人口 (population, *POP*) 、勞動力與就業間的關係。在台灣全部人口 (外籍人士、外勞及未取得國籍之外籍配偶均非本國人口) 中，超過 15 歲的部分再扣除武裝勞動力 (現役軍人)、監管人口與失蹤人口後即稱為「民間人口」，將涵蓋勞動力 (labor force, *LF*) 與非勞動力 (non-labor force, *NLF*)。在 2009~2019 年間，台灣勞動力的平均年成長率為 0.9%，

圖 7-7

勞動力、就業
與失業的關係

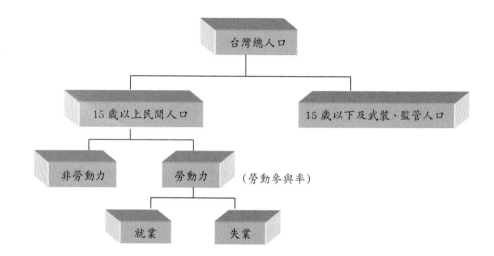

勞動力
年滿 15 歲願意且能工作的民間人口。

失業者
符合「能工作」、「想工作」且「正在求職」三種情況而無工作者。

就業者
從事有酬勞活動或每週從事 15 小時以上無酬家屬工作者。

　　勞動力係指年滿 15 歲願意且能工作的民間人口，包括從事有酬勞活動或每週從事 15 小時以上無酬家屬工作的就業者 (employment, *E*)，以及符合「能工作」、「想工作」且「正在求職」三種情況而無工作的失業者 (unemployment, *UN*)，該項概念與勞動市場的「貨幣工資」與「符合廠商要求的工作條件」無關。至於非勞動力是年滿 15 歲民間人口因就學、料理家務、高齡、身心障礙或其他原因而未求職者。舉例來說，流動攤販或固定位置攤商的工時與所得不穩定，但皆屬就業。宅在家中專職炒股的股票族，既非勞動力也非上班族，但若有部分兼差，則視為就業；反觀股票族符合「能工作」、「想工作」與「正在求職」三條件 (納入勞動力範圍)，若無工作，則是失業。至於神父、牧師、尼姑、和尚與道士等宗教工作者均視為上班族。無論農忙或農閒，人們從事經常性農事工作應視為就業，僅於農忙時節兼差打工就是就業，農忙過後，則依是否另有工作、尋找工作與否，分別歸類為就業、失業或非勞動力的範圍。

失業率係指失業者占勞動力的比率，計算方法如下：

$$失業率(u) = \frac{失業者(UN)}{勞動力(LF)} \times 100\%$$

$$= \frac{失業者(UN)}{失業者(UN) + 就業者(E)} \times 100\%$$

另外，依據國際勞工組織 (ILO) 定義，**怯志勞工** (discouraged worker) 係指想工作卻無合適工作機會而未求職，此係屬非勞動力範圍。主計總處依此原則，針對想工作而未投出履歷表，但可隨時開始工作者，就其過去一年曾經求職，卻因無工作機會或本身資歷限制，缺乏合適工作而未求職者稱為怯志勞工。主計總處將非勞動力中的「想工作而未求職者」視為廣義失業者，重新計算失業率如下：

> **怯志勞工**
> 想工作而未求職者，屬於廣義失業者。

$$廣義失業率(u) = \frac{失業者(UN) + 想工作而未求職者}{勞動力(LF) + 想工作而未求職者} \times 100\%$$

勞動力是就業者與失業者的總和，**勞動力參與率** (labor force participation rate, β) 則是勞動力占民間人口比率，就業者或失業者變化均會影響勞動參與率：

> **勞動力參與率**
> 勞動力占民間人口的比率。

$$勞動力參與率(\beta) = \frac{勞動力(LF)}{15歲以上的民間人口} \times 100\%$$

$$= \frac{失業者(UN) + 就業者(E)}{15歲以上的民間人口} \times 100\%$$

勞動力參與率將取決於下列函數關係：

$$LF = \beta \cdot POP$$
$$= \beta(w, u, t) \cdot POP$$
$$+, \pm, -$$

$w = \dfrac{W}{P}$ 是實質工資，u 是失業率，t 是時間。在時間歷程中，勞動力參與率呈現循環性與持續性交互波動，而與景氣循環關係可用下列臆說解釋：

- **附加勞工臆說** (additional worker hypothesis) 景氣繁榮促使家庭中的附加或次級勞工 (secondary worker) 因全家生活改善，放棄求職而撤離勞動力，促使勞動力下降。反之，景氣藍燈迫使家庭次級勞工需要出面工作，補貼初級勞工 (primary worker) 縮減的所得，勞動力因而擴大。該項臆說隱含

> **附加勞工臆說**
> 景氣繁榮降低失業率，家庭中的次級勞工因全家生活改善而退出勞動力。

政府高估失業率，擴大達成自然就業所需的就業量。景氣繁榮期間，初級勞工求職成功 (就業增加)，次級勞工將退出勞動力 (勞動力下降)，失業率呈現遞減現象。

- 怯志勞工臆說 (discouraged worker hypothesis)　　次級勞工唯有評估找到合適工作機率上升，才會加入勞動力。景氣藍燈引發失業率遞增，次級勞工求職成功機率減低，歷經多次求職失敗後，放棄嘗試而退出勞動力。該項臆說隱含政府低估失業率，減少達成自然就業所需的就業量。景氣繁榮期間，就業與勞動力同向變動，前者增幅超過後者增幅，每一新進者將會降低失業人數。

上述臆說互斥而不相容，但卻反映同一勞動市場變化，何種情境脫穎而出，端視何者較具優勢而定。實務上，景氣邁向藍燈境界，怯志勞工效果 (discouraged worker effect) 將超越附加勞工效果 (additional worker effect)，就業與勞動力呈現逐步下降；隨著景氣轉向綠燈或黃紅燈，兩者轉向攀升。換言之，附加勞工臆說主張 $\beta_u > 0$，怯志勞工臆說主張 $\beta_u < 0$。此外，實質工資與失業率持平，$\beta_t > 0$ 意味著勞動力參與率長期呈現遞增趨勢。

實際失業率包括自然失業率與循環性失業率兩部分。

- 自然失業 (natural unemployment)　　包括摩擦性與結構性失業兩部分，可用圖 7-10(A) 顯示的勞動力 LF 與勞動供給曲線 $N^s(w)$ 間的落差衡量。

1. 摩擦性失業 (frictional unemployment)　　勞資雙方存在資訊不對稱與交易成本等摩擦性 (friction)，導致短期出現「事求人 (徵才)」(空缺，vacancies) 與「人求事 (求職)」(失業) 並存的現象。縱使職位空缺滿足求職者需求，求職者資格也符合廠商要求，然而廠商總想招攬天下英才，甚少僱用首位投件的應徵者；同樣地，良禽擇木而棲，求職者也會慎選工作，持續尋覓合適棲身之所。「徵才」與「求職」都需耗費時間與成本，摩擦性失業即是反映在「新舊工作間尋覓」，此係訊息不全產生的短期現象，只要能夠提供徵才與求職的充分訊息，如 104 人力銀行、1111 人力銀行，即可縮短勞資雙方尋覓時間。

針對摩擦性失業現象，A. A. Alchin (1970) 與 2010 年諾貝爾經濟學獎得主 D. Mortensen (1970) 同時提出「覓職模型」(search model)，指出在不同期間，人們除選擇工時外，也會考慮保留 (接受) 或辭去 (拒絕) 目前工作，另尋更佳出路。在訊息不全下，人們必須支付成本才能獲取徵才訊息，唯有評估尋覓成本與收益後，才會決定接受工作或持續謀

職。人們決定接受某項職位前，將事先掌握目前與未來待遇，而獲取報酬的現值 PV 如下：

$$PV = \sum_{t=0}^{n} \frac{W_t}{(1+i)^t}$$

W_t 是每一職位目前提供的一系列未來新資，n 是人們接受該職位預擬工作的年限。在訊息不全環境，人們必須付費才能獲知工作機會與待遇的相關訊息。為求簡化，覓職模型假設如下：

(1) 人們求職焦點僅是關注薪資，未考慮職業的其他特性。
(2) 人們投出履歷表前，已經確知廠商徵才內容與機率分配。
(3) 在求職期間，人們不吃回頭草，放棄的職位不再考慮，同時確知勞動市場的工資提供 (wage offer) 呈現常態分配 $W_t \sim N[E(W_t), \sigma_w^2]$。

　　假設每一職位 S 提供的預期最大工資 W^e 相互獨立，且可表為：

$$W^e = E(W) + \sigma\sqrt{2}\ln(S_t) \qquad \frac{\partial S}{\partial t} > 0$$

　　圖 7-8(A) 顯示人們迅速 ($t=0$) 接受第一個工作，可獲取預期工資 $E(W)$。一旦人們選擇持續求職，謀職時間愈長，廠商為徵才而揭示的預期貨幣工資將呈緩速攀升。當人們實現大部分求職程序，預期尋得較佳職位的機率將會遞增。如果勞動市場訊息完全且免費，預期工資提供曲線將轉為水平線。廠商發布徵才的最佳貨幣工資瞬間可知，謀職活動將會消逝無蹤。人們找到提供最佳貨幣工資的職業後，預期報酬現值為：

$$PV^e = \sum_{t=k}^{n} \frac{W_t^e}{(1+i)^t}$$

W^e 是人們耗費 k 期間求職，預期獲取的最佳待遇。一般而言，求職者將依據自身能力與觀察勞動市場工資分布狀況，對未來職位產生預期工資，此一心理上追求的薪資水準稱為保留工資 (reservation wage)，將會涵蓋求職過程所耗費的成本。理論上，保留工資是勞工尋覓「次佳職位」要求的報酬或機會成本。一旦廠商開出的薪資條件超過求職者的保留工資，他就會接受工作。圖 7-8(B) 顯示 PV^e 曲線初期因求職過程耗時，勞工預期獲得較佳待遇超越就業期限縮短的損失，將先攀升至產生極大值的尋覓時間 $k=m$。隨著人們持續求職活動，未就業期間損失超

保留工資
勞工尋求次佳職位要求的報酬或機會成本。

過新職位提供的較佳待遇，PV^e 曲線轉趨下降。是以人們將視下列狀況決定接受 (就業) 或拒絕廠商提供的工作 (尋覓而形成摩擦性失業)：

$$\sum_{t=0}^{n} \frac{W_t}{(1+i)^t} \gtreqless \sum_{t=k}^{n} \frac{W_t^e}{(1+i)^t}$$

人們預期未來工資 W_t^e 將受過去水準 W_{t-1}、變動率 W'_{t-1} 與加速變動率 W''_{t-1} 的影響：

$$W_t^e = W_{t-1}(1+\delta \dot{W}_{t-1} + \theta \ddot{W}_{t-1})$$

$0 \le \delta \le 1$，$0 \le \theta \le 1$。$\delta = \theta = 1$ 顯示工資充分調整，$\delta = \theta = 0$ 意味著工資僵化難以調整。實務上，人們過去預期經常出錯，累積多次經驗必然加快目前預期調整速度。

總之，人們預擬就業或繼續求職，將視實際與預期工資比例($\frac{W}{W^e}$)而定，比例愈高將壓低人們離職意願，吸引求職者不再猶豫而投入就業行列。考慮求職程序後，勞動供給函數可表為：

$$N^S = g(\frac{W}{P}, \frac{W}{W^e})$$

圖 **7-8**

預期工資與求職時間

(A)

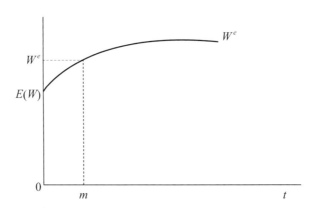

(B)

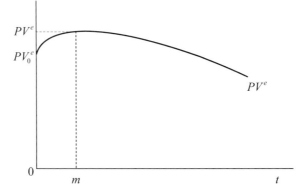

圖 7-9 顯示人們預期工資 W_t^e 不變，勞動供給曲線 $N^s(\frac{W}{W_0^e})$ 呈現正

斜率，而在實質工資 $w_0 = \frac{W_0}{P_0}$，就業為 N^*。廠商若想增僱勞工，可提高

工資至 $w_1 = (\frac{W_1}{P_0})$ 超越人們預期水準 $W_1 > W_0^e$，增強摩擦性失業者就業

誘因，勞動市場就業擴張至 N_1 水準。反之，廠商若欲裁員，可採反向

調低薪資至人們預期水準之下，將可達成目的。一旦廠商平均支付薪資

與人們預期待遇一致，$W_1 = W^e$，勞動市場將落在自產就業，摩擦性失

業將回歸原先水準。

　　一般而言，預期與實際工資短期未必一致，後者僅影響既定勞動

供給曲線 $N^s(\frac{W}{W_0^e})$ 上的就業變化。一旦預期工資 W_1^e 及時追上實際工資

W_1 調幅，$N^s(\frac{W}{W_0^e})$ 曲線將左移至 $N^s(\frac{W}{W_1^e})$ 位置，勞動市場將回歸自然就

業 N^*。另外，$(\frac{W}{W^e})$ 比率變動短期勢必誘導人們調整求職與就業意願，

此即俗稱的工資幻覺 (wage illusion)，有助於提升勞動供給的工資彈

性。不過時間消逝讓訊息日益完全，人們充分調整預期將讓 $(\frac{W}{W^e})$ 回復

正常水準，長期勞動供給曲線轉為缺乏工資彈性的垂直線。

工資幻覺

實際工資相對預期工資變動，引發人們調整求職與工作意願。

圖 7-9

尋覓模型的勞動供給曲線

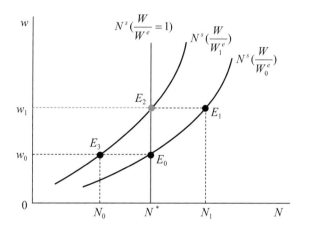

2. 結構性失業 (structural unemployment)　產業結構調整 (技術變革或廠商移動) 或區域經濟發展消長，常讓某些類型工作逐漸消失，勞工卻因家累而缺乏移動誘因、或本身技能難以勝任新產業創造的職缺，造成徵才 (空缺) 與求職 (失業) 間無法契合。舉例來說，在二次大戰後初期，台灣出口以農產品與農產加工為主、1970 年代紡織品躍居出口主力、1980 年代電子與資訊產品取而代之。在產業轉型過程中，從黃昏產業流出的勞工必須耗時接受新的職業訓練，才能重新再就業。至於技術性失業 (technological unemployment) 是指廠商改採自動化生產，僅須較少勞工就能生產既定產出，或是勞工不諳新技術，促使廠商大量裁員。綜合結構性失業的成因如下：

(1) 某些產業調整技術型態，而某些技術則在轉型過程中逐漸淘汰，但擁有新技術的勞工卻大量匱乏。

(2) 缺乏職業訓練或經驗的勞工難以符合工作要求的技術。

(3) 政府支出型態大幅調整，降低某一產業或區域的就業機會。

(4) 勞工法規降低廠商實施員工在職訓練誘因，對廠商訓練員工成本免稅，將有助於提升勞工與工作間的配合。

自然失業率 (natural rate of unemployment) 是指勞動市場均衡的失業率 u^*：

$$u^* = \frac{LF - N^*}{LF}$$

• 循環性失業 (cyclical unemployment)　在景氣循環過程中，景氣衰退導致市場需求減弱，廠商營運不佳，資遣員工而擴大實際失業率，引發循環性失業率為正值，$u_{cycle} > 0$。隨著景氣反轉復甦，廠商增僱勞工而縮小實際失業率，循環性失業率轉為負值，$u_{cycle} < 0$。有效需求不足導致勞動需求下降，勞工以原有工資謀職成功機率渺茫，係為需求不足或非意願性失業 (involuntary unemployment)。其中，季節性失業 (seasonal unemployment) 係指某些商品產銷深受季節或消費者購買習性影響，出現旺季和淡季之分，這些產業的勞工在淡季即可能淪落失業。

總體經濟學者：Armen Albert Alchian (1914~2013)

(一) 生平

1914 年 4 月 12 日生於美國加州 Fresno，1936 年畢業於 Stanford 大學且於 1943 年由 Stanford 大學取得博士。1937~1940 在 Stanford 大學擔任助理教授，1940~1941 在 NBER 與哈佛大學任職。1942 年在 Oregon 大學任教。1942~1946 年在美國空軍擔任統計人員，1947~1964 年在 RAND 公司擔任經濟顧問，且在 1946~1984 年任教於加州洛杉磯大學。2013 年 2 月 19 日過世，享年 98 歲。

(二) 對總體理論的貢獻

Alchian(1969) 在《交換與生產》(*Exchange and Production*) 中，強調市場作為組織經濟活動的方法而發揮實際或潛在作用，應考慮與創造市場相關的交易成本與訊息成本，以及市場營運對個別成員的可分割或不可分割利益。此外，他《通膨引起工資落後的意義與有效性》(*The Meaning and Validity of the Inflation-Induced Lag of Wages*, 1960) 中，打破過往認為通膨有利於利潤的所得分配，將加速經濟成長的神話，並在《訊息成本、價格形成與資源閒置》(*Information Costs, Pricing and Resource Unemployment*, 1969) 中詮釋 Keynes 的「失業均衡」，卻未訴諸於工資僵化假設，進而開創研究攸關摩擦性失業的覓職理論先驅，指出蒐集在各種工資下職位的訊息需要時間，而時間成本昂貴，人們看到的失業不過是隨著職位減少，求職時間延長而已。

最後，Alchian (1950) 在《不確定性、演化與經濟理論》(*Uncertainty, Evolution an Economic Theory*) 中提出新達爾文主義來辯護經濟理論的一些標準假設，指出價格機能本身就是「優勝劣敗」的達爾文進化論機制。

最後，主計總處公布的失業率通常無法反映實際失業狀況：

- 隱藏性失業 (disguised unemployment)　就狹義而言，景氣衰退迫使廠商減產，雖未有裁員措施但卻降低工時，如 2008 年爆發金融海嘯，台灣三大科學園區的高科技公司採取「無薪休假」，名義是休假 (仍在就業中)，實則賦閒在家 (變相失業)。就廣義來說，隱藏性失業是指學非所用或勞動邊際生產力為負的就業者：

> **隱藏性失業**
> 學非所用或邊際生產力為負的就業者。

(1) 工作時數低於正常工作時數而希望增加者。

(2) 依工時判斷，雖已適當運用，但卻所得偏低者。

(3) 大材小用，擁有高級技術或學歷卻低就者，如博士賣雞排。

- 怯志勞工　過去一年曾求職，卻因某些原因 (缺乏合適工作、不滿意工作環境、缺乏自信心等) 而退出求職行列 (非勞動力)。
- 失業期限　景氣藍燈增加失業人口，也會延長求職者平均失業期限。
- 失業結構　整體失業率無法反映與區域、產業或人口結構相關的失業現象。

生產函數的勞工，係指其在固定期間內，提供勞務數量，是以就業量 E 與每人工時 h 的乘積衡量：

$$N = (\frac{N}{E}) \cdot E = h \cdot E$$

勞工提供勞務數量變動，係反映就業量與每人工時變化的結果，在景氣循環過程中，兩者隱含不同意義。廠商增僱員工必須支付尋找合適員工與訓練員工的成本，此即僱用勞動的資本成本。廠商若未確認訂單係恆常性遞增，不會冒然增僱員工，通常改以下列策略因應：

- 調整工時與提升工作效率，支付額外加班費，無須支付增僱員工的資本成本。
- 調整工作內容，利用技術替代平緩勞動需求波動。

一般來說，景氣復甦初期，廠商往往要求現有員工加班或將技術較差員工調往較高技術業務，直至確定繁榮邁向恆常性質，增僱員工方才納入考慮。一旦景氣滑落藍燈區域，廠商先是裁撤一般員工，由技術較佳員工調整至較缺乏技術業務，就業的循環性變動主要反映在非技術人員的去留。是以就業增加速度往往落後景氣復甦，經濟指標好轉而失業率未見下降，甚至逆向遞增，此種現象稱為「無就業復甦」(jobless recovery) 或「失業型復甦」。

最後，面對科技進步與勞工短缺，廠商基於僱用短期勞工利益，以及提升勞動流動性，將會造成廠內工作員工愈來愈多是來自其他廠商。這種現象不僅見諸於先進國家，台灣的勞工派遣案例也日益增多。此種勞工需求型態轉變，讓廠商僱用勞工分為廠內的「核心勞工」，屬於典型就業勞工或「全職薪資員工」(full-time wage employees)，以及廠外可彈性增減的「邊緣勞工」或「非典型就業員工」(atypical employees)，類型包括部分工時 (part-time employment)、臨時工 (temporary employment)、派遣工 (dispatched employment)、租賃工 (leasing employment)、外包工作契約 (service contract) 與電傳工作 (telework)

無就業復甦
景氣好轉而失業率卻未下降，甚至呈現反向遞增。

全職薪資員工
廠商內部僱用的勞工，或稱核心勞工。

非典型就業員工
包括部分工時、臨時工、派遣工、租賃工、外包工作契約與電傳工作，或稱邊緣勞工。

等，這些類型彼此間常有重疊情形，如臨時工、派遣工也可能是部分工時型態。

　　勞工派遣制度逐漸盛行，原因包括攸關勞工法令日益增多、社會對員工福利要求上升、以及廠商追求管理方便等。實務上，從「受領勞工派遣」的廠商觀之，市場競爭壓力迫使廠商撙節成本與提升工作效率，而使用派遣勞工享有降低勞動成本與提升勞動流動性的利益。再由「從事勞工派遣」業務的廠商來看，面對勞工短缺環境，派遣業者可用簡單型式及較小資本迅速賺取利潤。不過在廠商營運過程中，派遣勞工扮演角色日益重要，將成為壓抑核心勞工薪資的來源，才會出現「什麼都漲，就是薪水不漲」的現象。

總體經濟學者：Dale T. Mortensen (1939~2014)

(一) 生平

　　1939 年 2 月 2 日出生於美國，1961 年畢業於 Willamette 大學，自 1965 年起任教於美國西北大學，1967 年取得 Carnegie-Mellon 大學博士後，轉往 Ida C. Cook 經濟系、Kellogg 管理學院管理經濟與決策科學教授，同時為丹麥 Aarhus 大學 Niels Bohr 客座教授。1965 年獲頒 Alexander Henderson 獎。1979 年成為美國計量經濟學會會員。2000 年獲選為美國藝術和科學院院士。2005 年獲頒 IZA 勞動經濟學獎，2010 年獲頒諾貝爾經濟學獎。2014 年 1 月 9 日過世，享年 75 歲。

(二) 對總體理論的貢獻

　　Mortensen 專注於研究勞動經濟學與總體理論關係，尤其是在摩擦性失業理論方面發揮開創性研究，不僅提供人們理解「規章制度和經濟政策如何影響失業率、職位空缺和工資」，同時也可推廣至房地產經濟學與家庭經濟學。

觀念問題

- 試評論下列事件是否符合總體理論對失業的說法。
  (1) 殷素素是殷家大小姐，只想在家當宅女，將是屬於自然失業。
  (2) 張無忌任職的明教被朱元璋接收而解散，將被歸入為結構性失業。
  (3) 趙敏剛從南京國子監畢業，還在待業，可稱為摩擦性失業。
  (4) 張翠山不願意屈就武當山護法職位，正在等待好工作，將是屬於隱藏性失業。

7.5 總供給函數

7.5.1 古典與 Keynesian 學派的總供給曲線

體系總供給曲線係指能讓勞動市場與生產部門同時達成均衡的物價與實質產出組合的軌跡,可由勞動市場供需決定均衡就業,再代入生產函數而得。古典學派從長期觀點著眼,在訊息完全與價格機能運作順暢 (貨幣工資與物價自由浮動調整) 下,可由下列方程式來形成長期總供給函數:

生產函數 $\quad Y = F(N, K)$

勞動供給函數 $\quad N^s = N^s(\dfrac{W}{P}) = g(w)$

勞動需求函數 $\quad N^d = F_N^{-1}(\dfrac{W}{P}, K_0) = f(w, K_0)$

勞動市場均衡 $\quad N^d(\dfrac{W}{P}) = N^s(\dfrac{W}{P})$

上述勞動供需函數均以實質工資表示,如圖 7-10(A) 所示。在貨幣工資與物價完全浮動下,勞動供需曲線相交即達成均衡,同時決定自然就業 N^* 與實質工資 $W^* = (\dfrac{W}{P})$,將自然就業引進生產函數可得自然產出 y^* ,此即古典學派的垂直總供給曲線。由於就業係由勞動供需曲線同時運作的結果,因而稱為市場結清模型 (market clearing model)。古典學派再就上述函數取反函數,可得圖 7-10(B) 中以貨幣工資表示的勞動供需曲線,可用於觀察物價變化對貨幣工資與就業的影響。

勞動供給函數 $\quad W^s = P \times g(N)$
勞動需求函數 $\quad W^d = P \times f(N)$

當物價為 P_0 ,勞動供給 $W^s = P_0 \times g(N)$ 與勞動需求 $W^d = P_0 \times f(N)$ 兩條曲線交於 A 點,將決定均衡貨幣工資 $W_0 = W^* \times P_0$ 、自然就業 N^* 與自然產出 $y^* = F(N^*, K_0)$ 。隨著物價上漲為 P_1 ,廠商銷售商品獲利遞增,勞動邊際產值增加帶動勞動需求曲線右移至 $W^d = P_1 \times f(N)$ 。反觀勞工面對貨幣工資的實質購買力下降,缺乏工作誘因而促使勞動供給曲線左移至 $W^s = P_1 \times g(N)$ 。兩條曲線移動幅度相同而交於 B 點,均衡貨幣工資為 W_1 ,實質工資則因貨幣工資與物價等比例上漲而持平, $w^* = (\dfrac{W_0}{P_0}) = (\dfrac{W_1}{P_1})$ 。勞動市場依然處於自然就業 N^* ,

總供給曲線依舊落在自然產出 y^*。由上述推演過程顯示，圖 7-10(C) 顯示的古典學派長期總供給曲線 *LAS* 是完全缺乏物價彈性的垂直線。

　　古典學派基於完全訊息 (日照之下無新鮮事，訊息無不攤在陽光下)，以及貨幣工資與物價浮動調整 (天長地久沒有不變之事)，這些現象通常僅能見諸於長期經濟環境，而由此推演的總供給曲線則具長期性質。反觀傳統 Keynesian 學派著眼於短期現實社會，認為廠商「左手僱用勞工，右手出售商品」，對貨幣工資與物價變化了然於心。但對勞工而言，勞動市場實際運作與訊息不全，將阻礙勞工依據效用極大化的決策行事。

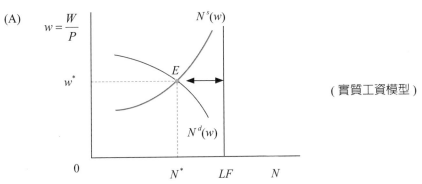

（實質工資模型）

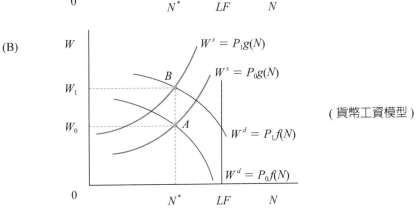

（貨幣工資模型）

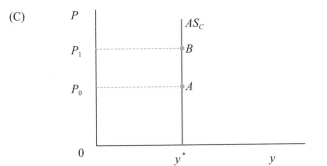

（古典總供給曲線）

圖 7-10
古典學派的長期總供給曲線

• 貨幣工資僵化 (價格機能失靈)

傳統 Keynesian 學派從制度面來看，工會堅持過高薪資或《勞基法》規範最低基本工資，兩者不僅高於競爭市場均衡工資，也展現向下調整僵化。景氣藍燈導引物價滑落，勞工抗拒調降貨幣工資，卻讓實質工資變相上漲，引來廠商裁員的低度就業場景。反之，景氣黃紅燈推動物價攀升，短期間的僵化貨幣工資則讓實質工資下跌，引來廠商得利而擴大招募員工的過度就業狀態。值此環境，勞動供給函數形同擺設而由 $W^s = W_0$ 取代，僅由廠商依據勞動需求曲線單方面決定僱用勞工，勞動市場將脫離勞動供給曲線運作，由此推演的總供給曲線將屬於非市場結清模型 (non-market clearing model)。

非市場結清模型
營運市場失衡狀態下的總體模型。

$$W^d = P \times f(N) = P \times F_N(N) = W_0$$

在勞動市場未結清的狀況下，勞動就業將由下列函數決定：

$$N = f^{-1}\left(\frac{W_0}{P}\right) = h\left(\frac{W_0}{P}\right)$$

將上述就業量代入生產函數，可得傳統 Keynesian 學派主張貨幣工資僵化的短期總供給函數，此即圖 7-11(A) 顯示的正斜率 $SAS(W_0)$ 曲線：

$$y^s = f\left[h\left(\frac{W_0}{P}\right), K_0\right] = F(P, W_0, K_0)$$

圖 7-11(A) 顯示體系期初物價為 P_0，勞動需求曲線 $W^d = P_0 \times f(N)$ 與勞動供給曲線 $W^s = P_0 \times g(N)$ 相交決定均衡實質工資 w^* 與貨幣工資 $W_0 = w^* \times P_0$、自然就業 N^*，而自然產出是 y^*。隨著景氣繁榮推動物價上漲至 P_1，廠商銷售商品價格上漲，勞動邊際產值增加而帶動勞動需求曲線右移至 $W^d = P_1 \times f(N)$。在貨幣工資 W_0 僵化下，實質工資下跌 $w_1 = \left(\frac{W_0}{P_1}\right) < w^* \left(\frac{W_0}{P_0}\right)$，吸引廠商增僱勞工 N_1 至 (落在 A 點)，體系出現過度就業，實際產出 y_1 超過自然產出 y^*，景氣趨於繁榮或邁向景氣紅燈區域。反之，短期景氣逆轉陷入藍燈區域而讓物價滑落至 P_2，實質工資上漲 $w_2 = \left(\frac{W_0}{P_2}\right) > w^*$，勞動需求曲線左移至 $W^d = P_2 \times f(N)$，廠商裁員而陷入低度就業 N_2，實際產出 y_2 低於自然產出 y^*，體系淪落蕭條狀態。

綜合以上所述，Keynesian 學派的 $SAS(W_0)$ 是勞動市場未結清下的短期總供給曲線，與古典學派的長期總供給曲線 LAS 交於 E_1 點。如果貨幣工資上漲至 W_1 提高廠商生產成本，$SAS(W_0)$ 曲線將左移至 $SAS(W_1)$。針對勞動市場非結

清償件全微分：

$$dW_0 = Pf_N dN + fdP = PF_{NN}dN + F_N dP = 0$$

再將生產函數全微分：

$$dy = F_N dN \quad dN = F_N^{-1}dy$$

綜合上述兩式，可得 $SAS(W_0)$ 曲線斜率為正：

$$\left.\frac{dP}{dy}\right|_{SAS} = (-PF_{NN})(F_N^{-2}) > 0$$

在上述模型中，Keynesian 學派基於「工會堅持過高工資，或政府訂定最低工資」，推演短期總供給曲線的說法，卻是難以服眾。爾後，新興 Keynesian 學派舉出貨幣工資僵化原因，勞資雙方簽訂隱性或顯性勞動契約 (implicit or explicit contract)，在契約持續期間 (短期)，貨幣工資固定無法調整，因而符合 Keynesian 學派的僵化說法。隨著契約到期，勞資雙方重啓談判新約 (長期)，貨幣工資也將隨談判結果調整，古典學派因而認為貨幣工資將可浮動調整。

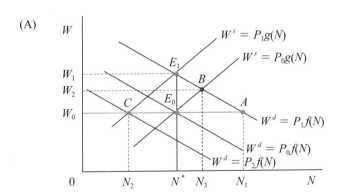

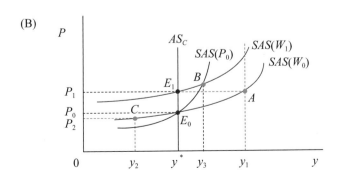

圖 **7-11**

貨幣工資僵化與貨幣幻覺下的 SAS 曲線

貨幣幻覺
人們依據貨幣的名目價值決策，出現忽略貨幣實質購買力變化的心理錯覺。

內在價值
投資人評估的資產價值，而願意支付的價值。

物價水準幻覺
人們僅憑臆測估計物價變化，無法精確掌握實際物價變化。

● 貨幣幻覺 (money illusion)

Irving Fisher (1928) 提出貨幣幻覺概念，認為人們往往依據貨幣的名目價值決策，無意識中出現忽視實際購買力變化的心理錯覺。實務上，人們持有名目貨幣餘額往往誤認即是購買力 (實質價值)，然而紙幣缺乏內在價值 (intrinsic value)，其實際價值源自能夠購買的商品數量。一般而言，勞工擁有訊息匱乏，甚難精確掌握物價變動方向；相對地，廠商也僅是對自己產業內商品價格變動有所了解，對跨產業商品價格變化亦是朦朧不清，未必能確實掌握一般物價 (一籃子商品) 變化。精確來說，勞工或廠商均僅掌握部分物價變動，或多或少存在物價水準幻覺 (price level illusion)，可能高估或低估實際物價變動，而嚴重低估或甚至認為物價不變，即是泛稱為貨幣幻覺。

傳統 Keynesian 學派偏向廠商能夠精確掌握實際物價，勞動需求依然取決於實質工資；但是勞工顯然略遜一籌，僅能臆測 (perceived) 物價甚至採取靜態預期，認定本期物價即是上期物價，存在絕對貨幣幻覺，無形中以貨幣工資作為決定工時的變數。

$$N^s = g\left(\frac{W}{P_0}\right)$$

將上述函數轉換為以貨幣工資表示：

$$W^s = P_0 \times g(N)$$

當勞動市場達成均衡：

$$P \times f(N) = P_0 \times g(N)$$

就上式移項可得：

$$\frac{P}{P_0} = \frac{g(N)}{f(N)} = h(N) \quad h_N > 0$$

假設 $P_0 = 1$，就上式全微分並代入 $dy = F_N dN$，可得 $SAS(P_0)$ 曲線斜率如下：

$$\left.\frac{dP}{dy}\right|_{SAS} = (h_N)(F_N^{-1}) > 0$$

圖 7-11 顯示勞工具有完全貨幣幻覺，提供工時係以貨幣工資為準，亦即「錯把馮京當馬涼」，將貨幣工資上漲視為實質工資上漲。不論物價如何波動，勞動供給曲線均維持在 $W^s = P_0 \times g(N)$。當物價由 P_0 上漲為 P_1，廠商銷售商品價格上漲，勞動邊際產值增加，引領勞動需求曲線右移至 $W^d = P_1 \times f(N)$，

兩條曲線交於 B 點，貨幣工資上漲至 W_2。對勞工而言，貨幣幻覺存在 (物價依然是 P_0) 讓其誤判貨幣工資上漲 (W_2) 即是實質工資上漲，$w^l = \dfrac{W_2}{P_0} > w^* = \dfrac{W_0}{P_0}$，樂意加班至 N_3。對廠商而言，實際物價漲幅 (P_1) 超過貨幣工資漲幅 (W_2)，實際支付的實質工資下跌，$w^f = \dfrac{W_2}{P_1} < w^* = \dfrac{W_0}{P_0}$，也樂於增僱員工至 N_3。就在勞工誤判實質工資上漲，而讓廠商實際得利下，實際就業將延著勞動需求曲線 $N^d(w)$ 往右下方移動，脫離實際的勞動供給曲線 $N^s(w)$ 運作，短期總供給曲線 $SAS(P_0)$ 呈現正斜率，這也是非市場結清模型運作下的結果。$SAS(P_0)$ 曲線相對前述 $SAS(W_0)$ 曲線的斜率為陡，此係前者的貨幣工資上漲，而後者的貨幣工資僵化不變所致。

知識補給站

貨幣工資僵化是指貨幣工資若經確定將不易調整，尤其是缺乏向下調低的彈性。此舉造成生產過程中，勞工付出心力將與廠商營運績效脫鉤，難以發揮分配機制功能，從而窒礙經濟活動調整。至於貨幣工資僵化來源，包括：

(1) 廠商對不同職位支付不同等級薪資。

(2) 工會存在讓支付貨幣工資模式僵化。

　① 顯性勞動契約：大型企業存在工會組織，調整契約必須付出代價，菜單成本 (menu cost) 存在，導致貨幣工資僵化。

　② 隱性勞動契約：勞資雙方互有默契的非正式契約，情況類似上者。

　　廠商屬於風險中立者，工人則是風險怯避者，勞資雙方在貨幣工資與聘僱上達成協議後，將會形成貨幣工資僵化。一般而言，勞動契約訂定的工資將是勞動邊際產量與保險理賠之和，後者將隨景氣循環而變，促使契約工資趨於穩定。

　③ 就業者與失業者理論：此即「內部人與局外人模型」，高失業率迫使員工接受低貨幣工資，此係廠商可能以低薪僱用失業者來取代現有員工。

　④ 效率工資臆說：Alfred Marshall 指出貨幣工資未必全由勞動供需決定。廠商經常支付超出均衡工資來僱用員工，藉以激勵士氣提升生產效率，此係屬於市場失靈現象。新興 Keynesian 學派以此理論說明失業的產生，且與工資向下調整僵化有關。

觀 念 問 題

- 試評論:「工資上漲將提高廠商成本與消費者所得,促使短期總供給曲線左移,以及總需求曲線右移。」
- 「由於體系內物價及工資能夠自由浮動,是以古典學派認為總供給線將呈現垂直現象。」試評論之。

　　勞工存在貨幣幻覺將是源自於攸關實際物價變化的訊息不全所致,導致勞動市場出現非結清狀況,進而衍生出正斜率短期總供給曲線。1967 年 Friedman (1967) 在美國經濟學會作為主持人的發言報告中,提出愚弄模型 (fooling model),主要特徵即是「訊息不全」與「市場結清的條件性」。如果廠商與勞工間的雇傭關係都落在勞動供需曲線進行,這種模型即是古典學派均衡模型或市場結清模型。一旦體系存在訊息不全,如工人誤解 (misperception) 目前物價,陷入所謂的愚弄模型或錯覺理論 (misperception theory),短期總供給曲線將呈現正斜率,景氣循環即將成形。

　　本質上,Phelps (1967) 與 Friedman (1968) 指出勞資雙方理應關注實質工資而非貨幣工資。實務上,廠商相對能夠掌控實際物價,勞動需求函數不受影響,仍是取決於實質工資,$N^d = f\left(\dfrac{W}{P}\right) = f(w)$。但是訊息不全卻讓勞工朦朧於實際物價變化,僅能倚賴預期物價來判定實質工資以決定工時提供。是以勞動供給函數是預期實質工資的函數:

$$N^s = g\left(\frac{W}{P^e}\right)$$

　　圖 7-12 顯示總需求 AD_0 與長期總供給曲線 LAS 交於 E_0 點,勞動市場處於自然就業 N^*,體系落在自然產出 y^*,物價為 P_0,而均衡實質工資 $w^* = \left(\dfrac{W_0}{P_0}\right)$ 則如圖 7-13(A) 所示。實務上,在訊息不全環境,勞工習慣於往昔的平穩物價,往往採取靜態預期形成,認為預期物價即是目前實際物價 $P^e = P_0$。當政府擴張支出或央行增加貨幣供給,AD_0 曲線將右移至 AD_1 位置。圖 7-13(B) 顯示:假設體系物價上漲 10%,此時廠商察覺景氣樂觀而調高薪資 5% 至 W_1,實際支付實質工資下跌,$w^f = \dfrac{W_C}{P_1} < w^*$。但是勞工卻因預期物價不變,誤認是預期實質工資上升 5%,$w^l = \dfrac{W_C}{P_0} > w^*$,樂意增加工時。就在廠商實際獲利,而勞工誤認自己得利,將出現類似貨幣幻覺場景,$W^s = P_0 \cdot g(N)$ 維持不變,實際就

業擴張至 N_3，帶動實際產出超過自然產出 $y_1 > y^*$，體系將享有榮景 (boom)。反之，政府採取緊縮政策，導致 AD_0 曲線左移 AD_2，物價下跌將讓廠商實際受損，而勞工也誤認貨幣工資下跌即是實質工資下跌，將會減少工時，實際產出低於自然產出，$y_2 < y^*$，從而掉落低迷 (slump) 狀態。換言之，愚弄模型指出，勞工受實際物價變化愚弄，誤判預期實質工資變化，從而調整工時決策，導致勞動市場在未結清下，出現正斜率短期總供給曲線 $SAS(W_0, P_0^e)$。不過勞工終將發現物價上漲的實情，重新調整對當期實質工資的認識，依據他們的預測誤差調整預期物價 $P_1^e = P_1$，要求提高貨幣工資至 W_1 以回復期初的均衡實質工資，$w^* = \dfrac{W_0}{P_0} = \dfrac{W_1}{P_1}$，短期總供給曲線左移至 $SAS(W_1, P_1^e)$，重回期初自然就業與自然產出，長期總供給曲線 $LAS(P^e = P)$ 則是落在自然產出 y^* 的垂直線。

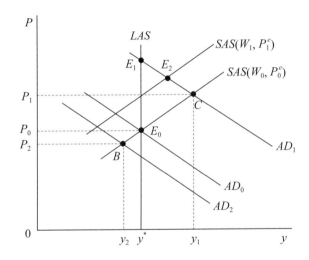

圖 **7-12**

愚弄模型

7.5.2　新興古典與新興 Keynesian 學派的總供給曲線

　　傳統古典與 Keynesian 學派是確定模型，往往以想當然耳的武斷 (ad hoc) 方式設定總體模型，缺乏嚴謹個體基礎來描述經濟成員行為。1960~1970 年代國際經濟環境風雲變色，不確定性籠罩整個體系，除帶動預期概念與總體理論的個體基礎興起外，傳統確定模型也逐漸轉向隨機模型發展。古典學派與 Keynesian 學派引進預期概念與結合個體基礎，分別轉型為新興古典與新興 Keynesian 學派。

　　有關新興古典與新興 Keynesian 學派對分析期間的看法迥異，前者關注的「長期」係屬無限期 (infinite horizon)，後者則將無限期切割成許多固定的「短期」。新興 Keynesian 學派透過訂定勞動契約，結合勞動市場的「貨幣工資僵

「化」與勞工採取「靜態預期」形成，推演長期與短期總供給曲線的形成。

在第一期期初，勞資雙方基於實質工資談判勞動契約，而在圖 7-13(A) 的 E_0 點達成均衡，同時決定自然就業 N^* 與實質工資 $w^* = \left(\dfrac{W}{P}\right)$。在貨幣經濟體系，勞資雙方簽訂第一期勞動契約，須將實質工資 w^* 轉換為貨幣工資 $(W = P \times w^*)$。為確保勞資雙方在未來一期係以 w^* 交易，勞動契約將以未來一期的預期物價 P_1^e 乘上均衡實質工資 w^* 作為貨幣工資。針對預期物價形成，在訊息不全下，勞工採取靜態預期，認為本期物價穩定將可持續至未來，預期物價 P_1^e 即是目前物價，$P_1^e = P_0$ (類似貨幣幻覺)，貨幣工資因而訂為 $(\overline{W_0} = P_0 \times w^*)$。在第二期勞資雙方重啟談判前，將無從調整 (類似貨幣工資僵化)。勞動契約簽訂後，將自然就業 N^* 代入生產函數，可得長期總供給曲線 $LAS(P^e = P, W)$ 的 $E_0(P_0, y^*)$ 點。

在第一期期初，勞資雙方簽訂勞動契約，意味著勞動市場達成自然就業，貨幣工資隨之定案。在契約持續期間，景氣日益繁榮推動物價逐步上漲至 P_1，圖 7-13(B) 顯示廠商招募員工 $W^d = P_0 \times f(N)$ 將擴張至 $W^d = P_1 \times f(N)$。在貨幣工資 $\overline{W_0}$ 固定下，廠商支付實際實質工資滑落至 $w_1 = \left(\dfrac{\overline{W_0}}{P_1}\right) < w^*$，有利可圖招兵買馬至 N_1 而過度就業，實際產出 y_1 超越自然產出 y^*，體系落在 $A(P_1, y_1)$ 點，(C) 圖的短期總供給 $SAS(P_1^e, W_0)$ 將是連接 $E_0(P_0, y^*)$ 點與 $A(P_1, y_1)$ 點而為正斜率曲線。反之，景氣藍燈讓物價低迷至 P_2，廠商支付實際實質工資攀升至 $w_2 = \left(\dfrac{\overline{W_0}}{P_2}\right) < w^*$，無利可圖而裁員至低度就業的 N_2，實際產出 y_2 小於自然產出 y^*，體系落在 $B(P_2, y_2)$ 點，短期總供給 $SAS(P_1^e, W_0)$ 曲線將是連接點 $B(P_2, y_2)$ 與點 $E_0(P_0, y^*)$ 而呈現正斜率。

隨著第二期勞資雙方談判時間屆臨，在勞動供需條件未變下，雙方依舊以實質工資為基礎，討價還價結果又達成圖 7-13(A) 的勞動市場均衡 E_0 點，重回自然就業 N^* 與實質工資 $w^* = \left(\dfrac{W}{P}\right)$。然而第一期實際物價已經邁向 P_1，勞工依然故我，採取靜態預期，$P_2^e = P_1$，調整貨幣工資為新物價 P_1 乘上均衡實質工資 $\overline{W_1} = P_1 \times w^*$，體系落在 $E_1(P_1, y^*)$ 點，重回長期均衡。同樣地，新貨幣工資 $\overline{W_1}$ 在第三期重啟談判前，仍然不變，物價則隨景氣變化波動，前述過程是將重演一次，短期總供給曲線將是左移至經過 $E_1(P_1, y^*)$ 點的 $SAS(P_2^e, W_1)$ 曲線。

依據新興 Keynesian 學派想法，人們活在無限期 (「長期」) 中的每一固定期間 (「短期」)(GDP 衡量期間)，每一短期的物價會浮動調整，貨幣工資卻因勞動契約而固定。在訊息不全下，勞工以靜態預期形成未來物價，促使每一短

期總供給曲線呈現正斜率。隨著每段期間過去，勞資雙方在各期的期初重談新約，將依過去一期實際物價變化來調整貨幣工資，也讓實際就業回歸自然就業。體系產出在重談契約後，將回歸自然產出的長期均衡。

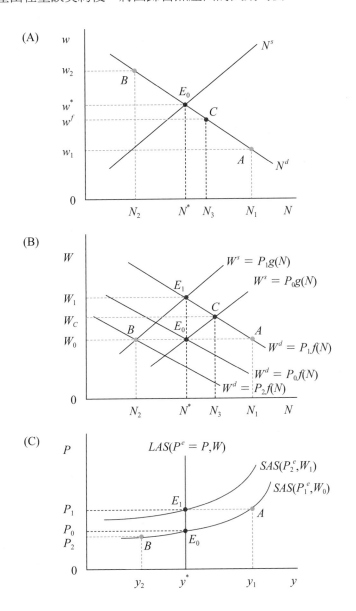

圖 **7-13**

新興 Keynesian 學派的長期與短期總供給曲線

　　就長期而言，新興古典學派整合所有短期而成為長期，顯現物價與貨幣工資等比率浮動調整現象。隨著短期邁向長期，不僅貨幣工資每期調整，所有訊息也陸續攤在陽光下，勞工將嘗試掌握可運用訊息，改以理性預期形成未來物價 P^e。平均而言，實際物價 ($P = P^e + \varepsilon$) 將等於預期物價，干擾因素的平

均值 $E(\varepsilon) = 0$，長期總供給 $LAS(P = P^e, W)$ 將是落在自然產出 y^* 的垂直線，線上每一點均對應一條預期與貨幣工資固定的正斜率短期總供給曲線。就實際而言，如果人們採取理性預期形成，在干擾項 $\varepsilon \geqq 0$ 下，實際的長期總供給曲線 $LAS(P = P^e + \varepsilon, W)$ 將是環繞在自然產生 y^* 左右波動的垂直線。

觀念問題

- 在其他條件不變下，試討論下列情況發生，對總需求與總供給的影響。
  (1) 網路通訊技術進步。
  (2) 面對景氣衰退，所有公司採取全面減薪措施。
  (3) 高等教育普及化加速人力資本累積。
- 試評論：「生產成本增加將造成 Keynesian 學派的總供給曲線右移。」

問題研討

小組討論題

一、評論題

1. 若要推演出正斜率的短期總供給曲線，不論商品價格或貨幣工資均需存在某種型態的僵化現象。

2. 鴻海集團郭董事長為提升員工績效，決定調高員工的貨幣工資率 5%，事後卻見員工紛紛申請休假。人事部門深入了解後，發現員工將休閒視為高級財，促使貨幣工資攀升引發的替代效果大於所得效果所致。

3. 在景氣繁榮初期，廠商未必會擴大僱用勞工，而僅是要求員工增加工時，此即稱為無就業復甦。

4. 主計總處公布某年的台灣人口 2,300 萬人，未足 15 歲、被監禁與武裝人口為 400 萬人。同時，相關調查就業狀況顯示，台灣就業人數 1,130 萬人，失業人數 50 萬人，而摩擦性與結構性失業人數 30 萬人。另外，勞動部公布廠商基於接單不順而申報無薪休假人數 (隱藏性失業) 20 萬人。依據這些資料，主計總處公布台灣勞動參與率是 62.105%，循環性失業率為 1.695%。

5. 國發會估計 2016 年台灣總體生產函數為 $y = 5N - 0.01N^2 + K_0$，勞動部估計當年勞動供給函數為 $N^S = 100 + 100\dfrac{W^s}{P}$。依據古典學派說法，當台灣的勞動力為 $LF = 220$、$K_0 = 100$，自然失業率將是 11.73%。另外，《勞基法》規定最低實質工資率為 1.02，循環性失業率將是 1.51%。

二、問答題

1. 台灣金融業鼓勵員工積極參與在職進修，藉以提升生產力，試回答：
   (a) 此現象對金融業勞動需求曲線影響為何？
   (b) 金融業勞動供給固定且與實質工資率無關，則對實質工資率影響為何？
   (c) 金融業勞動供給若隨實質工資率遞增，則 (a) 題變化產生的效果為何？

2. 試說明決定勞動供給曲線斜率的因素與促使該曲線移動的理由？

3. 試說明勞動市場供給與需求曲線是如何形成？如何達成均衡？同時，據此說明在勞動市場上，技術型與非技術型勞工間的工資差異性持續擴大的現象。

4. 依據新古典學派說法，勞工獲取的實質工資率將等於邊際生產力。試以該項說法來檢視農民與理髮師兩群勞工的所得。

   (a) 農委會積極推動農業技術創新，大幅提升農業生產力，試問農民的實質工資率將如何變化？而其實質工資率係以何種單位衡量？

   (b) 承續 (a) 題，理髮師生產力若維持不變，其實質工資率將如何變化？而且衡量其實質工資率的單位為何？

   (c) 農民與理髮師若能彼此自由轉換職業，此種移動隱含兩者工資率將如何變化？此時理髮價格相對食物價格又隱含何種意義？

   (d) 試問誰會從農業技術進步中獲利？

5. 台灣使用的總體生產函數為 $y = AN^{1-a}K^a$，y 是產出，A 是技術水準，K 與 N 是資本存量與勞動投入。試回答下列問題：

   (a) 台灣勞動的實質工資率與資本的實質租金價格如何決定？

   (b) 試分析下列事件對實質工資率與實質租金價格的影響。

      1. 台灣生育率下降，人口高齡化，退休人口增加。

      2. 颱風來襲，大量損壞生產設備。

      3. 新生產技術研發成功。

6. 下列是有關失業的問題：

   (a) 試說明失業的定義。

   (b) 政府調高《勞基法》的最低工資率，將對平均工資率與失業率造成何種影響？

   (c) 假設製造業工人必須加入工會，而服務業工人則無此必要。在經濟發展過程中，隨著服務業產值占 *GDP* 比例持續遞增後，將對兩個產業的勞動供給與需求、整體平均工資率與失業率造成何種影響？

   (d) 隨著經濟全球化帶動資金與技術可以跨國自由移動，試問產業外移對國內勞動供給與需求、平均工資率與失業率造成的影響為何？

   (e) 人們若將時間分配於上班、休閒與「找工作」(job search) 三種活動，將「找工作」視為投資行為，「找工作」的預期收益愈高或成本愈低，投入找工作的時間就愈多。人們若將休閒以外的時間投入找工作，將被歸類為失業者。試定義勞動力，並說明其與勞動供給的差異為何？

   (f) 延續 (e) 題，試說明實質薪資率變動如何影響「找工作」的預期收益及成本。假設實質薪資率變動對兩者影響互相抵銷，試推演出「找工作」的供給與實質工資率間將呈正向關係。若政府補貼「找工作」者部分薪資，試問將對平均薪資率與失業率產生何種影響？

7. 主計總處公布 2007 年前兩個月的台灣平均失業率為 3.79%，此係 2001 年

以來最低，而平均勞動參與率為 58.15% 則是自 2001 年以來最高。試回答下列問題：

(a) 有何理論可以說明上述失業率下降與勞動參與率上升的現象？

(b) 許多官員認為失業率下降代表台灣景氣已經回升，你是否同意這個觀點？

(c) 勞委會預擬調高最低法定工資 (2007 年為每月 15,840 元)，此舉對提高台灣實際工資有幫助嗎？

三、計算題

1. 主計總處估計台灣的總體生產函數為 $y = 5N - 0.01N^2 + 2K_0$，而勞動供給函數為 $\dfrac{W^s}{P} = -1 + 0.01N$。試計算：

(a) 在訊息完全下，勞動市場的均衡就業與實質工資率為何？

(b) 台灣的 $K_0 = 300$、勞動力 $LF = 240$，試計算自然失業率與自然產出為何？

2. 趙敏的效用函數為 $U = 72L + 2LC - L^2$，C 為消費，L 為休閒，每週可支配時間為 T 小時，目前工作時薪 W 元。試回答下列問題：

(a) 趙敏追求效用極大，試推演其勞動供給函數？

(b) 財政部對勞動所得課徵所得稅率 20%，趙敏將增加或減少工時？

3. 台灣使用的生產函數為 $y = F(N, K) = 18N^{1/2}K^{1/2}$，資本數量為 100 單位、勞動為 100 單位。試計算下列問題：

(a) 勞動市場若為完全競爭，均衡實質工資率為何？

(b) 勞委會發布最低工資率規定，廠商必須支付勞工的實質工資率為 10 元，試計算失業率 (假設無自然失業)？

(c) 試說明此一最低工資率如何影響資本報酬率？假設該國資本市場處於均衡狀態，其實質資本報酬率係高於、低於或等於規定最低工資時的資本報酬率？

4. 台灣使用總體生產函數 $y = N^{2/3}K^{1/3}$，勞動人口 $N = 800$，資本存量 $K = 100$。試計算下列問題：

(a) 試以實質工資率表示台灣的勞動需求函數？

(b) 在完全競爭勞動市場下，台灣達成自然就業的實質工資率為何？

(c)《勞基法》明訂最低實質工資率為 2/3 個單位的實質產出 (即物價為 1 時，名目工資為 2/3)，此舉對台灣就業與實質產出的影響為何？

(d) 台灣出現技術進步而使新生產函數變 $y = 2N^{2/3}K^{1/3}$，試問在上述最低實

質工資率規範下，就業與實質產出將如何變化？

5. 某小國的人口為 100 萬人，超過 15 歲者為 60 萬人，其中非民間人口 10 萬人，民間人口 50 萬人，勞動力人口 40 萬人，就業人口 30 萬人，試問：該國勞動參與率和失業率分別為何？

6. 某國使用的生產函數 $y = F(N, K, H) = N^{1/3}K^{1/3}H^{1/3}$，試問：

   (a) 該國勞動 N 邊際產量為何？人力資本 H 增加如何影響勞動邊際產量？

   (b) 該國人力資本邊際產量為何？人力資本增加將如何影響人力資本的邊際產量？

   (c) 該國勞動所得份額為何？人力資本所得份額為何？在該國的國民所得會計帳中，勞工收到的總所得份額為何？

   (d) 無技術勞工的報酬等於勞動邊際產量，而技術純熟勞工的報酬等於勞動邊際產量加上人力資本的邊際產量。試利用 (a) 與 (b) 題答案，找出技術純熟勞工相對缺乏技術勞工的工資比率。人力資本增加將如何影響該比率？試說明理由。

   (e) 社會輿論敦促教育部應廣設獎學金以落實教育機會平等，但也有人認為獎學金是應給與有能力上大學者。試問：前述問題的答案能否提供你弄清楚這個爭議？

7. 某國採取生產函數 $y = N^{2/3}K^{1/3}$ 生產，資本 $K = 1,000$、勞動 $N = 1,000$，而勞動市場與資本市場均屬完全競爭型態，試計算下列問題：

   (a) 試推演該國勞動需求為實質工資率與資本存量的函數？

   (b) 該國均衡實質工資率、就業量、產出與勞動所得為何？

   (c) 該國立法院通過《勞基法》，規定廠商必須支付勞工一單位產出的實質工資率，試比較該工資與均衡工資？

   (d) 立法院無法要求廠商在規定工資下僱用多少勞工，試問：該項法律對就業、產出與勞動所得的影響為何？

   (e) 試說明立法院能否達成協助勞工階級的目標？

8. 某國攸關總供給面的行為方程式如下：

   生產函數　$y = N^{2/3}K^{1/3}$

   物價訂定　$P = (1+m)\dfrac{W}{A}$

   工資訂定　$W = A^e P^e (1-u)$

   就業　　　$N = (1-u)L$

   m 是成本加成比率，L 是勞動力，u 是失業率，N 是勞動就業，A 是生產力。

標示 e 的變數代表該變數的預期值。試回答下列問題：

(a) 試推演該國總供給曲線，並說明每一變數扮演的角色。

(b) 該國的實際生產力 A 遞增，但是預期生產力 A^e 不變，試問：將對總供給曲線造成何種影響？

9. 某國使用的短期生產函數為 $y = 12N^{2/3}$，並由工會訂定貨幣工資 $W = 6$，同時短期物價固定為 $P = 3$。試回答下列問題：

(a) 試推演該國的勞動需求函數。

(b) 該國出現嚴重大地震，導致短期生產函數變為 $y = 9N^{2/3}$。試以 Keynesian 理論的名目僵化概念，說明該事件對勞動邊際產量、就業生產與總供給的影響？

👍 網路練習題

• 請連結行政院勞動部網站 (http：//www.cla.gov.tw//) 與行政院主計總處 (http：//www. dgbas.gov.tw//) 查閱有關國內無薪休假的狀況，同時與國內景氣景氣指標變化作一連結，探討兩者間的關聯性。

總體經濟均衡與傳統學派爭論

個案導讀

2007 年美國爆發次級房貸事件，旋即蔓延為二房危機，並於 2008 年 9 月點燃金融海嘯，國際景氣頓時陷入百年罕見的衰退情境。台灣主計總處在 2010 年 2 月 22 日指出，2009 年第四季經濟成長回升至 9.22%，全年負成長 -1.87%，係統計經濟成長率以來最低成長 (上次負成長為 2004 年的 -1.65%)。2009 年國民生產毛額 (GNP)12.9513 兆元 (折合 3,922 億美元)，每人平均 GNP 為 1.6997 萬美元。

財政部為紓緩金融海嘯衝擊，積極擴大振興景氣的預算，國債持續累積攀升。2008 年政府負債 3.78 兆元占當年 GDP30.7%，2009 年躍升至 4.19 兆元占當年 GDP34.7%。另外，央行也配合連續採取 7 次降息，重貼現率降至 1.25% 而為歷史新低。行政院更於 2008 年底推動「政府挺銀行、銀行挺企業、企業挺員工」三挺政策，由政府出面穩定金融市場，協調銀行發揮挺企業行動，繼續提供融資，協助企業及勞工安度難關，追求降低失業率。

針對上述現象，本章將分析體系均衡的達成與政策變動效果。其次，將探討貨幣數量學說內

涵，說明古典學派模型內容。接著，將討論古典學派自我調整機能陷入失靈的原因，說明 Keynes-ian 學派的興起與模型內容。最後，將介紹新古典學派如何彌補古典理論缺失，進而說明其政策效果。

8.1　總體經濟體系均衡與變動

　　基本上，體系總供給與總需求相等，將達成均衡狀態。然而總體經濟活動運行涵蓋長短期概念，討論方式有二：

- 預期與實際一致　　在訊息不全下，人們調整預期速度往往落後實際結果。在預期固定下，短期總供給等於總需求，體系將達成短期均衡或準均衡。隨著實際結果與預期出現落差，人們將會調整預期改變決策，再次引發經濟活動變化。唯有實際與預期變數趨於一致，人們停止調整決策行為，體系方才趨於長期均衡。

- 流量與存量均衡　　總體變數包括流量與存量變數，有些流量(儲蓄、投資、政府預算赤字、國際收支)變化將引發存量累積(財富、資本存量、貨幣或公債、外匯資產)，反饋衝擊流量變化。總體理論討論短期均衡或準均衡，僅是考慮流量變數均衡，忽略存量變化的後續影響。就長期而言，唯有當流量與存量變數同時達成均衡，流量變數值維持為零(存量變數不再累積)，體系方才達成長期均衡。此外，長期均衡包括穩定狀態 (steady state) 與靜止狀態 (stationary state) 兩種概念，前者係指所有存量均以相同比例成長，後者則係所有存量成長率均為零。

穩定狀態
體系內存量變數以相同比例成長的狀態。

靜止狀態
體系內存量變數成長率均為零的狀態。

　　針對上述概念，以下將就存量變數固定、價格變數浮動與否，以及預期能否充分實現的狀態，討論體系如何邁向短期與長期均衡。圖 8-1 顯示總需求 AD_0 與總供給 $LAS(P = P^e, W)$ 交於 E_0 點，除決定古典學派長期均衡物價 P_0 與自然產出 y^* (或自然就業 N^*) 外，也是 Keynesian 學派短期總供給 $SAS(P_0^e, W_0)$ 與總需求 AD_0 相交的短期均衡。短期內，勞工採取靜態預期 P_0^e，勞動契約固定貨幣工資 W_0。景氣繁榮讓總需求右移至 AD_1，與短期總供給 $SAS(P_0^e, W_0)$ 交於 E_1 點而達成短期均衡，實際產出 y_1 大於自然產出 y^*，體系淪落膨脹缺口 $(y_1 - y^*)$ 狀態。反之，景氣藍燈讓總需求曲線左移至 AD_2，與總供給 $SAS(P_0^e,$

W_0) 交於 E_2 點，實際產出 y_2 小於自然產出 y^*，體系陷入產出缺口 $(y^* - y_2)$ 環境。唯有 LAS、$SAS(P_0^e, W_0)$ 與 AD_0 三者交於 y^* 點，體系在 $P_0^e = P_0$ 與 $y = y^*$ 同時達成長期與短期均衡。此時勞動市場處於自然就業 N^*，均衡實質工資 $w^* = \left(\dfrac{W}{P}\right)$，貨幣工資 $W_0 = w^* \times P_0$。

再討論體系從短期均衡邁向長期均衡的過程。總需求增加讓 AD_0 右移至 AD_1，短期均衡落在 E_1 點，物價上漲至 P_1。在貨幣工資 W_0 不變下，廠商支付的實質工資下跌，有利可圖而擴大招募員工，實際就業超過自然就業，短期實際產出超過自然產出。到了下一期，勞工調整靜態預期物價為 $P_1^e = P_1$，勞資雙方重新談判薪資，調整貨幣工資率為 $W_1 = w^* \times P_1$，廠商生產成本上漲引起短期總供給曲線左移至 $SAS(P_1^e, W_1)$，除與 $LAS(P = P^e, W)$ 交於 E_3 點外，並與 AD_1 交於 E_4 點，再度推動物價上漲至 P_3。爾後，勞工持續調整預期，貨幣工資也持續上漲，促使短期總供給曲線持續左移，直至與 $LAS(P = P^e, W)$、AD_1 曲線相交於 E_5 點時，體系重回長期均衡。

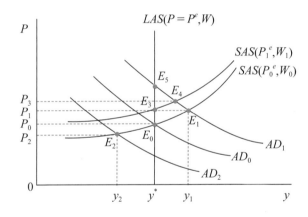

 圖 8-1

體系經濟均衡

最後，再討論貨幣政策與財政政策的效果。

• 貨幣政策效果

央行採取寬鬆政策促使 LM 曲線右移，帶動圖 8-2 中的總需求曲線 AD_1 右移至 AD_2。由於貨幣餘額出現在總需求曲線的斜率值內，貨幣供給增加除讓 LM 曲線右移外，也讓總需求曲線斜率的絕對值下降，變得平坦而更具物價彈性。在預期物價與貨幣工資 W_0 固定下，體系短期均衡落在 AD_2 與 $SAS(P_0^e, W_0)$ 的交點 E_1，實際產出擴大至 y_1 造成膨脹缺口 $(y_1 - y^*)$，物價上漲至 P_1，廠商支付實質工資 $w_1 = \left(\dfrac{W_0}{P_1}\right) < w^* = \left(\dfrac{W_0}{P_0}\right)$。爾後，勞工認知物價上漲的事實，將會

調高物價預期，要求依新物價 P_1 調整貨幣工資至 W_1，回復原先均衡實質工資 $w^* = \left(\dfrac{W_0}{P_0}\right) = \left(\dfrac{W_1}{P_1}\right)$，此舉讓 $SAS(P_0^e, W_0)$ 曲線左移至 $SAS(P_1^e, W_1)$ 位置，將與 AD_2 曲線相交於 E_2 點，推動物價再次上漲至 P_2。勞工面對新物價，勢必再度要求提高薪資，短期總供給曲線右將持續左移。此種過程反覆進行，直至 LAS、$SAS(P_n^e, W_n)$ 與 AD_2 三者交於 E_n 點，體系重回長期均衡。就長期而言，貨幣工資與物價等比例調整，均衡實質工資與自然就業維持原先水準不變，體系落在自然產出上。

圖 8-2
總體經濟均衡變動

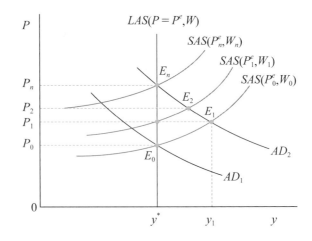

• 財政政策效果

若未考慮預算融通，財政部恆常性擴張支出，圖 8-2 顯示總需求 AD_1 將沿著總供給曲線 $SAS(P_0^e, W_0)$ 平行右移至 AD_2，短期均衡由 $E_0(P_0, y^*)$ 移向 $E_1(P_1, y_1)$，實質產出增加與物價上升，而體系邁向長期均衡的過程，則與前述的貨幣政策效果相同。

最後，圖 8-3 顯示體系期初均衡在 E_0 點，再討論恆常性政府支出擴張的衝擊效果。

• **總需求**　政府支出增加促使 $AD(G_1)$ 曲線右移至 $AD(G_2)$。

• **總供給**　政府支出性質與融通方式不同，對總供給的衝擊效果也有差異。

物價誘發排擠效果
政府支出增加引發超額需求增加，推動利率與物價上漲，進而排擠民間支出。

1. 政府消費支出不會影短期總供給曲線 SAS_1。在物價 P_0 下，產出 y_0 擴張至 y_1，超額需求引起物價上漲，實質餘額下降推動利率上漲，削減消費與投資誘因，促使產出降為 y_2，$y_2 y_1$ 即是財政政策引起的物價誘發排擠效果 (price-induced crowding-out effect)。

2. 政府資本支出加速資本累積，未來產能擴大引起總供給曲線 SAS_1 右移

至 SAS_2，體系均衡落在 E_3 點，實質產出擴張至 y_3，財政政策發揮實質拉入效果 $y_2 y_3$。至於未來物價變動將視總需求與總供給曲線的相對移動幅度而定。

3. 財政部採取租稅融通 (調整所得稅率或貨物稅率)，高稅率削減工作誘因 (勞動供給減少) 與投資誘因 (資本累積遲緩)，總供給曲線 SAS_1 可能平行左移或斜率改變為 SAS_3，體系均衡落在 E_4 點，推動物價上漲至 P_3，均衡實質產出變化則視總需求與總供給曲線的相對移動幅度而定。實質產出若是下降，將反映財政政策存在實質排擠效果 (real crowding-out effect)。

圖 8-3 將引進等名目所得曲線 (iso-nominal income curve) $Y = P \times y$ 概念，此係物價與實質產出組合能夠產生相同名目所得的軌跡，用於判斷財政政策是否引發實質與名目排擠效果 (nominal crowing-out effect)。依據前述分析，財政政策將引起物價與實質產出變化，可能出現各種組合：

> **實質排擠效果**
> 政府支出擴張造成體系實質產出減少。

> **等名目所得曲線**
> 物價與實質產出組合能夠產生相同名目所得的軌跡。

> **名目排擠效果**
> 政府支出擴張造成名目產出減少。

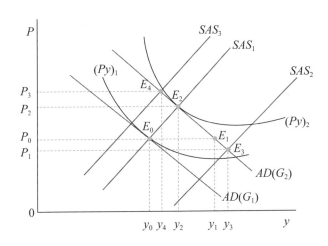

圖 8-3
名目與實質排擠效果

- **實質拉入效果與名目排擠效果**　政府致力於公共建設，長期引起實質產出擴張 (實質拉入效果)、物價下跌，而後者跌幅超過前者增幅，形成名目所得減少狀況 (名目排擠效果)。
- **實質與名目拉入效果**　政府資本支出長期引起實質產出擴張 (實質拉入效果)、物價下跌，而前者增幅大於後者跌幅，出現名目所得遞增狀況 (名目拉入效果)。
- **實質排擠效果與名目拉入效果**　財政部採取租稅融通消費性支出，長期引起實質產出下降 (實質排擠效果)、物價上漲，而後者漲幅大於前者減幅，呈現名目所得遞增狀況 (名目拉入效果)。

觀念問題

- 某國實質產出為 $y = 250$、總需求函數為 $y = 300 - 25P$，在其他條件不變下，試計算下列問題：

(1) 均衡物價和名目產出為何？

(2) 當總需求上升 10%，新的均衡物價和名目產出為何？

(3) 技術進步讓總產出成長 10%，新的均衡物價和名目產出為何？

(4) 綜合 (2) 與 (3) 兩種情況，新的均衡物價和名目產出為何？

8.2 古典學派總體理論

8.2.1 貨幣數量學說內容

重商主義最初是由 Adam Smith 在《國富論》書中提出，是盛行於 16~18 世紀之間的經濟理論與經濟政策，主張政府干預國內經濟活動，關注焦點在於貨幣、貿易盈餘與保護關稅等經濟層面，透過對殖民地掠奪與對外貿易擴張，累積大量貨幣財富，追求國家富裕與強盛。為達成上述目的，政府將採取下列政策：

- 進口成品課徵高關稅，進口原料則施以低關稅。
- 出口成品施以低關稅，出口原料則課徵高關稅。
- 尋求國內製造商品新市場，擴大國內生產的需求。

政府實施上述政策是為了獲取貿易盈餘，達成累積黃金 (外匯準備)，彰顯國家富裕。然而大量貿易盈餘卻是國內產品出口擴張 (反映國內商品供給減少)，黃金累積則是反映國內貨幣供給 (黃金同時作為金幣) 增加，造成歐洲物價在 15 世紀末到 17 世紀中葉持續約一百五十年間，上漲高達六倍而形成物價革命 (price revolution)。Jean Bodin (1530~1596) 率先由個體觀點，以銀幣供需變化間接解釋物價變動原因，亦即銀幣供給增加造成銀幣價格下跌，而銀幣又作為貨幣，隱含商品價格上漲。稍後，David Hume (1711~1776) 改從總體觀點直接闡明貨幣數量變動將引起物價同步變動，形成貨幣數量學說的雛形。綜合數世紀來的貨幣數量學說發展，其理論可歸納為五項臆說：

物價革命
從 15 世紀地理發現後，西班牙從美洲引進大量貴金屬流入歐洲，在商品供給未增加與人口激增下，引起物價持續上漲近百年。

- 比例性臆說 (proportionality)　物價與貨幣數量等比例變動。

- 中立性臆說 (neutrality)　貨幣數量變動不影響實質經濟活動運行。該項觀念又分為絕對與相對中立性，前者係指在靜態體系中，央行增加貨幣供給僅會造成物價上漲，無法影響實質資源配置。後者則指在成長體系中，貨幣供給增加並不影響自然產出。

- 需求拉動 (demand-pull) 通膨　通膨起源係貨幣供給擴張帶動總需求增加，從而推動物價上漲的結果。Milton Friedman (1963) 的名言：「通膨永遠且到處都是貨幣現象」(Inflation is always and everywhere a monetary phenomenon)，即是反映貨幣數量學說的本意，亦即是貨幣數量快速增加超過產出增加，將會引爆通膨。

- 因果關係 (causality)　貨幣供給增加 (原因) 將會推動物價上漲 (結果)，兩者間存在不可逆的因果關係。

- 貨幣供給外生性 (exogenity)　貨幣數量學說採取舊觀點 (old view) 貨幣供給理論，央行將能充分掌控貨幣供給。

總體經濟學者：David Hume (1711~1776)

(一) 生平

　　1711 年 5 月 7 日出生於蘇格蘭 Edinburgh，1723 年在 12 歲前往 Edinburgh 大學就讀。1734 年前往 Bristol 經商，轉赴法國 La Flèche 定居，同時出版《人性論》(*A Treatise of Human Nature*)。1744 年出版《道德和政治論文集》(*Essays Moral and Political*)。1745 年擔任 Annandal 侯爵 George Vanden-Bempde (1720~1792) 的家庭教師。1748 年擔任 James St. Clair 將軍秘書三年。1763~1765 年擔任法國 Hertford 伯爵秘書。1768 年回到 Edinburgh 定居。1776 年 8 月 25 日去世，享年 66 歲。

(二) 對總體理論的貢獻

　　Hume 關注財產權、通膨與國際貿易理論等議題，認為貿易是促進國家經濟發展的途徑，各國透過互相貿易而形成「繁榮共同體」。此外，Hume 率先提出物價黃金 (貨幣) 流動機制 (price-specie-flow mechanism)，直接反駁重商主義說法，指出貿易盈餘國累積大量黃金 (兼為貨幣)，勢必引發物價上漲，導致出口減少與進口增加，貿易逆差國則因黃金減少導致物價下跌，引發進口減少、出口增加。就長期而言，此種調整機制阻止一國持續累積黃金，爾後成為國際金融理論的討論核心。

接著，貨幣數量學說發展主要分成三個學派：

• Fisheria 學派

以 Irving Fisher 交易型 (transaction form) 貨幣數量學說爲核心的 Fisherian 學派，從事後觀點提出交易方程式 (equation of exchange)，揭示在固定期間內，體系內貨幣餘額與貨幣使用次數 (貨幣周轉率或貨幣交易流通速度) 的乘積，將等於名目交易總值：

交易方程式
在固定期間，貨幣餘額與貨幣流通速度的乘積，將等於名目交易總值。

$$MV = PT$$

貨幣的交易流通速度 (V) 取決於人們的支付習慣，將視人口密度、商業習慣、交易速度與其他技術因素而定，通常視爲固定值。T 是實質交易量，包括最終商品與勞務、中間財、舊貨與金融市場交易，取決於技術與自然資源 (包括原料與勞動) 的使用情況。P 是物價指數，係上述交易項目的物價加權值。基於這些假設，體系內物價僅由貨幣數量決定，兩者呈同向同比例變化。

一般而言，體系內存在貨幣、消費財與資本財兩種商品。Fisherian 學派運用通膨過程 (inflationary process) 或現金餘額調整機能，解釋貨幣餘額變動對經濟活動影響，此即古典學派強調的貨幣餘額變動傳遞過程。央行增加貨幣供給，促使實際餘額 $\frac{M_1}{P_0}$ 超過人們預擬持有的實質餘額 $(\frac{M_0}{P_0})^*$，由於消費財與貨幣間的替代關係較爲密切，人們會將多餘貨幣或不要的貨幣 (unwanted money) 直接將投入購買商品 (消費支出)，在體系處於自然就業狀態下，勢必推動物價上漲，最終讓實際餘額等於實質餘額 $\frac{M_1}{P_1} = (\frac{M_0}{P_0})^*$ 而重回均衡。

通貨膨脹過程
實際餘額超過人們預擬保有餘額，多餘貨幣將購買消費財，推動物價上漲而讓兩者趨於相等。

• Wicksellian 學派

以 Knut Wicksell 所得型 (income form) 貨幣數量學說爲核心的 Wicksellian 學派，從體系總需求與總供給觀點，將貨幣數量學說表示如下：

$$MV = Py$$

累積過程
實際餘額超過人們預擬保有餘額，多餘貨幣將購買金融資產 (資本財)，促使資產價格上漲 (報酬率下跌)，刺激投資增加 (資本財需求增加)，推動物價上漲而讓兩者趨於相等。

貨幣的所得流通速度 V 係指固定期間內，單位貨幣用於購買最終商品與勞務之平均周轉次數。在貨幣經濟體系，總需求或總支出可用 MV 表示，當其等於與總供給或實質產出 (以 y 表示) 時，體系達成均衡，而兩者間將以物價調整來維持兩者相等關係。

接著，Wicksell 改以累積過程 (cumulative process) 或稱利率調整機能，解釋貨幣餘額變動對經濟活動衝擊，爾後成爲 Keynesian 學派引用的貨幣政策傳

遞過程。央行增加貨幣供給，促使實際餘額 $\frac{M_1}{P_0}$ 超過人們預擬保有的實質餘額

$(\frac{M_0}{P_0})^*$，由於貨幣與資本財的替代關係較爲密切，人們將多餘貨幣投入購買資

本財 (或金融資產)，促使資本財價格上漲 (報酬率下跌)，在資本財市場產能

滿載下，將帶動資本財物價上漲，實際餘額 $\frac{M_1}{P_1}$ 終將等於人們預擬持有的實質

餘額 $(\frac{M_0}{P_0})^*$。

　　在此，Fisherian 或 Wicksellian 學派都是屬於古典學派系統，其基本前提
都是體系處於自然就業狀態，是以貨幣供給增加自然全部反映在物價上漲，進
一步形成通膨。Keynesian 學派則是擷取 Wicksellian 學派的累積過程說法，將
其演變成資本成本效果，而在藍燈閃爍的體系下，貨幣供給增加將透過乘數效
果而反映在產出增加上。

　　最後，總體理論長期偏好 Wicksell 貨幣數量學說，從而獲得「貨幣成長
率上升終將引爆通膨率飆升」的結果，而此處的通膨係指消費者物價指數膨脹
率。然而從 2008 年爆發金融海嘯到 2020 年新冠肺炎橫空出世，各國政府無不
卯盡全力實施量化寬鬆紓困，央行資產負債表規模也是膨脹數倍，但十餘年來
卻見消費者物價指數平穩無波，讓人直覺貨幣數量學說彷彿失靈。其實不然，
若改從 Fisher 的交易學說來看，所有疑惑頓時豁然開朗。交易學說係採「交易
量」的說法，而體系交易量最大宗包括：(1) 當期生產商品：最終商品與勞務
(GDP) 以及中間財；(2) 非當期生產商品：基本上以金融資產與不動產爲主，
或泛稱爲資產。是以物價上漲可區分爲「商品通膨」與「資產通膨」，從 2008
年迄今，全球貨幣成長率遽增，全係反映在資產通膨而趨近於資產泡沫化，而
商品通膨則異常平穩。若將兩者加權得到的物價指數，實際上已是大幅上漲
了。

• Cambridge 學派

　　以 Alfred Marshall 的 Cambridge 方程式爲核心的現金餘額學說 (cash bal-
ance approach)，將貨幣數量學說轉型爲貨幣需求函數，人們基於貨幣提供交
易媒介和價值儲藏功能，預擬就其資產持有某一比例的實質餘額：

$$M^d = kPa$$
$$= kP(\frac{y}{i}) = k(i)Py$$

現金餘額學說
人們持有貨幣餘額占
其所得的某一比率。

a 是人們擁有的實質資產餘額，將是未來所得的現值 ($\frac{y}{i}$)。P 是物價，M 是貨幣餘額，k 是人們在資產餘額中預擬持有貨幣的比例。換言之，現金餘額學說已經隱含資產選擇的概念，而往後的 Milton Friedman (1956) 則重新詮釋貨幣數量學說，直指該學說實際上就是貨幣需求函數。

總體經濟學者：Knut Wicksell (1851~1926)

(一) 生平

1851 年 12 月 20 日生於瑞典 Stockholm，1887~1888 年先後受教於 Lujo Brentano 的勞動經濟學，Georg Friedrich 的貨幣和信用、Singer 的經濟分配、Carl Menger 與 Adolph Wagner 的公共財政。1893 年出版《價值、資本和租金》(Value, Capital and Rent)，結合邊際效用價值論、邊際生產力理論與 Warlas 一般均衡分析，成為邊際生產力分配理論的創始者。1901 年擔任瑞典 Lunds 大學教授。1916 年從 Lunds 大學退休。1926 年 5 月 3 日去世，享年 76 歲。

(二) 對總體理論的貢獻

Wicksell 是瑞典學派創始者，提出累積過程突破傳統「古典二分」與「貨幣是面紗」的說法，率先建立現代總體均衡體系。Wicksell 結合貨幣理論 (關注貨幣餘額與絕對物價的關係，以 Cambridge 方程式決定物價) 與價值理論 (關注商品供需與相對價格的關係，以 Warlas 一般均衡體系決定均衡產量和價格)，對 Keynes 理論發揮巨大影響，為現代總體理論奠定基礎。

總體經濟學者：Alfred Marshall (1842~1924)

(一) 生平

1842 年 7 月 26 日生於英國 Clapham。1865 年畢業於劍橋大學數學系，並獲選為 St. John's 學院成員。1868 年擔任道德科學講師。1880 年擔任英國協會第六小組主席，創建皇家經濟學會。1885~1908 年先後擔任 Bristol 大學校長，牛津大學、劍橋大學講師和政治經濟系教授。1924 年 7 月 13 日去世，享年 93 歲。

(二) 對總體理論的貢獻

Marshall《經濟學原理》(*Principles of Economics*, 1890)、Adam Smith《國富論》(1776) 及 David Ricardo《賦稅原理》(*On the Principles of Political Economy and Taxation*, 1817) 是並駕齊驅的劃時代著作，其提出供給與需求、個人效用概念，為現代經濟理論奠定基礎，同時也是英國古典經濟學繼承者和發展者，其理論與追隨者則被稱為新古典學派。Marshall 與學生 J. M. Keynes、A. C. Pigou 等先後長期在劍橋大學任教，也被稱為劍橋學派 (Cambridge School)。

8.2.2　古典學派與新古典學派總體模型

傳統古典學派以價值理論為核心，演繹出系統化個體理論。但在總體理論層面，除以 Say 法則與貨幣數量學說為核心外，其餘僅見斷簡殘篇而未系統化討論。邁入 1940 年代，Keynesian 學派登上主導總體理論舞台後，後 Keynesian 經濟學 (Post-Keynesian Economics) 搜尋古典學派假設與臆說，嘗試重建古典總體模型進行論述。總體理論依循 Keynesian 學派總體模型設立方式，設定古典總體結構式模型如下。

後 Keynesian 經濟學
Alfred S. Eichner 與 Jan Kregel (1975) 稱呼基於《一般理論》而發展的總體理論。

體系生產部門，包括生產函數與勞動市場：

生產函數	$y = F(N, K_0)$
勞動市場均衡	$f(w, K_0) = g(w)$
勞動需求函數	$N_d = N_d(\frac{W}{P}, K_0) = f(w, K_0)$
勞動供給函數	$N_s = N_s(\frac{W}{P}) = g(w)$

古典學派認為在訊息完全下，完全競爭勞動市場透過實質工資浮動調整，將如 A. C. Pigou 在《失業論》(*The Theory of Unemployment*, 1933) 中所稱，除摩擦性與結構性失業外，將達成自然就業 N^* 均衡，同時決定均衡實質工資 w^*。除非勞工不滿意目前的實質工資，否則勞動市場不存在非自願性失業 (循環性失業)。至於消除失業方法就是反對工會制定過高貨幣工資，勞工自願調整貨幣工資，可讓勞動供需達成均衡。再將 N^* 代入生產函數就可決定自然產出 y^*，總供給與物價無關，是落在自然產出的垂直線。由於勞動市場處於自然

就業，由此推演的總供給曲線將是市場結清的長期供給曲線 *LAS*。

仿照 Keynesian 學派說法，總需求將由商品市場與貨幣市場同時達成均衡來構成。依據前述對商品市場均衡方程式的設定如下：

$$y = C(r, y) + I(r, y) + G$$

古典學派認為人們採取逐次決策 (sequential decision) 模式，先由生產部門與勞動市場單獨決定自然產出 y^*，取得所得後再進行跨期選擇，決定消費與儲蓄決策，然後再將儲蓄透過可貸資金市場轉化為投資。是以將自然產出 y^* 代入商品市場均衡，可得下列結果：

$$y^* - C(r, y^*) = S(r, y^*) = I(r, y^*) + G$$

Alfred Marshall (1890) 指出：「人們將所得用於消費與儲蓄，儲蓄則投入購買某些商品以從事生產活動，做為提升未來消費的方式。」簡言之，此一作法符合「供給能為本身創造需求」的 Say 法則，確保商品市場產出恆等於支出。在古典學派眼光中，儲蓄終將轉化為對生產因素投資，利率則是讓儲蓄等於投資的價格。在上述方程式中，儲蓄與投資是以資金形式表示的資本供給與資本需求，兩者相等決定利率。換言之，Keynesian 學派的商品市場將轉變成古典學派分配當期產出的場所，利率浮動調整將當期產出分配為當期消費與未來消費 (儲蓄)，以及將儲蓄轉化為以投資型態持有 (類似藏諸名山，傳諸後世)，是以該市場實際上轉型為實質可貸資金市場。

在商品市場均衡決定利率後，體系均衡物價將由貨幣市場均衡決定，均衡方程式如下：

$$l(r, y) = \frac{M_0}{P}$$

依據古典學派思維，貨幣僅扮演交易媒介與計價單位角色。為了追求效用極大，人們持有貨幣將迅速用於購買消費財或生產因素，避免貨幣閒置而蒙受機會成本損失，是以貨幣流通數量不會影響實質經濟活動 (如產出、實質工資、就業等)，「僅能影響實質變數的名目值」。換言之，古典學派忽略人們保有貨幣作為資產的特質，忽略貨幣價值變化的影響，從而獲得與實質變數無關的結論。古典學派思維引申出貨幣需求具有單一所得彈性，將上述 r^* 代入貨幣市場均衡式，就可衍生出貨幣數量學說結果：

$$l(r^*)Py = M_0$$

$$\frac{M_0}{l(r^*)} = M_0 V(r^*) = Py = Y$$

上式是古典學派定義的總需求函數型態，圖 8-4 顯示在既定的總需求水準（總支出固定下），各種物價與實質產出 (P, y) 組合的軌跡，即是 $AD_0(M_0 V)$ 曲線。在此，古典學派的總需求曲線係呈現等軸雙曲線型態，具有單一物價彈性。再引進總供給曲線 LAS，$y = y^*$，兩者相交決定均衡物價 P_0。從上述推理過程顯示：古典學派的實質與貨幣部門各行其是，分別達成均衡，彼此並無關係，此種截然二分的決策過程稱為古典二分 (classical dichotomy)。

古典二分

實質部門與貨幣部門相互獨立而無關聯，各自達成均衡。

央行調整貨幣餘額僅讓名目變數（如物價、貨幣工資）同比例變動，與實質變數（如實質產出）無關，此即稱為貨幣中立性 (neutrality of money)，或如 Pigou (1949) 所稱「貨幣宛如面紗」(money is a veil)，係覆蓋在實質部門外表的隱蔽物，無法影響實質決策。再者，政府執行擴張支出政策，將推動實質利率上漲，排擠等量民間支出，$dG = -(C_r + I_r)dr$，僅是重分配當期產出。圖 8-4 顯示，在政府擴張支出的同時，利率立即上漲而瞬間完全排擠消費與投資支出，總需求曲線 AD_0 不動如山，實質產出與物價變化不起波瀾。

貨幣中立性

貨幣餘額變化讓名目變數等比例調整，實質經濟不受影響。

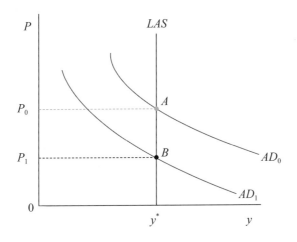

圖 8-4

物價完全浮動的古典學派均衡

古典學派認為價格機能運作或稱自我矯正機能 (self-correcting mechanism) 將讓體系恆在自然產出 y^* 境界，不會脫離長期總供給 LAS。若是面臨黑天鵝群集而來，體系預擬支出驟減而讓 AD_0 曲線左移至 AD_1 位置，在原先物價 P_0 下將出現超額商品供給。古典學派認為在價格機能運作下，物價下跌卻讓實質餘額 $\frac{M_0}{P}$ 遞增，購買力上升吸引人們擴大消費，體系將在較低物價 P_1 回到資自然出狀態，短暫失業很快消失，持續性失業或景氣循環不會出現。

自我矯正機能

體系面臨外在衝擊，本身存在回復長期均衡的能力。

古典學派總體模型立基於「Say 法則」與「貨幣數量學說」兩大支柱。前者係透過 Walras 一般均衡價值理論決定所有商品相對價格，同時決定實質部門的自然產出。後者則是經由貨幣部門均衡，決定絕對物價。兩者貌合神離形成「古典二分」。Say 法則意味著體系產出總值 (總供給) 恆等於支出總值 (總需求)：

$$S \equiv \sum_{i=1}^{n} P_i X_i^s \equiv \sum_{i=1}^{n} P_i X_i^d \equiv D$$

$$\text{或} \qquad \sum_{i=1}^{n} (P_i X_i^s - P_i X_i^d) \equiv 0$$

另外，由 Walras 法則又可得到下列結果：

$$\sum_{i=1}^{n} (P_i X_i^s - P_i X_i^d) \equiv (M^s - M^d) = 0$$

上述兩個法則顯示，實質部門永遠均衡，$\sum_{i=1}^{n} (P_i X_i^s - P_i X_i^d) \equiv 0$ (Say 法則)，央行增加貨幣供給造成超額貨幣供給 $(M^s - M^d) > 0$，但令人好奇的是，古典體系找不到讓貨幣市場邁向均衡的機制，無從知道經由何種途徑引起總需求增加而推動物價上漲？為彌補古典學派的「無效二分」(invalid dichotomy)，新古典學派的 Patinkin (1956) 在《貨幣、利率與物價：貨幣與價值理論的結合》(*Money, Interest and Price: An Integration of Monetary and Value Theory*) 中，將實質餘額效果引進古典體系，消除「古典二分」的不合理性，將價值理論與貨幣理論融於一爐，透過聯立求解來決定均衡物價與利率值。

依據前述的古典總體模型，在實質工資浮動調整下，勞動市場決定均衡實質工資 w^* 與自然就業 N^*，總供給是落在自然產出 y^* 上的垂直線。接著，Patinkin 合併消費與投資為民間支出 E，將實質餘額效果與自然產出引進商品市場與貨幣市場均衡方程式：

$$E\left(r, y^*, \frac{M_0}{P}\right) = y^*$$

$$l\left(r, y^*, \frac{M_0}{P}\right) = \frac{M_0}{P}$$

新古典學派承襲可貸資金理論決定利率的說法，選擇債券市場 (或可貸資金市場) 而放棄貨幣市場，由 Walras 法則間接求出債券市場均衡方程式如下：

$$(B^s - B^d) = \left[E\left(r, y^*, \frac{M_0}{P}\right) - y^*\right] + \left[l\left(r, y^*, \frac{M_0}{P}\right) - \frac{M_0}{P}\right] = 0$$

在勞動市場達成自然就業均衡後，圖 8-5 顯示，商品市場與債券市場達成均衡，或 IS 與 BF 曲線交於 A 點，將可決定均衡利率 r^* 與物價 P_0。在此，IS-LM-BF 三條曲線的斜率可表示如下：

$$\frac{dr}{dP}\Big|_{IS} = (\frac{E_m}{E_r})(\frac{M_0}{P^2}) < 0$$

$$\frac{dr}{dP}\Big|_{LM} = (\frac{L_m - 1}{L_r})(\frac{M_0}{P^2}) > 0$$

$$\frac{dr}{dP}\Big|_{BF} = (\frac{E_m + L_m - 1}{E_r + L_r})(\frac{M_0}{P^2}) > 0$$

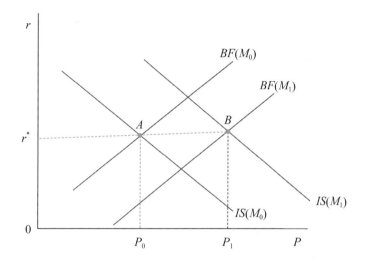

圖 8-5
新古典學派的
貨幣政策效果

再就商品與債券市場均衡式全微分，經整理可得矩陣形式如下：

$$\begin{bmatrix} E_m(\frac{M_0}{P^2}) & -E_r \\ (E_m + L_m - 1)(\frac{M_0}{P^2}) & -(E_r + L_r) \end{bmatrix} \begin{bmatrix} dP \\ dr \end{bmatrix} = \begin{bmatrix} (\frac{E_m}{P})dM + dG \\ (\frac{E_m + L_m - 1}{P})dM \end{bmatrix}$$

就上式利用 Cramer 法則求解，可得政府擴張支出與央行執行寬鬆政策對利率與物價的影響效果。

• 貨幣政策效果

$$\frac{dr}{dM} = \frac{(\frac{1}{P})\left[E_m(E_m + L_m - 1)(\frac{M_0}{P^2}) - E_m(E_m + L_m - 1)(\frac{M_0}{P^2})\right]}{(\frac{M_0}{P^2})\left[-E_r(E_m + L_m - 1) + (E_r + L_r)E_m\right]} = 0$$

$$\frac{dP}{dM} = \frac{(\frac{1}{P})[-E_r(E_m+L_m-1)+E_m(E_r+L_r)]}{(\frac{M_0}{P^2})[-E_r(E_m+L_m-1)+(E_r+L_r)E_m]} = \frac{P}{M}$$

　　央行執行寬鬆政策 $(dM_0>0)$ 將增加可貸資金供給，圖 8-5 中的 $BF(M_0)$ 曲線右移至 $BF(M_1)$ 位置。貨幣供給增加擴大人們持有的實質餘額，透過實質餘額效果刺激民間支出增加，帶動 $IS(M_0)$ 曲線右移至 $IS(M_1)$ 位置，體系均衡由 A 點移動至 B 點，均衡利率 r^* 不變，物價由 P_0 上漲至 P_1，漲幅等於貨幣供給增幅。新古典學派將實質餘額效果引進古典學派模型後，古典二分隨之消失，實質部門與貨幣部門發生聯繫。貨幣供給增加將會衝擊實質經濟活動，然而調整結束後又是船過水無痕，僅是引起名目變數等比例增加，貨幣中立性依然成立。

- **財政政策效果**

$$\frac{dP}{dG} = \frac{-L_r}{(\frac{M_0}{P^2})[-E_r(E_m+L_m-1)+(E_r+L_r)E_m]} > 0$$

$$\frac{dr}{dG} = \frac{-(E_m+L_m-1)}{[-E_r(E_m+L_m-1)+(E_r+L_r)E_m]} = \frac{1}{\left[1-\frac{(E_r+L_r)E_m}{(E_m+L_m-1)}\right]} > 0$$

圖 8-6
新古典學派的
財政政策效果

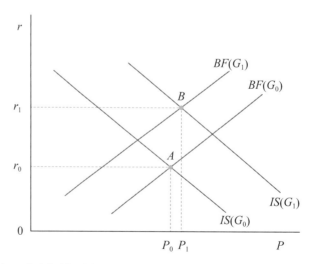

　　圖 8-6 顯示財政部擴張支出 $(dG_0>0)$，$IS(G_0)$ 曲線右移至 $IS(G_1)$，也會擴大可貸資金需求，帶動 $BF(G_0)$ 曲線左移至 $BF(G_1)$。體系均衡由 A 移動至 B，均衡利率由 r_0 上漲至 r_1，物價由 P_0 上漲至 P_1。新古典學派考慮實質餘額效果

後，政府擴張支出顯然會引起總需求曲線右移，推動利率與物價上漲，此是迥異於古典學派認為利率與物價不受影響的結果，不過也是等量排擠民間支出。

值得注意者，古典學派的總需求曲線實際上就是反映 $MV = Py$，由該關係推演出來，其物價彈性恆為 1。新古典學派的總需求曲線則是由 IS 與 $BP($ 或 $LM)$ 曲線聯合推演而得，物價彈性將小於 1。

知識補給站

古典學派的 David Ricardo (1772~1823) 與 James Mill (1773~1836) 指出，「人們基於消費或銷售而投入生產，廠商銷售係在滿足人們直接消費或用於未來生產。換言之，人們是自產商品的消費者，也是他人生產商品的購買者。」此即顯示某一數量商品供給將衍生相同數量商品需求，從而創造「自我需求」。

18 世紀英國爆發工業革命，體系邁入完全賣方市場。在物物交換經濟，James Mill 指出廠商也是消費者，在無保值工具下，勢必銷售所有商品而不會窖藏，獲取所得將投入消費或投資 (無儲蓄)，體系總供給將等於總需求。隨著資本累積擴大產能，就業增加也會帶動需求成長。不論總供給為何，需求不足現象不會存在，致力於總供給成長將有助於邁向自然就業。在當時環境背景下，「供給創造本身需求」(Supply creates its own demand) 經由 J. B. Say 發揚光大，顯然是會成立。

Say 法則指出，資本主義經濟將無生產過剩危機，也無持續性失業現象。商品產量取決於商品供給，透過物價調整也會讓商品供給等於商品需求。該法則包含四個論點：
(1)某種商品生產過剩係因他種商品供需失調結果，全面性生產過剩情景不會出現。
(2)單一產業內的廠商愈多，將可創造愈多就業機會。尤其是單一產業繁榮將外溢至其他產業，從而讓都市與農村、工業與農業、國家與區域間彼此存在共榮關係。
(3)為了進口舶來品，本國必須出口商品作為國際貿易交換，輸入外國貨有利於國貨外銷。
(4)純粹消費者，如官員與軍人等，不從事實體商品生產，對國家財富累積毫無貢獻。

依據 Say 法則推理，政府若未干涉經濟活動，廠商依據消費需求生產，體系終將邁向自然就業，貨幣僅是扮演交易媒介角色。

總需求恆等於總供給 $(AS \equiv AD)$，超額現金餘額等於零 $(M^d - M^s \equiv 0)$

隨著物物交換體系轉向貨幣經濟，Say 法則成立前提是人們以貨幣交換商品，僅在瞬間發揮方便作用。在該法則中，貨幣的定位有二：任何時刻的貨幣價值均具穩定性，僅是充當交易媒介而無價值儲藏功能。

Say 法則主導古典學派思維，直至 J. M. Keynes 在《一般理論》提出有效需求不足理論，任何體系有效需求存在無限多組均衡值，方才打破定能達成自然就業的神話。尤其是廠商銷售商品收益，將以各種因素所得分配給人們，人們卻不會全部消費 (邊際消費傾向小於 1)。實務上，貨幣兼具保值功能，人們有時寧願手握現金 (儲蓄)，也不願投資，導致 Say 法則適用性遭致質疑。Keynes 雖然質疑 Say 法則，但僅是附加一個條件：「只要正確執行總體政策，讓投資等於自然就業的儲蓄」，Say 法則依然可以成立。

總體經濟學者：Jean-Baptiste Say (1767~1832)

(一) 生平

1767 年 1 月 5 日出生於法國 Lyon，少年即開始經商，並前往英國倫敦的商業學校就讀，了解英國工業革命進程，開始接觸 Adam Smith 學說。1789 年法國爆發大革命，Say 任職於人壽保險公司，積極參加政治活動並從軍。1794~1799 年擔任《哲學、文藝和政治旬刊》主編，並於該雜誌發表經濟文章，而被拿破崙一世任命為法官，再派往財政委員會工作。1803 年出版《政治經濟學》(*A Treatise on Political Economy*) 宣揚《國富論》的自由放任思想，後因拒絕支持拿破崙實施保護關稅政策而被解職。1805~1813 年與人合夥辦紗廠。1815 年 Maison de Bourbon 王朝復辟，Say 再度重出江湖，被派往英國考察工業。1816 年起，先後在法國 Avignon 大學和工藝學院講授政治經濟學，並在 1828~1829 年間出版六卷的《實用政治經濟學全教程》(*Cours complet d'economie politique*)。1830 年擔任 de France 學院政治經濟學教授。1832 年 11 月 15 日逝世，享年 66 歲。

(二) 對總體理論的貢獻

Say 堅持古典學派自由放任立場，主張競爭、自由貿易與解除貿易管制。James Mill 率先提出「供給創造本身需求」概念，經由 J. B. Say 闡釋發揚光大，因而被命名為「Say 市場法則」(Say's Law of Market)，成主導古典學派總體理論的核心支柱。

8.3　Keynesian 革命

8.3.1　古典體系自我調整機能失靈

在第一次大戰前，歐美國家出現壟斷資本主義，並於大戰期間迅速發展。隨著此種發展日益擴張，政府開始轉向強調國家干預的「看得見的手」效果，放棄任由「看不見的手」來主導經濟活動。尤其是 1930 年代大蕭條肆虐，資本主義經濟呈現崩潰情景，Keynes 理論遂應運而出，提供執行權衡政策的理論基礎。

在 Keynes 理論出現前，制度經濟學之父 Thorstein B. Veblen (1857~1929) (1900) 首次以「新古典」描述以 Marshall 與 Pigou 代表的傳統經濟學，此即當時在理論或政策上扮演主導地位的「新古典學派」，而 Keynes 也是在此背景薰陶下成長。Keynes 的思維係結合重商主義的國家干預理論、Thomas Robert Malthus 的有效需求不足理論、Bernard de Mandeville (1670~1733) 的消費促進繁榮理論和 John Atkinson Hobson (1858~1940) 的過度儲蓄導致蕭條理論，並從兩個層面解讀古典學派自我調整機能何以失靈。

● 總需求面

古典學派的總需求是負斜率曲線。圖 8-7 顯示體系期初落在 A 點的自然就業均衡。新冠肺炎橫空出世重創景氣，AD_0^C 曲線驟降至 AD_1^C 位置，在長期總供給曲線 LAS 為垂直線下，兩者將在較低物價 P_1 相交而趨於均衡。物價滑落提升貨幣購買力上升，刺激消費支出增加，體系將在較低物價下重返自然就業，此即古典學派的自我矯正機能。當然，央行也可運用寬鬆政策直接將 AD_1^C 移回 AD_0^C，加速抵銷外生干擾，因而無須政府擴張支出來干預經濟活動運行。

Keynesian 學派指出古典體系的自我矯正機能能夠發作用，玄機就在古典總需求是負斜率曲線，會與總供給曲線 LAS 存在交點的緣故。圖 8-7 顯示 Keynesian 學派的總需求將因短期掉落在投資陷阱或流動性陷阱，導致原先的古典總需求曲線 AD_0^C 可能在 A 點就轉為垂直線 AD_0^K，但期初（太平盛世）仍與長期總供給曲線 LAS 有交集，兩者交於 A 點而同樣處於自然就業均衡。然而黑天鵝群聚導致總需求驟減，就古典學派而言，總需求曲線 AD_1^C 依然是負斜率，仍與 LAS 曲線有交集而落在 C 點，自我矯正機能帶領回歸自然就業境界。但就 Keynesian 學派而言，AD_0^K 曲線左移至 AD_1^K 曲線，可能在 B 點就轉為垂直線 AD_1^K，與 LAS 曲線形成兩條無交集的平行線，永無聚首機會而陷入

失衡的通縮缺口 y_1y^* 環境無從消除，自此引爆物價緩慢滑落、持續性失業出現的蕭條慘況，1930 年代大蕭條持續超過十年的龐大失業潮，而農品價格甚至重創達六成，即是類似場景。縱使央行採取寬鬆政策，總需求曲線依然不動如山；但如由財政部出面擴張支出，直接將總需求曲線搬回原先位置，蕭條問題自可迎刃而解。

圖 8-7
垂直的總需求
曲線

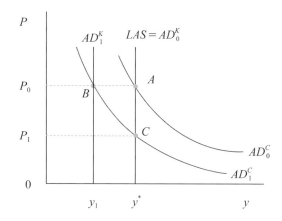

針對垂直總需求曲線阻礙體系自我矯正回歸均衡的問題，Pigou 在《古典靜止狀態》(*The Classical Stationary State*, 1943) 中提出實質財富效果，確保總需求曲線仍為負斜率 (即使是物價彈性較小)，是以縱使體系蒙受重創，總需求與總供給曲線依然有交集，可在較低物價達成均衡，不會出現跌無止境的大蕭條。不過 Keynesian 學派則是再提出體系潛藏不穩定因子進行反駁：

- 預期效果 (expectation effect)　人們預期物價持續下跌，勢必延緩消費支出而於未來享受更低物價，強烈程度足以抵銷 Pigou 效果的刺激作用。
- 重分配效果 (redistribution effect)　非預期通貨緊縮釀成所得與財富重分配，可能形成逆 Pigou 效果 (Fisher 財富效果) 而再縮減消費支出。
- 供給面
　　古典學派是市場結清模型，認為價格機能 (貨幣工資與物價浮動) 運作可讓勞動供需相等，在市場均衡狀態下達成自然就業 N^*。然而 Keynesian 學派則為非市場結清模型，圖 8-8 顯示勞動市場貨幣工資固定在 W_0，外生衝擊讓總需求 AD_0 曲線左移至 AD_1，物價 P_0 下跌至 P_1、廠商支付實際實質工資 $w^* = \dfrac{W_0}{P_0}$ 上漲至 $w_1 = \dfrac{W_0}{P_1}$，形成循環性失業 N_1N^*(非意願性失業) 與產出缺口 y_1y^*，此即美國在 1929~1941 年與 1980~1985 年間出現持續性失業現象。此種有效需求不足配合貨幣工資僵化，迫使體系陷入低度就業。

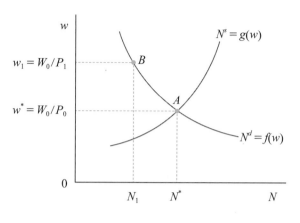

圖 **8-8**
持續性失業現象

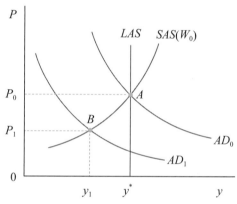

8.3.2 Keynesian 學派總體模型

　　Keynes 在《一般理論》(1936) 中認爲壟斷性市場結構與訊息不全導致價格機能失靈，一旦體系面臨外生干擾，自我矯正機能難以發揮，唯有仰賴政府以權衡性政策紓解。Keynes 的思維在 1950 年代引起重大回響，Klein (1947) 將其譽爲「Keynesian 革命」，Hicks (1937) 與 Hansen (1949) 更創立 *IS-LM* 模型詮釋而成爲 Keynesian 學派的核心基礎。本節將綜合前述分析，建立完整的 Keynesian 學派總體結構式模型。

　　體系生產部門，包括生產函數與勞動市場均衡：

生產函數　　　　　$y = F(N, K_0)$

勞動需求函數　　　$N^d = f\left(\dfrac{W}{P}, K_0\right) = f(W, K_0)$

　　勞工從勞動市場獲取的實質工資 $w = \dfrac{W}{P}$，將面臨貨幣工資僵化，或是無法精確掌握物價變化而陷入貨幣幻覺環境。

貨幣工資僵化　　$W = W_0$

貨幣幻覺　　　　$N^s = g\left(\dfrac{W}{P_0}\right)$

傳統的 Keynesian 學派認為勞動市場均衡將出現兩種狀況：

$$N^d(\frac{W}{P}, K_0) = N^s(\frac{W}{P_0})$$

或　　　　$N^d(\frac{W}{P}, K_0) = W_0$

就第一種狀況而言，在勞工偏好、技術與資源稟賦不變下，期初以實質工資表示的勞動市場達成均衡，將會達成自然就業，而體系處於自然產出的長期狀態。Keynesian 學派認為工會強勢訂定貨幣工資且無法向下浮動，促使勞動市場就業將是脫離勞動供給曲線範圍，完全取決於勞動需求曲線，導致勞動市場實際就業變成物價的遞增函數 $N = h(P)$，將其代入生產函數，總供給將是物價的遞增函數：

$$y^s = h(P, W_0; K_0)$$

在 Keynesian 學派模型中，總供給函數取決於物價，無法單獨決定均衡產出與物價，故需引進總需求函數聯立求解。總需求係由商品市場與貨幣市場均衡共同構成，而商品市場均衡方程式 (IS 曲線) 如下：

$$y = C(r, y) + I(r, y) + G$$

貨幣市場均衡方程式 (LM 曲線) 則為：

$$l(r, y) = \frac{M_0}{P}$$

結合商品市場與貨幣市場均衡方程式，將可決定總需求函數：

$$y^d = k(P, M_0; G_0)$$

再就總供給與總需求函數聯立求解，就可解出 Keynesian 學派的均衡產出、物價與利率。值得注意者：由 Keynesian 模型解出的均衡產出未必是自然產出，通常是低度就業的產出值。

綜合以上分析，Keynesian 體系係實質部門與貨幣部門聯立求解的模型，同時決定名目變數與實質變數。在此，貨幣數量變動將透過利率變動影響實質部門決策，進而改變實質產出，對經濟活動發揮影響而不具中立性。

總體經濟學者：Arthur Cecil Pigou (1877~1959)

(一) 生平

　　1877 年 11 月 18 日生於英國 Wight 的 Rdye，就讀於 Harrow 學校的 Newlands 學院。1896 年進入劍橋大學 King 學院就讀歷史學，大學期間曾獲得英文詩校長獎與 Adam Smith 獎，並於 1890 年當選劍橋大學的學生社團主席。在學習哲學與倫理學過程中，Pigou 的興趣轉向經濟學並且師從 Alfred Marshall，爾後繼承 Marshall 在劍橋大學的經濟學教席。1908~1943 年先後擔任倫敦大學 Jevons 紀念講座講師和劍橋大學經濟學講座教授，是劍橋學派領袖 Marshall 的繼承人，是劍橋大學歷來擔任該職務最年輕者。1918 年擔任英國通貨與外匯管理委員會委員。1919 年任英國通貨外匯委員會委員所得稅委員會委員。1927 年被選為英國科學院院士。1959 年 3 月 7 日逝世，享年 82 歲。

(二) 對總體理論的貢獻

　　Pigou 在《失業論》中堅持古典學派看法，體系透過市場機能運作，將能自動達成自然就業狀態，是新古典學派的重要典範。Keynes 批判 Pigou 堅持的「古典學派自然就業觀點」，而後者也隨即反擊，稱《一般理論》是錯誤觀點的混合物，導致他的名字如影隨形與「Pigou 效果」緊密相連，此係他回應 Keynes 說法的論據。Pigou 從古典學派有關工資和物價浮動的觀點，進行邏輯性推演，試圖恢復新古典就業理論的地位，並成為新古典學派或劍橋學派的創立者。尤其是 Pigou (1912) 出版《財富與福利》(*Wealth and Welfare*) 聞名於世，首創經濟理論探討福利問題者，被譽為「福利經濟學之父」。

2008 年 9 月爆發金融海嘯，重創國際景氣，以出口導向為主的台灣剎那陷入出口嚴重萎縮，「薪餉四成」與「無薪休假」烏雲瞬間瀰漫全台灣。2008 年第四季與 2009 年第一季經濟成長率分別是 -7.11% 與 -9.06% 同創歷史新低。為紓緩金融海嘯衝擊，行政院從 2008 年底推出「政府挺銀行、銀行挺企業、企業挺員工」三挺政策，意圖穩定金融體系，協調銀行融通不裁員的企業，維護企業與勞工安度難關，追求減輕失業率。

行政院推出「三挺政策」的內容如下：

(1)「政府挺銀行」：在 2009 年底前，實施全額保障存款人在銀行的存款餘額，央行也配合從 2008 年 9 月起，持續調降重貼現率 7 次，共計 2.25%，擴大挹注市場流動性。

(2)「銀行挺企業」：2009 年底前到期的貸款本金，只要企業營運與繳息正常，透過「債權債務協商機制」，銀行得展延六個月，並提供非中小企業專案貸款 6,000 億元。另外，每年編列預算 100 億元來擴大中小企業信用保證基金承保能量，簡化理賠流程與提高保證成數至八成，2010 年 5 月再提高至九成。

(3)「企業挺員工」：營運及繳息正常企業只要承諾不裁員超過 1%，銀行將提供優惠利率。另外，推動「2008~2009 年短期促進就業措施」(內含立即上工計畫)、「2009~2012 年促進就業方案」及「擴大公共建設投資計畫」(內含培育優質人力促進就業計畫)。

金融海嘯點燃百年罕見的全球景氣衰退，而以外貿為主的台灣，景氣深陷藍燈憂鬱不在話下。政府推出「三挺政策」穩住存款者信心，除慶豐銀行於 2008 年 9 月 26 日因嚴重虧損而遭中央存款保險接管，其資產、負債與業務經拆分標售，由遠東、元大、台新與台北富邦等四家銀行分別承接外，再無銀行出事，整體逾放比率也未見攀升，有效穩定金融市場。凡是企業營運與繳息正常，銀行「雨天收傘」比例極低。隨著 2010 年下半年景氣反轉回升，企業投資不斷增加，整體放款餘額逐步攀升逼近 2008 年高峰。由於「銀行挺企業」政策奏效，2009 年關廠、歇業工廠 4,374 家相較 2008 年 4,255 家增加百餘家，但相對網路泡沫引爆 5,007 家 (2000 年) 與 5,194 家 (2001 年) 倒閉潮則改善許多。

隨著 Keynes 的《一般理論》(1936) 問世後，學者們競相投入詮釋《一般理論》內涵，提供政府擬定政策依據。在二次大戰結束後，為因應經濟發展變化，後 Keynesian 經濟學或稱新古典綜合 (neoclassical syntheses) 積極結合新古典個體理論與 Keynesian 總體理論，大幅宣揚 Keynesian 理論思維，而相關重要學者與其著作可說明於下：

(1) Alvin Hansen 是新古典綜合創始者，Keynesian 理論在其積極傳播下，趨於「通俗化」、「美國化」，而被譽為美國 Keynesian 學派的建築設計師，知名著作包括《充分復甦或停滯》、《財政政策與經濟循環》、《經濟政策和充分就業》、《貨幣理論與財政政策》、《Keynes 學說指南》、《美國的經濟》、《1960 年代的經濟學》。

(2) John Richard Hicks 以一般均衡和序數效用分析來建構價值理論，大幅創新傳統理論內容，並以 IS-LM 模型詮釋《一般理論》，成為現代總體理論教科書的主軸，主要作包括《價值與資本》、《消費者剩餘理論重建》、《對經濟循環理論的貢獻》、《需求理論修正》、《資本與成長》。

(3) Paul A. Samuelson 以靜態和動態分析來詮釋總體均衡，成為理論扮演關鍵貢獻，重要著作包括《經濟分析基礎》、《經濟學》、《線性規劃和經濟分析》、《乘數分析和加速原理的聯合作用》、《國際貿易和生產價格的均衡》、《資本理論的寓言和現實性：代用的生產函數》、《處於困境的自由主義者》。

(4) James Tobin 關注金融市場對總體經濟活動影響，創立資產選擇理論和貨幣經濟成長理論，主要論述包括《國民經濟政策》、《經濟學論文集：總體經濟學》、《十年來的新經濟學》、《經濟學論文集：消費和經濟計量學》等。

(5) Robert M. Solow 關注資本累積和經濟成長對總體經濟活動影響，主要著作包括《線性規劃與經濟分析》、《資本理論與報酬率》、《美國的失敗性質與原因》、《成長理論：說明》、《經濟成長理論》等。

(6) Franco Modigliani 提出儲蓄的生命循環臆說和公司財務定理，主要著作包括《國民所得和國際貿易》、《總體經濟學論集》、《儲蓄的生命循環臆說》和《財政理論和其他論文集》。

(7) Arthur M. Okun 關注公平與效率的取捨關係，提出估算「潛在產出額」的「Okun 定理」，主要著作包括《繁榮政治經濟學》、《公平與效率》。

問題研討

小組討論題

一、評論題

1. 體系出現超額貨幣餘額，勢必持續至由央行以緊縮政策來消除，此係某人支付貨幣將轉由他人接受，就整體而言，體系無法自行消除超額貨幣餘額。

2. 當體系內貨幣需求的利率彈性為零時，LM 曲線將是垂直線，此時貨幣的所得流通速度將為固定值。

3. 依據直接調整機能，央行採取寬鬆貨幣政策，勢必擴大體系內不被需要的貨幣餘額。不過隨著體系回復均衡後，貨幣供給將會創造本身需求。

4. 某國經濟活動若符合 Say 法則情境，則當所有商品價格為正時，超額貨幣需求必為零。

5. 財政部從事基礎建設支出，可能同時產生擠入效果與名目排擠效果。

6. 在資訊不對稱下，勞工相對廠商缺乏攸關實際物價變化的訊息，可能會讓總供給曲線出現負斜率現象。

7. 隨著 IS 曲線與流動性偏好曲線的利率彈性愈大，總需求與總供給的物價彈性將會擴大。

8. 在 IS-LM 與 AD-AS 模型中，體系內短期均衡產出愈大，將會推動短期均衡利率愈高。

9. 隨著貨幣工資與物價浮動性愈大，貨幣政策對短期產出的影響將會愈大。

二、問答題

1. 試說明貨幣中立性與古典二分法的定義為何？在貨幣具有中立性的經濟體系中，古典二分法是否一定成立？

2. 依據 Keynesian 學派說法，「當貨幣工資落入僵化時，體系將無法自動邁向自然產出境界」，試說明其中理由為何？

3. 在景氣蕭條之際，縱使物價持續下降，實質財富效果也發揮作用，但是體系依然無法自動調整至自然就業狀態，其中理由可能為何？

4. 體系處於自然就業狀態，財政部規劃擴大支出，而央行配合採取「靜觀其變」或「釘住利率不變」策略因應。試問：

   (a) 央行採取何種措施對總需求影響較大？

   (b) 比較央行採取不同配合措施，對長期和短期產出與物價的影響？

5. 針對下列狀況，試說明對勞動市場供需曲線與總供給曲線造成的影響。

(a) 物價浮動但貨幣工資率僵化。

(b) 物價與貨幣工資率完全自由浮動。

6. 2009 年 8 月莫拉克颱風重創南台灣，造成人員嚴重傷亡，影響經濟活動甚鉅。試以 Keynesian 學派模型說明，此一颱風對物價、產出及實質工資率的影響。

7. 台灣在期初處於自然產出 y^* 狀態，短期總供給函數為 $y = y^* + \alpha(P - P^e)$。試以 AD-AS 模型分析財政部緊縮支出，對短期與長期產出與物價將造成何種影響？同時說明體系由短期到長期的調整機制為何？

8. 中研院經濟所設立台灣的總體模型如下：

生產函數　$y = F(N, K, G)$　　$F_N > 0,\ F_K > 0,\ F_G > 0$

勞動市場　$N^s(\dfrac{W}{P}) = N = N^d(\dfrac{W}{P^e})$　　$w = \dfrac{W}{P},\ N^s_w > 0 > N^d_w$

商品市場　$y = C(y) + I(r) + G$　　$C_y > 0 > I_r$

貨幣市場　$\dfrac{M}{P} = L(y, r)$　　$L_y > 0 > L_r$

試回答下列問題：

(a) 人們對未來物價具有完全預期，試問台灣經濟體系是否具有貨幣中立性？

(b) 依據 (a) 題結論，試問台灣經濟體系是否符合古典二分法特性？

9. Keynesian 模型具有浮動物價與僵化貨幣工資特質，當預期物價 $P^e = 100$，而貨幣工資是落在勞動市場均衡水準。試回答下列問題：

(a) 總需求出現未預期下降，試以勞動市場與 AD-AS 分析將會發生何種狀況？

(b) 體系原先處於自然產出狀態，試問：總需求下降將對均衡所得造成何種影響？

10. 針對下列狀況，試以封閉體系 AD-AS 架構分析在短期與長期，貨幣是否具有中立性：

(a) 古典學派。

(b) Keynesian 模型。

(c) 錯誤猜測 (misperception) 的貨幣學派模型。

11. 體系內消費取決於實質貨幣餘額，而實質貨幣餘額又與名目利率息息相關，試問：貨幣成長率上升是否會影響消費，投資與實質利率？而名目利率係以一對一或是小於一對一來對預期通膨率作反應？此種偏離「古典二

分」與「Fisher 效果」將稱爲 Mundell-Fisher 效果，你認爲在實務上重要嗎？試以圖形說明。

三、計算題

1. 台灣國發會建立總體模型如下：

消費函數	$C = 1,000 + 0.75y$
投資函數	$I = 250 - 2,000r$
稅收函數	$T = ty = 0.2y$
政府支出	$G = 150$
貨幣需求函數	$L = 0.5y - 10,000r$

央行發行名目貨幣供給爲 $M^S = 600$。試計算下列問題：

(a) 總需求函數爲何？

(b) 當物價 $P = 1$ 時，均衡產出和利率爲何？

(c) 國發會估計總供給函數爲 $y = 2,950 + 90P$，試求均衡產出、物價與利率爲何？

(d) 國發會估計自然產出 $y^* = 3,085$，試問：台灣是否達到自然就業均衡？央行若欲藉由貨幣政策來達成自然就業，將需如何調整貨幣供給？

2. 主計總處建立台灣總體結構式模型如下：

實質貨幣需求函數	$L = 100 + 0.4y - 2,000r$
實質消費函數	$C = 20 + 0.8y$
實質投資函數	$I = 340 - 400r$
實質政府支出	$G = 80$
名目貨幣供給	$M^s = 1,000$
體系生產函數	$y = 10\sqrt{NK}$
勞動供給函數	$N^s = 700 + 300(\frac{W}{P})$
資本存量	$K = 40$

試依據上述資料，計算下列問題：

(a) 台灣的 IS、LM 與 AD 曲線方程式。

(b) 台灣的勞動需求函數、均衡就業水準與實質工資率。

(c) 台灣的總供給函數、均衡產出與物價水準。

(d) 台灣的均衡貨幣工資率與名目產出值。

3. 試計算下列總體均衡問題：

(a) 央行經研處估計台灣實質貨幣需求函數為 $L = 100 + 4y - 20,000i$，y 是實質所得，i 是名目利率。如果央行發行名目貨幣供給 $M^S = 3,100$，試問：貨幣市場均衡方程式為何？

(b) 主計總處估計台灣實質消費與投資函數為 $C = 20 + 0.8y$、$I = 340 - 4,000r$，政府實質支出為 $G = 40$，r 是實質利率，試問：商品市場均衡方程式為何？

(c) 延續 (a) 與 (b) 的問題，試問：台灣均衡所得與利率為何？是否需要附加任何條件？理由為何？

(d) 勞動部估計台灣的勞動供給函數為 $N^s = 20 - 21w^{-1} + 95w^2$，$w$ 是實質工資率，而經建會估計台灣的生產函數為 $y = 2N^{0.5}K^{0.5}$，資本存量 $K = 100$，試計算總供給曲線的斜率為何？

(e) 延續上述問題，試問：台灣的均衡產出、物價與利率為何？

4. 主計總處估計台灣的總體模型如下：

$$AD: \quad y = 2A + 4\left(\frac{M_{-1}}{P_{-1}}\right)$$

$$AS: \quad P = P_{-1}\left[1 - 0.8\left(1 - \frac{y}{y^*}\right)\right]$$

A 是自發性支出，y 是實際產出，$y^* = 4,000$ 是自然產出。在長期時，台灣總供給呈現古典學派型態，而且 $P = P_{-1}$。同時，央行執行貨幣政策，效果將出現一期的時間落後。假設台灣在 2004 年的 $A = 1,000$、$M^S = 50,000$ 與 $P = 100$，A 與 M 將維持不變。試計算下列問題：

(a) 財政部在 2005 年增加恆常性支出 $G = 500$，將對 2005 年的實際產出與物價造成何種影響？到了 2006 年時，實際產出與物價又將如何變化？

(b) 當台灣達成長期均衡時，均衡物價為何？貨幣流通速度為何？

5. 台灣的 IS、LM 和短期總供給曲線 SAS 可用下列方程式表示：

$$IS: \quad y = 2(6,400 - 250r)$$

$$LM: \quad y = 4\left(\frac{M^S}{P}\right) + 500r$$

$$SAS: \quad y = 10,400 - 25W + 1,000P$$

y 是實際產出，$y^* = 10,400$ 是自然產出，P 是物價水準，r 是利率，$M^s = 2,400$ 是名目貨幣供給，W 是名目工資率。試計算下列問題：

(a) 試求出總需求曲線？

(b) 如果 $W = 8$，試計算短期均衡產出、物價與利率？

(c) 延續 (b) 題，如果名目貨幣供給下降為 $M^S = 2,000$，試求出新的總需求曲線，以及新的短期均衡實質產出、物價與利率？

(d) 延續 (c) 題，試求出長期均衡名目產出、物價、利率與名目工資率？

6. 台灣的總體模型可用下列方程式表示：

$IS:$　　$r = 20.20 - 0.002y$

$LM:$　　$\dfrac{M^S}{P} = y - 250(r + \pi^e)$

$SAS:$　　$y = y^* + 100(P - P^*)$

y 是實際產出，$y^* = 10,000$ 是自然產出，P 是物價水準，r 是利率，$M^s = 19,800$ 是名目貨幣供給，$\pi^e = 0.2$ 是預期通貨膨脹率。試計算下列問題：

(a) 試計算均衡物價與實質利率？

(b) 假設預期物價正好是 (a) 題的實際物價，當體系出現未預期緊縮貨幣供給至 $M^s = 14,737.5$，試計算短期均衡產出、物價與實質利率？

7. 某國的總體模型可用下列方程式表示：

$IS:$　　$y = 30 - 500r$

$LM:$　　$\dfrac{20}{P} = y - 500r$

生產函數　　$y = 20\sqrt{N}$

假設勞工與廠商協商將貨幣工資定為 $W = 20$，且廠商有權決定勞工僱用量。試回答下列問題：

(a) 總供給與總需求方程式為何？

(b) 該國均衡產出、物價與利率分別為何？

通貨膨脹、Phillips 曲線與穩定政策

本章大綱

個案導讀

台灣台北士林夜市著名的豪大雞排在 2011 年 1 月 24 日貼出漲價告示，老闆娘說一塊雞排從 50 元調漲到 55 元，主因是 2010 年底，一桶 18 公升沙拉油價格 700 元已經漲到 890 元，而 2010 年 12 月從中盤商買進一公斤雞肉成本 78 元，一個多月後卻已飆破 100 元。那麼，沙拉油 (進口黃豆) 與雞肉 (進口飼料) 價格飆漲的原因為何？一塊雞排漲價背後牽動一連串故事，隱含著世界真的發生了什麼事。

人們購買商品追求物超所值，至少一分錢也要買到一分貨。一旦過去買到一分貨的一分錢，現在僅能買到半分貨，人們的直覺反應則是通貨膨脹已經悄然來襲了！在 2006~2008 年間，國際原油 (黑金)、農糧 (綠金) 與黃金價格飆漲，連鎖衝擊已讓各國深陷消費者物價指數年增率上漲疑慮，物價奔騰引發通膨危機，烏雲蓋頂籠罩在人們身上。然而 2008 年爆發金融海嘯，景氣瞬間凍僵又讓體系陷入衰退疑雲，另類的通縮又浮出檯面，兩類現象儼然成為政府的頭號大敵。

面對通膨或通縮現象，本章將說明物價與通膨間的關係，通膨類型以及釀成的影響。其次，將

說明預期形成方式、Phillips 曲線與總供給的關聯性。第三，傳統理論推演靜態觀點的總需求與總供給函數存在邏輯性缺失，而 Lucas 總供給函數與 Miskin (2011) 的動態總需求函數即在補足該項缺陷，重新建立動態總體均衡，進而用於說明紓解通膨方法。接著，將探討供給衝擊引發的通膨與停滯性膨脹的內容。最後，將探討通貨緊縮內涵。

9.1 通貨膨脹

9.1.1 通貨膨脹的過程

人們通常關心生活相關商品的價格變化，政府則是關注所有商品與勞務平均價格變動趨勢，兩者則是透過物價指數連結。在固定期間內，物價指數是一籃子商品與勞務價格的加權平均值，其中的消費者物價指數 (CPI) 著眼於商品需求面，係攸關民眾日常生活所需商品與勞務的零售價格，涉及人們生活成本的變化；而躉售物價指數 (WPI) 則是反映商品供給面，係攸關原料、中間財及進出口商品等大宗物資的批發價格，與廠商營運成本息息相關。

物價指數代表各地區一籃子商品的加權平均價格，反映體系物價水準變化，將隱含三種平均的意義：

- 時間上的平均　每月上旬物價上漲可能被下旬物價下跌抵銷。
- 地區間的平均　台北市的某項商品漲價，可能被高雄市的該商品跌價而抵銷，導致物價指數漲幅不大。
- 商品項目的平均　食物類物價上漲可能被電器類物價下跌抵銷。

物價指數經過上述多重平均加權後，其變動相對單一商品價格變動不敏感，從而會與庶民感受的物價波動程度不同。台灣的 CPI 係以 2011 年為基期衡量，統計項目包含食、衣、住、行 (交通)、教養娛樂、醫藥保健與雜項等七大類，依據 Laspeyres 公式計算，權數固定且每五年更換一次，並檢討分類與查價項目。另外，為能真正觀察一般消費物價變動走勢，主計總處再計算核心消費者物價指數 (Core CPI)，是由 CPI 剔除容易受到季節因素或偶發性事件影響的食物類與能源類價格，兩者波動幅度較大，容易扭曲真正的物價狀況。

接著，通貨膨脹 (通膨) 係指物價持續上漲的過程，主計總處係以 CPI 年

增率來衡量通膨率：

$$通膨率 = \frac{當期\ CPI - 上期\ CPI}{上期\ CPI}$$

　　一般而言，某些或許多商品價格同時上漲後即維持不變，此種一次漲完而無後續效果稱為物價上漲 (price increase)，這種狀況僅是涉及購買力下降，經濟成員無須調整期初的最適決策。通膨則是物價持續上漲的過程，在此過程中，將引發對未來環境的不確定性，醞釀通膨預期改變跨期間的相對價格變化，進而醞成資源的重新配置。不過有時候某些商品價格上漲，也可能帶動相關商品價格普遍上揚而蔓延為通膨。1973 與 1977 年兩次石油危機，OPEC 大幅調高油價而引爆全球性通膨，關鍵因素就在石油是主要能源，且是眾多商品的重要原料。實務上，在不同經濟結構、不同歷史背景下，物價漲幅與持續期間將因各國容忍程度不同，而讓通膨僅是相對概念。舉例來說，墨西哥過去的物價上漲率經常超過 20%，也曾超越 90%，若能滑落至低於 15%，物價或許就能算是穩定。反觀歐美各國與台灣的通膨率長期落在 3% 以下，要求物價漲幅傾向嚴格界定。另外，人們經常將偏高商品價格與通膨混為一談，誤認高物價即是發生通膨。事實上，通膨是變動率而絕對價格則是水準值，如日本以高物價聞名，卻也是物價平穩國家。

　　惡性通膨 (hyper inflation) 係指物價長期飆漲，數日一漲甚至一日數漲，引發物價與生產成本相互追逐的膨脹螺旋。由於貨幣成長率劇增導致貨幣價值迅速貶低，引發通膨率與貨幣成長率相互追逐攀高的惡性循環，迫使人們急於拋棄貨幣換取商品，導致體系瀕臨崩潰邊緣。一般而言，惡性通膨多數係因政府面臨鉅額預算赤字，並將政府債務貨幣化，引發貨幣成長率上升過速所致。圖 9-1 是完整的通膨過程，包括需求拉動與成本推動兩個階段。

惡性通膨
物價長期飆漲，引發物價與生產成本相互追逐的膨脹螺旋。

- 需求拉動　貨幣因素或非貨幣因素變化刺激消費與投資支出，超額商品需求降低零售商與批發商的安全庫存，從而擴大向製造商下單，誘使後者擴大因素與原料需求。面對超額商品需求，廠商緊急下單與削減庫存因應，屬於數量調整性質。

- 成本推動　短期因素供給缺乏彈性，製造商擴大因素需求，勢必引發因素價格上漲，增加生產成本，循著產銷過程由上游往下游推進，最終反映於商品價格上漲。在價格調整過程中，金融環境寬鬆將讓商品出廠價格、大盤與中盤價格同步上漲，WPI 攀升引發零售商接續調升零售價格，帶動 CPI 上漲，此時隱含通膨已經成形。金融環境若處於適當狀態，生產成本

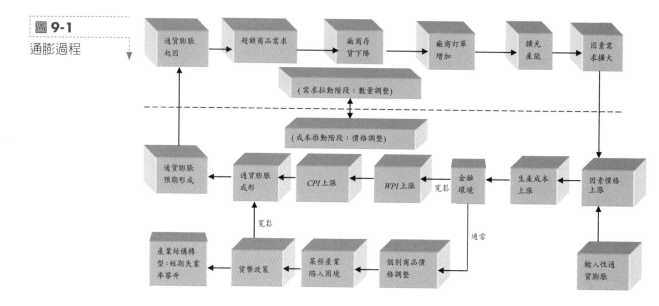

圖 9-1
通膨過程

遞增帶動商品價格調整，幅度則視個別商品供需變化而定。在調整過程中，某些產業可能陷入營運困境，而央行若以寬鬆政策紓困，勢必成為支持通膨發展的後盾。

綜合以上兩者，「需求拉動」與「成本推動」分別代表廠商係以數量或價格調整來消除超額需求，若再由央行執行寬鬆政策支援，通膨將正式宣告成形，旋即引爆通膨預期，推動通膨過程持續進行。央行若是靜觀其變或改採緊縮政策，則將促成產業結構轉型，但需付出短期失業率攀升的代價。

依據上述通膨過程，通膨類型區分如下：

- 需求拉動型　商品需求成長率持續加速，引起通膨率變化，通常以名目 *GDP* 成長率變動衡量，此即需求衝擊 (demand shock) 層面。當通膨率與實質 *GDP* 成長率從期初逐步攀升，失業率將會下降。該類型通膨往往與政府預算赤字融通掛鉤，尤其是一國面臨戰爭之際，政府支出成長速度超過傳統稅收增加幅度，由於發行公債募資窒礙難行，發行貨幣融通將是最快速的方法，往往成為惡性通膨的根源。需求衝擊的通膨又分為兩種：

1. 純粹通膨 (pure inflation)　體系處於自然產出環境，總需求增加僅會引起物價上升，並無擴大產出效果。

2. 需求轉移或結構性通膨　消費者偏好改變導致商品需求結構變化，需求增加的商品價格上漲，而需求減少的商品價格卻未必下跌，從而引發需求轉移通膨 (demand-shift inflation)。另外，開發中國家推動經濟發

需求轉移或結構性通膨

商品需求結構變化，需求增加的商品價格上漲，需求減少的商品價格未必下跌，從而引發通膨。

展，資源外移產業 (農業部門) 的物價未必下跌，而新興擴張產業 (工業部門) 的物價卻上漲，從而引發結構性通膨 (structural inflation)。

- 供給衝擊通膨 (supply-shock inflation)　或稱成本推動通膨 (cost-push inflation)，某些重要原料 (石油、農產品) 價格劇變引起生產成本變化，進而釀成通膨，此即供給衝擊 (supply shock) 層面，又區分為三類：

  1. 工資推動通膨 (wage-push inflation)　工會爭取調薪幅度超越勞動生產力成長率，推動平均生產成本上漲而釀成通膨。該類型通膨與工資指數化息息相關，亦即工資指數化推動貨幣工資上升，進一步導引物價上漲。

  2. 利潤推動通膨 (profit-push inflation)　關鍵產業的寡占廠商聯合壟斷，抬高商品價格超過生產成本漲幅，導致相關產業成本上升而引起通膨。

  3. 輸入性通膨 (imported inflation)　自然資源匱乏與高貿易依存度國家進口的原料與農產品國際價格上揚，或匯率巨幅貶值，從而引爆國內通膨。

- 預期與未預期通膨　人們預期通膨率等於實際通膨率即是預期通膨 (anticipated inflation)，不會影響資源 (財富) 重分配。一旦兩者發生分歧，即屬未預期通膨 (unanticipated inflation)，必然釀成所得 (財富) 重分配效果，固定收入者 (債權人) 將面臨損失。

9.1.2　通貨膨脹的影響

通膨爆發持續貶低貨幣購買力，提高人們生活成本與降低生活水準，影響程度端視通膨性質而定。通膨若在人們預期中，可運用指數化 (indexation) 將以貨幣表示的名目變數釘住物價指數變化，採取等比例調整以維持實質變數不變，將能消除大部分社會成本，僅會承擔菜單成本 (menu cost) 與鞋皮成本 (shoe-leather cost)。至於在未預期通膨情境下，所有商品價格未必等比例上漲，相對價格變異性擴大，人們勢將調整決策而衍生資源重分配效果。體系資源期初若處於效率配置狀態，未預期通膨將破壞均衡而扭曲資源配置，形成社會無謂損失 (dead-weight loss)，如廠商耗費資源調整商品標價，形成菜單成本；人們持有金融資產面臨購買力貶低風險，勢必頻繁交易金融資產與增加前往銀行次數，處理時間與耗費資源劇增，此即鞋皮成本。

一般而言，未預期通膨將讓人們難以捉摸物價漲幅而準確調整名目變數，從而扭曲資源配置：

- 所得重分配效果　勞動契約附有期限且訂定貨幣工資，在未屆臨協商工

供給衝擊通膨或成本推動通膨
某些重要原物料價格變化引起生產成本變化，進而釀成通膨。

工資推動通膨
貨幣工資調整幅度超越勞動生產力成長率，推動生產成本上漲而引發通膨。

利潤推動通膨
廠商聯合壟斷，抬高商品價格超過生產成本漲幅，導致相關產業的生產成本上升而引發通膨。

輸入性通膨
進口原料與農產品的國際價格上漲或匯率巨幅貶值，從而引爆國內通膨。

預期通膨
人們的預期通膨率等於實際通膨率。

菜單成本
廠商調整新價格，重印價目表並通知銷售點，更換價格標籤，散播新價格訊息所需負擔的成本。

鞋皮成本
人們為因應持有金融資產的購買力下降，頻繁交易金融資產以降低購買力損失，支付增加處理時間與耗費資源的成本。

資期限前，未預期通膨降低貨幣工資的實質購買力，而廠商盈餘則因商品售價上漲而增加。另外，通膨帶動名目所得上升，政府係依名目所得課稅，名目稅收因而增加。總之，未預期通膨促使所得分配朝有利廠商與政府部門方向調整，對勞工所得產生不利影響。

- 財富重分配效果　多數金融資產係以固定面值發行 (如貨幣、存款與放款、固定票面債券等)，但也有浮動價值資產 (如浮動利率債券與股票)，前者的實質價值深受物價波動影響。未預期通膨將縮減固定面值資產的實質價值，而浮動價值資產受影響程度較低。是以未預期通膨將與實際通膨分歧，釀成債權人 (儲蓄者) 與債務人 (借款人) 間的財富重分配效果。

- Mundell-Tobin 效果　通膨改變人們的未來通膨預期，產生名目利率上漲而實質利率下跌的 Mundell-Tobin 效果，衝擊儲蓄意願而降低資本累積速度。

- 窒礙經濟成長　經濟成長率是資源投入成長率 (人力資源、原料、設備、技術) 加上生產力成長率，通膨扭曲資源配置而形成無謂的效率損失，導致生產力下降而影響長期經濟成長率。

9.2　Phillips 曲線

9.2.1　Phillips 曲線的起源

依據前文討論結果，短期總體經濟活動將如圖 9-2 的總需求與總供給變化所示。就靜態而言，總體經濟活動結果將反映在物價、產出與就業三者間的水準變化；但就動態而言，總體經濟活動結果則是呈現出通膨率、經濟成長率與失業率三者間的互動。

圖 9-2

短期總體經濟活動變化

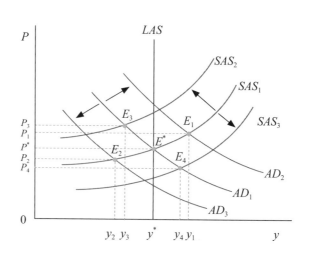

　　圖 9-2 顯示體系期初落在總需求 AD_1 與長期總供給 LAS 相交的 E^* 點，落在自然產出 y^*。此後，總體景氣變化可能出現四種情況：

- 景氣繁榮期間　　政府擴張支出或央行執行量化寬鬆，引起總需求擴張至 AD_2 而與短期總供給 SAS_1 交於 E_1 點，出現物價與產出同時增加的需求拉動物價上漲現象。就動態而言，體系將出現高經濟成長率、低失業率與高通膨率組合。

- 景氣衰退階段　　黑天鵝群集而至，重創總需求至 AD_3 而與短期總供給 SAS_1 交於 E_2 點，形成物價與產出齊跌的藍色憂鬱。就動態而言，體系將出現負經濟成長率、高失業率與通縮率組合。

- 停滯性膨脹 (stagnation) 情境　　1970 年代爆發石油危機，油價飆漲推動廠商生產成本上升，短期總供給 SAS_1 左移至 SAS_2 而與總需求 AD_1 交於 E_3 點，出現物價上漲而產出減少的成本推動物價上漲現象。就動態而言，體系將出現低經濟成長率、高失業與高通膨率組合。

- 新經濟 (new economy) 情境　　從 1990 年代初開始，通訊網路技術進步與農產品價格邊跌，大幅降低生產成本，短期總供給 SAS_1 右移至 SAS_3 而與總需求 AD_1 交於 E_4 點，出現物價下跌與產出增加的現象。就動態而言，美國經濟活動曾出現超過九年的高成長率、低失業率與低通膨率的組合環境。

> **停滯性膨脹情境**
> 失業率與通膨率同時上漲的現象。

> **新經濟情境**
> 失業率與通膨率同時下降的現象。

　　Irving Fisher(1926) 最早發現通膨率與失業率間存在反向關係，稍後的 Phillips (1958) 利用 1861~1957 年英國勞動市場資料驗證貨幣工資膨脹率與失業率的關係。Lipsey (1960) 接續為 Phillips 的實證結果建立理論基礎，開創研究 Phillips-Lipsey 曲線理論的里程碑，設定函數型態如下：

$$\dot{W} = \frac{dW}{W} = k(\frac{N^s - N^d}{N^s})$$
$$= a + \beta u^{-1}$$

$k<0$ 是調整速度。Lipsey 認為勞動市場超額供給比率與失業率呈正向關係，亦即貨幣工資膨脹率取決於超額勞動供給比率，或與失業率呈反向關係。初始的 Phillips 曲線隱含政策涵義為：政府若要降低失業率，須以貨幣工資膨脹率上漲為代價。實務上，政府追求穩定物價與就業，無法操控貨幣工資膨脹率。爾後，Samuelson 與 Solow (1960) 針對壟斷性商品市場結構，引進廠商的價格設定方程式 (pricing-setting equation)，用於反映物價 P 與勞動成本 WN 間的關係：

> **價格設定方程式**
> 廠商依據其生產成本進行加碼來訂定價格。

$$P = (1+\theta)(\frac{WN}{Q})$$

$$= (1+\theta)(\frac{W}{AP_N})$$

θ 是反映廠商使用資本設備成本與要求報酬率的加成率 (mark-up) 或加碼幅度。Q 是產量，(WN/Q) 是單位勞動成本，AP_N 是勞動平均生產力。就上式取自然對數，再對時間全微分：

$$\pi = \frac{dW}{W} - \lambda$$

$$\pi = \frac{dP}{P} , \ \lambda = \frac{dAP_N}{AP_N}$$

在考慮勞動生產力成長率後，Phillips-Lipsey 曲線函數可修正為：

$$\frac{dW}{W} = \alpha + \beta u^{-1} + \delta\lambda$$

$0 \leq \delta < 1$ 是勞動生產力成長率引起貨幣工資膨脹率上漲的部分。再將「價格加碼」的成長率關係代入上式，可得 Samuelson-Solow 型態的 Phillips 曲線：

$$\pi = a + \underbrace{\beta u^{-1}}_{(1)總需求因素} - \underbrace{(1-\delta)\lambda}_{(2)總供給因素}$$

上式顯示，影響通膨率的因素，包括反映總需求變化 βu^{-1} (總需求擴張將會增加就業，以及推動物價上漲) 與反映總供給變化 $(1-\delta)\lambda$ (生產力擴張降低生產成本，進而推動物價下跌) 兩部分。政府追求社會福利 $\mu(\pi, u)$ 極大，係以降低失業率與通膨率為目標，兩者均是人們厭惡的負效用商品，μ_π、$\mu_u < 0$。但是必須受到經濟環境的限制，此即是 Phillips 曲線的位置。

$$Max \quad \mu = \mu(\pi, u)$$
$$S. t. \quad \pi = f(u) \ (Phillips \ 曲線)$$

在勞動生產力 (總供給面) 不變，$\lambda = 0$ 下，圖 9-3 顯示 Phillips 曲線 π 係反映通膨率與失業率組合的軌跡，此係政府選擇政策必須面對的經濟結構限制。π 曲線則是通膨率與失業率組合能夠產生相同福祉的軌跡，呈現凹向原點的負斜率曲線，愈靠近原點的效用愈高。政府對兩者採取不同的偏好，μ 曲線型態也將不同。當 π 曲線與 μ_A 曲線相切於 A 點，最適組合是 (π_a, u_a)。Samuelson-Solow 的 Phillips 曲線認為通膨率與失業率間存在穩定替代關係，政府若轉

向控制通膨率甚於失業率，選擇最適組合 (π_b, u_b)，則可透過緊縮政策引導通膨率下跌，但需付出失業率攀升的代價。

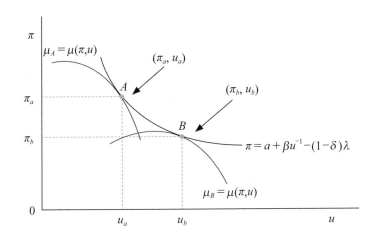

圖 9-3

Samuelson-Solow 型態的 Phillips 曲線

　　Phillips 曲線概念提供美國 Ronald Wilson Reagan 總統靈感，在 1980 年參選總統提出「你的生活比四年前更好嗎？」的競選廣告。當時美國通膨率 13.5%、失業率 7.1%，雷根加總兩者為「痛苦指數」(misery index) 而高達 20.6%。通膨率攀升縮減人們所得的實質購買力，失業率遞增則讓人們喪失所得來源，兩者均是痛苦難熬。當痛苦指數數值愈高，表示人們愈加痛苦。不過人們對通膨率 1% 與失業率 1% 的感受不盡相同，此是兩者之間並非完全替代，亦即社會福利函數是呈現凹向圓點的負斜率遞增曲線，並非是負斜率的直線。圖 9-4 顯示在 2012~2018 年間的台灣痛苦指數趨勢，在 2017 年是全球痛苦指數排名倒數第六名，2018 年則前進一名為倒數第五名，在這七年中的多數月份係徘徊在 4%~5% 之間，台灣人感受痛苦程度遠低於其他多數國家。然而多數台灣人真的感受年復一年「不痛苦」嗎？數據結果與人們感受間的差距，可能來自於衡量指標與人們主觀認知、感受內涵不同。痛苦指數是通膨率與失業率的加總，通膨率與失業率愈高，人們感受生活痛苦亦將愈高。不過低通膨或許是人們的商品與勞務需求低落，低失業率也可能是勞動市場情勢不利人們轉換跑道，或勞動力成長趨緩，導致失業者占勞動力比例下降。

　　總之，統計數據將可部分反映經濟活動現況與人們生活樣貌，但須再深入了解衡量指標的意涵，從不同角度思考依據該數據推論的原因，釐清數據結果與民意相悖之處，方能全面性呈現真實發展現況，進而擬定最適發展策略。

痛苦指數
通膨率與失業率的加總。

圖 **9-4**

2012~2018 年的
台灣痛苦指數變
動趨勢

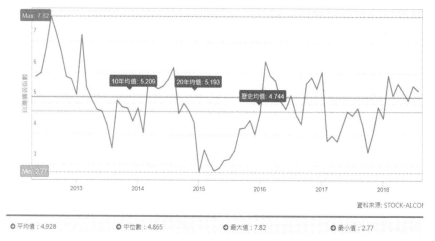

資料來源：行政院主計總處 (單位：%)

金融痛苦指數

股價下跌率與匯率貶
值率的加總。

此外，1997 年亞洲金融風暴爆發，亞洲各國紛紛出現貨幣遽貶與股市重挫現象，為讓各界迅速知道各國經濟痛苦程度，遂以「金融痛苦指數」(financial misery index) 來衡量，此係將股市跌幅與貨幣貶值幅度相加而得。

總體經濟學者：Alban William Phillips (1914~1975)

(一) 生平

1914 年 11 月 18 日出生於紐西蘭 Rehunga，大學畢業後，前往澳洲工作，包括擔任鱷魚獵人和電影院經理。1937 年前往中國，並經由俄羅斯的西伯利亞大鐵路轉往英國。1938 年在英國學習電子工程。在第二次大戰期間，Phillips 加入皇家空軍而前往往新加坡，在日軍占領新加坡時，Phillips 被俘虜而送往印尼爪哇戰俘營拘禁三年半。1946 年二次大戰結束，Phillips 進入英國倫敦經濟學院學習社會學，隨後轉向專注於研究經濟學。1951~1958 年任教於倫敦經濟學院。1967 年返回澳洲大學任教。1969 年任教於紐西蘭 Auckland 大學。1975 年 3 月 4 日去世，享年 62 歲。

(二) 對總體理論貢獻

Phillips 觀察英國勞動市場數據指出，「多年來當失業率攀高，貨幣工資趨於穩定甚至可能下降。反之，當失業率下跌，貨幣工資則是迅速攀升」，從而在 1958 年發表攸關通膨率與失業率之間關係的看法，重新延續 Fisher (1930) 的說法，除奠定 Phillips 曲線的理論基礎外，並成為分析景氣循環的重要研究領域。

9.2.2　預期形成與在經濟活動中的角色

預期是指人們追求利益極大化，針對與經濟決策有關的不確定因素進行預測，如廠商將須預測未來商品價格和市場需求，才能形成「生產什麼」、「生產多寡」與「如何生產」等決策。至於闡述預期因素在經濟活動扮演的角色，可溯及 Henry Thornton (1760~1815) 的著作，然而直至 Wicksell (1907) 與 Fisher (1930) 以預期通膨率連結貨幣利率與實質利率後，方才日益彰顯預期概念在總體理論的重要性。Keynes (1936) 在《一般理論》分析體系內就業水準決定時，則指出貨幣需求、投資支出與景氣循環都是基於預期因素，但未明確說明預期如何形成、如何影響經濟活動運行，有關預期的論述是零散而未形成系統化理論。基本上，Keynes 的預期概念是「非理性」型態。爾後，John Fraser Muth 與 Robert Lucas 分別對預期進行開創性研究，從而形成理性預期學派。

物價是總結經濟活動的結果，是以總體理論討論經濟變數預期形成，關注焦點放在價格預期形成。人們蒐集各種可運用的訊息集合 (information set) I_{t-1} 來形成 t 期的預期價格 P_t^e 或預期通膨率 π_t^e，而依據人們使用的訊息性質，可分為兩類：

- 回顧型預期 (backward-looking expectation)　人們基於過去訊息形成預期，訊息集合 I_{t-1} 涵蓋的訊息全是過去的歷史資料，與模型內的變數運作無關，純屬外生預期。該類預期形成，包括下列類型：

1. 靜態預期　靜態預期係基於 1930 年代的蛛網理論 (cobweb theorem) 發展出來，探討價格波動對下期產量影響以及由此產生的均衡變化。人們採取靜態預期形成，所使用的訊息只有前期的物價一種訊息，亦即 t 期預期價格等於 $t-1$ 期市場價格，$P_t^e = E\left(\widetilde{\pi}_t | I_{t-1}\right) = P_{t-1}$。人們單純地將前期價格視為本期預期價格。在通膨過程中，人們在 $t-1$ 期對 t 期的靜態預期通膨率，將等於 $t-1$ 期實際通膨率：

$$_{t-1}\pi_t^e = E\left(\widetilde{\pi}_t | I_{t-1}\right) = \pi_{t-1}$$

蛛網理論
某些商品的價格與產量變動相互影響，形成循環性規律變化而猶如蛛網型態。

2. 外插預期 (extrapolative expectation)　靜態預期形成僅使用前期物價的單一訊息，在太平盛世的物價平穩年代，雖不中亦不遠矣。然而物價波動起伏，L. Metzler (1941) 指出，人們累積多次預測失誤經驗後，訊息集合內含資料將從前期物價擴大到包括過去數期的物價資料，亦即是僅以變數的過去水準為基礎，還再考慮變數未來變化趨勢，是以 t 期的外插預期價格 P_t^e 可定義為：

外插預期
以過去物價為基礎，再考慮未來物價變化趨勢，用以形成物價預期。

$$P_t^e = E(\widetilde{P}_t | I_{t-1}) = P_{t-1} + \delta(P_{t-1} - P_{t-2})$$

訊息集合 I_{t-1} 內包括的資料有 $t-1$ 期物價 P_{t-1} 與 $t-2$ 期物價 P_{t-2}，而預期係數 δ 將對外推型預期發揮重大影響。$\delta = 0$ 隱含外插預期即是靜態預期。$\delta > 0$ 意味著過去物價變動趨勢將持續下去；$\delta < 0$ 則反映過去物價變動趨勢出現逆轉。同樣地，在通膨過程中，人們在 $t-1$ 期對 t 期預期通膨率，若等於 $t-1$ 期實際通膨率與其變動率的部分調整值之和，即是外插預期：

$$_{t-1}\pi_t^e = E(\widetilde{\pi}_t | I_{t-1}) = \pi_{t-1} + \delta(\pi_{t-1} - \pi_{t-2})$$

適應性預期

人們基於過去的訊息來形成對未來的預期。

3. 適應性預期 (adaptive expectation)　在 1950~1960 年代的經濟理論中，人們僅依過去經驗形成預期，Phillip Cagen (1956) 則指出，人們將依前期的預期誤差 $\pi_{t-1} - {_{t-2}\pi_{t-1}^e}$ 來修正當期預期值：

$$\underbrace{(_{t-1}\pi_t^e - {_{t-2}\pi_{t-1}^e})}_{\text{預期通膨率變動}} = \underbrace{\delta(\pi_t^e - {_{t-2}\pi_{t-1}^e})}_{\text{預期通膨率誤差}}$$

或
$$\pi_t^e = (1-\delta)\sum_{j=1}^{\infty} \lambda^j \pi_{t-j}$$

π_t^e 是 t 期的適應性通膨預期，π_{t-j} 是 $t-j$ 期的通膨率，適應係數 δ 是人們修正過去預期誤差的速度。當 $\delta = 1$ 時，上式將簡化爲靜態預期。當前期預期通膨率高於實際通膨率，當期的預期通膨率應當降低。

理性預期臆說

人們追求利益極大，運用能夠取得的訊息，形成預期變數將等於最適預測值。

• 前瞻型預期 (forward-looking expectation)　前述預期形成雖具直覺性，卻缺乏個體理論基礎，使用訊息僅侷限於預期變數的歷史數據，「鑑往知來、以古推今」來做預測，忽略攸關預期變數未來的新訊息。Muth (1961) 因而提出理性預期臆說 (rational expectation hypothesis)，指出人們追求利益極大化，蒐集能夠取得的可用訊息，進而透過經濟理論推演出的均衡值，即是預期變數的最適預測值。換言之，「理性預期」是對未來事情進行最佳猜測，符合相關經濟理論預測的結果。理性預期臆說假設：

1. 訊息具有稀少性，理性成員不會浪費資訊。
2. 預期形成主要取決於描述經濟活動的相關體系結構。
3. 除非以內部資訊爲基礎，否則人們預期對體系運行不產生實質影響。

接著，依據第七章的愚弄模型或錯覺模型，勞工未能掌握未來通膨變化

趨勢，簽訂勞動契約未能連結貨幣工資上漲率與通膨，在物價變動過程中，出現實際就業脫離勞動供給曲線運作的非結清狀況，從而產生正斜率總供給曲線。此種勞工被物價變動所愚弄，隱含勞動契約具有預期通膨固定的特質。換言之，短期 Phillips 曲線實際上是非結清勞動市場衍生的結果，座落位置取決於目前勞動契約隱含的預期通膨率，是以 Phelps 與 Friedman 將預期通膨率與自然失業率引進 Phillips 曲線，設定附加預期的 Phillips 曲線 (expectations-augmented Phillips curve) 函數如下：

$$\pi_t = \pi_t^e + f(u_t) + cz_t$$
$$= \pi_t^e - \underbrace{b(u_t - u^*)}_{\substack{總需求面缺口\\或失業缺口}} + \underbrace{cz_t}_{總供給面的干擾}$$

附加預期的 Phillips 曲線
考慮通膨預期的失業率與通膨率之間的關係。

π_t 與 π_t^e 是實際與預期通膨率，$(u_t - u^*)$ 是實際與自然失業率差額或是循環性失業率，可用於衡量勞動市場的失業缺口 (unemployment gap)，z_t 是供給面干擾因素。Friedman 認為勞工未能掌握當前物價變動，誤認通膨率不變 (靜態預期形成)，才讓短期 Phillips 曲線反映失業率與非預期通膨率間的穩定關係。一旦通膨持續不停，勢必被人們考慮入預期形成，調整靜態預期為適應預期，削弱實際通膨率與失業率間的取捨關係。一旦體系邁向長期，當預期與實際通膨率趨於一致，$\pi_t = \pi_t^e$，實際失業率落在自然失業率 $(u_t - u^*)$，Friedman 與 Phelps 的自然失業率臆說 (natural rate of unemployment hypothesis) 遂指出長期通膨率與失業率毫無關係，物價變動不會影響實質經濟活動。換言之，長期 Phillips 曲線是反映長期總供給曲線 LAS，是勞動市場結清下的產物。

失業缺口
體系內實際失業率與其趨勢的落差。

自然失業率臆說
通膨率與失業率長期不存在替代關係，貨幣數量變動不影響實質經濟。

圖 9-5 顯示體系期初均衡落在 E_0 點，實際與預期通膨率為零，$\pi_t = \pi_t^e = 0$，自然失業率為 u^* (對應自然產出 y^*)。政府執行擴張政策，體系將沿

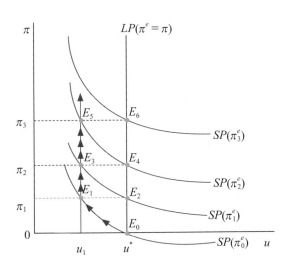

圖 9-5
短期與長期 Phillips 曲線

著 $SP(\pi_0^e)$ 曲線從 E_0 點移往 E_1 點，實際失業率降低至 $u_1 < u^*$，通膨率由 $\pi_0 = 0$ 上漲為 π_1。隨著勞工體認實際通膨率上漲，將會調高預期通膨率而要求調薪，廠商生產成本隨之上漲，促使 $SP(\pi_0^e)$ 曲線右移至 $SP(\pi_1^e)$。

在圖 9-5 中的 E_6 點上，人們已經正確預期通膨率 $\pi_3^e = \pi_3$，實際失業率回歸自然失業率 u^*，體系達成長期均衡。由於短期 Phillips 曲線 $SP(\pi_3^e)$ 不再移動，連結 E_0 點與 E_6 點可得落在自然產出上的長期 Phillips 曲線 (相當於長期供給曲線 LAS)，此是勞動市場結清的產物，線上各點顯示預期通膨率均屬正確，該線右邊代表 $\pi_t > \pi_t^e$，左邊則是 $\pi_t < \pi_t^e$。在此，E_0 點與 E_6 點均擁有正確的通膨預期與相同的自然產出，差異就在預期通膨率不同。從圖 9-5 歸納出三項重要結論：

- 長期失業率與通膨率毫無關係　　勞動市場結清隱含垂直的 Phillips 曲線，政府穩定經濟活動的最佳策略就是維持 $y = y^*$。當 $y > y^*$，通膨將呈現加速現象，政府應採緊縮政策降低實際產出；反之，則改採擴張政策刺激實際產出增加。
- 短期失業率與通膨率存在取捨關係　　在預期通膨率固定下，勞動市場未結清隱含負斜率 Phillips 曲線，政府承擔較高通膨率，將可達成較低失業率目標，如由 E_0 點到 E_1 點。
- 短期與長期 Phillips 曲線並存　　短期 Phillips 曲線基於預期通膨率固定，實際失業率偏離自然失業率，將引發實際與預期貨脹率變動，$SP(\pi_0^e)$ 曲線就跟進移動。

接著，廠商與勞工若採取靜態預期形成，視前期通膨率 π_{t-1} 而定：

$$\pi_t^e = \pi_{t-1}$$

將上述預期形成引進 Phelps-Friedman 的 Phillips 曲線：

$$\underbrace{\pi_t}_{\text{實際通膨}} = \underbrace{\pi_{t-1}}_{\text{靜態預期通膨}} - \underbrace{b(u_t - u^*)}_{\substack{b \times \text{循環失業率} \\ (\text{需求面干擾})}} + \underbrace{cz_t}_{\substack{c \times \text{成本衝擊} \\ (\text{供給面干擾})}}$$

上述 Phillips 曲線將能解釋物價存在部分僵化現象的理由：

1. 在通膨脹程中，由於人們緩慢調整通膨預期，通膨率因而呈現某種程度僵化。
2. Phillips 曲線函數出現過去的通膨率，隱含勞動契約與商品交易契約具有回顧性質，短期通膨無法因應通膨預期變動充分調整。

再將上式移項，可得下列結果：

$$\underbrace{\Delta \pi_t}_{\text{實際通膨率變動}} = \underbrace{(\pi_t - \pi_{t-1})}_{\text{通膨預期誤差}} - \underbrace{b(u_t - u^*)}_{b \times \text{循環失業率}} + \underbrace{cz_t}_{\text{供給面干擾}}$$

上述 Phillips 曲線型態揭露負的循環性失業 (總需求增加讓勞動市場出現超額需求，$N > N^*$)，推動通膨率上升。在勞工採取靜態預期或適應預期下，央行唯有加速貨幣成長率，持續製造通膨預期誤差，維持實際與預期通膨率間的差異性，$(\pi_t - \pi_t^e) > 0$，亦即持續愚弄勞工誤判實際實質工資，才能維持 $(u_t < u^*)$，實際失業率低於自然失業率，此即加速論者臆說 (accelerationist hypothesis)。另外，當體系通膨率穩定在某一水準而不再變動，此時對應的失業率稱為「非加速通膨失業率」(non-accelerating inflation rate of unemployment, *NAIRU*)。Batini 與 Greenslade (2006) 將 *NAIRU* 分為長期和短期，長期 *NAIRU* 是指在 Phillips 曲線模型下，需求面與供給面干擾都不存在時，能讓通膨率維持長期穩定的失業率；而短期 *NAIRU* 則是指體系短期通膨將受失業率缺口之外的變數干擾，而能讓通膨穩定的失業率水準，是以短期 *NAIRU* 波動會大於長期 *NAIRU*。

物價持續上漲而形成通膨，政府可採顯著減速通膨率的反通膨 (disinflation) 策略：透過緊縮政府預算赤字與貨幣成長率的需求管理政策，急速壓制總需求成長，創造一個反通膨的逆向過程，達成降低通膨率成長的目標。圖 9-6 顯示體系長期均衡落在 E_1 點，通膨率為 π_1，$SP(\pi^e = \pi_1)$ 是短期 Phillips 曲線。依據貨幣學派的看法，政府若想壓低失業率，可採取冷火雞方法 (cold turkey approach) 急速降低總需求成長率 (緊縮政策)，引起人們調低通膨預期，促使物價與貨幣工資迅速滑落。人們若依前期通膨率 π_1 形成預期通膨率，短期 Phillips 曲線將是 $SP(\pi^e = \pi_1)$，緊縮政策讓 E_1 點移往 E_2 點，實際通膨率從 π_1 降

加速論者臆說
勞工採取靜態或適應預期，央行加速貨幣成長率，持續製造實際與預期通膨率間的差異，促使實際失業率低於自然失業率。

非加速通膨失業率
維持與穩定通膨率一致的失業率。

反通膨策略
緊縮預算赤字與貨幣成長率，減緩總需求成長而達成降低通膨的目標。

冷火雞方法
央行緊縮貨幣供給，創造大量失業而降低貨幣工資成長率，達成降低通膨率目的。

圖 9-6
冷火雞方法

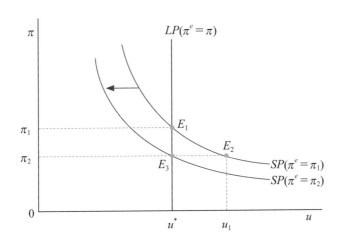

為 π_2，而實際失業率卻是擴大，$(u_1 - u^*) > 0$。實際通膨率劇增，促使人們向下修正預期通膨率，短期 $SP(\pi^e = \pi_1)$ 曲線左移至通過 E_3 點的 $SP(\pi^e = \pi_2)$ 為止。當體系重回長期均衡，通膨率下降，實際失業率也回歸至 u^* 水準。

政府執行冷火雞政策，強力採取緊縮政策，製造蕭條環境而達到遏止通膨目的，但卻因此付出產出成長率減少的代價，兩者關係可用犧牲比例 (sacrifice ratio) 衡量：

犧牲比例
政府緊縮政策引起產出累積損失與通膨率恆常性下降的比值。

$$犧牲比率 = \frac{緊縮政策引起累積的產出成長率減少值\ (\Sigma \Delta \dot{y})}{通膨率恆常性下降值\ (\Delta \pi)}$$

舉例來說，在 2012~2014 年，某國政府追求將通膨率由 5% 降為 2%，導致經濟成長率萎縮：2012 年低於自然產出 4%、2013 年低於 3%、2014 年低於 2%。該國追求抑制通膨，三年內累積降低的經濟成長率是 4% + 3% + 2% = 9%，是以犧牲比例是 9% ÷ (5% − 2%) = 3。

觀 念 問 題

- 試說明短期 Phillips 曲線係在描述何種關係？這些關係的取捨將提供決策者何種政策概念？
- 試說明長期 Phillips 曲線係在描述何種關係？此種關係為何不同於短期 Phillips 曲線顯示的關係？
- 依據附加預期 Phillips 曲線，決定通貨膨脹率的因素為何？這些因素變動將如何影響短期 Phillips 曲線？

總體經濟學者：Robert E. Lucas (1937~)

(一) 生平

1937 年 9 月 15 日生於華盛頓州的 Yakima。1955 年畢業於 Seattle 的 Roosevelt 高中，1959 年畢業於 Chicago 大學歷史系。1963 年任教於 Carnegie Mellon 大學工業管理學院，1964 年獲得芝加哥大學經濟學博士。1974 年返回芝加哥大學任教，1980 年成為芝加哥大學 John Dewey 優異貢獻教授。1995 年獲頒諾貝爾經濟學獎。

(二) 對總體理論貢獻

在 1970 年代初期，Lucas 率先將理性預期概念引進總體理論，開創理性預期學派 (或稱新興古典學派)，在總體經濟模型、計量方法、動態經濟分析、經濟成長以及國際資本流動分析等層面發揮卓越貢獻，加深人們對經濟政策的理解，對未來預期、家庭與廠商決策展現深遠影響，提供政府擬訂政策的嶄新思維。

知識補給站

(一)理性預期之父

John Fraser Muth (1930~2005) 率先在《理性預期與價格變動理論》 (*Rational Expectations and the Theory of Price Movements*, 1961) 提出「理性預期」概念而被譽為「理性預期之父」。爾後，Lucas 在《理性預期與貨幣中立性》(*Expectation and Neutrality of Money*, 1972) 將此預期概念融入總體模型，成為獲頒 1995 年諾貝爾經濟學獎的重要原因之一。

(二)理性預期概念

「理性預期」係結合「理性」與「預期」兩者構成，「預期」是對未來情況形成預測的行為。人們依據直觀認定何種猜測最為合理，而理性預期的猜測則屬最「合理」。舉例說明，現有一組數列如下：

「1,2,3,4,5,6,...」

上組資料依序發生，每日實現一個且連續出現六個數字。針對即將出現的第七個「未來」數字，試問可能數字為何？在 1961 年之前，經濟理論係以「靜態預期」與「適應預期」方式來處理「預期」問題：

1. 靜態預期能鑑往知來，以古論今，人們直接預測第七個數字是「6」，因其為現狀。
2. 適應預期是靜態預期的修正版，針對前次靜態預期與實際值間的預測誤差，給予權數修正而產生新預期。以上例而言，靜態預期的第六期猜「5」而答案是「6」，預測誤差是 1。是以人們猜測第七次將是 $w \times 6 + (1-w) \times 1$，$w$ 是權數。
3. 理性預期者猜測結果為何？預先揭露答案是「7」，此係純屬猜測值，第七個數字的實際值仍然未知！

在上述預期中，何者是「最合理猜測」？人們猜測未來的方法為何？在機率論中，條件機率 (conditional probability) 係指在某事件發生為前提下，發生另一事件的機率。人們的預期通常是條件預期 (conditional expectation) 性質，以擁有的資訊為基礎，來猜測未知狀

態。我們覺得猜測「7」最合理，此係觀察前六期結果似乎存在可信模式，可作為形成預期的訊息而有助於猜測。是以「靜態預期」未使用該訊息，「適應預期」未完全運用該訊息，而「理性預期」則是充分運用該訊息。

以通俗用語定義「理性預期」，即是人們基於擁有的可用訊息來猜測未來。就上例而言，未知狀態是第七個數位，故可用隨機變數 (random variable) 或隨機過程 (stochastic process) 來看待，而「理性預期」指出人們知道該隨機變數的分配，數學上則以動差衍生函數 (moment-generating function, *MGF*) 來辨認分配類型，亦即「平均數」(一級動差描述分配的預期值) 與「變異數」(二級動差描述分配的離散程度)。

為何「理性預期」隱含人們知道隨機變數的分配？就前述例子來看，人們擁有「1~6」這些已發生數值的訊息，包括第一天出現 1、第二天出現 2、…、…、第六天出現 6，以及「第 i 天出現 i」的模式持續六次，此將暗示人們如何猜測第七個數字？當然是猜「7」！人們理性地從事預期決策，此即「理性預期」。

「靜態預期」或「適應預期」都非理性決策嗎？答案是！兩者確實不太理性，因其每次預測都犯錯，犯了「系統性錯誤」。設想以下情境：張無忌是靜態預期者，第一天看到「1」，故猜明天也是「1」。然而第二天卻出現「2」，逐改猜第三天是「2」。到了第三天是「3」(又錯了)，卻繼續猜第四天是「3」，當然還是猜錯！張無忌一直犯相同錯誤。理性者還會繼續依據靜態預期猜測未來嗎？怎麼可能繼續犯錯下去！靜態預期者的預期「全無道理可言」，重點不在犯錯而是重蹈覆轍，此非理性者應有的行為。至於「適應預期」也有類似問題，雖有修正卻無法根除系統性錯誤，是以也非理性產物。唯有「理性預期」，人們不存在系統性錯誤，此係異於前述兩者之處。

合理的行為模式應是遵循理性預期。然而誰會猜對答案？只知道靜態預期者猜「6」，適應預期者猜介於「6~7」之間，理性預期者猜「7」，命中與否均屬未知！不過平均而言，理性預期者相對其他兩者準確。理性預期雖無系統性錯誤，但既是預期，就會有失誤，此係隨機環境的本質。人們看到前六期分別是「1、2、3、4、5、6」，預期第七期必然是 7。真有充分信心嗎？現實上仍可能猜錯。我們考慮下列 Bernoulli (0,1) 隨機過程：

$$Y_t = t + \varepsilon_t$$

Y_t 是我們關心的序列值，t 為時間，ε_t 是無序列相關的隨機干擾項，擁有 10% 機率是 1，90% 機率是 0。依據該隨機過程，我們用電腦模擬，讓其產生虛擬資料，將可看到前六期數據是「1、2、3、4、5、6」，第七期出現「7」的機率是 90%。人們甚至可以估算觀察到前六期數據是「1、2、3、4、5、6」的機率，答案是 0.9 的六次方。若僅估計第七天，人們可能感覺「理性預期」假設過強，為何非得猜「7」不可呢？如以同一模式估計到七萬天，理性者不可能猜 $Y_t = t + \varepsilon_t$，而是猜 $Y_t = t$，後者顯然才是正確的「分配」。

經濟學乃至於統計學，常常提及「極限」，此即數學上的極限。理性預期指出，在不確定環境下，人們透過長期觀察而掌握隨機變數的分配性質，持續修正預期直至完全符合隨機變數的分配為止，此處的分配係指模型設定的分配。經濟學稱上述的長期為「in the long-run」，數學則稱「in the limit」，其實是在講同一件事。傳統 Keynesian 學派喜歡用「長期而言，我們都死了。」來消遣古典學派，其實是一個數學上的玩笑！

經濟學者建構模型，認為人們採取理性預期，等同於假設其了解隨機變數分配。理性預期者未必不會犯錯，卻不會犯系統性錯誤，更不會愚昧地重複再犯。理性預期者犯錯係來自於隨機環境的未知本質，或稱為「風險」。

 ## 總體經濟學者：Edmund S. Phelps (1933~)

(一) 生平

1933 年 7 月 26 日出生於美國伊利諾州 Evanston，1955 年畢業於美國 Amherst 文學院，1959 年獲得耶魯大學經濟學博士，先後任教於耶魯大學和賓州大學。1971 年起，任教於哥倫比亞大學經濟學教授。同時獲選美國科學院院士、美國社會科學院院士、紐約科學院院士、美國經濟學會副會長、Brookings 經濟事務委員會資深顧問、聯準會學術會議專家、財政部和參議院金融委員會顧問、《美國經濟評論》編委等。2006 年獲頒諾貝爾經濟學獎。

(二) 對總體理論貢獻

在 1960 年代，Phelps 針對 Phillips 曲線理論的研究，「加深人們對經濟政策長期和短期效果關係的理解」，進而對「經濟理論研究和決策產生決定性影響」。接著，Phelps 採取新 Keynesian 學派觀點與方法，運用資訊不對稱理論研究自然失業率、隱性勞動契約、滯後效果與失業等議題，試圖建立總體理論的個體基礎。此外，Phelps 提出「經濟成長黃金律」，探討勞動和資本間的關係，分析產業發展與技術進步間的關係，透過資本投入和增加研發支出來刺激技術進步，以及體系記憶體的創新和發明等議題。

9.3 通膨環境下的總體均衡

9.3.1 動態總需求與總供給模型

在第五章的 Hicks-Hansen 模型中，我們指出由 IS 曲線 (流量概念，固定期間) 與 LM 曲線 (存量概念，特定時點) 來完成體系均衡，將存在時間維度不一致的問題。尤其是 Hicks-Hansen 模型處理的經濟環境藍燈閃爍的蕭條或衰退，物價趨於僵化導致人們的預期通膨率爲零。此種前提在第六章推演總需求曲線過程中，卻將陷入「物價變動而預期通膨率始終不變」的困境，建構出 AD 曲線上的點移動反映物價變動而通膨預期固定，兩者存在邏輯缺陷。同樣問題也出現在傳統的 SAS 曲線，物價變動而通膨預期不變，短期總供給曲線的點移動反映物價變化，通膨預期卻固定的不一致現象。

有鑑於此，我們將引進動態總需求與總供給 (dynamic AD-AS) 模型，聚焦在時間歷程中，外生干擾將對產出與通膨造成何種影響。首先，將 Phillips 曲線轉化爲動態總供給曲線 (dynamic aggregate supply curve, DAS)，定義爲反映體系內產出率與通膨率關係的軌跡，而影響體系長期產出率的關鍵因素是：廠商使用的技術、資本數量與不受通膨率影響的長期勞動供給，自然失業率則是對應自然產出或潛在產出。

動態總供給曲線
反映體系內產出率與通膨率關係的軌跡。

Okun (1962) 提出 Okun 法則 (Okun's Law) 將生產函數 $Y = F(N, K_0)$ 動態化，顯示體系內失業缺口與產出缺口存在反向關係：

Okun 法則
失業缺口與產出缺口存在反向關係。

$$(u - u^*) = -a(y - y^*)$$

$\overline{LF} = N + UN$，勞動力等於就業與失業的總合。$y = \ln Y$ 與 $y^* = \ln Y^*$ 是實際產出與自然產出的自然對數值。當實際產出落在自然產出上，$Y = Y^*$，兩者差異爲零。在此，我們定義經濟成長率爲實際產出相對自然產出的成長率，$(\ln Y - \ln Y^*) = (y - y^*)$，或稱爲產出比率 (output ratio)，也可稱爲產出缺口：

產出比率
實際產出相對自然產出的比率。

$$\hat{y} = 100 \times \left(\frac{Y}{Y^*}\right) = 100(\ln Y - \ln Y^*) = 100(y - y^*)$$

$\left(\frac{Y}{Y^*}\right) = 1$ 意味著實際產出等於自然產出，$\ln(1) = 0$，產出比率爲零或相對自然產出的經濟成長率爲零。Okun 法則的涵義即是循環性失業率 $(u - u^*)$ 將與產出缺口 $(y - y^*)$ 存在反向關係。將其代入 Phillips 曲線函數，即可轉換爲動態短期總供給函數 (DSAS)。

$$\underset{\substack{\text{實際通膨}}}{\pi_t} = \underset{\substack{\text{預期通膨}}}{\pi_t^e} - \underset{\substack{ab \times \text{產出缺口}}}{ab(y_t - y^*)} + \underset{\substack{\text{成本衝擊}}}{cz_t}$$

再將上式重新整理，可得 Lucas 的動態總供給函數 (DAS)：

$$y = y^* + (\frac{1}{ab})(\pi_t - \pi_t^e) - cz_t$$
$$= y^* + \theta(\pi_t - \pi_t^e) - cz_t$$

$\theta = \dfrac{1}{ab}$ 是實際產出對通膨預期誤差 $(\pi_t - \pi_t^e)$ 反應係數。人們若採取靜態預期形成，$\pi_t^e = \pi_{t-1}$，短期總供給函數將變成：

$$y = y^* + \theta(\pi_t - \pi_{t-1}) - cz_t$$

舉例來說，某國在 $t-1$ 期通膨率為 $\pi_{t-1} = 2\%$，成本衝擊為 $z_t = 0$，自然產出 $y^* = 10$。假設產出對通膨預期誤差的反應係數 $\theta = 0.5$，短期總供給函數 DSAS 可表為：

$$y = 10 + 0.5 \, (\pi_t - 2\%)$$

圖 9-7 顯示體系的長期 (DLAS) 與短期 (DSAS) 動態總供給曲線。當實際產出等於自然產出 $y = y^* = 10$，產出缺口 $(y - y^*) = 0$，而短期 DSAS(2%) 與長期 DLAS 交於 E_1 點，目前通膨率 $\pi = 2\%$ 等於預期通膨率。隨著實際產出擴張至 $y_1 = 11$，通膨率上升至 $\pi = 2.02\%$，體系出現正產出缺口 $(y - y^*) = 1$，此即 E_2 點，連結 E_1 點與 E_2 點可得短期總供給曲線 DSAS(2%)。當 $(y > y^*)$，Okun 法則意味著失業率下降，勞動市場出現超額需求，廠商須以較快速度提高薪資，

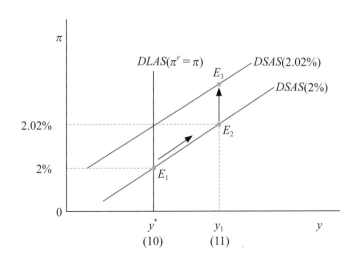

圖 **9-7**

Lucas 總供給曲線

引發物價以較快速率上漲而推動通膨攀升。面對通膨率攀升，勞工跟進調整預期通膨率，帶動短期總供給曲線左移至 $DSAS(2.02\%)$。

值得注意者，貨幣工資與物價浮動調整性愈大，產出對通膨反應愈慢，θ 值愈小，將讓 $DSAS$ 曲線斜率愈陡。隨著貨幣工資與物價完全浮動時，θ 值趨近於零，$DSAS$ 曲線趨近於垂直線而與 $DLAS$ 一致，實際產出落在自然產出。

至於動態總供給曲線 $(DLAS)$ 發生移動的因素，包括：

- 體系發生資本累積、勞動供給成長與技術進步，將讓自然失業率下降，促使長期 $DLAS$ 曲線右移。
- 預期通膨率攀升或正的成本衝擊因素增加，將引起短期 $DSAS$ 曲線左移。
- 景氣繁榮釀成正的產出缺口 $(y-y^*)>0$ 推動通膨上升，圖 9-7 中的 E_1 點將移往 E_2 點。一旦產出缺口持續存在，人們的預期通膨率攀升要求調高薪資，$DSAS$ 曲線從 E_2 點往 E_3 點移動。
- 景氣衰退造成負的產出缺口 $(y-y^*)<0$ 引發通縮，人們的預期通膨率變爲負值，貨幣工資下降，$DSAS$ 曲線將會右移。

接著，再討論動態總需求函數的形成，可定義爲產出率與通膨率的組合能讓商品市場與貨幣市場達成均衡的軌跡。商品市場均衡可表爲：

$$y=E=C(r,y)+I(r,y)+G$$

貨幣政策曲線
反映央行設定實質利率、通膨率與產出率關係的軌跡。

爲避免商品市場與對貨幣市場的時間維度差異，Miskin (2011) 改以「貨幣政策曲線」(monetary policy curve, MP) 取代傳統的 LM 曲線，此係反映央行設定實質利率、通膨率與產出率的關係。自 1960 年代開始，美國聯準會基本上接受貨幣學派說法，採取「控制貨幣餘額」法則，而讓利率自由浮動。邁入 1990 年代後，美國一度執行平衡預算法案，聯邦政府無法運用財政工具刺激景氣，相當程度削弱財政政策對經濟活動的影響，貨幣政策遂成爲政府管理需求的主要工具。聯準會因而跟著轉向改以「調整名目利率」的 Taylor's 法則 (Taylor rule) 來取代「控制貨幣餘額」法則，控制利率而任由貨幣數量浮動 (QE 政策)。

Taylor's 法則
央行視通膨率與失業率變化狀況來調整名目利率。

John B. Taylor (1993) 建議央行應該針對通膨率 $(\pi-\pi^*)$ 與失業率 $(u-u^*)$ 兩者變化來調整名目利率，此即 Taylor 法則。

$$i=i^*+a(\pi-\pi^*)-b(u-u^*)$$

i 是名目利率，i^* 是名目利率目標，π 是膨脹率，π^* 是通膨率目標，u 與 u^* 是實際與自然失業率。一般而言，央行擬定的 i^* 與 π^* 目標將相互聯繫，在實質

利率固定下，名目利率與通膨率存在一對一關係，$a>0$、$b>0$。央行執行上述法則，將隱含下列涵義：

- 當實際通膨率等於目標值 ($\pi=\pi^*$)，實際失業率將等於自然失業率 ($u=u^*$)。央行設定名目利率為目標值 ($i=i^*$)，即能穩定經濟活動運行。
- a 值係反映央行關心通貨膨脹程度，影響總支出的因素是實質利率而非名目利率，不論在何種情境，$a>1$。當實際通膨率超越央行容忍目標值，$(\pi-\pi^*)>0$，央行將須緊縮總需求，調高名目利率幅度必須大於通膨率，實質利率上升才能緊縮經濟活動，迫使通膨率急遽下降，是以設定名目利率必須高於 i^*。
- b 值反映央行關注失業率程度，b 值愈高將讓央行遠離通膨目標，重點放在維持實際失業率趨近於自然失業率。一旦循環性失業 $(u-u^*)>0$，央行應該降低名目利率（相當於壓低實質利率），刺激總需求增加而發揮擴張就業效果。

　　傳統的 Taylor 法則衡量通膨缺口 $(\pi-\pi^*)>0$，係以實際通膨率扣除央行追求的通膨目標值，忽視預期通膨率才是評估貨幣政策方向的關鍵。Richard Clarida、Jordi Gali 與 Mark Gertler (1999) 將預期因素與 Okun 法則引進 Taylor 法則，修正如下：

$$i_t=r+\pi_t+a\,(\pi_{t+1}^e-\pi^*)+\beta\,(y_t-y^*)$$

$\pi_{t+1}^e=E\,(\pi_{t-1}|I_t)$ 是運用 t 期訊息 I_t 來預期 $t+1$ 期通膨率。傳統的貨幣政策是央行遵守控制貨幣數量法則，透過調整貨幣數量影響市場利率決定。然而時至今日，各國央行改弦更張控制利率，再適時調整貨幣供給以達成利率目標。依據 Fisher 方程式，實質利率可表為：

$$r=i-\pi^e$$

　　上式顯示：當實際與預期通膨率不變時，名目利率變動將會改變實質利率。接著，再簡化 Taylor 法則型態，設定貨幣政策曲線如下：

$$r=\bar{r}+\lambda\pi$$

$\bar{r}$ 是央行設定實質利率的自發性項目，與目前通膨率無關。λ 是央行關注實質利率對通膨率的反應係數。貨幣政策曲線 (MP) 顯示央行設定的實質利率與通膨率間的關係，該曲線必須是正斜率，隱含通膨率上漲時，實質利率必須上升。體系爆發通膨，央行未依 Taylor 法則提高貨幣利率，將引起實質利率下滑，導致通膨繼續走高。圖 9-8 中的貨幣政策曲線可表為：

$$r = 1\% + 0.5\pi$$

在 C 點，通膨率為 1%，央行設定實質利率 1.5%；在 A 點，通膨率為 2%，央行設定實質利率 2.5%；在 B 點，通膨率為 3%，央行設定實質利率為 3.5%，連結這三點，可得正斜率貨幣政策曲線 MP。在通膨期間，央行調整名目利率幅度低於通膨率，將讓實質利率下跌而刺激總支出增加，勢必擴大通膨波動超出控制範圍：

$$\underbrace{\pi\uparrow}_{實際通膨率上升} \Rightarrow \underbrace{r\downarrow，名目利率不變}_{實質利率下跌} \Rightarrow \underbrace{E(C_r + I_r)\uparrow}_{民間實質支出擴張} \Rightarrow \underbrace{Y\uparrow}_{名目產出增加} \Rightarrow \pi\uparrow$$

有鑑於此，央行遵循 Taylor 原則，在通膨期間，調高名目利率幅度超過預期通膨率，推動實質利率上升，促使 MP 曲線呈現正斜率。圖 9-8(A) 顯示，央行提高實質利率 $\bar{r}$ 即是自發性緊縮貨幣政策 (autonomous tightening of monetary policy)，MP_1 曲線左移至 MP_2；反之，降低實質利率即是自發性寬鬆貨幣政策 (autonomous easing of monetary policy)，MP_1 曲線則右移至 MP_3。

動態總需求曲線 DAD 則是結合 IS 曲線與 MP 曲線而成，亦即：「通膨率與產出率的組合能讓商品市場達成均衡的軌跡」。在預期通膨率固定與央行採取貨幣政策已知下，將可求出總需求曲線即是反映產出與通膨率均衡關係的軌跡。我們將貨幣政策曲線方程式代入商品市場均衡式，可得總需求函數如下：

$$y = C\,(\bar{r} + \lambda\pi, y) + I\,(\bar{r} + \lambda\pi, y) + G$$

就上式全微分，經整理可得 DAD 曲線斜率：

$$\left.\frac{d\pi}{dy}\right|_{DAD} = \frac{1 - C_y - I_y}{\lambda(C_r + I_r)} < 0$$

在圖 9-8(A) 中，貨幣政策曲線 MP_1 顯示通膨率由 1% 上漲至 2%、3%，實質利率將由 1.5% 提高至 2.5%、3.5%。(B) 圖中的 IS 曲線顯示高實質利率將導致較低投資支出，總產出將從 10.5 降低至 10、9.5。(C) 圖則顯示對應這三個通膨率的均衡產出，連結這些點可得負斜率 DAD 曲線，而促使 DAD 曲線移動的因素如下：

1. *IS* 曲線移動　IS 曲線移動將會引起 DAD 曲線移動，而促使 IS 曲線移動的因素，包括自發性消費支出與投資支出、政府實質支出、自發性淨出口、租稅與金融摩擦 (financial frictions) 等六類。在此，金融摩擦係指金融市場的資訊不對稱，引發交易成本增加，包括訊息成本 (information cost)、控制成本 (control cost)、監理成本 (monitoring cost) 與市場分隔成

金融摩擦
金融市場訊息不全，引發交易成本遞增的現象。

本 (market segmentation cost)。在此前四種因素減少將促使 IS_1 與 DAD_1 兩曲線分別左移至 IS_2 與 DAD_2 位置。

2. *MP* 曲線移動　*MP* 曲線移動將引起 *DAD* 曲線移動，如央行憂慮景氣過熱，決定在任何通膨率上提高實質利率 1%，此即是自發性緊縮貨幣政策，此舉將引起 MP_1 曲線左移至 MP_2 位置，導致動態總需求曲線 DAD_1 左移至 DAD_2 位置。

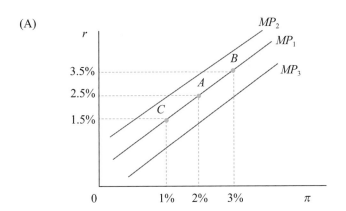

(A)

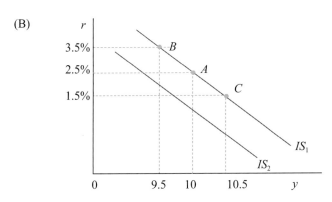

(B)

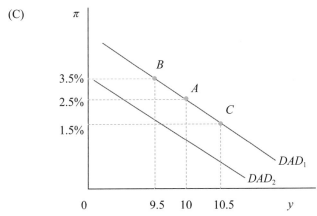

(C)

圖 **9-8**

貨幣政策曲線與動態總需求曲線

293

圖 9-9 顯示當 DAD 曲線與 DLAS 曲線相交於 A 點，體系處於長期均衡，通膨率為 π^*，自然產出為 y^*。體系發生通膨的來源有二：

1. 需求面衝擊　名目支出成長率 (如政府支出增加、降稅、自發性淨出口擴張、消費者與廠商信心樂觀、自發性貨幣政策 r 變動) 恆常性加速進行，促使 DAD 曲線右移，推動通膨率攀升。

2. 供給面衝擊　預期通膨率上升、廠商生產成本增加 (如國際油價變動、原料或農產品價格變動)，促使 DSAS 曲線左移，推動通膨率上升。

圖 9-9
動態總體均衡

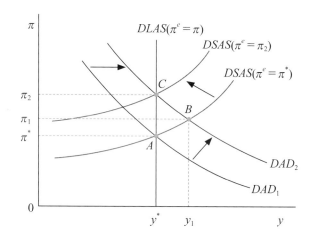

在 1990 年代，美國經濟活動持續九年罕見的「高經濟成長率、低失業率和低通膨率」組合，形成以知識經濟 (knowledge-based economy) 為基礎的「新經濟」。傳統「物質產品」與「知識產品」的差異就在產品所含知識與物質成分不同，前者的物質含量較高而知識含量較低，後者的物質含量較低而知識含量較高。由於知識投入主要出現在研發知識產品階段，研發成功就可用很少的變動投入生產，亦即生產知識產品的固定成本所占比例較大，產出增加引起平均固定成本遞減幅度，遠超過報酬遞減法則引發平均變動成本上升幅度，促使平均成本呈現遞減，從而推動短期總供給曲線持續右移。國民所得成長衍生新的總需求，帶領總需求曲線呈現適應性右移，形成「新經濟」擴張階段出現的機制，創造出「高成長、低物價與低失業」的組合成果。

知識經濟
建立在知識生產、分配與使用的經濟。

觀念問題

- 試說明讓短期總供給曲線移動的因素為何？這些因素也會讓長期總供給曲線移動嗎？為什麼？
- 當體系短期均衡產出超過自然產出時，體系將如何調整至長期均衡？
- 體系原先處於長期均衡狀態，正向需求衝擊將會引發何種短期與長期效果？
- 何謂 Okun 法則？如何結合該法則與 Phillips 曲線而推演出短期總供給曲線？

9.3.2 停滯性膨脹與紓緩政策類型

在 1970 年代，油價狂飆引爆輸入性通膨，各國無不深陷蕭條困境，停滯性膨脹蔓延成為全球經濟問題。台灣面對 1973 年的首次油價飆漲衝擊，1974 年的通膨率為 32.4%，實質經濟成長率滑落至 1.2%。邁入 1975 年後，通膨率遽降為 2.3%，實質經濟成長率卻仍只有 4.9%。到了 1979~1980 年第二次油價飆漲期間，1979 年的通膨率為 11.5%、1980 年為 16.2%、1981 年為 12.1%，同期間的實質經濟成長率分別為 8.2%、7.3% 與 6.2%。在兩次油價調整期間，體系出現物價明顯攀升，經濟成長率卻低於長期應有水準的現象。是以停滯性膨脹定義為：景氣蕭條 (或低度經濟成長) 與高通膨率並存現象，發生原因有二：(1) 在景氣循環後期，體系出現需求拉動通膨後的調整過程。(2) 供給面衝擊或成本推動通膨引發的調整過程。

圖 9-10 顯示 DAD_0 與 $DLAS(\pi^e = \pi)$ 交於 A 點，體系期初處於自然產出 y^*，實際與預期通膨率相等，$\pi_0 = \pi_0^e$。體系面臨自然災害 (地震、水災或惡劣氣候)、自然資源壟斷、貿易條件惡化、勞動生產力下降、工資或利潤加碼上漲等逆向供給，$DSAS_0(\pi_0^e)$ 左移至 $DSAS_1(\pi_0^e)$。在短期均衡 C 點上，實質產出下降 (反映失業擴大)，通膨率上漲至 π_1。面對失業遞增的蕭條景況，央行採取寬鬆政策 (降低 $\bar{r}$)，促使 DAD_0 右移至 DAD_1，產出雖然增加而紓緩失業現象，但因通膨率卻持續上漲，而勞工因應實際通膨率 π_1，調整預期通膨率為 π_1^e，進而要求調薪。廠商調薪而增加生產成本，促使 $DSAS_1(\pi_0^e)$ 左移至 $DSAS_2(\pi_1^e)$，短期通膨率再度上漲，產出則反轉下降。在 D 點上，勞工的預期通膨率 π_1^e 又與實際通膨率 π_2 發生分歧，接續調整預期，引發短期總供給曲線持續左移，造成通膨率上漲與實質產出下降。央行若持續以寬鬆政策紓緩失業問題，總需求曲線再次右移至 DAD_2。就在 DAD 與 $DSAS$ 兩條曲線交互運作下，體系將出現 AC 與 DN 等階段的停滯性膨脹期間。

圖 9-10
停滯性膨脹的
形成

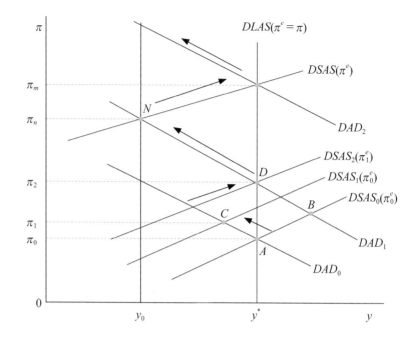

圖 9-11 顯示體系期初均衡在 E 點。逆向供給衝擊將讓短期總供給曲線
$DSAS_1(\pi^e = \pi_1)$ 左移至 $DSAS_2(\pi^e = \pi_1)$，央行採取因應政策類型如下：

中性政策
在通膨期間，央行控制貨幣餘額不變。

- 中性政策 (neutral policy)　央行穩定貨幣供給而控制總需求曲線 DAD_1 不變，短期均衡移往 L 點，實際產出降為 y_1，通膨率攀升至 π_2。實際通膨上漲促使勞工調整預期通膨，要求調薪將帶動短期總供給 $DSAS_2(\pi^e = \pi_1)$ 左移至 $DSAS_2(\pi^e = \pi_2)$。央行穩定貨幣數量控制總需求 DAD_1 不變，體系短期均衡落在 A 點，實際產出再度下降，意味著失業率持續擴大。勞動市場失業擴大將會帶動薪資滑落，在廠商成本獲得紓緩甚至下跌之下，$DSAS_2(\pi^e = \pi_2)$ 曲線將逐漸轉向右移，緩慢回歸至期初的 E 點。

調節性政策
央行為消除逆向供給衝擊，採取寬鬆政策維持自然產出不變。

通膨螺旋
體系內工資與成本上漲相互影響支持物價持續上漲趨勢。

- 調節性政策 (accommodating policy)　央行追求穩定自然產出 y^*，為抵銷逆向供給衝擊，採取寬鬆政策將總需求曲線 DAD_1 右移至 DAD_2，短期均衡落在 N 點，通膨率攀升至 π_3。隨著人們調整預期通膨要求調薪，廠商生產成本提高促使短期總供給左移至 $DSAS_2(\pi^e = \pi_2)$，實際產出下降迫使央行再持續擴大貨幣供給，讓總需求增加以穩定自然產出，刺激通膨率持續上漲。此一現象反覆發生，勢必引發通膨螺旋 (inflation spiral) 上升，甚至引爆惡性通膨。

滅火政策
央行為消除逆向供給衝擊，緊縮貨幣供給以維持通膨率不變。

- 滅火政策 (extinguishing policy)　央行追求穩定物價，為消除逆向供給衝擊，採取緊縮政策將總需求曲線 DAD_1 左移至 DAD_3，體系短期均衡落在 M 點而穩定通膨 π_1，實際產出則降至 y_2 而出現衰退狀況。由於實際通膨

不變促使預期通膨也不變，但因實際產出巨幅萎縮（蕭條）意味著勞動市場出現嚴重失業，減薪壓力擴散將讓 $DSAS_2(\pi^e = \pi_1)$ 曲線逐步右移，帶動實際通膨與預膨脹下降低，直到 $DSAS_2(\pi^e = \pi_4)$ 與 DAD_3 相交，體系在 F 點達成均衡，此種滅火政策即是前述的冷火雞政策。

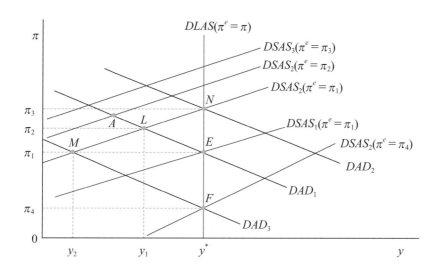

圖 9-11
停滯性膨脹的
央行因應政策

　　針對逆向供給衝擊引起的通膨，政府除以需求管理政策因應外，1980 年代的供給學派另外從供給面著手，採取降低勞動成本、提升工作效率與生產力等供給導向政策，或說服工會同意管制工資，砍斷貨幣工資與物價的螺旋式迴圈的所得政策 (income policy)，減輕成本上漲形成對物價上漲的壓力。

所得政策
政府管制工資與物價漲幅，或提供誘因抑制工資與物價上漲。

- 工資與物價的標竿政策 (guidepost policy)　強調不具通膨威脅的工資協議條件為：「任何產業的貨幣工資上漲率應等於全面的生產力成長率」。在完全競爭體系下，廠商追求利潤極大，將聘僱員工至實質工資等於勞動邊際產量，由此衍生下列結果：

$$\pi = \dot{W} - \dot{F}_N$$

$\dot{F}_N$ 是勞動生產力成長率。上式顯示：政府若要穩定物價，$\pi = 0$，貨幣工資上漲率必須等於生產力成長率。

- 在通膨期間，政府凍結工資與物價是否發揮效果，端視期初經濟環境（超額需求程度）、控制的理解性及強制執行的嚴格性而定。不過價格管制引發負面效果，包括：(1) 政府必須承擔管理機構與執行組織的成本，廠商則需負擔預先通知政府（公平交易委員會）有關價格形成決策、隨時報告價格變更決策與維持特殊幕僚保證遵守管制等成本。(2) 造成資源錯配與形成全面緊縮生產活動。(3) 廠商定價及勞資雙方談判工資的自由度下降。

- 指數化契約　將以名目方式訂定的契約與物價聯繫，使其能隨物價波動而調整，避免非預期通膨造成實質財富重分配。假設勞動契約充分指數化，勞工實際上是在辨識實質工資而非貨幣工資，而後者膨脹率可表為：

$$\dot{W} = \dot{w}^* + \pi$$

$\dot{w}^*$ 是勞動契約簽定的實質工資膨脹率 (假設 $\pi = 0$) ，π 是指契約期間的消費者物價指數上漲率。

- 政府 (勞動部) 推動人力資源計畫，撮合失業與空缺，降低失業津貼或保險給付，縮短勞工持續失業期間。兩者旨在降低摩擦性失業，移動長期 Phillips 曲線左移，有助於降低既定通膨率下的失業率。

9.3.3　通貨緊縮與債務通縮

在 1990~2010 年間，日本面臨所有經濟變數出現極端風險而淪為惡性循環，同時陷入長期通貨緊縮 (deflation) 與流動性陷阱，最終演變成景氣長期低迷，股價指數持續滑落、公債價格持續上漲、殖利率下跌近於零。Irving Fisher (1933) 定義通貨緊縮 (通縮) 是景氣循環沉淪谷底，廠商生產意願薄弱，消費者信心匱乏，低經濟成長率與高失業率並存的景象。至於流動性陷阱則指在金融市場上，民間部門對資金運用保守以待，怯避風險性資產投資，轉而持有無風險資產，如公債與貨幣。

Fisher (1933) 在《大蕭條的債務通縮理論》(*The Debt-Deflation Theory of Great Depressions*) 指出，體系物價滑落引爆通縮，大幅提升實質債務，引起債務人拖延還款甚至倒債。逾期放款率偏高導致銀行資產縮水，甚至落入資產無法清償債務的窘境，只好緊縮放款引起體系需求下降而縮減支出，債務通縮 (debt deflation) 因而成形。Fisher 的債務通縮現象源自於通貨緊縮，從而成為通縮理論的創始者。另外，Samuelson 認為體系出現連續兩季 (即六個月) 的 *CPI* 下跌，即是隱含通縮現象成型。

債務通縮
體系景氣衰退引起物價下跌，導致借款人的實質債務增加，清償能力下降引起放款違約率激增，進而引發銀行倒閉風潮，釀成通縮螺旋。

在 1990~2003 年間，通縮頻繁出現在報章雜誌，甚至躍居政府關注焦點。在總體理論中，通膨理論發展完備且眾人皆知，通縮概念則是相對模糊不清。通縮就是金融市場呈現資金緊俏局面，銀行信用不足以融通資金需求，反映的現象則是一般物價滑落低於「一般水準」。類似通膨甚難區分「一般物價」與「一般水準」，這兩種概念不明確，甚難尋得共識，卻可找到實例說明。在 1929~1933 年大蕭條期間，多數國家物價下跌近三成，伴隨而來是生產衰退、廠商大量破產與失業率飆高。實際上，以人們熟悉說法來看，全球通縮猶如「全球經濟大恐慌」的同義詞。

　　通貨緊縮的定義可歸納為三種：(1) 物價呈現普遍性和持續性下跌；(2) 物價普遍性和持續性下跌、貨幣成長率與經濟成長率連續性下降；(3) 運用物價指數和貨幣成長率指標衡量通縮，而不重視經濟成長率因素。通縮與通膨是相反概念，從兩個層面反映相同規律，貨幣不僅是「覆蓋在實際經濟活動的面紗」，貨幣供給變化也將改變商品供需關係，對經濟活動發揮實質影響。

　　一般而言，消費者物價指數上漲率係衡量通膨和通縮的指標，卻非判斷是否確實發生通縮或通膨的唯一指標。首先，物價上漲不足以說明是否發生通膨，物價滑落也不足以反映通縮出現。影響物價波動因素很多，無時無刻不在變化之中，然而唯有貨幣供給變化引起物價波動才能稱為通膨，其他因素引起物價上漲均不足以認證是通膨。舉例來說，1970 年代爆發兩次石油危機，油價上漲推動石油輸入國產業的生產成本與運輸成本大漲，釀成物價攀升、經濟成長率下降甚至衰退，但此景卻非通膨現象。同樣地，並非所有物價下跌甚至持續下降均可稱為通縮。

　　就點燃物價上漲的非貨幣因素而言，引發生產成本和物價滑落的因素不勝枚舉，如通訊網路技術持續進步、貿易障礙壁壘逐步解除。技術進步是推動經濟成長的動力，制度創新則將降低大宗商品的生產成本，讓短期內物價迅速滑落。舉例來說，Gordon Moore (1965) 預言積體電路中的電晶體容量每十八個月將翻一番，此後三十年的晶片產業發展應驗該項預言，每隔十八個月，同樣價格的晶片性能差不多提升一倍，性能相同的晶片價格則大致降低一半，此即稱為 Moore 法則。換言之，人們觀察物價滑落卻忽略生產領域的重大變化，遂將物價滑落認定為通縮，顯然失之千里。

Moore 法則
每十八個月，同樣價格的晶片性能約提高一倍，性能相同晶片的價格則降低一半。

　　Fisher 債務通縮理論長期遭到忽視，人們偏向關注 Keynes 的《一般理論》成就。不過 John Kenneth Galbraith (1954) 在《1929 年大崩盤》(*The Great Crash, 1929*) 中提及債務累積導致通縮螺旋 (deflationary spiral)，而 Eckstein 與 Sinai (1990) 則指出信用循環被認定是二次大戰後，發生景氣循環的主因。爾後，Ben Shalom Bernanke 基於 Fisher 的論點，指出物價與名目所得劇跌導致實質債務增加，債務人瀕臨破產，促使總需求萎縮與物價進一步下跌，因而引爆債務通縮螺旋。Bernanke 認為物價小幅滑落，財富將由債務人重分配給債權人，無礙於經濟活動運行。一旦通縮日益惡化，資產價格崩跌讓債務人破產，銀行資產負債表上的名目資產價值遽降。銀行勢必緊縮信用條件，引爆放款緊縮，重創景氣。信用緊縮遏制民間支出，導致總需求不振，再次加劇通縮螺旋。1980~1990 年代，經濟學者重拾對債務通縮的興趣，直到 2008 年爆發金融海嘯，重創國際景氣，人們對債務通縮又重啟新一輪的關注，相關討論見第十六章。

通縮螺旋
經濟危機導致低生產、低工資、低需求，進而引起物價持續滑落的反應。

債務減免

對任何形式的債務進行重組，可採部分或全部減免未償本金，降低到期放款利率，或展延放款期限。

財政刺激

衡量政府財政政策決策是否對體系增加或減少總需求壓力。

Fisher 認為債務通縮的解決方法是「通膨再現」，讓物價回到通縮前水準，然後再穩定物價，破除債務通縮的「惡性循環」。只要通膨再現而讓物價回升到債務人簽定借款契約的平均水準，而由現有債權人承擔，然後穩定此一物價不變，就能阻止景氣陷入這種蕭條。不過傳統 Keynesian 學派不認為僅由「通膨再現」就能化解，而須採取「債務減免」(debt relief)(尤其是透過通膨)與「財政刺激」(fiscal impulse) 才能振衰起敝。換言之，民間債務銳減引起總需求萎縮，可以透過政府債務成長彌補，亦即「將民間債務轉換為政府債務」，或是以政府信貸泡沫取代民間信貸泡沫。事實上，Keynesian 學派在蕭條環境的運作機制，「財政刺激」就表示政府債務成長刺激總需求。

總體經濟學者：**Milton Friedman (1912~2006)**

(一) 生平

1912 年 7 月 31 日出生於美國紐約州紐約市 Brooklyn。1928~1932 年畢業於 Rutgers 大學文學院，1933 年取得芝加哥大學碩士，隨後參與羅斯福總統的「新政」工作，並前往哥倫比亞修讀經濟學，研究計量、制度及實踐經濟學。1941~1943 年出任美國財政部顧問，研究戰時稅務政策，曾支持 Keynesian 學派的租稅政策，協助推廣預扣所得稅制度。1943~1945 年在哥倫比亞大學參與 Harold Hotelling 及 W. Allen Wallis 的研究小組，為武器設計、戰略及冶金實驗分析數據。1945 年任職於明尼蘇達大學，並於 1946 年獲得哥倫比亞大學博士。1946~1976 年任教於芝加哥大學，同時創立芝加哥學派。1953~54 年間，以訪問學者身分任教於英國劍橋大學。1976 年獲頒諾貝爾經濟學獎。1977 年起，加入 Stanford 大學 Hoover 研究所。1988 年取得美國國家科學獎章。2006 年 11 月 16 日過世，享年 95 歲。

(二) 對總體理論貢獻

1930 年代大蕭條讓 Keynes 的有效需求理論和政府干預經濟政策成為主流思維。在 1950 年代 Keynesian 學派鼎盛時期，以 Friedman 為首的貨幣學派，打著對抗 Keynesian 革命的旗號，發揮堅持經濟自由與突顯貨幣扮演關鍵角色的兩個特色。Friedman 強烈反對 Keynes 的政府干預思想，認為市場機能將對經濟活動運行發揮關鍵因素，同時主張貨幣政策才是所有經濟政策的重心。尤其是在 1970 年代之後，面對各國經濟發展緩慢，政府預算赤字日益龐大，失業率與通膨率同時攀升，貨幣學派提出「穩定貨幣數量、反對通貨膨脹」為核心的政策主張，強調根絕通膨的唯一方法，即是降低政府干預經濟活動，控制貨幣成長率。貨幣學派與 Keynesian 學派並駕齊驅，猶如鏡子內外的對應者，而 Friedman 更被譽為「反通膨的旗手」。

總體經濟學者：Ben Shalom Bernanke (1953~)

(一) 生平

1953 年 12 月 31 日出生於美國 Georgia 州的 Augusta，小學六年級贏得 South Carolina 州拼字比賽冠軍。在 Dillon 高中參與加州 SAT 考試成績高達 1,590 分，離滿分僅差 10 分。Bernanke 在各方面優異表現，獲得高中畢業生的「美國優秀學生獎學金」。1975 年以經濟學最優等成績畢業於哈佛大學，1979 年獲得 MIT 博士。基於對美國大蕭條興趣，Bernanke 潛心研究大蕭條，長期關注通縮對經濟活動的威脅。1979~1983 年間，任教於 Stanford 大學，1985 年轉往 Princeton 大學任教，1996~2002 年擔任經濟系主任。2002 年 8 月進入聯準會為決策委員會候選成員，2003 年 11 月入選為聯準會正式委員。2005 年 6 月擔任總統經濟顧問委員會主席。Bernanke 在進入聯準會之前，就曾擔任過 Philadelphia (1987~89)、Boston (1989~90) 和紐約 (1990~91、1994~96) 三家聯邦準備銀行的訪問學者，且是紐約聯邦準備銀行學術顧問小組成員 (1990~2002)。2006 年 2 月出任聯準會主席，2009 年 12 月入選美國《時代週刊》2009 年年度人物。2010 年 1 月由參議院投票確認連任到 2014 年 2 月。

(二) 對總體論貢獻

Bernanke 主要研究焦點在貨幣政策與總體經濟史。主張設定明確通膨目標，穩定通膨率在特定水準，藉以引導市場的通膨預期，提升聯準會穩定物價目標的可信度。在 2002~2003 年，Bernanke 針對美國通縮問題，極力鼓吹降息，讓聯邦基金利率降至 45 年來最低點 1%。針對儲蓄過剩與房地產泡沫，Bernanke 指出景氣由低迷反轉復甦，企業投資意願仍低，而各國股市崩盤，讓金主心有餘悸，導致房地產成為最受青睞的投資領域。跨國資金進入美國，先是拉抬股價，再轉向債券市場，最終引爆房價上漲。此外，Bernanke 將經濟指標引進總體模型，用於決定貨幣政策取向，有效穩定經濟活動，透過《行動的勇氣及其餘波回憶錄》(*The Courage to Act: A Memoir of a Crisis and Its Aftermath*, 2016) 闡釋其直接面對金融海嘯與拯救危局的金融哲學。

Bernanke, B. S., T. Laubach, F. S. Mishkin and A. S. Posen (1999) 在《通膨目標制：國際經驗》(*Inflation Targeting: Lessons from the International Experience*) 依據 1990 年代實行通膨目標制國家的經驗，深入分析其實施通膨目標制過程所面臨的重大問題，具體而微理解貨幣政策能做與不能做什麼、以及如何運作。Bernanke (2000) 在《大蕭條》(*Essays on the Great Depression*) 中，從全新視角認識「大蕭條」，結合理論與實證，以實證方法深入研究這段經濟史上的重大事件，結合總體分析與結構分析、總體分析與個體分析，闡述大蕭條成因和機制的思維。

 問題研討

小組討論題

一、評論題

1. 謝教授估計台灣產出 $(y = \ln Y)$ 呈現 Lucas 供給曲線型態 $y = y^* + 0.6(\pi - \pi^e)$，$y^* = \ln Y^*$ 是自然產出，π 與 π^e 是實際與預期通貨膨脹率。當人們採取靜態預期形成，擴張性貨幣政策將造成景氣繁榮現象

2. 央行採取匯率貶值策略，在體系符合 Marshall-Lerner 條件下，將促使 Phillips 曲線右移。

3. 勞動部勞工保險局提高失業救濟金給付標準，將引起 Phillips 曲線上的點移動。

4. 依據 Phillips 曲線理論，當實際失業率維持在自然失業率時，實際與預期通貨膨脹率必然相等，而且貨幣工資率也會等於實質工資率。

5. 國發會估計台灣的產出 $(y_t = \ln Y_t)$ 與通貨膨脹率 π 兩者間的關係，可用 Lucas 供給函數表示：$y_t = y^* + 0.3(\pi_{t-1}\pi_t^e) + \varepsilon_t$，$y^* = \ln Y^*$ 是自然產出，π^e 是預期通貨膨脹率，ε_t 是隨機干擾項。假設人們的預期形成方式為 $_{t-1}\pi_t^e = E(\pi_t | I_{t-1})$，央行理監事會決議調高重貼現率二碼，勢必讓台灣陷入實際失業率超越自然失業率的情境。

6. 某國短期內通貨膨脹率 π_t 與失業率 u_t 間的關係為：$\pi_t = \pi_{t-1} - 4(u_t - u_n)$，$u^*$ 為自然失業率。如果 $\pi_{t-1} = 4\%$ 且結構性失業率與摩擦性失業率之和為 2%，當央行追求零通貨膨脹率時，該國本期面臨的失業率將是 5%。

7. 依據 Taylor 法則，當通貨膨脹率高於目標通貨膨脹率時，央行將執行緊縮貨幣政策。

二、問答題

1. 政府設定福利函數為 $W(\pi, y) = -c\pi^2 - (y - ky^*)$，$y^*$ 是自然產出。試說明該社會福利函數的涵義。另外，該國的 Lucas 供給函數可表為：

$$y = y^* + \beta(\pi - \pi^e)$$

$\beta > 0$。試回答下列問題：

(a) 政府選擇最適通貨膨脹率，將與人們的預期通貨膨脹率存在何種關聯性？

(b) 當人們採取理性預期形成時，均衡通貨膨脹率將為何？在均衡通貨膨

脹率下，社會福利水準為何？

(c) 政府宣布執行零通貨膨脹率政策，人們是否相信？為什麼？

2. 某國的 Phillips 曲線可表示如下：

$$\pi_t - \pi_t^e = 0.18 - 3(u_t - u_t^*)$$

π_t 與 π_t^e 是實際與預期通貨膨脹率，u 是失業率。如果人們的預期為 $\pi_t^e = \pi_{t-1}$，而體系 $t-1$ 期的失業率恰好是自然失業率 u^*，通貨膨脹率等於 0%，試問：

(a) 該國的自然失業率為何？

(b) 政府想利用擴張性政策，將失業率從 t 期起控制在 5%，則 t、$t+1$、$t+2$ 及 $t+3$ 期的通貨膨脹率各自為何？

(c) 政府採取擴張性政策促使 $u_t < u^*$，為何會導致通貨膨脹率加速上漲？

3. 某國的貨幣流通速度呈現穩定值，每年實質產出成長率 5%、貨幣成長率 14%，名目利率是 11%。試問：該國的實質利率為何？

4. 台灣的貨幣需求函數為 $(\frac{M}{P})^d = ky$，k 是固定參數。假設央行理監事會訂定每年貨幣成長率 12%，而每年實質產出成長率 4%。試回答下列問題：

(a) 平均通貨膨脹率為何？

(b) 廠商積極推動研發活動而加速實質產出成長，試問：通貨膨脹將出現何種變化？

(c) 金融業積極從事金融創新，促使貨幣需求並非穩定的函數，試問：此種情況將如何影響通貨膨脹率？

5. 台灣面臨國際「綠金」與「黑金」價格飆漲，進而引爆輸入性通貨膨脹，央行可採滅火政策、調節政策或中立政策來因應。試以總供給與需求模型說明央行使用各種政策的目的與影響為何？

6. 某國同時存在景氣衰退與通貨膨脹現象，試問：總體理論如何稱呼該現象？該國出現此種現象的主要緣由為何？政府採取擴張性財政政策或貨幣政策，能夠同時化解景氣衰退與通貨膨脹問題嗎？若是無法達成該項目的，試問：有何較佳政策因應？

7. 傳統總體理論以 IS-LM 曲線推演出 AD 曲線，不過現在總體理論則是運用 IS 曲線與 Taylor 法則推演出 AD 曲線。試回答下列問題：

(a) 何謂 Taylor 法則？

(b) 試以 IS-LM 曲線推演出 AD 曲線，何種因素會讓 AD 曲線移動？

(c) 試以 IS 曲線與 Taylor 法則推演出 AD 曲線，何種因素會讓 AD 曲線移

動？

(d) 比較兩種方法推演出的 AD 曲線有何異同。針對兩者相異之處，將可如何解釋？

8. 某國的附加預期 Phillips 曲線可表爲：

$$u = u^* - \alpha(\pi - \pi^e) \qquad \alpha > 0$$

π^e 與 π 是預期與實際通貨膨脹率，u^* 與 u 是自然與實際失業率，試回答下列問題：

(a) 試定義自然失業率？

(b) 試針對通貨膨脹率固定爲 0% 與 5% 兩種狀況，試繪圖說明失業率的時間途徑 (失業率與時間的關係)？

(c) 假設通貨膨脹呈現落在 0~8% 的隨機單一分配：

(1) 預期通貨膨脹爲何？

(2) 觀察到的 Phillips 曲線看起來像什麼？

(d) 試評論：「由於觀察到通貨膨脹率與失業率存在取捨關係，是以政府將能透過降低通貨膨脹率以提高就業率。」

9. 國發會設立台灣的總體模型如下：

IS 曲線　　$y = C(y - \overline{T}, \dfrac{M}{P}) + I(r) + \overline{G}$

LM 曲線　　$\dfrac{\overline{M}}{P} = L(y, r + \pi^e)$

AS 曲線　　$y = \overline{y}$

預期通貨膨脹率 $\pi^e = \overline{\mu}$，r 是實質利率。試回答下列問題：

(a) 試說明實質貨幣需求取決於 $(r + \pi^e)$，而消費函數取決於 $\dfrac{M}{P}$，是否合理？

(b) 將上述方程式運用 Taylor 展開式進行直線化，再以 Cramer 法則求解 $\dfrac{dr}{d\overline{\mu}}$，其符號爲何？試說明其經濟意義爲何？

(c) 央行理監事會決議調高貨幣成長率，將如何影響台灣的實質產出與實質利率？

10. 試問：通貨膨脹的社會成本爲何？你認爲通貨膨脹可能會產生何種利益？

11. 中華經濟研究院驗證台灣 Phillips 曲線的迴歸結果如下：

$$\dot{W} = 3.6\% - 2u + a\pi^e$$

$\dot{W}$是貨幣工資上漲率，u是失業率，π^e是預期通貨膨脹率。試回答下列問題：

(a) 若要將上式轉換爲實際通貨膨脹率與失業率間的關係，應該如何修正？

(b) 台灣的 Phillips 曲線若呈現垂直線，則上式中的 a 值應爲何？

(c) 台灣的勞動邊際生產力始終爲 5，則自然失業率應該爲何？

(d) 政府追求達成失業率爲 1% 的目標，則央行應以貨幣政策促使實際通貨膨脹率成爲多少？試說明上述貨幣政策在「完全意料之外」與「充分正確預期」兩種極端情況下，你的答案有何不同？

(e) 貨幣學派何以主張「貨幣法則」？

三、計算題

1. 央行經研處估計台灣的附加預期 Phillips 曲線爲 $\pi = \pi^e - 0.5(u - u^*)$，預期通貨膨脹率 $\pi^e = 3\%$，自然失業率 $u^* = 5\%$，試回答下列問題：

   (a) 依據 Phillips 曲線，試計算當失業率分別爲 4%、5% 與 6% 時，台灣通貨膨脹率分別爲何？

   (b) 當台灣的貨幣工資率趨於僵化，對 Phillips 曲線斜率將造成何種影響？

2. 主計總處估計台灣的 Okun 法則爲 $(u - u^*) = -0.75(y - y^*)$，而自然產出則以 2.5% 穩定成長，自然失業率維持不變。試回答下列問題：

   (a) 當實際產出下降 1%，失業將增加多少？

   (b) 當體系失業率下降 2%，實際產出將增加多少？

3. 國發會估計台灣的 Okun 法則爲 $(u - u^*) = -0.75(y - y^*)$，Phillips 曲線型態爲 $\pi = \pi^e - 0.6(u - u^*) + z$。假設人們採取靜態預期，上期通貨膨脹率是 3%，而自然產出是 10 兆台幣，試計算台灣的短期總供給曲線爲何？

4. 央行理監事會通過貨幣政策法則是 $r = 1.5 + 0.75\pi$，而 IS 曲線是 $y = 13 - r$，試回答下列問題：

   (a) 體系總需求曲線爲何？

   (b) 當通貨膨脹率分別爲 2%、3% 與 4%，試計算體系產出爲何？

   (c) 央行理監事會調整貨幣政策法則爲 $r = 2.5 + 0.75\pi$，試問：係採取何種性質的政策？總需求曲線將呈現何種變化？

5. 主計總處估計台灣在 2011 年的 Okun 法則爲 $(u - u^*) = -0.8(y - y^*)$，Phillips 曲線型態爲 $\pi = \pi^e - 0.5(u - u^*) + 0.1z$。$u$ 與 u^* 是實際與自然失業率，y 與 y^* 是實際與自然產出，π 與 π^e 是實際與預期通貨膨脹率，z 是供給面衝擊。另外，2011 年的總需求函數爲 $y = 100 - 0.5\pi$，試回答下列問題：

(a) 人們係以靜態預期方式形成預期通貨膨脹率，2010 年的通貨膨脹率是 3%，2011 年的自然產出是 100，試問：2011 年的短期 Lucas 總供給函數型態為何？

(b) 2011 年國際油價上漲引發供給面衝擊 $z = 10$。財政部為紓緩油價上漲對景氣衝擊，決定擴大支出 $g = 5.5$，試問：2011 年的短期均衡產出與通貨膨脹率為何？

6. 央行經濟研究處估計台灣的 Phillips 曲線型態如下：

$$\pi = \pi_{-1} - 0.5(u - 6\%)$$

π 與 π_{-1} 是當期與前一期的通膨率，u 是實際失業率。試回答下列問題：

(a) 台灣的自然失業率為何？

(b) 試繪圖說明通膨率與失業率的長期與短期關係。

(c) 央行理監事會決議降低通貨膨脹率至 5%，則失業率將為何？

(d) 台灣處於自然就業狀態，央行執行降低通膨率政策，試問：對短期和長期失業率的影響分別為何？為什麼？

7. 台灣央行採取的 Taylor 法則如下：

$$r = 2 + 0.5\pi$$

而央行經研處估計的 Phillips 曲線型態如下：

$$\pi = \pi^e - 0.3(u - u^*) + \mu$$

r 是實質利率，π 與 π^e 是實際與預期通膨率，μ 與 u^* 是實際與自然失業率，μ 是反映供給面的干擾因素，如石油價格。在理性預期臆說下，$\pi^e = \pi_{-1}$ (落後一期通膨率)，在無加速通膨率失業下，試回答下列問題：

(a) 假設 $\pi_{-1} = 2$、$\mu = 0$、$u^* = 3$，試問實質利率、通膨率與失業率各為何？

(b) 國際石油價格上漲導致 $\mu = 3$，台灣名目利率漲幅是否會高於通膨率增幅？

8. 主計總處指出台灣的 Okun 法則顯示，實際失業率 u 增加 1%，將縮減自然產出 1%，而央行在 2010 年訂定 M_2 成長目標區間是 2.5%~6.5%，通貨膨脹率 π 為 1%。假設人們依據央行的貨幣成長目標區，預期未來通貨膨脹率 π^e 為 6%，而台灣的附加預期 Phillips 曲線如下：

$$\pi = \pi^e - 3(u - 3.5\%)$$

試回答下列問題：

(a) 台灣的實際失業率為何？

(b) 若與自然產出相比，實際產出將是高或低多少比例？

(c) 試舉例說明何種因素可能造成短期 Phillips 曲線變得較平坦？

9. 台灣的自然產出成長率 $y^* = 4\%$，自然失業率為 $u^* = 5\%$。假設人們預期通膨率為 $\pi^e = 3\%$。試回答下列問題：

(a) 在預期通膨率已知下，主計總處公布目前實際失業率為 $u^* = 4\%$，通膨率為 $\pi = 5\%$，試求出台灣的直線 Phillips 曲線。

(b) 你預期 $(u, \pi) = (4\%, 5\%)$ 狀態會持續存在嗎？試解釋其中的理由？

10. 台灣經濟研究院估計央行的反應函數如下：

$$i_t = a_0 + a_1(\pi_t - \pi^e) + a_2(y_t - y^*) + a_3 z_t$$

i_t 是短期名目利率，π_t 與 y_t 是 t 期通膨率與產出成長率，z_t 是 t 期股票報酬率。試回答下列問題：

(a) 試以理論解釋為何以上述方程式來估計央行的反應函數？此與傳統的 Taylor 法則有何不同？

(b) 台灣央行的 $a_1 = 1.6$ 與 $a_3 = 0$，而日本的 $a_1 = 0.8$ 與 $a_3 = 0.3$。試問這兩條估計的央行反應函數的差異性為何？

11. 經建會設立台灣的總體經濟模型如下

IS 曲線	$y = -ar + u$
Taylor 法則	$r = b\pi + v$
Phillips 曲線	$\pi = \pi^* + \lambda(y - y^*)$

y 與 y^* 是實際產出與自然產出，r 是實質利率，π 是通膨率，π^* 是核心通膨率，u 與 v 是干擾因素，a、b、$\lambda > 0$。試回答下列問題：

(a) 試求出在 $y - \pi$ 平面上的總需求曲線，並且繪圖說明。

(b) 台灣原先處於自然就業狀態，隨著民間投資意願上升而促使恆常性民間支出增加，將對短期與長期的利率、通膨率與產出造成何種影響？

👍 網路練習題

• 請連結行政院主計總處網站 (http：//www.dgbas.gov.tw/)，查閱台灣在 1970~2020 年間的通膨率與失業率資料，並且分析兩者間存在何種關係。

CHAPTER **10**

經濟成長理論

本章大綱

個案導讀

　　自 1949 年起，台灣在農復會領軍下，進行土地改革並運用美援建設農村，改良農業技術帶動農業發展。邁入 1960 年代後，政府持續展開重建和改革，逐步建立完整金融體系，致力於基礎建設奠定發展基礎。爾後，台灣中小企業興起、1980 年代高科技產業崛起，彰顯 MIT (Made in Taiwan) 產品躍登國際舞台，「高成長、低失業、低通膨」的台灣經驗被譽為「經濟奇蹟」。

　　從「創造財富」(無中生有年代，1949~1960) 到「藏富於民」(挑戰顛峰年代，1961~1989) 的過程中，政府追求「穩定成長」，財經政策著眼「謹慎穩健」，所得分配未因經濟成長而惡化，不僅「創富」與「藏富」，兼具達成「均富」目標。隨著經濟活動邁入全球競合年代 (1990 迄今)，國際經濟金融局勢詭譎多變，政府推動經濟成長面臨嚴峻挑戰。尤其是 Ross Levine (2010) 曾說：「由一國金融發展將可預知其未來經濟成長」，除實質因素與技術進步持續扮演關鍵因素外，金融業面

對「自由化」與「國際化」洗禮，也應透過「金融創新」與「金融環保」，強化金融科技 (Fintec)
進步，持續提升經營體質與競爭力，方能推動經濟成長穩定進行！

本章首先說明成長理論發展過程，探討 Harrod (1939)-Domar (1946) 模型內容，同時探索 Solow
(1953)-Swan (1956) 新古典成長模型的奧妙。其次，知識經濟興起，強化人力資本在經濟成長過程
中的角色，將說明技術進步對成長的影響，以及探討 Romer-Lucas 內生成長理論內容。接著，在貨
幣經濟體系下，將說明引進貨幣因素後，新古典穩定狀態成長途徑的可能變化。最後，將說明累積
金律成長軌跡的決定與所得分配情況。

10.1　Harrod-Domar 成長模型

在古典學派成長理論中，Adam Smith (1776) 率先在《國富論》探討國家
富裕來源，指出勞工數量增加、分工專業化程度與資本累積是經濟成長的動力
來源。尤其是分工增進勞工技術熟練程度而提升每人產出，而分工程度則取決
於交換活動，關係市場規模成長。市場規模擴大，深化分工、增進生產效率，
資本累積則擴大產能，有助於加速經濟成長。

接著，Malthus (1798) 在《人口學原理》指出，產出成長改善人們生活
水準，將會提升人口成長率 (出生率可能不變，但死亡率遞減)。然而邊際報
酬遞減卻讓土地的產出以遞減速度增加，人口成長終將讓每人產出遞減，生
活水準轉趨下降，從而降低出生率、提高死亡率。換言之，在成長過程中，
Malthus 的「人口陷阱」(population trap) 出現，導致體系重回靜止均衡，成長
結果化爲烏有。是以 Malthus 認爲政府鼓勵節育，抑制人口成長率低於產出成
長率，是有其必要性。稍後的 Ricardo (1817) 轉向所得分配觀點，分析經濟成
長，指出在土地有限 (邊際報酬遞減) 下，人口成長帶動使用土地生產商品的
需求增加，提升土地的邊際產值，除增加地租外，也將帶動工資上漲，造成廠
商使用土地生產的成本上升與利潤下降。廠商投資係以利潤爲誘因，縮減投資
將減緩資本累積，體系逐漸陷入停滯困境。

古典學派以農業體系爲分析對象，強調土地肥沃程度將發揮邊際產量遞減
效果，在無技術進步下，經濟成長終將缺乏持續性。爾後，Schumpeter (1939)
指出在靜止狀態，所有因素處於最適使用狀態，既無超額利，也無資本累積，
體系呈現停滯狀態。體系爆發成長是來自靜態均衡的破壞，關鍵因素就在超額
利潤誘發創新活動。廠商追求超額利潤，致力於引進新產品、新技術、開闢新

人口陷阱

一國人口成長率遠高
於可達到的經濟成長
率，導致每人產出下
降，引發緩解大規模
貧窮問題更爲更嚴
重。

市場、尋求新資源、調整組織等創新活動，取得壟斷地位而突破原有均衡，擴大產出而發動成長。面對超額利潤誘因，廠商競相模仿創新，傳播創新概念，經由競爭而讓超額利潤逐漸消失，體系重新邁向新均衡。是以 Schumpeter 提出「創造性破壞」(creative destruction)、「波動性成長」與「創新性壟斷」概念，指出由一次創新邁向另一創新的過程，正好反映體系週期性變動，亦即經濟發展 (經濟成長) 伴隨景氣循環 (經濟波動) 交互出現，而為內生成長的重要理論基礎。

創造性破壞

創新活動不斷從體系內部來破壞舊結構、創造新結構，引發景氣波動與經濟成長。

總體經濟學者：Joseph Alois Schumpeter (1883~1950)

(一) 生平

1883 年 2 月 8 日出生於奧匈帝國 Morava 省 (捷克)。1901 年就讀於維也納大學法學系，但卻對奧地利學派經濟學產生濃厚興趣。1906 年獲得維也納大學法學博士。1919 年擔任奧國財政部長。1926 年任教於德國波昂大學。1932 年入籍美國，任教於哈佛大學經濟系。1950 年去世，享年 68 歲。

(二) 對總體理論的貢獻

在 1830 年代，Thomas Tooke 率先提出景氣循環概念，直至 Schumpeter (1939) 才正式定義景氣循環，並綜合分析 Kitchin 循環、Juglar 循環、Kuznets 循環與 Kondratieff 循環性質。此外，Schumpeter 提出「創造性破壞」概念，深入剖析創新的價值，對經濟成長與景氣循環理論發展具有重大貢獻。

Roy Forbes Harrod (1939) 指出 Adam Smith 和 David Ricardo 領銜的古典學派隱含動態分析性質，然而在 20 世紀初，新古典經濟學創始者 Alfred Marshall 轉向關注比較靜態分析，讓理論的動態性質不復存在。爾後，Keynes (1936) 雖以「未來不確定性」與「人們預期無理性」(動物本能) 為基礎，論證經濟活動穩定性，但本質上也是「總體觀點的靜態經濟學」，而非「分析成長的動態理論」。Harrod 基於 Keynes 的所得支出理論，指出體系唯有透過投資提高有效需求，方能邁向自然就業，某期間滿足自然就業的有效需求，未必確保下期自然就業達成。此係本期投資擴大產能，下期將生產更多產出 (總供給增加)，若要確保下期自然就業，亟須擴大投資，補足增加的產出。如此一來，體系內

投資年復一年擴大，產出也就年復一年成長。反過來說，若要產出持續成長，投資就須年年配合擴大，資本持續累積是決定持續成長的關鍵。Harrod-Domar 基於 Keynesian-Cross 模型隱含的動態性質，進行推延成長模型，開啟成長理論的研究大門。

傳統基本的 Keynesian-Cross 模型如下：

$$\text{體系總需求} \quad E(t) = C(t) + I(t)$$
$$\text{體系總產出} \quad Y(t) = C(t) + S(t)$$

在 t 期間，總需求等於總產出，體系達成短期均衡：

$$E(t) = Y(t) \text{ 或 } S(t) = I(t)$$

就靜態模型而言，儲蓄意願上升導致景氣衰退 (節儉矛盾性)。然而投資具有雙元性：投資變動短期直接影響總需求，透過乘數效果擴大需求面產出，主導景氣循環變化；投資增加長期引起資本累積，透過產能創造效果 (capacity-creating effect) 增加供給面產出，引導經濟成長趨勢。將投資轉換為資本累積 (忽略折舊) 方程式，將讓靜態的 Keynesian-Cross 模型自此展現其動態本質。

產能創造效果
投資增加引起資本累積，擴大產能而增加供給面產出。

$$I(t) = K(t+1) - K(t) = \frac{dK}{dt}$$

在討論經濟成長時，短期儲蓄函數需轉化為長期概念，自發性儲蓄將會消失：

$$S(t) = sY(t)$$

經濟成長涉及產出供給變化，若無技術進步，體系使用 Leontief 生產函數生產：

$$Y(t) = Min\left\{\frac{N(t)}{u}, \frac{K(t)}{v}\right\}$$

或每人產出函數如下：

$$y(t) = Min\left\{\frac{1}{u}, \frac{k(t)}{v}\right\}$$
$$= \begin{cases} \dfrac{k_t}{v}, & if \ k_t < k^* = \dfrac{v}{u} \\ \dfrac{1}{u}, & if \ k_t > k^* = \dfrac{v}{u} \end{cases}$$

$k = \dfrac{K}{N}$ 是每人資本、資本勞動比率或稱資本密集度。k^* 是穩定狀態的每人資本。體系最適生產方式將是：

$$Y(t) = \frac{N(t)}{u} = \frac{K(t)}{v}$$

u 是勞動係數 (勞動產出比例或勞動平均生產力的倒數)，v 是資本係數 (資本產出比例或資本平均生產力的倒數)。假設體系內人口數量 Q 即是勞動就業量 N，最適每人資本 $k = \dfrac{K}{N}$ 將是固定值：

$$k(t) = \frac{K(t)}{N(t)} = \frac{v}{u}$$

首先，從資本市場角度著眼，體系存在大量失業而產能滿載，$k_t < k^* = \dfrac{v}{u}$，產出將取決於：

$$Y(t) = \frac{K(t)}{v}$$

由上式求出產出變動與資本累積間的關係：

$$\frac{dY(t)}{dt} = \frac{1}{v}\frac{dK(t)}{dt}$$

將上述資本累積方程式代入投資支出，可得：

$$I(t) = \frac{dK(t)}{dt} = v\frac{dY(t)}{dt}$$

體系長期成長軌跡上的每一點均是短期均衡，隨著時間推移，Keynesian-Cross 模型的短期均衡因而可轉換為 Harrod-Domar 模型的長期均衡：

Keynesian Cross 模型　$\underbrace{-S_0 + sY}_{\text{短期儲蓄函數}} = \underbrace{I_0}_{\text{短期投資函數}}$

Harrod-Domar 模型　$\underbrace{sY}_{\text{長期儲蓄}} = \underbrace{\dfrac{dK}{dt}}_{\text{投資或資本累積}} = \underbrace{v\dfrac{dY}{dt}}_{\text{長期投資}}$

在儲蓄率與勞動 (人口) 成長率不變、無技術進步和資本折舊下，整理上述條件可得滿足商品市場均衡與維持產能滿載的產出保證成長率 (warranted rate of growth)：

保證成長率
維持資本充分就業的均衡成長率。

313

$$g_w = \frac{d \ln Y(t)}{dt} = \frac{s}{v}$$

上式顯示：保證成長率將隨儲蓄率上升而提高，隨資本產出比率 (或資本係數) 擴大而降低。就上述經濟成長率求解，可得體系保證成長軌跡：

$$Y(t) = Y_0 e^{\left(\frac{s}{v}\right)t}$$

Y_0 是體系期初 t_0 由 $S(t_0) = I(t_0)$ 決定的均衡產出，由此出發而以 $\left(\frac{s}{v}\right)$ 速率循上述產出成長時徑 (time path) 移動。將 $Y(t_0)$ 代入儲蓄與投資函數，可得均衡儲蓄與投資的時間途徑如下：

$$S(t) = s Y_0 e^{\left(\frac{s}{v}\right)t} = S_0 e^{\left(\frac{s}{v}\right)t}$$

$$I(t) = s Y_0 e^{\left(\frac{s}{v}\right)t} = I_0 e^{\left(\frac{s}{v}\right)t}$$

自然成長率

維持勞動市場自然就業的成長率。

接著，再從勞動市場著眼，維持勞動市場自然就業的產出成長率稱為自然成長率 (natural rate of growth)。假設勞動供給 (人口) 係依固定比例 n 成長：

$$N^s = N_0 e^{nt}$$

N_0 是期初勞動數量。從前述的生產函數，可知勞動需求如下：

$$N^d(t) = u Y(t)$$

勞動市場均衡將達成自然就業狀態：

$$N^s = N^d \qquad N_0 e^{nt} = u Y(t)$$

就上述結果取自然對數並對時間微分，可得勞動市場自然就業的自然成長率 g_n：

$$\ln N_0 + nt = \ln u + \ln Y(t)$$

$$g_n = \frac{d \ln Y(t)}{dt} = n$$

Harrod-Domar 模型若要達成穩定狀態，必須維持勞動市場自然就業 (總投資 I 等於總資本增加 nK)，以及產能滿載運作 (總儲蓄 sY 等於總投資 I)，如此才能落在資本勞動比例 (每人資本) 固定不變，亦即自然成長率與保證成長率必須相等，均衡條件如下：

$$sY = I = \frac{dK}{dt} = nK = v \frac{dY}{dt}$$

在穩定狀態下，體系的產出成長率將是：

$$g_Y = g_n = n = \frac{s}{v} = g_w$$

Harrod-Domar 模型的穩定狀態條件顯示，勞動成長率、資本係數與勞動係數均是外生變數，體系缺乏自動調整機能可讓三者趨於一致。是以依據保證成長率與自然成長率的數值，體系可能面臨三種狀況：

(1) $g_n = g_m$ 或 $n = \frac{s}{v}$

保證成長率決定的資本累積（資本供給），正好等於自然成長率決定的資本需求增加，體系內每人資本不變而處於穩定狀態，產出成長率為 n，每人產出成長率為 0。

(2) $g_n < g_m$ 或 $n < \frac{s}{v}$

體系每人資本初期將以 $(\frac{s}{v} - n)$ 的速率成長，在資本邊際報酬率遞減下，儲蓄增加促使每人資本擴大到 $k_t = \frac{u}{v}$，而在受制於使用資本與勞動比率固定下，每人產出無法增加。一旦每人資本超過 $k_t = \frac{u}{v}$，資本邊際生產力趨近於 0，每人資本成長率為 0，產出成長率為 n。但是由 $(\frac{s}{v})$ 決定的資本供給持續超過由 n 決定的資本需求，資本處於閒置，體系將陷入發散狀態。

(3) $g_n > g_m$ 或 $n > \frac{s}{v}$

體系由 sY 決定的資本累積（資本供給）無法滿足由 nK 決定的資本需求增加，勞動市場陷入失業狀態。資本勞動比率或每人資本持續遞減而趨近於零，此種資本供給不足持續擴大，產出呈現負成長而陷入持續性衰退，體系也處於發散狀態。

Harrod-Domar 模型屬於外生成長模型，所有參數都是外生變數，尤其在資本與勞動無法替代下，體系的穩定狀態均衡將是處於剃刀邊緣 (knife-edge) 的發散狀態。

剃刀邊緣成長
體系缺乏調整機能讓事前與事後成長率趨於一致，從而釀成不穩定成長。

總體經濟學者：Roy Forbes Harrod (1900~1978)

(一) 生平

1900 年 2 月 13 日出生於英國倫敦，畢業於牛津新學院，獲得文學士學位。1922~1967 年任教於牛津大學基督學院，並任《經濟學雜誌》副主編。1978 年 3 月 8 日去世，享年 79 歲。

(二) 對總體理論貢獻

Harrod 關注不完全競爭、國際貿易和景氣循環議題，尤其是與 Domar 提出成長模型，展開討論經濟成長議題的風潮。至於 Harrod-Domar 模型對總體理論貢獻包括：1. 延續 Keynes 思維並將靜態理論動態化、短期理論長期化，成為後 Keynesian 經濟學的主軸之一；2. 提供落後國家推動經濟發展的理論基礎，亦即政府持續累積資本，經濟成長即能持續進行。

爾後，Peacock (1960, 1961) 引進政府部門，探討財政政策如何影響成長軌跡。體系總需求可表為：

$$Y(t) = C(t) + I(t) + G(t)$$

假設體系採取比例稅制，租稅函數為 $T(t) = \theta Y(t)$，長期消費函數將是：

$$C(t) = b[Y(t) - T(t)] = b(1 - \theta)Y(t)$$

b 是邊際 (平均) 消費傾向，政府支出占總產出比例 $g = \dfrac{G(t)}{Y(t)}$，體系需求面均衡為：

$$Y(t) = \frac{I(t)}{1 - b(1 - \theta) - g}$$

就上式對時間微分，可得需求面產出變動為：

$$\frac{dY(t)}{dt} = \frac{1}{1 - b(1 - \theta) - g} \times \frac{dI(t)}{dt}$$

政府支出包括投資 G_I 與消費 G_C 兩部分，前者占政支出比例為 $h = \dfrac{G_I(t)}{G(t)}$。再從供給面來看，體系資本累積包括民間與政府投資兩部分：

$$\frac{dY(t)}{dt} = \frac{1}{v}\frac{dK(t)}{dt} = \frac{1}{v}\left[I(t) + hG(t)\right]$$

在時間歷程中，當總需求等於總供給，體系將可維持產能滿載成長：

$$\frac{1}{1-b(1-\theta)-g}\frac{dI(t)}{dt}=\frac{I(t)+hG(t)}{v}$$

將上式兩邊除以 $Y(t)$，並將需求面產出變動代入：

$$\frac{d\ln I(t)}{dt}=\frac{1}{I(t)}\frac{dI(t)}{dt}=\frac{\left[1-b(1-\theta)-g+hg\right]}{v}$$

就上述微分方程式求解，可得投資途徑如下：

$$I(t)=I_0 e^{\left[1-b(1-\theta)-g(1-h)\right]v^{-1}t}$$

依據前述推理關係，引進政府部門影響後，均衡成長軌跡將變爲：

$$Y(t)=Y_0 e^{\left[1-b(1-\theta)-g(1-h)\right]v^{-1}t}$$

保證成長率將修正爲：

$$g_w=\left[1-b(1-\theta)-g(1-h)\right]v^{-1}$$

政府透過財政政策將對經濟成長率發揮下列效果：

- 政府課稅類似儲蓄率上升，將可提升保證成長率。
- 政府提高投資支出比例 h，將會提升保證成長率。
- 政府擴大消費支出比例 $1-h$，勢必降低保證成長率。
- 政府執行平衡預算政策，同時提高政府支出比率 g 與稅率 θ，對保證成長率 g_w 影響不確定，將視 $b+h \gtrless 1$ 而定：

$$\frac{\partial g_w}{\partial g}+\frac{\partial g_w}{\partial \theta}=\frac{b+h-1}{v}$$

總體經濟學者：Evsey David Domar (1914~1997)

(一) 生平

　　1914 年 4 月 16 日出生於波蘭 Ludz，在俄國 Outer Manchuria 成長與受教育，1939 年畢業於加州洛杉磯大學，1940 年取得 Michigan 大學碩士，1943 年獲得哈佛大學碩士，1947 年取得哈佛大學博士。Domar 先後任教於 Carnegie，Chicago 與 Johns Hopkins 大學。1957~1984 年間任教於 MIT 大學直到退休。1943~1946 年間以經濟學者身分在聯準會任職，1965 年獲頒 John R. Commons 獎。1997 年 4 月 1 日過世，享年 84 歲。

(二) 對總體理論貢獻

Domar 是典型的 Keynesian 經濟學者，對總體理論的主要貢獻在經濟史、比較經濟學與經濟成長。在 1946 年，Domar 提出新穎的概念，亦即是經濟成長可以減輕赤字與國債。此外，在冷戰期間，Domar 也是蘇聯經濟學的專家。Domar 最大貢獻就是提出 Harrod-Domar 模型，開創研究經濟成長理論的先驅。

觀念問題

- 某國是屬於桃花源的物物交換體系，使用生產函數 $Y = \min(N, K)$ 生產，而該國資本 K 的折舊率為 0、人口成長率 $\dot{N} = 3\%$、儲蓄率為 $s = 6\%$。試回答下列問題：
  (1) 當該國達成穩定狀態時，保證成長率為何？
  (2) 在穩定狀態下，該國經濟成長率可能為何？
  (3) 在成長過程中，該國可能發生何種現象？

10.2 新古典成長理論

10.2.1 Solow-Swan 成長模型

針對 Harrod-Domar 模型本質缺乏穩定性，不符合歐美國家在二次大戰後的成長事實，Robert Merton Solow (1956) 與 Trevor Winchester Swan (1956) 改採新古典生產函數，透過資本和勞動間的可替代性解決保證成長率與自然成長率難以自發性相等的困擾。在此，體系使用固定規模報酬的 Cobb-Douglas 生產函數生產：

$$Y = AF(N, K) = AN^b K^{1-b}$$

就上式取自然對數並對時間微分：

$$\frac{d\ln Y}{dt} = \frac{d\ln A}{dt} + b\frac{d\ln N}{dt} + (1-b)\frac{d\ln K}{dt}$$

$$g_Y = g_A + bg_N + (1-b)g_K$$

上式稱為成長會計方程式 (growth accounting equation)，g_Y 是產出成長率，g_A 是總因素生產力成長率，係指產出成長率扣除其他因素 (包括能源、原料等) 成長率後的剩餘部分。bg_N 是勞動成長率貢獻，$(1-b)g_K$ 是資本成長率貢獻。由於因素的技術進步率難以直接觀察，Solow 遂將實質產出成長率扣除所有可認定經濟成長來源後的數值稱為 Solow 剩餘 (Solow residual, SR_t)：

$$SR_t = \frac{Y_t}{N^b K^{1-b}} = A$$

「經濟成長來源分析之父」Edward Fulton Denison (1962) 運用美國資料驗證成長會計方程式，探尋影響經濟成長的因素，同時衡量各因素發揮的效果：

- 勞動與資本投入數量成長與素質提高。
- 因素生產率係指單位投入的產出量，將取決於勞動與資本規模、資源配置狀況 (如勞工轉換工作、農村勞工流動性等)、規模經濟、知識進展 (包括技術與管理知識進步、運用新知識而在生產結構與設備方面發揮更有效率設計，以及從經驗與觀察中取得知識) 和其他因素。

Denison 指出「知識進展」顯著影響經濟成長，但因國民所得帳無從反映新產品或品質提升的價值，導致依國民所得計算的經濟成長率，無法顯示研發技術和管理知識對生活水準提升的貢獻。是以 Denison 將知識進展對經濟成長貢獻視為「Solow 剩餘」，此係指產出成長中難以明確解釋的部分，通常以產出成長率扣除所有可認定成長來源作用後的餘數衡量。

在成長過程中，產出、勞動與資本同時變化，導致在顯示產出與因素關係的 $(Y-N-K)$ 圖形上，甚難找到體系達成穩定狀態的位置。為解決該項問題，成長理論採取以勞動就業量 (即是人口數量) 平減，將原先三度空間圖形轉換為每人產出 ($y = \frac{Y}{N}$) 與每人資本 ($k = \frac{K}{N}$) 關係的 $(y-k)$ 平面空間圖形，藉以探討每人產出變化。成長理論關注人們在成長歷程中的生活水準變化，每人產出則是衡量生活水準變化的良好指標。在規模報酬不變下，每人產出可表為：

$$y = \frac{Y}{N} = \frac{A}{N} F(N, K) = AF\left(\frac{N}{N}, \frac{K}{N}\right) = Af(k)$$

值得注意者：總體理論討論短期靜態均衡 (景氣循環)，通常假設資本 (產能) 固定，勞動 (就業量) 可變且是討論焦點。反觀在討論長期動態均衡 (經濟成長)，資本將因經濟誘因而累積，而先進國家人口成長率受經濟因素影響極微，自然產出成長率主要取決於資本成長率。在無政府部門的封閉體系下，

成長會計方程式

產出成長率是技術成長率、勞動與資本成長率貢獻之和。

Solow 剩餘

實質產出成長率扣除所有可認定經濟成長來源後的數值。

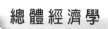

若未考慮貨幣部門 (類似物物交換體系)，商品市場達成均衡將是：

$$Y_t = C_t + I_t$$

假設體系內的人口 (Q) 就是勞工 (N)，$Q = N$，將上式以勞工 N 平減，可得每人產出 y_t 等於每人消費 c_t 與每人投資 i_t 之和：

$$y_t = \frac{Y_t}{N} = \frac{C_t}{N} + \frac{I_t}{N} = c_t + i_t$$

每人儲蓄是 $s_t^p = \frac{S_t}{N} = y_t - c_t = sy_t$，$s$ 是儲蓄率。就上述均衡式移項，

$$i_t = sy_t = s_t^p$$

體系投資毛額 I_g 包括淨投資 $I_N = \frac{dK}{dt}$ 與折舊 D (折舊率 δ 與資本存量 K 乘積 δK_t)。

$$I_g = I_N + D = \frac{dK}{dt} + \delta K_t$$

將上式兩邊以勞動數量 N 平減，可得每人投資如下：

$$i_t = \frac{I_g}{N} = \frac{dK}{dt} \frac{1}{N} + \delta K_t$$

將 $i_t = sy_t$ 代入上式，經整理可得每人資本累積如下：

$$\frac{dK}{dt} \frac{1}{N} = sy_t - \delta k_t = sAf(k_t) - \delta k_t$$

每人資本 $k = \frac{K}{N}$ 的成長率將是資本成長率與勞動成長率兩者的差額：

$$\dot{k} = \left(\frac{1}{k}\right)\left(\frac{dK}{dt}\right) = \frac{d\ln k}{dt} - \frac{d\ln N}{dt} = \dot{K} - \dot{N} = \left(\frac{1}{k}\right)\left(\frac{dK}{dt}\right) - n$$

重新整理上式，

$$\left(\frac{dk}{dt}\right) = \left(\frac{k}{k}\right)\left(\frac{dK}{dt}\right) - n = \left(\frac{\frac{K}{N}}{K}\right)\left(\frac{dK}{dt}\right) - n = \left(\frac{1}{N}\right)\left(\frac{dK}{dt}\right) - n$$

基本累積方程式
每人資本累積是每人儲蓄扣除因資本折舊與勞動成長而需要增加的每人資本。

將前述每人資本累積代入，可得每人資本基本累積方程式 (fundamental accumulation equation)：

$$\left(\frac{dk}{dt}\right) = sAf(k_t) - (n+\delta)k_t$$

$sAf(k)$ 是每人儲蓄，$(n+\delta)k_t$ 是因資本折舊與勞動 (人口) 成長而必須增加的每人資本，亦即是每人投資 i_t。該方程式顯示：在成長過程中，每人儲蓄超過因資本折舊與人口成長而需增加的每人資本 (每人投資)，每人資本將出現累積；反之，每人資本則呈現遞減。一旦每人資本停止累積，體系即達成穩定狀態成長。

$$sAf(k_t) = (n+\delta)k_t$$

圖 10-1(A) 顯示 $Af(k_t)$ 是每人產出，$sy_t = sAf(k_t)$ 是每人儲蓄，兩線間的垂直距離即是每人消費 $c_t = \left(\dfrac{C_t}{N}\right) = (1-s)y_t$。在成長過程中，每人投資 $(n+\delta)k_t^*$ 等於每人儲蓄 sy，體系達成穩定狀態將決定每人資本 k^* 與每人產出 y^*。再將上述均衡條件移項可得：

$$s\frac{Af(k)}{k} = (n+\delta)$$

每單位資本的產出 $(\dfrac{Y}{K})$ 或稱資本平均生產力 z 可表為：

$$z = \frac{Y}{K} = \frac{\left(\dfrac{Y}{N}\right)}{\left(\dfrac{K}{N}\right)} = \frac{Af(k)}{k}$$

當每人產出 y 已知，資本邊際報酬率遞減促使 z 是 k 的遞減函數，呈現負斜率。圖 10-1(B) 顯示 $(n+\delta)$ 與 sz 兩條曲線交於 E 點，體系達成穩定狀態，將可決定均衡的每人資本 k^*。

在 Keynesian Cross 模型中，體系缺乏將儲蓄資金轉化為投資的金融仲介機制，導致儲蓄增加即是有效需求減少，自然形成節儉矛盾性的結果。反觀新古典成長模型隱含體系存在可貸資金市場，所有價格 (利率、工資與物價) 均可迅速浮動調整，預擬儲蓄 sy 將透過利率變動及時轉成實際投資，儲蓄曲線實際上就是實際投資曲線，而 $(n+\delta)k$ 曲線則是預擬投資曲線。如果儲蓄增加透過利率下跌自動轉為投資，將促使實際儲蓄永遠等於實際投資，正好符合 Say 法則的說法。

再看體系能否達成穩定狀態均衡。當 $(n+\delta)k$ 與 sy 曲線相交，體系穩定狀態落在 E 點，每人資本是 k^*。一旦體系面臨衝擊，可就每人資本成長率 $\dot{k}$ 對 k 微分：

$$\frac{d\dot{k}}{dk} = \frac{s}{k}\left[f'(k) - \frac{f(k)}{k}\right] = (MP_k - AP_k) < 0$$

新古典成長模型使用固定規模報酬生產函數，資本與勞動的邊際產量遞減，$(MP_k - AP_k) < 0$。當每人資本遞增，每人資本成長率將會遞減，逐漸縮小收斂至均衡點。圖 10-1(B) 顯示，實際 k 值異於均衡 k^* 值，該點左邊 $(k < k^*)$ 代表實際儲蓄 (實際投資) 超過維持每人資本固定所需的預擬投資，超額投資帶動每人資本累積，促使體系邁向穩定狀態的 k^*。相反的，該點右邊 $(k > k^*)$ 代表實際儲蓄 (實際投資) 低於每人資本固定所需投資，體系缺乏足夠儲蓄資

圖 10-1

穩定狀態的決定

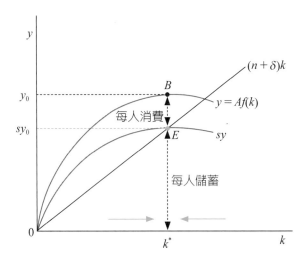

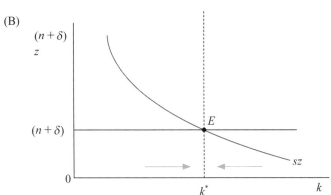

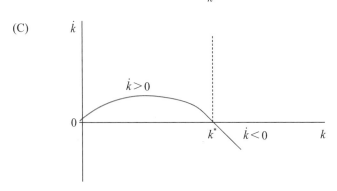

金融通實際投資,將引起每人資本遞減而逐漸邁向穩定狀態的 k^*。是以上述結果保證體系將朝 E 點的穩定狀態成長途徑調整。

最後,假設資本折舊率 $\delta = 0$,重新整理穩定狀態成長條件:

$$\frac{n}{s} = \frac{y}{k} = \frac{Y}{K} = \frac{1}{v}$$

重新整理上式,可得產能滿載與勞動市場自然就業的 Harrod-Domar 均衡成長條件:

$$\underbrace{n}_{\text{自然成長率}} = \underbrace{\frac{s}{v}}_{\text{保證成長率}}$$

上式顯示:新古典成長模型使用資本與勞動可替代的生產函數,同樣獲得體系邁向滿足 Harrod-Domar 均衡成長軌跡的條件,但卻是具有穩定性的成長途徑。

觀念問題

- 依據成長會計方程式,試說明對經濟成長發揮貢獻的來源為何?
- 在每人產出函數中,何者是決定每人產出的因素?在這些因素中,何者是被 Solow 成長模型視為外生變數?
- 試說明每人產出函數具有特別的型態與斜率?
- 在 Solow 模型中,決定每人投資與資本累積的因素為何?
- 試說明決定穩定狀態每人資本的因素為何?每人資本為何會移到穩定狀態水準?

總體經濟學者:Trevor Winchester Swan (1918~1989)

(一) 生平

1918 年 1 月 14 日出生於澳洲 Sydney,1935 年畢業於 Canterbury 高中,旋即進入 New South Wales 鄉村銀行工作,同時在 Sydney 大學半工半讀,1940 年以第一名畢業於經濟系並獲頒黃金獎章,這是首次頒給兼職學生,且獲聘為助理講師。在 1942~1950 年間,Swan 在澳洲政府的戰爭產業部門擔任經濟學者,戰爭承諾委員會祕書,食品優先委員會主席,國防委員會聯合行政計畫委員會的聯合祕書,戰後重建部門首席經濟學者,總理部門首席經濟學者。在戰後十年期間,Swan 致力於《充分就業白皮書》(*White Paper on Full Employment*) 建

立澳洲總體政策架構。在 1950 年，Swan 擔任 Australia 大學首位經濟學主席，擔任經濟學教授直到 1983 年退休。在此期間與 Noel Butlin、Ivor Pearce 三人合力建立知名的經濟系。1975 年，Swan 進入 Australia 聯邦準備銀行董事會，1980 年再獲延任。1989 年過世，享年71 歲。

(二) 對總體理論的貢獻

Robert Solow (2007) 在美國經濟學會 (American Economic Association) 慶祝他在 1956 年的貢獻 50 周年演講上，提醒在場學者：「如果你們此時對成長理論深感興趣，或許應該知道一位耀眼的總體經濟學者，在 1956 年同樣發表成長理論的論述。在那篇文章中，你們將可發現新古典基本成長模型不可或缺的東西。」稍後，Paul Krugman (2010) 在《紐約時報》(*New York Times*) 部落格也提及 Swan，「在國際金融理論，澳洲經濟學者 Trevor Swan 發展出達成內部與外部均衡的政策搭配理論，而以 Swan 圖形聞名於世，該項理論不僅是製作折紙天鵝的說明，更是深入具有洞察力的分析。

10.2.2 　儲蓄率、人口成長率與折舊率變動的影響

Solow-Swan 模型指出每人資本累積爲零 ($\frac{dk}{dt} = 0$)，體系達成穩定狀態，資本成長率 $\dot{K}$ 等於勞動成長率 n，而由每人產出函數 $y = Af(k)$ 可得下列關係：

$$\frac{dy}{dt} = Af_k \frac{dk}{dt} = 0$$

將每人產出 y 化爲成長率概念，並代入上式結果可得：

$$\dot{y} = \frac{d \ln y}{dt} = \frac{dy / dt}{y} = \dot{Y} - \dot{A} - n = 0$$

上式結果顯示：在穩定狀態，產出成長率取決於外生勞動成長率與技術進步率 $\dot{Y} = n + \dot{A}$。圖 10-2 顯示人們未雨綢繆而提升儲蓄意願，儲蓄率 s_0 將上升爲 s_1，$s_0 y$ 曲線向上旋轉至 $s_1 y$。在每人資本 k_0 固定下，體系將由 E_0 點躍升至 F 點，垂直距離 FE_0 代表儲蓄資金增加，透過可貸資金市場利率下降而轉爲融通投資支出，並朝新均衡點 E_1 調整，每人資本擴張至 k_1，每人產出由 y_0 上升至 y_1。

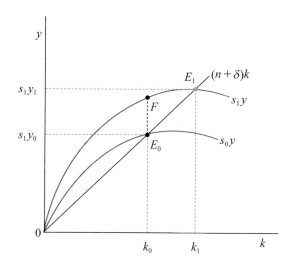

圖 **10-2**
儲蓄率上升效果

再以圖 10-3 說明儲蓄率變化如何影響各種經濟變數走勢。在 t_0 點，體系處於穩定狀態：

$$\frac{dk}{dt} = s_0 Af(k_0) - (n+\delta)k_0 = 0$$

政府實施租稅優惠刺激儲蓄意願，儲蓄率由 s_0 上升為 s_1，每人消費 $c_0 = (1-s_0)y_0$ 立即下降至 $c_0^* = (1-s_1)y_0$。在當期 (intra-period)t_0 點內，體系出現超額儲蓄，透過利率下降轉為投資增加。(A) 圖顯示在每人資本 k_0 固定下，每人資本成長率 $\dot{k} = 0$ 轉變為 $\dot{k} > 0$（投資增加促使 $\dot{k} > 0$），資本累積引導每人資本攀升：

$$\frac{dk}{dt} = s_1 Af(k_0) - (n+\delta)k_0 > 0$$

在邁向新穩定狀態的過渡期間，$\dot{k} > 0$ 引起每人產出成長率上升。在資本邊際生產力遞減 $f_{kk} < 0$ 下，每人資本增加帶動產出以遞減速度增加，而 k 值則維持 $(n+\delta)$ 的固定比率遞增，將促使每人儲蓄融通每人投資逐漸下降，新增投資遞減而讓資本累積下降，每人資本成長率終將回歸為零。

$$\frac{dk}{dt} = s_1 Af(k_1) - (n+\delta)k_1 = 0$$

隨著體系重回穩定狀態，每人資本成長率與每人產出成長率都為 $\dot{k} = \dot{y} = 0$，或是等於技術進步率 $\dot{A}$。產出成長率則為勞動成長率 n，或勞動成長率與技術進步率之和，$\dot{Y} = \dot{A} + n$，每人產出而增加至 y_1，帶動每人消費回升甚至超越原先水準，$c_1 = (1-s_1)y_1 > c_0$。

另外，Sato (1963) 再引進政府部門行為，討論財政政策對穩定狀態成長軌跡的影響。體系總投資包括民間投資 I^P 與政府投資 I^G：

$$I_g = \frac{dK}{dt} + \delta K = s(1-\theta)Y + hgY$$

政府投資是政府的儲蓄，$I^G = hgY$，$g = \dfrac{G}{Y}$ 是政府支出占產出的比例，$h = \dfrac{G_I}{G}$ 是政府投資占政府支出的比例，θ 是所得稅率。就上式兩邊以勞動 N 平減，經整理可得下式：

$$\frac{dk}{dt} = \left[s(1-\theta) + hg \right] Af(k) - (n+\delta)k$$

圖 10-3
經濟變數的時徑

(A)
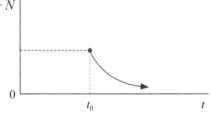

(B)
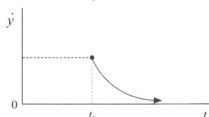

(C)
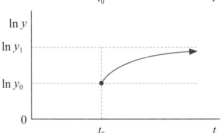

(D)
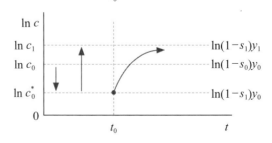

當體系達成穩定狀態時，均衡條件是 $\frac{dk}{dt} = 0$：

$$[s(1-\theta) + hg]Af(k) = (n+\delta)k$$

上式顯示：政府透過調整稅率 θ、政府投資比例 h 與政府支出占產出比例 g 等措施，藉由影響體系儲蓄率而讓每人資本累積，從而影響每人產出。

接著，再討論人口成長率遞增情況。某國開放外國移民導致人口成長率遞增，將引起預擬投資曲線 $(n+\delta)k$ 的斜率變陡，在邁向穩定狀態過程中，每人資本與每人產出兩者的成長率淪為負值。在重回穩定狀態後，每人資本與每人產出遞減，成長率則又回復為零。體系產出成長率等於人口成長率（或再加上技術進步率），將出現上升現象。另外，落後國家的人口成長率與每人資本或產出（生活水準）息息相關，$n = f(k)$，則將如 Malthus 所指體系展開經濟發展，每人產出（資本）遞增將引起人口成長率先以遞增速度遞增（出生率不變，但死亡率下降），再轉為以遞減速度增加（出生率下降，但死亡率不變）。圖 10-4 顯示，$(n+\delta)k$ 曲線與 sy 曲線分別交於 A 與 B 點。在 A 點之前，落後國家人口成長率處於低檔甚至為負值（高出生率與高死亡率），$sf(k) > (n+\delta)k$，每人資本累積促使每人產出成長率為正值，逐漸收斂於較低穩定狀態每人資本

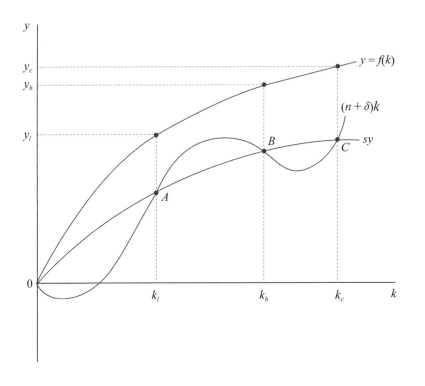

圖 10-4

Malthus 人口陷阱

k_l，此時對應的每人產出 y_l 即是維持生存水準的產出。隨著政府推動經濟發展脫離 A 點，每人資本與每人產出增加，改善生活水準引起人口成長率劇增，$\frac{\partial n}{\partial k}>0$，在邁向每人資本 k_h 的 B 點過程中，卻因 $sf(k)<(n+\delta)k$ 而引起每人資本負成長，每人產出陷入負成長，體系將退回初始低度發展的 A 點狀態。換言之，B 點是為不穩定均衡，唯有出現「大躍進」(Big Push) 突破 B 點，才能邁向更高穩定狀態每人資本與每人產出 y_c，否則將因人口成長率遠超過經濟成長率而退回維持生存水準的低度發展 A 點，也就是說 $k_l k_h$ 區間即是 Malthus 人口陷阱，高速人口成長率抵銷經濟成長率，將體系發展打回原形。

再者，體系內廠商期初採取直線折舊，若因機器設備迅速過時或老化而造成折舊率上升，$(n+\delta)k$ 曲線斜率將變陡峭，產生影響與人口成長率遞增結果如出一轍，在重回穩定狀態後，每人資本與每人產出下降。值得注意者，政府實施獎勵投資條例，允許廠商改採加速折舊 (accelerated depreiation)，快速收回投資機器設備資金，同時也將變相降低廠商稅負 (折舊增加促使廠商盈餘減少，從而少繳所得稅)。加速折舊無疑是加速累積廠商儲蓄 (內部資金)，是以在引起 $(n+\delta)k$ 曲線斜率變陡峭外，也將讓 sy 曲線上移，穩定狀態的每人資本與每人產出最終如何變化，可能不確定。

最後，新古典成長模型指出，體系處於穩定狀態成長，產出成長率等於人口 (勞動) 成長率，每人產出是固定值。在此，「每人產出」、「生產力」、「每工時產出」均以 $y=\dfrac{Y}{N}$ 表示，其變化係取決於產出成長率與勞動 (工時) 成長率之差：

$$\dot{y} = (\frac{\dot{Y}}{N}) = \dot{Y} - \dot{A} - n$$

實際上，人口數量 Q 與勞動數量 N 並非同義字，人口成長率 q 未必等於勞動 (工時) 成長率 n：

- 工時成長率大於人口成長率 $(n>q)$　在 1970~1980 年代，女性競相進入職場而擴大勞動力、出生率下降造成人口成長率下降，勞動 (工時) 成長率超過人口成長率。

- 工時成長率小於人口成長率 $(n<q)$　人們提前退休與要求長假期，以及經濟結構調整導致高失業率，或教育因素改變降低勞動參與率。

另外，經濟成長有助於改善生活水準，當人口與工時概念不同時，每人產出與勞動生產力將區分為兩個不同概念：

- 生活水準係以每人產出 ($\frac{Y}{Q}$) 衡量，生活水準成長率為 ($\dot{Y}-q$)。
- 勞動生產力則以每工時產出 ($\frac{Y}{N}$) 衡量，勞動生產力成長率為 ($\dot{Y}-n$)。

上述兩者的差距是 ($\dot{Y}-q$) － ($\dot{Y}-n$) ＝ ($n-q$)，當工時成長率大於人口成長率 $n>q$，生活水準成長率將超過勞動生產力成長率。

觀念問題

- 依據 Solow 成長模型，當體系處於穩定狀態，試說明儲蓄率增加對每人資本與每人產出，以及產出成長率的影響？
- 試說明人口成長率上升將如何影響穩定狀態的資本與每人產出？
- 在 Solow 成長模型中，何種變數將是外生變數？何者又是屬於內生變數？

10.2.3　新古典成長理論的缺陷

在 1950 年代，Solow-Swan 的外生成長模型假設儲蓄率、人口成長率與技術進步率均由外生決定，在解釋各國經濟發展趨勢時，往往捉襟見肘而顯現不足或缺陷之處。

- 固定規模報酬假設未符合實際情況。工業化國家基於資源效率配置、部門協調與訊息傳遞效率較高，發揮規模報酬遞增現象；反觀開發中國家卻因各種制度不健全，而陷入規模報酬遞減狀態。
- 穩定狀態經濟成長率是人口成長率與技術進步率之和，卻未解釋兩者成因，導致經濟成長率外生化是該模型的主要缺陷。
- 無法解釋有些國家富裕如昔，某些國家卻是深陷困境？有些國家為何成長迅速、有些國家則停滯不前？尤其是各國經濟成長將收斂於穩定狀態的臆說，也與觀察的事實不符。

以下將就該理論隱含的問題作一說明。

(一) 跨國間的每人產出呈現劇烈變化

各國儲蓄率 s 與投資 $(n+\delta)k$ 曲線斜率的差異，導致每人資本與每人產出發生落差，Solow-Swan 模型卻指出儲蓄率或人口成長率不同，僅會引發每人產出微小差異。然而觀察富國 (美國) 的每人產出卻超越窮國 (孟加拉) 十餘

倍，兩者顯然有所衝突！若以前述的 Cobb-Douglas 生產函數為例，新古典穩定狀態成長途徑的均衡條件為：

$$sy = (n + \delta)k$$

就上述均衡條件解出 k 值，並代入每人產出函數可得：

$$y = (\frac{s}{n + \delta})^{\frac{b}{1-b}}$$

假設 $s = 0.1$、$n = 3\%$、$\delta = 7\%$、$\frac{b}{(1-b)} = \frac{1}{3}$，經計算可得 $y = 1^{1/3} = 1$。儲蓄率若提高 4 倍為 0.4，$y = 1$ 將上升至 $y = 4^{1/3} = 1.59$。人口成長率若由 3% 降為 1%、儲蓄率維持 0.4，y 將擴張為 $(\frac{0.4}{0.08})^{1/3} = 1.7$。從設定數據來看，Solow-Swan 模型推理結果顯然與實際現象差異極大。

Solow-Swan 模型假設各國使用相同生產函數，窮國與富國均在相同技術與知識水準下，使用 Cobb-Douglas 生產函數生產：

$$y = \left(\frac{Y}{N}\right) = \left(\frac{K}{N}\right)^{0.25}$$

就上式可解出每人資本 k：

$$k = \left(\frac{K}{N}\right) = \left(\frac{Y}{N}\right)^{1/0.25}$$

實際資料顯示窮國與富國的每人產出差距可能超過 10 餘倍，假設窮國 $y=1$、富國 $y=10$，將其代入上式可得富國 $(y)^{1/0.25} = 10^4$、$k = 10,000$。實際上，世界經濟活動的特質是 $(\frac{K}{Y})$ 比率趨於固定，富國與窮國的 $(\frac{K}{Y})$ 出現如此巨幅差異則未曾出現 (在上述案例中，10,000/10=1,000 倍)。

(二) 窮國並無高資本報酬率

各國每人產出將因每人資本不同而異，後者取決於儲蓄率、人口成長率與折舊率。圖 10-5 顯示窮國落在 P 點具有較低 k_P，富國落在 R 點具有較高 k_R，此種現象卻衍生不符實情的涵義：產出曲線斜率反映資本邊際生產力，窮國的邊際生產力顯然高於富國。依據上述案例：

$$MP_K = bk^{b-1} = by^{(b-1)/b}$$
$$MP_K = 0.25k^{-0.75} = 0.25y^{-3}$$

富國每人產出超過窮國 10 倍，資本邊際生產力是 $0.25 \times 10^{-3} = 1/4,000$，顯示窮國的資本邊際生產力非常大，勢必吸引富國資金流入賺取高報酬率。實際上，赤貧國家從未出現過高報酬率吸引大量資金流入現象，由此或將隱含富國與窮國並非使用同一生產函數生產。

(三) 收斂並無單一性

新古典成長理論預測窮國每人產出終將會趕上富國每人產出，此種隨後追上特性稱為收斂 (convergence)。各國經濟結構若屬相同，期初陷入貧窮立錐國家相對身處富裕豐厚國家，將擁有較高成長率，理由有三：

1. 富國目前落在 R 點，穩定狀態成長途徑為圖 10-5 顯示的 OR 曲線。窮國目前落在 P 點，成長途徑為 OP 曲線，每人成長率相對較大。
2. 窮國資本報酬率高於富國，吸引後者資金流入而讓窮國資本大幅累積。
3. 窮國初期無法充分利用富國生產技術的障礙，將因學習過程而逐漸熟稔，生產力大幅攀升。實際資料顯示：主要工業化國家均曾出現收斂現象，如 1880 年代相對貧窮的日本相對富裕的英國飛躍成長，尤其在 1895 年甲午

收斂
各國歷經長期經濟成長，終將收斂至相同的每人產出水準。

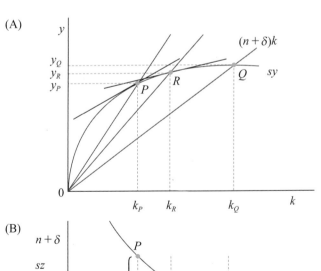

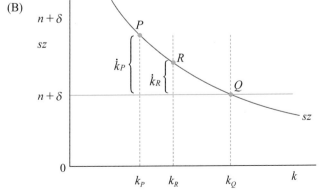

圖 10-5
絕對收斂臆說

戰爭從中國取得賠款相當於日本當年財政收入的 6.4 倍，每人產出迅速成長超越早期富裕的英國。

絕對收斂臆說

在經濟結構類似的國家，期初每人產出較低國家擁有較高成長率，每人產出較高國家的成長率則較低，但最終均會朝同一穩定狀態收斂。

在經濟結構類似國家中，期初每人產出較低國家將擁有高成長率，每人產出較高國家則面臨低成長率，而絕對收斂臆說 (absolute convergence hypothesis) 指出每人產出與經濟成長率存在反向關係。換言之，各國的每人產出成長率取決於期初每人產出 y_0 與穩定狀態每人產出 y^*，每人產出收斂方程式為 $g_y = \dfrac{\Delta y}{y} = f(y_0, y^*) = \beta y_0 + \varepsilon$。實證結果若為 $\beta < 0$，亦即期初每人產出愈小，每人產出成長率愈大，絕對收斂臆說成立。

圖 10-5(A) 顯示各國穩定狀態均落在 Q 點，窮國目前處在 P 點、富國落在 R 點。(B) 圖係將 (A) 圖的投資曲線 $(n+\delta)k$ 與儲蓄曲線 $sAf(k)$ 分別以每人資本平減而得。富國與窮國的期初每人資本 $k_R > k_P$ 對應每人產出 $y_R > y_P$，$(n+\delta)$ 與 sz 兩線間的差距反映兩國每人資本成長率 $\dot{k}_P > \dot{k}_R$。窮國每人產出成長率高於富國，最終會朝穩定狀態 Q 點收斂，$\dot{k}_P = \dot{k}_R = 0$。在此，每人資本成長率取決於期初每人資本 k_0 與穩定狀態每人資本 k^*，每人資本收斂方程式為 $g_k = \dfrac{\Delta k}{k} = f(k_0, k^*) = \alpha k_0 + \varepsilon$。實證結果若為 $\alpha < 0$，亦即期初每人資本愈小，每人資本成長率愈大，絕對收斂臆說成立。

不過以絕對收斂臆說驗證亞非窮國發展，卻發現窮國期初的每人產出較低，卻未必擁有高產出成長率。Solow 模型遂針對各國經濟結構不同，改提相對收斂臆說 (relative convergence hypothesis)，指出每人產出成長率取決於期初與穩定狀態每人資本的相對差距，兩者差距愈大，將讓每人產出成長率愈大，而穩定狀態每人產出也未必相同。換言之，各國每人產出成長率取決於期初每人產出與影響穩定狀態的其他變數 X，亦即每人產出收斂方程式為 $g_y = \dfrac{\Delta y}{y} = f(y_0, y^*, X) = \beta y_0 + \gamma X + \varepsilon$。實證結果若為 $\beta < 0$，亦即期初每人產出愈小，每人產出成長率愈大，相對收斂臆說成立。

相對收斂臆說

各國經濟結構不同，每人產出成長率取決於期初與穩定狀態每人資本的相對差距，兩者差距愈大，將讓每人產出成長率差距愈大，且會各自收斂至本身對應的穩定狀態。

圖 10-6 顯示窮國與富國期初每人資本 (k_P, k_R) 相對穩定狀態每人資本 (k_P^*, k_R^*)，比較兩國間的差距為 $(k_P^* - k_P) < (k_R^* - k_R)$，而對應每人資本成長率為 $(\dot{k}_P < \dot{k}_R)$，富國每人產出成長率將高於窮國。

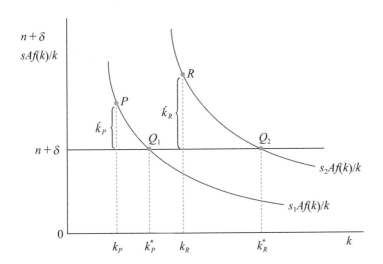

圖 10-6
相對收斂臆說

10.3 知識經濟與技術進步

10.3.1 知識經濟與經濟成長

傳統理論強調廠商使用資本與勞動生產的說法,逐漸無法完備解釋二十世紀中葉迄今的經濟發展現象。資本與勞動不再是帶動經濟發展的動力,「知識」已逐漸躍居關鍵性資源,成為引發體系持續發展的新源流。Fritz Machlup (1962) 在《美國知識的生產與分配》(*The Production and Distribution of Knowledge in the United States*) 中,依據 1950 年代的美國社會發展與產業結構變化背景,率先提出「知識產業」概念,亦即將相關知識系統化運用於經濟活動或某產業,包括研發、教育、資訊設備、資訊服務和傳播媒體等五項。在 1947~1958 年間,美國知識產業每年平均以 10% 速度成長,1958 年知識產業產值已經達到美國 *GNP* 的 29%。

以「知識」為基礎的新經濟迴異於傳統產業型態,主要特徵包括:1. 知識的價值與重要性與日俱增;2. 知識與產業活動的距離日益縮短;3. 知識投入將產生「規模經濟」(economics of scale) 與「範疇經濟」(economics of scope),效果取決於知識的折舊與過時速度,是以「速度」與「先馳得點」躍居為產業競爭關鍵;4. 知識是產出的一環,醞釀最終商品走向低度物質化,讓製造與服務、硬體與軟體間的分野愈趨模糊;5. 資訊科技與網路盛行大幅提升人類創造、處理與流通知識的能力,善用資訊科技與網路成為產業發展的關鍵因素;6. 資訊科技與網路盛行強化國際競爭。

規模經濟
廠商擴大生產規模引起經濟效益增加,或是長期平均成本隨產出增加而呈現遞減。

範疇經濟
廠商同時生產多元化產品的成本,將會低於分別生產每種產品的成本。

爾後，John Naisbitt (1982) 在《大趨勢》(Megatrends) 中指出知識是經濟發展的主要動力來源，價值增長將透過知識而不再是勞動。依據 OECD (1996) 報告，知識經濟 (knowledge-based economies) 係建立在知識與資訊的生產、分配與應用的經濟活動。爾後，OECD (2005) 再進一步說明，認為知識經代表進階的經濟趨勢，相較於往昔經濟模式更倚賴知識、資訊與高科技創新，進而衍生更多需求與應用。

依據 OECD 定義，知識產業包含高科技業與知識密集服務業，重視智慧資產生產、配置與運用，隱含知識工作者 (knowledge worker) 與高科技對知識經濟的重要性。知識產業對資金、技術與知識的投入需求極高，但其獲利與增速卻超越一般製造業數倍。相對於傳統產業受限於邊際報酬遞減法則，知識資源利用與開發卻具有邊際收益遞增特性，在經濟活動中協助產業持續擴大，其產品不斷增值。總之，知識經濟是以知識為基礎而運作的體系，不論 OECD 或世界銀行都具體指出知識經濟的四大層面，包括經濟與制度體系，知識機構、人力資源及資訊基礎建設 (infrastructure)。

圖 10-7 顯示：在經濟發展過程中，基於知識基礎的研發活動促進應用技術發展，創新產品提升商品價值，刺激經濟持續成長。技術進步日益倚賴研發活動，讓基礎知識在成長過程中扮演關鍵變數，而政府在此過程中發揮扮演的作用如下：

- 從市場經濟來看 除穩定經濟環境外，對知識創新、流通與應用等各階段隱含的市場失靈與系統性失靈，政府應做適當矯正。舉例來說，建立智慧財產權體系，設計誘因機制提升政府與民間合作，提升運作效率維護經濟活動運作公平性。
- 從科技政策來看 針對民間無力投入、高風險且具外部性的前瞻計畫，政府應介入研發活動，協助產業提升技術發展能力。
- 就產業發展來看 政府積極醞釀效率創新體系，塑造創新誘因環境，強化廠商研發創新技術能力，引導產業結構朝知識產業轉型。

知識經濟
建立在資訊的激發、擴散與應用的經濟活動。

知識工作者
倚賴知識獲取所得者，如醫師、律師、教師、設計師、作家與畫家等。

圖 10-7
基礎知識、應用技術與市場價值間的關係

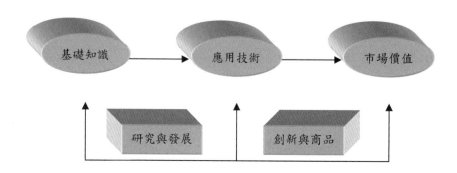

- 就通訊網路來看　擴大電子商務發展效率整合知識與訊息，降低廠商採購、存貨、銷售與行銷成本，提升經營效率。政府應強化電子商務的基礎建設和法治環境，協助廠商提升經營效率，以因應白熱化的國際競爭。

表 10-1 將對知識經濟與傳統經濟特質進行比較。

項目	傳統經濟	知識經濟
生產因素	重視勞動、資本與土地等有形因素投入	重視知識 (人力資本) 的無形投入，勞動與資本對生產活動貢獻大幅下降
因素報酬	受因素報酬遞減法則影響	出現因素報酬遞增現象
資源投入	實體資源	人力資本
經濟活動範圍	受限於國界、地域、時間等因素，不易全球化	透過網路超越時空，無限延伸至全球
產品特質	產品變化少、附加價值低、生命週期長、產品資訊取得不易	產品變異大、附加價值高、生命週期短、產品資訊容易取得
企業發展	募集資金、開發市場與重視硬體發展	掌握人力資源與知識、與重視軟體發展
經濟策略	重視競爭策略與開拓有限市場	發展電子商務，兼顧競爭與合作 (策略聯盟)
利潤來源	重視既有市場之利潤	開發新市場，尋找利潤

表 10-1
知識經濟與傳統經濟特質

　　1979 年諾貝爾經濟學獎得主 Theodore William Schultz (1961) 率先提出人力資本概念，認為人們求學除為滿足效用外，意在累積技術擴大未來能力，提高未來所得川流。人們透過教育投資，藉由知識與技能傳遞而提升生產力。一般而言，富國勞工薪資不僅是提供勞務的報酬，更多是反映接受教育與訓練的溢酬，教育是各國每人產出呈現落差的主因。1992 年諾貝爾經濟學獎得主 Gary Becker (1964) 接續提出人力資本理論，認為人力資本係指勞工的技能，透過學校教育、在職訓練與生產活動累積知識，發揮邊做邊學或做中學 (learning by doing) 效果而增進生產力。至於實體資本則指機器、廠房、設備等有形資產，可藉由擴廠或添購新設備擴張產能。人力資本具有的特性，包括：

邊做邊學效果
或稱做中學效果，係指廠商透過實踐、自我完善與微小創新來提升生產力。

- 內含在人身上而不可分割，唯有人們發揮方能獲取超額報酬。
- 人力資本價值在於人們蘊涵知識與技術的時效性，發揮效果將受時間嚴格限制。一般而言，智慧成果與技術專長僅能在某階段發揮最佳效果，隨著產品生命循環更替、技術飛躍進步與競爭者加入，將會迅速遞減。
- 透過勞工經驗累積、知識更新或創新，人力資本在使用過程中，將降低時

效性產生的限制。

傳統生產函數的勞工僅接受基礎學校教育，稱為純粹勞工或基礎勞工，而技術勞工 (skilled labor) 內含人力資本，獲取報酬超過基礎勞工，超額報酬部分即是大學溢酬 (college premium)。某國擁有接受高等教育者的技術勞工愈多，即能創造高產出與生活水準，是以生產函數可修正為：

$$Y = AF(N, H, K)$$

H 是人力資本。生產函數若屬固定規模報酬特質，每人產出將是：

$$y = \frac{Y}{N} = \frac{A}{N}F(N, H, K) = AF\left(\frac{N}{N}, \frac{H}{N}, \frac{K}{N}\right) = Af(h, k)$$

綜合以上分析，當某些國家經濟起飛而奔向較高每人產出途徑收斂之際，仍有國家依然停滯在極低每人產出，追根究柢就在非經濟因素的資源存在高度落差所致：

- 自由市場體系　廠商追求盈餘極大，將需承擔高風險，健全法律體制將可保障廠商的財產權 (property rights) 不被侵犯，確保廠商獲利程度。
- 政府決策品質與基礎建設　政府擬定政策一致性與周延性，從事高速公路、機場、港口、通訊網路與電力系統供應等基礎建設多寡，將是廠商投資決策與資本累積速度重大誘因。
- 地理位置　在世界經活動中，國家位置是決定發展速度的因素，若非落在世界經濟活動核心，相對上將喪失許多促進成長的機會。

考慮上述因素影響後，完整的生產函數修正如下：

$$Y = A(G, P, T)F(K, R, H, N)$$

G 是國家地理位置因素，此係有些落後國家推動經濟發展，卻甚難向較高每人產出收斂的重要原因。P 是政治資本數量，反映一國政治法律制度健全性與運作效率，如吸引外人投資的誘因設計與保障。T 是技術狀況，包括引進現代技術與配合的軟體人員素質。K 與 H 是實體資本與人力資本數量，N 是提供一般勞務的勞工數量。

另外，技術進步係以體現與非體現方式出現，包括 Harrod、Solow 與 Hicks 等三種技術進步型態。首先討論 Harrod 中性技術進步的影響，生產函數屬於一階齊次型態：

$$Y = F(AN, K) = F(e^{(n+\lambda)t}N_0, K)$$

AN 是內含勞動技術進步成分的有效勞動 (effective labor)，n 是勞動成長率，λ
是勞動技術進步率，而每人資本 (效率勞工) 與成長率可表為：

有效勞動

考慮附加勞動技術或
知識的勞工數量。

$$k = \frac{K}{AN} = \frac{K}{e^{(n+\lambda)t}N_0}$$

$$\dot{k} = \frac{d\ln k}{dt} = \frac{d\ln K}{dt} - \frac{dAN}{dt} = \dot{K} - (n+\lambda)$$

針對上式，每人資本 (每位效率勞工) 的基本累積方程式修正如下：

$$\frac{dk}{dt} = sy - (n + \lambda + \delta)k$$

當體系達成穩定狀態時，均衡條件將是：

$$sy = (n + \lambda + \delta)k$$

再討論 Solow 中性技術進步的影響，並將 Cobb-Douglas 生產函數表示如
下：

$$Y = (AN)^\alpha N^{1-\alpha} = (e^{\lambda t}K)^\alpha N^{1-\alpha}$$

每人產出可表為：

$$y = \frac{Y}{N} = (\frac{e^{\lambda t}K}{N})^\alpha = (e^{\lambda t}k)^\alpha$$

針對上式，每人資本的基本累積方程式將修正如下：

$$\dot{k} = \frac{se^{\lambda t}k^\alpha}{k} - n$$

$$\frac{dk}{dt} = se^{\lambda t}k^\alpha - (n + \delta)k$$

上述係 Bernouli 非直線型微分方程式。利用簡化變數 $Z = k^{1-\alpha}$，上式可表
為：

$$\frac{dZ}{dt} + (n+\delta)(1-\alpha)Z = (1-\alpha)se^{\lambda t}$$

就上式求解可得：

$$Z(t) = e^{-\int (n+\delta)(1-\alpha)dt}\left[C_0 + \int (1-\alpha)se^{\lambda t}e^{\int (n+\delta)(1-\alpha)dt}dt \right]$$

$$= C_0 e^{-(n+\delta)(1-\alpha)t} + \frac{s(1-\alpha)}{\lambda + (n+\delta)(1-\alpha)}e^{\lambda t}$$

$$C_0 = k_0^{1-\alpha} - \frac{s(1-\alpha)}{\lambda + (n+\delta)(1-\alpha)}$$

針對上述兩式，將可求得均衡的每人資本時間途徑，並將 k 轉換成 K：

$$K(t) = [K_0^{1-\alpha} - \frac{s\beta}{\lambda + (n+\delta)\beta}N_0^\beta + \frac{s\beta}{\lambda + (n+\delta)\beta}N_0^\beta e^{(\lambda + n\beta)t}]^{1/\beta}$$

$\beta = 1-\alpha$，K_0 為期初資本存量。隨著時間趨近無窮大，資本存量 $K(t)$ 隨之增加：

$$\lim_{t \to \infty} K(t) = (\frac{s}{n+\delta + (\lambda/\beta)})^{1/\beta}N_0 e^{[n+\delta + (\lambda/\beta)]t}$$

體系出現 Solow 中性技術進步，資本成長率與產出成長率將是 $[n+\delta + (\lambda/\beta)]$。由於體系投資持續遞增，穩定狀態每人資本將不存在，其成長率將是：

$$\dot{k} = \dot{K} - \dot{N} = n+\delta + (\lambda/\beta) - n = \delta + (\lambda/\beta)$$

總體經濟學者：Theodore William Schultz (1902~1998)

(一) 生平

　　1902 年 4 月 30 日出生於美國 South Dakota 州的 Arlington。1924 年畢業於 Brooklyn 農業學校，三年後畢業於 South Dakota 州立學院。1928~1930 年分別獲得 Wisconsin 大學碩士和博士。1934~1943 年擔任 Iowa 州立大學經濟學與社會系教授。1943~1972 年起任教於芝加哥大學經濟系，並於 1946~1961 年擔任系主任，是芝加哥學派代表人物之一。1960 年當選為美國經濟學會會長，1972 年獲頒美國經濟學會 Francis A. Walker 獎。1979 年獲頒諾貝爾經濟學獎。1998 年 2 月 26 日去世，享年 96 歲。

(二) 對總體理論貢獻

　　在 1930~1940 年代，Schultz 針對傳統農業特徵、何以不能成為經濟成長源泉、以及如何改造等三個層面發表一系列著作，具體分析如何改造傳統農業為高生產率部門。此外，Schultz 率先系統化分析教育投資如何影響農業生產與經濟發展，並於 1960 年首先提出人力資本理論，認為人力資本是促進經濟成長的關鍵因素，對經濟發展理論發揮重大貢獻。

總體經濟學者：Gary S. Becker (1930~2014)

(一) 生平

1930 年 12 月 2 日出生於美國賓州的 Pottsville，1951 年畢業於 Princeton 大學。1953 年取得芝加哥大學經濟學碩士學位。1955 年獲得芝加哥大學博士學位。1960 年擔任哥倫比亞大學教授。1970 年擔任芝加哥大學教授。1967 年獲得 John Bates Clark 獎。1974 年擔任美國經濟協會副會長。1992 年獲頒諾貝爾經濟學獎。2014 年 5 月 3 日過世，享年 84 歲。

(二) 對總體理論貢獻

Becker 的《生育率經濟分析》(*An Economic Analysis of Fertility*, 1960) 是人口經濟學創始之作、《人力資本》(*Human Capital: A Theoretical and Empirical Analysis*, 1964) 則是人力資本理論經典著作，成為 1960 年代「人力投資革命」的起點、《家庭論》(*A Treatise on the Family*, 1981) 更是個體人口經濟學代表作。三部著作被譽為經典論著而具影響深遠，而其「時間經濟學」和「新消費論」被譽為「Becker 革命」。Becker 是芝加哥學派重要成員，強調自由競爭的市場經濟，反對政府干預活動，並以個體理論為基礎而結合總體理論，將經濟理論建立在自由放任與市場均衡基礎上。

10.3.2　內生成長理論

Solow-Swan 模型的關鍵參數包括儲蓄率、人口成長率與技術進步率均由外生決定，儘管該理論也引進外生技術進步和人口成長率說明產出持續成長，卻無法從理論說明體系何以持續成長的問題。實際上，儲蓄率與人口成長率是由人們行為決定，也可透過政策影響，是以內生成長理論改弦更張，將此三者視為內生變數，由模型內部決定產出成長率，進而指出各國產出成長率差異的原因，以及解釋經濟持續成長的可能性。

針對 Solow-Swan 模型的重要參數，內生成長理論修正如下：

1. **儲蓄率內生化**　David Cass (1965) 與 T. C. Koopmans (1965) 將 Frank P. Ramsey 消費者最適化決策引進新古典成長理論，促使儲蓄率取決於人們的跨期消費偏好。儲蓄率內生化意味著資本累積速度與資本供給由內生決定，決定產出成長的資本因而可由模型內說明。

2. **人口成長率內生化**　Solow-Swan 模型指出，高人口成長率降低穩定狀態每人資本與每人產出，卻忽視每人產出對人口成長的影響，如類似

Malthus 人口陷阱的存在，也未考慮養育過程消耗的資源。內生成長理論從三方面著手，將人口成長率內生化：(1) 對既定出生率與死亡率而言，基於經濟誘因的移入 (immigration) 與移出 (emigration) 過程將改變體系的人口與勞動力；(2) 引進出生率的選擇，讓人口與勞動力成長率內生化；(3) 人口遷移、工作與休閒的選擇。

3. 技術進步內生化　Solow-Swan 模型無法解釋產出持續成長，原因就在達成穩定狀態係以邊際報酬遞減為基本前提。內生成長理論則是將技術進步引進模型，藉以消除邊際報酬遞減。

接著，內生成長理論將技術進步內生化後，相關重要發展分述於下。

(一) 資本邊際生產力報酬固定 (AK模型)

在 Solow-Swan 模型中，資本邊際生產力遞減決定資本成長最終趨於停滯，也決定了資本存量上限，穩定狀態每人資本成長率為零。若能避免資本邊際生產力遞減，或讓穩定狀態每人資本持續成長，資本邊際生產力下限不為零將意味著在一定範圍內，資本邊際生產力遞減現象消失。邊際報酬固定的最簡單生產函數即是 $Y = AK$，$A > 0$ 是將技術因子視為內生變數，此即 AK 模型的由來。體系內資本累積方程式將是：

$$\frac{dK}{dt} = sY - (n + \delta + \lambda)K$$

n 是人口成長，δ 是資本折舊率，λ 是技術進步率。將 $Y = AK$ 代入上述方程式，經移項可得資本和產出成長率為：

$$\dot{Y} = \dot{K} = sA - (n + \delta + \lambda)$$

AK 模型捨棄資本邊際報酬遞減後，即使體系無人口成長與外生技術進步，$n = \lambda = 0$，也能出現產出成長 $(sA - \delta) > 0$。不過該模型存在明顯缺陷：1. 模型過於簡化且捨棄資本邊際報酬遞減，不符合常情；2. 體系的產出或資本無法收斂，若 K 僅是實體資本，AK 函數顯然不符合現實。但若引進人力資本，資本邊際報酬可能不會趨於遞減。由於 AK 模型無法達到收斂臆說，故可結合新古典的 Cobb-Douglas 函數與 AK 函數而為 $Y = AK + N^{\alpha} K^{1-\alpha}$。當 K 較小時，該函數顯現新古典生產函數的資本邊際報酬遞減性質，體系將趨於相對收斂。隨著資本累積而收斂於 AK 型態，讓資本邊際報酬遞減具有下限，將會展現內生成長結果。

(二) 邊做邊學與知識外溢效果

從十九世紀末起，Marx 與 Schumpeter 強調技術進步源自於知識創造與創新活動，成為推動經濟成長的火車頭。以「外部性」和「知識外溢」為基礎的內生成長理論，其特質包括：1. 技術進步、知識與人力資本累積是投資的副產品；2. 個別廠商的生產函數呈現固定規模報酬，但就總體經濟而言，則呈現規模報酬遞增；3. 政府政策兼具水準效果與成長效果。

針對 Solow-Swan 模型假設外生技術進步，Arrow (1962) 提出「邊做邊學」模型 (learning-by-doing model)，率先以知識累積解釋技術進步現象，指出「知識獲得」或「學習」是經驗的產物，技術進步則是知識的產物與學習的結果，學習又是持續累積經驗的總結，從而體現於技術進步。廠商透過投資和生產過程逐步累積生產經驗與知識，進而提高生產效率，經驗對生產效率的正向影響稱為邊投資邊學 (learning-by-investing)。此外，某廠商的學習將透過知識外溢傳遞給其他廠商，間接帶動他人生產效率。換言之，知識的創造是投資的副產品 (邊做邊學)，知識外溢提高生產效率 (外溢效果)，而生產過程將因生產效率攀升而展現報酬遞增。

「邊做邊學」與「外溢效果」出現抵銷個別廠商面臨的邊際報酬遞減，就總體層面而言，體系的邊際報酬不變將觸發內生成長。該類模型的關鍵在於：1.「邊做邊學」需倚賴廠商投資來獲得，尤其是某廠商資本累積導致其知識存量 (技術因子)A_i 同樣增加。2. 每一廠商的知識都是公有財，其他廠商都能無償取得。換言之，知識一經創造，旋即外溢遍及整個體系，此一瞬間擴散過程之所以可行，也是因為知識是非競爭性的。

(三) 人力資本累積

提高勞動生產效率的另一途徑是人力資本累積。Lucas (1988) 引進 Schultz 和 Becker 的人力資本概念，建立專業化人力資本累積的成長模型。Lucas 假設學習和外溢涉及人力資本，每一廠商都得力於平均人力資本而非人力資本總量，不再考慮其他廠商累積的知識或經驗，而是考慮與掌握平均技術水準及由知識的平常人互動得來的利益。

(四) 研究與開發 (R&D)

Romer-Lucas 內生成長理論係以知識與技術進步為主軸，主要論點包括：

- 理性決策與研發 (R&D) 過程引導技術進步，政府可用下列策略刺激研發活動：
  1. 政府增加研發支出　透過政府機構從事研發活動，或由國科會、國家

衛生研究院補貼大學或民間機構進行研發，成為刺激區域經濟成長的重要來源。

2. 提供研發租稅誘因　民間企業研發事新產品與技術，通常較政府機構更具效率，故可提供廠商研發支出享有租稅抵減 (tax credit)，藉以提升廠商投入研發誘因。

3. 專利權 (patents) 保護　為管理技術使用的非排他性，政府授予投資者技術財產權，讓其擁有部分非排他性 (non-excludability)，在某一年限中單獨使用、製造或出售證照權利給別人。

> **非排他性**
> 無法排除特定個人或群體使用的權利。

- 技術進步具有規模報酬遞增特性，人力資本累積有助於提升研發能力，進而再加速人力資本累積，而「邊做邊學」則有助於提升技術進步速度。

- 技術進步係以「新知識」型態呈現，這些新知識類似資本財，可以累積、作為生產因素並可儲存且有折舊問題，但相異之處就在具有非敵對性 (non-rivalry)、非實體性與無止境再使用 (endlessly reusable) 特性，且須附著於人力資本之上。

> **非敵對性**
> 某種商品無法由個人單獨使用或占有。

- 在經濟成長過程中，人力資本將反映在勞工素質，且扮演重要角色。

Romer 將體系分為生產部門與研發部門，廠商將部分人力與資金投入研發部門創新產品與技術，藉以提高生產部門生產力，而勞動 $\overline{N}$(等於人口) 投入研發部門 (N_A) 與生產部門 (N_P) 的比例為 α 與 $(1-\alpha)$。

$$\overline{N} = N_A + N_P = \alpha\overline{N} + (1-\alpha)\overline{N}$$

生產部門使用 Cobb-Douglas 生產函數：

$$Y_t = A_t K_t^b N_P^{1-b}$$

生產部門的每人產出可表為：

$$y_{Pt} = \frac{Y_t}{N_P} = A_t \left(\frac{K_t}{N_P}\right)^b = A_t k_{Pt}^b$$

另外，研發部門基於舊觀念創造出新知識，生產技術的函數可表為：

$$A_{t+1} - A_t = \Delta A_t = \phi A_t N_A$$

ϕ 反映勞動生產知識的生產力，ϕ 值上升代表勞動從事研發生產的知識甚於過往。由於技術具有「非敵對性」，一組知識將能重複使用於製造新技術與商品，是以 Romer 模型指出知識與技術的非敵對性將對經濟成長發揮效果，成

為影響每人產出持續成長的關鍵因素。若無該項因素，將如 Solow-Swan 模型所示，資本報酬遞減最終將讓每人產出邁向無成長的穩定狀態。重新整理上式，可得以技術成長率 g_A 表示的生產函數：

$$g_A = \frac{\Delta A_t}{A_t} = \phi \alpha \overline{N}$$

上式顯示，技術成長率取決於研發的生產力 ϕ、投入研發的勞動比率 α 以及體系內勞動數量 $\overline{N}$。再將生產部門的每人產出轉換為體系每人產出：

$$y_t = \frac{Y_t}{\overline{N}} = y_{Pt}(\frac{N_P}{\overline{N}}) = (1-\alpha)A_t k_{Pt}^b$$

在 Romer 模型中，A_t 將以 g_A 速率成長，每人產出處於平衡成長途徑 (balanced growth path)，並以穩定速率成長。至於影響內生成長的因素有三：

(1) **研發勞動的比率上升效果**　政府投入更多研發資源，α 比率上升，短期將降低每人產出，但技術成長率上升促使每人產出以較高速率成長。

(2) **研發生產效率效果**　研發部門更具生產效率而瞬間提升生產力，ϕ 比率上升將讓每人產出以更快速率成長。

(3) **總人口 $\overline{N}$ 增加效果**　人口增加初期將降低每人產出，長期則引起每人產出成長率恆常性上升，此係部分增加的人口轉入研發部門，帶動技術進步而推升每人產出成長率所致。此一結果迥異於 Solow-Swan 模型的結論，後者指出不論短期或長期，人口增加僅會降低每人生活水準。

> **平衡成長途徑**
> 體系內所有變數均以穩定速率成長的軌跡。

觀 念 問 題

- 試說明 Solow 成長模型有何缺陷而成為 Romer 模型企圖修正之處？
- 為何 Romer 模型認為每人產出成長係屬可能，而 Solow 模型卻是不行？
- 試說明決定 Romer 模型成長率的三個因素為何？
- 依據 Romer 模型，總人口增加與儲蓄增加，將如何影響每人產出成長率？

10.4 新古典貨幣經濟成長模型

10.4.1 Tobin 貨幣成長模型

Solow-Swan 模型屬於實質模型 (或物物交換體系)，「貨幣有如面紗」不影響實質部門運行。然而在貨幣經濟體系，人們持有貨幣享受價值儲藏 (資產如同資本財) 與交易媒介 (提供流動性如同消費財) 勞務。是以 Tobin (1965) 率先將貨幣引進新古典成長模型，強調人們享受貨幣提供的價值儲藏勞務，進而推演貨幣成長模型。假設流通速度不變 ($\dot{V}=0$)，首先將貨幣數量學說 $MV=PY$ 化為成長率關係。

$$\dot{M} = \pi + \dot{Y} \quad \text{或} \quad \pi = \dot{M} - \dot{Y}$$

人們以實質餘額保有部分儲蓄，勢必減少實體資本投資，而實質餘額變動將是：

$$\frac{d(\frac{M}{P})}{dt} = \frac{P\left(\frac{dM}{dt}\right) - M\left(\frac{dP}{dt}\right)}{P^2} = (\frac{M}{P})(\dot{M} - \pi)$$

人們的實質可支配所得是由實質餘額變動量與實質所得兩者構成：

$$\hat{Y} = Y + (\frac{M}{P})(\dot{M} - \pi)$$

人們持有資產涵蓋實體資本 K 與實質餘額 $m = \frac{M}{P}$，前者的報酬率 (實質利率 r) 即是資本邊際產量，後者的報酬率即是通縮率 $(-\pi)$：

$$r = \frac{\partial Y}{\partial K} = F_K (N, K)$$

依據 Fisher 方程式，名目利率 i 是實質利率 r 與預期通膨率 π^e(假設等於實際通膨率 π) 之和：

$$i = r + \pi^e = r + \pi$$

當體系達成穩定狀態均衡，每期儲蓄將等於投資毛額：(δ 是折舊率)

$$I_g = \frac{dK_t}{dt} + \delta K_t = Y_t - C_t = S_t$$

考慮貨幣因素影響後，長期儲蓄函數將是新實質可支配所得的函數：

$$S_t = s\hat{Y}$$

綜合以上各式，考慮實質餘額影響後的資本累積方程式將是：

$$\frac{dK}{dt} = Y_t - (1-s)\hat{Y}_t - \delta K_t$$

將新實質可支配所得代入上式：

$$\frac{dK}{dt} = Y_t - (1-s)\left[Y_t + \frac{M_t}{P_t}(\dot{M} - \pi)\right] - \delta K_t$$

假設人們持有實質餘額對產出比率為 b：

$$\frac{M^d}{P} = bY = bF(N, K)$$

是以體系內資本累積方程式可表為：

$$\frac{dK}{dt} = Y_t - (1-s)\left[Y_t + \frac{M_t}{P_t}(\dot{M} - \pi)\right] - \delta K_t$$

$$= sY_t - (1-s)bY(\dot{M} - \pi) - \delta K_t$$

$$= Y_t[s - (1-s)b(\dot{M} - \pi)] - \delta K_t$$

將上式兩邊分別除以 K，可得資本成長率：

$$\dot{K} = \frac{1}{K}\frac{dK}{dt} = \frac{Y}{K}[s - (1-s)b(\dot{M} - \pi)] - \delta$$

資本成長率等於每人資本成長率與人口成長率之和，$\dot{K} = \dot{k} + n$。上式右邊以每人產出與每人資本（$\frac{Y}{K} = \frac{y}{k}$）表示，經整理可得每人資本成長率 $\dot{k}$ 如下：

$$\dot{k} = \frac{y}{k}\left[s - (1-s)b(\dot{M}^d - \pi)\right] - (n + \delta)$$

由於 $\dot{k} = \frac{1}{k}\frac{dk}{dt}$，體系內每人資本的基本累積方程式是：（$y = f(k)$）

$$\frac{dk}{dt} = \left[s - (1-s)b(\dot{M} - \pi)\right]f(k) - (n + \delta)k$$

在貨幣經濟中，體系達成穩定狀態成長的條件為：

- 每人資本累積為 $\frac{dk}{dt} = 0$ 或 $\left[s - (1-s)b(\dot{M} - \pi)\right]f(k) = (n + \delta)k$。
- 由於實質餘額與實體資本存在替代關係，前者變動勢必影響實質利率，進

而改變儲蓄率與資本累積率，是以除產出與資本需依同比率成長外，每人實質餘額也須維持固定，否則資本累積 $\dfrac{dk}{dt}$ 不會為 0。每人實質餘額可表為：

$$m = \frac{M}{PN}$$

就上式取自然對數，並對時間偏微分：

$$\dot{m} = \dot{M} - \pi - n$$

當體系達成穩定狀態均衡，每人實質餘額需維持固定，$\dot{m} = 0$：

$$\dot{m} - \pi = n$$

將上述關係代入第一個均衡條件，可得貨幣成長模型的最終均衡條件：

$$\left[s - (1-s)bn \right] f(k) = (n+\delta)k$$

在 Solow-Swan 模型中，穩定狀態成長條件為：

$$sf(k) = (n+\delta)k$$

在穩定狀態下，貨幣經濟體系的成長條件，相較 Solow-Swan 模型多出一項實質餘額對產出比率 b 的影響。由於 b、$n > 0$，是以 $s > (1-s)bn$。圖 10-8 顯示：人們增加持有實質餘額對產出比率 b，勢必降低用於融通實體投資的儲蓄資金，相當於促使每人儲蓄曲線下移，穩定狀態下的每人資本將會下降至 k_1。換言之，在貨幣經濟體系，人們選擇以實質餘額保有儲蓄，降低投資實體

圖 10-8

Tobin 貨幣成長模型

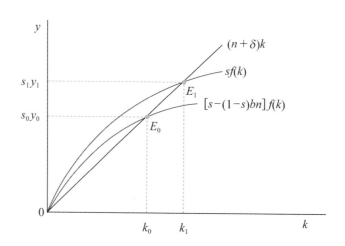

資本，終將降低每人實質產出至 y_1。

總體經濟學者：James Tobin (1918~2002)

(一) 生平

1918 年 3 月 5 日出生於美國 Illinois 州 Champaign，1935~1939 年畢業於哈佛大學，1940 年取得碩士。1941 年先後在物價管理署與戰時生產局工作，稍後進入海軍服役擔任驅逐艦指揮官，歷經北非、法國南部與義大利戰役。1946~1947 年以攸關消費理論和統計的論文獲得哈佛大學博士。1949 年前往英國劍橋大學應用經濟系當訪問學者。1950 年起，任教於耶魯大學。1955~1961 年和 1964~1965 年擔任 Coolidge 基金會主席。1981 年獲頒諾貝爾經濟學獎。2002 年 3 月 11 日去世，享年 84 歲。

(二) 對總體理論貢獻

在學術領域中，能以自己名字命名的名詞會是無上榮耀，而以 Tobin 命名的經濟學名詞卻有「Tobin q ratio」、「Tobin tax」、「Mundell-Tobin effect」、「Tobin's dichotomy」四個，不僅在經濟學門亮麗耀眼，在其他領域也屬罕見。Tobin 早期為 Keynesian 學派建立理論基礎，指出如何運用總體政策落實自然就業與產出成長。此外，Tobin 的貢獻涉及諸多領域，如經濟計量方法、家計部門與廠商行為、總體理論、經濟政策、投資決策、以及生產、就業和物價關係等。尤其是 Tobin 是參與資產組合理論創立，發展出結合金融資產與商品的均衡理論，結合金融市場與消費投資決策，探討對生產、就業與物價如何互動，進而將金融市場變化傳遞到人們支出決策。

10.4.2 Levhari-Patinkin 貨幣成長模型

Tobin 貨幣成長模型指出，人們使用貨幣將對產出成長形成負面效果，此種結論顯然不符合「貨幣作為交易媒介，將能提升交易效率與促進生產活動」的想法。探討當中緣由可能是，Tobin 模型偏重貨幣扮演價值儲藏 (資產) 工具，忽略作為交易媒介的特質。是以 Levhari-Patinkin (1968) 將貨幣同時視為資產與消費財，人們以貨幣為交易媒介而享受流動性勞務，有如一般的消費財，而流動性勞務價值也是納入實質所得一環。另外，名目利率是衡量持有貨幣餘額的機會成本，也是每單位實質餘額提供保值勞務的價值。

考慮貨幣同時提供交易媒介與價值儲藏勞務，人們的可支配所得 Y^* 則擴大由實質產出、名目貨幣增加引起實質餘額變動 $(\frac{M^d}{P})\dot{M}$、以及設算實質餘額的實質利息 $r\dot{M}$ 等三者構成：

$$Y^* = Y + \left(\frac{M^d}{P}\right)(\dot{M} - \pi) + \frac{M^d}{P}(r - \pi)$$

$$= Y + \frac{M^d}{P}(\dot{M} + r)$$

當體系達成均衡，儲蓄等於投資毛額，

$$I_g = \frac{dK_t}{dt} + \delta K_t = Y_t - C_t^p = S_t$$

人們消費總值包括流動性勞務與實體消費 (physical consumption) C^P：

$$C^P = \left\{(1-s)\left[Y + \left(\frac{M^d}{P}\right)(\dot{M} - \pi)\right] - \frac{M^d}{P}(r + \pi)\right\}$$

將實體消費代入資本累積方程式：

$$\frac{dK}{dt} = Y - \left\{(1-s)\left[Y + \left(\frac{M^d}{P}\right)(\dot{M} - \pi)\right] - \frac{M^d}{P}(r + \pi)\right\} - \delta K$$

在貨幣經濟體系中，體系達成穩定狀態成長條件有二：

- 每人資本成長率為 $\dot{k} = 0$。
- 每人實質餘額成長率不變，$\dot{m} = 0$。

$b = \frac{M}{PY}$ 是實質餘額占產出比例，資本累積方程式可表為：

$$\frac{dK}{dt} = Y - \left\{(1-s)Y\left[1 + b(\dot{M}^d + r)\right] - bY(r + \pi)\right\} - \delta K$$

$$= Y\left\{s\left[1 + b(\dot{M}^d + r)\right] - b(r + \pi)\right\} - \delta K$$

再運用體系穩定狀態均衡條件，修正上式為：

$$\frac{dK}{dt} = Y\left\{s\left[1 + b(n + \pi + r)\right] - bn\right\} - \delta K$$

將上式兩邊除以 K，$\dot{K} = n + \dot{k}$，

$$\frac{1}{K}\frac{dK}{dt} = \dot{K} = n + \dot{k} = (\frac{Y}{K})\left\{s\left[1 + b(n + \pi + r)\right] - bn\right\} - \delta$$

將上式以每人概念表示，$\dfrac{Y}{K} = \dfrac{y}{k}$，$\dot{k} = \dfrac{1}{k}\dfrac{dk}{dt}$，經整理可得每人資本的基本累積方程式：

$$\frac{dk}{dt} = \left\{ s\left[1 + b(n + \pi + r)\right] - bn \right\} f(k) - (\delta + n)k$$

當 $\dfrac{dk}{dt} = 0$ 時，體系達成穩定狀態均衡：

$$\left\{ s\left[1 + b(n + \pi + r)\right] - bn \right\} f(k) = (n + \delta)k$$
$$\sigma f(k) = (n + \delta)k$$

$\sigma = \left\{ s\left[1 + b(n + \pi + r)\right] - bn \right\}$ 是實物儲蓄率 (physical saving rate)。相對 Solow-Swan 模型，當 σ 值大於 s 值，人們增加持有實質餘額，將造成每人資本上升與每人產出增加。

$$\sigma = \left\{ s\left[1 + b(n + \pi + r)\right] - bn \right\} > s$$
$$\text{或} \quad \begin{aligned} s(n + \pi + r) - n &> 0 \\ s(n + \pi + r) &> n \end{aligned}$$

反之，當 σ 值小於 s 值，人們增加持有實質餘額，將讓每人資本下降與每人產出減少。

10.5 最適成長理論

Solow-Swan 模型指出：人們提高儲蓄率，將會增加每人產出與每人資本，體系將停滯在較高的每人產出水準運行。政府推動經濟成長係在追求人們生活福祉極大化，如何選擇最適成長軌跡，透過政策影響重要參數，即是規範性或最適成長理論探討的議題。Phelps (1961、1965) 提出累積金律 (golden rule of accumulation) 概念，探討如何選擇讓每人消費達於極大的成長途徑。在此，政府設定的目標是，追求無限期每人消費 c 衍生的效用 $U(c)$，以時間偏好率 λ 折現的現值極大：

> **累積金律**
> 每人最適資本取決於資本邊際生產力，並等於勞動成長率與折舊率之和，即可達成累積金律成長。

$$MaxU\left[c(.)\right] = \int_0^\infty u(c)e^{-\lambda t}\,dt$$

在時間歷程中，人們將受每人產出變動限制，亦即受每人資本累積限制：

$$\frac{dk}{dt} = sAf(k) - (n+\delta)k = Af(k) - (n+\delta)k - c$$

$Af(k)$ 是每人產出、n 是勞動成長率。再令 $g(k) = Af(k) - (n+\delta)k$，上式將變為：

$$\frac{dk}{dt} = g(k) - c$$

假設人們消費的邊際效用固定，$\frac{\partial^2 U}{\partial C^2} = 0$，亦即總效用曲線為一直線，總效用與消費成固定比例關係。就穩定狀態金律成長軌跡而言，政府追求每人消費衍生效用極大，將是相當於追求每人消費 c 極大：

$$Max \quad c = g(k) - \frac{dk}{dt}$$

政府追求穩定狀態下的每人消費極大，是以 $\frac{dk}{dt} = 0$，$c = g(k)$。對 $g(k)$ 微分並令其為零，可得達成累積金律成長軌跡的條件如下：

$$g'(k) = Af'(k) - (n+\delta) = 0$$
$$或 \quad Af'(k) = (n+\delta)$$

圖 10-9 顯示做一條與 $(n+\delta)k$ 曲線平行的直線，讓每人產出曲線 $Af(k)$ 相切於 G 點，將可決定累積金律的每人資本 k_g。在人口成長率與儲蓄率已知下，由此求出對應累積金率的儲蓄率，此即政府必須透過政策來達到的目標。圖 10-9 顯示的狀況，k_g 小於穩定狀態每人資本 k^*，亦即實際儲蓄率高於累積金律

圖 10-9

累積黃金率的
成長軌跡

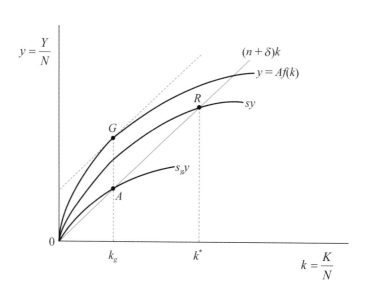

的儲蓄率，是以政府應鼓勵人們增加消費而降低儲蓄率。累積金律條件的涵義是：若要維持累積金律成長軌跡，每人最適資本將取決於資本邊際生產力等於勞動成長率與資本折舊率之和。

再就上述累積金律條件兩邊分別乘以 $(\dfrac{K}{Y})$：

$$\frac{f'(k)K}{Y} = \frac{(n+\delta)K}{Y}$$

在完全競爭市場與固定規模報酬生產函數下，資本的實質報酬率 r 將等於資本的邊際生產力 $r = \dfrac{\partial Y}{\partial K} = \dfrac{\partial y}{\partial k} = f'(k)$。再將上式右邊以每人概念表示，可得：

$$\frac{rK}{Y} = \frac{(n+\delta)k}{y} = \frac{i}{y}$$

$i = \dfrac{I}{N}$ 是每人投資。在穩定狀態，每人儲蓄等於每人投資 $sy = (n+\delta)k$。是以從達成黃金律成長的條件，將可衍生出下列結果：

$$\frac{f'(k)K}{Y} = \underbrace{\frac{rK}{Y}}_{\substack{資本所得\\份額}} = \underbrace{\frac{(n+\delta)k}{y}}_{\substack{每人投資占\\每人產出比率}} = \underbrace{\frac{i}{y}}_{投資率} = \underbrace{\frac{sy}{y}}_{儲蓄率} = s$$

依據 Solow-Swan 模型，在穩定狀態下，每人資本成長率爲零，意味著資本與勞動需以相同成長 n 增加，$\dot{K} = n$，方能穩定每人資本 k，而所需投資爲 $i = (n+\delta)k$。上述累積金律條件顯示，體系處於累積金律成長軌跡，需維持資本所得份額等於儲蓄率，也要等於投資率，意味著人們的儲蓄全部源自資本所得，而且全部用於投資，而剩下勞動所得則全部用於消費。

以下將以 Cobb-Douglas 生產函數說明累積金律內容。

$$Y = F(N, K) = N^{0.5}K^{0.5}$$

就上式求出每人產出如下：

$$y = f(k) = k^{0.5}$$

依據前面推理，每人資本累積方程式可表爲：

$$\frac{dk}{dt} = sk^{0.5} - (n+\delta)k$$

體系達成穩定狀態均衡時，$\dfrac{dk}{dt} = 0$：

$$sk^{0.5} = (n + \delta)k$$

由上式將可求出穩定狀態的每人資本與每人產出分別為：

$$k^* = (\frac{s}{n + \delta})^2$$
$$y^* = (\frac{s}{n + \delta})$$

再探討體系達成黃金律要求的每人資本 k_g，從最適條件可知：

$$f'(k_g) = 0.5k_g^{-0.5} = n + \delta$$

由上式可求出體系達成黃金律的每人資本與每人產出分別為：

$$k_g = [2(n + \delta)]^{-2}$$
$$y^* = [2(n + \delta)]^{-1}$$

至於體系滿足黃金律成長軌跡的儲蓄率將是：

$$s_g = (n + \delta)k_g^{0.5}$$

觀念問題

- 試說明黃金律每人資本與其他可能的每人資本差異性？試說明決定體系在黃金律的每人資本因素為何？
- 試說明未來世代儲蓄率低於黃金律水準的儲蓄率時，將會發生何種結果？
- 當人口成長率上升或折舊率下降時，將對黃金律的每人資本造成何種影響？
- 在新古典成長模型中，每人產出生產函數為 $y = f(k) = 2k - 0.5k^2$，k 是每人資本。如果每人儲蓄率為 0.3，人口成長率為 3%，試求：(1) 體系達到穩定狀態成長的每人資本 k。(2) 滿足黃金律所要求的每人資本。
- 台灣政府積極推動與發展新技術，如綠能產業。試問技術進步對黃金律每人資本的影響為何？

從 1990 年代迄今，經濟自由化與國際化促使各國所得分配漸趨惡化，國際復興開發銀行 (International Bank for Reconstruction and Development, *IBRD*) 通稱世界銀行 (World Bank)，遂針對傳統追求「產出成長」引發的問題，另外提出「廣泛基礎成長」(broad -based-growth, 1990) 與「益貧式成長」(pro-poor-growth, 1997)，指出政府推動經濟發展若能配合降低不平等、增加窮人所得與創造就業政策，讓所有族群分享成長果實，即是符合「益貧式成長」概念。爾後，亞洲開發銀行 (Asian Development Bank, *ADB*) 基於「益貧式成長」，於 2007 年 8 月提出「包容性成長」(inclusive growth)，除關注成長速度外，並轉向注重發展方式，追求所有成員需有同質發展與平等分配權利，落實各階層間相互包容。依據 *IMF* (2011) 定義，包容性成長係指成長結果不會擴大所得分配不均，尤其是最低五分位組的所得占整體所得比率不會下降。換言之，某國最低五分位組所得與整體所得呈現等比率成長，即是包容性成長。

亞洲開發銀行提出「包容性成長」，著眼於一國內部與跨國間發展失衡。就前者而言，國內不同成員分享成長結果與公共服務存在落差。再從後者來看，富國與窮國享受全球經濟發展結果顯著不同。是以包容性成長主張政府追求平衡成長，保護弱勢群體，讓更多人分享成長果實，主要內涵如下：

(1) 體現新成長目標　　傳統上，開發中國家藉由擴大投資與出口來推動成長，但卻投入高耗源與汙染、低勞工成本與低土地成本、低社會保障的工業化活動，釀成 Gini 係數持續擴大的分配不均結果。包容性成長則是體現經濟成長的出發點與歸宿。就成長方式而言，體系仍由投資、消費與出口引領經濟成長，但關注「內需拉動」與「就業導向」，發展策略性產業和服務業，以追求自然就業為優先目標。再就成長結果來看，追求紓緩各成員間的利益衝突，縮小城鄉、地區與成員間的落差。

(2) 公平分配成長結果　　經濟發展是社會發展的基礎，社會發展則是經濟發展的目的，包容性成長以創造就業與發展機會為目標，追求區域經濟平衡發展，縮小城鄉、地區與及族群所得分配差距，維持公平與效率間的平衡互動。

(3) 倡導新成長價值觀　　在成長過程中，重視經濟與社會發展協調的價值導向，追求所得分配要向窮人和弱勢族群傾斜，同時關注生活品質與幸福指數，解決區域發展失衡問題，政府支出應用於社會福利而非投入項目建設。

(4) 人本主義成長　　傳統上，政府推動經濟發展在追求「產出增加」，以產出成長、財富累積與商品消費為核心。包容性成長則在追求「以人為本」的經濟成長，兼顧產出擴張與健全公共服務，提高教育與醫療水準，以增進生活福祉、拓展發展空間與維護發展權利為核心價值。

依據 *IMF* 研究顯示，從 1990 年代迄今，經濟發展讓亞洲國家最低五分位組所得成長率，顯著低於整體所得成長率；最高五分位組所得成長率則高於整體所得成長率，所得分配平均度出現惡化。反觀拉丁美洲、中東及北非國家的最高五分位組所得占整體所得比率呈現下降趨勢。我們若以每人所得增加 1% 引起最低五分位組所得增加的比率，做為衡量經濟成長包容性，則在亞洲國家中，印度與印尼的該項係數值為 1，其經濟成長顯現包容性；中國大陸、亞洲四小龍、南亞國家(含孟加拉、斯里蘭卡、不丹、尼泊爾)的係數值低於 1，其經濟成長較無包容性。

為協助亞洲國家降低所得分配不均，落實包容性成長，*IMF* 建議採取下列政策：

(1)提高教育與健康醫療支出，提升弱勢族群的經濟機會。

(2)強化社會安全網，如建立失業保險制度、提升年金涵蓋率等。

(3)進行勞動市場改革，如強化勞工談判能力、調整最低工資等。

(4)加強金融發展，減少經濟弱勢族群取得銀行融資的障礙，如強化農村金融、擴展微型信用貸款等。

為改善台灣所得分配不均，行政院於 2010 年 8 月成立「改善所得分配專案小組」，擬具七大策略分別推動，包括修訂《社會救助法》，放寬貧窮線標準，增加法定照顧人數，擴大照顧中低收入戶；執行《低收入及中低收入戶就業促進實施計畫》，協助中低收入戶進入就業市場；推動租稅改革，強化租稅移轉效果。此外，政府也推動「全球招商」及「產業有家、家有產業」計畫，創造就業機會以促進包容性成長，落實經濟成果由全民共享的目標。

總體經濟學者：**Paul Michael Romer (1955~)**

(一) 生平

1955 年 11 月 7 日出生於美國 Colorado 州 Denver。1977 年獲得芝加哥大學物理學學士學位，並前往 MIT 攻讀博士學位。1983 年獲得芝加哥大學經濟學博士，先後擔任 Rochester 大學助理教授、芝加哥大學和加州 Berkely 大學教授，目前是 Standford 大學經濟學教授，胡佛研究所高級研究員。1997 年被《時代雜誌》選為美國最具影響力的 25 人之一。在 2002 年，獲頒經濟學的 Horst Claus Recktenwald 獎，2015 年獲頒 John R. Commons 獎。2016 年起擔任世界銀行首席經濟學家兼資深副總裁，直到 2008 年 1 月卸任後，轉任紐約大學經濟學教授。2018 年獲頒諾貝爾經濟學獎。

(二) 對總體理論貢獻

　　Romer (1986) 針對新古典成長模型的侷限性，以內生技術來解釋經濟成長，建立包括資本、勞動 (非技術性勞工)、人力資本和新知識 (創新以專利來衡量) 的四項因素的內生成長模型，引發研究經濟成長理論熱潮。此外，在 1980~1990 年代，Romer 建構在經濟環境中，人們有意識進行研究開發以促進技術進步的數理模型。

問題研討

小組討論題

一、評論題

1. 各國使用生產函數型態均為 $Y = AN^\alpha K^{1-\alpha}$，當各國經濟成長率等於技術進步率，則在達成穩定狀時，絕對收斂臆說將會成立，而相對收斂臆說不成立。

2. 絕對收斂臆說指出，經濟結構相似的國家，其產出成長率與其期初每人產出間存在反向關係，而且最終將收斂到相同的每人產出水準。

3. 在 Solow-Swan 成長模型中，儲蓄率愈高與技術進步，將導致穩定狀態下的產出成長率與每人消費愈高。

4. 經濟成長的黃金律指出，政府選擇適當儲蓄率，促使利潤率等於人口成長率加上技術進步率，將能讓每人消費達到最大。

5. 依據 Solow-Swan 模型，人們提升儲蓄意願，對體系內每人產出成長率毫無影響，此即反映節儉矛盾性發揮的動態效果。

6. 相對收斂臆說認為，各國產出成長率高低，取決於該國當前的每人實質產出，與其穩定狀態每人產出的差距，而這些國家最後會收斂到相同的每人產出水準。

7. Harrod-Domar 模型達成穩定狀態的成長途徑缺乏穩定性，反觀 Solow-Swan 模型的成長途徑卻具有穩定性，兩者的差異性主要與後者採取一階齊次生產函數有關。

8. 跨國資料顯示：富裕國家的產出成長率通常高於貧窮國家，此一現象與新古典絕對收斂臆說相衝突。

二、問答題

1. 下列有關 Solow-Swan 成長模型與實際資料的關係：

   (a) 試說明高人口成長率國家的每人產出較低，但其總產出確有較高成長率。假設該國使用固定規模報酬的生產函數 $Y = AF(N, K)$。

   (b) 試評論：「Solow 成長模型預測經濟成長率與國民所得呈反比，窮國長期將會趕上富國所得水準。」

   (c) 試評論：「實際資料顯示國民所得較高的國家之間才出現 (b) 題所述的關聯性，而國民所得較低國家間則無類似關聯性，Solow 模型的預測與觀察不符。」

2. 試以 Solow-Swan 模型說明下列狀況發生時，對穩定狀態的每人消費影響為何？

   (a) 台灣發生 921 大地震，摧毀無數廠房與建築物。

   (b) 台灣引進外籍勞工呈現恆常性增加。

   (c) 台灣儲蓄函數改爲 $S_t = sY_t - mK_t$，mK_t 代表財富效果。試問：「富人儲蓄係屬未雨綢繆性質的需求較低」的說法，是否正確？

3. 在 Keynesian-Cross 模型中，人們提高儲蓄意願，結果卻讓體系產出下降。但在 Harrod-Domar 模型中，人們提升儲蓄意願，卻具有加速經濟成長效果。試說明兩者間是否存在矛盾性？

4. 台灣人口成長率爲 1.2%，技術進步成長率是 5%，資本產出係數爲 3，儲蓄傾向爲 18%。試問：政府追求穩定成長，將會面臨何種困境？

5. 在 Solow-Swan 模型中，體系內穩定狀態成長率如何決定？隨著政府以租稅優惠提升儲蓄誘因，將對體系資本密集度、每人產出與經濟成長率造成何種影響？

6. 某國生產函數 $Y = F(N, K)$ 具有固定規模報酬特質，N 爲勞動，K 爲資本。該國資本累積方程式如下：

$$\dot{K} = sF(N,K) - \delta K$$

   $0 < s < 1$ 爲該國儲蓄率，δ 爲資本折舊率，而人口固定 $N = N_0$。試問在穩定狀態下，該國產出、資本與消費各爲何？對應的工資率和資本報酬率各爲何？

7. 某國使用的生產函數爲 $Y = AN^{\alpha}K^{1-\alpha}$，$A$ 代表技術水準，N 是勞動，K 是資本，且 $0 < \alpha < 1$。勞動成長率爲 n，技術成長率爲 g_A，儲蓄率爲 s_0，資本折舊率爲 δ。依據新古典成長理論，回答下列問題：

   (a) 在穩定狀態下，每人資本爲何？對應的成長率爲何？

   (b) 在穩定狀態下，每人產出爲何？對應的成長率爲何？

   (c) 該國儲蓄率由 s_0 提升爲 s_1，對穩定狀態的每人資本和每人產出有何影響？對每人產出成長率有何影響？

   (d) 在滿足黃金律下，每人資本爲何？

8. 試以 Solow-Swan 成長理論說明，在其他條件不變下，就長期而言，人們的儲蓄率發生變化，只會影響總體經濟變數水準值，對經濟成長率將毫無影響。

9. 台灣原先處於穩定狀態，試依據 Solow 模型，回答下列問題：

   (a) 隨著台灣人口呈現少子化現象，人口成長率趨於下降，將對穩定狀態

的每人資本、每人產出，以及對總產出、總消費和總投資造成何種影響？

(b) 台灣在 921 大地震中，資本存量與人員遭致嚴重損傷。試問對每人資本和每人產出造成的長期效果為何？在短期內，總產出成長會高於或低於勞動力成長率？

10. 在 Solow-Swan 成長理論中，何謂絕對收斂與相對收斂？該模型能否解釋各國間為何會有不同經濟成長率？若有，其造成的主要原因為何？若無，如何改善其理論模型才能更合理解釋？

11. 影響一國長期經濟表現的因素，包括生產因素累積與總因素生產力，後者則取決於一國技術與效率水準，而效率高低則與經濟制度良窳息息相關。一國政府行為、文化水準及地理位置均是決定上述因素之基本要素，並以政府行為最為重要。請舉例說明政府如何透過其政策，分別影響生產因素累積、技術進步以及效率水準。

三、計算題

1. 下表是台灣每人資本對應的資本邊際產量，折舊率是 5%，而人口成長率是 2%。試問：台灣的黃金律每人資本為何？

$k=K/N$	4,500	5,000	5,500	6,000	6,500
MP_K	10%	9%	8%	7%	6%

2. 某國人口成長率 $g = 2\%$，技術進步成長率 $\lambda = 3\%$，並且使用 Cobb-Douglas 函數生產函數 $Y_t = 0.1 K_t^{0.5} E_t^{0.5}$。$K$ 是資本，E 是有效勞動投入，定義為 $E_t = e^{(g+\lambda)t} N_0$。假設政府追求每人平均消費極大，亦即滿足經濟成長的「黃金率」，試回答下列問題：

(a) 為達成目標，政府應規劃的儲蓄率為何？

(b) 投資／產出比率 $(\frac{I}{Y})$、資本／有效勞動比率 $(\frac{K}{E})$ 與資本／產出比率 $(\frac{K}{Y})$ 為何？

(c) 均衡資本報酬率 (r) 與工資率 (r) 的成長率為何？

(d) 每人產出與每人資本將以何種速度成長？

(e) 勞動與資本的所得分配比率 $\frac{wN}{rK}$ 為何？

3. 體系生產函數可用每人產出 $y = (\frac{K}{N})^{1/2}$ 表示，K 是資本，N 是人口。假設資

本折舊率 $\delta = 8\%$、人口成長率 $n = 2\%$，c 是每人消費，試計算在黃金律的資本累積原則下，體系達成穩定狀態的最適每人資本與每人消費各為何？

4. 台灣主計總處公布相關總體資料如下：邊際消費傾向 0.85、資本產出率 3、資本成長率 2%、勞動成長率 4%、資本所得占產出比例 25%、勞動所得占產出比例 75%。試回答下列問題：

(a) 依據 Harrod-Domar 模型，台灣的經濟成長率為何？政府擬定成長率目標為 8%，可以採取何種策略因應？

(b) 依據新古典成長模型，台灣經濟成長率為何？

5. 某國使用生產函數為 $Y = AK^{0.3}N^{0.7}$，而且符合 Say 法則所述狀況，試計算下列問題：

(a) 政府預估本年技術成長率 $\dot{A} = 2\%$、勞動成長率 $\dot{N} = 2\%$、資本成長率 $\dot{K} = 3\%$，試問該國成長率為何？每人產出成長率為何？

(b) 政府追求經濟成長率目標為 5%，在 (a) 題給定的訊息下，必須自國外引進的外資成長率為何？

6. 在 Solow-Swan 成長模型中，當某國經濟成長率為 10%，資本貢獻率為 20%，人口成長率為 2%，資本成長率為 10%，試問該國的技術進步率為何？

7. 主計總處估計台灣生產函數為 $Y = AK^{0.4}N^{0.6}$，A 是技術水準。依據過去資料顯示：產出成長率 $\dot{Y} = 5\%$，資本成長率 $\dot{K} = 6\%$，勞動成長率 $\dot{N} = 2\%$。試計算下列問題：

(a) 試問 A 的成長率為何？

(b) 台灣技術成長率維持不變，但勞動成長率下降為 1%，資本成長率下降為 4%，試問產出成長率如何變化？

(c) 台灣維持技術成長率不變，每人資本 $(\frac{K}{N})$ 成長率變為 6%，試問：勞動生產力成長率為何？

(d) 為了提升經濟成長率，政府決定鼓勵儲蓄。假設投資等於儲蓄，資本產出比率為 $(\frac{K}{Y}) = 2$，技術成長率為 2%，勞動成長率為 1%，若欲達到經濟成長率 5.6%，台灣儲蓄率 $(\frac{S}{Y})$ 必須為何？

8. 台灣使用生產函數為 $Y_t = A_t K_t^{0.3} L_P^{0.7}$，人口為 100 萬人，25% 投入研發生產。試以簡化的 Romer 模型計算下列問題：

(a) 假設 $\phi = 0.0005$、$A_t = 20$，技術變動 ΔA_t 的效果為何？

(b) 技術成長率為何？

(c) 每人產出成長率爲何？

9. 假設修正的 Solow 模型，台灣使用固定替代彈性 (CES) 生產函數如下：

$$Y = \left[\alpha K^{\frac{\sigma-1}{\sigma}} + (1-\alpha)(AN)^{\frac{\sigma-1}{\sigma}} \right]^{\frac{\sigma}{\sigma-1}}$$

A 是總因素生產力，K 是實體資本，N 是勞動，α 與 σ 是參數。台灣儲蓄率是 $s>0$，勞動成長率 $n>0$，A 的成長率 $g>0$，資本以固定比率折舊 $\delta>0$。試回答下列問題：

(a) 每一有效勞工的產出與資本分別是 $y = \dfrac{Y}{AN}$ 與 $k = \dfrac{K}{AN}$，試計算每一有效勞工的穩定狀態資本爲該模型參數 α、σ、s、n、g、δ 的函數。

(b) 試說明絕對收斂臆說在台灣將會成立。

(c) 在完全競爭市場結清狀態下，台灣的勞動所得份額爲何？

(d) 在黃金律下，台灣的每人資本 k_g 爲何？

(e) 爲產生黃金律，台灣的儲蓄率爲何？

10. A 與 B 是兩個封閉體系的國家。兩國使用相同生產函數 $Y = AK^{0.5}N^{0.5}$，Y 是產出，K 是資本，N 是勞動，A 是固定值。兩國的儲蓄率、人口成長率與資本折舊率分別等於 s、n、δ。試回答下列問題：

(a) 在穩定狀態下，試問 A 國的每人產出成長率與總產出成長率爲何？

(b) 延續 (a) 題，試評論：「A 國處於穩定狀態，突然間爆發地震而有一半資本存量遭致摧毀。假設該國的 s、n、δ 在地震前後維持不變，地震發生在短期內將提高每人產出成長率。」

(c) 兩國人口數量均等於 $\hat{N}$，A 國資本爲 $\hat{K}$，B 國資本爲 $2\hat{K}$。假設 A 國關心穩定狀態下的每人產出，試問 B 國應該與 A 國統一或維持獨立？原因爲何？

(d) 延續 (c) 題，在內生成長模型中，技術因素將與資本存量有關，$A = K^{0.5}$，試問：B 國應該與 A 國統一或維持獨立？原因爲何？

11. 某國使用生產函數爲 $Y = K^{\alpha}(AN)^{1-\alpha}$，$\alpha = \dfrac{1}{3}$，$A$ 是技術水準。依據上述生產函數可以推導出成長會計式：

$$\dfrac{Y}{N} \text{ 的成長率} = \dfrac{1}{3} \times \dfrac{K}{N} \text{ 的成長率} + \dfrac{2}{3} \times A \text{ 的成長率。}$$

假設 A 的成長率因某種新發明而恆常性成長 3%，針對以下兩種說法：

(a) 依據成長會計式，每人產出的長期成長率只有 $\frac{2}{3}$ 可歸因於 A 的成長率。如果 A 的成長率增加 3%，每人產出的長期成長率應增加 2%。

(b) 依據 Solow-Swan 成長模型，每人產出成長率應等於技術進步率。如果 A 的成長率增加 3%，則每人產出的長期成長率亦應增加 3%。

試比較並說明 (a) 與 (b) 兩種說法的正確性。

12. 某國使用生產函數為 $Y = AK^{\alpha}N^{\beta}$，A 是總因素生產力。另外，Solow 剩餘可表為：$g_A = g_Y - \alpha g_K - \beta g_N$，$g$ 是成長率。試回答下列問題：

(1) 試由生產函數推演出 Solow 剩餘。

(2) Solow (1957) 假設完全競爭廠商支付因素邊際產量，將在成長會計式中扮演關鍵角色。試問該假設對 α 與 β 的關係為何？

(a) 試說明導致總因素生產力變動的理由？

(b) g_A 為何被視為剩餘？

(c) $k = \dfrac{K}{N}$，在穩定狀態下，g_k 在 Solow 模型終將為何？

13. 某國的內生成長模型如下：

生產函數　　　　$Y = \left[(1-a)K\right]^{\alpha}(AN)^{1-\alpha}$，$0 < \alpha < 1$

總因素生產力　　$A = B(aK)^r$，$0 < a < 1$，$B > 0$

資本累積　　　　$\dot{K} = sY$

勞動成長率　　　$\dfrac{\dot{N}}{N} = n$

試回答下列問題：

(a) 試推演產出成長率 g_Y、資本成長率 g_K 與技術成長率 g_A 為何？

(b) 試求 $\dfrac{\partial g_k}{\partial t}$，並以 g_K 與其他常數表示。

14. 台灣的資本所得份額占產出比率約 33%，每年平均產出成長約 4.5%、折舊率約 3%，資本產出比率約 2.4%。假設台灣使用 Cobb-Douglas 生產函數，資本所得份額占產出為固定值，而且處於穩定狀態。試回答下列問題：

(a) 在期初穩定狀態下，儲蓄率與資本邊際產量為何？

(b) 政府追求提高儲蓄率，以達成黃金律的資本水準。試問：在黃金律穩定狀態下，資本的邊際產量為何？同時比較其與期初穩定狀態的資本邊際產量差異性？

(c) 在黃金律穩定狀態下的資本產出比率？

(d) 若欲達成黃金律穩定狀態，體系必須要的儲蓄率？

15. 在 Solow-Swan 成長模型中，人口數不變、儲蓄率 s、資本折舊率 δ，而投資淨額 $sY - \delta K$。體系生產函數為 $Y = aK^{\alpha}$，K 是資本，$0 < \alpha < 1$。假設體系存在政府部門，每期政府支出占產出比率為固定值：

$$G = \varphi Y \quad 0 < \varphi < s < 1$$

政府每年採取平衡預算，稅收等於支出，而民間儲蓄等於 $s(Y-T)$。試回答下列問題：

(a) 政府支出係用於經濟建設，促使生產函數提升為 $Y = A(1 + \varphi)K^{\alpha}$，試計算在穩定狀態下的每人消費、$N$ 與 Y 為何？當 s 上升時，穩定狀態下的 Y 會上升，下降或不變？

(b) 政府經建支出若具有外部性，促使生產函數提升為 $Y = A(1 + \varphi)K$，試計算產出成長率為何？當 s 上升時，穩定狀態下的 Y 會上升，下降或不變？

👍 網路練習題

• 試連結行政院國家發展委員會網站 (http:www.cepd.gov.tw)，搜尋政府提出的「黃金十年、國家願景」計畫內容，探討該計畫與包容性成長的關聯性。

貨幣需求與資產選擇理論

個案導讀

在貨幣經濟體系，人們以貨幣購買商品，或出售商品換取貨幣。實務上，體系內商品與商品間甚難互換，貨幣是交易活動中唯一的支付工具，R. W. Clower (1967) 指出所有交易皆須使用貨幣即是「預備現金條件」或「付現限制」。在市場經濟中，經濟活動運行需透過交易落實，而貨幣卻是人們從事經濟活動的前提。無論個人消費或廠商投資，唯有事先取得資金才能實現，「錢不是萬能，沒錢卻是萬萬不能」或「無錢免談」不僅是恰當寫照，也是人們需求貨幣的根本原因。

針對上述實況，本章首先說明貨幣的功能與複式三分。其次，將探討貨幣需求理論發展，闡述人們從事跨期決策與貨幣需求的關係。接著，將分析 Baumol-Tobin 存貨模型，探討交易性貨幣需求的個體基礎，解釋預防性貨幣需求的形成過程。最後，將探討資產選擇理論與資產替代理論內涵，包括預期效用函數形成、風險與預期報酬率衡量、最適資產選擇決策。

11.1 貨幣的功能與複式三分

Adam Smith (1776) 在《國富論》(*specialzation*) 中指出，經濟發展動力來自於分工 (division of labor) 與專業化 (specilization)，透過大規模生產享受長期平均成本遞減與規模報酬遞增的利益。隨著人們依據比較利益進行分工與專業化生產模式確立後，每人生產僅能滿足本身慾望的極小部分，所有人勢必從事交易，促使體系朝市場經濟發展。

在經濟發展過程中，體系從物物交換轉向貨幣經濟，而通訊網路技術進步又讓交換模式逐漸走向無貨幣境界，是以探索貨幣起源顯然與經濟發展緊密相連。圖 11-1 顯示交換體系類型。人們採取以物易物策略，即是物物交換經濟。若再追究人們如何完成交換過程，可再分成直接與間接交換兩種類型。

分工
將某一生產過程分成不同階段，每一階段由某組成員執行而提升效率。

專業化
人們依據比較利益而專注於生產有限範圍的商品，進而提升生產效率。

圖 11-1
交換經濟類型

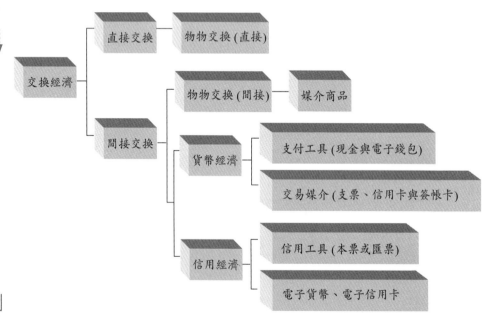

在固定時點上，交易雙方以多餘商品交換本身缺乏的商品。商品在人際間移轉乍看容易，實則必須滿足眾多條件。是以 Jevons (1875) 提出「慾望的雙重巧合」(double coincidence of wants) 概念，詮釋物物交換成立的先條件：

慾望雙重巧合
在物物交換體系，交換雙方的買賣慾望相反且相補，才能完成交易。

尋覓成本
包括獲取訊息的貨幣成本與尋覓時間的機會成本等外部成本，以及為進行尋覓與整理分類訊息所付出的內部成本。

• 自願交易　　尋找願意交換商品的慾望互補者，將耗費尋覓成本 (searching cost)。
• 商品品質與交換比例　　人們巧遇交易對象，將檢視商品品質與商議交換比例，將須承擔商品品質與交換比例的變異性風險。

- 交易成本 (transaction cost)　交易機會難求導致人們需持有商品部位，靜候交易對手出現，將須負擔儲藏成本 (storage cost) 與等待成本 (waiting cost)。

> **儲藏成本**
> 持有存貨所需負擔的成本。

- 訊息不全　人們從事交換所需訊息不全，包括交易對手、商品品質及交換比例變異性等，將須承擔訊息成本。

　　檢視上述條件後，以物易物耗費的資源可總括為交易成本與訊息成本，而不確定性將扮演關鍵角色，交易成本僅是耗損持有秉賦的大小而已。為提升直接交換效率，體系採取兩種策略降低交易成本：

- 定點市場 (fixed-point market)　某些人 (經紀商) 定期提供場所，有意參與交換者進場尋求交換機會，藉以降低尋覓成本與等待成本，形成商品市場出現。

> **定點市場**
> 在特定時間與地點進行交易的市場。

- 記帳單位或價值衡量單位 (numeriae)　人們從事物物交換若缺乏記帳單位，計算 n 種商品的交換比例 (相對價格) 高達 $n(n-1)/2$ 個。一旦交換比例換算錯誤，人們決策行為與資源配置自然出錯，勢將負擔記帳成本 (accounting cost)。如果人們選擇某商品做為計帳單位，其他商品均以該商品表示價值，此即稱為記帳價格 (accounting price)，交換比例隨之簡化為 $(n-1)$ 種，大幅降低記帳成本。舉例來說：張三豐購買武當山準備蓋道觀，與地主簽約是以每盎司黃金計價，若契約價值 1,000 盎司黃金，武當山的記帳價格即是 1,000 盎司黃金。

> **記帳成本**
> 以記帳單位衡量的價格。

　　市場出現與選擇記帳單位雖可降低物物交換成本，但訊息不全仍無從化解，交易過程依然缺乏效率。有鑑於此，人們或將改弦易轍，未必非要找到中意商品才會交換，而是透過換取適當商品，迂迴轉換成中意的商品。人們選做間接交換的商品稱為媒介商品 (intermediary commodity)，係指在特定時間或交易過程中為對手接受的商品，本質上存在區域性與時間性限制，反觀交易媒介則指在各種交易過程中為人們廣泛接受者。舉例來說：歐元在歐元區是交易媒介，但對全世界而言，卻僅是在特定區域 (歐洲共同聯盟) 交易，被接受的媒介商品或區域貨幣 (local currency)。反觀美元則是國際市場上廣泛使用的交易媒介或關鍵貨幣 (key currency)。至於媒介商品升級為交易媒介的條件有二：

> **區域貨幣**
> 在某一特定區域內流通的貨幣，如歐元區。

> **關鍵貨幣**
> 在國際交易活動中被廣泛接受的交易媒介，可以自由兌換且被各國央行持有做為外匯準備的貨幣。

- 技術性 (客觀性)　在訊息不全下，交換雙方將檢視對手持有的商品品質，檢驗成本愈低的媒介商品，愈容易升級為交易媒介。
- 經濟性 (主觀性)　交換雙方交付對手媒介商品時，其被接受程度與交付者的信用評等息息相關。人們的信用評等 (credit rating) 愈高，支付媒介商

> **信用評等**
> 針對借款人的一般性或特定債務違約風險的量化評估。

品被接受程度愈高，升格為交易媒介的可能性愈大。

在經濟發展過程中，最先出現的貨幣功能即是記帳單位，與稍晚出現的交易媒介功能未必一致。當人們選擇某種商品做為記帳單位，體系內剩下充當記帳單位商品的宣告價格 (annouced price) 為 1，以及記帳單位與他種商品的交換比例。一般而言，貨幣起源的發展程序可能是某種商品初期入選為記帳單位，稍後演變成媒介商品，再逐步廣泛接受為交易媒介，而以交易媒介表示的商品價格即是絕對價格 (absolute price)。在前述例子中，以交易媒介（美元）表示的每盎司黃金為 1,800 美元，張三豐購買土地的價格為 1,800,000 美元（記帳價格 1,000 盎司黃金乘上黃金的絕對價格 1,800 美元）。

絕對價格
以貨幣表示的商品價格。

人們互換商品純屬人際間資源移轉，並未涉及時間因素。在間歇性趕集市場 (discete market)，為提升交易效率，人們有默契挑選適當商品做為交易媒介，以部分資源換取交易媒介，完成交易則以此交付對手（實體概念），並藉此衡量商品價值（抽象概念）。隨著趕集市場休市，人們將持有交易媒介全部換回商品，亦即交易媒介與記帳單位功能均屬瞬間完成，理論上無須具有價值。經濟發展帶動市場規模擴大，傳統間歇性趕集市場逐漸轉型為經常性連續市場，每逢市場休市之際，人們預期市場隔日仍將開市，因而有意願持續保有交易媒介，無異於將出售商品或勞務的價值託付於交易媒介，無形中賦予交易媒介具有儲存價值或購買力的功能。尤其是當交易媒介是商品貨幣 (commodity money)，本身即具有價值，人們以此交付對方換取等值商品，將是等值互償 (Quid Pro Quo)，交易媒介因此又是支付工具 (means of payment)。

商品貨幣
人們普遍用於交換其他商品的實體商品。

等值互償
人們為取得某些商品或勞務所支付的代價。

接著，人們跨時資源移轉，將需選擇衡量未來商品價值的單位，記帳單位或將再兼差為契約單位 (unit of contract)，是否與交易媒介合而為一，端視入選交易媒介的商品價值穩定與否。交易媒介供給不穩定，或貨幣購買力在通膨過程中波動劇烈，人們寧選價值穩定商品為契約單位，屆時再以貨幣做為支付工具。

人們預擬在不同時間互換商品，除需滿足慾望雙重巧合外，尚需考慮時間雙重巧合 (double coincidence of time)。是以體系發展出期貨市場 (future market)，透過期貨交易所撮合交換雙方，以未來商品為交換標的，交易完成後的即期交割內容為期貨契約，未來到期時再交付現貨或現金。在此過程中，人們跨時資源移轉，勢必面對更為複雜的交換比例，同樣也會選擇適當單位衡量跨時商品價值，此即契約單位，而其異於記帳單位之處為：前者跨越不同期間，涉及連續市場交易活動，將兼具價值儲藏功能。實務上，人們選擇交易媒介作為跨時交換的清算工具，貨幣將兼差作為延遲支付工具 (means of deferred payment)，為求方便起見，亦可同時選擇貨幣充當契約單位。

觀念問題

- 中央銀行掌握鑄幣權，並從發行貨幣的過程中，獲取鑄幣稅或通貨膨脹稅，試問：兩種收益間的差異性為何？另外，兩種收益大小將取決於何種因素？
- 試評論下列有關記帳單位與交易媒介間的關係？
  (1) 衡量未來商品價值的記帳單位必須具備實體價值。
  (2) 體系若以貨幣作為記帳單位，則記帳價格必與絕對價格一致。
  (3) 支付工具與交易媒介均可滿足等值互償條款。
- 某一國家採取以豬為貨幣單位的支付制度，試分析下列問題：
  (1) 若發生口蹄疫，則對該國有何影響？
  (2) 若逢媽祖誕辰大拜拜期間，信徒須以牲口祭祀，則對該國有何影響？
  (3) 由前兩題，你有何啟示？

　　古典學派與 Keynesian 學派針對人們持有貨幣的原因，分別演繹出兩組相輔相成的觀點，Hicks (1935) 稱為「複式三分」(two triads)。表 11-1 顯示，古典學派從功能論 (functional view) 或總體觀點著眼，認為人們持有貨幣，係因其扮演交易媒介、記帳單位與價值儲藏三種功能有關。反觀 Keynesian 學派則由動機論 (motivation view) 或個體觀點著眼，認為人們基於交易、預防與投機三種動機持有貨幣。

複式三分
貨幣在體系內扮演交易媒介、記帳單位與價值儲藏功能，正好對應人們的交易、預防與投機三種貨幣需求動機。

　　不論從何種角度觀察，貨幣功能與持有貨幣動機相互存在對稱關係。古典學派認為交易媒介是貨幣的原始功能 (primary function)，提供流動性或貨幣性 (moneyness) 協助交易活動順利進行，人們完成交易必須交付實物給對方，係屬實體概念。同時，當人們習慣以貨幣做為交易媒介，往往賦予貨幣扮演衡量價值的角色。此係主觀認定而無須有具體商品存在，係屬抽象功能 (abstract function)。

貨幣性
或稱流動性，某種資產容易轉換為現金的狀態。

功能＼學派	古典學派（總體觀點）	Keynesian 學派（個體觀點）
原始功能	交易媒介（實體） 記帳單位（抽象）	交易動機（融資動機）
衍生功能	價值儲藏（實體）	預防動機 投機動機

表 11-1
複式三分

　　在日常生活中，人們經常面臨確定的收付分際 (nonsynchronization) 現象，

收付分際
人們取得所得與從事支出的時間，出現不一致現象。

所得與支出發生時間未必緊密配合。Keynes (1936) 在《一般理論》中，將人們持有貨幣彌補交易所需的資金缺口，稱爲交易性貨幣需求。由於經濟成員屬性不同，消費者持有交易性貨幣稱爲所得動機 (income motive)，特質是所得來源時間多數領先支出發生時間，收支流量較爲確定；廠商持有交易性貨幣稱爲營業動機 (business motive)，特質是成本支出時間領先營運收入進帳時間，營運收入流量具有不確定性。稍後，Keynes (1937) 另外提出融資動機 (finance motive) 貨幣需求，強調人們擬定消費或投資計畫前，必須事先尋求融資而形成貨幣需求的來源。人們持有交易與預防性貨幣餘額，本質上屬於執行預擬支出計劃或備而不用 (狀況發生即派上用場)，將合稱活動餘額 (active balance)。

在訊息不全下，基於貨幣能夠保值，Keynes 宣稱人們會因「預防意外事件發生而可能釀成損失」與「避免握有生息資產而遭致資本損失」而保有貨幣，前者是預防性貨幣需求，後者則爲投機性貨幣需求。不過人們將貨幣視爲保值工具，顯然將存在眾多競爭者，此係以貨幣保有閒置餘額 (idle balance) 將因貨幣缺乏顯現的金融收益，長期面臨物價波動易遭購買力損失風險，相較其他生息資產顯然遜色。

有鑑於貨幣並非良好的保值工具，M. Friedman (1956) 改以短期的暫時購買力儲存所 (temporary abode of purchasing power) 取代長期的價值儲藏概念。短期內，人們從事預擬 (交易) 或非預擬 (預防) 支出，爲節省交易成本，將會暫時保有貨幣。至於人們安排閒置資金用途，選擇標的將是各類生息資產，是以蔣碩傑院士 (1969、1972) 指出金融體系存在短期安全性資產，如：活儲、票券等，投機性貨幣 (現金) 需求將無法存在，人們保有貨幣純粹用於交易與預防。在貨幣經濟中，人們出售商品或勞務所獲價值的安排次序將有三部曲：

* 人們若欲立即換進其他商品，將保有貨幣而享受其提供完全流動性的隱含性非金融報酬 (implicit nonpecuniary return)。
* 人們若在短期內預擬支出，將保有短期流動性資產或貨幣，享受其提供暫時儲藏購買所的勞務。
* 在較長期限，人們無處置出售商品或勞務價值的計畫，將改採保有生息資產，享受保值與預期增值的樂趣。

所得動機

人們基於收付分際而持有的交易性貨幣餘額。

營業動機

廠商基於營運需求而持有的周轉金餘額。

融資動機

人們預擬支出前，將需事先尋求資金來源，從而形成貨幣需求。

活動餘額

人們持有的交易性與預防性貨幣餘額。

閒置餘額

人們持有的投機性貨幣餘額。

11.2　貨幣需求理論的起源

圖 11-2 顯示貨幣需求理論的發展過程，將可溯及古典學派的貨幣數量學說。Fisher 交易方程式中的貨幣僅做爲交易媒介，人們藉此取得商品和勞務，不會因其他緣故而持有貨幣。基本上，該方程式並未涉及貨幣需求概念，僅說明物價由貨幣市場決定，貨幣供給是決定物價的唯一因素。不過由該方程式將可間接引伸出 Fisherian 學派的貨幣需求函數，此即是 Keynes (1937) 的融資性或交易性貨幣需求，反映貨幣經濟存在「預付現金限制」(cash-in-advance constraints, *CIA*)，人們必須持有交易性貨幣，並視交易金額多寡而定。貨幣需求兼具流量概念與非自願性的特質，函數可表爲：

預付現金限制
人們從事商品或勞務交易前，必須預先準備現金。

$$M_F^d = \frac{PT}{V}$$

Fisherian 學派認爲體系貨幣需求是累加所有成員的貨幣需求，將視下列因素而定：1. 所有商品和勞務的物價、2. 體系總收入與總支出水準、3. 人們使用貨幣支付的速度。物價 P 或總支出 PT 變化，將引起貨幣需求同向與同比例變化，人們改變支付習慣則讓貨幣需求呈反向等比例變化。

再就 Wicksell 的所得型貨幣數量學說而言，貨幣已經發展爲兼具做爲交易媒介與價值儲藏工具，衍生的貨幣需求函數將結合流量與存量概念，而成爲 Keynes 流動性偏好的先驅，函數型態可表爲：

$$M_W^d = \underbrace{\frac{Py}{V}}_{\text{活動餘額}} + \underbrace{l(i)}_{\text{閒置餘額}}$$

稍後的 Cambridge 方程式指出，貨幣兼具交易媒介與價值儲藏角色，雖然

無法產生金融收益，卻能提供「方便」與「安全」兩種金融勞務，而且歸類為金融資產的一環。人們以貨幣形式保有資產比例趨於固定，聯繫貨幣需求與資產存量，成為 Hicks (1935) 探討資產選擇理論的先驅。該項理論開啟探討自願性存量貨幣需求之門，包括兩部分：

- 人們經過資產選擇程序，將在財富存量 Pa 中持有 k_1 比例的貨幣：

$$M_1^d = k_1 Pa$$

a 是人們擁有實質資產餘額，P 是物價，M 是貨幣餘額。k_1 是人們在資產中以貨幣持有的比例，將取決於持有貨幣的邊際效用。換言之，人們將貨幣轉作其他用途可獲取的邊際效用，唯有等於持有貨幣的邊際效用，貨幣與非貨幣資產才能達成最適配置。一旦人們持有貨幣的邊際效用超過持有非貨幣資產的邊際效用，必將部分非貨幣資產轉換為貨幣。反之，當非貨幣資產的邊際效用超過貨幣的邊際效用，人們將部分貨幣轉換為非貨幣資產。

- 人們從事日常交易活動，將在所得 y 中保有 k_2 比例貨幣：

$$M_2^d = k_2 Py$$

累加上述兩種貨幣需求，可得人們的貨幣需求如下：

$$M^d = M_1^d + M_2^d = k_1 Pa + k_2 Py$$

人們的資產通常無法從實際資料精確估計，但因所得與實際資產間存在穩定比例關係 $y = \beta a$，上式又可表為：

$$M^d = M_1^d + M_2^d = (k_1 \beta^{-1} + k_2)Py = k\,(i, \pi^e, u)Py$$

i 是金融資產報酬率，π^e 是預期通膨率，u 是人們的偏好。

接著，從古典貨幣需求理論出發，發展方向呈現兩個主流：

- 流量理論　　Fisherian 貨幣需求函數缺乏最適化決策過程做為個體基礎，是以 neoFisherian 學派以存貨理論詮釋交易性貨幣需求，此即 Baumol-Tobin 模型。同一期間，新古典學派將貨幣視為一般商品，人們享受貨幣提供的流動性勞務，故從消費者追求效用極大觀點出發，探討最適交易性貨幣餘額的決定，此即 Samuelson-Patinkin 模型。此外，Keynes 與 Tsiang 著眼於貨幣經濟的特性，人們預擬支出須先尋求資金來源，此種制度性限制意味著貨幣需求實際是在反映預擬支出計畫，此即 Keynes-Tsiang 模型。同樣

地，Clower 的交易付現模型認爲人們預擬支出將需面臨持有貨幣餘額限制，從而引發貨幣需求動機。

• 存量理論　針對 Wicksellian 學派貨幣需求的閒置餘額部分，Cambridge 學派轉向討論人們從事資產選擇的過程，貨幣學派的 Friedman 與 Meltzer 則從資產替代 (asset substitution) 觀點重新詮釋貨幣數量學說，探討影響貨幣需求的因素，此即 Friedman-Meltzer 模型。另外，Keynes 提出流動性偏好理論，強調投機或資產性貨幣需求扮演的角色，爾後的 Tobin (1958) 延續 Markowitz (1952) 的資產選擇理論，爲投機性貨幣需求尋求個體基礎，從而形成 Markowitz-Tobin 模型。

資產替代
資產報酬率與風險結構失衡，引發重新調整資產組合的行爲。

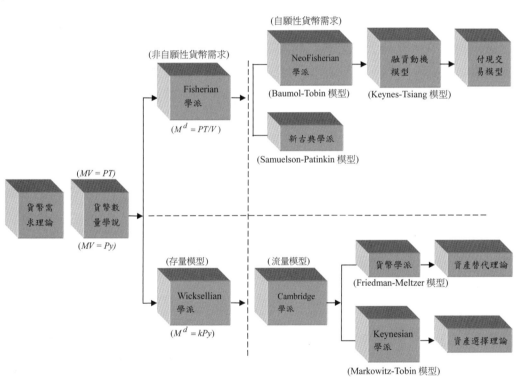

圖 11-2
貨幣需求理論發展過程

在討論貨幣需求的個體基礎前，圖 11-3 顯示人們的決策流程。就實質面而言，消費者追求終身福祉 (包括本人各期消費產生的效用與子女的效用) 最大，分配預期掌控資源的決策包括：

• 跨代 (overlapping generation) 決策　將資源分配給當代 (自己 G_1) 與後代 (子孫 G_2) 使用。

• 跨期決策　將自己預擬使用的資源分配於目前消費 C_0 與未來消費 C_1(儲

蓄 *S*)。

- 當期消費決策　將當期預擬使用的資源 (消費支出) 分配於各種消費財。
- 資產替代或組合選擇決策　將預擬未來使用的資源 (儲蓄)，安排持有各種資產以達到保值與增值目的。

在上述決策過程中，人們從事跨期決策，考慮因素端視時間偏好與流動性偏好兩者而定：

- 時間偏好　人們基於時間偏好，選擇目前與未來消費 (儲蓄) 的比例。針對當期預擬消費支出，人們再依商品相對價格與偏好購買商品。就金融面而言，人們挑選貨幣性資產來組成交易餘額 (transaction balance)，如現金與活儲，用於執行預擬支出，進而形成交易性 (確定狀況) 貨幣需求。
- 流動性偏好　人們決定消費傾向後，接續將儲蓄投入儲蓄活動與投資活動，兩者動機明顯不同，卻經常混為一談。前者追求規避不確定性，以目前確定所得換取未來確定所得，安排現金、銀行存款與壽險保單等貨幣性資產來組成預防性餘額 (precautionary balance)，形成預防性 (不確定環境) 貨幣需求。後者則是在訊息不全下，人們追求未來獲利或增值空間，以目前確定所得換取未來不確定所得，挑選各種資產組成投機性餘額 (specula-tive balance) 或資產組合 (portfolio)。其中，貨幣學派認為人們挑選標的，

交易餘額

人們面對確定狀況的收付分際，為進行交易而持有的貨幣性資產餘額。

預防性餘額

面對不確定環境，人們為因應未預期收付分際，將持有貨幣性資產度過難關。

投機性餘額

人們為規避金融商品價格下跌所造成的損失，從而持有貨幣性資產餘額。

圖 11-3

家計部門決策過程

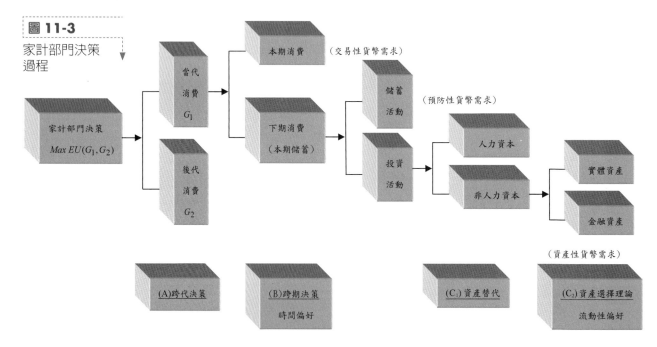

包括人力與非人力資本 (nonhuman capital)，形成廣義的資產替代活動 (C_1)，而非人力資本又分為實體資產與金融資產。Keynes (1936) 則強調人們依流動性偏好將剩餘資金投入金融資產，形成狹義的資產替代或資產選擇活動 (C_2)，持有貨幣餘額則稱投機性或資產性貨幣需求。

觀 念 問 題

* Keynes 在其流動性偏好理論中，指出人們持有貨幣的動機為何？立基於這些動機，試說明決定貨幣需求的因素為何？

11.3　Baumol-Tobin 存貨模型

在日常交易活動中，人們經常陷入收付分際窘境，唯有持有貨幣才能紓解流動性匱乏問題，此即交易性貨幣需求。不過消費者與廠商持有交易性貨幣的性質不同，Keynes 再分成所得動機與營業動機，並援用 Fisherian 學派說法，認為人們持有所得動機的貨幣僅與所得有關，缺乏利率彈性：

$$M_K^d = kPy$$

稍後，Baumol (1952) 擷取存貨理論 (inventory theory) 精華，認為人們持有交易媒介猶如廠商持有存貨，持有過多將需承擔利息成本，持有過少則不利交易活動進行，如何取捨將決定最適交易性貨幣餘額。Baumol 模型是基本存貨模型，主要假設包括：

> **存貨理論**
> 人們持有貨幣類似廠商持有存貨，必須承擔利息成本，持有不足則不利交易進行，權衡兩者將可決定最適交易性貨幣餘額。

* 交易餘額組合僅有現金 M 與儲蓄存款 SD 兩種。
* 提領現金須支付固定交易成本 H，包括時間成本與金融成本。
* 提領現金無須通告時間 (notice time)。
* 保有儲蓄存款可獲取固定收益且無風險。

> **通告時間**
> 人們變現資產所需要的時間長度。

基於上述假設，在固定期間 T，人們持有穩定所得來源 Y (全部支出，儲蓄為零)，追求效用極大，將以均勻速度在 D 點消費殆盡，而新所得則將接踵而來，此種規律 (確定) 的所得支出流量將如圖 11-4 所示的鋸齒型態 (saw-tooth-type)。在貨幣經濟體系，人們持有貨幣性資產才能消費，故將安排適當交

易餘額組合。假設人們必須使用現金而無法以信用卡交易,立即支出部分將以現金持有,預擬短期支出部分則以活儲持有。在確定狀況下,人們均勻消費至 C 點耗盡持有現金,將從銀行提領現金,但須依提領次數支付固定交易成本。人們持有現金所需負擔的機會成本為 C_1:

$$C_1 = \frac{1}{2} \times M \times i \times \tau$$

$\tau = \frac{MT}{Y}$ 是每次提領現金後的使用時間,T 是所得支出期間長度,i 是活儲利率。

在所得期間內,人們提領次數 $n = (\frac{Y}{M})$,負擔的利息成本總額為 C_1:

$$
\begin{aligned}
C_1 &= \frac{1}{2} \times M \times i \times \tau \times n \\
&= \frac{i}{2} \times M \times (\frac{MT}{Y}) \times (\frac{Y}{M}) \\
&= \frac{i}{2} \times M \times T
\end{aligned}
$$

另外,人們每次提款均需支付固定成本,負擔的交易成本為 C_2:

$$C_2 = H \times (\frac{Y}{M})$$

綜合上述分析,在所得期間內,人們持有交易現金必須負擔的成本 TC 為:

$$Min \quad TC = C_1 + C_2 = H \times (\frac{Y}{M}) + \frac{iMT}{2}$$

平方根公式
在確定狀況,依據存貨理論求出的最適交易性貨幣餘額。

就上式對 M 偏微分,經整理可得平方根公式 (formula of square root),此即人們每次提領的最適現金餘額:

圖 11-4
所得支出型態

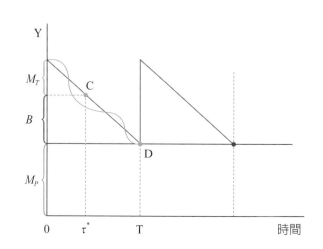

$$M^* = \sqrt{\frac{2HY}{iT}}$$

人們每次提領現金 M^*，經過均勻使用將趨近於零，整段期間內平均持有的名目交易性貨幣餘額 M_B^d 僅是提款金額的一半：

$$M_B^d = \frac{M^*}{2} = \sqrt{\frac{HY}{2iT}} = (\frac{h}{2i})^{0.5} P y^{0.5}$$

就上式取自然對數，並進行全微分：(名目交易成本 $H = Ph$，P 是物價，h 是實質交易成本)

$$d\ln M_B^d = d\ln P + 0.5 d\ln h + 0.5 \ln y - 0.5 d\ln i$$

由上式可歸納出 Baumol 貨幣需求函數特色，並與 Keynes 交易性貨幣需求函數比較如下：

- 物價彈性　兩者的名目貨幣需求物價彈性均為 $\varepsilon (M_B^d, P) = \dfrac{\partial \ln M_B^d}{\partial \ln P} = 1$。

- 所得彈性　Baumol 名目貨幣需求的所得彈性為 $\varepsilon (M_B^d, y) = \dfrac{\partial \ln M_B^d}{\partial \ln y} = 0.5$，

  此係每次提款均需支付固定成本，隨著所得 (支出) 增加，人們增加提款餘額將小於所得增加數量，將會產生規模經濟效果。另外，Keynes 名目貨幣需求的所得彈性 $\varepsilon (M_K^d, y) = \dfrac{\partial \ln M_K^d}{\partial \ln y} = 1$，所得增加引起交易性貨幣需求等比例增加。

- 利率彈性　Baumol 名目貨幣需求的利率彈性為 $\varepsilon (M_B^d, i) = \dfrac{\partial \ln M_B^d}{\partial \ln i} = -0.5$，

  反觀 Keynes 名目貨幣需求的利率彈性為零，$\varepsilon (M_K^d, i) = 0$。值得注意者：運用平方根公式計算交易性貨幣餘額，需受總支出金額限制，亦即人們持有交易現金餘額最大值為 $(\frac{Y}{2})$。令平方根公式等於 $(\frac{Y}{2})$，可求出人們全部以貨幣持有交易餘額的臨界利率 (critical rate) 值：

$$i^* = \frac{2H}{YT} = \frac{2h}{yT}$$

圖 11-5 顯示，Baumol 名目貨幣需求曲線 $M_B^d (Y_0)$ 包括兩部分，在 i_0^* 以上是利率彈性固定為 0.5 的負斜率曲線，以下則轉為無利率彈性的垂直線，A 點稱為 Keynesian 轉折點，該部分將與 Keynes 的交易性貨幣需求一致。另外，人們的所得 (或支出) 增加，促使 $M_B^d (Y_0)$ 曲線右移至 $M_B^d (Y_1)$，臨界利率則降低至 i_1^*。

圖 11-5

Baumol 貨幣需
求曲線

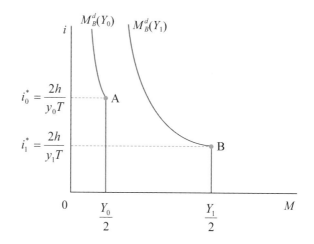

- 物價變化的影響　將 Baumol 名目貨幣需求轉化為實質貨幣需求：

$$m_B^d = \frac{M_B^d}{P} = \sqrt{\frac{hy}{2(r+\pi^e)T}}$$

依據上式內容，物價變化對交易性貨幣餘額影響可分成兩類：

(1) 物價上漲　一次即止的物價上漲不會改變人們對未來物價預期，名目利率不變則不影響實質交易性貨幣需求，物價與名目貨幣需求呈等比例變動，此即符合 Keynes 對交易性貨幣需求的看法。

(2) 通膨　持續性物價上漲將改變人們通膨預期，依據 Fisher 方程式（$i = r + \pi^e$），名目利率隨之上漲，實質貨幣需求將會下降，名目交易性貨幣需求則呈遞增現象，亦即名目貨幣需求成長率將低於通膨率。

- 考慮整數限制 (integral constraint) 的影響　平方根公式係基於連續性假設推演的最適交易性貨幣餘額，換算提款次數未必是整數。實務上，人們前往銀行提款次數必為整數，可將持有貨幣餘額的交易成本轉換為提款次數的函數：

$$Min \quad TC(n) = nH + \frac{iYT}{2n}$$

針對上式就次數 n 微分，可得：

$$\frac{\partial TC}{\partial n} = \underbrace{H}_{\substack{\text{增加提款次數}\\\text{的邊際成本}}} - \underbrace{\frac{iYT}{2n^2}}_{\substack{\text{增加提款次數所}\\\text{減少的利息損失}}} = 0$$

就上式求解，可得最適提款次數如下：

$$n^* = \sqrt{\frac{iYT}{2H}}$$

圖 11-6 顯示人們每次提款成本 H_0，邊際成本曲線 $MC(H_0)$ 為水平線。在利率與所得 (支出) 已知下，每增加一次提款衍生的邊際收益 (利息損失下降) 曲線 $\frac{iYT}{2n^2}$ 呈現遞減。當 $MR(r_0)$ 與 $MC(H_1)$ 兩條曲線交於 A 點，將可決定最適提款次數 n_1。利率上升促使邊際收益曲線右移至 $MR(r_1)$，提款次數將增加至 n_3；當交易成本上升導致邊際成本曲線上移至 $MC(H_1)$，提款次數則會降低至 n_2。上述最適值衍生的 $n^* = \frac{Y}{M^*}$ 未必是整數，如 $n^* = 5.24$ 次，可將其整數部分 $n_I^* = 5$ 次與 $n_I^* + 1 = 6$ 次分別代入總成本函數，比較 $TC(n_I^* = 5)$ 與 $TC(n_I^* + 1 = 6)$ 兩者大小，選擇總成本較小者即是次佳提款次數。

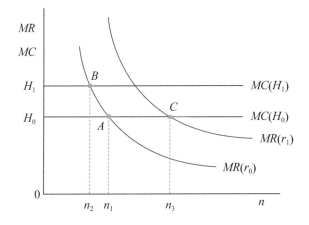

圖 11-6
最適提款次數的決定

上述 Baumol 模型較適合家計部門安排交易餘額 (間接金融的活儲) 的狀況，亦即交易餘額規模較小，選擇標的是現金與活儲，而前往銀行提款必須支付金融成本 (financial cost) 與時間成本 (time cost)(以貨幣工資衡量的機會成本)，兩者總和通常是固定值。反觀廠商安排交易餘額或周轉金餘額的規模龐大，挑選標的通常是現金 (支存) 與票券 (直接金融的債券基金或貨幣基金)，票券係兌現金額的某一比例支付成本。是以 Tobin 評估持有交易性貨幣餘額，將就 Baumol 模型做一修正。

$$Min \quad TC = (bM) \times \left(\frac{Y}{M}\right) + \frac{iMT}{2} = bY + \frac{iMT}{2}$$

就上式對 M 微分，可得人們增加持有貨幣的邊際成本恆爲正值：

$$\frac{\partial TC}{\partial M} = MC = \frac{iT}{2} > 0$$

上式顯示：人們增加持有交易性貨幣，徒然增加總成本，$MC > 0$，卻無法產生任何利益，基於追求保有交易餘額成本最低，將不會持有貨幣。舉例來說：自從 2000 年 10 月 25 日，統一超商、中信銀與萬通銀行進行策略聯盟，結合超商業與金融業後，各家知名銀行紛紛在各家超商內設立自動提款機 (ATM)，提供消費者轉帳提款等功能。隨著物流業與金流業結合，消費者可在超商內提款與消費，若提領自家銀行存款的手續費是零，人們將在進入超商購物時，當場提領現金付款即可，無須持有任何交易性貨幣，從而可用 Tobin 模型解釋 (相當於比例成本爲零)。

總體經濟學者：William Jack Baumol (1922~2017)

(一) 生平

1922 年 2 月 26 日出生於美國紐約。1942 年獲得紐約市立大學學士。1949 年獲得倫敦大學博士學位。1942~1943 與 1946 年擔任美國農業部經濟學者。1947~1949 年擔任倫敦學院經濟系助理講師。1971~1992 年擔任紐約大學經濟學教授與 C. V. Star 應用經濟學中心主任。1975 年獲得 John R. Commons 獎，1992 年轉往 Princeton 大學擔任資深經濟研究學者與教授。2006 年的美國經濟學會以 Baumol 的名字召開，會中介紹 Baumol 的 12 篇有關企業精神的研究論文，推崇他在這方面的貢獻。2017 年 5 月 4 日過世，享年 95 歲。

(二) 對總體理論的貢獻

在廠商行爲理論、產業結構理論、通貨膨脹理論、藝術品市場、環境政策及競爭政策領域，都有高度原創性，於經濟學領域具有重大影響力。尤其以存貨理論來詮釋交易性貨幣需求，爲貨幣需求理論發展奠定重要基礎。2002 年在《資本主義的成長奇跡：自由市場創新機器》(The Free Market Innovation Machine: Analyzing the Growth Miracle of Capitalism)，總結一生的創新研究，包括三部分：1. 寡頭壟斷市場創新不可避免，經濟成長將自動獲得保證，支持 Schumpeter 的命題；2. 改造個體理論分析工具，以適應處理創新問題的需求；3. 運用總體理論研究歷史上的成長，認爲成長發動機終將倚賴制度規則，資本主義經濟或許不是最佳的技術進步體制，但相對其他經濟制度卻是最不壞的制度。尤其是 1987 年提出「Baumol 成本病」(Baumol's cost of disease)，指出大學費用快速上漲並非孤立事件，教育、醫療、藝術表演等服務業的單位成本增長速度遠超過市場通膨率，而商品價格則出現滑落現象。

- 試依據 Baumol 模型，評論下列敘述：
  (1) 油價上升造成物價上漲，實質交易性貨幣需求將會等比例降低。
  (2) 體系出現高通貨膨脹率，將促使名目交易性貨幣需求隨之遞增。
  (3) 在通貨膨脹過程中，名目交易性貨幣餘額將與物價呈等比例變動。
- 金融體系提出「支付技術」創新，允許人們可用政府公債作為支付工具，亦即需要付款時，公債可立即兌現並移轉至交易對手。你認為該項支付技術將如何影響交易性貨幣需求？
- 金融體系使用支付技術必須配合一些基礎建設 (如商店需要建置連結信用卡的機器)，然而這些基礎建設在開發中國家，若非不存在，就是成本昂貴。在其他狀況相同下，試問落後國家的交易性貨幣需求部分會高於或低於先進國家？

11.4　預防性貨幣需求

　　Pigou (1917) 指出貨幣提供「安全性勞務」，Keyens (1936) 則將其延伸為「人們為因應突發事件衍生的非預期支出」，「廠商面對偶發性有利購買機會或因應或有負債 (如背書保證)」，因而持有預防性貨幣餘額。交易性與預防性貨幣需求同屬活動餘額，前者係人們面臨「確定」收付分際，為求順利完成交易而保有貨幣；後者則基於「不確定」收付分際，人們未雨綢繆持有貨幣以度過難關。兩者性質迥異，Keyens 卻合併兩者並視所得多寡而定，忽略預防性貨幣需求具有的不確定性因素本質。

　　Weinrobe (1972) 基於 Keynes 的想法，指出人們持有預防性貨幣餘額，係為規避不確定性釀成流動性匱乏的困擾，降低緊急求援的融資成本，利率與流動性匱乏成本 (illiquidity cost) 將是重要考慮因素。圖 11-7 顯示人們依據經驗累積估計的隨機性淨支出 (實際支出扣除實際所得)x 的機率分配 $f(x)$。人們遭遇實際淨支出超過持有的預防性貨幣餘額 $(x - M_P) > 0$，將須緊急融資取得流動性，支付流動性匱乏成本 C_1：

$$C_1 = \int_{M_P}^{\infty} b(x - M_P) f(x) dx$$

b 是人們緊急融資所需負擔的比例性成本。此外，為預防意外支出釀成的困

擾，人們持有預防性貨幣餘額將需負擔利息成本 C_2：

$$C_2 = iM_P T$$

i 是利率。是以人們持有預防性貨幣餘額的成本，將是上述兩者之和：

$$TC = iM_p T + \int_{M_p}^{\infty} b(x - M_p) f(x) dx$$

針對上式全微分，可得下列最適條件：

$$iT = b \int_{M_p}^{\infty} f(x) dx$$

上式涵義是：人們增加持有預防性貨幣餘額損失的利息收益 iT，將等於流動性匱乏成本 $b \int_{M_p}^{\infty} f(x) dx$ 降低值。

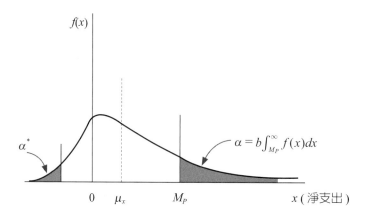

圖 11-7
隨機性淨支出的機率分配

另一方面，依據 Whalen (1966) 的固定成本模型，人們實際淨支出超過持有的預防性貨幣餘額 $(x - M_p) > 0$，將利用現金卡向銀行透支，每次除依融資金額支付利息外，必須再支付固定手續費 H。Whalen 利用 Tchebycheff 不等式求出人們面臨流動性匱乏的機率值 α：

$$\alpha = Prob\left(\left|x - M_p\right| > k\sigma\right) \geq 1 - \left(\frac{1}{k^2}\right)$$

$$\alpha = Prob\left(\left|x - M_p\right| < k\sigma\right) \leq \left(\frac{1}{k^2}\right)$$

就長期而言，人們預期意外淨支出值 $\mu = 0$，而 k 值可選擇為 $k = \frac{M_P}{\sigma}$。人們若採取最保守心態，評估發生流動性匱乏的最大機率為：

$$\alpha = \frac{\sigma^2}{M_P^2}$$

為求簡化而忽略緊急融資的利息支出，是以 Whalen 模型可表示如下：

$$TC = iM_p T + H \cdot (\frac{\sigma}{M_P})^2$$

就上式求解，可得最適預防性貨幣需求的立方根公式 (formula of cube root)：

$$M_P^d = \sqrt[3]{\frac{2H\sigma^2}{iT}}$$

立方根公式

在不確定環境下，依據存貨理論求出的最適預防性貨幣餘額。

上述公式顯示：人們持有預防性貨幣餘額將與淨支出分配的變異數 σ^2、流動性匱乏成本 H 正相關，而與持有貨幣餘額的機會成本 i 負相關。上述推理結果似乎迥異於 Keynes 預防性貨幣需求型態，不過 Whalen 設定兩種狀況，將預防性貨幣需求轉換為與所得變數連結：

• 人們每次收付金額相同，預擬收付次數遞增，淨支出分配變異數將與所得存在固定比例關係 θ_1：

$$\sigma^2 = \theta_1 Y$$

• 人們預擬收付次數不變，每次收付金額遞增，淨支出分配變異數將與所得平方項呈固定比例關係 θ_2：

$$\sigma^2 = \theta_2 Y^2$$

將上述兩種關係分別代入立方根公式，可得下列兩個結果：

$$M_P^d = \sqrt[3]{\frac{2\theta_1 HY}{iT}}$$

$$M_P^d = \sqrt[3]{\frac{2\theta_2 HY^2}{iT}}$$

再就上述兩式取對數，並進行全微分：

$$d\ln M_P^d = \frac{1}{3}d\ln H + \frac{1}{3}d\ln Y - \frac{1}{3}d\ln i$$

$$d\ln M_P^d = \frac{1}{3}d\ln H + \frac{2}{3}d\ln Y - \frac{1}{3}d\ln i$$

綜合上述兩式可得：預防性貨幣需求的利率彈性為 $\varepsilon(M_P^d, i) = \dfrac{\partial \ln M_P^d}{\partial \ln i} = -\dfrac{1}{3}$，所得彈性則是 $\dfrac{1}{3} < \varepsilon(M_P^d, Y) = \dfrac{\partial \ln M_P^d}{\partial \ln Y} < \dfrac{2}{3}$。

觀 念 問 題

- 人們持有貨幣部分係作為預防潛在環境變異性 (如銀行危機、自然災害、健康問題與失業等) 引發意外需求的緩衝器，這些意外並不在保險市場所能保障的範圍。試說明這些行為對預防性貨幣需求的影響？

11.5 投機性貨幣需求

11.5.1 預期效用函數

預期效用極大化原則
投資人安排資產組合係以追求期末財富衍生的預期效用極大。

在訊息不全下，人們從事金融操作通常是追求期末財富衍生的預期效用極大，此即預期效用極大化原則 (principle of maximum expected utility)，而安排資產組合的期末預期財富 $E(\widetilde{W})$ 將是：

$$E(\widetilde{W}) = \sum_{i=1}^{n} W_i f(W_i)$$

W_i 是在 i 情況下出現的財富，$f(W_i)$ 是機率分配。人們的預期效用將是：

$$E(U) = \sum_{i=1}^{n} U_i(W) f(W_i)$$

人們追求預期效用極大，將受本期擁有財富數量限制：

$$Max \quad EU(\widetilde{W})$$
$$S.\,t. \quad \widetilde{W} = W_0(1 + \widetilde{R})$$

將期末財富代入預期效用函數，選擇適當財富單位 $W_0 = 1$，財富的預期效用函數將轉化為資產報酬率的預期效用函數：

$$EU(\widetilde{W}) = EU[(\widetilde{W})] \approx EU(\widetilde{R})$$

將效用函數進行 Taylor 數列展開：

$$U(R) = U[E(R)] + U'[R - E(R)] + \frac{U''}{2}[R - E(R)]^2 + \frac{U'''}{3!}[R - E(R)]^3 + \cdots$$

就上式兩邊取預期值，可得預期效用函數如下：

$$EU(R) = U[E(R)] = \frac{U''}{2}\sigma^2 + \frac{U'''}{2}m_3 + \cdots = U[E(R), \sigma^2, m_3]$$

$E(R) = \mu$ 是預期報酬率，$Var(R) = \sigma^2 = E[R - E(R)]^2$ 是報酬率的變異數，m_3 是三級動差 (third moment)，而 $SK = \frac{m_3}{\sigma^2}$ 是偏態係數 (coefficient of skewness)。依據新的預期效用函數內容，人們追求資產組合報酬率的預期效用極大，考慮因素包括預期報酬率、代表變異性風險的變異數、代表投機性風險的三級動差 (絕對偏態係數) 等。在此，人們面臨資產組合風險的來源，可分爲兩類：

(1) 變異性風險 (variability risk)　反映實際與預期報酬率間的落差或兩者間分散度，可用變異數或標準差衡量，而產生的效用端視人們偏好態度而定。

(2) 投機性風險 (speculative risk)　反映實際報酬率出現極端值與預期報酬率間的落差，可用三級動差或偏態係數衡量，此係屬於負風險將產生正效用。

在不確定狀況下，資產報酬率若呈常態分配 (normal distribution)，財富效用函數爲二次式 (quadratic form) 型態，人們的風險偏好態度，可分爲三種：

(1) 風險愛好者 (risk lover)　圖 11-8 顯示風險愛好者的財富效用曲線向下凸出，邊際效用遞增 $\frac{\partial U}{\partial W} > 0$。在不確定環境下，圖 11-11 顯示中的 μ-σ 無異曲線 (mean-variance indifference curve) 將是負斜率，人們視風險爲正效用，寧願犧牲預期報酬率 (事前概念)，來換取增加風險負擔，謀取獲得較大實際報酬率 (事後概念) 的機會。該類型投資人挑選資產係以最高風險的資產爲主要標的，並不在乎預期報酬率。

(2) 風險中立者 (risk neutral)　圖 11-9 顯示風險中立者的財富效用曲線爲直線，邊際效用曲線爲水平線，$\frac{\partial U}{\partial W} = 0$。在不確定狀況下，人們追求預期報酬率最大，並不考慮風險的影響，此即預期報酬率極大化準則，圖 11-11 顯示的 μ-σ 無異曲線將爲水平線，人們的投資決策僅考慮預期報酬率，選擇最高預期報酬的資產爲主。

變異性風險
實際報酬率偏離預期報酬率的程度，可用變異數或標準差衡量。

投機性風險
實際報酬率出現極端值與預期報酬率間的差異性，可用三級動差或偏態係數衡量。

風險愛好者
風險爲正效用，人們願意以降低預期報酬率來換取風險遞增。

μ-σ 無異曲線
預期報酬率與風險的組合能夠產生相同預期效用的軌跡。

風險中立者
在不確定環境，人們追求預期效用極大，忽略風險因素的影響。

圖 **11-8**

風險愛好者的
財富效用曲線

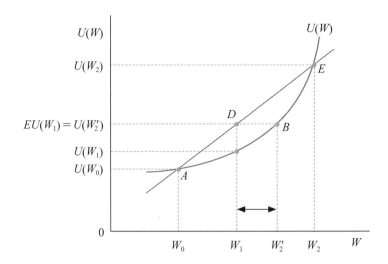

圖 **11-9**

風險中立者的
財富效用曲線

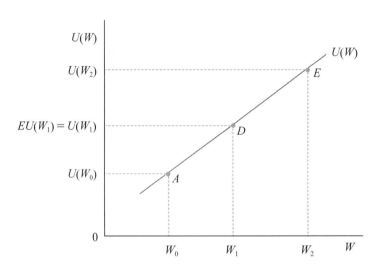

圖 **11-10**

風險怯避者的
財富效用曲線

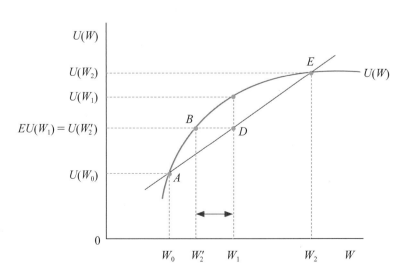

(3) 風險怯避者　　圖 11-10 顯示風險怯避者的財富效用曲線向上凸出，邊際

效用呈現遞減，$\frac{\partial U}{\partial W} < 0$。在不確定環境下，圖 11-11 顯示的 μ-σ 無異曲

線是正斜率，風險係屬於負效用，隱含「高風險伴隨高預期報酬率」的

概念。投資人若要承擔風險，將會要求高風險溢酬作爲補償。

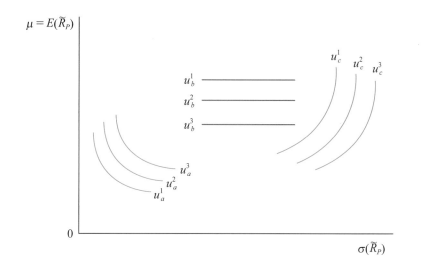

圖 11-11
μ-σ 無異曲線

　　一般而言，人們從事風險性金融操作，將須預估未來可能出現狀況的機率
分配。縱使這些機率可能是客觀事實或主觀臆測，不過各種狀況的機率總和必
等於 1。風險係指未來可能發生的損失，人們基於個人經驗，將有不同衡量方
法。

- 絕對平均差 (average absolute deviation)　　未來各種情況報酬率與預期報酬
  率的平均差距。絕對平均差愈大，顯示風險愈高；絕對平均差愈小，表示
  風險愈低。

$$|\,離均差\,| = |\,報酬率 - 預期值\,|$$

- 標準差或變異數　　實際值與預期值間的分散程度，通常用於衡量風險程
  度。標準差愈大，顯示實際值與預期值落差愈大，風險就愈高；標準差愈
  小，顯示實際值與預期值落差愈少，亦即風險愈低。不過採取標準差衡量
  風險，隱含規避報酬的離散程度，針對鉅額虧損和超額收益所持偏好態度
  一致。就現實而言，出現落差若是源自於實際報酬率優於預期，則無人會
  將其視爲風險。

- 變異係數 (coefficient of variation)　　爲比較不同金融資產的風險程度，人

絕對平均差
或稱離均差，未來各
種情況報酬率與預期
報酬率的平均差距。

變異係數
每單位預期報酬率所
需承擔的風險。

們可採相對風險概念評估，亦即每單位預期報酬率所需承擔的風險。

$$CV_x = \frac{\sigma_x}{E(x)}$$

經濟理論假設人們怯避風險 (效用函數二階微分為負)，但兩個投資人均是風險怯避者，將如何比較其風險怯避程度？在上述分析中，若要吸引風險怯避者參與公平的投資，而吸引其進入的最小可接受價格即是確定等值 (certainty equivalent)，確定等值與預期效用間的差額即是風險溢酬，係衡量怯避風險程度的指標，除顯示厭惡風險程度外，在面對不同風險，則將要求不同風險溢酬做為補償。

確定等值
與確定環境下產生相同效用的數量。

• 絕對風險怯避係數 (coefficient of absolute risk-aversion, ARA)　Kenneth Arrow (1965) 與 John W. Pratt (1964) 定義為：隨著財富提升，人們要求的風險溢酬遞減，確定等值因而上升。在尋求與確定狀況下，產生相同效用的財富數量，此即確定等值概念：

絕對風險怯避係數
財富增加促使人們要求的風險溢酬遞減，確定等值因而上升。

$$U[E(R) - \delta] = EU(R)$$

由上式可求出風險貼水或溢酬的概念：

$$\delta = \frac{\sigma^2}{2ARA(R)}$$

$$ARA(R) = \frac{-U''(R)}{U'(R)}$$

絕對風險怯避又分為三類：

(1)固定絕對風險趨避 (constant absolute risk aversion, CARA)　人們怯避風險程度與資產數量無關，資產變化不影響風險怯避，最高投資金額不變，$\frac{\partial ARA}{\partial R} = 0$。

(2)遞減絕對風險趨避 (decreasing absolute risk aversion, DARA)　人們持有資產增加，將會降低怯避風險，擴大最高投資金額，$\frac{\partial ARA}{\partial R} < 0$。

(3)遞增絕對風險趨避 (increasing absolute risk aversion, IARA)　人們持有資產增加，將會增加風險怯避程度，緊縮最高投資金額，$\frac{\partial ARA}{\partial R} > 0$。

相對風險怯避係數
以風險溢酬占期末財富的比例來衡量風險怯避態度。

• 相對風險怯避係數 (relative risk-aversion, RRA)　RRA 將焦點集中在風險溢酬的絕對數量，也可以風險溢酬占期末財富比例衡量風險怯避態度。

$$RRA(R) = R \times ARA = \frac{-U''(R)}{U'(R)}$$

同樣的，相對風險趨避也可分為三種：

(1)固定相對風險趨避 (constant relative risk aversion, *CRRA*)　投資金額占總資產比率與總資產變化無關，投資金額的比率固定，$\frac{\partial RRA}{\partial R} = 0$。

(2)遞減相對風險趨避 (decreasing relative risk aversion, *DRRA*) 資產增加將引起投資金額占總資產比率上升，意味著怯避風險程度降低，$\frac{\partial RRA}{\partial R} < 0$。

(3)遞增相對風險趨避 (increasing relative risk aversion, *IRRA*) 總資產增加將會降低投資金額占總資產比，意味著怯避風險程度遞增，$\frac{\partial RRA}{\partial R} > 0$。

表 11-2 係在各種效用函數下的風險怯避態度衡量。

表 11-2 風險怯避態度衡量

效用函數	限制條件	$ARA(w)$		$RRA(w)$	
		函數	$ARA'(w)$	函數	$RRA'(w)$
1. 二次式 $U = bw - cw^2$	$b, c > 0$ $w \leq \frac{b}{2c}$	$\frac{c}{b-cw}$	正	$\frac{cw}{b-cw}$	正
2. 指數型態 $U = -e^{-cw}$	$c > 0$	c	0	cw	正
3. 對數型態 $U = \ln w$	無	$\frac{1}{w}$	負	1	0
4. 冪次方型態 $U = w^c$	$1 > c > 0$	$\frac{1-c}{w}$	負	$1-c$	0
$U = -w^{-c}$	$c > 0$	$\frac{1+c}{w}$	負	$1+c$	0

11.5.2　**Keynes-Tobin 流動性偏好理論**

Keynes (1936) 在《一般理論》第十三章指出：「人們預期債券價格趨於上漲，目前將會買入債券持有，直至價格上漲方才獲利了結」，此種先買後賣的投資人稱為多頭 (bulls)。反之，投資預期債券價格可能趨於滑落，將會拋售債券而持有貨幣，等到價格下跌後才獲利補回，此種先賣後買的投資人則稱為空頭 (bears)。Keynes 認為投機性或資產性貨幣需求出現的原因，即在於人們在

多頭
投資人看好金融市場前景，採取先買後賣賺取資產價格上漲的利差。

空頭
投資人看壞市場前景，採取先賣後買賺取資產價格下跌的利差。

金融市場由多頭轉向空頭的結果，Motley (1979) 因而將 Keynes 的流動性偏好理論稱為多空分析方法 (bulls and bears approach)。接著，Keynes 在第十五章暗示，金融市場利率與資產價格雖然經常波動，不過人們對兩者始終採取僵化預期 (rigid expectation)，稍後的 Tobin 則將其修正為累退預期 (regressive expectation)，強化其對金融市場的反應，進而推演累退預期模型 (regressive expectation model)。

> **僵化預期**
> 人們預期利率變化與實際利率變化無關。

> **累退預期**
> 人們預期利率變化與實際利率呈反向變化。

Keynes-Tobin 的流動性偏好理論，假設人們選擇的投資標的僅有貨幣與債券兩種資產，貨幣全無風險與報酬，債券雖有固定票息，但市場價值不穩定。人們持有債券獲取的報酬有兩種：

- 債券票息　持有債券可獲取固定票息 B，是以債券報酬率將是 $i = \dfrac{B}{P_b}$。
- 債券資本利得　人們以 P_b 買進債券，預期將以 P_b^e 價格賣出，將可獲取的資本利得率是 $g = \dfrac{P_b^e - P_b}{P_b}$。

接著，對應預期債券價格 P_b^e，人們心中存有預期利率或正常利率 (normal rate) i^e，亦即預期債券價格或預期利率為：

$$P_b^e = \frac{B}{i^e} \quad i^e = \frac{B}{P_b^e}$$

是以債券資本利得率可表為：

$$g = \frac{P_b^e - P_b}{P_b} = \frac{\dfrac{B}{i^e} - \dfrac{B}{i}}{\dfrac{B}{i}} = \frac{i}{i^e} - 1$$

人們持有債券的預期報酬率 e 將是上述兩者的總和：

$$e = i + g = i + \frac{i}{i^e} - 1 = 0$$

人們在金融市場操作是採取累退預期，亦即是採取「逢低買進、逢高賣出」的策略，預期利率與市場利率將呈現反向關係：

$$i^e = f(i)$$

人們基於自己的預期利率 i^e，將可估計出能讓持有債券或貨幣所獲取報酬率相等的臨界利率 (critical rate) i_c，亦即令 $e = 0$ 即可求出該值：

$$i_c = \frac{i^e}{1 + i^e}$$

Keynes-Tobin 流動性偏好理論假設人們是風險中立者，投資決策僅是關注預期報酬率，完全忽略風險因素，亦即預期效用函數僅有預期報酬率一項變數，故選擇標的即是報酬率最高的資產，屬於隅解 (corner solution)。圖 11-12 顯示人們的財富為 W_0，當市場利率超過 i_c，意味著持有債券的預期報酬率大於零，所有財富將全部轉向持有債券，扮演多頭角色，此時持有貨幣數餘額為零。一旦市場利率滑落低於 i_c，持有債券將會面臨虧損，因而立即出清債券，扮演空頭角色，改為全部持有貨幣，資產性貨幣需求 $M_s^d = W_0$。至於市場利率若落在 i_c，持有貨幣或債券的預期報酬率並無差異，資產性貨幣需求將無從確定。

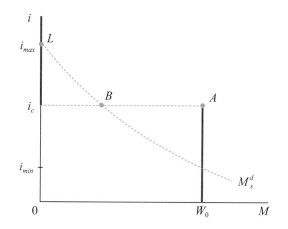

圖 **11-12**

絕對流動性偏好

Keynes (1936) 在《一般理論》第十五章指出，「當市場利率滑落至每一臨界水準後，流動性偏好可能成為「絕對性」，大多數人寧可持有貨幣，而不願意持有利率極低的債券。」是以風險中立者在衡量市場利率與臨界利率大小後，將決定全部持有債券或貨幣。圖 11-12 顯示個人資產性貨幣需求曲線 Li_cAW_0 呈現階梯形狀，Milton Friedman (1970) 稱為絕對流動性偏好 (absolute liquidity preference)。

將個人的貨幣需求曲線累加，可得負斜率的體系貨幣需求曲線 LBM_s^d，理由是：金融市場短期呈現波動狀態，人們對未來利率動向各持己見而呈現分歧現象。隨著市場利率由高峰 i_{max} 滑落，一路跌破每個人的臨界利率值，將會引發兩種現象：

絕對流動性偏好
風險中立者持有的資產性貨幣餘額若非是零，就是全部為財富。

- 人們採取僵化預期，各自的臨界利率將持平不變。隨著市場利率一路滑落，持續有人的臨界利率遭到跌破命運，為避免持有債券遭到資本損失，將出清債券轉為持有貨幣。

- 人們採取累退預期，預期利率隨市場利率反向變動，各自的臨界利率將隨市場利率逆向變動，$\dfrac{\partial i_c}{\partial i^e}\dfrac{\partial i^e}{\partial i}<0$，市場利率滑落，加速人們出清債券，轉為持有貨幣。

圖 11-13 顯示市場利率為 i_1，資產性貨幣需求為 M_1。隨著利率滑落至 i_2，勢必會有更多投資人因市場利率跌破自己的臨界利率，選擇出清債券轉入空頭陣營，而在其債券價值 $P_{b1}=\dfrac{B}{i_1}$ 不變下，貨幣需求量擴增至 M_2，此即利率效果 M_1M_2。然而利率下跌將會提升債券價值 $P_{b2}=\dfrac{B}{i_2}$，投資人出售債券將可得到更多貨幣，$l(P_{b1})$ 曲線將右移到 $l(P_{b2})$，貨幣需求量將再度擴張至 M_3，此即財富效果 M_2M_3。綜合兩者效果，累加的體系資產性貨幣需求曲線將是連結 A 點與 C 點的負斜率曲線 M_s^d，利率彈性相對擴大。

圖 11-13
體系資產需求曲線

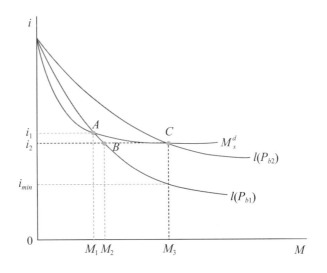

11.5.3　Markowitz-Tobin 資產選擇理論

在安排資產組合過程中，風險怯避者關注焦點集中在預期報酬率與風險兩項變數，是以 Markowitz (1952) 定義效率投資前緣 (efficient investment frontier) 為：「在可行的資產組合中，挑選在各種風險下，預期報酬率最大的組合；或在各種預期報酬率下，風險最低的組合，從而形成最佳組合軌跡。」資產組合包含許多資產，預期報酬率 $E(R_P)$—是個別資產預期報酬率 $E(r_i)$ 的加權平均值。

效率投資前緣
在可行的資產組合中，挑選在各種風險下，預期報酬率最大的組合；或在各種預期報酬率下，總風險最低的組合。

$$E(R_P)=\sum_{i=1}^{n}a_i E(r_i)$$

r_i 是 i 資產報酬率，權數 $0 \leq a_i \leq 1$ 係 i 資產占資產組合比例 (沒有信用擴張或融資融券)，$\sum_{i=1}^{n} a_i = 1$。為求簡化，資產組合僅包括 A 與 B 兩種資產，預期報酬率為 $E(r_a) > E(r_b)$、風險為 $\sigma_a^2 > \sigma_b^2$，該組合的預期報酬率如下：

$$E(R_P) = x_a E(r_a) + (1 - x_a) E(r_b)$$

至於資產組合風險如下：

$$\sigma^2(R_P) = x_a^2 \sigma_a^2 + 2x_a(1 - x_a) Cov(r_a, r_b) + (1 - x_a)^2 \sigma_b^2$$

資產組合風險 $\sigma^2(R_P)$ 並非個別資產風險的加權平均，除個別資產的風險外，尚需考慮報酬率間的相互關係，統計學以共變異數 $Cov(r_a, r_b)$ 或相關係數 ρ 衡量資產間的相關程度。共變異數顯示兩種資產報酬率間的變動方向，正值表示兩者同向變動，負值表示兩者反向變動，其值愈大表示兩者關係愈密切、其值愈小顯示兩者報酬率關係趨於薄弱。一般而言，以共變異數衡量兩種資產報酬率相關性的缺點，就在共變異數並非相對概念，是以改採相關係數衡量：

$$\rho = \frac{Cov(r_a, r_b)}{\sigma_a \sigma_b}$$

$-1 \leq \rho \leq 1$。相關係數與共變異數的正負方向相同，$\rho > 0$ 表示兩種資產報酬率同向變動，$\rho < 0$ 表示兩者呈反向變動。綜合預期報酬率與風險兩式，將可解出 Markowitz 效率投資前緣的方程式如下：

$$\sigma^2(R_p) = \left[\frac{E(R_p) - E(r_b)}{E(r_a) - E(r_b)} \right]^2 \sigma_a^2 + 2 \left[\frac{E(R_p) - E(r_b)}{E(r_a) - E(r_b)} \right] \left[\frac{E(r_a) - E(R_p)}{E(r_a) - E(r_b)} \right] \rho \sigma_a \sigma_b$$
$$+ \left[\frac{E(r_a) - E(R_p)}{E(r_a) - E(r_b)} \right]^2 \sigma_b^2$$

圖 11-14 顯示 A 與 B 兩點分別顯現兩種資產的預期報酬率與風險。以下從極端狀況出發，分析 Markowitz 效率投資前緣的型態。

- $\rho = 1$　兩種資產報酬率呈現完全正相關，$Cov(r_a, r_b) = \sigma_a \sigma_b$，資產組合風險等於兩種資產風險的加權平均：

$$\sigma(R_P) = x_a \sigma_a + (1 - x_a) \sigma_b$$

在此狀況下，Markowitz 效率投資前緣為 BA，方程式為：

$$E(R_P) = E(\tilde{r}_b) + \left[\frac{\sigma(R_P) - \sigma_b}{\sigma_a - \sigma_b}\right][E(r_a) - E(r_b)]$$

- $\rho = -1$　兩種資產報酬率呈現完全負相關，資產組合風險如下：

$$\sigma(R_P) = x_a\sigma_a - (1 - x_a)\sigma_b$$
$$\text{或}\quad \sigma(R_P) = (1 - x_a)\sigma_b - x_a\sigma_a$$

　　人們若要降低組合風險，選擇標的彼此間宜具有負相關，負相關係數值愈高，所需承擔的總風險將會下降。一旦兩者完全負相關，人們將可安排安全性組合，$\sigma(R_P) = 0$，保有 A 資產比例是：

$$x_a^* = \frac{\sigma_b}{\sigma_a + \sigma_b}$$

　　當投資 A 資產比例較大（$x_a > x_a^*$），Markowitz 效率投資前緣是正斜率的 r^*A 線：

$$E(R_P) = E(r_b) + \left[\frac{\sigma(R_P) + \sigma_b}{\sigma_a + \sigma_b}\right][E(r_a) - E(r_b)]$$

　　當投資 A 資產比例較小（$x_a < x_a^*$），Markowitz 效率投資前緣是負斜率的 r^*B 線：

$$E(R_P) = E(r_b) - \left[\frac{\sigma(R_P) - \sigma_b}{\sigma_a + \sigma_b}\right][E(r_a) - E(r_b)]$$

　　$\rho = -1$ 隱含 Markowitz 效率投資前緣由正斜率 r^*A 線與負斜率 r^*B 線兩部分構成。

- $\rho = 0$　兩種資產報酬率完全無關，組合變異數將簡化成：

$$\sigma^2(R_P) = x_a^2\sigma_a^2 + (1 - x_a)^2\sigma_b^2$$

　　假設人們持有 n 種資產類型、持有比例均為 $\frac{1}{n}$，各種資產風險同為 σ_i，組合風險將是：

$$\sigma^2(R_P) = \sum_{i=1}^{n} x_i^2\sigma_i^2 + \sum_{i=1}^{n}\sum_{j=1}^{n} x_i x_j \sigma_{ij}$$
$$= \frac{1}{n^2}\sum_{i=1}^{n}\sigma_i^2 + \frac{1}{n^2}\sum_{i=1}^{n}\sum_{j=1}^{n}\sigma_{ij}$$

將 n 種資產的變異數總合與共變異數總合以平均值概念表示：

$$\sum_{i=1}^{n} \sigma_i^2 = n\sigma_i^2$$

$$\frac{1}{n^2} \sum_{i=1}^{n} \sum_{j=1}^{n} \sigma_{ij} = n(n-1)\sigma_{ij} \qquad i \neq j$$

人們將資產組合多元化，屬於個別資產的平均風險將完全分散，僅剩下平均共異變數部分的風險無法消除，此即從事金融操作的系統風險 (systematic risk)。

系統風險
市場風險，係屬無法分散的風險。

$$\lim_{n \to \infty} \sigma^2(R_P) = \lim_{n \to \infty} \left[\frac{1}{n^2} n\sigma_i^2 + \frac{1}{n^2} n(n-1)\sigma_{ij} \right] = \sigma_{ij}$$

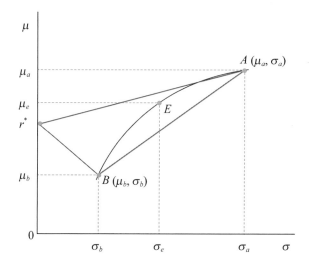

圖 11-14
Markowitz 效率投資前緣

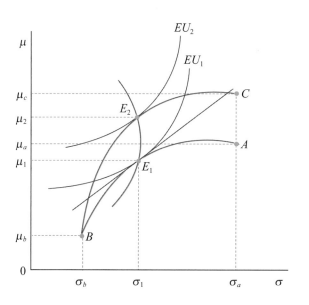

圖 11-15
最適資產組合均衡

綜合以上所述，$\rho = 1$ 將讓組合風險最大，$\rho = -1$ 則讓組合風險最小，而人們追求組合多元化則以後者最具意義。實務上，在 $-1 \leq \rho \leq 1$ 與 $0 < x < 1$ 下，Markowitz 效率投資前緣將落在 BA 線左邊，且在 r^*A 與 r^*B 兩條線的右邊，呈現 BE_1A 曲線型態。

圖 11-15 顯示風險怯避者追求預期效用極大，當 μ-σ 無異曲線 EU_1 與 Markowitz 效率投資前緣 BA 切於 E_1 點，將達成投資人最適均衡，同時決定最適預期報酬率 μ_1 與風險 σ_1。在兩種資產預期報酬率已知下，可求出持有兩種資產的最適比例 x_a^* 與 $(1-x_a^*)$。在其他條件不變下，A 資產預期報酬率上升（風險 σ_a 不變），A 點上移至 C 點，效率投資前緣 BA 向上旋轉為 BC，人們將在新預期效用曲線 EU_2 與新效率投資前緣 BC 切於 E_2 點，重新達成最適均衡。連結 E_1 點與 E_2 點可得資產組合擴張軌跡 (portfolio expansion loci)，該軌跡斜率可正可負，將視人們怯避風險程度而定。同時，在風險固定下，由該軌跡也可求出 A 資產的需求曲線。

針對上述分析結果，人們挑選資產標的調整為安全性資產（票券或貨幣）與風險性資產（股票或債券）時，Markowitz 效率投資前緣修正如下：

- 股票與票券　人們安排組合僅包括票券與股票，前者風險 $\sigma_b^2 = 0$、預期報酬率 $E(r_b) = \mu_b$，效率投資前緣是圖 11-16 顯示的 $\mu_b A$ 直線。

$$E(\widetilde{R}_P) = r_b + \left[\frac{E(r_a) - r_b}{\sigma_a} \right] \cdot \sigma(R_P)$$

- 貨幣與股票　人們安排組合改為貨幣與股票，前者風險 $\sigma_b^2 = 0$、預期報酬率 $E(r_b) = 0$，效率投資前緣將是圖 11-16 顯示的 OA 直線。

$$E(R_P) = E(r_a) \cdot \left[\frac{\sigma(R_P)}{\sigma_a} \right]$$

比較上述兩條效率投資前緣可知：$r_b A$ 軌跡優於 OA 軌跡，人們安排組合將不會考慮由貨幣與股票共組的投資機會集合，貨幣將由組合中消失。換言之，金融市場存在類似票券或活儲 (M_{1B}) 等安全性資產，Keynes 的投機性貨幣 (M_{1A}) 需求將不存在，僅會出現投機性票券或活儲需求。圖 11-16 顯示 μ-σ 無異曲線 EU_1 與效率投資前緣 OA 切於 E_1 點將達成均衡，除決定最適風險與預期報酬率外，也將決定持有股票與貨幣的比例。同樣的，μ-σ 無異曲線 EU_2 與效率投資前緣 $r_b A$ 切於 E_2 點將達成均衡，除決定最適風險與預期報酬率外，也將決定投資股票與票券的比例。

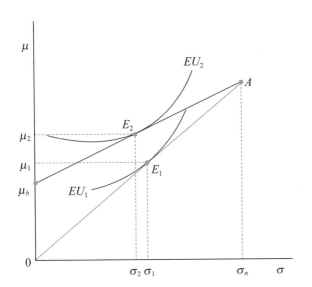

圖 11-16

票券 (貨幣) 與
股票的資產組合

 總體經濟學者：Harry Max Markowitz (1927~)

(一) 生平

1927 年 8 月 24 日生於美國 Illinois 州芝加哥。1947~1952 年從芝加哥大學經濟系，分別獲得學士、碩士與博士學位。1952~1960 年及 1961~1963 年任美國 Rand 公司副研究員。1960~1961 年任 General Electric 公司顧問。1963~1968 年任聯合分析研究中心公司董事長。1968~1969 年任加州大學洛杉磯分校金融學教授。1969~1972 年任仲裁管理公司董事長，而於 1972~1974 年轉任該公司顧問。1972~1974 年任賓州大學 Wharton 學院金融學教授。1974~1983 年任 IBM 公司研究員。1980~1982 年任 Rutgers 大學金融學副教授，1982 年晉升為該校 Marrin Speiser 講座經濟學和金融學功勛教授。自 1982 年起，擔任紐約市立大學 Baruch 學院教授，並獲選為耶魯大學 Cowels 經濟研究基金會員，美國社會科學研究會員，美國經濟計量學會會員，管理科學研究所董事長，美國金融學會主席等。1990 年獲頒諾貝爾經濟學獎。

(二) 對總體理論貢獻

Markowitz 提出攸關預期報酬率與風險間相互關係的資產選擇理論，為現代證券投資理論發展奠定基礎，並為投資管理者從事金融管理指明方向，可以依據 $\mu\text{-}\sigma$ 分析來估計證券風險、設計不同的投資管理結構，從而求得最適資產組合，達成投資報酬最高而風險最小。

觀念問題

- 依據資產選擇的貨幣需求理論，試說明影響貨幣需求的因素爲何？何種因素變動將會增加貨幣需求？
- 依據資產選擇理論，股市崩盤將對貨幣需求造成何種影響？(提示：市場崩盤提高股價波動性，投資人財富縮水)
- 試評論有關不同風險偏好投資人決策行爲的敘述：
  (1) 風險趨避者可能選擇預期報酬率爲 0 的股票。
  (2) 風險中立者面對風險遞增，將要求較高的風險溢酬。
  (3) 風險愛好者會選擇預期報酬率爲 0 的股票。
  (4) 風險愛好者實際上追求「高風險、高預期報酬率」。

11.5.4 資產替代理論

就在 Markowitz-Tobin 推演資產選擇理論的同一期間，Milton Friedman (1956) 重新詮釋貨幣數量學說，認爲貨幣提供交易媒介與價值儲藏等隱含性金融勞務，成爲人們持有貨幣的誘因。傳統貨幣數量學說指出貨幣需求取決於物價和支出，Friedman 卻認爲貨幣是金融資產 (或資本財) 的一環，可運用資本理論或資產替代理論 (廣義的資產選擇理論) 來爲貨幣需求建立個體基礎。稍後的 Meltzer (1963) 接收該項看法，繼續發揚光大，而成爲貨幣學派的貨幣需求理論核心。

Friedman-Meltzer 將貨幣需求分爲兩部分：

- 家計部門　人們享受貨幣提供方便 (流動性)、安全 (預防) 與榮耀等勞務，視爲消費耐久財而具有最終商品需求性質。
- 廠商部門　貨幣類似其他生產因素，提供流動性勞務提升廠商生產效率，有助於降低生產成本，視爲資本財而具有中間財需求性質。

針對上述貨幣需求性質，除物價與支出外，Friedman 再引進機會成本作爲第三個影響因素，機會成本上升意味著持有貨幣成本增加，降低人們持有貨幣誘因。

- 人們運用貨幣可獲得的名目報酬率。
- 物價上漲造成持有貨幣的購買力損失。

Friedman 認為貨幣是資產的一環，人們從事資產替代決策後，名目貨幣需求函數將可表為：

$$M^d = f(P, i, i_b - \frac{1}{i_b}\frac{di_b}{dt}, i_e + \pi - \frac{1}{i_e}\frac{di_e}{dt}, W, h, \pi)$$

針對上述貨幣需求函數，Friedman 分別說明相關變數的影響，進而轉換成類似貨幣數量學說的貨幣需求型態：

- 貨幣是交易媒介　人們保有貨幣餘額將與物價 P（商品成交值）呈正相關，而貨幣購買力變化則取決於通膨率 $\pi = \frac{1}{P}\frac{dP}{dt}$，此是保有實體資產的報酬率，對貨幣需求造成負向影響。
- 貨幣是暫時購買力儲藏所　票券利率 i 是保有貨幣的機會成本。
- 債券與貨幣存在替代性　債券報酬率包括固定票息 i_b 與債券報酬率波動產生的資本利得 $\frac{1}{i_b}\frac{di_b}{dt}$。
- 股票與貨幣存在替代性　持有股票將擁有廠商實體資產所有權與廠商營運成果分配權，獲取報酬率包括股利 i_e、股利波動形成的資本利得 $\frac{1}{i_e}\frac{di_e}{dt}$ 與通膨引起實體資產名目價值上漲，帶動股票名目價值上漲的資本利得。
- 財富預算限制　人們持有財富 W 可用人力資本 W_H 與非人力資本 W_{NH} 在未來產生恆常所得（$Y^P = Y_H^P + Y_{NH}^P$）的現值表示：

$$W = W_H + W_{NH} = \frac{Y_H^P + Y_{NH}^P}{i} = \frac{Y^P}{i}$$

- 人力資本與非人力資本比例　$h = \frac{W_H}{W_{NH}}$ 將會影響貨幣需求。人們累積人力資本將讓預期勞動所得遞增，帶動貨幣需求增加，此即所得效果。若是累積非人力資本，為維持資產組合流動性，將會擴大貨幣需求，此即資產替代效果。綜合兩者效果，h 值變化對貨幣需求影響不確定。

在物價與資產報酬率維持穩定下，名目貨幣需求可重寫為：

$$M^d = f(P, i, i_b, i_e, h, \pi, \frac{Y^P}{i})$$

人們若無物價幻覺，名目貨幣需求將是物價與名目恆常所得的一階齊次函數：

$$\frac{M^d}{P} = f(i, i_b, i_e, h, \pi, \frac{y^P}{i})$$

$Y^P = P \cdot y^P$。接著，Friedman 認爲實質貨幣需求的恆常所得彈性爲 1，或對實質恆常所得具有一階齊次性質，實質貨幣需求函數又可表爲：

$$\frac{M^d}{P} = f(i, i_b, i_e, h, \pi) y^P$$

就長期而言，恆常所得近似於實際產出（臨時所得的平均值爲零），$y^P = y$，上式將回復貨幣數量學說型態：

$$M^d V = Py = Y$$

流通速度函數將是：

$$V^{-1} = f(i, i_b, i_e, h, \pi)$$

最後，貨幣數量學說強調流通速度穩定性，Keynes 卻認爲流通速度變異性極大，並將實質貨幣需求函數表爲：

$$\frac{M^d}{P} = L(i, y)$$

將上述函數顛倒，可得：

$$\frac{P}{M^d} = \frac{1}{L(i, y)}$$

就上式兩邊同時乘上 y，可得流通速度函數如下：

$$V = \frac{Py}{M} = \frac{y}{L(i, y)}$$

依據前述分析，貨幣需求與各種資產報酬率呈反向關係，報酬率變化將改變貨幣需求，導致流通速度並非固定值。尤其是在景氣循環與利率波動劇烈之際，貨幣需求將呈現劇烈變化，流通速度變異性擴大而不再是穩定值。此種現象將讓央行執行貨幣政策效果無從確定，這也是 Keynes 轉向強調採取財政政策的關鍵原因。

觀 念 問 題

• 依據資產替代理論，在惡性通膨期間 (月通膨率超過 50%)，你認為貨幣需求將會受到何種影響？

• 某國歷經長期穩定的低通膨率，然而近二十年來的通膨率卻是高不可測。試依據資產替代理論，試說明新通膨環境將如何影響貨幣需求？當政府決定發行對抗通膨的證券時，試問將會發生何種現象？

 問題研討

小組討論題

一、評論題

1. 假設某種資產的變異數上升，資產選擇理論認為風險怯避者將會降低持有該資產。

2. Baumol 貨幣需求理論認為貨幣需求量遞增小於所得成長比例，在實質產出不變下，體系內通貨膨脹率必然超越貨幣成長率。

3. 依據貨幣需求的存貨理論，謝教授薪資是俞教授的一半，是以前者口袋中的交易性現金也是後者的一半。

4. 實際資料顯示：低所得者通常持有較高比例的現金，從而放棄存款利息收入，此種現象反映窮人比較清高，富人反而是錙銖必較。

5. 台機電與聯電兩種股票報酬率變異數相等，相關係數為 $\rho = 1$。當黃蓉挑選兩者構成投資組合時，該組合風險將等於兩種股票風險之和。

6. 資產組合的預期報酬率是個別資產預期報酬率的加權平均值。同樣的，資產組合風險也是個別股票風險的加權平均值。

二、問答題

1. 趙敏的每月薪水是張無忌的兩倍，兩人分別將錢存入臺灣銀行而分次提款使用。假設每次提款成本為固定值，兩人結婚後的總和交易性貨幣需求相對婚前個別持有交易性貨幣需求的總和，會出現如何變化？

2. 張三豐對資產組合報酬率的效用函數為 $U(R) = a + bR + cR^2$。在不確定狀況下，試回答下列問題？

    (a) 預期效用函數為何？

    (b) 張三豐是風險怯避者，b 係數值的正負方向為何？理由是？

    (c) 就張三豐的效用函數而言，其投資決策是否需要考慮偏態係數的影響？理由是？

    (d) 何謂變異性風險與投機性風險？張三豐的預期效用函數是否出現這兩種風險？

3. 試針對 Baumol 貨幣需求函數內涵，回答下列問題：

    (a) 貨幣需求的所得彈性與物價彈性為何？

    (b) Baumol 貨幣需求函數所對應的貨幣流通速度為何？隨著電子現金普及，貨幣流通速度將會如何變化？

(c) 如果考慮預期通貨膨脹率影響，Baumol 函數將要如何修正？如果體系僅是出現物價一次上漲現象，試問：名目和實質貨幣需求將如何變化？

4. 楚留香持有財富的效用函數為 $U(W) = -W^{-0.5}$，試回答下列問題？

   (a) 楚留香的邊際效用係呈現何種變化？

   (b) 絕對風險怯避函數 (ARA) 與相對風險怯避函數 (RRA) 為何？

   (c) 隨著楚留香的財富增加，投資風險性資產數量會呈何種變化？

   (d) 隨著楚留香的財富增加，投資風險性資產占其全部財富比例會如何變化？

5. 台塑與聯電股票預期報酬率為 μ_x 與 μ_y、變異數為 σ_x^2 及 σ_y^2、共變異數為 σ_{xy}。小龍女的效用函數若為 $U = k + cR - dR^2$，R 是兩種股票組合報酬率，a 是投資台塑股票比例。試回答下列問題：

   (a) 最適 a 值為何？

   (b) 小龍女分散資產組合 ($0 < a < 1$) 的必要條件？小龍女安排資產組合已有分散現象，則 μ_x 遞增造成的影響為何？

   (c) 一旦 $0 \leq a \leq 1$、$\mu_x = \mu_y$、$0 \leq \sigma_x^2 \leq \sigma_y^2$，共變異數為 $\sigma_{xy} = 0$，則小龍女是否分散其資產組合？

6. 某國央行針對過去 40 年的 M_2 餘額與 GDP 值進行驗證，發現兩者密切相關，而且 ($\frac{GDP}{M_2}$) 的趨勢具有穩定性，容易預測其價值。基於該項證據，你若建議央行總裁執行貨幣政策，應將焦點放在貨幣供給或設定利率上？

7. 央行經濟研究處估計台灣的貨幣需求函數型態如下：

$$(\frac{M}{P})^d = L(i, y) = \frac{y}{5i}$$

試回答下列問題：

   (a) 主計總處估計台灣實質經濟成長率為 g，試問：實質餘額需求成長率為何？(名目利率 i 固定)

   (b) 台灣的貨幣流通速度為何？

   (c) 央行若能控制通膨率與名目利率固定，試問：流通速度將以何種速率變化？

   (d) 央行若恆常性調高名目利率，將對流通速度產生何種影響？此將如何影響後續的流通速度成長率？

8. 台灣以往的實質產出 y 成長率平均為 8%，貨幣 M 成長率平均為 11%，名目利率 i 固定在 6% 水準。當時央行彭總裁認為未來產出成長率將下降至

5%，而依據經濟研究處估計的實質貨幣需求函數型態如下：

$$\frac{M^d}{P_t} = A\frac{y_t}{i_t^{o.5}}$$

試回答下列問題：

(a) 試問貨幣成長率應調整為何，才能促使物價上漲率維持和原來相同？（請寫出必要假設）

(b) 除產出成長率下降外，台灣實質貨幣需求也因信用卡普及而下降而變成：

$$\frac{M^d}{P_t} = A\frac{y_t}{i_t^{0.5}}$$

試回答 (a) 的問題。

三、計算題

1. 張三豐擁有100萬元，挑選台塑（預期報酬率 $E(\tilde{r}_a) = 20\%$、風險 $\sigma(\tilde{r}_a) = 8$），與聯電（預期報酬率 $E(\tilde{r}_b) = 30\%$、風險 $\sigma(\tilde{r}_b) = 16$）兩種股票。當兩種股票報酬率呈現完全負相關（$\rho = -1$），而張三豐企圖規劃安全性組合，則投資兩種股票的金額各自為何？該組合的預期報酬率為何？

2. 韋小寶的預期效用函數為 $U(\mu, \sigma) = (0.5 - \sigma) \cdot \mu$，安排資產組合包括兩種資產：(1) 銀行定存報酬率分配為 $r_d(\mu_d, \sigma_d) \sim N(5\%, 0)$；(2) 台機電股票報酬率分配為 $r_e(\mu_e, \sigma_e) \sim N(5\%, 0.5)$，試計算下列問題：

(a) Markowitz 的效率投資前緣為何？

(b) 韋小寶屬於何種型態的投資人？理由是？

(c) 韋小寶的投資預算為200萬元，則持有定存與台機電股票金額各為何？

(d) 韋小寶若為風險中立者，則將如何修正預期效用函數？

3. 主計總處估計台灣的流動性偏好函數為：

$$L(i, y) = \frac{y}{8} - 1,000i$$

試依據下表資料，計算貨幣所得流通速度。

期間	2005	2006	2007	2008	2009	2010	2011
所得 y	12,000	12,500	12,250	12,500	12,800	13,000	13,200
利率 i	5%	7%	3%	5%	7%	4%	6%

4. 某國的實質貨幣需求函數為 $L(i, y) = 0.3y - 600i$，i 為名目利率，y 為實質所得。在貨幣市場達成均衡時，實質貨幣需求將等於實質貨幣供給。假設體系內實質所得 $y = 200$，實質利率 $r = 5\%$。試計算促使央行獲取鑄幣稅最大的通膨率為何？

5. 某國的實質貨幣需求函數為：

$$\frac{M^s}{P} = y\left[1 - (r + \pi^e)\right]$$

M^s 是貨幣供給，r 為實質利率，y 為實質產出，P 是物價水準，π^e 是預期通膨率。假設 $y = 1{,}000$，實質利率 $r = 1\%$。試回答下列問題？

(a) 在短期，假設 $\pi^e = 25\%$，試計算貨幣成長率為 50% 時，體系的鑄幣稅為何？

(b) 在中期，$\pi^e = \pi = \dfrac{\Delta M}{M}$，試計算貨幣成長率為 50% 時，體系的鑄幣稅為何？

(c) 試說明 (a) 與 (b) 兩題答案可能有異的原因。

6. 某國實質貨幣需求函數為 $\dfrac{M^d}{P} = 500 + 0.2y - 1{,}000i$，假設物價 $P = 200$，M^s 是貨幣供給，名目利率 $i = 10\%$，實質產出 $y = 1{,}000$。試問：該國貨幣流通速度為何？

👍 網路練習題

- 請連結中央銀行網站 (http://www.cbc.gov.tw/) 查閱台灣每月的貨幣供給資料，然後再連結台灣證券交易所網站 (http://www.twse.com.tw) 查閱台灣證券集中市場每月的成交金額，試分析兩者間是否存在關聯性。

貨幣供給與銀行信用

個案導讀

從1970年代起，金融自由化與國際化盛行，金融科技發展讓金融環境日益複雜化，金融機構營運風險不斷攀升。邁入1990年代後，由於金融風險管理失當，金融監理寬鬆，國際金融機構頻傳營運危機或破產倒閉，系統性金融風險急遽擴大。尤其是2007年美國爆發次貸危機，2008年3月擴散成二房事件，6月以後，連續讓貝爾斯登 (Bears Stern)、美林、雷曼兄弟、摩根史坦利 (Morgan Stanley) 等五大投資銀行中箭落馬，重量級的南山人壽集團 (AIG) 也不落人後，深陷流動性匱乏窘境，促使美國聯準會在2009~2013年間，連續實施三次量化寬鬆，結合財政部釋出上兆美元紓困資金來力挽狂瀾。各國央行也競相降低利率共襄盛舉，積極紓解自1929年以來的世界空前金融危機。邁入2020年後，新冠肺炎橫空出世，各國無不封校、封城與鎖國，失業潮爆起，美國更是推出龐大紓庫，而央行則是展現無限量化寬鬆，意圖振衰起敝。

在金融海嘯與新冠肺炎持續過程中，央行扮演最後融資者角色，居功至偉。本章首先說明融資類型與金融監理。其次，將探討貨幣定義內涵，推演簡單貨幣供給模型，剖析影響貨幣供給因素。最後，將探討銀行信用供需函數與銀行信用市場均衡。

金融體系

12.1.1 金融機構與金融市場

盈餘單位
所得超過支出者。

　　在日常生活中，人們經常陷入收付分際窘境，除需持有貨幣餘額因應外，有時也互通資金有無，金融循環流程因而出現。盈餘單位 (surplus spending unit, SSU) 或金主係當期所得超過支出者，將前往金融機構與金融市場謀求資金出路，衍生資產需求 (資金供給)。赤字單位 (deficit spending unit, DSU) 則是當期入不敷出者，更將尋求金融機構與金融市場融資來源彌補資金缺口，形成資產供給 (資金需求)。

赤字單位
收入小於支出者。

內部融資
同一成員在不同時點相互融通。

　　圖 12-1 顯示，赤字單位首先考慮內部融資 (internal finance) 策略，此即同一成員在不同時點相互融通。舉例來說，家計部門運用昔日累積的儲蓄、廠商則以提存的折舊、公積金與保留盈餘等內部資金 (廠商儲蓄) 融通目前資金缺口，財政部則以過去歲計剩餘支應目前預算赤字。這些資金不僅無風險，成本也是最為低廉 (以安全性資產報酬率衡量)，但無法滿足重大投資計畫或公共支出所引爆的資金需求。是以廠商或財政部改採外部融資 (external finance)，向其他盈餘單位募集資金，此係不同成員在同一時點相互融資。在向外募資過程中，赤字單位直接尋求民間資金來源，由於未受金融法令規範或金融監理，將歸入非正式金融 (informal finance)。赤字單位將交付盈餘單位 (資金供給者) 各種初級證券以確認債務關係存在，而初級證券 (primary security) 是最終借款者發行的債務請求權或憑證。

外部融資
不同成員在同一期間相互融通。

非正式金融
未受金融法令規範與金融監理的融資。

初級證券
最終借款者發行的融資憑證。

圖 12-1
融資策略類型

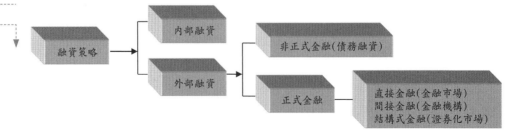

正式金融
在金融法令規範，受金融監理的融資活動。

　　由於非正式金融規模難以滿足赤字單位的資金需求，赤字單位因而轉向正式金融 (formal finance) 尋求資金來源，型態包括三種：

(1) 直接金融 (direct finance)　廠商採取股權融資 (equity finance) 或債務融資 (debt finance) 策略，由證券商在金融市場 (貨幣市場與資本市場) 直接向

資金剩餘者承銷證券募集資金。前者係發行股票募集長期資金，屬於自有資金。後者則發行債券募集中長期資金，或在貨幣市場發行票券募集短期資金。另外，廠商發行初級證券，先由證券經紀商、交易商與投資銀行等造市者 (market maker) 包銷，爾後再陸續轉售給投資人，此即稱為準直接金融 (semidirect finance)。

(2) 間接金融 (indirect finance)　創造銀行信用的金融機構 (如銀行與壽險公司) 發行次級證券 (secondary security)(如存款與壽險保單)，向盈餘單位募集資金，經過徵信調查與評估後，再對赤字單位授信而換取放款契約、股票、債券與票券等初級證券。

(3) 結構式金融 (structured finance)　創始機構 (資產擁有者) 以本身擁有的資產為基礎，經過包裝與信用加強後，發行證券而由證券承銷商在金融市場銷售投資人，進而取得資金，此即稱為資產證券化。

在金融循環流程中，間接金融係指金融機構提供資產轉換服務，轉換存款者資金 (兼具安全與高流動性) 性質而放款給借款者 (存在違約風險與缺乏流

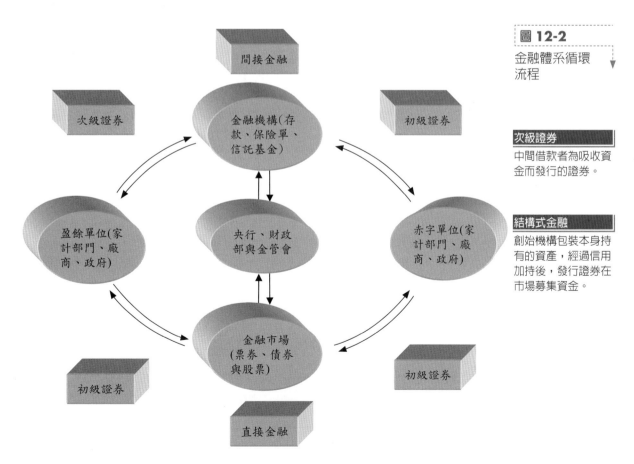

動性)，收取存放款利差，依其能否創造貨幣再分為存款貨幣機構 (depository institution) 與儲蓄機構 (thrift institution)。前者除發行支票做為交易媒介，也發行儲蓄存款吸收資金，再用於授信。後者包括信託投資、保險、票券、證券金融及租賃等公司，僅能發行金融負債吸收資金，用於提供特殊信用。另外，直接金融係金融經紀商 (如證券與票券公司) 提供經紀服務撮合資金供需雙方，直接在貨幣市場與資本市場互通資金有無，收取手續費代為交付款券 (資金與證券) 與執行清算工作。在金融循環流程中，財政部透過調整稅率影響金融業決策，央行則是透過掌握金融體系運作，採取總體審慎監理 (macro prudential)，穩定金融降低系統風險。至於金融監督管理委員會 (金管會) 透過個體審慎監理 (micro prudential) 監理金融業營運，健全金融機構運作。

總體審慎監理
央行基於降低金融業系統風險而採取的監理活動。

個體審慎監理
金管會基於維持金融機構穩健營運而採取的監理活動。

觀 念 問 題

- 試說明直接金融與間接金融的差異性為何？何種融資型態將是最重要？
- 試說明金融體系在促進經濟成長過程中扮演的角色？

12.1.2 資訊不對稱與金融監理

在訊息不全環境，資金供需雙方直接相互融資，交易成本與承擔風險偏高，體系因而出現經紀商仲介的直接金融，或銀行業與壽險業仲介的間接金融。不過仍有許多因素窒礙金融體系健全運作，是以將需提出相關解決方法，推動經濟發展順利運行。

資訊不對稱
交易雙方各自擁有收關交易的訊息不同。

- 資訊不對稱 (asymmetric information)　人們從事金融活動，經常涉及交易標的或交易雙方的「資訊不對稱」，衍生問題包括兩個層面：

逆選擇
訂定金融契約前，交易對手「隱匿資訊」，導致錯誤選擇較差交易對手。

(1)逆選擇 (adverse selection)　在訂定金融契約前，由於「隱匿資訊」(hidden information)，讓人們擁有訊息不足，導致交易結果未符人意。

(2)道德危險 (moral hazard)　在簽訂金融契約後，由於「隱匿行為」(hidden action)，交易一方採取損害他方利益的活動。

道德危險
訂定金融契約後，交易對手「隱匿行為」，從事損害他方利益的活動。

- 搭便車問題 (free-rider problem)　針對逆選擇與道德危險，放款者或投資人唯有積極蒐集訊息來消除資訊不對稱。實務上，訊息蒐集的障礙就在「搭便車」，人們無須自行蒐集相關訊息，就能從他人無償取得訊息。「人

同此心，心同此理」，搭便車降低蒐集金融訊息的誘因，限制市場可用訊息品質與數量，資訊不對稱依然存在。

有鑑於此，健全金融業運作或可部分紓解資訊不對稱困擾。人們將資金存入銀行，相當於委託銀行篩選借款者，由其評估風險來決定是否放款與定價，將可紓緩逆選擇問題。相對個別盈餘單位而言，銀行監督借款者取得融資後的運用方式，具有優勢而能減輕發生道德危險。實務上，銀行將運用下列方式紓解資訊不對稱：

- 篩選 (screening)　銀行蒐集潛在借款者的相關訊息，如要求填寫本人相關資料、查詢信用與工作狀況，篩選優質借款者以規避逆選擇。
- 監督 (monitoring)　銀行放款後，觀察廠商資金進出變化，掌握其財務狀況與追蹤風險行為，建立監督客戶程序，達到降低道德危險與監督放款成本。
- 限制性契約 (restrictive covenants)　為降低道德危險，銀行將限制借款者活動的條款列入契約，如禁止從事風險行為，定期提出財務報表等。
- 抵押品 (collateral)　銀行要求借款者提供財產擔保或保證人，確保放款債權，一旦違約則可出售抵押品彌補損失，降低逆選擇與道德危險。

綜合以上所述，蒐集訊息愈多有助於減輕資訊不對稱，提升金融體系運作效率。不過搭便車問題窒礙生產訊息的數量與品質，政府因而成立金管會監督金融業健全營運，穩定金融活動運行以符合經濟發展所需。此即金融監理 (financial supervision)。

> **金融監理**
> 政府監理金融機構健全營運，維持金融穩定。

- 提升透明度 (transparency)　金融監理包括金融檢查與金融法令規範兩個層面，前者係由金檢人員親臨銀行檢查，後者透過法令規範銀行營運，如規範關係人交易、防火牆設計及要求會計師簽證等，提升營運透明度以降低資訊不對稱。
- 金融安全網 (financial safety net)　狹義金融安全網係指存款保險機制 (存款保險公司)、支付系統功能 (金管會) 與最後融通者 (央行)，廣義金融安全網則包括央行貨幣政策與國際機構援助等。

> **金融安全網**
> 維護金融體系健全運作的制度設計。

- 安全性管制與監理　金管會頒布各種法令規範銀行承擔高風險，此即安全性管制 (prudential regulation)。另外，金管會監控銀行經營動態，促其重視資產品質及內部管理績效，要求遵循金融法令落實健全營運。一旦察覺銀行違規或資金運用異常，立即採取限期改善、處分、加強檢查、派員輔導或監管、接管等導正措施，此即安全性監理 (prudential supervision)。

> **安全性管制**
> 政府頒布法令防止銀行從事高風險營運。

> **安全性監理**
> 政府察覺銀行違規或運用資金異常，採取導正措施，要求改善。

12.2　貨幣與流動性

12.2.1　貨幣與流動性定義

金融自由化與金融科技發展，引領貨幣由支付工具或交易媒介，逐漸轉向提供保值功能。貨幣做為交易媒介將定於一尊，鮮少資產能夠取代；但若轉向保值工具，勢將面對高流動性金融資產強烈競手，導致實務上甚難確定貨幣的定義，削弱央行掌控貨幣餘額能力。圖 12-3 顯示貨幣定義的類型。

貨幣供給理論涵蓋舊觀點與新觀點。舊觀點基於貨幣數量學說，主張在固定期間內，人們擬定支出計畫，將安排金融資產組成交易餘額，因而可視為真正的貨幣餘額。此外，唯有銀行才能發行支票做為交易媒介，非銀行金融中介 (如信託業、壽險業) 僅能發行保值工具 (如信託基金、壽險保單等)，無法做為交易媒介。是以舊觀點僅就銀行負債討論貨幣供給，人們安排交易餘額內容，將兼顧交易媒介與保值工具特質，固可由「交易方法」與「暫時購買力儲藏所方法」探討貨幣定義內涵。

新觀點 (new view) 基於可用資金理論 (the available fund theory)，認為人

> **新觀點貨幣供給理論**
> 體系內貨幣供給將與金融體系創造的銀行信用有關。

> **可用資金理論**
> 人們預擬支出將須尋求資金來源，並以銀行提供的信用融通。

圖 12-3

貨幣定義的類型

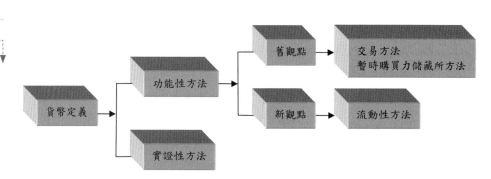

們預擬支出將須尋求資金來源，並以銀行信用 (bank credit) 融通，進而影響經濟活動。銀行與非銀行金融中介的業務以授信為主，融通人們支出所需資金，新觀點遂由金融業的資產面評估體系內流動性餘額，此即流動性方法 (liquidity approach)。

銀行信用

銀行提供資金換取未來還本付息的憑證。

　　前述方法在先驗上定位貨幣功能，再尋找符合該項功能的金融資產，結果衍生多元化貨幣定義，實務上卻無從認定何者最能反映經濟現況。Friedman (1963) 基於貨幣數量學說，強調貨幣對經濟活動運行的助益 (What money does？)，以實際資料驗證各種貨幣定義對經濟活動影響，再由當中篩選最具影響力者作為最適貨幣餘額，此即判斷係數方法 (coefficient of determination approach)。

判斷係數方法

以實際資料驗證不同貨幣定義對經濟活動的影響，再由當中篩選最具影響力者作為最適貨幣餘額。

　　功能性方法從「貨幣是什麼」(What money is？) 來定位貨幣，而貨幣主要作為交易媒介與價值儲藏，故再分成兩種方法探討貨幣定義內容。

- 交易方法 (transaction approach)　貨幣可作為「支付工具」或「交易媒介」，將產生兩種貨幣定義。

(1) 強力貨幣餘額 (high-powered money, H)　又稱基礎貨幣 (base money)、貨幣基數 (monetary base) 或準備貨幣 (reserve money)，是央行對大眾與存款貨幣機構的貨幣性負債，包括通貨淨額 (net currency, C^P)、存款貨幣機構的存款準備 (包括中華郵政公司存款準備)。央行發行通貨毛額 (gross currency) 除由央行與銀行窖藏 (超額準備) 外，其餘由人們持有。依據貨幣數量學說，唯有在流通的貨幣才能影響經濟活動，人們可隨時執行購買力而屬於活動餘額，應列入貨幣定義範圍。反觀央行持有的貨幣係屬窖藏，不影響經濟活動而非貨幣定義範圍。

強力貨幣

又稱基礎貨幣、貨幣基數或準備貨幣，由通貨淨額與銀行持有的實際準備構成。

通貨淨額

人們持有的現金，係指央行發行的通貨毛額扣除央行與銀行持有的庫存現金。

通貨淨額 = 通貨發行毛額 − 央行庫存現金 − 存款貨幣機構的庫存現金

存款貨幣機構的實際準備 = 存款貨幣機構的庫存現金 (超額準備)＋存款貨幣機構在央行的存款 (法定準備)

H = 通貨發行毛額 − 央行庫存現金 ＋ 存款貨幣機構的實際準備

　　表 12-1 是台灣央行的資產負債簡表，從使用面 (use side) 定義準備貨幣為：

$$H = C^P + (RR + ER)$$

再從會計恆等式定義來源面 (source side) 的準備貨幣為：

$$H = FA + (S - NCD) + (CFI - RD) + OA - GD - NW$$

就上式取變動量，可得影響準備貨幣變動的因素如下：

$$\underbrace{\Delta H}_{\text{準備貨幣餘額變動}} = \underbrace{\Delta FA}_{\text{外匯資產累積}} + \underbrace{\Delta(S - NCD)}_{\text{公開市場操作}} + \underbrace{\Delta(CFI - RD)}_{\text{金融赤字}}$$

$$+ \underbrace{\Delta OA}_{\substack{\text{央行庫存現金} \\ \text{與其他資產變動}}} - \underbrace{\Delta GD}_{\text{國庫存款}} - \underbrace{\Delta NW}_{\text{央行淨值變動}}$$

外匯資產累積

央行持有國外資產扣除國外負債的變動量，相當於國際收支餘額。

- 外匯資產累積 (ΔFA) 　央行握有外匯資產累積 (國際收支盈餘)，台灣央行沒有國外負債。
- 央行公開市場操作淨額 $\Delta(S\text{–}NCD)$ 　央行在公開市場操作證券 S 與央行可轉讓定存單 NCD 的買超或賣超。
- 國庫存款 (ΔGD) 　台灣央行未對政府融通或購買財政部發行的公債。
- 金融赤字 (financial deficit) 　央行持有金融業淨債權變動量 $\Delta(S - NCD)$，此係央行對銀行融資扣除銀行轉存款，若為正值即稱為金融赤字。

金融赤字

央行持有金融業淨債權變動量，或央行對金融業的淨融資。

- 央行淨值變動 (ΔNW) 　央行運用外匯資產的孳息，資產與淨值同步遞增，$\Delta FA = \Delta NW$，準備貨幣不變。一旦央行將盈餘繳庫，勢必降低淨值、增加財政部在央行的國庫存款，$\Delta GD = -\Delta NW$。隨著政府支出增加將減少國庫存款，促使準備貨幣增加，$-\Delta GD = \Delta H$。

表 12-1

央行資產負債表

資　產		負　債	
國外淨資產	FA	通貨發行淨額	C^P
公開市場操作買入證券	S	實際準備	$R=RR+ER$
對金融業債權	CFI	轉存款	RD
其他資產與庫存現金	OA	央行定存單	NCD
		國庫存款	GD
		其他負債與淨值	NW

塑膠貨幣

無須使用現金的支付工具，包括信用卡、簽帳卡與儲值卡。

電子貨幣

以一定資金向發行者換取相同金額的數據，透過電子化將該金額移轉給支付對象，以清償債務。

　　準備貨幣的成員 (通貨淨額與銀行準備) 都是支付工具，清算交易將是銀貨兩訖。另外，金融創新擴大塑膠貨幣 (plastic money) 規模，信用卡 (credit card)、簽帳卡 (debit card)、現金卡 (cash card) 與悠遊卡紛紛出爐成長迅速。通訊網路技術進步促使電子貨幣 (electronic money) 盛行，導致通貨淨額長期成長遲緩。在通貨毛額固定下，每逢台灣農曆春節屆臨，通

貨淨額邁向高峰，金融環境趨於緊縮，貨幣市場利率逐日攀升。隨著春節假期結束，流通在外通貨從元宵節後逐漸回籠銀行，金融環境日益寬鬆，貨幣市場利率遂由高檔滑落。

(2) M_{1A} 餘額　銀行發行支票讓人們簽發支票作為交易媒介，尤其是用於清算大額交易，安全性與方便性遠高於現金，將能降低交易成本，故將部分取代現金的使用。基於準備貨幣無法精確反映經濟活動，央行遂以 M_{1A} 餘額取代：

$$M_{1A} = C^P + DD_N$$

人們持有存款貨幣機構的支存及活存餘額稱為活存毛額 (gross demand deposit, DD_g)，在扣除待交換票據或稱遺失貨幣 (missing money) 餘額後，即是活存淨額 (net demand deposit, DD_N)。支存與活存具有高流動性，前者是交易媒介，銀行提供票據交換、安全性與對帳等隱含性金融勞務，故不付利息。後者是一般法人機構開立的帳戶，需憑存摺提取，無法簽發支票，銀行支付微薄利息。人們以支存完成交易，將反映成立新債權債務關係，取得支票者必須存入銀行帳戶，透過票據交換所交換，獲得兌現，方才解決債權債務問題。

遺失貨幣
待交換票據將由經濟活動中消失。

活期存款淨額
人們持有銀行體系的支票與活存餘額，再扣除待交換票據。

• 暫時購買力儲藏所方法 (temporary abode of purchasing power approach)
Friedman 定位貨幣為「暫時購買力儲藏所」(短期保值工具)，金融創新提升金融資產流動性，擴大與作為短期保值的貨幣間的替代性，促使貨幣範圍成為爭論議題。

(1) M_{1B} 餘額　銀行發行儲蓄帳戶 (saving account, SD) 吸收資金，自然人與非營利法人需憑存摺或金融卡提款，將可得微薄利息。銀行透過金融處理創新，提升活儲流動性，擴大支存與活儲的替代性。

• 塑膠貨幣　塑膠貨幣市場規模成長，人們習慣以塑膠貨幣交易，保留資金在活儲帳戶收取利息，每月定期轉帳清算卡債即可。

• 電子資金 (electronic fund)　人們使用支票交易，到期再以電話轉帳或自動轉帳服務 (automatic transfer service)，將活儲轉入支存帳戶清算，兼具獲取活儲利息與享受支存的高流動性。

電子資金移轉
透過網路系統在銀行帳戶間移轉資金。

歷經金融商品與支付制度創新，銀行支存與活存餘額持續流失，央行因而再擴張貨幣定義如下：

$$M_{1B} = M_{1A} + SD$$

SD 係指銀行活儲帳戶，包括個人及非營利法人的活儲，但分支機構遍及全國的中華郵政公司吸收的郵政存簿儲金 (活儲性質) 卻不可計入。此係銀行吸收活儲扣除提存準備後，投入放款將具有擴張效果。反觀中華郵政無法放款 (定存質押放款不算)，資金運用以轉存央行 (相當緊縮準備貨幣) 與其他銀行、拆款、投資證券等為主，創造銀行信用能力極低，缺乏擴張景氣效果，性質迥異於 M_{1B} 餘額。

人們從事商業活動與金融操作須以 M_{1B} 餘額支付，將是反映體系的短期潛在購買力。M_{1B} 成長率遞增，引導景氣趨於熱絡；反之則陷入停滯或衰退，係屬景氣領先指標。另外，存款回轉次數是指每元存款在一定期間內存入銀行帳戶及提領次數，反映存款貨幣流通速度。尤其是支存、活存和活儲隨時進出帳戶，回轉次數高低，關係各類交易頻繁與否，可反映景氣、商業活動與金融交易熱絡程度。有關存款回轉次數 (deposit reversal times) 的計算公式如下：

$$年回轉次數 = \left(\frac{全月借記總額}{當月每日平均餘額} \right)\left(\frac{全年營業日數}{當月營業日數} \right)$$

上式係指固定期間內，各類存款借記總額 (人們在一定期間內提領存款總額)，相對該期間內各類存款平均餘額的比率，再乘上全年營業天數占當月營業天數的倍數，即是按年計算之回轉次數。

(2) M_2 餘額　金融創新引導貨幣朝保值工具角色傾斜，引發還有那些金融資產可被納入貨幣的問題。理論上，銀行發行附有期限的定存，到期前不得提領，缺乏流動性而被列為閒置餘額。不過金融自由化擴大金融業間的競爭，銀行開放客戶解約或質借定存而賦予高流動性，提供人們思考安排交易餘額也會持有定存，是以央行擴大貨幣定義如下：

$$M_2 = M_{1B} + Q$$

Q 是準貨幣 (quasi-money) 或近似貨幣 (near money)，包括銀行定存、郵政儲金總額 (包含劃撥儲金、存簿儲金及定期儲金)、外匯存款 (含外幣定存單)、銀行及中華郵政的證券附買回 (repurchase agreement, RP)、外國人持有台幣存款 (係指跨國基金匯入投資台股的活存) 以及貨幣基金等，是高流動性與附到期日的短期金融資產。值得注意者：中華郵政吸收郵政儲金與銀行吸收外幣存款，將會產生緊縮效果，此係前者無法放款且部分資金轉存央行；後者係人們將台幣資金以外幣計價存

存款回轉次數
在固定期間，每天存款存入銀行帳戶與提領次數，將反映存款貨幣流通速度。

準貨幣
或稱近似貨幣，人們能無條件等價兌換現金的貨幣性資產。

證券附買回
債券持有人賣出債券，約定未來日期以某一價格買回。

入銀行，銀行必須同時買進等值外幣規避匯率風險，形成緊縮台幣資金效果。

M_{1A} 與 M_{1B} 各自隱含不同涵義，M_{1A} 反映立即變現的購買力，M_{1B} 則是預擬在短期間內付諸執行的購買力，同屬活動餘額。反觀在 M_2 中附有期限的準貨幣餘額，儲藏價值性質濃厚而被視為閒置餘額。值得注意者：隨著銀行存款利率滑落谷底，人們將活儲轉向淨收益較高的債券基金 (或貨幣基金)，帶動債券基金規模成長，發揮直接金融取代間接金融效果，從而影響 M_2 成長率。尤其是投資人頻繁購買或贖回債券基金，將影響銀行資金來源和穩定性。以法國和美國為例，前者將債券基金扣除存放銀行的餘額後列入 M_2 計算，後者更考慮債券基金是人們持有存款以外的儲蓄型態，扣除銀行持有債券基金部位的餘額，將可做為擬定貨幣政策的貨幣監控指標。

最後，代表 NeoKeynesian 學派觀點的《*Radcliff* 報告》(1959) 基於 Keynes (1937) 所稱人們預擬支出須先取得資金的融資動機，認為從銀行負債面定義貨幣係屬靜態概念，人們未必將持有貨幣花掉。實務上，人們預擬支出才會向金融機構申請授信，後者資產變化反映的流動性餘額將與體系支出連結，確實反映經濟活動變化。至於衡量流動性的標準，包括市場性、通告時間與價格穩定性三種，央行基於三項準則，分別定義兩種流動性概念如下：

- 流動性負債 (liquidity liability, L)　廠商無法持有活儲，遂以票券商品持有週轉金，而貨幣基金與債券基金則是安排交易餘額的主力，成為準貨幣的最佳替代品。是以央行定義流動性負債，包括 M_2、信託公司的待確定用途新台幣信託資金、人壽保險準備、指定用途新台幣信託資金、企業及個人持有之金融債券、央行可轉讓定存單與國庫券等。
- 流動性資產 (liquidity asset, A)　央行要求銀行須就其支存、活存、活儲、公庫存款 (扣除國庫轉存款) 淨額的總和，提存流動準備 (liquidity reserve) 或次級準備 (secondary reserve)，內容包括超額準備、銀行互拆借差、國庫券、可轉讓定期存單借差、銀行承兌匯票、商業本票、公債、公司債、金融債券等資產，藉以維持銀行資產流動性。

流動性資產
銀行持有的可運用現金與約當現金，高度流動性證券與央行發行的證券。

流動準備或次級準備
銀行持有超過法定準備之外的資產，通常是以能夠快速容易轉換成現金，用於因應未預期的債務發生。

知識補給站

　　銀行吸收存款而投入放款或購買生息資產，將需面臨隨時提款風險，故須保有高流動性資產與向同業快速拆借資金能力，否則可能須以高成本融資、賤售資產，甚至因借貸無門陷入倒閉窘境，是以流動性管理是銀行營運的首要議題。

　　為確保存款人權益，銀行營運必須兼顧盈餘與風險控管，央行依據《銀行法》第43條訂定《金融機構流動準備查核要點》，從 1978 年 7 月 1 日起，要求銀行針對存款餘額提存法定流動準備率 7%，如吸收 1,000 億元存款，至少須持有符合規定的流動性資產 70 億元做為流動準備。然而從 1990 年代迄今，國內銀行按月（每日平均存款餘額）持有實際流動準備比率平均值超逾 30%，多數銀行內部流動性風險控管比率也高於 10%。為強化銀行流動性風險控管，央行從 2012 年 10 月 1 日起，提高銀行、信合社、農業金庫、農漁會信用部的法定流動準備比率至 10%，改採按日實際存款餘額計提。兩家銀行存款結構不同，但存款規模相同，若無證券戶活儲餘額（法定流動準備率為 50%），提存法定流動準備餘額將會一樣。

　　央行規定的合格流動準備項目，以變現迅速且具高安全性資產為主：
(1) 短期拆款市場：超額準備與銀行互拆借差（銀行對票券公司短期融通）。
(2) 貨幣市場：國庫券、可轉讓定期存單（銀行持有餘額扣除本身發行餘額後的淨額、銀行承兌匯票、商業承兌匯票與商業本票（從 1997 年 7 月 1 日起，銀行自行承兌或保證的承兌匯票及商業本票不得列為流動準備）。
(3) 長期債券市場：公債、公司債、金融債券（以持有其他銀行發行的金融債券餘額扣除本身發行金融債券餘額後的淨額為限）。
(4) 經央行核准的「流動資產」。

　　隨著股市規模擴大與交易熱絡，股票流動性相當高且報酬率不差，何以未能列為流動準備標的？此係股票具有高風險，為確保存款者權益，央行限制投資股票額度與種類，同時排除做為流動準備。高流動性資產收益率偏低，銀行持有流動準備愈多，雖可確保營運安全性，卻會影響獲利性。

觀念問題

- 試評論：準備貨幣是央行發行的通貨，所有準貨幣則非強力貨幣，而貨幣是銀行創造的信用。
- 試評論：央行、財政部與一般公司每月發放員工薪水，此一發放薪資行動並不影響強力貨幣與 M_{1A} 餘額。
- 中研院蔣碩傑院士在 1970 年代主張應該採取 M_{1A} 定義，試問：他對貨幣扮演的角色做了何種假設？反觀 Friedman (1963) 卻主張應採取 M_2 定義，其理由又爲何？
- 何謂強力貨幣？央行如何影響強力貨幣餘額的規模？

12.2.2　實證性定義

　　功能性貨幣定義明確規範貨幣性資產，實務上，何者可以納入且是最適定義，則屬武斷而難以界定。貨幣學派指出貨幣成長率變動是引發景氣循環與膨脹的主因，但所指貨幣究竟包括哪些貨幣性資產？Friedman 採取實證方法，指出無論黑貓或白貓，只要能抓老鼠的貓都是好貓，凡是在實證上能夠充分預測或解釋景氣循環及通膨的貨幣餘額，即是可接受的貨幣定義。

　　Friedman 與 David I. Meilsman (1963) 認爲貨幣餘額變動透過實質餘額效果傳遞，將對支出與名目所得發揮正面影響，此即貨幣景氣循環理論 (monetary business cycle theory) 的精髓。就貨幣數量學說取變動量，可得貨幣變動量與流通速度變動量之和等於名目所得變動量：$(\Delta M \Delta V = 0)$

> **貨幣景氣循環理論**
> 貨幣數量變動透過實質餘額效果傳遞，引發總支出與名目所得循環性變化。

$$MV = Py = Y = GDP$$
$$\Delta M + \Delta V = \Delta Y$$

　　基於上述變動量關係，設定迴歸方程式如下：

$$\Delta Y = a + b\Delta M + \varepsilon$$

　　同一期間，St. Louis 模型擴大貨幣學派想法，考慮各期貨幣餘額與支出對名目所得或物價的影響，設定下列迴歸方程式：

$$Y_t = a_0 + \sum a_i M_{t-i} + \sum b_i E_{t-i} + \varepsilon$$
$$P_t = a_0 + \sum a_i M_{t-i} + \sum b_i E_{t-i} + \varepsilon$$

ε 是干擾項。針對上述迴歸方程式，再以名目所得與各種貨幣餘額的時間數列

資料驗證，從眾多實證結果選擇判斷係數 R^2 最高、係數 b 的 t 值顯著且符號須為正者。央行選定貨幣定義後，執行貨幣政策所須控制的貨幣餘額隨即決定。但在眾多迴歸式中，若有 $R^2 = 0.89$ 與 $R^2 = 0.899$ 解釋能力近似的結果，央行將再深入檢討，重新評估採取 M_{1B} 或 M_2 餘額，何者較為適當。

$$(1) \; \Delta Y = 4{,}590 + \Delta 0.89 M_{1B} \qquad\qquad R^2 = 0.89$$

$$(2) \; \Delta Y = 5{,}156 + \Delta 0.85 M_2 \qquad\qquad R^2 = 0.899$$

央行可將 M_2 餘額拆解為各個單項貨幣資產變數，重新設定迴歸方程式，再次驗證：

$$(3) \; \Delta Y = a + b_1 \Delta C^P + b_2 \Delta DD + b_3 \Delta SD + b_4 \Delta Q \qquad R^2 = 0.91$$

針對新實證結果，央行依下列順序，重新評估：

- R^2 值是否增加　　新迴歸結果的解釋能力若高於 (2) 式，接受 M_2 餘額顯然較佳，反之則應採取 M_{1B} 餘額。
- 係數值是否顯著　　新迴歸結果的各個變數的係數值若均顯著，將可接受 M_2 餘額。準貨幣 Q 的係數值若不顯著，顯示僅有 M_{1B} 餘額對經濟活動發揮效果。
- 係數值是否符合理論要求　　貨幣數量學說指出，唯有變數的係數值為正，才是交易餘額成員而可視為貨幣。準貨幣的係數值若為負，屬性將是保值工具，人們持有準貨幣係將購買力撤離商品市場，歸屬於閒置餘額，並非貨幣而須剔除，採取 M_{1B} 餘額較為合理。

經過上述評估過程，實證結果若以 (3) 式最佳，最適貨幣餘額將是：

$$M_2 = C^P + DD + SD + Q$$

簡單加總貨幣
貨幣性資產的貨幣性均為 1，貨幣餘額是每一貨幣性資產餘額的直接累加。

上述 M_1 餘額稱為簡單加總貨幣 (simple-sum money)，M_2 的每一成員貨幣性均為 1。實務上，人們使用每種貨幣性資產所需支付的成本不同，顯示其貨幣性 (或流動性) 迴異，此由每個貨幣性資產對名目所得的衝擊效果，即可看出端倪。重新整理 (3) 式的結果如下：

$$\Delta Y = a + b_1 \Delta C^P + b_2 \Delta DD + b_3 \Delta SD + b_4 \Delta Q$$

$$= a + b_1 (\Delta C^P + \frac{b_2}{b_1} \Delta DD + \frac{b_3}{b_1} \Delta SD + \frac{b_4}{b_1} \Delta Q)$$

$1 > \dfrac{b_2}{b_1} > \dfrac{b_3}{b_1} > \dfrac{b_4}{b_1} > 0$ 分別是活存、活儲與準貨幣的貨幣性。央行以這些貨幣性為權數，估算權數加總貨幣 (weighted-sum money) 或貨幣等值 (money equivalent) 如下：

> **權數加總貨幣或貨幣等值**
> 或稱貨幣等值，每一貨幣性資產的貨幣性不同，貨幣餘額是每一貨幣性資產餘額以其貨幣性為權數的加權結果。

$$M^* = C^P + (\dfrac{b_2}{b_1})DD + (\dfrac{b_3}{b_1})SD + (\dfrac{b_4}{b_1})Q$$

觀念問題

- 央行經研處利用 2019 年的消費者物價指數資料，驗證各種貨幣性資產變化對消費者物價指數變動的影響，分別獲得三條迴歸結果如下：

   (1) $\Delta CPI = 2,400 + 0.9\Delta C^P + 0.81\Delta DD + 0.72\Delta SD$ 　　$R^2 = 0.911$
   　　　　　　(1.98)　　(2.01)　　　(2.56)　　　　(2.17)

   (2) $\Delta CPI = 3,600 + 0.8\Delta C^P + 0.64\Delta DD + 0.56\Delta SD + 0.48\Delta TD$ 　　$R^2 = 0.921$
   　　　　　　(1.99)　　(2.04)　　　(2.36)　　　　(2.27)　　　(2.12)

   (3) $\Delta CPI = 5,400 + 0.7\Delta C^P + 0.63\Delta DD + 0.56\Delta SD + 0.49\Delta TD - 0.42\Delta FD$ 　　$R^2 = 0.931$
   　　　　　　(2.03)　　(1.99)　　　(2.04)　　　(2.36)　　　(2.27)　　　(2.59)

   依據金融統計月報揭露 20019 年底的貨幣性資產餘額分別為：$C^P = 1,000$、$DD = 2,000$、$SD = 3,000$、$TD = 4,000$，外幣存款 $FD = 500$。同時，央行理監事會要求採取 $\alpha = 5\%$ 的顯著水準，$t = 1.96$。試計算下列問題：(a) 央行應控制的貨幣餘額為何？(b) 各種貨幣性資產的流動性為何？(c)2009 年底的權數加總貨幣為何？

12.3　貨幣供給與銀行信用模型

12.3.1　貨幣乘數方法

　　C. A. Phillips (1921) 在《銀行信用》(*Bank Credit*) 中提出原始存款 (primary deposit) 與衍生存款 (derivative deposit) 概念，率先討論存款創造乘數。爾後，Karl Brunner (1961) 認為 Keynesian 革命突破「貨幣數量學說」的分析限制，建立貨幣理論新架構，卻未深入探討貨幣供需函數內涵。是以 Brunner 從個體觀點分析銀行持有超額準備創造貨幣的過程，並提出貨幣乘數 (money-multipler)

> **原始存款**
> 存款者將現金存入銀行的存款。

> **衍生存款**
> 銀行將原始存款放款，引起借款者回存而創造的存款。

> **貨幣乘數**
> 強力貨幣變動引起貨幣供給變動的倍數。

概念。Brunner 與 Allan H. Meltzer (1964) 接續說明貨幣乘數概念，解釋央行操作貨幣工具如何影響貨幣存量，促使貨幣乘數分析成為總體理論的一環。爾後，Albert Burger (1971) 在《貨幣供給過程》(*The Money Supply Process*) 中完整討論貨幣乘數模型，是為貨幣供給理論的經典之作。

首先推演簡單的貨幣供給模型。體系若由央行、銀行與大眾三個部門組成，後兩者的簡化資產負債表將如表 12-2 與表 12-3 所示。假設央行採取 M_{1A} 定義如下：

$$M_{1A}^S = C^P + DD$$

準備貨幣可定義為：

$$M_{1A} = C^P + DD$$

將 M_{1A} 與準備貨幣相除，可得 M_{1A}^S 供給方程式如下：

$$\frac{M_{1A}^S}{H} = \frac{C^P + DD}{C^P + R} = \frac{1 + \dfrac{C^P}{DD}}{\dfrac{C^P}{DD} + \dfrac{R}{DD}} = \frac{1 + d}{d + \rho}$$

$$M_{1A} = C^P + DD$$

表 12-2

銀行資產負債表

資　產		負　債	
存款準備	R	活期存款	DD
銀行放款	L	其他負債	OL_B
證券投資	S		
其他資產	OA_B	銀行淨值	NW_B

表 12-3

大眾部門資產負債表

資　產		負　債	
大眾持有的通貨淨額	C^P	銀行放款	L
活期存款	DD	證券	S
其他資產	OA_P	其他負債	OL_P

貨幣乘數方法或比例方法

或稱比例方法，貨幣供給係由貨幣乘數與強力貨幣相乘而得。

上述方程式顯示：貨幣供給係由貨幣乘數 m 與強力貨幣 H 相乘而得，此即貨幣乘數方法 (money multiplier approach) 或稱比例方法 (ratio approach)。在此，貨幣乘數取決於通貨活存比率 $d = \dfrac{C^P}{DD}$ 與存款準備率 $\rho = \dfrac{R}{DD}$，兩者影響如下：

$$\frac{\partial m}{\partial d} = \frac{-(1-\rho)}{(d+\rho)^2} < 0$$

$$\frac{\partial m}{\partial \rho} = \frac{-(1+\rho)}{(d+\rho)^2} < 0$$

值得注意者：銀行將資金全部授信而未持有超額準備，保有準備全屬法定準備，ρ 即是法定準備率。在銀行放款過程中，人們若以支票交易顯示通貨活存比例趨近於零，且無現金流失，則貨幣供給將變爲：

$$M_{1A}^S = (\frac{1}{\rho}) \times H$$

$m = \rho^{-1}$ 是 Phillips 推演的銀行貨幣乘數或信用擴張乘數 (credit expansion multiplier)，係指銀行吸收自發性存款，能夠創造誘發性存款的最大倍數。

接著，大眾部門發行證券 S 與放款契約 L(合稱銀行信用 BK^s) 向銀行借貸資金，並分別以通貨與活存持有。銀行吸收活存依規定提存準備後，將用於投資證券與放款，形成銀行信用需求 BK^d。影響貨幣供給的因素除準備貨幣變動外，貨幣乘數變動也將對貨幣供給發揮影響。貨幣乘數係銀行業運用準備貨幣，透過授信過程創造出貨幣餘額的倍數，影響因素如下：

* 通貨活存比例 (d)　該比率上升，反映人們持有通貨意願上升，銀行擁有擴張放款的準備貨幣減少，貨幣乘數趨於收縮。比較有趣的案例是：在 1970 年代中期，台灣央行考慮發行面額 500 元與 1,000 元大鈔前，曾引起廣泛爭議，此係人們基於 1949 年發行大額金元券引爆惡性通膨經驗。不過檢視 1949 年發行大鈔情境後，當時央行除發行大額金元券外，也巨幅擴大準備貨幣，貨幣供給大幅增加才是引爆惡性通膨的禍首。假設央行控制準備貨幣不變，以大面額通貨取代小面額通貨，將讓通貨活存比例上升(零頭效果)，勢必引發貨幣乘數下降的緊縮效果。尤其是國內信用卡市場在 1980 年代處於開發初期，人們以大面額通貨從事大額交易，將能降低交易成本、提升生產效率，有助於擴大總產出。爾後，央行在 2002 年 7 月底再度推出 200 元與 2,000 元的大面額通貨，但因人們熟悉以塑膠貨幣交易、加上電子貨幣盛行，大鈔的市場流通性與接受度不高，發行額及占鈔券發行額比例極低，對通貨活存比例與貨幣供給衝擊薄弱。
* 存款準備比例 (ρ)　在其他條件不變下，央行提高法定準備率，銀行將需收縮放款，促使貨幣乘數下降。另外，銀行增加持有超額準備，也將收縮放款導致貨幣乘數下降。舉例來說，台灣基層金融於 1995 年 7 月至 10 月

信用擴張乘數
銀行吸收存款能夠創造誘發性存款的倍數。

間頻頻出現擠兌風潮，人們將存款轉向無放款業務的郵匯局，致使貨幣乘數效果無法發揮。

上述貨幣供給函數係基於簡化的銀行資產負債表，無法反映銀行實際仲介資金過程，以下將朝兩個方向修正：

• 銀行資金來源多元化　銀行吸收資金除活存 DD 外，儲蓄存款 SD(包括定存) 在資金來源中扮演重要角色，兩者的法定準備率分別為 ρ_d、ρ_s：

$$rr = \frac{R}{D} = \frac{R}{DD + SD} = \frac{R}{\rho_d DD + \rho_s SD}$$

銀行持有實際準備 R，包括法定準備 RR 與超額準備 ER：

$$R = \rho_d DD + \rho_s SD + ER$$

另外，央行改採 M_{1B} 定義：

$$M_{1B} = CP + DD + SD$$

將 M_{1B} 除以準備貨幣，可求得 M_{1B}^S 供給方程式如下：

$$M_{1B}^S = \left\{ \frac{C^P + DD + SD}{C^P + \rho_d DD + \rho_s SD + ER} \right\} \times H$$

$$= \left\{ \frac{1 + (\frac{C^P}{DD}) + (\frac{SD}{DD})}{(\frac{C^P}{DD}) + \rho_d + \rho_s(\frac{SD}{DD}) + (\frac{ER}{DD})} \right\} \times H$$

$$M_{1B}^S = m_{1B} \times H$$

$$m_{1B} = \frac{1 + d + s}{d + \rho_d + \rho_s s + e_d}$$

$d = \dfrac{C^P}{DD}$ 是通貨活存比例，$S = \dfrac{SD}{DD}$ 是儲蓄存款與活存比例，$e_d = \dfrac{ER}{DD}$ 是超額準備活存比例。至於各種金融比例對貨幣乘數 m_{1B} 的影響效果如下：

(1) 通貨活存比例 (d)　人們提高通貨與活存比例，將會降低 m_{1B} 乘數。

$$\frac{\partial m_{1B}}{\partial d} = \frac{\rho_d + e_d - s(1 - \rho_s) - 1}{(d + \rho_d + \rho_s s + e_d)^2} < 0$$

(2)活儲對活存比例　人們將活存轉入活儲引起 s 比例上升，m_{1B} 乘數變化將視 $\rho + e_d \gtreqless 1$ 而定。

$$\frac{\partial m_{1B}}{\partial s} = \frac{\rho_d + e_d - 1}{(d + \rho_d + \rho_s s + e_d)^2}$$

(3)活存的法定準備率 (ρ_d)　央行提高活存的法定準備率，將造成 m_{1B} 乘數下降。

$$\frac{\partial m_{1B}}{\partial \rho_d} = \frac{-1}{(d + \rho_d + \rho_s s + e_d)^2} < 0$$

(4)活儲的法定準備率 (ρ_s)　央行提高活儲的法定準備率，將降低 m_{1B} 乘數。

$$\frac{\partial m_{1B}}{\partial \rho_s} = \frac{-s}{(d + \rho_d + \rho_s s + e_d)^2} < 0$$

(5)超額準備對活存比率 (e_d)　銀行提高超額準備活存比率，將降低 m_{1B} 乘數。

$$\frac{\partial m_{1B}}{\partial \rho_s} = \frac{-1}{(d + \rho_d + \rho_s s + e_d)^2} < 0$$

• 長短期貨幣供給函數　銀行持有實際準備，包括法定準備與超額準備，準備貨幣方程式又可表為：

$$\begin{aligned} H &= C^P + RR + ER \\ &= dDD + (\rho_d + e)DD + (\rho_s + e)SD \\ &= dDD + (\rho_d + e)DD + (\rho_s + e)sDD \\ &= [d + (1 + s)e + (\rho_d + s\rho_s)]DD \end{aligned}$$

至於銀行保有法定與超額準備可表示如下：

$$RR = \rho_d DD + \rho_s SD$$
$$ER = e(DD + SD)$$

e 是超額準備率。M_{1A} 又可表示如下：

$$\begin{aligned} M_{1A}^S &= C^P + DD \\ &= (1 + d)DD \end{aligned}$$

將上述兩式相除，可得 M_{1A} 供給方程式如下：

$$M_{1A}^S = (1+d)[d + (1+s)e + (\rho_d + s\rho_s)]^{-1}H$$

銀行持有實際準備來源，包括非借入準備 (unborrowed reserve, UR) 與借入準備 (borrowed reserve, BR)。前者係銀行基於長期經驗預估吸收的核心存款 (core deposit) 而提存的準備，相當於銀行自有資金；後者則是銀行向央行申請短期擔保融通 (10 天為限) 或在金融業拆款市場向其他銀行拆款充當準備。

$$R^a = RR + ER$$
$$= UR + BR$$

在此，以實際準備為基礎而推演的貨幣供給函數是屬於短期性質。就長期而言，銀行放款應以吸收的存款資金為主，短期融通而來的資金難以支應放款活動，唯有以非借入準備取代實際準備，消除借入準備變化的干擾，形成調整後的強力貨幣 (adjusted high-powered money, H^a) 概念，才能推演出長期貨幣供給函數。銀行持有非借入準備可表為：

$$UR = RR + (ER - BR)$$
$$= RR + FR$$

$FR = ER - BR$ 係銀行在長期未受限制而能自由授信的自由準備 (free reserve)。調整後的準備貨幣可表為：

$$H^a = C^P + UR$$
$$= C^P + RR + FR$$
$$BR = b(DD + SD)$$

b 是銀行針對存款總額 $(DD + SD)$ 的借入準備比例。調整後的準備貨幣又可轉變為：

$$H^a = dDD + (\rho_d + e)DD + (\rho_s + e)SD - b(DD + SD)$$
$$= dDD + (\rho_d + e)DD + (\rho_s + e)sDD - bDD - bsDD$$
$$= [d + (1+s)(e-b) + (\rho_d + s\rho_s)]DD$$

以 H^a 取代 H，可得以非借入準備為基礎的長期貨幣供給函數，其數量或貨幣乘數將小於短期貨幣供給量或乘數：

$$M_{1A}^S = (1+d)[d + (1+s)(e-b) + (\rho_d + s\rho_s)]^{-1}H^a$$

總體經濟學者：**Karl Brunner (1916~1989)**

(一) 生平

1916 年 2 月 16 日生於瑞士 Zurich，分別在 Zurich 大學與 London School 學習經濟學，並在 1943 取得 Zurich 大學博士。Brunner 在 1949 年離開瑞士，在芝加哥大學的 Cowles 基金會擔任訪問學者。1951 年前往加州大學洛杉磯分校展開學術生涯，而在 1961 年擔任教授。1966~1971 年擔任 Ohio 州立大學教授，1971 年轉往 Rochester 大學擔任管理研究院的經濟學教授。Brunner 創立《貨幣、信用和銀行學雜誌》(*Journal of Money, Credit and Banking, JMCB*, 1969) 創辦人和《貨幣經濟學雜誌》(*Journal of Monetary Economics, JME*, 1973) 兩本頂尖經濟學雜誌。1989 年過世，享年 73 歲。

(二) 對總體理論貢獻

Karl Brunner 創造貨幣學派 (monetarism) 一詞，是貨幣學派的著名經濟學者，對理性預期理論發展與應用，發揮重大貢獻。Brunner 與 Milton Friedman 同屬貨幣理論大師，主要貢獻在貨幣供給理論的研究上，至於 Friedman 則是偏向貨幣需求理論的研究。

總體經濟學者：**Allan H. Meltzer (1928~2017)**

(一) 生平

1928 年 2 月 6 日出生於 Massachusetts 州 Boston，1948 年與 1955 年分別獲得 Duke 大學學士與碩士。1958 年取得加州大學洛杉磯分校博士學位，隨後擔任 Carnegie Mellon 大學 Tepper 商學院經濟學和公共政策學教授。1973~1999 年擔任聯邦公開市場委員會主席。同一期間，也曾擔任與 Reagan 總統的總體經濟顧問委員會委員，並且擔任國際金融機構顧問委員會主席。2003 年是首位獲得美國企業研究院獎 (American Enterprise Institute, AEI) 的獎。2017 年 5 月 8 日過世，享年 89 歲。

(二) 對總體理論貢獻

Meltzer 在《聯邦準備銀行歷史》(*A History of the Federal Reserve*, 2003) 中詳細描述貨幣政策發展與運用，對貨幣理論與貨幣政策發揮重大貢獻。尤其是 Meltzer 與 Brunner 率先提出銀行信用市場，將其納入總體模型，分析央行貨幣政策對銀行信用供需的影響，是貨幣學派的重要學者。

12.3.2　銀行信用模型

Brunner 與 Meltzer (1968) 率先提出銀行信用市場來建構總體模型，用於分析央行貨幣政策對銀行信用與利率的影響。該市場與商品市場的差異性如下：

(1) 商品市場存在眾多買賣雙方進行同質商品交易，交易訊息趨於完全。後者存在少數放款者 (如銀行) 與眾多借款者進行異質商品交易，處於資訊不對稱狀態。

(2) 在商品市場，賣方交付商品與買方支付貨款同時發生，通常是當場銀貨兩訖。在銀行信用市場，放款者提供資金交換未來清償承諾 (銀行信用)，而該承諾未必實現 (可能違約)。

至於銀行信用市場特質，包括：

- 市場結構　　銀行家數有限且受金融法令限制與金管會銀行局監理，借款者對放款利率的議價能力薄弱，屬於典型賣方市場。

- 交易條件　　銀行信用是未來請求權交易，利率僅是反映借款者承諾清償的價格，並非實際清償價格。銀行授信除要求借款者支付利息外，並依信用評等要求附加保證人、擔保品等，或回存部分資金間接提高有效放款利率做為風險溢酬補償。同時，銀行更可限定借款用途、期限、信用額度，交易條件多元化。

- 利率訂定　　銀行授信攸關金融體系發展與穩定性，需接受金管會銀行局監理且受政策干預。面對資訊不對稱，銀行利率經常偏離均衡水準，信用市場失衡成為常態，信用分配 (credit rationing) 即是這種情況下的產物。

> **信用分配**
> 在現行的市場利率下，銀行缺乏意願提供借款者額外資金的限制。

在中介資金過程中，銀行扮演受信與授信角色，前者係指吸收存款資金，當中的支票存款即是交易媒介而為 M_{1A} 供給的一環；後者經由放款與投資證券提供融資，構成銀行信用需求。兩者同屬體系內流動性的來源，本質上卻有顯著差異：

- 貨幣係指特定時點作為交易媒介的存量，銀行信用泛指在固定期間內，銀行擁有未來還本付息的請求權，係指請求權變動的流量。

- 人們基於交易、預防與資產動機而保有貨幣；銀行吸收資金賦予負債兼具交易媒介功能，構成貨幣供給的一環。另外，銀行追求預期利潤極大，以證券與放款型態授信，形成銀行信用需求；赤字單位發行證券與放款契約，售予銀行取得融資而構成銀行信用供給。

表 12-4 係銀行資產負債簡表。若未考慮其他資產 OA_B、其他負債 OL_B 與銀行淨值 NW_B 等，銀行信用需求 BK^d 係由銀行放款與證券投資構成：

$$BK^d = L + S = DD - R$$

將準備貨幣代入上式，兩邊各除 H，經整理可得銀行信用需求方程式如下：

$$BK^d = C^P + DD - H = (m-1) \times H$$

m 是 M_{1A} 乘數，$(m-1)$ 是銀行信用乘數 (bank credit multiplier)，後者乘數顯然小於前者。銀行信用需求函數與貨幣供給函數雷同，同樣受各種金融比例 (d、ρ) 與準備貨幣 H 影響。其中，通貨活存比例會受市場利率 i 影響，銀行保有實際準備比例端視法定準備率與市場利率 (機會成本) 而定。當市場利率上升之際，人們偏好使用支票而降低保有通貨，銀行面對機會成本攀升，將採取降低保有超額準備，d 與 ρ 兩者同呈遞減現象。至於央行提高法定準備率，銀行保有準備比例將同步遞增，上述銀行信用需求函數將轉變為：

$$BK^d = h(i, \rho) \times H$$

銀行信用乘數
強力貨幣增加引起銀行信用增加的倍數。

資　產		負　債	
準備資產	R	活期存款	DD
銀行信用 (BK)			
放款	L	其他負債	OL_B
證券投資	S		
其他資產	OA_B	銀行淨值	NW_B

表 12-4
銀行資產負債表

另外，人們基於從事消費與投資支出，將簽訂貸款契約或發行證券取得融資，形成銀行信用供給，考慮因素實際上係反映影響消費與投資支出的變數：

$$BK^s = L^s + S^s = BK(i, \pi^e, r, i_0, \frac{y}{y_p}, a, S_g)$$

• 資產報酬率 i　廠商簽訂貸款契約或發行證券 (銀行信用供給) 募集資金，將支付貨幣利率 i，兩者呈反向關係。廠商取得融資，將投入實體資本從事生產，而資本邊際生產力 r 攀升，將會提高籌資誘因。另外，廠商發行證券與放款契約係以貨幣價值衡量，在通膨期間，將可獲取實質償債成本貶低利益，預期通膨率 π^e 攀升將會提升融資誘因。同時，廠商取得融資

也可投資其他生息資產，隨著其報酬率 i_0 日益誘人，勢必提升融資誘因。

- 所得　實際所得 $y = y_p + y_t$ 是由恆常所得 (permanent income)y_p 與暫時所得 (transitory income)y_t 構成，前者是人們以擁有的資源或權利在未來衍生的預期收益，屬於長期穩定值，後者則為短期隨機值。是以 $(\frac{y}{y_p})$ 比例波動反映景氣循環趨勢，比例上升顯現景氣邁向榮景，帶動預期資本報酬率攀升，提高廠商發行證券與貸款契約募集資金的誘因，銀行信用供給隨之擴張。反之，該比例回跌反映景氣衰退，預期資本報酬率滑落，削減廠商發行證券與放款契約誘因，銀行信用供給遞減。

- 財富效果 a　廠商擁有實質財富累積，內部資金足以融通預擬投資，採取外部融資誘因將會遞減。

- 金融排擠效果 S_g　財政部發行公債 S_g 彌補預算赤字，將促使利率攀昇，而且公債品質優於公司債，勢必排擠私部門發行證券或貸款融資機會。

圖 12-4 顯示銀行信用供給 (可貸資金需求) 曲線 $BK_1^s = F_1^d$ 與銀行信用需求 (可貸資金供給) 曲線 $BK_1^d = F_1^s$ 交於 A 點，銀行信用市場 (或可貸資金市場) 達成均衡，同時決定均衡利率 i_1 與銀行信用 (或可貸資金) 數量 F_1。央行緊縮準備貨幣餘額，銀行信用需求曲線將左移至 $BK_2^d = F_2^s$，市場均衡落在 C 點，均衡利率上升至 i_2、銀行信用 (或可貸資金) 餘額降為 F_2。另外，廠商投資意願提升帶動銀行信用供給曲線右移至 $BK_2^s = F_2^d$，市場均衡落在 B 點，均衡利率下降至 i_3、銀行信用數量擴大為 F_3。

圖 12-4

銀行信用市場均衡

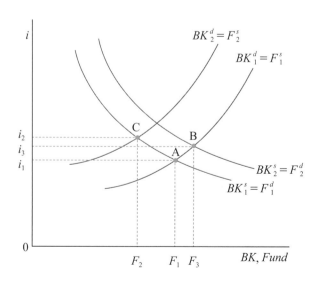

問題研討

小組討論題

一、評論題

1. 央行開放公司行號可以保有銀行活期儲蓄存款，此舉勢必引起存款移轉，促使 M_{1B} 與 M_2 餘額同時增加。

2. 每年五月底是國內申報綜合所得稅最後期限，同一期間，央行也在公開市場買回央行可轉讓定存單。由於人們繳納所得稅，只是將其活期儲蓄存款移轉給財政部的國庫存款帳戶，是以上述兩種狀況同時發生，並不影響央行發行準備貨幣餘額。

3. 央行鼓勵人們使用支票交易，立即效果是降低通貨發行淨額，導致貨幣供給減少；長期效果則讓銀行增加提存法定準備，促使貨幣供給趨於緊縮。

4. 2007 年爆發次級房貸事件，花旗台灣銀行理財部門遂建議其台灣客戶將台幣定存轉換為外幣定存，促使台灣的外幣存款餘額激增超過 2 兆元台幣。由於投資人僅是調整銀行帳戶存款幣別，未在外匯市場買進美元，是以對台幣匯率毫無影響，也對金融體系不發生影響。

5. 某國際級變造專家將財政部國庫支票面額「壹拾萬元」變造為「壹千萬元」，並由央行櫃檯兌現領出，引發擴張效果超過央行執行公開市場買進 990 萬元定存單的效果。

6. 央行在外匯市場賣超美元來縮減台幣匯率升值幅度，除會降低銀行持有超額準備外，同時也會縮小 M_{1A} 乘數。

7. 面對國際金融海嘯衝擊，行政院劉兆玄院長在 2008 年 9 月宣示全部銀行存款可獲完全存款保險保障，此舉雖可降低人們持有的通貨活存比率，但卻會讓銀行提高持有超額準備率，導致 M_{1A} 乘數變化無從確定。

二、問答題

1. 央行、商銀與社會大眾的決策均會影響貨幣供給，試說明三者如何經由其決策行為影響貨幣供給？

2. 花旗台灣銀行積極向大學師生們推銷信用卡，並獲得良好回響。其他銀行看到花旗銀行業務蒸蒸日上，紛紛跟進開辦金融卡業務，到處設置自動提款機，試說明：

   (a) 信用卡和金融卡發行，是否會降低人們持有通貨意願？

   (b) 在央行未有反應下，此一業務推展是否會有引發通膨的疑慮？

3. 在資訊不對稱下，試說明下列現象係為規避何種金融交易問題，理由為何？

    (a) 花旗台灣銀行審查小額信用貸款申請案，要求申請借款者填寫其目前就業與財務狀況，同時也將查閱其過去信用狀況。

    (b) 合庫銀行針對張無忌申請房屋貸款，要求其提出房屋所有權狀設定抵押權。

    (c) 台灣成立金管會，要求銀行揭露營運與財務資訊透明化，確保存款者權益。

4. 某國央行將法定準備率訂為 1，則其控制貨幣供給能力是否上升？反之，有些國家央行並未要求提存法定準備，結果又將如何？

5. 在 1930~1933 年的大蕭條期間，美國出現近 9,000 家銀行倒閉。不過由當時聯準會公布的資料顯示：強力貨幣增加約 20%，M_{1A} 貨幣餘額卻是下降 25%，試解釋該項觀察結果。

6. 台灣央行在 2000 年發行新鈔，新增 200 元與 2,000 元鈔券，並將改發行 50 元硬幣以取代 50 元鈔券。央行認為此舉可提高交易方便性，不至於引發物價上漲。試說明：你對此論點的贊成或反對意見。

7. 強力貨幣的主要組成分子為何？M_{1A} 貨幣餘額是強力貨幣的倍數，試問：哪些因素將影響貨幣乘數？

8. 某地區有 A、B、C 三家銀行，同時對當地面板業都有很高的放款額度，某日報紙揭露「向 A 銀行高額借貸的某面板公司惡性倒閉，將讓 A 銀行蒙受鉅額呆帳」，訊息一出，即讓 A 銀行當天遭致擠兌。試回答下列問題：

    (a) 試問 A 銀行遭致擠兌是否會蔓延至其他銀行？理由為何？

    (b) 央行欲穩定金融而降低重貼現率，結果發現在擠兌期間內，M_{1B} 貨幣餘額竟然有下降現象，試說明其中原因為何？

三、計算題

1. 假設板信銀行在 2012 年底的資產負債簡表如下：(單位：百億元)

資　　產		負　　債	
準備	29	活期存款	150
流動準備	17	定期存款	20
放款	133	央行短期融通	10
證券	31	淨值	30

央行規定活期存款的法定準備率為 6%，定期存款法定準備率為 3%，流動準備比率 10%。試計算下列問題：

(a) 板信銀行持有的超額準備與自由準備為何？

(b) 板信銀行的非介入準備為何？

(c) 板信銀行出售證券而取得 20 億元現金，其資產負債表將如何變化？其自由準備將如何變化？

2. 依據央行金融統計月報發布的資料顯示，2012 年底的相關金融資產數值分別如下：(單位：百萬元)

庫存現金 25,787、通貨發行額 152,505、活期儲蓄存款 130,916、支票存款淨額 92,861、準貨幣 782,134。試計算 M_{1A}、M_{1B}、M_2 三種貨幣餘額為何？

3. 央行發行準備貨幣 $H = 1,000$ 億元，規定銀行吸收存款平均需提存法定準備率 $\rho_r = 0.15$。此外，銀行基於營運需求，額外保有超額準備率 $\rho_e = 0.05$，而人們持有通貨活存比率為 $d = 0.1$。試回答下列問題：

(a) 台灣在期初的 M_{1A} 餘額為何？

(b) 面對國際金融海嘯衝擊，銀行競相緊縮放款與提高持有超額準備率為 $\rho_e = 0.15$ 因應。另外，人們唯恐銀行發生危機，也跟著提高持有通貨活存比率 $d = 0.15$。試問：M_{1A} 餘額將如何變化？

(c) 延續 (a) 題。央行順應國際金融發展潮流，降低法定準備率至 $\rho_r = 0.05$；另一方面，金融創新誘使人們降低持有通貨活存比率為 $d = 0.05$。同一期間，央行也在貨幣市場發行可轉讓定存單 50 億元，在銀行保有超額準備決策不變下，M_{1A} 餘額又將如何變化？

4. 某國貨幣成長可表為 $M_t = \mu M_{t-1}$，$\mu > 1$。試回答下列問題：

(a) 政府從印製鈔票獲取的實質收益為何？

(b) 試說明政府從印製鈔票 (鑄幣權) 獲取的收益可與通貨膨脹稅連結？政府能否無限制提高鑄幣權？理由為何？

👍 網路練習題

1. 請連結中央銀行網站 (http://www.cbc.gov.tw/)，查閱有關央行理監事聯席會議決議紀錄，了解近年來央行執行貨幣政策的動向。

2. 請連結中央銀行網站 (http://www.cbc.gov.tw/)，查閱近年來的央行資產負債表與損益表，探討央行執行貨幣政策對央行資產負債造成的影響，進而掌握對央行盈餘變動可能帶來的影響。

消費與儲蓄理論

本章大綱

個案導讀

近年來台灣的經濟體質逐漸轉變，內需躍居為帶動經濟成長的核心來源。其中，民間消費支出約占台灣 *GNP* 的 60%，依其屬性又分為「耐久財消費」、「非耐久財消費」與「勞務消費」。耐久財消費不包括購買自用住宅支出；非耐久財消費指使用年限較短的商品支出。勞務消費包括房屋租金、水費、電費、金融保險、醫療保險、娛樂觀光及教育文化支出等。主計總處早先公布 2021 年第一季經濟成長率概估為 8.16%，較 2 月預測數 6.2% 大增 1.96%，創下 2010 年第四季迄今共計十年半的新高。然而新冠肺炎疫情自 2021 年 5 月中旬驟然升溫，基於新冠肺炎疫情可能在第三季獲得有效控制，以及若未衝擊以出口為主的製造業生產前提下，主計總處在 2021 年 6 月 4 日仍然上修 2021 年經濟成長率至 5.46%，創下 2011 年以來新高，關鍵因素有三：1. 國際景氣成長動能增強拉動台灣出口；2. 除受惠於國際景氣復甦，面對新興科技應用需求延伸與國內產能擴增，台灣製造業預期出口強力擴張，全年將達 4,156 億美元，年增 20.4%，創下 2011 年以來的新高紀錄；3. 民間投資動能熱絡，台積電將資本支出自 250~280 億美元提升至 300 億美元，電信業也加

快 5G 布建速度，投資擴大速度明顯。不過新冠肺炎疫情升溫對經濟並非毫無影響，主計總處大幅下修 2021 年第二季與第三季民間消費分別達 3.1% 及 1.64%。在政府管制、國人自律與疫苗陸續施打下，疫情若在第三季獲得有效控制，消費動能也將緩慢恢復，預測 2021 年民間消費實質成長為 2.75%，相較 2 月預測值下修 0.99%。

景氣回溫帶動所得增加，民間消費支出跟著水漲船高，除反映生活水準攀升外，消費結構也將隨之轉變。本章首先討論消費函數與絕對所得理論內涵。其次，將探討跨期分析與相對所得理論的內容。接著，再探討恆常所得理論與生命循環理論內涵，並說明隨機漫步的消費理論。最後，再探討儲蓄函數的決定。

13.1 跨期選擇理論

人們考慮今天購買哪些商品，意味著難以為明天儲蓄。由此觀點來看，消費與儲蓄猶如銅板的兩面，儲蓄是可支配所得未支出的部分，消費理論與儲蓄理論通常是同時決定。是以 Irving Fisher (1930) 提出跨期選擇理論 (theory of intertemporal choice) 探討消費者尋求終身效用極大，將預期一輩子的資源 (跨期預算限制) 分配於各期消費，進而推演前瞻型消費函數。

跨期選擇理論
人們追求終身效用極大，將擁有預期資源分配於各期消費。

$$Max \qquad U(C_0,...,C_t,...,C_T)$$
$$S.\ t. \qquad \sum_{t=0}^{T} \frac{C_t}{(1+r)^t} = PV = \sum_{t=0}^{T} \frac{Y_t}{(1+r)^t}$$

PV 是現值，r 是實質利率，T 是消費者預期的生命終點。針對上述問題求解各期消費 C_i 如下：

$$C_i = C(PV, r)$$

上述函數顯示：人們的各期消費取決於一生預期擁有資源的現值與利率，本期消費 C_0 除取決於當期所得 Y_0 外，未來各期所得 Y_i 也會發揮影響。換言之，決定本期消費的主要因素，已經從當期絕對所得轉變為預期未來所得現值 (財富) 的概念，從而解決「本期無所得卻能消費」、以及絕對所得理論反映「無所得無消費」的不一致現象。

　　將上述問題簡化為兩期分析，跨期效用函數具有可加性 (additive) 與可分割性 (separable)，而人們追求兩期效用極大：

$$Max \qquad U(C_0, C_1) = U(C_0) + \beta U(C_1)$$

$\beta = (1+\rho)^{-1}$ 是時間偏好貼現因子，ρ 是時間偏好率。上述效用函數將如圖 13-1 顯示的無異曲線 $U(C_0, C_1)$，斜率即是邊際替代率：

$$MRS_{C_0 C_1} = \frac{dC_1}{dC_0}\Big|_{dU=0} = \beta^{-1}\left(\frac{\dfrac{\partial U}{\partial C_0}}{\dfrac{\partial U}{\partial C_1}}\right) = \beta^{-1}\frac{U'(C_0)}{U'(C_1)}$$

　　人們面臨的跨期預算限制式將簡化為：

$$C_0 + \delta C_1 = PV = Y_0 + \delta Y_1$$

$\delta = (1+r)^{-1}$ 是市場貼現因子，r 是市場利率。B (Y_0^b, Y_1^b) 是 B 的兩期稟賦或所得，跨期預算線是 JK。當無異曲線 $U_1(C_0, C_1)$ 與跨期預算線 JK 切於 D 點，將決定兩期最適消費 (C_0^*, C_1^*)。隨著市場利率上漲，B 的跨期預算線 JK 將旋轉為 FG，B 的最適均衡落在 E 點，將是屬於儲蓄者。在此，利率上漲引起的替代效果，將讓 B 縮減當期消費，兩期消費若為正常財，所得效果將讓兩期消費增加。一般而言，假設替代效果大於所得效果，利率上漲將讓本期消費下降 (或儲蓄增加)，此由實際資料將可支持「高利率將伴隨當期高儲蓄與低消費」，不過實證結果卻無法強力支持「利率對儲蓄與消費存在明顯影響」。至於 A 是屬於借款者，利率上升將讓其所得下降，產生的所得效果為負值。

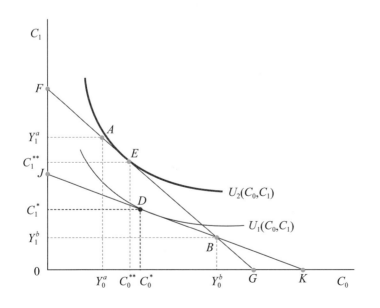

圖 13-1
跨期消費選擇

另外，A 與 B 的兩期稟賦分別為 $A(Y_0^a, Y_1^a)$ 與 $B(Y_0^b, Y_1^b)$，某一利率 r 可能讓兩人落在同一跨期預算線 FG 上。如果兩人的效用函數型態相同，當無異曲線 $U_2(C_0, C_1)$ 與跨期預算線 FG 切於 E 點，將決定兩期最適消費 (C_0^{**}, C_1^{**})。兩人當期所得不同而兩期消費卻是一樣，A(金主)儲蓄 $S_A = Y_0^A - C_0^{**} > 0$，B(債務人)卻陷入負儲蓄(借款)$S_B = C_0^{**} - Y_0^B < 0$。

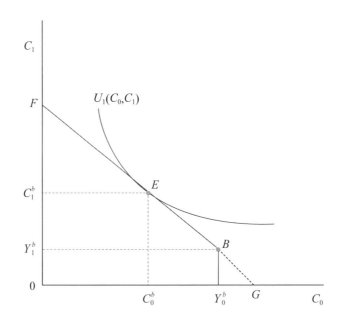

圖 13-2

不受借貸限制束縛的跨期消費選擇

流動性限制

人們的消費支出無法超越其所得。

上述模型假設人們能以相同利率借貸資金而不受限制。然而流動性限制理論 (liquidity constraint theory) 指出，在現實經濟活動中存在流動性限制，由於消費者的信用評等並不相同，無恆產者或信用欠佳者(資訊不對稱)顯然難以取得放款者青睞，將讓人們本期消費無法超越其賺取的所得，亦即消費決策將會面臨借貸限制 (binding borrowing constraint)：

$$C_0 \leq Y_0$$

圖 13-2 顯示，$B(Y_0^b, Y_1^b)$ 是 B 的兩期所得，若無借款限制，跨期預算線將是 FG。當無異曲線 $U_1(C_0, C_1)$ 與跨期預算線 FG 切於 E 點，將可決定兩期最適消費點 $E(C_0^b, C_1^b)$。在考慮借款限制後，跨期預算限制線將變為 FBY_0，B 達成的本期最適消費小於本期所得，$C_0^b < Y_0^b$(儲蓄者或金主)，出現剩餘資金(儲蓄者)而不受借貸限制束縛。另外，圖 13-3 顯示 $A(Y_0^a, Y_1^a)$ 是 A 的兩期所得，考慮借貸限制的跨期預算線是 FAY_0^a。在無借貸限制下，無異曲線 $U_1(C_0, C_1)$ 與跨期預算線 FG 切於 E 點，將可決定最適消費點 $E(C_0^*, C_1^*)$。由於當期消費大

於當期所得 $C_0^* > Y_0^a$，若考慮借貸限制，A 僅能選擇無異曲線 $U_2(C_0, C_1)$ 與跨期預算線 FAY_0^a 切於 A 點，兩期消費分別為 $C_0^a = Y_0^a$、$C_1^a = Y_1^a$，亦即消費僅能取決於當期所得，此係無法從資金市場取得融資者的消費模式，也是 Keynes 消費函數的理論基礎。

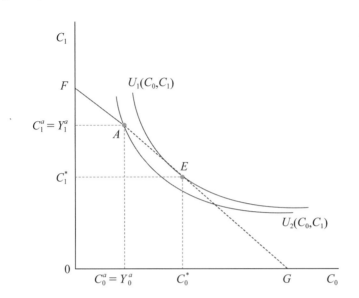

圖 13-3

受借貸限制束縛的跨期消費選擇

觀 念 問 題

- 試說明消費理論為何同時也是儲蓄理論？
- 跨期預算限制背後隱含的邏輯與假設為何？如何解釋該線的斜率？
- 依據跨期選擇模型，試評論下列敘述：

  (1) 對金主而言，利率上升將誘使其增加當期儲蓄。

  (2) 對金主而言，利率下跌可能讓其轉為淨借入者。

  (3) 對以現金卡融資者而言，利率下降將會擴大其負儲蓄。

  (4) 對「今朝有酒，今朝醉者」而言，兩期消費無異曲線的邊際替代率 $MRS_{c_1 c_2}$ 為零。

13.2　Keynes 的絕對所得理論

　　國民消費支出係指一國常住居民 (包括個人及法人) 從事最終消費支出總額，包括：

- 民間最終消費支出　本國家庭與民間非營利機構最終消費支出總和，包括現金支出、實物折舊值與自產自用等，但不包括購買二手貨、廢料與土地，購入住宅則視為民間住宅投資。
- 政府最終消費支出　政府部門購買商品與勞務 (包括公務員薪資、向廠商或國外採購) 的經常支出，包括設算固定資本折舊與基於國防目的之支出，但須扣除政府部門提供之消費性商品與勞務收入。

總體理論討論消費函數係針對家庭消費支出，而家庭消費支出占國民消費支出比例居絕大多數，且是消費者最適選擇結果。在固定期間內，消費支出係人們購買當期生產的耐久財、非耐久財與勞務支出，而消費則是人們享受商品提供的勞務。至於消費函數顯示消費支出與經濟變數間的關係，Keynes (1936) 提出絕對所得理論 (absolute income hypothesis) 消費函數如下：

$$C = C\,(y_d,\, r,\, a,\, G,\, \pi^e)$$

絕對所得理論
消費取決於絕對所得，而短期消費函數將隨時間變動而持續上移，促使消費與所得呈固定比例關係。

$y_d = y - T$ 是可支配所得，T 是租稅，r 是實質利率，$a = \dfrac{A}{P}$ 是實質資產，G 是政府的財政政策相當於反映所得分配狀況，π^e 是預期通膨率。Keynes 依據「基本心理法則」(law of fundamental psychology)，運用心理分析說明消費支出將隨經濟成長而遞增，增加幅度低於所得成長幅度，而影響消費傾向的因素，包括客觀與主觀因素兩類：

基本心理法則
消費支出隨所得增加而遞增，但增加幅度低於所得增加幅度。

- 客觀因素　直接影響消費支出的因素，包括工資單位、所得、利率、財政政策與預期因素、以及資產價值變動。一般而言，消費傾向相當穩定，消費支出主要取決於所得，而消費傾向變化則屬次要影響因素。
- 主觀因素　人們將所得分配於消費與儲蓄，而影響消費的間接因素是主觀上重新分配所得用途，包括基於未雨綢繆、養老或子女教育、從事投資以獲取收益、因應未來消費成長、取得獨立生活能力或開創事業、遺贈後代財產等因素而縮減當期消費，這些同時也是決定儲蓄的因素。

在 Keynesian-Cross 模型中，完整的絕對所得消費函數如下：

$$C_1(y, A) = a + b_1 y - b_2 y^2 + A(r)$$

A 是財富，將受利率 r 影響。上述函數的特色如下：

- 消費支出是當期實質所得的穩定函數。
- 消費支出隨所得增加 (邊際消費傾向) 而遞增，成長幅度小於所得成長幅度，$0 < MPC = \dfrac{\partial C}{\partial y} = b_1 - 2b_2 y < 1$。

- 邊際消費傾向隨所得增加遞減（$\dfrac{\partial^2 C}{\partial y^2}=\dfrac{\partial MPC}{\partial y}=-2b_2<0$），此即 Keynes 所稱的「邊際消費傾向遞減法則」或「基本心理法則」。

- 邊際消費傾向小於平均消費傾向 $APC>MPC$，或消費支出的所得彈性 $\varepsilon(C,y)=\dfrac{\partial \ln C}{\partial \ln y}=\dfrac{MPC}{APC}<1$。

絕對所得理論通常假設邊際消費傾向為固定值，如圖 13-4 所示：

$$C_2(y)=[a+A(r)]+b_1y=C_0+b_1y$$

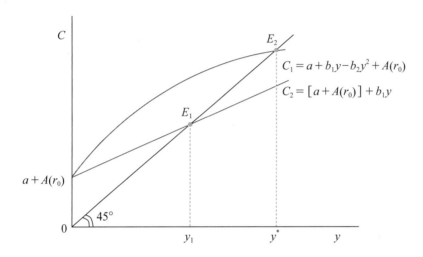

圖 13-4

Keynes 的絕對所得理論

接著，Simon Kuznets 率先針對 Keynes (1936) 的絕對所得理論，依據 1929~1941 年間的美國每年消費資料進行驗證，一個消費函數的誕生，而估計這段期間的消費函數是：

$$C=476+0.73y_d$$

自發性消費為 $a=476$ 億美元，可支配所得的邊際消費傾向 $b=0.73$，實證結果顯示平均消費傾向呈現遞減。爾後，Kuznets (1942) 在《戰爭與與和平時期的國民所得使用》(*Uses of National Income in Peace and War*) 中，利用時間序列進行驗證，指出絕對所得理論長期將產生失準的預測。不過 Simon Kuznets (1946) 再利用 1869~1933 年間的長期美國消費資料，以十年為一期、相鄰兩期則相互交疊，然後針對一個期間的資料，估計每期平均消費傾向，得到在 1869~1898、1884~1913 與 1904~1933 三段期間的平均消費傾向分別為 0.867、0.867 和 0.879，發現長期平均消費傾向與邊際消費傾向相同且都很穩定，並無

遞減趨勢，逐提出「長期平均消費傾向與邊際消費傾向相等」的臆說。此種以短期或長期資料分別估計消費函數，所獲結論迥異於 Keynes 的「短期平均消費傾向大於邊際消費傾向」臆說，這種理論與實際間的矛盾稱為「消費函數之謎」(consumption puzzle)，也被稱為 Kuznets (1946)-Goldsmith (1955) 矛盾。Kuznets 的長期消費函數型態 (無截距)，顯然異於 Keynes 的短期消費函數，為解開當中謎團，學者競相使出渾身解數，為基於人們心理行為的 Keynes 絕對所得理論建立各種個體基礎。

Kuznets-Goldsmith 矛盾

或稱消費函數之謎，亦即長期消費函數呈現平均與邊際消費傾向相等現象，而短期消費函數卻出現平均消費傾向大於邊際消費傾向現象。

為解開「Kuznets-Goldsmith 矛盾」，Arthur Smithesis (1945) 接續引進時間趨勢 (time trend, t) 來結合短期與長期消費函數，指出影響長期消費支出的因素除所得外，經濟發展改變人們消費偏好、人口往都市集中改變消費習性、財富累積與所得分配平均化、老年人口比例上升 (年齡結構老化) 提高體系消費支出、新產品出現刺激消費支出等，這些因素將引起短期消費函數移動，促使長期消費支出攀升，長期消費傾向呈現穩定現象。消費函數可表為下列型態：

$$C(y,t) = a + by + \delta t$$
$$= (a + \delta t) + by$$

圖 13-5 顯示當 $t = 1$ 時，短期消費函數 C_1^{SR} 屬於橫斷面 (cross section) 資料，反映同一年內不同所得階層的消費支出。隨著時間邁向 $t = 2$，短期消費函數上移至 C_2^{SR}。至於長期消費函數 C_t^{LR} 則是屬於時間數列資料，反映不同年度平均所得與平均消費支出間的關係。在 $t=1$ 期間，平均所得 $y_1 = \dfrac{\sum\limits_{i=1}^{n_1} y_{1i}}{n_1}$ 與平均

圖 13-5

絕對所得的長短期消費函數

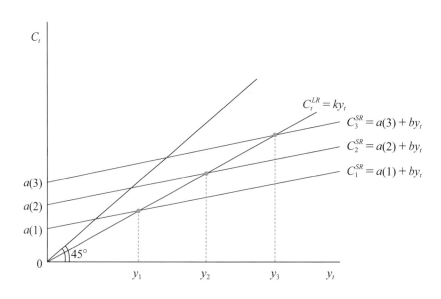

消費支出 $C_1 = \dfrac{\sum_{i=1}^{n_1} C_{1i}}{n_1}$ ，n_i 是 i 期間的人口。同樣地，在 $t = 2$ 期間，平均所得

$y_2 = \dfrac{\sum_{i=1}^{n_2} y_{2i}}{n_2}$ 與平均消費支出 $C_2 = \dfrac{\sum_{i=1}^{n_2} C_{2i}}{n_2}$。將每一短期平均消費支出與平均所得

點 (C_i, y_i) 連結，即可獲得長期消費曲線 C_t^{LR}。

觀 念 問 題

- Keynes 的消費理論係基於何種假設？該理論又與跨期選擇如何連結？
- 行政院主計總處運用 2000~2020 年資料驗證台灣消費函數，實證結果是：
  $C = 2,000 + 0.65y - 0.1y^2$。試評論下列敘述：
  (1) 消費函數的所得彈性大於 1。
  (2) 邊際消費傾向將隨經濟成長而遞減。
  (3) 平均消費傾向將隨所得增加而遞增。
  (4) 邊際消費傾向小於平均消費傾向。

13.3　相對所得理論

　　Keynes 認為人們的消費決策獨立不受他人干擾且具有可逆性，消費支出除受個人偏好、絕對所得和物價影響外，所得增減將讓消費支出同向等幅增減。J. S. Dusenberry (1949) 質疑 Keynes 消費函數隱含的兩個基本假設：1. 個人消費行為獨立而與其他人無關；2. 消費函數及時可逆，人們的偏好獨立，既無實證基礎 (empirical basis) 且具強烈心理性。Dusenberry 強調消費的社會層面並非新觀念，人們經常比較人際間的消費、所得與財富，尤其是延續 Veblen 效果 (Veblen effect) 概念，社會性的理由支持人們的偏好實際是相互影響。人們的消費決策深受他人消費行為影響，尤其是彼此存在社會聯繫者。是以 Dusenberry 提出相對所得理論 (relative income hypothesis) 推廣 Keynes 的消費函數，彰顯心理與社會因素對消費決策的影響，設定人們 i 的效用函數如下：

$$U_i = U_i\left(\frac{C_0}{R_0}, \dots, \frac{C_t}{R_t}, \dots \frac{C_T}{R_T}\right)$$

Veblen 效果

人們購買高價商品，是基於高價可能意味著高品質，或是炫耀性消費。

相對所得理論

人們的消費支出取決於目前所得相對過去尖峰所得或相關團體的平均所得。

$R_j = \sum_{j=1}^{n} \alpha_j C_j$ 是他人消費 C_j 的加權平均值，$i \neq j$。一般而言，人們形成消費習慣將缺乏可逆性，「上調容易而下修難」，並且深受兩方面影響：

• 橫斷面的「示範效果」(demonstration effect)　Dusenberry (1949) 指出他人消費支出遞增，本人若未跟進，勢將矮人一截而降低效用，唯有追加支出方能平起平坐維持效用不變。換言之，人們消費決策深受左鄰右舍影響，取決於自己在社區內的所得分配位置，「打腫臉充胖子」或「向高消費群看齊」(keep up with Jones) 即是相對所得理論的寫照。

• 時間數列的「堅持習性效果」(habit-persistence effect)　T. M. Brown (1952) 發現景氣繁榮帶動消費支出成長，景氣反轉衰退，人們則是拘泥於往昔消費習性，甚難緊縮支出，「由儉入奢易、由奢入儉難」即是堅持習性臆說 (habit persistence hypothesis) 的寫照。

綜合上述考慮，人們的消費支出將視相對所得而定，除與當期絕對所得有關外，還深受本人過去高峰所得 (peak income)(時間數列資料)，或某一社區、相關團體 (reference group) 平均所得水準 y^*(橫斷面資料) 的影響。該理論從儲蓄觀點著眼，設定 APS 函數如下：

$$APS_t = \frac{S_t}{y_t} = a + b\left(\frac{y_t}{y^*}\right)$$

$a \leq 0, b > 0$。從上述 APS 函數可求出平均消費傾向 APC 函數如下：

$$APC_t = \frac{C_t}{y_t} = (1-a) - b\left(\frac{y_t}{y^*}\right)$$

由平均消費傾向函數可得消費函數：

$$C_t = (1-a)y_t - b\left(\frac{y_t^2}{y^*}\right)$$

人們的邊際消費傾向函數將是：

$$MPC_t = \frac{\partial C_t}{\partial y_t} = (1-a) - 2b\left(\frac{y_t}{y^*}\right) < 1$$

首先，從時間數列觀點探討長期與短期消費函數的差異性。

• 長期消費函數　　在經濟成長過程中，體系沿著某一穩定狀態軌跡成長，歷史的尖峰所得即是前期所得 $y^* = y_{t-1}$：

$$\frac{y_t}{y^*} = \frac{y_t}{y_{t-1}} = 1 + g$$

g 是長期經濟成長率。將上述結果代入平均消費傾向函數：

$$APC_t = \frac{C_t}{y_t} = (1-a) - b(\frac{y_t}{y_{t-1}}) = (1-a) - b(1+g) = k$$

由上式可得長期消費係為比例性函數，是圖 13-6 顯示由原點出發的 $C_{LR} = ky$ 直線，消費與所得呈固定比例。

$$C_t = ky_t$$

- 短期消費函數　在景氣循環波動過程中，歷史的尖峰所得未必是前期所得，$y^* \neq y_{t-1}$。是以過去尖峰所得將是外生參數，短期消費函數為：

$$C_t = (1-a)y_t - b(\frac{y_t^2}{y^*})$$

圖 13-5 顯示尖峰所得為 y_0^*，短期消費函數如 C_1 曲線所示，呈現向下拋物線型態。當體系處於 A 點 (所得為 y_1)，突遭金融海嘯衝擊，景氣掉落藍燈區讓實際所得降為 y_0，則過去達到的尖峰所得是 $y^* = y_1$。依據平均消費傾向函數可計算出：

$$APC(y_0) = (1-a) - b(\frac{y_0}{y_1}) > APC(y_1) = (1-a) - b(\frac{y_1}{y_0}) = k$$

由平均消費傾向擴大來看，景氣衰退讓人們循著短期消費曲線 C_1 移動至 B 點。一旦景氣復甦，人們先沿著短期消費曲線 C_1 移回 A 點，再順著長期消費曲線 $C_{LR} = ky$ 移動。當人們所得成長至 $y_2(C$ 點)，若再遭遇新冠肺炎衝擊讓實際所得降為 y_1，過去曾經達到的尖峰所得則是 $y^* = y_2$，由平均消費傾向函數可計算出：

$$APC(y_1) = (1-a) - b(\frac{y_1}{y_2}) > APC(y_2) = (1-a) - b(\frac{y_2}{y_1}) = k$$

人們沿著 C_2 軌跡將消費從 C 點左移至 D 點，平均消費傾向再次攀升。隨著體系歷經繁榮、衰退、蕭條與復甦的循環過程，消費時徑將如圖 13-6 顯示呈現齒輪型波動，制輪效果 (ratchet effect) 即是指人們將比對目前消費與過去消費，所得遞增將引起消費支出攀升，所得在短期內銳減卻很難急速緊縮消費很多。

制輪效果

體系歷經繁榮、衰退、蕭條與復甦的景氣循環，消費支出將呈現齒輪型波動。

圖 13-6
相對所得理論
的長短期消費
函數

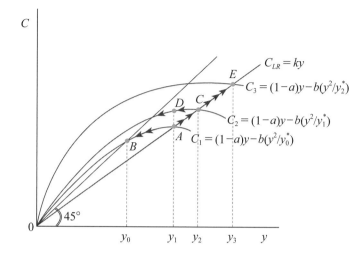

稍後的 Brown (1952) 認為前期尖峰所得甚難定義，遂以前期消費取代尖峰所得概念，將當期消費視為本期所得與前期消費支出的函數：

$$C_t = a + by_t + cC_{t-1}$$

$0 \leq c \leq 1$ 係反映人們消費習慣的係數。當體系達到長期靜止狀態，所有流量與存量變數的變動率為零，$y_{t-1} = y_{t-2} \ldots = y_{t-i}$。一旦 t 期所得遞增，t 期消費將迅速增加 $b(dy_i)$，短期邊際消費傾向為：

$$MPC_{SR} = \frac{\partial C_t}{\partial y_t} = b$$

t 期所得遞增引起 t 期消費增加，人們在後續期間將因消費習慣 C_{t-1} 變更，持續調整消費行為。將過去的消費值持續代入消費函數：

$$
\begin{aligned}
C_t &= a + by_t + c(a + by_{t-1} + cC_{t-2}) \\
&= a + by_t + c[a + by_{t-1} + c(\ldots)] \\
&= a(1 + c + c^2 + c^3 + \ldots) + by_t + bcy_{t-1} + bc^2 y_{t-2} + bc^3 y_{t-3} + \ldots \\
&= \sum_{i=0}^{\infty} c^i (a + by_{t-i})
\end{aligned}
$$

當體系重新回復靜止均衡，$y_{t-1} = y_{t-2} \ldots = y_{t-i}$，上式將可表為：

$$C_t = \frac{a}{1-c} + \frac{b}{1-c} y_t$$

上式顯示：長期邊際消費傾向是短期邊際消費傾向 b 與消費習慣係數 $(1-c)^{-1}$ 倒數的乘積：

$$MPC_{LR} = \frac{\partial C_t}{\partial y_t} = \frac{b}{1-c} > MPC_{SR}$$

接著，再從橫斷面說明消費函數內涵。在橫斷面資料中，相對所得係指人們在相關團體中的所得分配位置，可表示如下：

$$\frac{y_i}{y^*} = \frac{y_i}{\sum_{j=1}^{n} \alpha_j y_j}$$

y_j 是相關團體成員的所得，α_j 是每一成員所占權數，$i \neq j$。在相關團體內，人們所處的所得分配位置不變，平均消費傾向將持平不變。一旦人們的相對所得下降 (所得分配位置惡化)，為維持原有生活水準不變，勢必提高平均消費傾向，「孟母三遷」即是示範效果的寫照。

總體經濟學者：James Stemble Duesenberry (1918~2009)

(一) 生平

1918 年 7 月 18 日生於美國 West Virginia 州，1939、1941 與 1948 年分別取得 Michigan 大學學士、碩士與博士。1946 年擔任 MIT 講師，從 1955~1989 年起任教於哈佛大學，並於 1972~1977 年擔任哈佛大學經濟系主任。1966~1968 年擔任 Lyndon Johnson 總統的經濟顧問。1969~1974 年擔任 Boston 聯邦準備銀行主席。2009 年 10 月 5 日過世，享年 91 歲。

(二) 對總體理論的貢獻

Duesenberry 是行為經濟學的開創者，在其博士論文 (1949)《所得、儲蓄與消費者行為理論》(*Income, Saving and the Theory of Consumer Behavior*) 中，從儲蓄觀點討論消費函數，將社會現象 (地域與族群因素) 引進消費函數，提出相對所得理論修正 Keynes 消費函數缺失，對於 Keynesian 學派分析所得與就業發揮顯著貢獻，開啟鑽研消費理論的熱潮。

觀 念 問 題

- 依據相對所得理論說法，試從「孟母三遷」故事，說明當孟家所得維持不變，卻將住家由東門市場旁邊搬遷至帝寶，其消費與儲蓄將如何變化？

13.4 恆常所得理論

Keynes 描繪的消費函數僅與目前所得有關，可能原因係人們消費決策深受借貸限制，難以將一生所得在生命期間內均勻消費 (consumption smoothing)。然而借貸限制束縛僅限於某些家庭，Friedman 在《消費函數理論》(*A Theory of Consumption Function*, 1957) 指出，均勻消費是人們的消費特性，並以跨期選擇推演恆常所得理論 (permanent income hypothesis)。一般而言，人們規劃長期消費計畫，將是聯繫恆常所得 y^P 與恆常消費 (permanent consumption) C^P。但在特定期間內，實際所得或可觀察所得 (measured income) 常受偶發因素影響，屬於隨機性質而與恆常所得有所落差。理論上，人們追求效用極大，係基於長期預期獲取的所得來擬定消費決策，臨時所得 y^t 隨機變動，只有在影響預期恆常所得時，才會影響消費。

實際所得包括恆常所得與臨時所得，前者係指人們以其財富 (包括人力財富與非人力財富)，在未來能夠產生所得川流 (income stream) 的現值：

$$PV = \sum_{t=0}^{n} \frac{y_t^L}{(1+r)^t} + \sum_{t=0}^{n} \frac{y_t^A}{(1+r)^t}$$

y_t^L 與 y_t^A 分別是人力財富 (勞動所得) 與非人力財富 (資產所得) 在未來產生的一連串收益，恆常所得 $y_t^P = y_t^L + y_t^A$。人們追求終身效用極大，將受上述財富現值的限制：

$$Max \quad U(C_0, C_1, ..., C_n)$$

在均勻消費假設下，恆常所得理論的消費函數表示如下：

$$C = ky^P$$

$0 < k < 1$。恆常所得與臨時所得彼此獨立，$Cov(y^P, y^t) = 0$，也不相互影響，是以後者與恆常消費無關。另外，當期實際消費包括恆常消費 C^P 與臨時消費 (transitory consumption) C^t，兩者間也無關係，$Cov(C^P, C^t) = 0$，僅有恆常所得才能影響人們消費決策，恆常消費是恆常所得的穩定函數。再者，臨時所得與臨時消費 (隨機性質) 間也無關聯性，$Cov(y^t, C^t) = 0$，就長期而言，臨時消費增減相抵，將讓 $E(C^t) = 0$，實際消費仍由恆常消費決定。值得注意者：臨時所得與臨時消費均屬隨機值，彼此也無相關性。

Friedman 認為人們採取適應預期方式估算恆常所得，當 t 期實際所得不等

均勻消費

人們透過金融市場融通，從而在生命期間以均勻方式消費。

恆常所得理論

消費取決於恆常所得且呈現比例關係。

所得川流

人們擁有的人力資本與非人力資本所獲取的一連串收益。

於 $t-1$ 期恆常所得，兩者差額 $(y_t - y_{t-1}^P)$ 的 j 比例可視爲恆常所得變化，j 是恆常所得的修正權數。是以 t 期恆常所得 y_t^P 可表爲：

$$
\begin{aligned}
y_t^P &= y_{t-1}^P + j(y_t - y_{t-1}^P) = jy_t + (1-j)y_{t-1}^P \\
&= jy_t + j(1-j)y_{t-1} + (1-j)^2 y_{t-2}^P \\
&= j\left[y_t + (1-j)y_{t-1} + ... + (1-j)^n y_{t-n}\right] \\
&= j\sum_{i=0}^{n}(1-j)^i y_{t-i}
\end{aligned}
$$

t 期實際所得 y^t 是恆常所得與臨時所得之和：

$$
y_t = y_t^P + y_t^t
$$

臨時所得 y^t 又可表爲：

$$
\begin{aligned}
y_t^t &= (y_t - y_t^P) = y_t - \left[y_{t-1}^P + j(y_t - y_{t-1}^P)\right] \\
&= (1-j)(y_t - y_{t-1}^P)
\end{aligned}
$$

上式顯示：人們將 $(y_t - y_{t-1}^P)$ 差額的 $(1-j)$ 比例視爲臨時所得。舉例來說：張無忌估計 $(t-1)$ 期恆常所得 $y_{t-1}^P = 10,000$、t 期實際所得 $y_t = 15,000$。假設恆常所得修正權數 $j = 0.2$，張無忌的 t 期恆常所得 y_t^P 是：

$$
y_t^P = 10,000 + 0.2(15,000 - 10,000) = 11,000
$$

同時，張無忌認爲 t 期臨時所得是：

$$
\begin{aligned}
y_t^t &= y_t - y_t^P = (1-j)(y_t - y_{t-1}^P) \\
&= (1-0.2)(15,000 - 10,000) = 4,000
\end{aligned}
$$

將恆常所得概念代入消費函數，可得短期消費函數如下：

$$
C_t = ky_t^P = kjy_t + k(1-j)y_{t-1}^P
$$

或是

$$
\begin{aligned}
C_t &= kjy_t + k(1-j)y_{t-1} + kj(1-j)^2 y_{t-2} + ... \\
&= a_t + kjy_t
\end{aligned}
$$

$a_t = k(1-j)y_{t-1}^P \cong kj\sum_{i=1}^{n}(1-j)^i y_{t-i}$。當體系達成長期靜止狀態，人們估計各期恆常所得趨於正確，$y_t = y_{t-1}^P$，是以 $y_t^P = y_{t-1}^P = y_t$，長期消費函數將是：

$$C_t = ky_t$$

依據上述函數，Friedman 指出 $MPC^{LR} = \dfrac{\partial C}{\partial y^P} = k = 0.9$，而 $MPC^{SR} = \dfrac{\partial C}{\partial y}$ $= jk = 0.18$。在此，短期消費函數著重實際（短期概念）所得與實際消費支出間的非固定比例關係，長期消費函數則是強調恆常（長期概念）所得與恆常消費間的固定比例關係。

圖 13-7 顯示長期消費曲線 $C_t^{LR} = ky_t^P$ 顯示消費與恆常所得間存在固定比例關係，截距為 0、斜率為 k。在 t 期，體系 y_{t-1}^P 已知，短期消費曲線是 $C_0^{SR} = a_0 + kjy_t$，斜率是 kj、截距 $a_0 = (1-j)ky_{t-1}^P$ 存在顯示消費與所得間存在非固定比例關係。當長期與短期消費曲線交於 A 點，對應的所得為 $y_{t-1}^P = y_0^P = y_0$，長期消費等於短期消費而為 C_0。假設 t 期所得增加至 y_1，短期內，人們將沿著 $C_0 = a_0 + kjy_t$ 而增加消費至 C_1，此即短期消費曲線上的 $B(C_1, y_1)$ 點。依據恆常所得理論，短期實際所得增加，人們將 y_1 與 $y_0^P (= y_0)$ 差額的 j 比例部分視為恆常所得增加 $j(y_1 - y_0^P)$，從而增加消費 $jk(y_1 - y_0^P) = C_1 - C_0$。

圖 13-7

恆常所得消費
函數

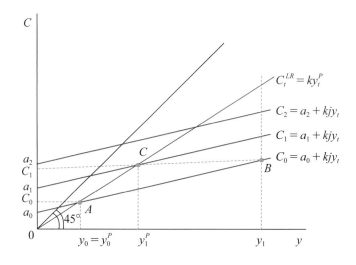

當 t 期所得增加至 y_1，人們將調整 t 期恆常所得為 $y_1^P = y_0^P + j(y_1 - y_0^P)$，對應新恆常所得 y_1^P，短期消費曲線將上移至 $C_1 = a_1 + kjy_t$，並與長期消費曲線交於 C 點，此即長期消費曲線上的 $C(C_1, y_1^P)$ 點，截距是 $a_1 = (1-j)ky_t^P$。相較於 $t-1$ 期，t 期實際所得增加 y_1y_0，不過人們卻認為恆常所得僅增加 $y_0^Py_1^P$，剩下 $y_1^Py_1$ 部分事 t 期臨時所得。恆常所得理論指出長期消費曲線將如 $C_t^{LR} = ky_t^P$ 所示，當恆常所得 y_0^P 增加至 y_1^P，人們消費將由 C_0 增加至 C_1。隨著短期實際所得變動引起恆常所得調整，短期消費曲線將沿著長期消費曲線持續上移。

最後，針對恆常所得無法衡量問題，Paul Taubman (1965) 提出正常所得理論 (normal income hypothesis)，採取平均所得或所得趨勢值取代恆常所得概念。另外，Thomas Mayer (1966) 提出標準所得理論 (standard income hypothesis)，認為臨時所得與消費仍有關聯性，只是發揮效果將低於恆常所得的影響，恆常所得雖係決定消費的重要變數，卻不足以與消費呈現穩定比例關係。

正常所得理論
消費取決於未來所得的平均值或趨勢值。

標準所得理論
消費與臨時所得存在關聯性，只是臨時所得發揮效果低於恆常所得，促使恆常所得與消費未能呈現穩定比例關係。

觀念問題

- 試說明恆常所得理論的內容？該理論的消費函數與跨期選擇如何結合？
- 依據恆常所得理論內容，評論下列敘述：
  (1) 人們的平均消費傾向將是臨時所得與恆常所得的比率。
  (2) 臨時所得與恆常所得對人們實際消費的影響將無不同。
  (3) 臨時所得對消費的影響小於恆常所得。

13.5　生命循環理論

在 1950 年代，Franco Modigliani (1954)、Richard Brumberg 與 Albert Ando 提出生命循環理論 (1ife cycle hypothesis)，認為人們以估計的長期所得為基礎擬定消費決策，除預估當前與未來所得外，也預期所得在有生之年將有起伏，須將高所得時期的部分資源移轉至低所得時期，藉以達成均勻消費需求。在生命循環期間，人們基於一生預期所得安排消費計畫，將是面對持有財富限制下，追求終身效用極大的最適分配。

生命循環理論
人們的消費取決於一生的預期所得，並均勻分配在各期消費。

$$Max \quad U(C_T,...,C_R,...,C_L)$$

T 係人們進入職場並擬定消費決策時點，L 是預期生命終點。R 是退休或退出職場時點，$T<R<L$。人們的所得來源包括勞動所得 y_i^l 與資產所得 y_i^a，目前現值如下：

$$PV_t = \sum_{i=T}^{R} \frac{y_i^l}{(1+r)^i} + \sum_{i=T}^{R} \frac{y_i^a}{(1+r)^i}$$

假設體系內資本市場屬於效率市場，人們擁有資產在未來產生收益川流 (資產所得) 的現值，將等於資產目前的實質價值 a_T：

$$a_T = \sum_{i=T}^{R} \frac{y_i^a}{(1+r)^i}$$

人們的勞動所得現值可表為：

$$\sum_{i=T}^{R} \frac{y_i^l}{(1+r)^i} = y_0^l + \sum_{i=T+1}^{R} \frac{y_i^l}{(1+r)^i}$$

y_0^l 是 T 期勞動所得，是可觀察取得的資料。$T+1$ 期之後的勞動所得則為預期值。在此，Ando 與 Modigliani 定義預期未來每期勞動所得 y_l^e 為未來每年所得現值累加的平均值：

$$y_l^e = \frac{1}{R-T} \sum_{i=T+1}^{N} \frac{y_i^l}{(1+r)^i}$$

假設預期未來每期勞動所得與 T 期勞動所得的關係為：

$$y_l^e = \beta y_T^l$$

將上述關係代入勞動所得現值：

$$\sum_{i=T}^{R} \frac{y_i^l}{(1+r)^i} = y_T^l + \sum_{i=T+1}^{R} \frac{y_i^l}{(1+r)^i} = y_T^l + (R-T)y_l^e$$
$$= y_T^l + (R-T-1)\beta y_T^l = \left[(R-T-1)\beta + 1\right]y_T^l$$

綜合以上所述，人們擁有終身所得的現值可表示如下：

$$PV_T = \left[(R-T-1)\beta + 1\right]y_T^l + a_T$$

在上述現值限制下，人們追求終身效用極大，將會每期均勻消費，生命循環理論的消費函數可表為：

$$C_T = kPV_T = k\left[(R-T-1)\beta + 1\right]y_T^l + ka_T = by_T^l + ka_T$$

k 是資產的邊際消費傾向，b 是勞動所得的邊際消費傾向。為求簡化，人們預期壽命 L，一生經歷由未就業期間 T、在職期間 $(R-T)$ 與退休時期 $(L-R)$ 三階段組成，而一生擁有的資源則包括：(1) 每年勞動所得平均值為 y^l，一輩子工作所得是 $(R-T) \times y^l$；(2) 擁有的資產價值 a_T。若未考慮時間偏好與利率因素，人們追求終身消費衍生的效用極大，會將擁有的全部資源均勻用於每年消費 C：

$$C \times (L - T) = (R - T) \times y^l + a_T$$

消費函數可表為：

$$C = \frac{a_T + (R - T)y^l}{L - T} = \left(\frac{1}{L - T} \right) a_T + \left(\frac{R - T}{L - T} \right) y^l$$

$$= ka_T + by^l$$

舉例來說，趙敏於 20 歲成年就進入職場 (起始點 $T = 20$)，工作至 65 歲退休，在職期間長達 $R - T = 65 - 20 = 45$ 年，並預期活至 80 歲，消費期間長達 $L - T = 80 - 20 = 60$ 年，則消費函數將是：

$$C = \left(\frac{1}{80 - 20} \right) a_T + \left(\frac{65 - 20}{80 - 20} \right) y^l$$

$$= 0.0167 a_T + 0.75 y^l$$

趙敏於 25 歲擬定消費決策 ($T = 25$)，65 歲退休、工作時間 $R - T = 65 - 25 = 40$，消費期間剩下 $L - T = 80 - 25 = 55$，則消費函數將是：

$$C = \left(\frac{1}{80 - 25} \right) a_T + \left(\frac{65 - 25}{80 - 25} \right) y^l$$

$$= 0.0182 a_T + 0.727 y^l$$

如果趙敏目前是 60 歲 ($T = 60$)，離 65 歲退休僅剩 5 年，工作時間 $R - T = 65 - 60 = 5$，消費期間剩下 $L - T = 80 - 60 = 20$，則消費函數將是：

$$C = \left(\frac{1}{80 - 60} \right) a_T + \left(\frac{65 - 60}{80 - 60} \right) y^l$$

$$= 0.05 a_T + 0.25 y^l$$

針對趙敏在不同階段作的消費決策，我們發現隨著趙敏年華老去，資產的邊際消費傾向將會遞增，而所得的邊際消費傾向則會遞減。依據上述方程式，平均消費傾向將是：

$$APC_t = \frac{C_t}{y_t} = k \left(\frac{a_T}{y_t} \right) + b \left(\frac{y^l}{y_t} \right)$$

- 短期消費函數　勞動所得為零，人們的消費將是 ka_t，而資產價值 a_t 並非固定值。從人際間或年復一年來看，觀察人際間或短期間資料，高所得將引起平均消費傾向遞減。換言之，在短期內，人們的資產與所得並非等比

例變動，$(\frac{a_T}{y_t})$ 非固定值，短期消費曲線 C_0^{SR} 取決於勞動所得，消費與勞動所得呈現非固定比例關係。隨著當期資產價值或資產所得遞增，短期消費曲線將會上移。

- 長期消費函數　一般而言，歷經長期間，體系內資產價值與所得將同步遞增，導致資產相對所得的比率維持穩定關係，$(\frac{a_T}{y_t}) = \alpha$，勞動所得占總所得比例亦是穩定值，$(\frac{y^l}{y_t}) = \beta$，長期消費曲線 C^{LR} 與所得存在穩定比例關係，長期平均消費傾向可表爲：

$$APC_t = k\alpha + b\beta = \theta y$$

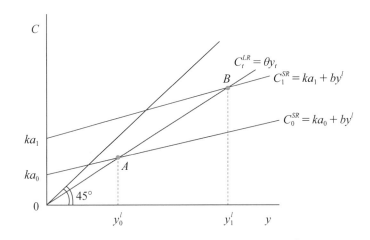

圖 13-8
生命循環的長期與短期消費函數

生命循環理論認爲人們考慮未來必須擁有資源才能消費，因而在職期間必須從事儲蓄，而一輩子能夠均勻消費全係倚賴儲蓄發揮作用所致。在職期間，人們所得超過消費，出現正儲蓄而累積資產；一旦離開職場，人們將以累積的資產來因應消費支出，形成負儲蓄而讓資產逐步遞減。隨著人們生命終結，工作期間累積的儲蓄終將等於退休後的負儲蓄，一輩子所得將會等於消費 (留下遺產則是包括在消費中)。舉例來說，趙敏從踏入職場到退休，預期每年獲取相同所得 $y^l = \overline{Y}$，若實質利率爲零、其資產既無資本利得也無資本損失，任一年的資產累積將等於儲蓄：

$$\Delta W = S = Y - C$$

趙敏進入職場 $(T = 20)$ 後，追求終身效用極大，每年均勻消費 $\overline{C}$ 將等於全部資源：

$$\overline{C} = (\frac{R-T}{L-T}) \times \overline{Y} = (\frac{65-20}{80-20}) \times \overline{Y} = 0.75\overline{Y}$$

假設趙敏年薪每年平均值 500,000 元，每年均勻消費 375,000 元。圖 13-9 顯示趙敏在 $R-T=65-20=45$ 年間，每年儲蓄 $S=Y-C=0.25\overline{Y}=125,000$ 元，資產將以 $0.25\overline{Y}$ 直線累積至 65 歲退休為止，累積儲蓄總額為 $W=5,625,000$。趙敏退休再無薪資入帳，負儲蓄將等於消費 $-S=C=0.75\overline{Y}=275,000$，直至 80 歲辭世終將耗盡所有儲蓄。

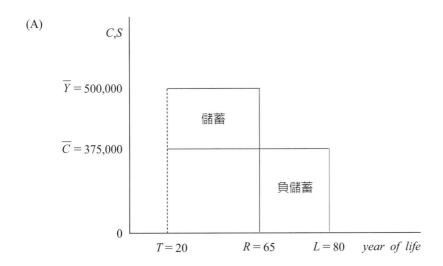

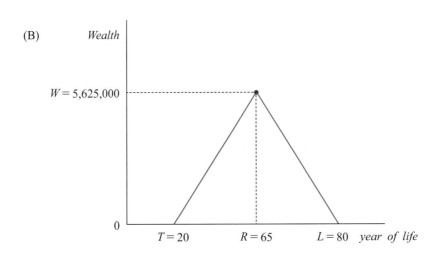

圖 **13-9**
生命循環中的消費、儲蓄與財富

生命循環理論立基於人們的最適消費決策，若要累加個人消費成為總體消費，必須假設體系產出與人口結構不變。由於每人都經歷不同的生命循環階段，總體消費與儲蓄則將類似個人情況，在任何時點上，在職者的儲蓄將等於退休者的負儲蓄。在此，假設人們在職與退休生涯的平均存續期間不變，就職期間獲取的所得與消費速率固定，淨值報酬率為零。在這些條件下，體系若處

於靜止狀態 (stationary state)，人口與生產力固定，總儲蓄將為零。此即人們在職期間預擬的正儲蓄，將因退休族動用早年累積資產，出現負儲蓄而予以抵銷。整體而言，體系內負儲蓄者持續移轉資產給儲蓄者，藉以換取目前資源使用，此舉將讓資產維持不變。隨著人口成長與人口結構調整，年輕族群若超越老年族群，體系儲蓄將超過負儲蓄，呈現淨儲蓄現象。

再討論生命循環理論的人口成長效果。體系的所得成長若源自人口成長或生產力遞增，導致每一在職者所得成長，則可確定即使沒有遺贈，儲蓄將是正值。假設同年齡組規模以 ρ 出生率持續數年，人口與總產出將同樣會以 ρ 成長率遞增。此將意味著在職的年輕族群相對負儲蓄的退休族群的比率遞增，將會刺激淨儲蓄流量增加。另外，再考慮下列狀況：體系內人口處於靜止狀態，隨著時間推移，生產力遞增提升每個年齡層的平均所得，總所得因而持續上升。此種狀況同樣也會引起正儲蓄與資產累積，每一相繼的同年齡組相對先前同年齡組擁有更大所得，且在每一年齡消費更多，此係假設在生命中消費的分配維持及時不變。進一步來說，上述說法隱含目前工作的世代追求退休後的消費水準，將要大於較不富裕世代的目前退休族群的消費。為支持退休後的未來消費，在職者目前的儲蓄規模必須高於退休族群的負儲蓄。即使人口呈現靜止狀態，總儲蓄淨額也傾向為正值。

Modigliani 利用生命循環理論，分析貨幣政策與財政政策對經濟活動影響。就短期而言，消費函數引進資產做為影響因素，意味著貨幣政策除透過傳統利率管道影響總需求 (改變投資，資本成本效果) 外，並透過資產價值 (如債券與股票價格變動) 變化影響總需求 (改變消費，資產效果)。人們的消費取決於一生所得，當期所得變動影響消費甚微，財政部暫時性調整所得稅率影響消費極小，也就難以影響總需求。再從長期來看，財政部對消費徵收累進稅，相對就當期所得徵收累進稅更為合理，此係前者相當於對長期所得課稅，必然影響消費，反觀後者造成影響不大。

另外，從該理論將可引申出政府扮演角色。政府基於照顧人們生活，希望人們所得最少要能應付消費，$C_t = Y_t$，針對人們的生命循環所得與消費型態，

從而提出年金 (life annuity) 制度。從政府角度來看，年輕人擁有正儲蓄，但唯恐其消費過度而儲蓄不足，老大徒傷悲難以為繼，故以政策強制人們在職期間

儲蓄，該段期間稱爲累積期 (accumulation phase)；而讓其離開職場直至離世這段期間能夠安身立命，該段期間稱爲分配期 (distribution phase)，亦即將正儲蓄轉爲負儲蓄的期間。一般而言，政府採取下列方法籌措年金：

1. **基金帳戶制 (funding)**　趙敏於 25 歲進入職場累積資產，政府就以專門帳戶幫她儲蓄，待其 65 歲退休，該專戶資金即可用於養老。然而該制度等待期相當久，且有人質疑政府管理年金效率欠佳，可能出現資金愈存愈少的問題，如政府將年金拿去護盤而慘遭套牢。目前民間年金型商品就是這種類型的理財方式，有些人有感於未來養老問題，自行購買民間金融機構銷售的年金型商品。

2. **隨收即付制 (pay as you go)**　政府以目前就業者繳納的資金，用於支付目前需要年金者，相當於透過年金機制進行財富重分配。此種制度面臨的問題是，隨著人口結構老化日益嚴重，或出生率過低，青壯年族群負擔勢必加重。

> **隨收即付制**
> 政府以目前工作者繳納的錢，支付目前需要拿年金者。

最後，就國際趨勢來看，退休族群消費遠低於在職期間，是以政府規劃退休金或年金制度，訂定所得替代率通常小於 100%，此係退休族群生產力大不如前，消費支出也會下降 (可能已無房貸、無須養育子女) 所致。

總體經濟學者：Franco Modigliani (1918~2003)

(一) 生平

　　1918 年 6 月 18 日出生於義大利 Rome 的 Lazio。1936 年畢業於 Rome 的 Sapienza 大學，1944 年獲得紐約 New School 博士。1942~1944 年在 Colombia 大學與 Bard 學院教授經濟學和統計學，並結合 Keynesian 革命與古典學派，發表《流動性偏好與利息和貨幣的理論》(*Liquidity Preference and the Theory of Interest and Money*, 1944) 而成爲 Keynesian 學派的經典文獻。1948 年任教於 Illinois 大學 Urbana-Champaign 分校，獲得芝加哥大學政治經濟學獎學金，並受聘爲經濟研究委員會顧問。1952~1962 年任教於 Carnegie Mellon 大學，轉向研究產業經濟學領域。1957~1958 年擔任哈佛大學教授，並與 Merton Miller (1958) 合作發表《資本成本、公司財務與投資理論》(*The Cost of Capital, Corporation Finance and the Theory of Investment*)，成爲著名的 Modigliani-Miller 定理。1962 年以後擔任 MIT 大學教授。1960 年代末期主持由聯邦準備銀行資助的大型美國 MPS 模型 (M 是 MIT 大學，P 是賓州大學，S 是社會科學研究會)。1985 年獲頒諾貝爾經濟學獎。2003 年 9 月 25 日去世，享年 86 歲。

(二) 對總體理論貢獻

Modigliani 的貢獻主要在家庭儲蓄的生命循環理論，以及決定公司市場價值與資本成本的 Modigliani-Miller 定理，兩者密切聯繫而突顯家庭財富管理的必要性，且對金融市場發揮重大影響。此外，Modigliani 屬於 Post-Keynesian 學者，從消費理論和投資理論推廣 Keynesian 學派，而其針對利率與所得影響的論述對 *IS-LM* 模型發展發揮重大意義。尤其是 Modigliani 對財政政策與貨幣政策論述也發揮重大影響，在與貨幣學派、理性預期學派論戰中，更是堅持政府干預經濟的思維。

觀念問題

• 試說明生命循環理論的內容？該理論如何與跨期選擇連結？

13.6 隨機漫步消費理論

生命循環與恆常所得兩種理論，都將長期所得視為確定可預期的因素，進而影響人們的消費決策。然而實際經驗顯示，未來所得存在風險性與不確定性，因而引發學者轉向探討不確定性環境下的預期所得對消費函數影響。Robert E. Hall (1978) 在《生命循環—恆常所得理論的隨機涵義：理論和證據》(*Stochastic implications of the life cycle-permanent income hypothesis: theory and evidence*) 中，指出在生命循環理論中，人們預期未來生命循環的所得與財富，進而決定一生的均勻消費，但未討論預期形成方式。至於在恆常所得理論中，人們則以適應預期方式形成恆常所得，進而決定一生的恆常消費。Hall (1978) 指出兩種消費理論神似，人們消費取決於未來預期所得，且與財富密切相關，屬於前瞻性理論。

隨機漫步

一種數學對象，描述一個由某個數學空間上的一系列隨機步驟組成。

實務上，消費變動係依隨機漫步 (random walk) 而行，是以 Hall 將理性預期引進消費決策，解釋所得與資產對消費支出的影響，而資產是所有未來所得的現值。在訊息不全下，人們須利用可取得的訊息形成所得預期，對攸關未來所得與資產做出最佳估算，形成所得的理性預期。就未來發生狀況而言，此種理性預期值將與實際平均值趨於一致。人們基於理性預期擬訂消費決策，將在

未來達成最適消費選擇，促使長期消費函數呈現穩定，此即隨機漫步消費理論 (random walk consumption hypothesis)，包含四個部分：

隨機漫步消費理論

人們消費係基於預期一生擁有資源而產生的所得，並依隨機漫步調整而無從預測。

- 生命循環理論與恆常所得理論隱含消費者具有前瞻性，人們的消費決策是基於一輩子預期擁有的資源所產生的未來所得。
- 唯有預期未來所得變動，一輩子預期的資源才會變動。
- 目前消費取決於預期一生資源的變動，唯有預期變動才會改變消費。
- 唯有非預期訊息出現，才能引發一輩子的預期資源與目前消費變動，消費則是依隨機漫步調整而無從預測。

假設人們追求兩期消費衍生的效用極大：

$$Max \quad U(C_0, C_1) = U(C_0) + \beta U(C_1)$$

$\beta = (1 + \rho)^{-1}$ 是時間偏好貼現因子，ρ 是時間偏好率。跨期消費無異曲線 $U(C_0, C_1)$ 的斜率即是邊際替代率：

$$MRS_{C_0 C_1} = \frac{dC_1}{dC_0}\bigg|_{dU=0} = \beta^{-1}(\frac{\frac{\partial U}{\partial C_0}}{\frac{\partial U}{\partial C_1}}) = \beta^{-1}\frac{U'(C_0)}{U'(C_1)}$$

人們面臨的跨期預算限制式為：

$$C_0 + \delta C_1 = PV_0 = Y_0 + \delta Y_1$$

$\delta = (1 + r)^{-1}$ 是市場貼現因子，r 是市場利率。至於跨期預算線的斜率為：

$$\frac{dC_1}{dC_0} = \delta^{-1} = (1 + r)$$

當跨期消費無異曲線 $U(C_0, C_1)$ 與跨期預算線相切，人們將達成最適均衡：

$$MRS_{C_0 C_1} = \beta^{-1}\frac{U'(C_0)}{U'(C_1)} = \delta^{-1}$$

$$或 \quad \frac{U'(C_1)}{U'(C_0)} = \frac{\delta}{\beta} = \frac{1 + \rho}{1 + r}$$

在訊息不全下，人們在 $t = 0$ 期 (t) 無法掌握 $t + 1$ 期狀況，上式均衡條件將修正為：

$$E[U'(C_{t+1})|I_t] = \frac{\delta}{\beta}U'(C_t)$$

E 為條件預期值，I_t 是人們是在 t 期所能蒐集攸關 $t+1$ 期的訊息集合。人們在 t 期的跨期最適消費條件將是：預期 $t+1$ 期消費的邊際效用，等於 t 期消費的邊際效用與 $\frac{\delta}{\beta}$ 的乘積。人們掌握訊息發生變化，預期隨之而變，而引起預期變動的新資訊即是過去未知的訊息。由於人們的訊息來源具有隨機性，估算未來所得與資產也將隨機變動。由於消費決策取決於預期未來所得與財富，是以消費也將隨機性變動。在此，體系內消費平均值是反映長期消費，每年短期消費變化則係反映攸關未來所得與資產的「新訊息」(new information) 所引起的預期變化，因而具有隨機性質。

舉例來說，前述效用函數型態可表示如下：

$$U(C_t, C_{t+1}) = U(C_t) + \beta U(C_{t+1})$$
$$= \left[aC_t - \frac{b}{2}C_t^2 \right] + \beta \left[aC_{t+1} - \frac{b}{2}C_{t+1}^2 \right]$$

依據上述最適均衡條件：

$$a - bE(C_{t+1}|I_t) = \frac{\delta}{\beta}(a - bC_t)$$

第 t 期的條件預期消費如下：

$$E(C_{t+1}|I_t) = \frac{\delta}{\beta}C_t + (\frac{r}{b\beta})a$$

在理性預期假設下，任何內生變數的實際值將可拆解成兩部分：

• 該變數預期部分即是該變數預期值。
• 該變數未預期部分即是該變數隨機干擾項。

體系 $t+1$ 期實際消費 C_{t+1} 是 t 期預期消費 $E(C_{t+1}|I_t)$ 與 $t+1$ 期隨機干擾部分 ε_{t+1} 之和：

$$C_{t+1} = E(C_{t+1}|I_t) + \varepsilon_{t+1} = \frac{\alpha}{\beta}C_t + (\frac{r}{b\beta})a + \varepsilon_{t+1}$$

Hall 的隨機漫步消費理論指出，人們採取理性預期進行跨期消費決策，產生的潛在行為將讓消費軌跡成為隨機漫步過程，跨期消費變化是難以預測的隨機干擾項，而隱含的政策涵義為：政府採取課稅政策將無法管理消費波動，難以發揮平緩經濟活動效果。在 2008 年金融海嘯衝擊期間，即使政府調降稅率

或進行紓困，人們卻依過去每逢蕭條必然也會有類似措施的經驗，早已充分預期，促使這些政策無法改變一輩子預期的資源，自然也不影響消費。唯有未預期調低稅率才會改變消費，而且減稅幅度若低於人們預期，更將讓人們降低消費。此係人們預期大幅減稅將會提高預期所得，小幅減稅則是迫使人們下修對一輩子資源的預期。隨機漫步消費理論指出，租稅政策影響消費的效果存在高度不確定性，將取決於該政策相對人們對政策預期而定。

在隨機漫步模型中，Hall 將所得因素排除在消費函數之外的作法，具有開創性意義，在 1980 年代曾經發揮巨大回響。不過隨機漫步消費理論的結論與實際現象不符，引起更多學者利用實際資料驗證，結果卻都拒絕接受消費函數具有隨機漫步性質。Marjorie A. Flavin (1981) 驗證人們的消費變動與可預期所得變動存在高度相關性，亦即即消費存在過度敏感性 (excess sensitivity)。稍後，Hall 與 Mortimer Mishkin (1982) 利用 1969~1975 年間，美國 2,000 戶家庭的橫斷面資料檢視理論，發現確實存在過度敏感性問題。依據該理論的延伸模型，樣本中大約有 80% 的家庭依循生命循環─恆常所得理論，其餘家庭消費則對暫時所得反應強烈遠超過對恆常所得變動的反應。同時，當期消費變動與所得滯後項的變動存在強烈負相關。實際上，由於信用市場不完全性與存在資訊不對稱，消費者預期未來所得上升，無法透過金融機構將自己的未來所得抵押換取資金，而僅能以現有所得消費。他們的結論顯示，有約 1/5 的美國家庭受到流動性限制，無法進行自由借貸。

總體經濟學者：Robert Ernest Hall (1943~)

(一) 生平

1943 年 8 月 13 日出生於美國加州 Palo Alto，畢業於加州 Berkeley 大學碩士，1967 年從 MIT 大學取得博士。1967~1978 年間先後任教於加大學州 Berkeley 分校與 MIT 大學。1978 年迄今，任教於 Stanford 經濟學系與該校 Hoover 研究所高級研究員。此外，自 1977 年起，Hall 擔任國家經濟研究局 (NBER) 經濟波動與經濟增長的研究專案主任，並兼任該局下屬經濟週期測定委員會主席。2004 年當選爲美國國家科學院 (NAS) 院士，2010 年擔任美國經濟學聯合會會長，同時，他還是美國藝術與科學院院士 (American Academy of Arts and Sciences)、計量經濟學會會士。Hall 也致力於爲美國司法部、財政部與聯準會等政府機構提供國家經濟政策的諮詢工作。

(二) 對總體理論貢獻

　　Hall 的研究領域廣泛，尤其是在消費理論、貨幣理論和景氣循環理論等三個方面的貢獻突出：1. 隨機漫步消費理論相較於傳統消費理論極具顛覆性，推動消費理論進入新的研究里程碑。2. 新貨幣經濟學思想重新審視傳統貨幣理論，被認為是最激動人心。3. 對於勞動市場工資與求職的一系列研究，成為推動景氣循環理論發展的重要動力。

觀念問題

- 試說明隨機漫步消費理論如何修正跨期選擇理論的結果？
- 試以隨機漫步消費理論說明政府在 2009 年 1 月 19 日發放每人 3,600 元消費券對消費造成的影響？

13.7　儲蓄理論

國民儲蓄率
國民儲蓄毛額對國民生產毛額的比率。

國民淨儲蓄率
國民儲蓄淨額對國民所得的比率。

　　國民儲蓄係指在一定期間內，全國各部門儲蓄的總額，此與一般儲蓄概念不同。國民儲蓄毛額對國民生產毛額比率稱為國民儲蓄率 (gross national saving rate)，而國民儲蓄淨額對國民所得比率稱為國民淨儲蓄率 (net national saving rate)。

變數名稱	計算方法	資料來源
國民儲蓄淨額	國民生產毛額 (GNP) − 國民消費 (政府消費 + 民間消費) + 國外收支淨額	台灣地區國民所得按季統計 (行政院主計總處)
國民淨儲蓄率	國民儲蓄淨額除以 GNP	台灣地區國民所得按季統計 (行政院主計總處)
國民儲蓄毛額	國民儲蓄淨額 + 固定資本消耗 (折舊)	台灣地區國民所得按季統計 (行政院主計總處)
國民毛儲蓄率	國民毛儲蓄額除以 GNP	台灣地區國民所得按季統計 (行政院主計總處)

　　就家庭而言，儲蓄是當期所得中未消費的剩餘部分。傳統儲蓄理論從總體觀點著眼，認為儲蓄與消費是一體兩面，消費函數決定後，剩餘項目的儲蓄函

數也就塵埃落定。尤其是體系邁向均衡，往往需要借助儲蓄等於投資的條件，形成人們儲蓄即是為了投資的刻板印象。但若從個人決策動機來看，儲蓄與投資分屬性質迥異的決策，前者基於未雨綢繆以固定所得換取未來確定所得，追求確定安全的經濟環境；後者則是追求獲利使然，以固定所得換取未來不確定收益，承擔風險換取較高預期報酬的機會。

　　一般而言，開發中國家推動公共建設，廠商購置廠房設備，需要龐大資金，除倚賴儲蓄融通外，也須引進外資挹注。在經濟發展初期，政府運用政策刺激儲蓄誘因；而經濟成長帶動所得增加，吸引人們擴大消費，增益生活品質，儲蓄率因而逐年滑落，民間消費成為支撐經濟成長的核心動能。

　　依據主計總處的資料，在 1989 年之前，台灣的儲蓄率都在 30% 以上，1987 年甚至攀登儲蓄率 38.5% 高峰。此後，民間消費迅速成長，儲蓄率則一路滑落至 2001 年的 24%。隨著雙卡風暴與本土金融風暴來襲，儲蓄率反轉連續攀昇。在 1990 年代，台灣的超額儲蓄率落在 2%~3%，但自 2001 年起，迅速攀昇，超額儲蓄在 2014 年首度突破兆元。2008 年爆發金融海嘯，歐債危機接踵而至，2009 年儲蓄率邁向 30.6% 高峰，超額儲蓄率攀升至 9.5%。邁入 2020 年，新冠肺炎橫空出世，疫情擴散影響消費，再加上海外資金回流，台灣的儲蓄毛額躍增至 77,008 億元、年增 9,663 億元；儲蓄率 37.95% 則是 1987 年以後的新高、年增率 3.25%。國內投資毛額為 46,525 億元、增加 1,888 億元，投資率 22.93%，超額儲蓄達到 30,483 億元、年增 7,775 億元；超額儲蓄率 15.02%、增加 3.32%，創下 1988 年迄今的次高。此種趨勢反映人們因「什麼都漲，就是薪水不漲」，新冠肺炎疫情擴散蔓延，加速民間消費傾向保守，突顯「未雨綢繆」與「防範未然」引爆儲蓄誘因。面對國際景氣動盪，升斗小民寧可多抱現金、少消費，儲蓄率年年攀昇，超額儲蓄率也逐步擴增。

　　傳統儲蓄理論附著於消費理論，Tobin (1951) 將資產效果 (asset effect) 引進絕對所得理論，探討長短期儲蓄函數型態：

$$S(y, a) = -C_0 + (1-b)y - sa$$

C_0 是自發性消費，b 是邊際消費傾向，s 是資產的邊際消費傾向。

　　圖 13-10 顯示人們的兩期稟賦為 $A(y_0, y_1)$，當無異曲線與跨期預算線相切於 E 點，將決定兩期最適消費 $E(C_0^*, C_1^*)$，當期儲蓄是 $S = y_0 - C_0^*$。金融市場利率上漲促使跨期預算線向外旋轉，消費者均衡移往 E' 點。我們可做一條與新跨期預算線平行的直線，與原先的無異曲線 $U_1(C_0, C_1)$ 切於 D 點，此時代替效果將減少當期消費或儲蓄增加。接著，利率上漲促使所得增加，消費者均衡由 D 點移往 E' 點，從而產生所得效果。兩期消費若屬正常財，所得增加促使

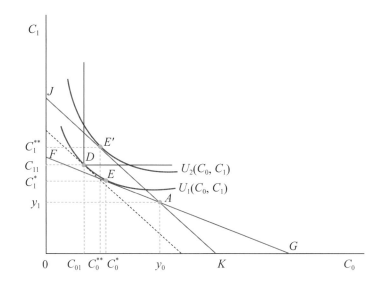

兩期消費增加或儲蓄減少。

　　綜合上述分析，只有替代效果 (當期消費減少) 大於所得效果 (當期消費增加)，儲蓄者才會增加儲蓄。如果出現所得效果 (當期消費增加) 大於替代效果 (當期消費減少)，而當期消費是高級財，則將造成儲蓄減少。至於當期消費是劣等財，則將出現負所得效果 (當期消費減少) 與正替代效果 (當期消費減少) 情況，此時將增加儲蓄。是以利率調整透過所得效果與替代效果運作，將讓當期儲蓄與利率間，存在不確定關係。不過蔣碩傑 (1973) 引進利率誘發的財富效果，指出在利率變動過程中，期初稟賦的價值發生變動將強化替代效果，促使儲蓄與利率呈現反向關係。

預防性儲蓄
風險怯避者為預防未來不確定性擴大，而降低消費來增加儲蓄。

　　最後，預防性儲蓄 (precautionary saving) 是指怯避風險的消費者為預防未來不確定性擴大，迫使消費支出下降而進行儲蓄。預防性儲蓄理論最早可溯及 Irving Fisher 與 Milton Friedman 的研究，但直至 1980 年代末期至 1990 年初期，預防性儲蓄理論方才出現快速發展。依據生命循環理論，人們儲蓄是為因應退休後的生活，不過 Keynes 在《一般理論》第八章中指出，人們的儲蓄動機包括預防、遠慮、計較、改善、獨立、事業、虛榮與貪婪等八種，而當中的預防動機則是最為重要，未雨綢繆防範未來所得可能遞減，在景氣繁榮時增加儲蓄，因應景氣蕭條所面臨的難關。

　　預防性儲蓄理論認為，人們面臨所得來源不確定性愈大，將不可能依據隨機漫步來消費，而是偏向依據當期所得來消費。未來環境不確定性愈大，預期未來消費的邊際效用將會超過確定環境消費的邊際效用，從而刺激消費者增加預防性儲蓄，將更多資產移轉到未來消費。是以在不確定環境下，人們的

所得雖然下降，但卻反而增加預防性儲蓄，減少消費支出；反之，人們的所得遞增，則會減少預防性儲蓄，擴大消費支出。當期消費和當期所得存在正向關係，此種相關性將因不確定性擴大而遞增。是以依據預防性儲蓄理論，消費對所得具有敏感性，此一說法將與 Keynes 的絕對所得理論主張一致。

知識補給站

從二戰結束迄今，龐大嬰兒潮躍居推動經濟發展與引領資本市場趨勢的動力，龐大購買力毫不手軟，帶動資產市場邁向榮景，推升 1980~1990 年代股市邁入空前牛市榮景。然而在往後的 30 年間，該世代出生者，每日以 10,000 人速度邁入 65 歲，一波波退休潮為經濟前景蒙上陰影。美國人口普查局 (Bureau of the Census) 預估，2030 年以前退休族超過 7,200 萬人，相對 2010 年躍升 78%。同一期間，接手未來 30 年投資主力的 45~64 歲人口卻僅增加 2% 至 8,300 萬人。兩種族群成長率落差衍生複雜總體問題，尤其是年華老去者持有的資產，將由誰接手？

銳聯投資公司 (Research Affiliates) 創辦人 Robert Arnott 指出，先進國家正面臨債台高築 (debt)、政府赤字急速累積 (deficit) 與人口結構老化 (aging demographics) 的「3D 颶風」侵襲，美國則是深陷 3D 颶風核心，未來 10 年或可維持微幅經濟成長、投資美股或有差強人意報酬，然而越過 2020 年後，嬰兒潮世代族群逐漸凋零，逐步拋售資產即成為隱形龐大黑天鵝群，籠罩股市上空。

不過《洛杉磯時報》(Los Angeles Times) 指出，股市走向通常依循短期基本面變化，而影響股價和其他投資因素則有一長串，如公司盈餘未來 20 年成長速度、通膨率與利率變化起伏、量化寬鬆走勢與負稅增減，光是這些因素就變幻莫測，遑論難以預知的長期隱憂。嬰兒潮世代逐漸步凋零，其處理資產模式未必吻合普遍預測。芝加哥 Morningstar 投顧基金研究主管 Russ Kinnel 指出「人口結構轉變是影響市場的潛在逆風，衝擊多大則難以衡量。」

退休族群持有的資產若非等待償債，就是傳諸後代。Pew 研究中心資料顯示，2009 年超過 65 歲老人擁有淨資產中位數為 170,494 美元，以 2010 年美元價值衡量相較 1984 年增加 42%。同樣地，2009 年落在 35~44 歲群組淨資產中位數僅有 39,601 美元，以 2010 年美元價值估算卻較 1984 年減少 44%，顯示年輕族群累積資產能力遠遜於老年族群。許多年輕族群身陷高負債與低薪資泥沼，儲蓄與投資舉步維艱。老年族群若急於脫手風險性資產，尤其是股票，年輕族群既乏胃納能力，更難讓自己成為有力買家。不過 MIT 專攻老齡化投資趨勢的 James Poterba 依據歷史經驗指出，富裕家庭面臨退休年齡則未有多大改變，通常循序漸進緊縮資產，從未突然出清所有股票。此一現象恰巧符合 2006 年退休的 Harvey Labko 的策略，僅從退休資產提取維持生存支出，「如此就足以讓生活無虞」，而且「不會夢想活得比自己的錢還久」，故其股票投資仍占 60%。

　　共同基金先鋒集團 (Vanguard Group) 研究指出，退休族群仍將持續持有資產，而投資諮詢小組的 John Ameriks 也指出，「甚少人會對其資產輕舉妄動」，「延後清算是基於安全考量，未雨綢繆，防範天有不測風雲而急需鉅額資金，逐將鈔票抓在手中」，而「不測因素」通常針對醫療保健支出而言。此外，很多人屆臨退休之際，轉趨保守尋找怯避虧損風險的組合，隱含『多買債券、少碰股票』的思維。從 2008 年起，資金奔向債券趨勢明顯，在 2009~2011 年間，股票基金淨流出 1,670 億美元，而債券基金則淨流入 7,450 億美元。

　　人們逐步老去是必經之途，嬰兒潮世代的資產終將轉讓或交付繼承，持續拋售持股或可由中國、印度、巴西等日漸富裕的新興市場國家適時接手，但這些需求同樣可能遭致淪落人口結構老化的歐洲或日本拋售而抵銷。嬰兒潮世代對資本市場衝擊與對金融市場意義為何，卻因人類社會未有類似經驗，如相同財富水準、相同人口數量與相同的預期壽命，迄今為止，尚無人可以提出確切解答！

資料來源：陳怡君，〈嬰兒潮世代相繼老去，出清資產誰來買？〉，2012/04/09，鉅亨網。

 **問題研討**

👫 小組討論題

一、評論題

1. 主計總處發布 1973 年與 1974 年台灣經濟成長率是 12.8% 與 1.1%，而對應的平均消費傾向分別為 65.4% 及 68.3%。台灣在 1974 年的經濟成長率劇降，平均消費傾向卻上升，將可突顯該項統計資料必然錯誤。

2. 依據相對所得理論，張無忌所得成長率大於其他明教兄弟的所得成長率，則其平均消費傾向應該上升。

3. 依據 Brown 的習性所得理論估計之台灣消費函數為 $C = 200 + 0.65y + 0.2C_{-1}$，將可獲知台灣的短期 $APC = 0.65$、長期 $APC = 0.8125$。

4. A、B、C 與 D 四國人民的人生觀依序為「少壯不努力、老大徒傷悲」、「今朝有酒今朝醉」、「比上不足比下有餘」、「人有旦夕禍福」，則各國消費型態應與「絕對所得」、「相對所得」、「恆常所得」、「絕對所得」與「生命循環」等四種消費理論存在逐一對應關係。

5. 依據生命循環理論內容，評論下列敘述：
   (a) 勞動所得上升將會提升消費，而資產所得上升則對消費毫無影響。
   (b) 人們在壯年時期的平均消費傾向將會高於老年時期的平均消費傾向。

6. 依據恆常所得理論，具有高平均消費傾向的人，其恆常所得相對暫時所得的比例通常也較高。

7. 依據恆常所得理論，窮人儲蓄低於富人，係因窮人的大部分所得必須用於消費。

8. 時間序列的總體資料顯示：消費與所得的比率維持穩定的常數關係，此現象與恆常所得理論相符合，但卻違反 Keynes 的基本心理原則。

9. 依據 Irving Fisher 的跨期消費模型，實質利率上升將造成消費與勞動供給增加，儲蓄下降。

二、問答題

1. 體系內存在銀行仲介資金供需雙方，消費者面臨放款利率 r_1 高於存款利率 r_2。在兩期模型，假設現金數量 $M_0 = M_1 + M_2$、債券數量 $B_1 = B_2 = 0$。試回答下列問題：
   (a) 消費者的預算限制式與跨期預算線型態為何？
   (b) 消費者的信用破產，無論利率高低都借不到錢，亦即借入利率無窮

大。試問其跨期預算限制式與圖形爲何？

2. 主計總處估計 2000~2011 年的台灣儲蓄函數 S_t 爲 $S = -0.53 + 0.28y_d$，y_d 是當期可用所得。試問該函數係基於何種消費理論來進行實證？試說明該理論的意義。

3. 下列狀況是否符合前瞻性消費理論的標準，試分別說明理由。
   (a) 老年人依據目前所得而誘發的 MPC 將小於中年人。
   (b) 農夫由目前所得而誘發的 MPC 將小於其他職業的 MPC。
   (c) 就整體人口而言，低所得者的儲蓄率將小於高所得者。

4. 依據隨機漫步消費理論，試說明下列狀況對目前消費造成的影響：
   (a) 財政部決定透過加稅來縮小預算赤字，不過增稅幅度卻小於人們預期。
   (b) 趙敏取得台大經研所碩士後，前往合庫銀行擔任儲備幹部，從而提升一生所得。
   (c) 國際金融海嘯造成台股崩盤，張無忌的財富遭致大幅縮水。

5. 消費對目前所得變動存在正向反應的行爲現象，消費理論對此提出「借入限制」的理由。試以兩期模型之圖形進行說明。

$$Max \quad U = U(C_1, C_2)$$
$$S.\,t. \quad C_1 + \frac{C_2}{1+r} = Y_1 + \frac{Y_2}{1+r}$$

C_i 爲 i 期實質消費，r 是實質利率，Y_i 是 i 期實質稟賦所得。

6. 消費的隨機模型與恆常所得理論的關聯性爲何？這些理論對財政政策將會具有何種意義？

三、計算題

1. 兩期模型的兩期物價均爲 1，張無忌效用函數爲 $U(C_1, C_2) = \ln C_1 + \beta \ln C_2$，$\beta = 0.7$，市場利率 $r = 8\%$ 且在兩期維持不變。假設張無忌在期初與期末均未持有債券 $(b_0 = b_2 = 0)$，擁有兩期稟賦爲 $(Y_1, Y_2) = (1,000, 540)$。試計算下列問題：
   (a) 張無忌的跨期預算限制式爲何？其最大的 C_1 消費爲何？
   (b) 張無忌追求效用極大的最適 C_1 與 C_2 爲何？
   (c) 能讓張無忌兩期消費相同的利率爲何？
   (d) 當 $\beta = 0.8$ 時，能讓張無忌兩期消費相同的利率爲何？

2. 在兩期模型中，趙敏的跨期效用函數如下：

$$U = \ln C_1 + \frac{1}{(1+\delta)} \ln C_2$$

C_i 為 i 期消費，δ 為時間偏好率。趙敏面對的兩期預算限制式分別為：

第 1 期　　$C_1 + S_1 = W_1$

第 2 期　　$C_2 = (1+r)S_1 + W_2$

S_1 是第 1 期儲蓄，W_i 為 i 期所得，r 為市場利率。試回答下列問題：

(a) 趙敏面對的跨期預算限制式？

(b) 趙敏追求效用極大下的兩期消費支出各為何？

(c) 為讓兩期消費支出相同 ($C_1 = C_2$)，必須加入何種假設？

(d) 趙敏的第 1 期所得增加，將對儲蓄產生何種影響？

3. 張三豐的消費函數為 $C = 0.9y^P$，而計算恆常所得的方式如下：

$$y^P = (\frac{1}{5}) \sum_{i=0}^{4} y_{t-i}$$

試計算下列問題：

(a) 張三豐在過去 10 年的每年所得為 10,000，則恆常所得為何？

(b) 張三豐在 $t+1$ 期獲取所得為 15,000，則新的恆常所得為何？

(c) 張三豐在 t 期與 $t+1$ 期的消費各為何？

(d) 張三豐的短期與長期邊際消費傾向各為何？

(e) 張三豐從 $t+1$ 期起，若是每年持續獲取所得 15,000，則每期恆常所得為何？

4. 趙敏的跨期效用函數為 $U(C_1, C_2) = C_1 C_2^{0.5}$，$C_1$ 與 C_2 分別是兩期消費金額。假設趙敏兩期的期初所得相等，跨期存款與借款利率均為 10%，兩期所得的現值為 21,000。試回答下列問題：

(a) 趙敏的兩期期初所得 Y_1 與 Y_2 分別為何？在跨期效用極大下，趙敏的兩期消費 C_1 與 C_2 各為何？她在第一期會儲蓄或向銀行貸款，金額為何？

(b) 台灣銀行實施優惠利率貸款，貸款額度在 2,640 以內者，貸款利率為 5%，而貸款超過此一額度者，超出額度的利率將與存款利率同為 10%。在跨期效用極大下，趙敏的兩期消費 C_1 與 C_2 分別為何？他在第一期會儲蓄或借款多少金額？

5. 張無忌今年 32 歲，終於找到穩定工作，並可自由選擇工作年限，工資給付方式如下：工作期間的年薪為 3 萬元，退休金 (退休後領) 為工作年數乘以 2.2 萬元。張無忌經由國師算命可活到 80 歲 (從任職起可再活 48 年)，

故其人生可分成兩階段：第一階段為工作階段，工作時間 N 年，消費總額為 C_1；第二階段為退休階段，退休時間為 R 年，消費總額為 C_2。假設張無忌除工作所得與退休金外，並無其他所得。當第一階段所得與消費不相等時，前往銀行存款或貸款的利率均為 10%。試回答下列問題：

(a) 試問張無忌的終身 (32 歲以後) 預算限制式為何？

(b) 張無忌的終身效用函數為 $U = C_1(C_2 R)^{0.5}$，試問：他追求終身效用極大的工作時間 N、兩期消費 C_1 與 C_2 各為何？第一階段為儲蓄或貸款？其金額為何？

6. 某國的消費函數為 $C = 150 + 0.85 y_p$，y_p 是恆常可支配所得。假設該國消費者係以 $y_P = 0.5(y_d + y_{d-1})$ 來估計恆常可支配所得，y_d 是實際可支配所得。試回答下列問題：

(a) 假設第一年與第二年的 $y_d = 3,000$，試問：第二年的消費為何？

(b) 短期與長期的邊際消費傾向為何？

7. 趙敏與張無忌兩人遵守 Fisher 的兩期消費模型，趙敏在兩期分別賺取 250，而張無忌在第一期無所得，而第二期賺取 540。兩人均可以利率 r 借貸。試回答下列問題：

(a) 兩人在兩期各自消費 250，試問利率為何？

(b) 當利率上升後，趙敏在第一期消費將如何變化？會因利率上漲而變得更好嗎？

(c) 當利率上升後，張無忌在第一期消費將如何變化？會因利率上漲而變得更好嗎？

8. 在兩期模型中，張無忌的跨期效用函數為 $U(C_1, C_2) = C_1^{0.5} + C_2^{0.5}$，$C_i$ 為 i 期消費，r 為利率，T_i 是 i 期定額稅，Y_i 為 i 期所得。試回答下列問題：

(a) 為求簡化，$Y_1 = Y$，$Y_2 = T_1 = T_2 = 0$，試問張無忌面對的終身預算限制式為何？並推演出以 Y_i、T_i 與 r 表示的張無忌第一期消費支出？

(b) 延續 (a) 題，當利率上漲時，對第一期儲蓄的衝擊為何？請以所得效果與代替效果來說明。

(c) 假設 $Y_1 = Y_2 = 100$，$T_1 = T_2 = 12$，$r = 10\%$，試計算第一期消費與儲蓄為何？

(d) 延續 (d) 題，假設政府的兩期支出 $G_1 = G_2 = 20$，但是政府降低第一期稅收為 $T_1 = 10$，試問：政府的跨期預算限制，並顯示第二期稅收 T_2 應該為何？此舉將對第一期消費與儲蓄產生何種影響？

👍 **網路練習題**

- 請連結行政院主計總處網站 (http://www.dgbas.gov.tw/)，查閱有關台灣消費支出結構，同時計算其組成比率的變化趨勢。

投資理論

個案導讀

行政院主計總處在 2021 年 3 月初發布預測全年經濟成長率為 4.64%，而「投資」對整體經濟成長率貢獻為 0.83%；國內投資毛額 (包含公共投資) 為 4.9 兆元，民間固定投資首度突破 4 兆元，投資率為 23.47% 創近十一年新高。投資是擴增產能與促進產業升級轉型的動力，近十年來，國內製造業附加價值率從 2011 年的 19.9% 一路攀升至 2019 年的 29.9%，2020 年則突破三成，其中的 ICT(資通訊) 產業附加價值率則由 2011 年 27.7% 攀升至 41.0%，遠高於整體製造業表現。

在過去，台灣的半導體與資通訊產品終端應用集中在手機上，衍生「一顆蘋果救台灣」的情景。然而隨著 5G 與 AI 發展，物聯網呈現爆發性成長，再加上半導體先進製程進入門檻極高，面對全球半導體需求大幅擴增，資通訊產業將可脫離倚賴蘋果手機銷量的窘境。尤其是本土企業、外商與回流台商投資在 2021 年三箭齊發，其中的台商回台投資方案，預估將落實 2,259.3 億元。國內半導體、5G、綠能與車用投資都呈現明顯擴張，而半導體業在推動先進製程與供應鏈在地化趨勢，加上半導體業產能供不應求下，相關廠商擴大投資，如台積電資本支出已經向上調升至 300 億美

元、而聯電則為 15 億美元。

就台灣半導體供應鏈而言，國內所需材料與設備仍然依賴外商，但在晶圓代工市占率支撐下，2020 年英特格 (Entegris)、日本德山 (Tokuyama) 與信越化學 (Shin-Etsu Chemical) 紛紛宣布擴大在台投資生產設備與材料就地供應，將助於完善產業聚落。此外，隨著 5G 相繼開台，除電信商基地台設置等基礎建設投資外，預期 2021 年相關智慧應用將逐步落地，5G、物聯網迎來商機爆發，加上 5G 設備有望擺脫 4G 時代供應商整機出貨情形，ORAN(開放網路架構) 也提供台廠切入白牌設備商機。再就綠能方面，由於 2020 年受新冠肺炎疫情影響，離岸風電風廠設置延宕，2021 年將加緊建置，目標是太陽光電 8.75GW、離岸風電 1.25GW。在此，投審會已在 2020 年核准多件重大再生能源投資案，包括從事離岸風電的沃旭 (Orsted) 投資 598 億元、哥本哈根基礎建設基金 (Copenhagen Infrastructure Partners, CIP) 為 77 億元、東京電力 (Tokyo Electric Power Company Holdings) 投資金額為 40.5 億元。

淨現值法
未來現金淨流量的總現值扣除投資額現值，現值為正即可進行投資。

本章將探討廠商如何運用淨現值法 *(NPV)* 來評估投資計畫，並說明 Keynes 的投資邊際效率概念。其次，將探討新古典投資理論內涵，說明資本的使用者成本的內涵。接著，將說明投資的加速原理內涵，探討 q 比例理論與新古典理論的關聯性。最後，將說明存貨理論與住宅投資的內涵，探討投資資金供給的構成。

14.1 淨現值方法

14.1.1 淨現值方法

體系內投資支出，包括企業固定投資 (如機器設備)、廠房建築 (住宅) 與存貨變動三種，而決定各種投資支出的因素各不相同。廠商預擬進行投資，將會編列資本預算 (capital budgeting)，隨後再以下列方法評估：

(1) 淨現值 (net present value, *NPV*)　將所有現金流入量折現值減去所有現金流出量折現值，篩選法則是挑選淨現值為正的投資計畫。

(2) 內部報酬率 (internal rate of return, *IRR*)　能讓所有現金流量淨現值恰好為零的利率，亦即能讓現金流入與流出兩者現值相等的利率，評判標準是內部報酬率超過資金成本率的投資案即屬可行。

(3) 還本期間 (payback period, *PP*)　此係指投資成本回收的期間，回收期愈短的投資計畫更爲可以執行。

(4) 本益比 (cost-benefit ratio, *B/C*)　或稱現值指數法 (present value index method)，此即是將各年淨現金流入折現成總利益 B，再除以期初投資的折值總成本 C 的比例。

基本上，上述四種評估方式均源自現值法，廠商擬定資本預算，主要係以淨現值法 *NPV* 評估，將投資案在生命循環期限 *n* 內產生的現金淨流量 Y_t，依據其適用的市場利率折算成現值，再扣除期初或各期投資金額現值的淨額，計算公式如下：

淨現值 = 未來現金淨流量的總現值 − 投資額現值

$$NPV = -I_0 + \frac{Y_1}{(1+i)} + \frac{Y_2}{(1+i)^2} + ... + \frac{Y_n}{(1+i)^n}$$

$$= \sum_{t=1}^{n} \frac{Y_t}{(1+i)^t} - I_0$$

在上述公式中，廠商使用的每期貼現率 *i* 無須一致，可透過利率期限結構 (terms structure of interest) 求出每一期的利率來進行評價。廠商評估投資案淨現值，通常依據下列步驟進行：

• 預估投資案在未來年限中，產生的現金淨流量。
• 選擇合適貼現率，將每期淨現金流量折算成現值，各期淨現金流量若相等，可依年金現值係數折算；若是不等，則將各期現金淨流量分別按各自的複利現值指數折算，再累加爲未來淨現金流量的總現值。

廠商以淨現值法評估投資計畫，決策原則是：

• 廠商僅有單一計畫，淨現值 *NPV* > 0 則付諸執行；反之，則予以放棄。
• 廠商面對互斥的計畫，需視利率爲何，再比較計畫淨現值而定。

上述淨現值法係假設未來現金流量爲確定值，採取貼現率是無風險利率，此一狀況不符合投資過程潛藏的不確定性特質，廠商因而採取兩種方式修正：

• 風險調整貼現率準則　投資決策宜評估風險因素影響，調整選用的貼現率。*k* 代表風險性資產的貼現率，$\delta = k - i$ 是風險溢酬，預期現值 *E(PV)* 等於未來預期盈餘 $E(X_i)$ 的貼現值，

$$E(PV) = \sum_{i=1}^{n} \frac{E(X_t)}{(1+k)^t}$$

至於廠商選取風險調整貼現率的方法包括：(1) 公司的資金成本、(2) 風險報酬取捨的換算、(3) 估算資本成本、(4) 資本資產定價模型 (capital asset pricing model, *CAPM*) 或套利定價理論 (arbitrage pricing theory, *APT*)，不過選擇調整方法將涉及主觀因素的成分。

資本資產定價模型
當資本市場達成均衡，風險性資產要求的預期報酬率將與市場風險呈現直線關係。

套利定價理論
依據無風險套利原則，風險資產報酬率將與多個因素存在線性關係。

• **確定等值準則**　廠商面對不同風險程度，將會影響投資決策。尤其是對風險怯避廠商而言，將會隨著風險遞增而要求增加風險溢酬補償，亦即要求預期盈餘增量必須超越風險增量，預期未來現金流量的確定等值可表為：

$$確定等值 = \alpha_x E(X)$$

調整係數 $0 \leq \alpha_x \leq 1$ 將隨風險遞增而下降。$\alpha_x = 1$ 表示無風險投資，$\alpha_x = 0$ 意味著風險太大，不值得投資。經過上述調整，風險性資產的預期報酬變成確定情況下，相等價值的報酬，或稱確定等值。估算投資計畫的預期現值 *PV* 將可變為：

$$E(PV) = \sum_{t=1}^{n} \frac{\alpha_t E(X_t)}{(1+i)^t}$$

i 是無風險利率，$E(X_t)$ 是投資計畫預期在未來 t 期的盈餘。確定等值準則將風險因素引進現值公式，僅須將預期盈餘改為乘上適當調整係數的確定等值盈餘，就可得到風險性計畫的預期現值公式。

觀念問題

• 高僑董事會評估甲、乙兩種投資案的成本均為 18.72 億元，使用年限為二年。甲案預期第一年收益 11 億元，第二年收益 12.1 億元；乙案第一年收益 10.692 億元，第二年收益 10.89 億元。試依據淨現值法，說明當利率分別為 15% 或 10% 時，董事會應該如何選擇？

14.1.2 投資的邊際效率

Keynes (1936) 將投資的邊際效率 (marginal efficiency of investment, *MEI*) 定義為：「在耐用期限內，能使資本資產預期報酬的現值等於其供給價格的貼現率」，該貼現率又稱為內部報酬率 (*IRR*)。廠商使用該方法評估投資計畫，尋找能讓未來淨現金流量現值為零的利率，讓現金流入現值等於現金流出現值，從而避免任意選取貼現利率。依據淨現值法的評估標準，針對單一投資計畫，只要 $NPV(i) > 0$ 就值得付諸執行，此時的現金流入現值將超過現金流出現值。淨現值 $NPV(i)$ 是利率的函數，某一利率 r 能讓 $NPV(i) = 0$，即是邊際採納點，$i > r$ 將讓 $NPV(i) < 0$，廠商應該放棄執行投資計畫，是以定義 $NPV(i) = 0$ 的利率為內部報酬率，此時投資案產生的未來現金流量現值等於期初投資。

投資的邊際效率

能使資本資產預期報酬的現值等於其供給價格的貼現率，或稱內部報酬率。

$$NPV = \sum_{t=1}^{n} \frac{Y_t}{(1+i)^t} - I_0 = 0$$

當 $NPV = 0$ 時，貼現率等於內部報酬率，$i = r$。上式是利率 i 的 n 次多項式方程式，若能解出該方程式的根是實數，即是內部報酬率。廠商決策的標準是：r(內部報酬率) 大於資金成本 i，就可執行該計畫，否則就應放棄。在求解過程中，多項式 $NPV(i)$ 函數有可能無解、虛數解或多數解，面對互斥案件，並非在所有狀況下皆符合追求價值極大化原則。

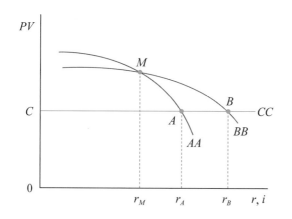

圖 14-1

投資計畫現值與內報酬率

圖 14-1 顯示投資計畫現值與內部報酬率的關係。廠商面對 A 與 B 兩個相同預算值 C 的投資計畫，兩者在未來產生的現金流量不同，其淨現值與貼現率 i 呈反向關係，即如 AA 與 BB 兩軌跡所示。A 與 B 計畫的淨現值軌跡交於 M 點，決定的貼現率 r_M 將讓兩者淨現值相等。依據淨現值法的評估原則，當市場利率 $i < r_M$，A 計畫淨現值高於 B 計畫，廠商應該選擇 A 計畫。反之，當市場利

率 $i > r_M$，A 計畫淨現值小於 B 計畫，廠商應該選擇 B 計畫。另外，AA 與 BB 兩軌跡與投資成本曲線 CC 分別交於 A 點與 B 點，決定兩者的內部報酬率為 r_A 與 r_B，只要 $i < r$ 均值得執行。不過投資計畫的優劣順序係因利率變化而變，廠商無法依據內部報酬率來排列。

古典學派與 Keynesian 學派對投資函數是否具有利率彈性的看法不一。在此，可就淨現值 NPV 對市場利率微分：

$$\frac{\partial NPV}{\partial i} = -\sum_{t=1}^{n} \frac{iY_t}{(1+i)^{t+1}}$$

再就上式兩邊乘上 $(\frac{i}{NPV})$，可得投資計畫淨現值的利率彈性：

$$\varepsilon(NPV, i) = (\frac{i}{NPV})(\frac{\partial NPV}{\partial i})$$

$$= -i \cdot (\sum_{t=1}^{n} \frac{Y_t}{(1+i)^t})^{-1} (\sum_{t=1}^{n} \frac{iY_t}{(1+i)^{t+1}})$$

一般而言，Keynesian 學派強調短期分析，廠商進行一期投資計畫，上述利率彈性將是：

$$\varepsilon(NPV, i) = -(\frac{i}{1+i})$$

$$= -(\frac{1}{1+(1/i)})$$

假設市場利率 $i = 2\%$ 將讓上述利率彈性是 0.014，明顯缺乏利率彈性，從而證實 Keynes (1936) 所稱投資取決於「動物本能」，反映短期投資需求或投資的邊際效率軌跡缺乏利率彈性，呈現投資陷阱狀況。反觀古典學派偏向長期觀點，廠商投資決策屬於長期性質，隨著時間 t 趨於無窮大，利率在投資決策中扮演角色日益重要，上述利率彈性變大，反映長期投資需求或投資的邊際效率軌跡具有高利率彈性。

最後，還本期間方法即是廠商投資成本 I_0，未來將會產生一連串的收益川流，其貼現值可在幾年內彌補投資成本，回收期間愈短，則愈值得投資。另外，本益比方法即是一連串收益川流的現值相對投資成本的比例 $\frac{PV}{I_0}$，比例愈高將愈值得投資。

知識補給站

傳統上，廠商採取淨現值法，係在確定投資規模、專案的執行時間長度；以及專案通過立即付諸執行等條件下，進行評估投資專案，忽略環境變化調整策略的可能性，從而錯估投資計畫的真實價值。是以從 1990 年代起，廠商開始引進實質選擇權 (real option) 概念，投資計畫價值將由傳統的淨現值與實質選擇權價值構成，大幅提升決策精準度。廠商面對的實質選擇權類型，包括：

(1) 擴大或縮減選擇權 (expansion or contraction option) 就景氣循環產業而言，廠商將視市場變化調整計畫規模，景氣復甦即擴大投資、景氣衰退則縮減投資。

(2) 延遲選擇權 (deferment option) 廠商選擇有利時點投資，如投資計畫淨現值超過投資金額，石油公司方才執行開採油井計畫；計畫淨現值小於投資金額，則延緩開發天然資源。

(3) 終止選擇權 (termination option) 為避免損失擴大，廠商選擇放棄投資與退出市場，如化工業擁有產品專利權並已著手生產，卻因製程無法滿足環保要求，即隨時終止計畫，此一狀況適用於不確定市場產品的導入。

(4) 轉換選擇權 (switch option) 廠商依據市場需求變化而調整投資計畫，如玩具業者依據市場流行調整產品種類，或電力公司於用電尖峰期間，全面開啟生產設備，而於離峰期間關閉部分產能，此一狀況適用於原料零件工業、電力、農業等。

(5) 階段選擇權 (stage option) 對藥品研發業、IC 設計業或大型公共建設而言，廠商分次將資金投入各成長時期，每階段績效將影響往後決策，如藥廠在研發新藥過程中，隨著成功機率上升，研發投入隨之增加。

(6) 成長選擇權 (growth option) 針對基礎建設或策略性產業而言，在市場、生產線或技術已知下，廠商擁有未來成長機會的選擇權，如通訊業利用光纖設備網路於今日傳輸資訊，未來可因網路需求獲得成長機會。

(7) 複合選擇權 (compound options) 在選擇權中附加其他選擇權，廠商依據未來變化再選擇不同執行方式，並未在初期決定所有決策。

廠商執行正確決策將可獲取利潤，決策錯誤則需付出代價。面對不確定環境，廠商善用實質選擇權，將能精確評估投資計畫的預期報酬與風險：

(1) 彈性 依據未來發展而做出不同選擇，情勢有利可執行某種決策，環境不利則改弦易轍，不同決策獲取的報酬自然不同。

(2) 風險控管 廠商建立評價模型，依評估結果運作，精確掌控風險與預期報酬。

(3) 一致性及便利性 廠商運用評價模型試算所有實質選擇權產生的預期報酬，只要輸入不同變數即可獲得結果，參考數據具一致性且方法便利。

觀念問題

- 加百裕公司評估購買甲乙兩種設備的成本均爲 18.72 億元，使用年限爲兩年。甲設備預期第一年收益 11 億元，第二年收益 12.1 億元；乙設備第一年收益 10.692 億元，第二年收益 10.89 億元。試依據投資邊際效率法，說明當利率分別 15% 或 10% 時，何種設備將無投資價值？
- 聚隆纖維購入尼龍加工絲設備，價格爲 2,000 萬元，耐用年限兩年，兩年的預期毛收益爲 1,200 萬元與 1,440 萬元，而設備在兩年後將無剩餘價值，試計算其投資邊際效率爲何？
- 試說明下列現象對投資邊際效率的影響？
  (1) 資本財價格上升。
  (2) 產業升級條件緊縮資本財加速折舊的年限。
  (3) 預期國際原油價格飆漲。
  (4) 資金供給者降低附加違約風險溢酬。

14.2 新古典投資理論

14.2.1 最適資本存量的決定

　　新古典投資理論源自於 Irving Fisher (1930) 的《利息理論》(*The Theory of Interest*)，然而直至 1960 年代，Hirschliefer (1958、1970) 與 Dale Jorgenson (1963) 方才系統化研究影響廠商投資決策的因素，結合廠商追求利潤極大化的資本財需求理論與分配遲延的存量調整臆說 (distributed lag stock-adjustment hypothesis)，推演出反映個體經濟變數與總體投資支出間的關係。

　　Jorgenson (1963) 從追求廠商價值極大化著眼，運用跨期分析探討穩定狀態下的廠商投資行爲。爲求簡化，我們運用新古典生產函數求解廠商使用的最適固定資本存量：

$$Max \quad \pi = PQ - WN - \rho K$$
$$S.\,t. \quad Q = F(N, K)$$

P 是廠商生產的商品價格，W 是貨幣工資，ρ 是資本的使用者成本或隱含的租賃價格 (implicit rental price)，Q 是新古典生產函數。廠商追求利潤極大，雇用勞工與使用資本的最適條件如下：

$$\frac{\partial \pi}{\partial N} = PF_N - W = 0$$

$$\frac{\partial \pi}{\partial K} = PF_K - \rho = 0$$

就上述兩條方程式聯立求解，可得廠商使用的最適勞工與資本數量。圖 14-2 顯示在勞工僱用數量固定下，廠商的資本需求可用邊際資本產值 (value of marginal product of capital, VMP_K) $PF_k(K, N_0)$ 表示，該軌跡呈現負斜率 (資本邊際報酬遞減)。假設資本的使用者成本 ρ 與資本數量無關，當 $PF_K(K, N_0)$ 曲線與 ρ 直線交於 E 點，將可決定廠商使用的最適資本存量 K^*。如果廠商目前的實際使用資本數量 K_0，兩者間存在資本缺口 (capital gap)，此即廠商必須投資補足部分。一般而言，在彌補資本缺口的過程中，廠商將面臨兩種成本，導致投資活動出現遲滯現象：

> **邊際資本產值**
> 廠商增加資本使用所增加的產品價值。

> **資本缺口**
> 廠商使用資本數量與最適資本數量的差額。

- 內部成本 (internal cost)　廠商蒐集相關訊息進行評估，擬定投資計畫，同時調整內部組織與決策模式所需負擔的成本與時間落後。
- 外部成本 (external cost)　廠商購買機器設備補足缺口，將需同時訓練員工配合新機器設備操作。不過短期資本財供給彈性較小，廠商彌補資本缺口的投資活動若過於急迫，勢必付出較高代價。

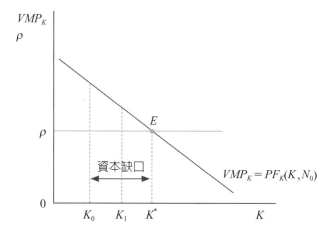

> **圖 14-2**
> 最適資本存量的決定

有鑑於此，Jorgenson 採取漸進調整臆說 (gradual adjustment hypothesis)，認為廠商通常分期逐步補足資本缺口，並非一次完成。廠商原先使用資本存量

> **漸進調整臆說**
> 廠商為降低投資成本，採取分期投資來補足資本缺口。

K_{t-1}^*，當經濟因素變動造成最適資本存量 K_t^* 發生變化，資本缺口 $K_t^* - K_{t-1}^* > 0$ 意味著廠商將進行淨投資補足資本缺口，若屬立即完成，則 $I_t^N = K_t^* - K_{t-1}^* > 0$。實務上，廠商基於成本考量，$t$ 期的預擬淨投資將是 $t-1$ 期最適資本存量變動的某一比例：

$$I_t^N = I_t - \delta K_{t-1}^* = \lambda_0 (K_t^* - K_{t-1}^*) + \lambda_1 (K_{t-1}^* - K_{t-2}^*) +$$

I_t 是投資毛額，δ 是折舊率。λ_i 是廠商在 i 期補足資本缺口的比例或調整速度，將隨時間推演而遞減。舉例來說，國內石化產業使用固定替代彈性 (CES) 的生產函數 y：

$$y = \gamma \left[\alpha K^{-\phi} + (1-\alpha) N^{-\phi} \right]^{-1/\phi}$$

γ 是規模參數，$\phi = 1/\sigma^{-1}$ 是替代參數，$\sigma > 0$ 為替代彈性，α 是分配參數。依據前述推演結果，石化產業使用的最適資本數量 K^* 將是：

$$K^* = Ay\left(\frac{P}{\rho}\right)^\sigma$$

$A = (\gamma^\phi \alpha^{-1})^{-\sigma}$ 為常數。假設因素的替代彈性 $\sigma = 1$，且不考慮補足資本缺口遲延的問題，廠商淨投資將等於最適資本數量 K^* 的變動：

$$I_N = dK^* = d\left(\frac{APy}{\rho}\right)$$

$$\text{或} \quad dK^* = I_N = yd\left(\frac{AP}{\rho}\right) + \left(\frac{AP}{\rho}\right)dy$$

依據上述結果，廠商預擬使用最適資本存量，將取決於產出 y 與資本的使用者成本 ρ，產出增加促使使用的最適資本存量愈大，資本的使用者成本上升將降低所需使用的最適資本存量。

總體經濟理論學者：**Dale Weldeau Jorgenson (1935~)**

(一) 生平

1933 年 5 月 7 日出生於美國 Montana 州的 Bozeman。1955 年獲得 Reed 學院學士。1959 年獲得哈佛大學博士學位，旋即前往加州 Berkely 大學任教，並於 1969 年轉往哈佛大學任教至今。1971 年獲得 John Bates Clark 獎，獎勵其研究投資行為的貢獻。1987 年擔任計量經濟學會主席。1991 年成為國家研究委員會的科學、技術和經濟政策 (Board on Science, Technology, and Economic Policy of the National Research Council) 的創始會員董事，並於 1998~2006 擔任董事會主席。1994~1997 年擔任哈佛大學經濟系主任，2000 年擔任美國經濟學會主席。2000~2003 年擔任國家科學院經濟科學主席。

(二) 對總體理論貢獻

Jorgenson 發表《資本理論與投資行為》(*Capital Theory and Investment Behavior*, 1963)，將資本成本的重要特性引進投資活動，構成總體理論攸關投資需求模型的基礎。爾後，Jorgenson 在 1990 年提出衡量福利的計量方法，衍生出衡量生活成本以及針對生活水準、所得不均和貧窮的新方法。另外，Jorgenson 與 Peter J. Wilcoxen (2000) 運用一般均衡計量模型調查有關能源、環境、貿易與租稅政策的評價，建立描述環境政策分析的新方法。

總體經濟理論學者：**David Hirshleifer (1925~2005)**

(一) 生平

1925 年 8 月 26 日出生於美國紐約 Brooklyn。1945 年與 1950 年分別取得哈佛大學學士與博士。1949~1955 年任職於 Santa Monica 的 RAND 公司。1955~1960 年擔任芝加哥大學教授。1960~2001 年任教於加州大學洛杉磯分校。2005 年 7 月 26 日過世，享年 80 歲。

(二) 對總體理論貢獻

Hirshleifer 致力於不確定性和訊息經濟學，也投入衝突的經濟分析 (包括戰爭、犯罪、訴訟、罷工和停工、再分配政策和清除業務) 與鑽研生物經濟學 (bioeconomics)。從 1958 年起，Hirshleifer 針對 Irving Fisher 的《利息理論》內容，發表一系列攸關不確定性狀況下的投資決策與資本理論的文章，出版《投資、利息與資本》(*Investment, Interest, and Capital*, 1970)，成為新古典投資與資本理論的經典著作。

14.2.2 資本的使用者成本

基本上，資本的使用者成本涵蓋無風險資產報酬率 i、固定資產折舊率 δ 與資本財價格 P 三部分：

- 廠商購買資本財的價格為 P，該資本財的本期機會成本 iP，可用無風險資產報酬率 i 衡量。
- 廠商購買固定資產後，每期必須承擔折舊 δP。
- 廠商購買固定資產設備，預期資本財價格上漲而享有預期資本利得 gP，$g = \dfrac{dP}{P}$ 是預期資本財利得率。

前兩者之和在扣除第三項後，將相當於廠商向租賃公司租賃設備生產所需支付的租賃費用：

$$\rho = (i + \delta - g)P$$

上述資本的使用者成本並未考慮租稅因素。政府為提升投資誘因，促進產業升級，經常提出各種租稅優惠條例，包括加速折舊與投資抵減等措施，用以降低資本的使用者成本。表 14-1 係國內《促進產業升級條例》中有關廠商投資支出的租稅減免項目。

表 14-1

國內投資的租稅減免內容

促進產業升級條例	租稅優惠內容
第 5 條	公司購置專供研究與發展、實驗或品質檢驗用之儀器設備及節約能源或利用淨潔能源之機器設備，可採取兩年的加速折舊。
第 6 條	針對自動化、資源回收、防治汙染、節約能源、網際網路、通訊及電信產品、及數位產品等設備或技術投資金額的 5%~20%，投資於研發及人才培訓支出金額的 35%，公司可享有營利事業所得稅額抵減利益。
第 7 條	在經濟發展遲緩地區，特定產業投資一定金額或增僱一定員工者，公司可享有投資金額 20% 之營利事業所得稅額抵減利益。
第 8 條	針對新興重要策略性產業，公司或個人持有原始認購該產業之股票達三年以上者可享有：(1) 營利事業以其取得該股票價款 20% 抵減營利事業所得稅額。(2) 個人以其取得該股票價款 10% 抵減綜合所得稅。

資料來源：《促進產業升級條例》。

接著，廠商營運獲利必須繳納營利事業所得稅 θ (台灣目前是 20%)，是以資本的使用者成本將修正如下：

- **機會成本**　購買資本財的融資成本可從營運所得扣除，稅後機會成本是

$(1-\theta)i$。

- 折舊費用　廠商購買資本財提列折舊費用，可從營運所得扣除，減輕租稅負擔，故可修正為稅後概念 $(1-\theta)\delta$。
- 投資抵減 (tax credit)　廠商購置資本財享有各種投資抵減，從而降低投資成本。

綜合上述考慮，廠商購買資本財從事生產，每期必須承擔的成本或隱含的租賃價格將修正如下：

$$\rho = \frac{\left[(1-\theta)i + \delta\right](1 - k - \theta z)P}{(1-\theta)}$$

在上式中，當預期資本財價格 P 不變，預期資產價值變動的資本利得為零 $g = 0$。k 是每元資本財的租稅抵減率 (如 5%~20%)，z 是折舊現值占資本財價格的比率。是以政府可採取降低營利事業所得稅率 θ、提高投資抵減率 k、縮短廠商加速折舊年限，提高折舊現值占資本財價格的比率 z 等措施，透過降低資本的使用者成本，提升廠商投資誘因。

觀念問題

- 試說明體系內投資支出的組成內涵？
- 何謂資本使用者成本？影響該成本的因素有哪些？如何發揮影響？
- 試說明資本使用者成本與預期資本邊際產量如何決定最適資本水準？
- 依據新古典投資理論，當廠商認定預擬的資本水準後，將如何決定其最適投資支出數量？
- 試說明預期資本邊際產量、資本使用者成本與租稅等因素變動，將如何影響預擬使用的資本水準與投資？

14.3 加速原理

Albert Aftalion 在《生產過剩的週期性危機》(*Periodic Crisis of overproduction*, 1913) 中，率先指出投資的加速原理概念，爾後由 J. M. Clark 在《營業額增速與需求法則：景氣循環的一個技術性因素》(*Business Acceleration and the Law of Demand: A Technical Factor in Economic Cycles*, 1917) 首先推出簡單加速

原理模型，A. C. Pigou (1927) 也加入討論，將其視為影響投資和解釋景氣循環的重要因素。直至 R. S. Eckaus (1953) 在《重新審議加速原理》(*The Acceleration Principle Reconsidered*, 1953) 則是提出攸關該理論的重要假設如下：

- 在訊息完全下，廠商將能由某一均衡狀態調整至另一均衡狀態。
- 不考慮廠商能否取得融資，以及資本設備無法細分的問題。
- 廠商產能滿載無閒置現象，資本財產業處於充分就業。

廠商使用的生產函數屬於 Leontief 型態，資本產出係數固定，或資本 K_t 與產出 y_t 間呈現固定比例關係：

$$\frac{K_t}{y_t} = \beta$$

$$或 \quad K_t = \beta y_t$$

就上式對時間微分，可得淨投資 I_t^N 與產出變動間呈現固定比例關係：

$$\frac{dK_t}{dt} = I_t^N = \beta \frac{dy_t}{dt}$$

再就上式對時間微分，可得淨投資變動率與產出變動率加速度呈固定比例關係：

$$\frac{dI_N}{dt} = \beta \frac{d^2y}{dt^2}$$

體系內投資毛額可表為：

$$I_t = \beta \frac{dy_t}{dt} + \delta K_t$$
$$= \beta \frac{dy_t}{dt} + \delta(\beta y_t)$$
$$= \lambda \beta(y_t - y_{t-1}) + \delta(\beta y_t)$$

加速數

投資支出與產出變動加速度呈固定比例關係。

在此，資本產出係數 β 即是加速數 (accelerator)。當 $\beta \frac{dy_t}{dt} < 0$ (產出下降造成負投資率) 大於 $\delta(\beta y_t)$ (實際折舊)，似乎暗示毛投資為負值，但卻不符事實。由於毛投資不為負值，故需附加 $I_t \geq 0$ 的條件，此將讓體系出現產能過剩時，加速原理將喪失作用。換言之，當體系產出下降或無法持續擴張時，廠商將面臨產能過剩狀態，尤其在產能未充分運用，產出增加幅度不夠或過剩產能未被折舊完畢前，廠商不會進行毛投資。另外，基於漸進調整臆說，廠商不會

在一期內補足資本缺口，上式又將修正為：

$$I_t = \lambda\beta\frac{dy_t}{dt} + \delta(\beta y_t)$$
$$= \lambda\beta(y_t - y_{t-1}) + \delta(\beta y_t)$$

$\lambda\beta$ 是浮動加速數 (flexible accelerator)。λ 是調整速度，廠商將視市場需求不確定性與資本財產業的產能是否趨近滿載而定，並將隨著利率上漲而攀升。值得注意者：廠商使用最適資本數量顯然與未來產出變動有關，上式的實際產出將修正為預期產出 y_t^e，預期因素因而進入加速原理的投資函數中。

$$I_t = \lambda\beta\frac{dy_t^e}{dt} + \delta(\beta y_t)$$

除上述型態外，Samuelson在「乘數—加速數模型」中，修正加速原理為「廠商在t期所需的資本K_t，將取決於前期產出y_{t-1}」，投資函數可表示如下：

$$K_t = \beta y_{t-1}$$
$$I_N = \beta\frac{dy_{t-1}}{dt} = \beta(y_{t-1} - y_{t-2})$$

由於消費與所得間存在固定比例關係，$C_t = \alpha y_t$，α 是邊際消費傾向。是以加速原理的投資函數又將取決於消費的變動：

$$I_N = \beta(y_{t-1} - y_{t-2})$$
$$= \frac{\beta}{\alpha}(C_{t-1} - C_{t-2})$$

最後，加速原理的基本涵義是：

- 體系內投資支出將取決於產出變動量而非產出水準。
- 在景氣循環過程中，產出擴張促使淨投資為正值，每期產出增加相同，$\frac{dy}{dt} = a_0$，淨投資將維持固定水準。在景氣擴張期間，每期產出以遞增速度擴張，$\frac{d^2y}{dt^2} > 0$，淨投資將呈遞增現象；反之，每期產出以遞減速度擴張，$\frac{d^2y}{dt^2} < 0$，淨投資則呈遞減現象。一旦景氣衰退造成產出下降，反投資現象將會出現，亦即資本設備的替換投資 (折舊) 將會停止。
- 在其他因素不變下，加速原理說明國內產出變動是影響投資支出的重要因

素，而實際影響投資的因素不僅限於產出而已。另外，加速原理僅適用於產能已經滿載情況，產能若是閒置，加速原理將無法發揮作用。

觀念問題

- 試以加速原理內涵評論下列敘述：
  (1) 依據加速原理，體系內投資支出將與國民產出呈現同向遞增關係。
  (2) 當體系內存在閒置資本設備時，廠商的投資行為仍可用加速原理解釋。
  (3) 加速原理指出廠商擬定投資決策將視消費支出變動而定。

14.4　q 比例理論

在 1960 年代，Tobin (1969) 基於新古典投資理論發展出投資模型，並將焦點放在資產價格變化對投資支出的影響，同時提出衡量廠商資本數量的方法：

重置成本
重新投資資本設備的成本。

- 廠商擁有資本的市場價值，亦即廠商市場價值將反映在股票市場。
- 廠商資本的重置成本 (replacement cost)，亦即若從頭開始再來一遍，重新建立該廠商需要耗費的成本。

q 比例
廠商市場價值與購置資本成本的比值。

由於廠商資本的整體價值可能超越其個別部分的價值總和，促使廠商所有資本的市場價值迥異於資本的重置成本，是以 Tobin 提出 q 比例 (q ratio) 的定義如下：

併購溢酬
廠商的估計價值與被併購的實際價值之間的差額。

$$q = \frac{廠商市場價值(=股票價格 \times 股數)}{廠商資本購置成本}$$

平均 q 比例
廠商的市場價值相對其固定資產價值的比率。

廠商追求提升其市場價值，當 $q > 1$ 時，廠商發行新股籌集資金，購買新生產的資本財比較有利，此舉將會增加投資需求，q 值愈高，投資誘因越大。反之，當 $q < 1$ 時，廠商購買既有的資本財比新生產的資本財便宜，將缺乏擴廠投資誘因。舉例來說，平均的 $q=0.6$，而超過市場價值的平均併購溢酬 (merge premium) 是 50%，最後併購價格將是 0.6 乘以 1.5，相當於公司重置成本的 90%，是以平均資產收購價格仍比當時的重置成本低 10%。

邊際 q 比例
廠商增加一單位資本財所預期增加的市場價值，相對於重置成本的比率。

值得注意者：Tobin 定義的 q 比例是平均 q (average q)，此即廠商的 t 期市場價值，相對廠商的固定資產價值的比例。然而真正影響廠商投資決策的是邊

際 q (marginal q)，此係增加一單位資本財所預期增加的市場價值，相對重置成本的比例。當邊際 $q > 1$ 時，廠商將從事投資活動。反之，當邊際 $q < 1$ 時，淨投資為零而達成均衡狀態。

接著，Andrew Abel (1979)、Hiroshi Yoshikawa (1980) 與 Fumio Hayashi (1982) 指出新古典投資理論只是 q 比例理論的特例，該理論的投資決策不是倚賴過去變數，而是取決於對未來的預期，亦即該理論將未來預期收益評價與股票評價相聯繫。是以 John H. Ciccolo (1977) 採取新古典方法推演 q 比例。假設廠商採取固定規模報酬的 Cobb-Douglas 函數生產，在未來產生預期淨收入 $(PQ-WN)$ 流量的現值，將可反映廠商的市場價值：

$$V = \int_0^\infty (PQ - WN)e^{-(i+\delta-g)t}dt$$

W 貨幣工資，$\rho = i + \delta - g$ 是資本的使用者成本。假設未來商品價格與數量均屬已知，上式將簡化為：

$$V = \frac{PQ - WN}{i + \delta - g}$$

依據 Euler 定理，

$$Q = \frac{\partial Q}{\partial K}K + \frac{\partial Q}{\partial N}N$$

假設商品市場、資本市場與勞動市場均屬完全競爭，廠商雇用勞工的邊際條件為實質工資 w 等於勞動邊際生產力：

$$w = \frac{W}{P} = \frac{\partial Q}{\partial N}$$

將上述兩式代入 V 值：

$$V = \frac{P(\frac{\partial Q}{\partial K})K}{i + \delta - g} = \frac{\alpha PQ}{i + \delta - g}$$

$\alpha = (\frac{\partial Q}{\partial K}) \cdot (\frac{K}{Q})$ 是資本產出彈性。依據 Tobin 平均 q 比例的定義：「資本市場決定的廠商市場價值與重置成本間的比例值」

$$q = \frac{V}{P_K K}$$

P_K 是資本財供給價格。再依據新古典理論，廠商使用最適資本存量的條件如下：

$$P(\frac{\partial Q}{\partial K}) = P_K(i + \delta - g)$$

廠商採取固定規模報酬的 Cobb-Douglas 生產函數，使用最適資本數量將是：

$$K^* = \frac{P(\frac{\partial Q}{\partial K})K}{P_K(i + \delta - g)} = \frac{\alpha PQ}{P_K(i + \delta - g)}$$

綜合前述三式，可得：

$$K^* = \frac{V}{P_K} = qK$$

廠商為求彌補資本缺口，將採取漸進調整臆說投資，考慮折舊後的投資毛額將是：

$$I = \lambda(K^* - K) + \delta K$$
$$= \lambda(qK - K) + \delta K$$
$$= \lambda(q-1)K + \delta K$$

就上式兩邊除以 K，可得資本成長率 $\dot{K}$：

$$\dot{K} = (\frac{I}{K}) = \frac{dK}{(\frac{dt}{K})} = \lambda(q-1) + \delta$$

Tobin 的平均 q 比例係指公司市場價值與重置成本的比例，廠商透過縝密重估公司持有地資產、房地產與商譽等價值，調整公司帳面價值至其真正價值，然後比較其與市場價值的差異性，再決定係在資本市場買進公司股票或自行從事實質資本財投資。

換言之，q 比例串聯資本市場與實質部門，提供連結股票價格與投資支出間的傳遞管道，q 比例高將推動廠商的市場價值高於資本的重置成本，重置新廠房設備成本低於廠商的市場價值。在這種環境下，廠商增資發行股票，將可買到較多資本財，投資支出將會遞增。一旦 q 比例偏低，亦即廠商的市場價值低於資本財的重置成本，廠商將購買其他廠商相對便宜的既有資本財，因而降低投資支出。當央行增加寬鬆貨幣政策後，人們將超額貨幣餘額用於購買股

票,推動股價上漲。股價上漲帶動 q 比例上升,吸引廠商增加發行新股,投入購買實體資本財,促進產出與增加就業。是以央行執行寬鬆政策的 q 比例傳遞過程為:

$$M^s \uparrow (貨幣供給增加) \rightarrow E^d \uparrow (股票需求上升) \rightarrow P_E \uparrow (股份上升) \rightarrow$$
$$q \uparrow (q比例上升) \rightarrow I \uparrow (資本財需求K^d上升) \rightarrow Y \uparrow (產出增加)$$

綜合以上所述,Tobin 的 q 比例將可達成新古典理論的相同結論:

* 預期未來資本邊際產量愈高,將會導致更高的 q 比例與投資。
* 實質利率或有效稅率上升,將會增加資本使用成本,降低 q 比例與投資。
* 資本財價格愈高,將會增加資本重置成本,導致 q 比例的分母上升,而降低 q 比例與投資。

最後,資本市場提供公司股票上市或上櫃交易場所,產生公開交易的牌照價值:

* 股票流動性上升,讓投資人降低要求的流動性溢酬,反映於股票價值提升。
* 股東調度資金方便性上升。
* 廠商募集資金多元化,進而降低資金成本。

隨著資本市場規模日益擴大,q 比例在廠商投資決策中扮演的角色日益重要。隨著台灣高科技產業崛起,在追求成長與擴大規模的過程中,相當依賴資本市場給予的融資。尤其是股票市場興衰導致股價波動,除明顯影響廠商的資金成本外,也將衝擊高科技廠商集資的難易程度,進而波及整體民間投資活動。

* **股市榮枯攸關民間投資意願** 股價波動影響民間投資意願,主要經由下列管道:依據 q 比例理論,多頭市場帶動股價上揚,廠商的市場價值高於重置成本,勢必提高廠商增資發行股票誘因,刺激投資支出;反之,空頭市場促使股價下跌,將對廠商投資意願造成負面效果。
* **資本市場榮景顯示景氣看好** 依據投資的加速原理,此種現象有利於民間投資擴張。面對股價上揚,廠商以高溢價發行新股 (股東權益大增),大幅改善財務結構,降低銀行放款的信用風險加碼,減輕融資成本。實證結果顯示:歐美主要工業國家股市的市值變動,顯著影響民間投資支出,反映股市榮枯明顯衝擊高科技產業集資。

• 高科技產業高度倚賴股市集資　資訊電子業採取股權融資 (直接金融) 比例大幅上揚，向銀行借款 (間接金融) 比重相應下降。此舉顯示資訊電子產業對股市集資的依賴度提高，籌措資金受股市波動影響程度升高。同時，央行採取貨幣政策也會衝擊股票市場，改變廠商投資意願，進而影響實質經濟活動。

觀念問題

• 何謂 Tobin 的 q 比例？該比率如何詮釋廠商從事實體投資決策？
• 試說明 q 比率理論與新古典投資理論的相關性為何？
• 試評論：「在多頭股市中，廠商的市場價值將趨於上升，促使 q 比例日趨擴大，此舉將可提升廠商的投資誘因，有助於擴大實體投資」。

14.5 投資資金供給

　　前述推演的模型均屬於投資需求理論，同時假設廠商的資金來源具有完全利率彈性。實務上，廠商執行投資活動前，將評估資金需求數量、性質與成本等因素，再決定募集資金策略。首先，廠商考慮內部融資策略，以過去累積的折舊、公積金與保留盈餘等內部資金來融通目前資金缺口，而其資金成本通常以安全性資產報酬率衡量。在此，內部資金市場 (internal capital market) 是指擁有多部門廠商或集團企業持有內部資金移轉的虛擬市場。由於廠商或集團企業轄下擁有不同產業部門，各部門成長機會與資金需求未必相等。是以內部資金市場形成有助於廠商將有限資金投注在高成長性產業，提升整體資金效率運用，如鴻海集團、遠紡集團都因有內部資金市場，促使資金運用相對無內部資金市場的廠商更具彈性與效率。圖 14-3 顯示資金邊際成本曲線 (marginal cost of fund curve, MCF) 上的 i_0 利率即是內部資金成本，屬於成本最低廉的資金來源。不過廠商保有的內部資金 OI_0 有限，通常無法滿足大規模投資計畫所引爆的資金需求。

　　有鑑於此，廠商採取外部融資策略，向其他盈餘單位募集資金，此即不同成員在同一時點相互融通資金，屬於外部資金 (external fund) 性質。在向外募集資金的過程中，廠商可採取向民間借貸方式籌資，該類融資活動未受金融法規範或監理，將歸入非正式金融市場的範疇，屬於債務融資性質。廠商向民間

資金邊際成本曲線
廠商增加募集資金而引起融資成本增加的曲線。

外部資金
廠商向其他盈餘單位募集的資金。

部門舉債，後者將需承擔信用風險，故需附加信用風險溢酬，支付借款利率遠高於內部資金成本。

接著，廠商可向正式金融體系尋求融資來源，可採取下列兩種方式：

(1) 直接金融　廠商財務部門可選擇債務融資或股權融資方式募集資金。當廠商投資數量超過 OI_0(內部資金) 而未達 OI_2 時，首先採取發行公司債募集中長期資金，而資金供給者必須承擔違約風險，要求在安全資產報酬率上附加違約風險溢酬，是以融資利率將隨廠商融資數量遞增而上升，此即 MCF 曲線上的 AC 範圍。接著，當廠商投資數量超過 OI_2 後，將需考慮轉向股票市場發行股票募集長期資金，此係自有資金的一環。不過股東 (資金供給者) 持有股票，必承擔公司營運風險 (business risk) 與舉債經營的財務風險 (financial risk)，故將要求財務風險溢酬，廠商支付的股權資金成本遠高於舉債成本，此即 MCF 曲線超過 C 點以上的部分。

> **營運風險**
> 公司營運面對的風險。

> **財務風險**
> 廠商舉債經營，將面臨清償債務本息與利率波動風險。

(2) 間接金融　廠商向創造銀行信用的存款貨幣機構申請融資，由後者徵信調查核准放款後，取得投資所需資金，此係屬於債務融資的一環。同樣的，銀行提供資金將需承擔違約風險，是以隨著融資餘額遞增，融資利率將因附加違約風險溢酬增加而上升，此即反映在 MCF 曲線上的 AC 範圍。

最後，再引進廠商的投資需求曲線或投資邊際效率曲線 MEI，當資金邊際成本曲線 MCF 與投資邊際效率曲線 MEI_1 相交於 A 點時，將可決定均衡投資數量 OI_0 與利率 i_0。假設財政部擴大廠商投資抵減的範圍，促使 MEI_1 曲線右移至 MEI_2，則將引起均衡投資數量上升至 OI_1，而利率上漲至 i_1。

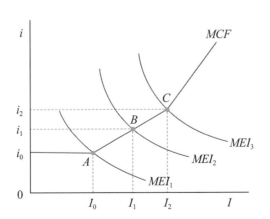

> **圖 14-3**
> 資金邊際成本曲線與均衡投資數量

 問題研討

小組討論題

一、評論題

1. 隨著體系內經濟成長率緩慢下來時，投資支出將會遞減；反之，只要經濟成長率持續上升，投資支出必然會增加。

2. 國內金融市場呈現持續寬鬆現象，但是廠商投資意願卻未見明顯提升，顯見 Keynesian 學派所稱的投資陷阱確實存在。

3. 廠商面臨商品需求不振，導致持有存貨持續累積，不過廠商的投資包括「存貨變動數額」，是以 GDP 反而增加。

4. 新古典學派認為長期投資計畫淨現值的利率彈性極大，反觀 Keynesian 學派卻認為短期投資計畫淨現值缺乏利率彈性。

5. 茂迪公司在 2006 年規劃兩個規模相同的投資計畫，預估未來淨收益分配如下：

	2007 年	2008 年	2009 年	2010 年
A 計畫	3,000	2,500	2,000	2,000
B 計畫	5,500	1,500	500	500

該公司財務部門經過精密計算後，在目前利率水準下，兩者難分軒輊。假設央行決定自 2007 年起，調高利率，則該公司董事會應該毫不猶豫的選擇 B 計畫。

6. 假設台灣在 2003~2005 年的消費 C、投資 I、政府支出 G 與國民所得 Y 的資料如下：(單位：兆元台幣)

	消費 C	投資 I	政府支出 G	國民所得 Y
2003 年	65	20	15	100
2004 年	53	15	12	80
2005 年	47	20	3	70

依據上述資料可知，台灣的消費型態符合「絕對所得理論」，而投資型態則符合「加速原理」。

7. 依據投資加速原理的說法，當實質利率上漲時，將會誘使廠商緊縮投資；而體系產出增加時，將會吸引廠商擴大投資。

二、問答題

1. 高僑公司評估某部自動化設備在未來二年的預期收益分別為 1,100 萬元與 2,400 萬元。假設該公司財務部獲得兆豐銀行同意給予放款利率為 2.5%，而該設備的市場價格為 3,000 萬元。試回答下列問題：
   (a) 董事會是否同意購買該設備？理由是？
   (b) 該設備的投資邊際效率為何？

2. 何謂自發性投資與誘發性投資？加速原理與兩者間的關係為何？

3. 何謂 Tobin 的 q 比例理論？如何利用 Tobin 的 q 比例說明投資決策？該理論對央行執行貨幣政策將發揮何種效果？

4. 試說明所得變動與投資決策的關係，同時解釋誘發性投資對所得水準變動的加速效果。

5. 下列是有關 Jorgenson 新古典投資理論的問題：
   (a) 試問廠商為何追求淨現金流量的現值極大？
   (b) 試定義資本使用者成本，同時說明其與利率間的關係。
   (c) 試說明決定廠商預擬資本存量的因素為何？這項公式隱含投資的浮動加速數理論？

三、計算題

1. 假設台化公司的資本需求為 $K = \dfrac{0.25y}{r}$，r 是實質利率、名目利率 $i = 8\%$、通貨膨脹率 $\pi = 2\%$，每年資本折舊率 $\delta = 10\%$。試回答下列問題：
   (a) 當 $y = 1,000$ 時，台化的最適資本存量為何？
   (b) 當台化預期產出倍增時，新的最適資本存量為何？
   (c) 依據簡單加速原理，台化的淨投資為何？投資毛額又為何？

2. 假設聯電公司的最適資本存量由 2,000 躍升為 3,000，而該公司每年編列資本支出，僅是彌補最適與實際資本缺口的一半。假設該公司的折舊率為 $\delta = 10\%$，則在該項最適資本存量變動後，未來三年的投資毛額與淨額值各為何？

3. 廠商擁有目前與未來的資本邊際產量 $MPK = 10,000 - 2K + N$，而勞動的邊際產量為 $MPN = 50 - 2N + K$。資本價格是 5,000，而實質利率是 10%，資本折舊率是 15%，實質工資率是 15。試回答下列問題：
   (a) 試計算資本的使用者成本？
   (b) 試計算廠商的最適僱用勞工數量與資本存量規模？

4. 某國使用固定替代彈性 (*CES*) 生產函數生產：

$$y = A(aK^{-\beta} + bN^{-\beta})^{-1/\beta}$$

試回答下列問題：

(a) 何謂淨投資？

(b) 試以新古典投資理論推演淨投資方程式？

5. 廠商固定投資需求取決於投資的成本與效益。廠商在 t 期以價格 P_t 購入 1 單位固定資本財，此一新增資本財對當期產出尚無任何助益，但在 $t+1$ 期可提升商品產出 a 單位，$t+1$ 期商品價格為 P_{t+1}。到了 $t+2$ 期，該固定資本財經過折舊後，僅剩 $(1-\delta)$ 單位，是以該期產出僅增加 $(1-\delta)a$，商品價格為 P_{t+2}。進入 $t+3$ 期後，該期產出僅增加 $(1-\delta)^2 a$，商品價格為 P_{t+3}。往後各期依此類推。假設名目利率 i 與通貨膨脹率 π，均是固定值，不隨時間而變，是以實質利率 r 也是固定值。試回答下列問題：

(a) 試計算此項投資報酬率，並表為 a、i、r、δ 的函數，並請將 $t+2$ 期以後的產出增額折現到 $t+1$ 期。

(b) 廠商擁有資金可以購買固定資本財，也可存入銀行。在廠商做最適選擇時，固定投資報酬率會等於銀行存款利率，請由此解出決定最適資本存量的條件。

👍 網路練習題

1. 資本支出對半導體產業未來發展，扮演極為重要角色。請你連結 Google 網站，搜尋「半導體公司與資本支出」的相關網站，查看近年來，國內上市半導體公司的資本支出情形，並且探討該類支出金額是否與半導體產業景氣有關聯。

2. 近年來，上市公司評估資本支出計畫時，均會考慮實質選擇權的影響。請你連結 Google 網站，搜尋「實質選擇權案例」，同時整理出實質選擇權的類型與相關案例。

新興古典學派與新興 Keynesian 學派

個案導讀

從1970 年代初起,新興古典學派基於新古典理論進行演化,結合理性預期臆說與自然失業率臆說為核心架構,認為體系內存在自我調節機能,失業與景氣循環問題將可迎刃而解,政府穩定政策毫無效果可言。相對於傳統 Keynesian 學派而言,新興 Keynesian 學派則是深入剖析攸關體系物價行為的假設,為其尋求個體基礎分析物價僵化成因,指出菜單成本、效率工資與協調失敗是引發景氣循環的關鍵因素。

　　邁入 1980 年代後,新興古典與新興 Keynesian 學派各自基於個體基礎進行政策爭論,讓過去無從討論的議題成為具有可能性。新興古典學派承認市場運作失靈,新興 Keynesian 學派也接受價格機能調節的重要性。此種轉變讓政策爭論由學派之爭,轉變為互相承認、互相切磋,相關政策爭論更向細部延伸。如此一來,在很多總體議題上,若未特別強調,人們已經很難區分何者是新興古典學派、哪些屬於新興 Keynesian 學派範疇,不同總體學派逐漸朝你儂我儂方向發展。

　　傳統學派與新興學派的區分,體現在尋求更多個體基礎。新興理論針對傳統理論事先認定的假設,進一步尋求個體基礎深化,讓理論邏輯推演益加嚴謹完整。同時,個體基礎的建立也讓經濟學者能夠比較彼此的福利水準。有鑑於此,本章首先討論新興古典學派的發展歷程,其次再分別說明理性預期學派與實質景氣循環理論的內容。最後,再討論新興 Keynesian 學派的理論內涵與政策主張。

15.1 貨幣學派與新興古典學派

在 1970 年代，經濟活動沉淪於停滯性膨脹深淵，各國政府墨守傳統 Keynesian 學派成規，卻都束手無策。然而要解決實際問題則不能屈從理論，許多學者疾言厲色質疑 Keynesian 學派思維，不僅提出自己看法，事實上也發揮解決當時問題的效果，陸續引發貨幣學派、理性預期學派與供給學派應運而生。

長久以來，經濟理論對政府在經濟活動中的角色思維頗為分歧。以 Keynesian 學派為主的思維，強調政府以「看得見的手」介入經濟活動的必要性；而古典學派則是堅信「看不見的手」價格機能，將讓體系自我調整達成穩定，無須政府干預經濟。在 1950~1960 年代，技術進步提升生產力推動體系出現高度成長，再搭配合政府干預，暫時紓緩資本主義經濟發展的基本矛盾。邁入 1960 年代，美國 Lyndon Baines Johnson 總統介入越戰擴張軍費支出，同時推動「大社會」(*Great Society*) 方案，針對教育、醫療、城市、農業與交通等層面啟動重大支出計畫，政府預算赤字急速躍升。然而聯準會主席 William McChesney Martin 緊縮貨幣政策力道不足，未能控制通膨飆漲。到了 1970 年代初期的 Richard Milhous Nixon 總統任內，國際油價狂飆催動 1973 年物價驟升。聯準會主席 Arthur F. Burns 仍是低估通膨威脅，也未察覺潛在成長率已然滑落，導致美國在 1974~1975 年間陷入嚴重衰退。

貨幣學派可溯及 Milton Friedman 與 Anna Jacobson Schwartz (1963) 在《1867~1960 年的美國貨幣史》(*A Monetary History of the United States, 1867~1960*) 中，一語道破「通膨永遠是無所不在的貨幣現象」，批評政府基於 Keynesian 學派的政府干預思維擬定政策，直指聯準會在 1930 年代採取緊縮政策才是釀成大蕭條的主因。轉換場景至 1970 年代初期，油價飆漲讓工業化國家深陷停滯性膨脹困境，景氣停滯 (生產過剩、廠商倒閉與勞工失業) 與通膨 (物價持續攀升) 並存。然而依據 Keynesian 理論的說法，景氣衰退與通膨互不相容。政府若要振興景氣，唯有擴大支出與貨幣供給，但卻火上添油引爆通膨螺旋；若是意圖壓抑通膨，緊縮支出與貨幣供給無疑是雪上加霜，擴大景氣低迷。

就在 Keynesian 理論難以自圓其說，執行政策進退維谷之際，Friedman 建議央行透過評估體系生產力與需求變化，擬定讓貨幣供需平衡的貨幣政策。此外，「通膨無時無刻與在任何地點，都是過多貨幣惹的禍。」，而所謂的「結構性通膨」與「輸入型通膨」都屬無稽之談。央行發行過高貨幣成長率釀成通膨，過低成長率則將醞釀通縮。貨幣學派認為，貨幣供給變動短期內雖能影響

實際經濟，如就業；然而長期則僅能影響通膨，是以主張央行穩定貨幣成長率，讓人們擁有完全預期通膨的能力。

　　邁入 1970 年代初期，由貨幣學派的 Robert Emerson Lucas、Robert Joseph Barro 與 Milton Friedman 等人領銜，一改先前由 Keynesian 學派主導的總體理論觀點，認為總體模型應該具有個體基礎，並且改採理性預期觀點解釋景氣循環成因，進而推演 Friedman-Phelps-Lucas 均衡景氣循環模型 (equilibrium business cycle model)，由此而蛻變為新興古典學派。

　　貨幣學派的 Milton Friedman (1967) 提出愚弄模型詮釋景氣循環原因，設定總供給函數如下：

$$y = y^* + \alpha(P_t - P_t^e)$$

　　在訊息不全環境下，廠商擁有訊息優勢而掌握實際物價 P_t 脈動，而勞工獲知物價變化訊息則居於劣勢。當體系總需求擴張推動物價上漲，勞工卻預期物價 P_t^e 不變 (靜態預期) 或調整緩慢 (適應預期)，因而形成預期誤差 $(P_t - P_t^e) > 0$，引發實際物價漲幅超越名目工資漲幅。實質工資下滑而讓廠商有利可圖增僱勞工，實際產出將超越自然產出，引發景氣邁向繁榮。爾後，隨著勞工逐漸知悉實際物價變化，不受愚弄而調整預期消除預期誤差，$(P_t - P_t^e) = 0$，實際產出將回歸自然產出，長期總供給曲線呈現垂直型態。

　　圖 15-1(C) 顯示體系期初均衡 E_0 點落在自然就業 N^* 與自然產出 y^* 環境，物價為 P_0，均衡實質工資為 $w^* = \dfrac{W_0}{P_0}$。央行實施寬鬆政策促使總需求曲線 AD_0 右移至 AD_1，廠商掌握實際物價上漲 P_1，帶動 (B) 圖的勞動需求曲線右移至 $W^d = P_1 f(N)$。相對的，勞工以靜態預期 $P^e = P_0$ 看待物價變化，勞動供給曲線 $W^s = P_0 g(N)$ 則不受物價變動影響。是以廠商調高貨幣工資至 W_1，勞工誤認為是實質工資上漲，願意增加工時至 N_1。然而廠商知曉實情，實質工資 $w^* = \dfrac{W_0}{P_0} < \dfrac{W_1}{P_1} = w_1$ 實際是下跌，也樂意增僱勞工。預期誤差 $[P_1 - P^e(P_0)] > 0$ 讓實際產出超越自然產出，$y_1 > y^*$，體系景氣出現榮景。爾後，勞工逐漸掌握實際物價脈動，調整預期消除預期誤差，$P^e = P$，工作意願下降而讓勞動供給曲線左移，體系重回自然產出 y^*。

　　在現實環境下，Friedman-Phelps 愚弄模型針對勞資雙方擁有資訊不對稱的說法，遭致質疑：

- 勞工與家人每日或每週購物，將能夠迅速洞悉一般物價波動，亦即反映勞工擁有物價訊息未必居於劣勢。

- 政府每月公布攸關物價與工資變化訊息，經由網路與報紙迅速傳播，「無知」引發訊息缺口的持續期間甚少超過一個月，促使愚弄模型無法解釋持續衰退現象。
- 在繁榮期間，高實質產出通常伴隨物價上漲，勞資雙方累積過去經驗，認知高物價與目前榮景將是如影隨形。

圖 15-1

愚弄模型的景氣循環

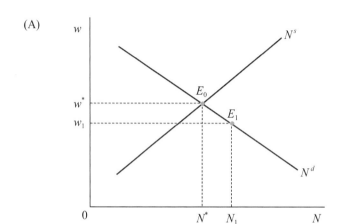

(A)

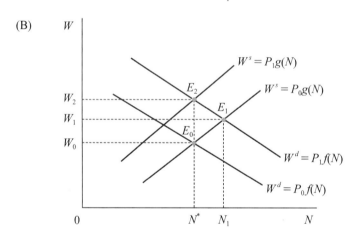

(B)

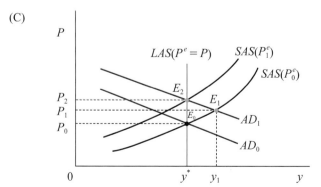

(C)

同一期間，Phelps (1969) 在《通膨與就業理論的新個體基礎》(*The New Microeconomics in Inflation and Employment Theory*) 中提出「島嶼寓言模型」(island parable model)，以實體分割市場為例，說明在無名目僵化下，貨幣驚奇 (money surprise) 如何產生實質效果。體系是由實體分割市場，或可比擬為由眾多產業 (類似島嶼) 組成，產業 (孤島) 間的訊息交流必須支付成本而非無償取得，勞工須跨產業 (他島) 探詢才能取得攸關工資的訊息，從而付出減少工時的代價。假設每一產業 (孤島) 的勞動市場是完全競爭，勞工僅知道所處產業勞動市場結清的工資和就業水準，對跨產業 (他島) 的工資情況則是朦朦朧朧，僅能依某種常規方法推估。

央行緊縮政策打破期初均衡觸發景氣變化，端視勞工如何理解總需求減少與對因素需求影響而定。如果勞工認為總需求減少屬於全面性，影響將遍及各產業，則所有產業物價與工資都將滑落，就業維持不變。勞工若認為總需求減少係屬局部性，僅會影響自己所屬產業的薪資下跌，則會考慮放棄讓勞動市場結清的較低工資，花費時間跨產業尋求高薪資的職位，摩擦性失業或尋找性失業 (searching unemployment) 因而擴大，造成實際就業與產出下降。換言之，實際工資與跨產業工資間的差距擴大，尋找性失業規模也將愈大。「孤島比喻」就是指勞動市場需求減少，引起非預期貨幣工資下降，預期和實際貨幣工資出現差距，將擴大尋找性失業，而釀成原因即是跨產業間的訊息傳遞緩慢且非無償取得；相反的，總需求增加則會減少尋找性失業。Phelps 以「孤島比喻」解釋尋找性失業的原因，說明短期 Phillips 曲線將存在貨幣工資與失業率間的替代關係。

Friedman-Phelps 模型指出「訊息不全」釀成預期誤差存在，將是引發景氣循環的主因。然而實際現象顯示預期誤差消失速度很快，體系將迅速重回自然產出狀態，從而讓該模型喪失說服力。是以 Lucas 將理性預期概念引進貨幣學派，運用個體最適化行為詮釋總體現象，強調總體經濟活動的個體基礎，從而形成新興古典學派。相關基本假設如下：

- 人們採取理性預期形成，體系只有隨機性偏誤而無系統性偏誤。
- 物價具有完全浮動性，促使市場隨時處於結清狀態。
- 勞動市場存在資訊不對稱現象，勞工訊息不全是釀成景氣循環的主因。
- 人們無法正確預期總需求變動。

Lucas 援用「島嶼寓言」的說法，指出影響 i 產業廠商與勞工觀察物價 P_{it} 變化的因素來自兩方面，一則是總需求變化引起一般物價 P_t 變化，另一則是無從預測的隨機過程 (隨機性) 引發個別產業 (各個島嶼) 的物價 ε_i 變化。是

以 i 產業物價 P_{it} 與一般物價 P_t 的關係如下：

$$P_{it} = P_t + \varepsilon_i$$

$\varepsilon_i \sim N(0, \sigma_\varepsilon^2)$。人們將善用攸關 P_i 的訊息，先以自己所屬產業的價格形成一般物價預期 $P_0^{\,e}$，再基於往昔經驗了解實際物價 P_t 與先前預期物價 $P_0^{\,e}$ 間夾雜著隨機因素 μ (非預期物價變動)：

$$P_t = P_0^{\,e} + \mu$$

$\mu_i \sim N(0, \sigma_\mu^2)$。整理上述兩式，可得：

$$P_{it} - P_0^{\,e} = \mu + \varepsilon_i$$

$(P_{it} - P_0^{\,e})$ 是人們預測物價誤差 μ，以及本身產業價格相對一般物價誤差 ε_i 之和。隨後，Lucas 基於「市場結清」、「訊息不全」與「理性預期」三個假設，設定附加通膨預期的總供給曲線。Lucas 供給函數如下：

$$y_t = y^* + \theta(P_t - P_t^e)$$

價格驚奇

實際物價相對預期物價的落差。

實際產出 y_t 變化取決於「預期誤差」或稱「價格驚奇」(price surprise)$(P_t - P_t^e)$，此即實際物價 P_t 相對預期物價 P_t^e 的落差。在理性預期環境下，唯有「價格驚奇」方能讓實際產出偏離自然產出，央行只有找出創造「價格驚奇」的方法，才能影響實際產出。在短期內，訊息不全將讓 SAS 曲線呈現正斜率，預期價格偏低將讓實際產出超出自然產出，預期價格偏高則促使實際產出低於自然產出。在長期，訊息完全讓人們預期完全正確，勞動市場達成自然就業，LAS 曲線呈現垂直線，意味著 Phillips 曲線也將垂直於自然失業率上。

Lucas 的「島嶼模型」要求必須區分預期與非預期貨幣政策變化。預期貨幣政策變化衍生通膨變化，將讓產業內勞工們不被其觀察的物價變化誤導，不會調整工時與生產活動，貨幣政策中立性臆說將會成立。未預期貨幣因素變化引起通膨意外變化，人們面臨訊息不全而採取適應性預期形成，才會調整生產活動。是以貨幣政策唯有讓人們出乎意料，方才會產生實質效果，成為引發貨幣性景氣循環 (monetary business cycle) 的關鍵因素。就現實環境而言，勞資雙方均具有睿智，以「無知」或「愚弄」解釋景氣循環成因，在總體理論中，顯然無立足空間。任何總需求變化將引發物價與貨幣工資同步漲跌，體系始終落在自然產出境界，此即猶如古典學派的自我調整機能，景氣循環無從出現。

貨幣性景氣循環

未預期貨幣因素變化引發景氣波動。

最後，新興古典學派的重要理論內涵如下：

(1) 政策宣示效果　央行運作必須獨立自主，不受外來干擾而影響其決策；央行執行政策必須建立信譽，以免影響人們的預期形成，加重景氣循環波動。同時，央行總裁應具有保守性格，堅持穩定通膨理念。

(2) 時間不一致性 (time inconsistence) 政策　政府宣告執行政策後，將會引發人們對政策的反應，進而改變預期，導致實現結果偏離政府追求的政策目標。

(3) Ricardo 等值理論　成立。

(4) Lucas 批判 (Lucas critique)　人們對未來預期不僅考慮過往經驗，也會預估當前事件對未來影響，並依其估計結果調整行為。換言之，人們評估當前政策對未來環境影響，將依估計的影響採取對策，進而調整行為以謀取利益極大。也就是說，人們改變行為將讓經濟模型的參數發生變化，而參數變化又是難以衡量，是以經濟學者運用經濟模型很難評價政策效果。

觀念問題

- 依據 Friedman-Phelps-Lucas 理論，試回答攸關體系產出決定問題：
  (1) 在蕭條環境下，實際產出下降低於自然產出，需要「價格驚奇」嗎？將呈現何種方向？
  (2) 在繁榮期間，實際產出上升超過自然產出，需要「價格驚奇」嗎？將呈現何種方向？
  (3) 當勞工掌握真正物價訊息而讓「價格驚奇」消失，產出缺口 $(y-y^*)$ 將如何變化？
- 試說明 Friedman-Phelps 愚弄模型分別與 Keynesian 模型、Lucas 模型相似的條件為何？其間差異又為何？
- 試說明 Friedman-Phelps 愚弄模型如何預測量化寬鬆政策，將導致短期產出擴張？至於 Lucas 模型何以認為此種政策將對實質產出毫無影響？
- Lucas 總供給函數為 $y = y^* + h(P-P^e)$，$y^* = 5{,}000$、$P^e = 1.5$、$h = 2{,}500$。假設人們正確預期物價分別為 1.00、1.50、2.00，試計算均衡產出為何？

15.2　理性預期學派

　　在 1960 年代初期，J. F. Muth (1961) 率先提出理性預期概念，認為經濟訊息稀少性促使人們效率運用訊息形成預期，做為決策依據，同時提出理性預期

理論架構如下：

- 人們效率運用可取得訊息形成理性預期，將會符合理論預測結果。不過人們難以掌握所有訊息，促使理性預期與實際現象間存在隨機性落差。
- 重要經濟訊息經常發布而容易取得，至於蒐集與分析內幕訊息或異常事件，成本雖高卻無關緊要而難以影響總體經濟脈動。
- 體系縱有缺乏理性者，但其行為卻呈對稱性隨機變化，亦即有人高估、也有低估者，在加總過程中，將互相抵銷而毫無作用。
- 一般人縱使缺乏訊息來源與分析能力，但透過專業代理人協助，也會展現理性行為。
- 唯有體系面臨非預期干擾，實際產出方才偏離自然產出，系統性政策不會影響實質經濟活動。

Muth 提出理性預期概念，原先僅運用於分析金融市場動態行為。直至 Lucas 在《預期與貨幣中立性》(*Expectations and the neutrality of money*, 1972) 中，將理性預期引進貨幣學派模型，Edward C. Prescott 繼起推動，Thomas John Sargent 與 Neil Wallace 相繼呼應，結合貨幣學派思維與個體基礎進行分析，從而引發「理性預期革命」(rational expectations revolution)。至於理性預期學派指出 Keynesian 學派思維與政策意涵錯誤之處如下：

(1) 自然就業存在　1970 年代初期爆發能源危機後，全球面臨資源短缺和能源匱乏問題，兩者供給缺乏彈性隱含體系瀕臨自然就業環境。

(2) 忽略個體決策影響　Keynesian 學派模型著重總體政策對經濟活動影響，忽略價格機能運作和人們決策對政策的反應，導致政府擬定政策不僅有所缺失且難以發揮效果。

(3) 忽略預期因素影響　人們決策與預期經濟形勢變化息息相關，付諸執行將引發經濟活動變化，而傳統 Keynesian 學派卻忽略人們的理性預期是影響景氣循環的關鍵因素。

有鑑於此，理性預期學派延續新古典學派思維，指出：

- 市場經濟具有內在穩定性，價格機能與自由競爭將會效率配置資源，經濟活動遵循一定的自然規律運作，引領體系長期處於自然產出環境。
- 人們的消費、儲蓄或投資決策，係取決於實質因素而非名目因素。
- 理性成員將視訊息變化，隨時調整決策，並於新環境中迅速達成均衡。

相對傳統 Keynesian 學派思維而言，理性預期學派具有下列特色：

(1) Keynes 在《一般理論》強調人們預期將會影響經濟活動，尤其是廠商投資決策取決於預期報酬率 (資本邊際效率)，而「商業信心」與「動物本能」則是關注焦點，至於人們形成預期則是基於「心理學說」而非經濟理論。反觀理性預期學派認為人們蒐集可用的訊息，運用經濟模型估計經濟變數水準值或變化率值，進而獲得合理的經濟預測結果，此即理性預期。每人預期未必相同，也未必正確無誤，不過理性預期誤差的平均值將為零。

(2) 人們的決策不僅是政府政策調節對象，也將影響政策制定。理性預期學派指出，人們運用內含政策變化的訊息來形成預期，已經考慮未來政策變化效果，故將先行回應政策執行，促使最終政策效果取決於政策制定者與人們行為。反觀 Keynesian 學派的需求管理政策卻無視人們的理性預期行為反應。

接著，理性預期學派的主要假設如下：

* 訊息具有稀少性，理性成員將善用訊息，經過濟理論運算來形成理性預期。
* 理性預期形成，主要取決於描述經濟活動的相關體系結構。
* 體系內工資與物價具有完全浮動性而讓市場處於結清狀態。
* 訊息不全導致認知錯誤是引發實質產出波動的原因。

基於上述假設，理性預期學派提出四個臆說：

(1) 自然失業率臆說　　市場經濟透過自由競爭與價格機能運作，將可效率配置資源，引導勞動市場落在自然就業，體系長期將處於自然產出環境。

(2) 理性預期臆說　　人們追求效用極大，將盡可能蒐集相關訊息來形成理性預期，預期結果將與經濟學者運用數學模型估計的結果相媲美。

(3) 中立性臆說　　依據前述兩個臆說，貨幣數量變動僅能影響物價，無法影響失業率與產出等實質變數，央行無法以逆循環貨幣政策來消除景氣循環。

(4) 政策無用臆說 (policy ineffectiveness proposition, PIP)　　Sargent 與 Wallace (1975) 指出人們能夠迅速解讀政府政策意圖，事先採取因應措施而抵銷預期政策效果。

政策無用臆說
人們將能迅速解讀政府政策意圖，事先採取因應措施而抵銷預期政策效果。

圖 15-1 顯示央行的政策，包括系統性 (規律性) 與隨機性兩部分。就前者而言，人們基於過去行為自我迴歸 (auto-regressive)、依據央行回應法則 (feedback rules) 進行反應，兩者構成政策的可預測部分，對實質產出毫無影響。針

對此種結果，Lucas 批評 Keynesian 學派缺乏個體基礎，無法有效闡述人們從事經濟活動的行為，尤其是未考慮理性預期將影響政策分析的精確性，此即稱為 Lucas 批評。再就後者而言，央行採取隨機(未預期)政策是不可預測部分，則會對實質產出發揮效果。是以理性預期反對政府以權衡政策刺激就業與產出，隱含「無為而治」的政策思想。

圖 15-2

理性預期下的貨幣政策效果

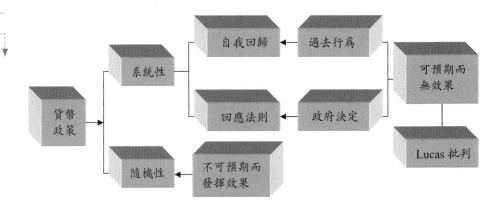

隨著理性預期學派提出一系列觀點，指出傳統 Keynesian 學派的缺失，迅速登上總體理論主流地位，也對經濟理論發展發揮重大影響。

(一) 對個體理論影響

傳統個體理論僅是針對「虛空」中的靜態分析，探討外生干擾釀成失衡後，市場將如何重回均衡狀態，既未涉及時間概念，人們也未以理性預期來形成決策。隨著理性預期學派發展，就商品市場而言，消費與投資理論開始考慮影響消費者與廠商理性預期決策的長期動態因素。就勞動市場而言，除落實廠商基於利潤極大化的僱用勞工原則外，也引進勞工對物價預期，考慮影響勞動供需的長期動態因素。就金融市場而言，效率市場理論隱含理性預期假設，金融資產價格將因新訊息出現而迅速調整，市場持續結清而讓人們難以從金融市場獲取超額利潤。

(二) 對總體理論影響

1. 總體理論個體化　總體變數是累加個體變數而成。理性預期臆說指出，人們基於理性預期做決策，相互運作形成總體活動。唯有觀察人們的預期形成和決策模式，運用個體分析才能掌握總體經濟脈動。再就貨幣中立性臆說來看，貨幣做為交易媒介衡量絕對價格，僅會影響名目變數，無關人們的實質決策。至於自然率失業臆說則是反映體系內市場處於結清狀態，所有實質變數達成均衡，促使分析市場均衡係屬個體理論範疇。綜合上述

臆說內涵顯示，理性預期學派以個體決策說明總體活動，以個體理論取代總體理論。

2. 總體理論變革　理性預期學派與 Keynesian 學派大相逕庭之處如下：

- 否定有效需求理論　Keynesian 學派指出，貨幣工資僵化釀成非意願性失業成爲常態，並從有效需求理論著眼，採取總需求決定總供給的看法。理性預期學派則認爲人們基於理性預期決策，物價與貨幣工資自由浮動結清市場，體系並無有效需求不足問題。勞動市場出現超額供給，貨幣工資將滑落至讓廠商願意增僱勞工，直至市場重回均衡爲止。任何失業都屬自願性，唯有勞工弄錯均衡工資，要求更高工資才會出現非自願性失業。然而這些現象爲時短暫，勞動市場失衡表明勞資雙方並非互利，最終將趨向自然失業率，央行無法藉由貨幣政策來刺激就業和產出。

- 否定 Phillips 曲線　Keynesian 學派基於「勞動市場失業程度將決定工資膨脹率」，高失業率將壓低貨幣工資，而低失業率則推升貨幣工資，由此顯示體系的 Phillips 曲線存在通膨與失業率間的取捨關係。是以政府基於「逆風而行」，可用財政和貨幣政策來改變實質經濟活動。理性預期學派則指出，人們基於理性預期而決定實質變數，透過「市場結清」來決定自然失業率，Phillips 曲線呈現垂直線而非「負斜率」，通膨率與失業率間毫無關係。尤其是人們若擁有攸關政府政策的充分資訊，勢必事先回應政策而抵銷其效果，甚至衍生「政策無效」的結果。雖然 Lucas 也承認人們擁有訊息未必充分，未預期政策仍有發揮空間，然其干擾經濟活動運行並不足取。

接著，理性預期學派創新經濟學方法論，可從下列層面說明：

1. 模型的「非現實性」係針對經濟現象本質的抽象化概括描述，抽象化模型異於實際現象，人們嘗試從模型中尋找吻合實際現象的事物，猶如天方夜譚。就這層意義來看，反映經濟現象本質的模型都是「非現實」，但卻能準確概括描述實際經濟本質，可用於解釋實際經濟活動間的相互關係，愈「不現實」愈具有普遍適用性。一般而言，經濟模型是反映具有說服力的虛擬體系，提供政府考慮現實環境面臨的參數和限制條件後，以低廉代價透過模型推論實施政策的可能結果，此即類似自然科學的實驗室，在實際環境中檢驗效果。理性預期學派運用模型檢驗政策效果，不僅具有積極意義且創新研究方法，使其大幅邁向「實用性」。

2. 理性預期學派結合以時間系列爲特徵的經濟活動與理性預期，使用微積

分、線性代數、機率論、微分方程與差分方程等工具，分析具有長期動態特徵的景氣循環，此種研究模式促使經濟分析在數量上更加精確化，成為經濟理論數量化發展趨勢的典型代表。

隨著總體理論從「非理性預期」概念朝「理性預期」角色演化，理性預期學派針對攸關預期的諸多問題提出分析與說明，偏重批判傳統理論與否定政策有效性，雖未提出具體的系統化政策主張，然由字裡行間也可窺知政策價值取向，不過仍有其內在侷限性：

(1) 在 1991 年諾貝爾經濟學獎得主 Ronald Coase (1937) 提出交易成本理論後，「人們無償取得訊息來形成理性預期」，屢遭經濟學者批評，亦即人們必須支付成本才能取得訊息，從而限制取得經濟訊息數量和品質。1978 年諾貝爾經濟學獎得主 Herbert A. Simon (1996) 提出「有限理性」(bounded rationality) 概念，指出人們面臨生理、智力、能力與不確定性環境限制，理解、解決複雜問題和處理訊息能力有限，要形成符合實際經濟運作的理性預期頗有困難，是以僅能形成有限的理性預期。

(2) 理性預期學派秉承 Say 法則，認為自由競爭市場自行調節商品供需，帶領體系達成自然產出均衡，然而事實和理論都證明此一觀點極其荒謬。舉例來說，1930 年代大蕭條與 2008 年金融海嘯，重創全球景氣陷入極度蕭條困境，市場失靈足以讓理性預期學派主張難以成立。

(3) 理性預期學派認為完全競爭市場將能確保體系處於自然產出狀態，總體政策毫無效果可言。然而體系卻展現不完全競爭結構，市場失靈配合人們的非完全理性預期，提供政府干預的必要性，也能達到預期目的。

觀念問題

- 試說明 Friedman-Phelps 與 Lucas 模型為何無法合理解釋景氣循環的成因？
- 依據 Lucas 批評，何以政府不應倚賴 Phillips 曲線關係以及貨幣法則？
- 政策無用臆說 (PIP) 指出，可預期貨幣政策或貨幣法則將無法改變實質產出。假設央行不僅接受 PIP，但也熱衷於採取貨幣政策來穩定經濟活動。試問央行將會擁護何種型態的貨幣政策？
- 試說明新興古典學派的假設與臆說為何？以及對總體理論的貢獻？
- 有關政策無效臆說的內容為何？試說明該臆說的基礎或假設為何？

總體經濟學者：Thomas John Sargent (1943~)

(一) 生平

1943 年生於美國加州 Pasadena，畢業於 Monrovia 高中，1964 年取得加州大學 Berkeley 分校碩士，1968 年獲得哈佛大學博士。在美國陸軍服役兩年後，1970~1971 年任教於 Pennsylvania 大學，1971~1987 年任教於 Minnesota 大學，1991~1998 年任教於 Chicago 大學，1998~2002 年任教於 Stanford 大學，自 2002 年迄今，任教於紐約大學。Sargent 從 1976 年起即是美國經濟學會與計量學會的會員，並曾經擔任會長。同時，自 1987 年起，即是 Stanford 大學 Hoover 研究機構的資深研究員，並於 2011 年獲頒諾貝爾經濟學獎。

(二) 對總體理論貢獻

Sargent 是新興古典學派的主要創立成員之一，專注於動態總體理論和計量經濟學，並在財政政策、貨幣理論、經濟史、政府債務與時間序列等領域均有開拓性創見。Sargent 結合理性預期與計量經濟學檢驗總體政策，指出預期政策不影響體系實質產出，好的貨幣政策必須搭配好的財政政策，否則對抗通膨將缺乏可信度，而且財政政策成功是穩定貨幣供給的前提之一，這些研究對整合財政政策與貨幣政策發揮積極作用。另外，Sargent 也探討由通膨和經濟成長引起政府債務占 GDP 比例的動態演變，提供理解歐債危機問題的參考。

總體經濟學者：Christopher A. Sims (1942~)

(一) 生平

1942 年出生於美國華盛頓特區。1963 年畢業於哈佛大學，1963~1964 年在加州大學 Berkley 分校就讀研究所，1968 年從哈佛大學獲得經濟學博士。自 1968 年起，先後任教於哈佛大學、耶魯大學，直至 1999 年起迄今，在 Princeton 大學擔任 Harold B. Helms 經濟學和金融學教授。Sims 從 1974 年即是計量經濟學會的會員，並在 1995 年擔任會長，2012 年則是擔任美國經濟學會會長。1988 年成為美國文理科學院院士。1989 年成為美國科學院院士，2011 年獲頒諾貝爾經濟學獎。

(二) 對總體理論貢獻

隨著 Lucas 批判 (1976) 提出後，Sims 發展向量自我迴歸 (vector autoregression, VAR) 計量方法，係指一個迴歸變量可表為其過去值的線性函數，用於分析理性預期在經濟活動中的影響，從而在計量經濟學、總體理論與政策上發揮顯著貢獻。

15.3 實質景氣循環理論

　　Friedman-Phelps-Lucas 模型以訊息不全造成「價格驚奇」來解釋景氣循環成因，然而訊息落後期間過短，迅速消除價格驚奇，體系恆處於自然產出環境，難以出現持續多年的景氣循環。1970 年代石油危機造成失業率和通膨率同步攀升，諸多實證資料無法支持 Phillips 曲線論點，引來諸多學者質疑 Phillips 曲線理論。是以 2004 年諾貝爾經濟學獎得主 Finn Kydland 與 Edward Prescott (1982) 在《發展的時間與總體波動》(*Time to Build And Aggregate Fluctuations*) 中，延續「市場持續結清」架構，指出技術衝擊是主導實際景氣循環的因素，生產力隨機波動，直接改變資本與勞動的生產效率，反饋影響勞工與廠商決策，再次改變他們購買與生產商品，最終影響產出，誘發體系持續向上或向下移動的成長趨勢。此類衝擊例子包括技術進步創新、惡劣天氣、進口油價上漲、更嚴格的環境和安全法規等，持續引發生產函數變動，釀成總供給曲線擺動，引起自然產出與實際產出波動。J. Long 與 C. I. Plosser (1983) 在《實質景氣循環》(*Real Business Cycle*) 中，進一步模擬景氣循環波動，認為波動主要來自生產技術與勞動供給變動等供給面干擾的刺激，爾後依此文獻名稱而將此說稱為實質景氣循環理論 (real business cycle theory, *RBC*)。

　　實質景氣循環理論是新興古典學派的旁支，基本假設如下：

- 代表性個人採取理性預期形成。
- 物價工資浮動調整，價格機能充分運作，促使市場結清達到均衡狀態。
- 古典二分法成立，貨幣面與實質面無關，貨幣具有中立性。
- 勞動市場訊息完全且對稱，勞工無貨幣幻覺。
- 生產隨機變動是醞釀實質景氣波動的主因。
- 在環境限制下，代表性個人將做出跨期最適決策，強調跨期替代效果，勞動市場僅存在自願性失業。

　　圖 15-2(A) 顯示，F_0 是正常狀態下的生產函數，對應的勞動需求函數 N_0^d。當體系面臨逆向供給衝擊，如電力不足、交通壅塞、自然災害 (颶風與大地震) 等危及產業發展的外在因素干擾，導致生產函數下移至 F_1，對應的勞動需求函數則左移至 N_1^d。在正常狀態，體系落在 A 點的 y_0 產出運作，然而若是落入惡劣環境，則將在 B 點的 y_1 產出運作。體系內就業下降與否，將取決於勞動供給曲線斜率，勞動供給曲線若是垂直型態，就業將維持不變，產出由 A 點的 y_0 直接減少至 C 點的 y_0'，自然產出將會下降，實質景氣陷入衰退。

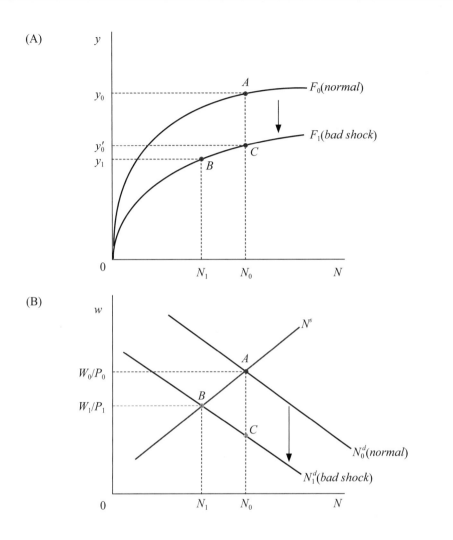

圖 15-3
逆向供給衝擊
的實質景氣循
環效果

　　圖 15-4 顯示體系持續面臨金融科技發展、產業升級、通訊網路技術進步等涉及技術的外生隨機干擾，初始衝擊推動生產函數上移，引發實質景氣循環的變化過程。這些正向因素引發生產力擴張，提升勞工與資本運作效率，刺激可用資源、投資、消費和實際產出增加。隨著時間推移，技術隨機發生帶動景氣擴張過程不規則持續下去。依據 Charles Plosser 的說法，「這是一個純粹的實質模型，僅受技術干擾驅動，因而被貼上實質景氣循環模型的標籤。」在此過程中，人們將面臨兩種選擇：

(1) 消費與投資決策　　生產力上升，增加人們擁有的產出，勢必重新配置當期與未來消費 (儲蓄)，再將儲蓄用於投資而累積資本以擴大產能，提升未來消費能力。生命循環消費理論指出，人們基於預期終身所得來決定消費，偏好一生均勻消費，將在高所得期間儲蓄 (與投資)，

均勻消費至低所得期間。

(2) 工時與休閒決策　生產力上升，吸引廠商增加勞動需求，推動實質工資上漲，勞動所得增加將擴大消費支出。另外，資本生產力上升，提高實質利率，刺激投資與儲蓄增加；而消費支出與投資支出增加，將促使總需求擴張。依據跨期替代臆說，本期實質工資與實質利率上漲，在跨期替代效果超越所得效果下，短期內誘發勞工增加本期工時，勞動供給增加導致總供給增加而擴大自然產出。

圖 15-4
技術進步引發實質景氣循環變動流程

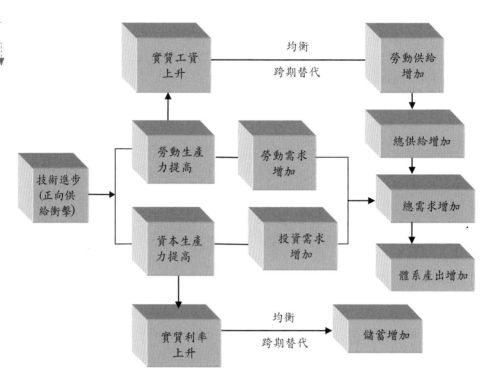

　　總之，實質景氣循環模型預測，在受到正向供給衝擊下，體系內產出、消費、投資與工時將會高於長期趨勢，從而形成正偏差。無論是技術或供給面衝擊均具有高度持續性，有利衝擊通常持續數年才會逐漸消失，接著再由不利衝擊接替並持續爾後的數年。

　　實質景氣循環理論基於工資與物價自由浮動，勞動市場恆處於結清狀態，隱含體系落在自然產出環境。在生產過程中，因素使用程度可用因素使用率衡量，實際投入生產的資本勞務量 $u_k K$ 是資本使用率 u_k 與資本存量乘積，勞工勞務量 $u_N N$ 則是勞工使用率 u_N 與勞工總量乘積，將兩者代入 Cobb-Douglas 生產函數：

$$y = AF(u_K K, u_N N) = A(u_K K)^\alpha (u_N N)^{1-\alpha}$$

體系內生產力變化將是衝擊自然產出的主要來源，將產出成長率扣除所有生產因素數量成長率的貢獻，全部歸諸於技術變動率，並以 Solow 剩餘 (SR) 衡量：

$$SR = \frac{A(u_K K)^\alpha (u_N N)^{1-\alpha}}{K^\alpha N^{1-\alpha}} = A u_K^\alpha u_N^{1-\alpha}$$

實際資料顯示：Solow 剩餘成長率與產出成長率存在順循環變化，景氣繁榮時，因素生產力增加，Solow 剩餘成長率上升；景氣衰退時，因素生產力下降，Solow 剩餘成長率劇降。是以實質景氣循環理論認為總產出與 Solow 剩餘存在聯動性 (comovement)，確信技術進步引發生產力衝擊，將是引發景氣循環的主要來源。然而這是引發景氣循環的唯一原因嗎？Keynesian 學派與古典學派都曾指出生產力衝擊不符合實情，亦即除 1973、1978、1990 年爆發石油危機外，資料顯示影響體系不存在生產力衝擊。然而實質景氣循環理論依然堅信經濟情勢變化可由累積很多小衝擊的影響而成，並可用 Solow 剩餘衡量衝擊程度。

稍後的 N. G. Mankiw (1989) 質疑將全部 Solow 剩餘視為因素生產力變化的說法，認為該部分僅是無法觀察的產出波動，屬於「未知的衡量」。在景氣衰退期間，為節省資遣與重新僱用成本，廠商寧可保留部分勞工在支薪名單中，但會減少勞工使用率而降低生產力，此種僱用超過生產商品所需勞工的現象稱為「勞工窖藏」(labor hoarding)。隨著景氣回春，廠商充分運用保留勞工而提升生產力，卻是不會增僱勞工，此即是「無就業復甦」。景氣繁榮之際，「勞工窖藏」將推動生產力提升；景氣衰退期間，「勞工窖藏」則讓生產力下降。

勞工窖藏
廠商僱用超過生產所需的勞工數量。

同樣的，技術進步或資本利用率變化，將釀成總產出波動，其他因素也會影響經濟活動，如財政政策衝擊。政府支出變動不影響生產函數和勞動邊際產量，對勞動需求曲線毫無影響。不過古典學派認為政府以增稅或舉債融通支出增加，勢必縮減人們財富（未來租稅負債增加），誘使其增加工時而引起勞動供給曲線右移，造成實質工資下降，擴大自然就業與自然產出。原則上，財政政策可以對抗景氣衰退和降低產出波動，不過古典學派認為政府不宜干預經濟活動較好，此係為提升產出和就業而增加政府支出，徒然讓人們變窮，唯有在利益（就業與產出增加）超過成本（租稅負債增加）下，政府擴張支出才能增加福祉。總之，景氣循環未必全是因素生產力變動釀成的結果。

實質景氣循環理論的兩大論點是：(1) 景氣循環是由理性成員對實質（非名目）衝擊產生最適反應所引發的結果，多數是來自於生產力成長，而政府支

出、進口價格與偏好變動也會產生影響。(2) 在景氣循環中，貨幣的影響力極為薄弱，實際資料顯示，實質產出與貨幣餘額間存在正相關，當中理由可能是貨幣餘額和實質產出面臨相同的實質衝擊，僅是單純反映實質產出影響貨幣餘額的逆因果關係 (reverse causation) 而已。貨幣具有中立性，央行執行逆風而行政策，效果將是乏善可陳而自我幻滅 (self-defeating)，最適貨幣政策應以可預期的貨幣法則為主。

最後，有關實質景氣循環理論的批評，可說明如下。

1. **Solow 剩餘與生產力衝擊**　實質景氣循環理論將全部 Solow 剩餘視為因素生產力變化，此種論點遭到質疑。景氣衰退期間，廠商不僅窖藏勞工，也不會關閉閒置產能，而是保留虛位以待景氣回春。然而此舉會誇大實際投入生產的設備與勞工數量，導致每單位勞工與資本的產出下降。這些勞工與設備投入生產將發揮生產力，然而在閒置狀況下，將會造成負生產力衝擊。

2. **負生產力衝擊**　生產力可能為負值，實質景氣循環理論甚至舉出負面衝擊案例佐證，如錯誤政策降低產出，或新冠肺炎疫情造成封城鎖國，短暫降低資本市場效率。不過實際現象顯示，技術進步與時俱進，持續不止，技術擴散到實際經濟活動運作需要時間，如互聯網廣泛使用並未出現大爆炸的情景，而是穩步擴散至經濟活動中，至於技術倒退情況則難以想像。在景氣衰退中，廠商削減投資導致技術流程降低，與其說是技術變化引發景氣循環，不如說是恰好相反。

3. **順循環的通膨與就業**　在總需求不變下，實質景氣循環理論認為總產出增加 (遞減) 將伴隨著通膨遞減 (上升)，此種現象可從 1950~1960 年代的數據獲得驗證。但若以大蕭條 (1929~1934 年) 與大衰退 (2008~2012 年) 的資料來看，經濟衰退期間與程度則無法以供給面衝擊來解釋。民間部門信心流失、貨幣供給緊縮、銀行放款不足對總需求影響至巨。此外，通膨通常是傾向於在繁榮時期上升、蕭條時期下降，兩者呈現順循環型態，但卻不符合實質景氣循環理論的說法。不過 Prescott 與 Kydland (1990) 指出「順循環性」不是二次大戰後的經濟特質，尤其是 1970 年代油價飆漲，通膨卻在蕭條期間呈現攀升趨勢。

4. **市場結清假設**　「市場結清與失業均屬自願性」的說法不合理，1931 年的失業率是否因為勞工偏好變化與技術衝擊而上升到 25%？實際資料顯示貨幣工資與物價並非完全浮動，尤其是訪談失業者是否自願減少工時，通常會獲得不愉快的反應。

觀念問題

- 依據實質景氣循環理論，試說明物價將與產出呈反向關係？該項結果與 1930 年代大蕭條、2008 年金融海嘯期間發生的狀況是否具有一致性？該理論能否解釋上述兩段期間的景氣循環現象？
- 新興古典學派與 Keynesian 學派認為貨幣在短期內不具中立性，不過卻對短期貨幣非中立性的原因出現相當不同的解釋。試問各自的理論依據為何？
- 當勞工存在貨幣幻覺時，實質景氣循環理論主張「實質干擾是景氣波動根源，貨幣干擾無法主導景氣波動」，是否依然有效？
- 依據實質景氣循環理論，回答下列問題：
  - (1) 在景氣擴張期間，體系產出為何會增加？
  - (2) 在景氣擴張期間，何種事件將會擴大產出？
  - (3) 在景氣緊縮期間，何種事件將會減少產出？

總體經濟學者：Edward C. Prescott (1940~)

(一) 生平

　　1940 年生於美國紐約州 Glens Falls，1962 年畢業於 Swarthmore 學院，隨後取得 Case Western Reserve 大學的作業研究碩士。1967 年取得 Carnegie Mellon 大學經濟學博士，並在 1966~1971 年間任教於賓州大學。1971~1980 年轉往 Carnegie Mellon 大學任教，1978 年在芝加哥大學擔任福特基金會研究教授。1980~2003 年任教於 Minnesota 大學。2002 年獲得 Erwin Plein Nemmers 經濟學獎榮譽。自 2003 年迄今，任教於 Arizona 州立大學，擔任聯邦準備銀行 Minneapolis 分行資深顧問。2004 年擔任加州 Santa Barbara 大學 Maxwell 與 Mary Pellish 的經濟系主任，並獲頒諾貝爾經濟學獎。2006 年擔任日本新生銀行在紐約大學的客座教授。

(二) 對總體理論貢獻

　　Prescott 專注於總體理論、經濟發展、一般均衡理論與應用，尤其是探討總體政策的時間不一致性，強調「法則而非權衡」，影響所及促使許多國家逐步強化央行獨立性。Prescott 探討影響景氣循環的各種因素與彼此間的互動關係，指出供給面因素是釀成景氣循環的主因，吸引許多學者開始應用數量經濟理論分析問題。此外，Prescott 與 Lucas 探討不確定性下的投資問題和無限期間的價格存在性問題，與 Mehra 提出「風險溢酬」而有助於財務金融理論研究，並與 Hodrick 提出數據平滑處理的 Hodrick-Prescott 濾波方法。

總體經濟學者：Finn E. Kydland (1943~)

(一) 生平

　　1943 年出生於挪威。1968 年畢業於挪威經濟與工商管理學院。1973 年獲得 Carnegie Mellon 大學經濟學博士，任教於挪威經濟學院並獲得 Alexander Henderson 獎。1982~1983 年獲得 Hoover 研究機構的 John Stauffer 國家獎金，1978~2004 年任教於 Carnegie Mellon 大學。1996 年起，擔任《動態總體經濟學》雜誌編輯。2004 年起，任教於加州 Santa Barbara 大學，並成立總經濟學和金融學實驗室 (LAEF)，同一期間也擔任 Dallas、Cleveland、St. Louis 聯邦準備銀行的研究人員。2004 年獲頒諾貝爾經濟學獎。

(二) 對總體理論貢獻

　　Kydland 專注於景氣循環、貨幣政策與財政政策、勞動經濟學等領域，並與 Prescott 共同探討景氣循環背後的影響因素以及總體濟政策的時間不一致性，從而奠定基礎性貢獻，提供各國實施貨幣與財政政策參考。

15.4　新興 Keynesian 學派

　　在 1940~1960 年代間，Keynesian 學派在總體理論獨領風騷，主導政府政策思維，當中理由如下：

- 市場失衡係屬常態，政府需以擴大支出的「財政政策」來消除「非自願性」失業，配合寬鬆「貨幣政策」導引利率下降來刺激民間投資。
- 基於 Phillips 曲線顯示失業率與通膨率存在替代關係，政府將可選擇「高失業率、低通膨率」或「低失業率、高通膨率」。

　　Keynesian 學派認為勞動市場往往是勞資雙方各自非連續性落在供需曲線上運作，經常處於非結清狀態。一旦體系遭逢需求或供給衝擊，價格遲緩變化將讓體系歷經漫長調整過程，方能重回自然產出環境，市場失衡猶如 1929~1941、1980~1986 以及 2007 年迄今顯現的環境。然而 1973 年爆發石油危機，全球深陷停滯性膨脹困境，景氣衰退與通膨並存，讓 Keynesian 理論與政策左支右吾。隨著新興古典學派崛起，席捲總體理論領域，Nicholas Gregory Mankiw、David Rome、Olivier Jean Blanchard、2001 年諾貝爾經濟學獎兩位得主 George A. Akerlof 與 Joseph Eugene Stiglitz 積極奮起，擷取「理性預期」

概念，為 Keynesian 學派的貨幣工資與物價僵化尋求個體基礎，轉而認為名目工資和產品價格調整遲緩而呈現黏性 (sluggish)，而在經過個體基礎加持而讓理論邏輯趨於完整下，新興 Keynesian 學派旋即問世。在此，新興 Keynesian 學派分析方法和理論觀點迥異於 Keynesian 學派之處，如下：

1. 貨幣工資與物價呈現黏性而調整遲緩，非如 Keynesian 學派所稱的完全名目僵化，並由「不完全競爭」和「訊息不全」觀點為黏性的形成尋求個體基礎。
2. 體系遭致外生干擾，即使人們採取理性預期形成，但因存在工資與價格黏性，政府政策將能發揮影響就業和產出效果。至於 Keynesian 學派則認為人們採取靜態預期形成，並配合貨幣工資僵化，將讓總體政策發揮影響就業和產出效果。

綜合新興 Keynesian 學派理論內涵，以下將依各市場運作分別說明。

(一) 商品市場

貨幣政策傳遞過程涵蓋貨幣餘額對總需求影響，以及總需求對產出影響兩個環節。就後者而言，總需求變化能否引起產出調整，將取決於價格黏性強弱。新興 Keynesian 學派將價格黏性分為兩類：

1. 名目僵化 (nominal rigidity)

古典與新古典學派基於價格機能充分運作，透過物價浮動調整來結清市場。反觀新興 Keynesian 學派相信短期物價僵化或具黏性，物價與貨幣工資未能調整至均衡水準，市場處於非結清狀態。此係廠商調整價格成本很高，即使決定價格的潛在因素波動，也無法經常調整商品價格。在此，有關價格黏性的特質如下：

> **名目僵化**
> 菜單成本與交錯契約促使廠商調整商品價格與貨幣工資必須支付代價，導致兩者變化缺乏浮動性。

- 儘管經濟活動變化表明不同價格是最適，然而價格黏性則是市場價格未能迅速浮動調整。
- 價格未能依據經濟條件或物價水準變化立即調整，市場存在低效率或失衡。
- 價格黏性通常僅對一個方向發揮作用，如價格上漲遠比下跌容易。
- 價格黏性概念適用於工資，當銷售額下降時，廠商不會採取減薪措施。

Mankiw (1985) 在《菜單小成本與景氣大循環：一個壟斷的總體模型》 *(Small Menu Costs and Large Business Cycles: A Macroeconomic Model of Monop-*

oly) 中提出黏性物價模型 (sticky price model) 或稱菜單成本模型，指出在壟斷或不完全競爭市場，廠商是價格訂定者，擁有控制產品價格能力。然而廠商調整商品價格猶如餐館更換價目表，必須負擔的菜單成本，包括與供應商談判重擬新價格、重印價目表並通知每一銷售點、更換價格標籤、傳播新價格訊息等所需的成本，以及廠商調價引來顧客不爽而降低需求的損失，甚至衍生處理顧客抱怨的機會成本。基於維護良好顧客關係，除非調價的獲利超過菜單成本，廠商才有誘因調價，否則寧可維持現狀，而以調整產出來因應需求的微幅變化。菜單成本存在，讓廠商不因需求變化而隨時調價，調價行為向來都是定期而非連續性，從而解釋短期物價何以存在黏性。

菜單成本存在，降低價格變動頻率，形成某種程度的價格黏性。在日常生活中，類似例子俯拾皆是，如醫院的醫療費用長期穩定，大眾運輸系統 (如公車和捷運、火車票價與計程車費率) 也是長期穩定，甚至連超級市場銷售的多數商品，尤其是耐久財標價穩定，數月甚至幾年都未見變化。在菜單成本模型中，價格調整緩慢將會衍生外部性，亦即超出可能對廠商與消費者的影響。舉例來說，某廠商降價將讓其他廠商受益，亦即降價將會略微降低物價水準，從而提升名目所得或貨幣餘額的實質購買力，從而刺激對所有產品的需求。換言之，某廠商降價將對所有產品需求產生總體影響，Mankiw 稱此現象為總需求外部性 (aggregate demand externality)。

此外，在訊息不全環境下，「投入產出表」的複雜性也會引來價格僵化。分散的全球供應鏈讓許多廠商競爭相同投入並生產同質產出，但單一廠商難以知道他人是否遭受類似衝擊。在某種情況下，廠商降價未必會帶來產品需求增加，反而可能導致利潤下降。Laurence Ball 與 S. G. Cechetti (1988) 指出廠商在定價過程中，不僅需要估計自己商品的需求和成本，還需在因素和商品市場中，掌握競爭對手與相關廠商決定定價的因素。廠商藉由觀察他人定價模式，獲取攸關商品需求變化訊息，再行定價，從而形成先後不一的交錯價格調整 (staggered price adjustment)，物價黏性難以迅速反映總需求變動，因而成為導致景氣循環的原因。

2. 實際僵化 (real rigidity)

實質僵化
實質工資與相對價格無法調整。

在訊息不全環境，消費者將會耗費尋覓成本購買商品，若是尋找低價商品所獲利益不足以抵償尋覓成本，則將留在原先常去的商店以較高價格購買商品。是以廠商漲價勢必流失客戶，降價則未必擴大銷路。為讓消費者感覺尋覓低價商品所費不貲，只要景氣平穩，廠商僅會調高價格至拗折點，商品價格因而呈現實際僵化。

此外，迂迴生產方式讓投入產出關係複雜化，廠商若要預測需求變化對每一生產環節的影響，勢必要估計無數的需求彈性，成本過高而難以執行。此種現實環境限制，導致總需求變化，影響單一商品價格調整的途徑十分遲緩，廠商在未接獲直接供應商調價通知前，寧可靜觀其變而維持本身產品價格不變。一旦所有廠商循此決策模式，透過彼此間的投入產出聯繫，就會出現成本黏性而衍生出實際價格僵化。

有鑑於此，新興 Keynesian 學派認為，央行採取緊縮政策抑制總需求，但因價格黏性而讓商品供過於求，存貨累積迫使廠商以減產與裁員因應。反之，寬鬆貨幣政策擴張總需求，價格黏性讓商品供不應求，只要體系存在閒置產能，廠商勢必增僱勞工擴產，就業與產出將同步增加。在價格黏性環境下，貨幣政策變動誘使廠商調整產出，進而引起景氣波動，貨幣在短期不具中立性。

不過新興 Keynesian 學派推出菜單成本模型，用於解釋景氣循環的成因，遭致下列質疑：

- 該模型僅考慮價格調整成本，卻忽略產出調整成本。
- 該模型隱含假設邊際成本與需求成正比，需求增減將引起邊際成本也以同比例漲跌。實際上，沒有任何廠商可以假設其邊際成本與其總需求完全相關。
- 菜單成本將隨著網路化普及而趨於微小，不足以解釋短期價格黏性，更難以成為主導解釋景氣循環的因素。尤其是菜單成本或許對個別廠商可能很重要，卻不可能影響總體經濟活動。

(二) 勞動市場

古典學派認為體系處於自然就業，並無非自願性失業。若是出現失業，貨幣工資將迅速滑落，勞動市場即可回復自然就業。在 Keynesian 學派理論中，體系存在非自願性失業，政府可透過擴張政策增加總需求，擴張產出和就業來消除。到了新興 Keynesian 學派則指出，勞資雙方協商勞動契約設定貨幣工資，針對「高貨幣工資導致高失業率，低工資則引發缺工」看法存有共識，是以將理性預期勞動需求等於預期勞動供給，並就貨幣工資達成一致看法，而在契約持續期間內固定而具黏性。勞工在契約期間內，以固定貨幣工資提供工時，而由廠商依實際勞動需求決定就業水準。在此，預期勞動需求將由預期物價與預期勞動邊際產量的乘積決定，而預期勞動供給也基於預期物價與對不同實際工資下可提供工時的預期。

新興 Keynesian 學派從訊息不全與不完全競爭觀點，解釋實際工資僵化的原因如下：

1. 隱性契約理論 (implicit contract theory)

Martin Baily (1974)、Donald Gordon (1974) 與 Costas Azariadis (1975) 分別提出隱性契約模型，指出勞資雙方簽訂有關工作保險和所得的隱性契約，此係勞工在所得方面是風險怯避者，不喜歡所得與就業波動帶來的風險。依據 Baily 與 Azariadis 的說法，此類契約將會導致實質工資僵化，不受景氣衰退期與就業水準波動的影響。

2. 內部者與外部者理論 (insider-outsider theory)

A. Lindback 和 D. Snower (1989) 指出，不完全競爭勞動市場存在摩擦性，勞工求職將出現內部人與外部人兩種。內部人是指已經在職者，而外部人則是失業者。內部人由工會代表談判工資，相對於外部人更具有發言權。工會與廠商協商貨幣工資，往往訂在超出市場結清水準，一旦體系總需求滑落，勢必排擠外部人求職而淪為非自願性失業。不過工會要求的貨幣工資超出市場結清水準，也僅能達到某一程度，一旦超越廠商支付能力，碰上體系總需求滑落，內部人也會遭到裁員，造成非自願失業存在。在景氣衰退期間，非自願性失業率飆高，內部人將利用議價能力來阻礙外部人進入職場。至於落入外部人的勞工將因喪失工會成員資格，在談判勞動契約時也將喪失影響力。此外，由於非自願性失業持續存在，長期處於失業者，可能會因技能下降而難以返回職場求職。在這種情況下，高非自願性失業將長期趨於鎖定，此即時間落後效果。當外部人難以再進入職場，時間落後效果將會導致工資黏性。

3. 效率工資理論 (efficiency wage theory)

新興 Keynesian 學派提出「工資」和「效率」雙向作用機制的效率工資理論，認為廠商為激勵勞工努力誘因，支付工資將超越勞工要求的最低工資或保留工資，亦即高於市場結清水準，此即效率工資制度，可用「胡蘿蔔」與「棒子」進行比擬。

(1) 逆選擇理論 (adverse selection theory)

廠商招聘潛在員工，將會面臨資訊不對稱，選擇程序成本高昂。廠商試圖選擇高品質勞工，但將面臨支付較高的保留或最低工資要求。某廠商支付工資若低於保留工資，將無法吸引高品質勞工。透過支付高於保留工資的薪資，廠商將可避免逆選擇問題，亦即避免僱用低素質勞工而降低廠商生產力。換言之，廠商支付超過市場結清水準的效率工資，將有助於提升勞工的平均素質，進而提高生產力。

(2) 互惠或禮物交換模型 (reciprocity or gift-exchange model)

　　胡蘿蔔或利誘係指廠商藉由支付高於市場結清工資的實際工資，誘發勞工的在職效率，提高生產力作為回報。反之，廠商減薪將讓員工心生報復而降低生產力，是以為避免減薪的負面衝擊，廠商不會因有超額勞動供給即調低工資。

(3) 偷懶理論或道德危險模型 (shirking or moral hazard model)

　　在資訊不對稱下，廠商難以準確監控勞工努力程度，遂以支付超過勞工機會成本的效率工資為正面策略，搭配解僱偷懶勞工的負面措施，而被解僱的勞工無法立即找到工作，將有段時間處於失業狀態。換言之，資訊不對稱阻礙價格機能發揮結清勞動市場功能。

(4) 交錯契約 (staggered contract) 或稱 Taylor 契約

　　John B. Taylor (1979, 1980) 指出各個工會分別在不同期間續簽，新契約開始日期錯開且重疊，此即是交錯契約。這種重疊的長期勞動契約將導致名目工資僵化，在契約持續期間內，貨幣工資固定，並透過物價指數與預期通膨率掛鉤。Taylor 假設勞動契約持續期間內，貨幣工資將固定在一個取決於預期物價與未來需求與產出的水準，貨幣供給變動將會影響契約期間的需求與產出，直到談判新契約。假設央行緊縮貨幣供給，將會減少總需求與總產出，但因工資契約是交錯的，工資因應總需求與總產出變化的調整非常緩慢，導致貨幣工資具有黏性。

> **交錯契約**
> 勞資雙方分別在不同期間簽訂勞動契約，新契約開始日期交錯重疊。

4. 協調失敗 (coordination failure)

　　「策略互補」是指廠商間的最適決策將是相互依賴。廠商將先預測他人訂定工資與價格的行為後，再擬定自己的定價策略，從而可能出現協調失敗現象。景氣衰退何以會因協調失敗而出現？可考慮下列比喻。體系若是雙頭壟斷 (dupoly) 結構，央行執行緊縮政策釀成總需求下降，廠商們將面臨是否降價問題。廠商追求利潤極大，但其盈餘除取決於本身定價策略外，還與另一廠商決策息息相關。如果兩家廠商堅拒降價（物價不變），實質餘額將因央行緊縮政策而下跌，景氣衰退勢將無法避免，假設每家廠商各自獲得 1,500 萬元盈餘。其次，兩家廠商選擇降價，實質餘額將因物價滑落而不至於縮減很多，景氣衰退或許可以避免，每家廠商盈餘甚至可能超過 1,500 萬元。儘管兩家廠商都希望避免景氣衰退，卻無法透過本身行動來達成目的。第三，某廠商降價而另一家維持不變，景氣衰退勢必來臨。堅持原價廠商的盈餘可能劇減僅剩 500 萬元，降價廠商獲利可能持平，依然賺取 1,500 萬元。這個比喻隱含廠商間的決策相互依賴，都會影響他人決策結果。由於體系存在總需求外部性，某廠商降

價將會積極影響另一廠商獲利機會。在雙頭壟斷產業結構下，每家廠商都期望他人降價，若也確實達成，則每家廠商可能賺取 2,000 萬元。另外，每家廠商都期望對方堅持自己價格，而雙方也都堅持到底，此項劣質解決方案將因總需求減少而讓每家廠商僅賺 500 萬元。在上述組合中，任何狀況都有可能出現，體系存在多個均衡。每家廠商盈餘僅剩 500 萬元的較差結果，將是協調失敗的案例。如果兩家廠商協調選擇同時降價，將可達到理想結果。然而現實世界迥異於這個比喻，此係壟斷性競爭市場的定價廠商家數眾多，協調困難度極高。上述比喻的含意是，即使黏性價格不符合任何人利益，但因定價者期望它們如此，導致價格也可能具有黏性。

最後，勞工基於預期物價與廠商協商勞動契約，在契約持續期間，廠商依約支付薪資，勞工則依約提供工時，並事先設定貨幣工資調整方式：

- 在多年契約中，每年均依既定時程調整工資。
- 貨幣工資將依未來通膨的某一比率調整，此即生活成本協議 (cost-of-living agreement, *COLA*)。

生活成本協議
貨幣工資依未來通膨的某一比率調整。

舉例來說，美國重大產業的勞動契約期限通常是三年，每年貨幣工資若設定為增加 3%，再附加通膨率 π 的某一比率，則貨幣工資與實質工資變化將如下表所示。實務上，體系內勞動契約既未同時簽訂，也不會同時到期，交錯簽訂將讓貨幣工資交錯調整而具有黏性。

	貨幣工資變動 (具有 *COLA* 保障)			實質工資變動 (具有 *COLA* 保障)		
	無	一半	全部	無	一半	全部
$\pi = 0$	3%	3%	3%	3%	3%	3%
$\pi = 10\%$	3%	8%	13%	-7%	-2%	3%

基於上述現實，寬鬆貨幣政策推動物價上漲，工資黏性則讓實質工資下降，誘使廠商願意增僱勞工增產，以謀取更大利潤。相反的，緊縮貨幣政策降低物價，工資黏性引導實質工資上漲，迫使廠商裁員減產，失業率因而上升。在工資黏性環境下，貨幣餘額變動引發總產出與就業相應變動，貨幣不具中立性。

1. 銀行信用市場

廠商募集債務與股權資金營運，資金來源以舉債為主，股權資金為輔。在

資訊不對稱環境，廠商申請銀行放款，對於自己的資金用途、承擔風險與預期報酬，以及逾期還款機率都是心知肚明。反觀銀行僅能依據廠商的業務來估算其投資報酬，甚難掌握其投資風險，無從篩選出低信用風險的借款者。是以新興 Keynesian 學派指出，銀行將組合「利率機制」與「抵押品機制」，透過信用分配來紓緩資訊不對稱問題。

(1) 利率選擇效果 (事前)

該項效果具有正反兩個層面意義：(a) 利率上漲擴大銀行收益，此即呈現遞增的正面效果。(b) 高利率迫使續優借款者退出銀行信用市場，僅留低信用評等者申請放款，其償債能力遭致質疑 (信用風險攀升)，而擴大逆選擇效果。

(2) 利率誘因效果 (事後)

高利率提供借款者投入高風險標的誘因，低利率則讓借款者選擇低風險標的。一旦銀行訂定高放款利率，將誘使借款者從事高風險操作以謀取高報酬，違約可能性攀升而擴大道德危險問題。

綜合上述兩種效果，新興 Keynesian 學派認為，在不完全銀行信用市場，銀行缺乏充分訊息來辨識借款者的信用風險，但可運用逆選擇效果來檢測借款者的風險偏好和信用風險。銀行區分申請貸款者為高低風險兩個群組，在兩組間設定臨界利率。當放款利率低於臨界利率，兩組都會申請貸款。隨著放款利率上漲，低風險群組中偏好無風險投資的借款者，逐漸退出信用市場。一旦放款利率攀升至臨界利率，低風險群組將全部退場，僅留下高風險群組持續申請貸款。是以銀行透過調整臨界利率，就能推估出借款者偏好，並依其投資的風險性來預測償債機率。借款者愈偏好風險性投資，投資失敗可能性愈大，勢必擴大銀行的信用風險。

2. 貨幣政策

在 Keynesian 學派理論中，貨幣政策僅能透過「資本成本」傳遞機制來反映其效果，在影響經濟活動強度、時間與構成方面明顯不足。是以新興 Keynesian 學派補充「銀行信用傳遞機制」，而成立前提如下：

- 間接金融與直接金融並非完全替代，當銀行緊縮放款，廠商未必能進入金融市場發行公司債來填彌縮水的放款額度。
- 央行執行貨幣政策改變銀行準備，必然影響銀行放款供給。
- 物價與工資黏性將讓貨幣政策缺乏中立性，將對經濟活動發揮實質影響。

由於體系存在資訊不對稱與其他摩擦因素干擾金融市場仲介功能，將會擴大「外部融資溢酬」（外部與內部融通成本差距），此一溢酬將受銀行評估、金融監理和募集資金的預期成本，以及資訊不對稱成本等因素影響。新興 Keynesian 學派認為，貨幣政策除影響利率外，也將影響外部融資溢酬，後者變化相對利率變化（資本成本變化）更能解釋貨幣政策效果的強度、時間和構成，而貨幣政策與外部融資溢酬間的聯繫如下：

> **外部融資溢酬**
> 廠商採取外部與內部融通所需支付成本的差距。

(1) 資產負債管道　央行執行貨幣政策除影響利率外，還會直接或間接影響廠商信用評等，改變外部融資溢酬與融資條件，進而影響投資支出和生產活動，此即資產負債傳遞管道。

(2) 銀行融資管道　銀行放款是廠商的主要資金來源，緊縮貨幣政策除限制銀行放款供給外，同時擴大外部融資溢酬，透過融資管道而降低廠商投資誘因。

除強調銀行信用傳遞機制在貨幣政策扮演的角色外，新興 Keynesian 學派並提出下列看法：

• 就最終目標而言，新興 Keynesian 學派承襲 Keynesian 學派看法，指出央行除穩定物價外，在體系失衡時，也應利用貨幣的非中立性來影響實質變數，藉以回復均衡與促進經濟成長。

• 就選取貨幣指標而言，Keynesian 學派選擇利率指標，新興 Keynesian 學派則認為央行除釘住利率外，還應加入銀行信用成長率，運用貨幣政策來穩定銀行信用成長率，矯正銀行信用市場失靈而達成政策目標。

3. 總體政策主張

新興 Keynesian 學派主張政府藉由干預穩定經濟活動運行，相關政策如下：

> **微調政策**
> 針對體系較小波動，採取小幅調整政策來因應，以避免引發大幅經濟波動。

(1) 以較溫和表述方法支持權衡政策：「若無緊縮政策，通膨將會日益嚴重；但無擴張政策，失業則會趨於擴大」。

(2) Keynesian 學派指出，政府將依據景氣循環的某些規律性與觀測經濟波動的領先指標變動情況，事先對未來可能出現的景氣波動，使用微小的政策工具變量持續撫平波動，縮小景氣循環震幅，此即運用「微調」(fine-tuning) 穩定經濟活動。政府採取總體微調的特質，將是體現在靈活性和前瞻性。另外，新興 Keynesian 學派設計「粗調」(coarse-tuning) 政策，是指政府為對抗景氣循環波動，採取一系列政策，對經

> **粗調政策**
> 針對景氣循環，採取一系列政策，間斷式對總體經濟活動進行大幅調整。

濟活動積極運行進行大幅度調整。此種總體粗調有助於處理未預期的突發性震盪，採取及時有效政策紓緩景氣波動釀成的影響。換言之，粗調政策屬於「事中」、「事後」的必然性措施，意圖因應危機、扭轉形勢。

(3) 延續 Keynesian 學派的財政政策，但在物價政策、人力政策和貨幣政策方面則有獨到之處。

(4) 央行透過調整貨幣數量穩定產出，藉以消除影響價格的實質干擾與引發價格波動的名目干擾。然而兩者對勞工的影響迥異，前者意味著產出穩定時，工資將不穩定；而後者意味著產出穩定時，工資較爲穩定。

(5) 政府運用放款利率補貼或信用保證，協助融通能夠產生社會利益的項目。

最後，有關詮釋景氣循環的實質景氣循環模型、傳統與新興 Keynesian 學派的比較，將列於表 15-1。

總體模型 特質	傳統 Keynesian 學派	新興 Keynesian 學派	實質景氣循環模型
預期形成	靜態預期	理性預期	理性預期
價格調整	價格僵化	價格黏性	價格完全浮動性
長期供給衝擊	無關	景氣循環的來源，但是需求衝擊也很重要	景氣循環波動的唯一來源
未預期政策效果	產出與通膨率上升	產出與通膨率上升	產出不變，通膨率上升
預期擴政策效果	產出上升；通膨率上升幅度與未預期政策效果相同	產出上升幅度小於未預期政策效果；通膨率上升幅度大於未預期政策效果	產出不變；通膨率上升
權衡政策是否有利	有利	有利，但是設計有利的政策將有困難	無利
對未預期反通膨政策的回應	產出與通膨率下降	產出與通膨率下降	產出不變；通膨率上升
對預期反通膨政策的回應	產出下降；通膨率下降幅度與未預期政策效果相同	產出下降幅度小於未預期政策效果；通膨率下降幅度大於未預期政策效果	產出不變；通膨率下降
央行可信度	對反通膨政策是否成功不重要	對反通膨政策是否成功重要	對反通膨政策是否成功不重要

表 15-1
實質景氣循環模型、傳統與新興 Keynesian 學派的比較

觀念問題

- 針對下列勞動契約型態，試說明實質工資成長率對通貨膨脹率變動的反應爲何：
  (1) 勞動契約存在 COLA 保障？
  (2) 勞動契約存在一半的 COLA 保障？
  (3) 勞動契約存在全部的 COLA 保障？
- 考慮新興 Keynesian 學派的勞動契約模型：
  (1) 試以勞動市場與 AD-AS 曲線說明，體系未預期總需求增加，對貨幣工資、實質工資、就業量與實質產出的影響爲何？
  (2) 勞資雙方簽訂 COLA 指數化契約，貨幣工資將與物價呈同比例調整。試以勞動市場與 AD-AS 曲線說明，體系總需求突發性增加，對貨幣工資、實質工資、就業量與實質產出的影響爲何？該模型與古典學派模型的異同爲何？
- 試說明 Keynesian 學派與新興 Keynesian 學派如何解釋失業現象？
- 試說明新興 Keynesian 學派、理性預期學派與實質景氣循環模型的異同之處？
- 試評論：「古典與新興古典廠商選擇產出，新興 Keynesian 廠商卻是選擇價格。」

總體經濟學者：Nicholas Gregory Mankiw (1954~)

(一) 生平

　　1954 年 2 月 3 日出生於 New Jersey 州 Trenton，1976 年畢業 Pingry 高中，1980 年畢業於 Princeton 大學經濟系，並被授予拉丁文最高學位榮譽。爾後，Mankiw 進入 MIT 攻讀博士學位，並前往哈佛大學法學院學習。在 1982~1983 年間進入經濟顧問委員會工作，做爲內部經濟學家的成員，也爲其日後擔任委員會主席鋪墊。離開委員會後，Mankiw 再次回到 MIT 繼續攻讀學位而取得博士學位，然後在哈佛大學法學院待了一年，旋即返回 MIT 任教一年，然後在 1985 年轉往哈佛大學任教。

(二) 對總體理論貢獻

　　Mankiw 是新興 Keynesian 學派學者，提出菜單成本模型用於解釋價格黏性的來源。此外，Mankiw 基於價格訂定者的訊息緩慢擴散，提出新興 Keynesian 學派的 Phillips 曲線的替代理論。此外，Mankiw 在消費理論、股權溢價與經濟成長理論頗多著墨。尤其是 Mankiw 撰寫的《總體經濟學》與《經濟學原理》獨樹一格，享譽盛名。

總體經濟學者：John Brian Taylor (1946~)

(一) 生平

　　1946 年 12 月 8 日出生於美國紐約州 Yonkers，1968 年取得 Princeton 大學碩士，1973 年獲得 Stanford 博士。1973~1980 年任教於 Columbia 大學，1980~1984 年任教於 Princeton 大學的 Woodrow Wilson 學院，自 1985 年後任教於 Stanford 大學，也是 Hoover 研究中心的 George P. Shultz 資深研究員。1996~1998 年擔任加州經濟顧問委員會委員，1989~1991 年擔任總統經濟顧問委員會委員，1995~2001 年擔任國會預算辦公室經濟顧問小組成員。2001~2005 年擔任國際事務的財政部副部長，負責通貨市場、金融服務交易、外國投資、國際債務與發展、監督 IMF 與世界銀行。Taylor 在解決 2002 年金融危機工作上獲得 George P. Shultz 公共服務傑出獎。2010 年獲得 Bradley 獎，同時獲得財政部頒授 Alexander Hamilton 獎。2012 獲得 Hayek 獎。2015 年因為對經濟政策形成與引導具有傑出貢獻而獲得 Truman 獎章，2016 年獲得 Adam Smith 獎，此外，Taylor 在 Stanford 大學陸續獲得攸關教學優異的 Hoagland 獎、Rhodes 獎、經濟系傑出成員教學獎。

(二) 對總體理論貢獻

　　Taylor 提出交錯契約模型或稱 Taylor 契約，用於解釋物價與工資的訂定。此外，Taylor (1993) 提出 Taylor 法則，提供央行訂定名目利率的法則，成為央行調整名目利率的重要依據。Taylor 被認為是潛在的諾貝爾經濟學獎得主。

問題研討

小組討論題

一、評論題

1. 依據理性預期臆說，央行事先公布貨幣政策，將不影響名目產出，而未預期貨幣供給變動則對實質產出及物價發揮短期影響。

2. 依據理性預期臆說，央行事先宣布將實施緊縮貨幣政策，人們卻懷疑央行執行的可能性。然而央行總裁真的確實執行緊縮政策，此舉將造成產出不變與物價下跌。

3. 依據 Keynesian 理論，縱使人們採取理性預期形成，規則性 (可被預期) 的總體政策亦將產生實質效果。

4. Lucas 批判是指政府執行擴張性財政政策，產生的乘數效果具有高度不確定性。

5. 新興 Keynesian 學派指出，不完全競爭市場與訊息不全是形成物價黏性的原因，並可用於解釋景氣循環發生的緣由。

6. 廠商支付效率工資，將讓勞動市場出現自然失業，難以達到均衡。

7. 勞資雙方未必同時勞動契約，從而產生工資交錯調整狀況。此種現象對體系毫無利益可言，政府應督促將勞動契約更新趨於同時化。

8. 依據新興古典理論，任何促使自然產出增加的外生衝擊，也將使均衡就業上升。

9. 依據理性預期臆說，政府變動需求管理政策 (如貨幣政策) 愈頻繁，將讓民間部門愈難預測，政策效果也愈容易達成。

二、問答題

1. 理性預期模型如何實際運用？試說明其限制為何？

2. 當人們採取「理性預期」決策後，是否意味著政府政策將被人們「預期」抵銷，從而對實質部門毫無影響？

3. 針對體系面臨國際間「黃小玉」歉收或油價攀升等逆向供給衝擊，試依據實質景氣循環模型，回答下列問題：
   (a) 試繪圖說明如何對生產函數與勞動需求曲線的影響？是否也會影響勞動供給曲線斜率？
   (b) 體系內物價、實質工資率、就業與產出將如何變化？

4. 何謂名目與實質僵化？名目僵化若能完全由體系移除，試問：能否消除景

氣循環中的產出與就業波動？

5. 各個學派對總供給曲線看法雖有不同，但對短期總供給曲線 $y = \bar{y} + \alpha(P - P^e)$，$\alpha > 0$，呈現正斜率卻有共識。試說明該曲線的意涵為何？

6. 台灣與美國的總體資料均顯示，勞動平均生產力呈現順景氣循環現象。實質景氣循環理論與 Keynesian 理論均對此現象提供相關解釋，試問：各自內容為何？

7. 以 Robert Lucas 為首的理性預期學派，提供解釋貨幣短期不具中立性，但長期具中立性的理論，同時引申的重要結論是：「系統性貨幣政策具有中立性，非系統性貨幣政策不具中立性」。試回答下列問題：

   (a) 何謂「系統性」與「非系統性」貨幣政策？

   (b)「系統性政策具有中立性，而非系統性政策不具中立性」結論的依據為何？

8. 實質景氣循環理論與新興 Keynesian 學派對短期經濟波動看法迥異，試就下列議題對兩者進行比較：

   (a) 勞動市場與失業。

   (b) 技術衝擊，Solow 剩餘與景氣循環。

   (c) 貨幣中立性。

   (d) 工資與物價浮動性。

   (e) 菜單成本與總需求外部性。

   (f) 協調失敗。

   (g) 工資與物價調整交疊性。

   (h) 穩定政策執行。

三、計算題

1. 某國使用 Cobb-Douglas 生產函數 $Y_t = AK_t^{0.4} N_t^{0.6}$，而相關總體資料如下：

變數 ＼ 期間	1	2	3	4	5	6
資本 (K)	1	1	1.1	1	0.95	1
勞動 (N)	32	33	32	32	32	32
產出 (Y)	10	10.6	11.6	10.38	10.4	10.8

   (a) 試以上述資料計算 Solow 剩餘，並計算每一期間的成長率。

   (b) 試以圖形表示 2~6 期的 Solow 剩餘 (技術) 成長率與產出成長率，該項數據可以證明實質景氣循環理論的說法嗎？理由為何？

2. 央行經研處設立新興 Keynesian 模型如下：

跨期 IS 曲線 $x_t = E_t(x_{t+1}) - \theta[i_t - E(\pi_{t+1})]$　$\theta > 0$

Phillips 曲線 $\pi_t = \beta E_t(\pi_{t+1}) + \lambda x_t + u_t$　$0 < \beta < 1$，$\lambda > 0$

Taylor 法則 $i_t = \delta \pi_t$　$\delta > 1$

x_t 是產出缺口，i_t 是名目利率，π_t 是通貨膨脹率。$E_t(.) = E(.|\Omega_t)$ 是在訊息集合 Ω_t 已知下的條件預期，u_t 是隨機總需求衝擊，取決於下列一階自我迴歸過程：

$$u_t = \rho u_{t-1} + \varepsilon_t \qquad 0 < \rho < 1 \qquad \varepsilon_t \sim N(0, \sigma_\varepsilon^2)$$

試回答下列問題：

(a) 試求解 x_t 與 π_t 為外生衝擊 u_t 的函數，並說明台灣面臨總需求干擾衝擊，均衡通貨膨脹 π_t 與產出缺口 x_t 將如何變化（$\dfrac{\partial \pi_t}{\partial u_t}$，$\dfrac{\partial x_t}{\partial u_t}$）？

(b) 央行理監事會決議採取消極貨幣政策，訂定 $\delta = \rho < 1$，試問：

　(1) 台灣的均衡通貨膨脹與產出缺口為何？

　(2) 假設 ρ 與 β 值趨近於 1、$\rho\beta \to 1$，此一消極政策法則將讓台灣的通膨變異性 $Var(\pi_t)$ 與產出缺口變異性 $Var(x_t)$ 為何？

(c) 央行理監事會決議改採積極貨幣政策，設定 $\delta \to \infty$，此一積極政策法則會讓台灣的通膨變異性 $Var(\pi_t)$ 與產出缺口變異性 $Var(x_t)$ 將為何？

3. 主計總處設立台灣的總體模型如下：

$$AD: y = 60 + 10(\frac{M}{P})$$
$$SRAS: y - y^* = \theta(P - P^e)$$

y、y^*、M、P 與 P^e 分別是實質產出、自然產出、貨幣餘額、實際與預期物價。θ 是參數。此外，台灣的 Okun 法則指出，失業率增加 1% 將會降低自然產出 $\alpha\%$ 的實質產出。試回答下列問題：

(a) 台灣的期初物價為 P_0，試推演出附加預期的 Phillips 曲線，並說明其政策涵義？

(b) 假設 $y^* = 750$、$M = 600$、$P^e = 40$、$\theta = 1$、$\alpha = 2$，而自然失業率 $u^* = 5\%$。假設央行未預期增加名目貨幣供給至 $M = 1,020$，試計算短期均衡產出、實際失業率、物價與通貨膨脹率？

(c) 延續 (b) 題，當物價預期充分調整後，台灣的均衡物價為何？

4. 某國的理性預期總體模型如下：

貨幣供給函數 $M_t = \overline{M} + kM_{t-1} + u_t$；$\ldots u_t \sim N(0, \sigma_u^2)$

總需求模型 $P_t = -a(y_t - y_{t-1}) + M_t$

總供給模型 $y_t = y_{t-1} + b(P_t -_{t-1}P_t^*) + v_t$；$\ldots v_t \sim N(0, \sigma_v^2)$

試回答下列問題：

(a) 試求該國的均衡物價與產出。

(b) 試繪圖說明「政策無效臆說」。

(c) 試說明 Lucas 的批判。

5. 某國設立貨幣學派總體模型如下：

$$AD: y = 600 + 10(\frac{M}{P})$$

$$SRAS: y = y^* + (P - P^e)$$

$$Okun's\ Law: (\frac{y - y^*}{y}) = -2(u - u^*)$$

假設 $y^* = 750$、$u^* = 0.05$、$M = 600$、$P^e = 40$。試回答下列問題：

(a) 該國均衡物價為何？

(b) 假設央行突然增加貨幣數量 800，試計算短期均衡產出、失業率與物價為何？

(c) 當人們充分調整物價預期後，均衡物價為何？

6. 央行經研處設立台灣的總需求與總供給函數如下：

總需求函數 $y_t^d = a + \alpha(m_t - p_t) + u_t$；$\alpha > 0$，$u_t \sim N(0, \sigma_u^2)$

總供給函數 $y_t^s = y^* + \beta(p_t -_{t-1}Ep_t) + v_t$；$\beta > 0$，$v_t \sim N(0, \sigma_v^2)$

y_t、y_t、p_t 係以自然對數表示之實質產出、名目貨幣數量與物價。$_{t-1}Ep_t$ 是以 $t-1$ 期訊息為基礎所預期的本期物價。假設央行係依據下列模式執行貨幣政策：

$$m_t = \overline{m} + \phi u_{t-1} + \eta_t ; \eta_t \sim N(0, \sigma_\eta^2)$$

試回答下列問題：

(a) 試求出台灣的均衡產出與物價的理性預期值，並分析 $\overline{m}$、u_t、v_t 與 η_t 對均衡產出與物價的影響，此一模型的基本精神與主要結論為何？

(b) 央行採取「逆風而行」模式 $(\phi < 0)$，藉以降低實質產出波動，試問：能否得逞？如果改採「順風而行」操作模式 $(\phi > 0)$，將對名目產出波

動幅度造成何種影響？

(c) 某 Keynesian 學者根據本模型產生的實際資料，估計 Phillips 曲線迴歸結果為 $y_t - \bar{y} = \beta_0 + \beta_1(p_t - p_{t-1}) + \varepsilon_t$。該學者發現 β_1 估計值 $\hat{\beta}_1 > 0$，據以證明 Phillips 曲線確實存在。然而該經濟學者卻未列示 $\hat{\beta}_1$ 的標準誤 (standard error)，試問：你對該項實證結果有何看法？(請討論 $\hat{\beta}_1$ 的理論預期值)

7. 中研院經研所設立台灣的總體模型如下：

$$M_t - P_t = \alpha(y_t - y_{t-1}) \; ; \; \alpha > 0$$
$$y_t - y_{t-1} = \beta(p_t - {}_{t-1}Ep_t) + \varepsilon_t \; ; \; \beta > 0 \; , \; \varepsilon_t \sim N(0, \sigma_\varepsilon^2)$$
$$M_t = \bar{M} + \gamma M_{t-1} + \mu_t \; ; \; \mu \sim N(0, \sigma_\mu^2)$$

y_t、m_t、p_t 係以自然對數表示之實質產出、名目貨幣數量與物價。${}_{t-1}Ep_t$ 是以 $t-1$ 期訊息為基礎所預期的本期物價。試回答下列問題：

(a) 試求出台灣的均衡產出與物價？

(b) 假設經濟所估計的台灣縮減式總體模型如下：

$$y_t = \theta_0 + \theta_1 M_t + \theta_2 M_{t-1} + \eta_t \; ; \; \mu \sim N(0, \sigma_\eta^2)$$

試以該模型說明何謂 Lucas 批判？

8. 財政部設立台灣的總需求與總供給函數如下：

$$AD : y_t^d = A + \alpha(y_t - Z_t) - \theta p_t + \mu_t \; ; \; \alpha > 0 \; , \; \mu_t \sim N(0, \sigma_\mu^2)$$
$$AS : y_t^s = y^* + \beta(p_t - {}_{t-1}p_t^e) + v_t \; ; \; \beta > 0 \; , \; v_t \sim N(0, \sigma_v^2)$$

租稅函數 $Z_t = \tau y_t \; ; \; 0 < \tau < 1$

y_t、Z_t、p_t、A 係以自然對數表示之實質產出、租稅、物價與固定的自發性支出。${}_{t-1}P_t^e$ 是以 $t-1$ 期訊息為基礎所預期的本期物價。試回答下列問題：

(a) 試問適應性預期的定義為何，並說明該預期的意義為何？

(b) 在理性預期下，試求出 y_t、p_t 與 ${}_{t-1}P_t^e$？

(c) 試說明預期的稅率 τ 下降對產出有何影響？

9. 經建會設立台灣的總體模型如下：

$$AD : y_t^d = M_t - \theta P_t \; ; \; \theta > 0$$
$$AS : y_t^s = y_{t-1} + \beta(P_t - {}_{t-1}P_t^e) + v_t \; ; \; \beta > 0 \; , \; v_t \sim N(0, \sigma_v^2)$$

y_t、m_t、P_t 係以自然對數表示之實質產出、名目貨幣數量與物價。${}_{t-1}P_t^e$ 是

以 $t-1$ 期訊息為基礎所預期的本期物價。貨幣供給函數如下：

$$M_t = \overline{M} + \eta_t \; ; \eta_t \sim N(0, \sigma_\eta^2)$$

試回答下列問題：

(a) 人們若是採取靜態預期形成，試求出台灣的物價 P_t，並證明該預期值是實際物價的偏誤估計值。

(b) 人們若是採取理性預期形成，試求出 P_t、$_{t-1}P_t^e$ 與 y_t，並說明政策無效臆說。

10. 經建會設立台灣的總體模型如下：

$$AD : y_t^d = G_t - \theta P_t \; ; \theta > 0$$
$$AS : y_t^s = y_{t-1} + \beta(P_t - {}_{t-1}P_t^e) + v_t \; ; \beta > 0 \text{，} v_t \sim N(0, \sigma_v^2)$$
政府支出函數 $G_t = \overline{G} + \theta y_{t-1} + \eta_t \; ; \eta_t \sim N(0, \sigma_\eta^2)$

y_t、G_t、P_t 係以自然對數表示之實質產出、固定政府支出與物價，θy_{t-1} 是財政政策回饋法則。$_{t-1}P_t^e$ 是以 $t-1$ 期訊息為基礎所預期的本期物價。試回答下列問題：

(a) 試求出理性預期下，台灣的均衡物價 P_t、均衡產出 y_t 與預期物價 $_{t-1}P_t^e$。

(b) 試說明預期的財政政策無效，而未預期財政政策有效。

11. 中華經濟研究院設立台灣的總體模型如下：

$$AD : P_t = -7(y_t - y_{t-1}) + M_t$$
$$AS : y_t = y_{t-1} + 2(P_t - {}_{t-1}P_t^e) + v_t \; ; \beta > 0 \text{，} v_t \sim N(0, \sigma_v^2)$$

y_t、m_t、P_t 係以自然對數表示之實質產出、名目貨幣數量與物價。$_{t-1}P_t^e$ 是以 $t-1$ 期訊息為基礎所預期的本期物價。貨幣供給函數如下：

$$M_t = \overline{M} + \eta_t \; ; \eta_t \sim N(0, \sigma_\eta^2)$$

試回答下列問題：

(a) 人們採取理性預期形成，試求出台灣的預期物價 $_{t-1}P_t^e$ 與實際均衡產出 y_t。

(b) 試利用上述模型與理性預期的特性，說明標籤價格理論並求解標籤價格。

12. 台灣經濟研究院設立台灣的總體模型如下：

$$AS : y_t = y_{t-1} + \theta(P_t - {}_{t-1}P_t^e) : \theta > 0$$
$$AD : P_t = -\beta(y_t - y_{t-1}) + M_t : \beta > 0$$

y_t、M_t 與 P_t 係以自然對數表示之實質產出、貨幣數量與物價。${}_{t-1}P_t^e$ 是以 $t-1$ 期訊息為基礎所預期的本期物價。試回答下列問題：

(a) 在理性預期下，試求出台灣的均衡 y_t 與 P_t？

(b) 假設央行在 t 期增加貨幣供給 10%，但人們在 $t-1$ 期預期貨幣供給增加 5%，試說明貨幣中立性是否成立，以及對均衡物價造成的影響為何？

(c) 試說明理性預期模型設立依據，以你的經濟直覺繪圖說明 (b) 的結果。

13. 主計總處設立台灣的總體模型如下：

$$AS : y_t - y_{t-1} = \theta(P_t - {}_{t-1}P_t^e) + \varepsilon_t : \theta > 0$$
$$AD : P_t - P_{t-1} = -\beta(y_t - y_{t-1}) + M_t - M_{t-1} : \beta > 0$$

y_t、M_t 與 P_t 係係以自然對數表示之實質產出、貨幣數量與物價。是以期訊息為基礎所預期的本期物價。試回答下列問題：

(a) ${}_{t-1}P_t^e$ 是外生因素決定的固定值，試計算貨幣政策乘數 $\dfrac{dy_t}{dM_t}$ 與 $\dfrac{dP_t}{dM_t}$。

(b) ${}_{t-1}P_t^e$ 是理性預期值，試求出此預測價格 ${}_{t-1}P_t^e$ 的方程式？

(c) 央行理監事會設定貨幣供給函數為 $M_t = \overline{M}_t + \hat{M}_t$，${}_{t-1}M_t^e = \overline{M}_t$ 是 $t-1$ 期可正確預期的 t 期貨幣餘額，${}_{t-1}\hat{M}_t^e = \mu_t \sim N(0, \sigma_\mu^2)$ 是在 $t-1$ 期未預期的 t 期貨幣餘額。在此貨幣供給法則下，試依據理性預期臆說推演下列結果？

(d) $t-1$ 期時可正確預期貨幣政策乘數 $\dfrac{dy_t}{dM_t}$ 與 $\dfrac{dP_t}{dM_t}$ 為何？

(e) $t-1$ 期未預期貨幣政策乘數 $\dfrac{dy_t}{dM_t}$ 與 $\dfrac{dP_t}{dM_t}$ 為何？

14. 某國總需求與總供給模型如下：

$$AD : y = 300 + 30(\frac{M}{P})$$
$$AS : y = y^* + 10(P - P^e)$$

假設 $y^* = 500$、$M = 400$。試回答下列問題：

(a) 假設 $P^* = 60$，該國均衡物價與產出為何？

(b) 央行未預期增加貨幣數量 $M = 700$，預期物價維持在 60 不變，試計算短期均衡產出與物價為何？

(c) 央行宣告增加貨幣數量 $M = 700$，而人們也完全相信，試計算均衡產出、預期與實際物價為何？

CHAPTER 16

金融危機與財政重整

個案導讀

1930 年代大蕭條，Keynes 發表《一般理論》揭示以財政政策紓緩景氣蕭條的重要性。2007 年美國次貸危機旋即擴散成 2008 年金融海嘯，重創景氣，迫使各國竭盡所能紓困。邁入 2020 年 3 月，新冠肺炎疫情蔓延，釀成封城鎖國招來龐大失業潮。美國政府持續祭出史無前例的刺激措施，降息、無限量化寬鬆、紓困廠商與發放失業津貼接踵而至。美國財政部資料顯示，2020 年國債遽增 4.55 兆美元，約為 2019 年的三倍，而 Joe Biden 總統於 2021 年初上任，旋即推出 1.9 兆美元紓困計畫，接續祭出超過 2 兆美元基礎建設計畫，預計當年赤字飆向 3.7 兆美元，直到卸任，至少增加 7 兆美元國債。

美國國債規模預估在 2021 年超越 30 兆美元，占 *GDP* 比例超逾 100%，媒體描述更加直觀，

若以百元美鈔堆疊，可從地表至國際太空站來回 30 次。鉅額債務由誰買單？答案顯而易見。聯準會公布資料顯示，2020 年增加發行約 11 兆美元，占發行總額 34%，而增持美債 2.37 兆美元相較 2019 年增加超過一倍。換言之，聯準會在 2020 年買入近半數新增美債，甚至啟動無限量化寬鬆，壓低短期美債收益率，意圖將美債貨幣化。瘋狂「印鈔」讓政府與人們嘗到甜頭，景氣衰退緩解、人們拿到補貼、股市起死回生。「繁榮幻象」背後「危機四伏」，債務擴張與量化寬鬆持續擴大股市與房市泡沫，2013 年諾貝爾經濟學獎得主 Robert Shiller (2021) 警告資產泡沫危機迅速膨脹。至於台灣財政狀況不遑多讓。自 1990 年代初期，中央政府預算即由盈餘轉為赤字，財政部國庫署統計超過一年的中央公債餘額從 2019 年的 5.3275 兆元、2020 年增至 5.5374 兆元，而預期 2021 年將擴大至 6.3065 兆元，而三年的債務餘額占 GDP 比率分別為 29.65%、30.05% 與 33.14%，舉債未償餘額暴增顯然與防疫紓困、前瞻基礎建設與採購新式戰機有關。

金融海嘯與新冠肺炎疫情衝擊，讓近十年來政府債務占 GDP 比率極速飆升。早在 2010 年，各國要求財政重整呼聲四起，而重建財政健全性與可持續性則需縮減預算赤字，勢必對疲軟景氣落井下石，兩者間的取捨讓政府進退維谷。Paul Robin Krugman (2010) 甚至比喻要求政府立即削減支出者，猶如中世紀的巫醫，對病人採取放血治療只會加劇病情。本章首先說明金融危機演化過程，闡述金融危機理論內涵。其次，將討論財政政策演變過程與長期效果。接著，將說明供給學派看法與 Barro-Ricardo 等值理論，探討公債管理政策與財政重整效果。最後，金融海嘯突顯傳統總體理論悖離現實環境，難以提出因應政策，Krugman (2009) 率先檢討傳統理論背景、基本假設與政策思維，觸發針砭傳統理論風潮，進而提出可能修正方向。

16.1 從金融危機到金融海嘯

16.1.1 金融危機演化過程

金融危機
一國金融指標呈現急劇、短暫與超循環性惡化，接續陷入銀行信用緊縮狀態。

金融危機 (financial crisis) 係指一國金融指標 (如短期利率、股價與房價、廠商和金融機構破產家數) 呈現急劇、短暫與超循環性惡化，接踵而來陷入銀行信用緊縮狀態。傳統上，金融危機意味著銀行擠兌，時至今日，多數以貨幣危機型態呈現。尤其是股市持續崩跌，讓人們看空未來，市況低迷引爆廠商倒閉與裁員浪潮，迫使各國貨幣競相貶值醞釀金融危機。表 16-1 是 1930~2020 年間爆發的國際金融危機事件。

表 16-1

1930~2020 年間
國際金融危機表

時間	金融危機事件	範圍	危機型態
1929~1939	大蕭條	全球	股市災難 銀行危機
1970~1980	拉丁美洲債務危機 (大量超貸，財政赤字)	墨西哥等	貨幣危機 債務危機
1973~1974	第一次石油危機 (中東戰爭引發)	先進國家	能源危機
1979~1980	第二次石油危機 (兩伊戰爭引發)	先進國家	能源危機
1987	美國股災 (黑色星期一)	全球股市	股市災難 銀行危機
1989~1991	美國儲蓄貸款協會 (S&L) 危機	美國	銀行危機
1990	第三次石油危機 (波灣戰爭引發)	先進 國家	能源危機
1990~1999	日本資產價格泡沫崩潰 (嚴重十年「資產負債表型」衰退)	日本	泡沫經濟 股市泡沫 銀行危機
1992~1993	歐洲匯率制的黑色星期三 (英鎊危機)	英國	貨幣危機 銀行危機
1994~1995	墨西哥經濟危機 (投機性攻擊和債務拖欠)	墨西哥	貨幣危機 債務危機
1997~1998	亞洲金融危機 (各國貨幣貶值和股市崩跌)	亞洲國家	股市泡沫 貨幣危機 銀行危機
1998	俄羅斯金融危機 (盧布貶值和俄羅斯債務違約)	俄羅斯	股市泡沫 貨幣危機 債務危機
1999~2002	巴西、阿根廷經濟危機 (銀行體系崩潰)	拉丁美洲國家	股市泡沫 貨幣危機 債務危機 銀行危機
2007~2008	美國次貸危機、二房危機與金融海嘯	全球	系統性金融危機
2008	冰島破產	冰島	債務危機 銀行危機
2009	杜拜世界主權基金債務危機	杜拜	債務危機
2010~	歐豬五國主權債務危機	歐豬五國	債務危機 銀行危機
2020	國際金融恐慌 (新冠肺炎疫情蔓延)	全球	股市危機

資料來源：李素芳：《歐洲主權債務危機對全球經濟影響之研究》，台大經研所碩士論文，
　　　　　2002。

金融資訊不對稱引發逆選擇與道德危險，窒礙金融機構仲介資金功能，緊縮廠商資金來源而成醞釀金融危機溫床。另外，國際貨幣基金 (*IMF*) 在《世界經濟展望 1998》中，劃分金融危機為四類：

貨幣危機
外匯市場遭受投機性襲擊而引發匯率持續貶值現象。

• 貨幣危機 (currency crises)

央行擁有外匯準備不足以穩定匯率，一旦遭到質疑，勢必招來投機性襲擊外匯市場。此種危機通常源自國際收支長期逆差或稱國際收支危機，結果常以貨幣貶值收場，卻可能衍生銀行危機或違約危機，如 1998 年亞洲金融危機觸發東亞各國貨幣競相貶值。

銀行危機
巨型金融機構營運陷入困境，外溢效果引爆銀行恐慌現象。

• 銀行危機 (banking crises)

傳統上，銀行擠兌景象是反映在漫長隊伍的群眾焦急等待提領金與要求結清存款餘額。時至今日，「無聲銀行擠兌」是指人們透過轉帳大量提領現金而無須親自臨櫃。銀行危機或銀行恐慌 (bank panic) 是指許多銀行在同一期間遭到擠兌，外溢效果擴大金融業系統風險，引爆銀行倒閉風潮，如 2008 年金融海嘯引爆擠兌風潮，讓美國數百家銀行因而倒閉，即使是花旗銀行也難以倖免。

外債危機
政府債台高築，引發債務清償疑慮而釀成金融市場動盪現象。

• 外債危機 (foreign debt crises)

某國無力清償債務而陷入債務危機。自從墨西哥在 1982 年 8 月宣布無法清償國際債務後，類似情景猶如瘟疫迅速傳染他國，衍生債務危機涵蓋 1994 年的墨西哥危機、1997 年的亞洲金融危機、1998 年的俄羅斯危機、1999 年的巴西危機與 2002 年的阿根廷危機，以及自 2010 年起的歐豬五國債務危機等。尤其是在亞洲金融危機期間，民間部門是罪魁禍首，銀行業、非銀行金融機構和廠商過度擴張信用，而外國銀行和私人投資者過度融資，引發龐大資金外流與釀成嚴重貨幣投機。

系統性金融危機
各國主要金融機構出現混亂，引發金融體系全面動盪現象。

• 系統性金融危機 (systemic financial crises)

系統性金融危機是指個別金融機構發生的個體事件 (非系統風險)，卻是外溢擴散引發金融體系動盪 (系統風險)，甚至釀成經濟崩潰。如果各國主要金融領域陷入嚴重動盪，貨幣危機、銀行危機與外債危機混合相繼發生，可能匯聚而成金融海嘯。

圖 16-1 顯示金融危機演化三部曲，逆選擇與道德危險將是主導景氣惡化的關鍵因素。

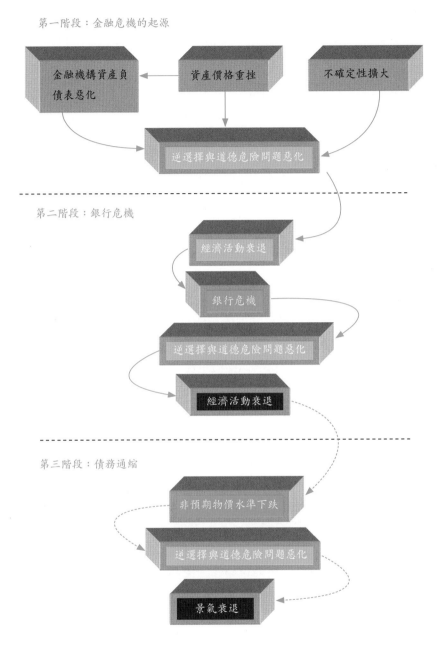

圖 16-1
金融危機演化
三部曲

• 第一階段：金融危機的起源

金融危機緣起複雜，通常源自三個層面。

1. 金融自由化 (financial liberalization) 或國際化 (internationalization) 的錯誤
管理

信用繁榮

銀行信用快速成長期間。

金融自由化與國際化係指建立符合國際慣例的法律與制度的金融架構，有效仲介儲蓄與投資效率配置資源，進而帶動經濟穩定成長。就長期而言，金融自由化催化金融科技發展，引導金融產業健全營運效率配置資金；然而短期內卻將誘使銀行積極授信而出現信用繁榮 (credit boom)。Ben Shalom Bernanke (2015) 在《行動的勇氣：金融危機與其後果回憶錄》(*The Courage to Act: A Memoir of a Crisis and its Aftermath*) 中指出，2007~2009 年間的次貸危機擴散成金融海嘯的源頭，就是次貸泛濫與房價泡沫，而且多數金融危機啟動前，都曾展現一波信用繁榮期。信用繁榮凌駕銀行篩選對象與控管信用風險能力，尤其體現在商業不動產領域，而銀行在缺乏適當管理新業務誘因下，過度投入高風險放款。再者，政府安全網 (government safety net)，如存款保險 (deposit insurance) 保障存款者權益，提供銀行追逐高利率放款誘因，引誘不守紀律銀行承擔風險意願遽增，因而擴大道德危機。

存款保險

為維持金融穩定，針對銀行發生擠兌或破產危機時，提供存款者一定額度的存款保障。

去槓桿化

銀行降低使用財務槓桿，大幅緊縮信用，藉以降低財務風險。

放款違約擴大減損銀行淨值，迫使銀行採取去槓桿化 (deleveraging) 緊縮信用，導致廠商必須清償債務以降低債務所得比率 (debt-to-income ratio)。當廠商債務負擔超越所得而難以清償本息時，去槓桿化操作勢在必行，調整債務負擔至較健全水準。此外，銀行淨值縮減引發財務風險攀升，風險怯避者因恐慌而競相提款，勢必縮減銀行資金來源，扭轉信用繁榮為信用緊縮。廠商面臨營運資金匱乏，唯有緊縮營運規模，迫使景氣沉淪而衰退。

2. 資產價格繁榮與蕭條 (asset price boom and bust)

金融脆弱性臆說

金融市場存在不穩定本質，內部力量引導信用擴張，從而形成資產價格泡沫化。

Hyman Philip Minsky (1982) 提出金融脆弱性臆說 (financial fragility hypothesis)，認為金融市場潛藏不穩定本質，內部力量引導信用擴張而投入購買資產，股價與房地產價格飆漲超越內在價值 (intrinsic value)，形成資產泡沫，如 1990 年代末期的網路科技股價泡沫，以及 2000 年之後的房地產價格泡沫。信用繁榮推動資產泡沫，一旦破裂將貶低銀行淨值而惡化資產負債表，迫使銀行緊縮放款標準與額度，進行去槓桿化操作，債務人則將拋售資產償債引發資產價格崩跌。金融市場劇烈震盪全屬內生行為，甚難自行邁向穩定狀態，也難落實資產最適配置。

3. 不確定性遞增

金融危機通常源自於高度不確定性，如蕭條現身、股市崩盤或大型銀行營運失敗，此時資訊不對稱散播擴大逆選擇與道德危機，促使銀行緊縮放款導致景氣萎縮。

• 第二階段：銀行危機

Douglas W. Diamond 與 Philip H. Dybvig (1983) 提出銀行擠兌理論 (bank

runs theory)，認為銀行產業脆弱性來自提款隨機性與銀行資產相對負債缺乏流動性。銀行從事以短支長的期限錯配 (maturity mismatch) 業務，仲介高流動性存款轉化為缺乏流動性放款。在正常環境，依據大數法則，存款者不會同時間提款。不過體系遭遇未預期逆向衝擊，如銀行嚴重虧損，則將爆發擠兌。V. V. Chari 與 Ravi Jagannathan (1988) 進一步指出，擠兌潛藏傳染性將迅速外溢其他銀行，途徑有二：(1) 在資訊不對稱下，某銀行頻傳利空訊息，導致人們質疑擁有類似資產或業務模式的其他銀行營運安全性，逆選擇擴大而前往提款。銀行是基於「先到先服務」(first-come-first-served) 營運，原本無意提款者若發覺提款行列增長，也將起心動念加入行列，進而強化擠兌誘因。(2) 銀行間彼此存在多元化業務聯繫與資金往來，單一銀行遭遇擠兌可能猶如多米諾骨牌 (Dominoes) 崩然倒塌，相關銀行也會在劫難逃。然而最危險的傳染途徑卻是，為因應擠兌者或債權人的資金需求，一旦銀行缺乏管道籌足資金，勢必先行出售高流動性資產，如公債，接續再拋售缺乏流動性資產，如企業放款。一旦多家銀行集體拋售，這類資產價格勢必崩跌，銀行賤售資產 (fire sales) 淪落窘境，更讓存款者心慌而加速擠兌風潮，連鎖反應釀成眾多銀行同歸於盡的銀行恐慌。

銀行恐慌擴大逆選擇與道德危險而深化金融危機，金融市場流動性乾涸讓廠商周轉失靈，不是被迫賤售資產，就是淪落清算，系統性風險全面引爆。在歷經信用緊縮與蕭條洗禮後，金融市場不確定性逐步下降，股市逐漸復甦而改善資產負債表。隨著逆選擇與道德危險漸趨消逝，金融危機落幕而讓金融市場回復正常運作，景氣重新踏上復甦腳步。

> **期限錯配**
> 銀行資產與負債的期限不平衡，導致沒有足夠的短期資產來支應短期負債。

● 第三階段：債務通縮

Irving Fisher (1933) 認為在繁榮期間，人們偏好高槓桿操作，推動股價與房價飆漲，資產泡沫化逐漸成型，金融系統風險遞增。央行採取緊縮政策穩定通膨，推動銀行逐步利率調高而且緊縮信用。圖 16-2 顯示通縮螺旋過程。

1. **銀行逾放比率攀升**　央行緊縮政策戳破資產泡沫，股價與房價應聲崩跌。銀行業將面臨逾放比率急遽攀升，不良債權浮現且大幅累積，因而削弱放款能力與意願，去槓桿化操作窒礙金融仲介功能，市場流動性陷入緊縮。

2. **去槓桿化操作**　資產泡沫破裂，招來鉅額資本損失，急速惡化經濟成員的資產負債表，只好卯足全力「去槓桿化」清償債務。此舉造成廠商緊縮向銀行貸款，自金融市場籌資也顯著滑落。由於人們趨於保守不再擴張信用，民間需求明顯陷入疲弱。

3. 陷入通縮困境　　民間支出萎縮讓通膨率淪為負值，通縮陰影肇致生產低落、有效需求重挫，尤其是實際通縮衍生預期通縮率攀升，反而推動實質利率上揚，再度削弱民間支出意願，有效需求進一步下挫。

總之，景氣逆轉刺破資產泡沫，資產價格重挫擴大逆選擇與道德危險，持續惡化金融業的資產負債表。由於銀行加速收回放款與清理資產因應，人們執行「去槓桿化」操作，而廠商出售資產償債而緊縮營運規模，凡此將會沮喪民間支出意願，擴大物價與資產價格跌幅。物價持續下滑將催化新一輪的實質利率攀升與「去槓桿化」，民間支出勢必再度萎縮，通縮夢魘揮之不去，極端情節即稱為「通縮螺旋」。

圖 16-2
通縮螺旋流程

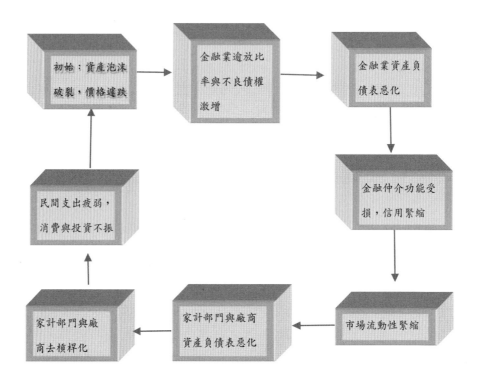

從 1970 年代中期起，開發中國家展開經濟金融自由化，兼顧穩定經濟活動，然而短期未見成效，甚至引來一系列總體經濟問題，尤其是金融危機頻繁釀成經濟動盪。初始的金融危機反應在固定匯率崩解或稱貨幣危機，此後分別衍生銀行危機、債務危機與系統性金融危機，彼此環環相扣。為詮釋在經濟自由化過程中，穩定經濟活動何以醞釀系統化金融危機，總體理論自 1970 年代後期起，開始演繹金融危機理論 (financial crisis theory)，陸續出現四代模型。

● 第一代模型

Krugman (1979) 年在《國際收支危機模型》(*A Model of Balance-of-Payments Crises*) 中，指出政府擴張支出累積鉅額債務，卻又採取債務貨幣化或貨幣融通，因而引發匯率貶值 (內部均衡)。央行基於穩定匯率而持續拋售外匯 (外部均衡)，隨著外匯準備滑落至某一臨界點，勢必吸引投機者突襲該國貨幣，央行持有外匯準備加速枯竭，最終僅能放棄穩定匯率操作，體系就在內外均衡交困下，引爆貨幣危機。某國總體經濟前景持續惡化，爆發通貨危機難以避免，此番說詞解釋了 1970~1980 年代拉丁美洲貨幣危機。

● 第二代模型

邁入 1990 年代初期，即使英國擁有龐大外匯準備，預算健全也無赤字而且匯率穩定，然而英鎊卻在 1992 年爆發危機，促使 Maurice Obstfeld (1994) 在《自我實現的通貨危機模型》(*Models of Currency Crises with Self - Fulfilling Features*) 中探尋可能原因，率先提出危機自我實現 (self-fulfilling) 特質，運用賽局理論 (game theory) 解釋當中成因。政府擬定政策存在多重目標，也將衍生多重均衡。央行與外匯市場參與者各自基於掌握對方資訊，揣測對方決策模式而持續修正自身決策，再反饋影響對方調整下次決策，從而形成自我實現過程。如果人們預期與信心偏誤持續累積而醞釀集體行動時，則將刺激他人跟進追隨。此時央行評估穩定匯率成本若超越放任匯率浮動成本，或是面臨提高就業與穩定匯率進退維谷時，選擇放棄穩定匯率，貨幣危機將自此發生。

在貨幣危機自我實現過程中，經濟基本面扮演重要角色，經濟體質較佳將讓人們預期不會過於偏差，自然能夠避免危機發生。不過貨幣危機有時純粹係投機者攻擊引起投資人預期變化，2013 年諾貝爾經濟學獎得主 Robert James Shiller (1989) 最早提出從眾效果 (herding effect)，用於解釋 1987 年股價持續下跌，投資人集體逃離導致股市崩盤現象。Guillermo A. Calvo 與 Enrique G. Mendoza (1997) 接續以羊群逃竄現象，描述在訊息不全環境下，人們道聽塗說而引發金融危機。事實上，每位投資人掌握訊息不全，A 看壞市場行情、B 持中立態度，C 則樂觀以待。當 A 基於本身掌握訊息而拋售國幣，其他兩人觀察 A 的行為後，B 旋即變臉賣出，此舉則讓樂觀的 C 想法動搖，轉變態度跟著出場。這種傳遞效果持續在市場蔓延擴散，引起眾人瘋狂跟進拋售國幣，猶如驚弓之鳥四處逃竄，此即稱為從眾效果。

另外，投資新興國家市場存在高風險，何以仍有大量資金流入，繼而瘋狂逃離？可能原因就在基金經理人制度，人們將資金委由專業經理人代操，而其績效端視操作獲利而定，誘使經理人明知山有虎，依然將資金投入新興市場。

從眾效果
人們追隨產業領頭者行為來擬定決策。

然而當他們預期金融危機迫在眉睫，這些資金也將轉爲自我實現危機的力量。此係經理人爲避免影響績效，遭遇不確定因素衝擊，相較一般投資人更能果斷抽離資金自保。

1990 年代後期爆發的金融危機，往往涉及區域內數個國家，如 1992~1993 年間的歐洲匯率機制危機 (Exchange Rate Mechanism, *ERM*)、1994~1995 年拉丁美洲危機及 1997 年亞洲金融危機，金融危機猶如傳染病一樣，向外傳染蔓延，牽連區域內諸國相繼重創，此即稱爲傳染效果 (contagion effect)。透國跨國貿易往來與金融整合，某國基本面惡化可能波及他國基本面，因而同樣蒙受金融危機肆虐。以亞洲金融危機爲例，東南亞各國外銷全球的商品具有同質性，是以泰銖在 1997 年 7 月宣布貶值，無形中削弱周邊諸國的出口競爭力，引發各國經濟成長可能衰退的疑慮，「城門失火殃及池魚」，同樣也陷落金融危機的泥沼，重創東南亞經濟情勢惡化。

傳染效果
廠商活動的逆向結果擴散至其運作的相關產業。

• 第三代模型

1997 年爆發亞洲金融危機前，許多亞洲國家都曾創造經濟發展奇蹟，甚至已經推動金融自由化。然而甚難理解者，在危機過後的短暫期間內，這些國家就露出復甦曙光，某些甚至優於危機之前。由於前述模型難以解釋該現象，Ronalde McKinnon (1997) 與 Krugman (1998) 指出，開發中國家普遍存在道德危險問題，此係政府提供廠商與金融業隱性保證，並與兩者間牽扯裙帶關係，誘使大量資金流入股市和房市，形成金融過度擴張 (financial excess) 而釀成經濟泡沫。隨著泡沫破裂引發資金外逃，從而引爆金融危機，亦即脆弱的經濟結構與親緣政治是導致亞洲金融危機的關鍵。

• 第四代模型

景氣繁榮帶動融資規模擴張，跨國資金爲尋求高報酬，擴大對開發中國家授信，加速這些國家廠商累積外債餘額，外債本息負擔邊增。換言之，本國廠商持有外債餘額愈高，資產負債表效應將愈大，潛在危機可能性也愈大。一旦景氣反轉，國外債權人悲觀看待這些國家經濟前景，緊縮放款而迫使其縮小投資，景氣陷入蕭條而引發貨幣貶值，最終可能引爆金融危機。

最後，金融危機理論雖已日益完善，但仍存在下列缺陷：

- 金融危機發生原因持續更新，不斷展現新特質。然而理論發展相對落後於實況演變，僅能對既存金融危機做出事後解釋，難以對新情況提出有價值的意見。
- 探究金融危機旨在預測、防範或縮小其釀成的損失，然而金融危機理論

在此層面的作用似乎微乎其微，實用性受到質疑。

總體經濟學者：Paul Robin Krugman (1953~)

(一) 生平

　　1953 年 2 月 28 日出生於美國紐約。1974 年畢業於耶魯大學。1977 年取得 MIT 博士，先後任教於耶魯大學、MIT 與 Stanford 大學。1982~1983 年間曾任 Ronald Reagan 總統經濟顧問委員會的高級國際經濟學家。此外，Krugman 是計量經濟學會成員，國家經濟研究局研究員，也曾經擔任紐約聯邦準備銀行、世界銀行、國際貨幣基金組織、聯合國以及包括葡萄牙和菲律賓在內的多個國家顧問。1991 年獲得 John Bates Clark 獎。2000 年起，擔任 Princeton 大學教授，直至 2015 年退休。2008 年獲頒諾貝爾經濟學獎。

(二) 對總體理論貢獻

　　Krugman 專注於國際貿易、國際金融、金融危機與匯率理論，創立新國際貿易理論，分析經濟成長與不完全競爭對國際貿易的影響。Krugman 是 Keynesian 學派的衣缽傳人和捍衛者，在過去十餘年間出版著作近二十本、發表文章幾百篇，文筆清晰流暢而深入淺出，不僅是專業人員必讀之物，更是普羅大眾的良師益友。尤其是 Krugman (1996) 的《流行國際主義》(*Pop Internationalism*) 準確預測亞洲金融危機而聲名大噪，是著名的經濟預言家。

16.1.2　反通膨、通縮與流動性陷阱

　　圖 16-3 顯示體系初始落在自然產出 y^* 境界。依據傳統的 *IS-LM* 模型，消費者與廠商信心遭受黑天鵝來襲而轉趨悲觀，重創景氣落在 A 點，實際產出 y_1 低於自然產出 y^*。景氣衰退引發物價下跌，促使實質餘額增加，帶動 *LM* 曲線持續右移至與 *IS* 曲線交於 C 點，重返自然產出 y^*。換言之，體系存在自我調整機能，將可自行脫離蕭條境界：

- 實際產出低於自然產出，將會降低通膨。
- 低通膨將產生高實質貨幣餘額成長。
- 高實質貨幣餘額成長則會刺激產出增加。

圖 16-3
實際產出返回自
然產出的過程

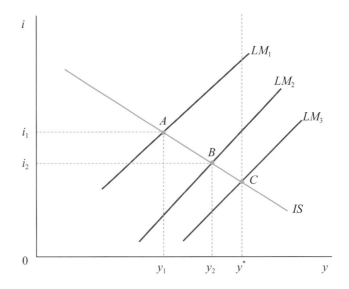

在上述 *IS-LM* 模型的實際產出調整過程中，突顯致命問題就在未曾區分名目利率與實質利率：

- 影響支出決策且引進 *IS* 曲線函數的變數是以實體商品衡量的實質利率 r。
- 影響貨幣需求且進入 *LM* 曲線函數的變數，是以貨幣表示的名目利率 i。
- Fisher 方程式指出實質利率是名目利率扣除預期通膨率 π^e。

圖 16-4 顯示體系初始落在 A 點，實際產出 y_1 低於自然產出 y^*，導致通膨率趨於下降，實質餘額增加促使 LM_1 曲線右移至 LM_2。體系由 A 點邁向 B 點，產出擴張為 y_2，此即前述分析結果。然而調整過程並未結束，實際通膨率下降帶動預期通膨率下降，$\Delta \pi^e < 0$，在名目利率固定下，意味著實質利率上漲，引起人們緊縮支出，IS_1 曲線將左移至 IS_2，並與 LM_2 曲線交於 D 點。相對 A 點的產出 y_1，D 點的產出 y_3 是否較大，端視 IS_2 與 LM_2 曲線相對移動幅度而定，此即前述分析忽略的後續效果。圖 16-4 顯示 $y_3 < y_1$，體系不僅無法返回自然產出，甚至更趨於惡化。

以下舉例說明通膨或通縮對產出造成的影響結果：

- 期初名目貨幣成長率、實際與預期通膨率均等於 5%，名目利率 $i = 7\%$，實質利率將是 $r = 7\% - 5\% = 2\%$。
- 體系遭到逆向衝擊而讓實際產出低於自然產出，下一年通膨率將由 5% 降為 3%。
- 實質貨幣成長率扣除通膨率 $\dot{m} = 5\% - 3\% = 2\%$，實質餘額增加 2%。

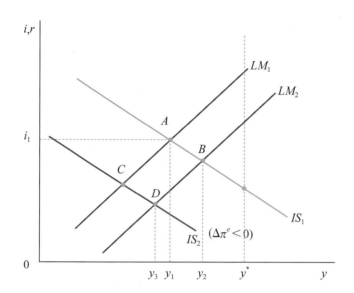

圖 16-4

低通膨對產出造
成的影響

當實質餘額增加，促使名目利率由7%降為6%，產生的第一輪效果如下：

- 低通膨引起實質餘額增加，帶動名目利率降低為 $i = 6\%$。
- 實際通膨下降導致人們預期今年通膨率為 3%，亦即由 5% 降為 3%。

上述效果隱含在既定名目利率下，實質利率將上漲 2%，從而產生第二輪效果：

- 結合上述兩種效果，名目利率由 $i = 7\%$ 降為 6%，預期通膨率由 5% 降至 3%，實質利率將從 $r = 7\% - 5\% = 2\%$，上漲為 $r = 6\% - 3\% = 3\%$。

　　總之，低通膨造成的淨效果是提高實質利率而非降低，促使景氣陷入衰退，展開通縮過程日益惡化，蕭條終將成為夢魘。體系內產出由 y_1 衰退至 y_3，實際與預期通膨將會持續滑落，然而實質利率卻是攀升，持續緊縮景氣。換言之，初始的景氣衰退逐漸惡化為蕭條，產出持續萎縮而非返回自然產出，體系自我調整機能全然幻滅。

　　前面情況係基於名目貨幣成長率不變，不過央行若增加名目貨幣供給，引導 LM_1 曲線持續右移，則有可能讓體系重返自然產出。理論上，貨幣政策是可用的處方箋，但央行卻須面對無法調降名目利率為負值的限制。一旦預期通膨率急低甚至是負值（預期通縮率為正值），顯示實質利率無法低到足以跳脫衰退困境，此即日本長期深陷衰退 (Japanese slump) 情景。圖 16-5 顯示央行增加貨幣供給讓 LM_1 曲線右移至 LM_2，體系由 A 點移往 B 點，名目利率由 i 降為零，產出由 y_1 增加至 y_2，擴張政策確實增加產出。然而從 B 點出發，央行

若再增加貨幣供給，讓 LM_2 曲線右移至 LM_3，體系仍舊駐足於 B 點，產出依然是 y_2。尤其是名目利率為零，體系顯然落入流動性陷阱：央行雖能增加貨幣供給 (流動性)，然而增加的貨幣餘額卻全被金融投資者窖藏。一旦商品需求偏低，貨幣政策將喪失協助體系重返自然產出的能力。

圖 16-5

IS-LM 模型與流動性陷阱

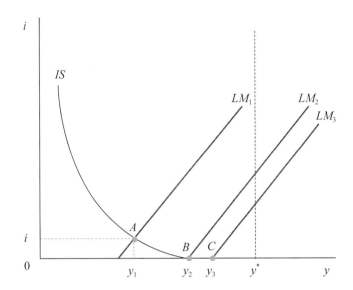

再結合流動性陷阱與通縮一起來談。「零利率是否足以刺激支出，而能避免衰退？」答案是否定。實質利率雖與零利率連結，卻與預期通膨率息息相關：

- 假設實際與預期通膨率均為 10%，零名目利率對應的實質利率將是 –10%，顯然會激發龐大消費與投資支出，足以讓體系邁向自然產出境界。面對高通膨環境，流動性陷阱顯然不是嚴重問題。
- 然而體系若深陷通縮環境，在通縮率 5% 下，即使名目利率為零，實質利率也將高達 5%，顯然難以刺激人們支出意願，貨幣政策也將喪失作用。

在此，結合「預期通縮率對實質利率影響」以及「流動性陷阱」兩種概念，將可明瞭體系何以會由衰退惡化為蕭條。體系若已深陷衰退環境多時，通膨穩定遞減甚至轉為通縮，預期通縮率已然為正，即使央行將名目利率降為零，實質利率仍為正值。圖 16-6 顯示 IS_1 曲線與 LM_1 曲線交於 A 點，名目利率為零，實際產出 y_1 低於自然產出 y^*，帶領實際與預期通縮率遞增 (通膨率負值擴大)。在既定名目利率下，高通縮率 ($\Delta \pi^e < 0$) 隱含高實質利率，人們緊縮支出促使 IS_1 曲線左移至 IS_2，產出 y_1 將再下滑至 y_2，引發更深層通縮。上述過程反覆

上演而捲入通縮螺旋：低產出導致更大通縮，推動實質利率上漲而產出萎縮，貨幣政策難以發揮貢獻。此種推理不僅合理，而且見證於 1930 年代大蕭條以及 1990 年代迄今的日本蕭條，明顯地，貨幣政策是完全失能 (monetary impotence)。

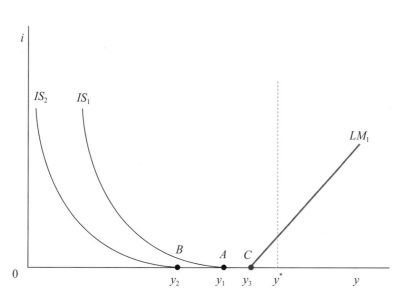

圖 16-6
流動性陷阱與通貨緊縮

16.2 財政政策與政府債務累積

16.2.1 財政政策的發展

　　本質上，財政政策是政府介入經濟活動的具體而微縮影。古典學派視政府部門為「必要的災害」，政府職能最好限縮在維護國防安全、基礎建設與法律秩序 (公有財)，其餘 (私有財) 則交由價格機能來配置資源。然而景氣衰退引發失業潮，市場失靈讓體系調整遲緩，人們群起要求政府承擔穩定經濟責任。John Kenneth Galbraith (1958) 在《富裕社會》(*The Affluent Society*) 中指出，美國在二次大戰後，民間部門變得富裕，但是公部門仍然貧窮、缺乏社會與物質基礎設施，以及長期存在貧富懸殊，體系陷入「富裕中的貧窮」(poverty in abundance) 困境，是以政府必須提供社會保險、醫療照護與社會救助來撫平所得分配不均，扮演重分配角色。

　　隨著政府功能由配置資源、穩定經濟轉向公平分配角色，頻繁參與經濟

富裕中的貧窮
經濟成長造成所得分配不均的貧富懸殊現象。

549

活動加速擴張支出。以 *OECD* 國家為例，1960 年代政府支出占 *GDP* 比例僅約 30%、1970 年代為 35%、1980 年代為 40%，1990 年代更跳躍至 50%，毫無例外，顯著攀升。就支出結構而言，依據國際貨幣基金、世界銀行與 *OECD* 報告 (1998)，在 1960~1990 年代，過半數政府支出投入維護社會安全，彰顯政府分配功能日益重要。

針對政府支出易增難縮現象，Adolff Wagner (1877) 提出政府活動遞增法則 (law of increasing state activity) 闡釋政府規模擴增，而財政赤字如影隨形擴大。Hume (1764) 更早就指出政府舉債雖可裨益商業活動，不過龐大赤字若非引來加稅窒礙經濟發展，即是政府破產危機四伏。Adam Smith (1776) 承襲 Hume 的觀點，堅信財政赤字終將透過債信破產、通膨與匯率貶值而釀成經濟危機，不過人們往往心存財政幻覺 (fiscal illusion)，高估政府增加支出效益，輕忽租稅負債遞增苦果。尤其是人們笑納社會福利是「白吃午餐」，官僚決策又著眼於己身利益，追求預算極大化不遺餘力，政府支出膨脹持續上演。稍晚的 Ricardo (1817) 則轉由另一角度切入，認為財政幻覺讓人們錯估自身財富而過度消費，更從事跨國移轉資金以規避未來稅負。

繼 Adam Smith 與 Ricardo 之後，古典學派雖是篤信「平衡預算」與「健全財政」思維，但也接受例外情況。Say (1867) 指出體系遭遇逆襲，政府可運用財政赤字將一次性衝擊效果分散由多年承擔，減緩經濟活動震盪。Charles Francis Bastable (1892) 則從政府預算限制著眼，指出政府收支長期必須平衡，尤其應讓每年預算平衡以杜絕債務危機。實務上，要求政府收支絕對平衡顯無必要，類似公共建設或教育支出在未來將可產生預期收益，而非經常性大型政府支出。若以當期租稅融通，勢必破壞租稅結構的一致性，扭曲人們的跨期選擇，改採債務融通效果顯然優於課稅融通。

邁入二十世紀初期，經濟學者廣泛接受 Bastable 的「基本上追求預算平衡，例外允許財政赤字」原則，對預算赤字漸採寬容態度，政府支出若能裨益未來發展，舉債融通也有可取之處，「功能性財政」概念因而成型。到了 1930 年代大蕭條期間，Keynes 將「功能性財政」發揮得淋漓盡致，建議政府擴大舉債僱用勞工以降低失業率，增加人們所得而能刺激消費，後遺症則是政府債務急遽累積。隨著 1970 年代爆發石油危機，財政政策穩定景氣循環效果遭到質疑。Barro (1974) 承襲 Ricardo 的說法，指出人們深知預算赤字未來勢必須以課稅清償，將會未雨綢繆增加儲蓄，抵銷赤字預算刺激景氣效果，因而既無緩和景氣循環效果，也未影響跨代財富分配。是以基於稅收平滑理論 (tax smoothing theory)，政府應將收入面及支出面分開，無須強求經常性預算平衡。

1986 年諾貝爾經濟學獎得主 James M. Buchanan 領銜的 Virginia 學派，運

政府活動遞增法則

隨著時間經過，政府支出總額或占 *GNP* 比例出現遞增趨勢，亦即政府支出的國民所得彈性大於 1。

財政幻覺

人們享受政府支出的利益，卻忽略必須支付代價，從而擴大公有財需求，支持較高政府支出水準。

稅收平滑理論

政府應維持平滑的稅率與租稅政策，避免稅率劇變，降低經濟效率，確保體系長期穩定發展。

用公共選擇理論 (public choice theory) 反駁上述說法，認為個體與總體行為模式存在若干差異：

- 人們蒐集訊息擬定個體決策，卻以投票方式完成總體決策，而在人單力孤讓個體選擇無關大局下，即使該項總體決策關係重大，也是興趣缺缺而放棄參與。
- 個體決策係將所有成本內生化，反觀總體決策卻是透過尋租行為 (rent -seeking)，尋求將成本轉嫁他人負擔，缺乏如同個體決策的效率性。

有鑑於此，Buchanan 認為政府偏好赤字預算 (債務融通)，人們基於財政幻覺 (無意了解預算赤字本質) 與尋租行為 (先享受，未來再設法規避稅負) 也會支持，雙方一拍即合，導致政府規模擴張而遠離經濟效率，甚至實施債務貨幣化 (貨幣幻覺讓人們也會支持)，讓預算赤字與通膨如影隨形綿延不絕。財政政策短期透過調整支出與稅率影響實質產出，長期則透過政府預算與國家儲蓄率刺激經濟成長。人們是否增加儲蓄，將視是否願意犧牲目前消費以換取未來更大消費，或是時間偏好率而定。圖 16-7 顯示在 t_0 點，體系針對每人消費 $(\frac{C}{N})$ 時徑，可有 A 與 B 兩種選擇方案：

- A 時徑　政府無為而治，穩定狀態的每人消費時徑在 t_0 點後，維持不變。
- B 時徑　政府積極作為提升儲蓄與投資誘因，促使 t_0 點的每人消費相對 A 時徑降低許多，然而高儲蓄率轉化為投資率，將迅速累積資本，擴大產能增加未來每人產出。在超越 t_1 點後，B 時徑的消費能力將超過 A 時徑。

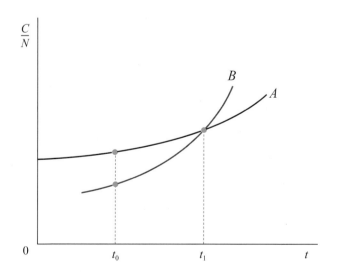

圖 16-7
每人消費時徑的選擇

　　上述兩種每人消費時徑提供政府思考採取何者較佳？要回答此問題，將需比較資本報酬率與時間偏好率孰高而定。如果前者較高，體系內資金將流向投資用途，人們願意犧牲當前消費，換取未來擁有較多消費。由於國家儲蓄係由民間儲蓄與政府儲蓄構成，預算剩餘相當於政府儲蓄，預算赤字則是政府負儲蓄。在民間儲蓄固定下，預算赤字擴大將會降低國家儲蓄率，短期將縮減經濟成長率。

　　最後，政府以調高稅率來提高預算盈餘，勢必降低民間儲蓄的稅後報酬率，民間儲蓄下降將部分抵銷預算盈餘增加，相對削減國家儲蓄淨增加額。是以政府提升預算盈餘的適當策略將有三種：

- 提升投資率 $\frac{I}{y}$ 以帶動儲蓄率擴大，而對經濟成長發揮貢獻的投資型態包括對機器設備與廠房的民間投資，也包括教育與基礎建設的政府投資。
- 提高對消費支出的稅率或貨物稅率。
- 緊縮政府消費支出。

觀 念 問 題

- 試評論：「租稅平滑與赤字融通將有助於因戰爭支出而引起的跨世代間負擔。」
- 試評論：「依據 Ricardo 等值理論，政府發行公債不影響民間消費與儲蓄行為，故不產生任何實質效果」。
- 小型開放體系宣布今年增稅 100，而明年減稅 110，市場利率為 10%。針對「Ricardo 等值理論」成立與否，試說明該政策對均衡時的世界實質利率、國民儲蓄、投資與經常帳餘額的影響。

總體經濟學者：James McGill Buchanan (1919~2013)

(一) 生平

　　1919 年 10 月 3 日生於美國 Tennessee 州 Murfreesboro，1940 年畢業於 Tennessee 師範學院，1941 年獲得 Tennessee 大學碩士。1948 年獲得芝加哥大學博士。1949~1956 年先後任教於 Tennessee 大學、加州大學洛杉磯分校與 Santa Barbara 大學、英國劍橋大學、倫敦經濟學院。1955~1956 年由 Fulbright 獎學金補助，前往義大利研究一年，1956~1968 年擔任 Virginia 大學 MacIntyre 講座教授。1958~1969 年與 Warren Nutter 建立 Thomas Jefferson 中心並擔任中心主任，1962 年與 Gordon Tullock 發表公共選擇理論的經典著作《贊同的衡量》(*The Calculus of*

Consent)，並與 Tullock 創立公共選擇學會和出版《公共選擇》雜誌。1968~1969 年任教於加州大學洛杉磯分校，1969 年以後任教於 Virginia 理工學院，1971 年擔任美國經濟協會副會長，1976 年獲選美國企業研究所名譽學者與科學藝術研究院院士。1982 年轉往 Virginia 州 George Mason 大學任教，1983 年成為美國經濟協會的突出貢獻會員，1983~1984 年擔任美國北部經濟協會會長，1984~1986 年擔任 Mont Pelerin Society 會長，1986 年獲頒諾貝爾經濟學獎。2013 年 1 月 9 日過世，享年 94 歲。

(二) 對總體理論貢獻

　　Buchanan 是公共選擇理論創始者，認為公務員是理性的追求自利者，透過分析其在任內面臨各種誘因將如何決策，從而推論政府未必能夠解決問題，事實上反而惡化問題。尤其是民主政府決策未必真正反映人們意願，政府失靈 (government failure) 與市場失靈一樣嚴重。

16.2.2　政府預算赤字融通

　　有關預算赤字定位及功能，歷經 Adam Smith 、Keynes 直至 Buchanan 的不同爭議，也讓主要工業國家歷經收支穩健、支出擴張與財政困境 (債務危機) 等不同階段。財政部為因應政府支出，採取課稅 (實質收入 T)、發行準備貨幣 H 及浮動利率公債 B 融通，而每期預算赤字 (或盈餘) 必須滿足下列條件：

$$\underbrace{G-T}_{\text{基本赤字}} + \underbrace{\frac{iB}{P}}_{\text{公債利息支付}} = \underbrace{\frac{dB}{P}}_{\text{公債融通}} + \underbrace{\frac{dH}{P}}_{\text{準備貨幣融通}}$$

$$= \frac{B}{P}\frac{dB}{B} + \frac{H}{P}\frac{dH}{H} = b\left(\frac{B}{P}\right) + h\left(\frac{H}{P}\right)$$

$(G-T) > 0$ 是政府預算基本赤字 (basic deficit) 或主要赤字 (primary deficit)，$(G-T) < 0$ 是預算盈餘，$T = T_0 + ty$ 是租稅函數，$\frac{iB}{P}$ 是公債利息支付。$b = \frac{dB}{B}$ 是公債餘額成長率，$h = \frac{dH}{H}$ 是準備貨幣成長率。上述政府預算限制式顯示：體系存在政府支出 G 、租稅 T 或稅率 t 、準備貨幣與公債四個政策變數，其中至少有一個是內生變數。至於預算赤字能否視為政府從事擴張財政，而預算盈餘意味著緊縮財政的結果？實際預算赤字取決於財政政策與景氣循環兩大因素，將可區分如下：

主要赤字

又稱政府預算基本赤字，係指政府支出扣除租稅淨額的預算缺口。

結構性赤字
自然產出狀態下的預算赤字。

循環性赤字
景氣循環所造成的預算赤字。

- 結構性赤字 (structural deficit)　體系處於自然產出環境的預算赤字或稱自然就業預算赤字，赤字擴增或盈餘縮減，將反映政府執行擴張政策；反之，則緊縮政策結果。

- 循環性赤字 (cyclical deficit)　景氣循環造成預算赤字，此即實際赤字超過結構性赤字的部分。景氣蕭條導致政府稅收萎縮，循環性赤字自然擴大；反之，景氣繁榮帶動政府稅收成長，循環性赤字自然縮減。

一般而言，實際預算赤字或盈餘無法用於判斷財政政策動向，而係以結構性赤字或盈餘作為衡量標準。圖 16-8 顯示體系自然產出為 y^*，初始預算制度 (政府支出 G_1、稅率 t_1 而定額稅 $T_0 = 0$) 存在結構性盈餘 $KM = G_1 - t_1 y^*$。政府調低稅率促使稅收曲線 $T_1 = t_1 y$ 向下旋轉為 $T_2 = t_2 y$，新預算制度 (政府支出 G_1、稅率 t_2) 的結構性盈餘縮小為 $LM = G_2 - t_2 y^* < 0$。此種盈餘變化乃是政府採取財政政策所致，幅度愈大顯示政策規模愈大。另外，在初始預算制度下，體系實際所得為 y_1，實際赤字 $EB = G_1 - t_1 y_1 > 0$，循環性赤字將是實際赤字 $EB > 0$ 扣除結構性盈餘 $KM < 0$ 而得，亦即 $EB + |KM| > 0$。隨著景氣繁榮帶動所得擴張為 y_3，增加稅收讓原先預算赤字轉為盈餘 $CF = G_1 - t_1 y_3 < 0$，此時的循環性盈餘 $|CF| - |KM| < 0$ 純粹是由景氣循環造成，政府並未執行任何政策。接著，政府調低稅率，所得由 y_1 擴張至 y_4，假設實際赤字 $EB = t_1 y_1 - G = IH = t_2 y_4 - G_1$ 維持不變，則該赤字將是結合降稅 (結構性盈餘縮水) 與景氣變動 (循環性赤字縮水) 的結果。

財政累贅
在高累進所得稅制下，體系出現結構性盈餘，顯示高度緊縮性預算制度阻礙自然就業狀態達成。

接著，Walter H. Heller (1966) 指出，體系採取高累進所得稅制，在自然產出環境若出現結構性盈餘，將是反映預算制度具有高度緊縮性，可能阻礙體系邁向自然產出，此種盈餘稱為財政累贅 (fiscal drag)。不過體系若真達成自然產出境界，政府透過降低稅率或擴大支出，將此盈餘轉化為社會淨利益則稱為

財政紅利
在自然產出狀態下，政府預算出現結構性盈餘，可透過降低稅率或增加支出，將其轉為社會淨利益以刺激經濟成長。

財政紅利 (fiscal dividend)。舉例來說，新加坡、香港與澳門政府預算長期處於盈餘狀況，在 2008 年，新加坡補助超過 51 歲國民的保健儲蓄帳戶 150~450 星元，貧困獨居者的公共援助金也從每月 290 星元增加為 330 星元，財政紅利 18 億星元。香港則是每戶家庭可獲全年 1,800 港幣電費津貼，為因應物價上漲，再額外發放受援助低收入戶一個月援助標準金額、每月額外補貼身心障礙人士 200 港幣，財政紅利 1,156 億港幣。至於澳門採取發放每位永久居民 5,000 元人民幣、非永久居民 3,000 元人民幣，財政紅利 20 億元人民幣。

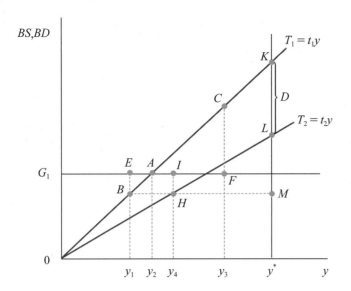

圖 16-7
政府預算赤字
或盈餘變化

國際貨幣基金 (*IMF*)(1996) 指出自 1980 年代以來，主要工業國家對社會福利、補助與公債利息支出遽增，預算赤字持續擴大釀成嚴重財政失衡，推動全球平均實質利率上升 1%~2.5%，削弱投資誘因與經濟成長。尤其是政府債台高築醞釀債務危機，讓政府扮演角色廣遭質疑，也對經濟活動造成諸多干擾：

- 預算赤字侵蝕全國總儲蓄，爭奪可貸資金推動利率上升，削弱投資誘因勢必減緩經濟成長與稅收成長。
- 龐大債務餘額降低政府債信，發行公債附加信用風險溢酬遞增，殖利率攀升而擴大公債利息負擔。
- 政府支出擴大而稅收成長趨緩，造成政府債務累積，持續挫低經濟成長而讓惡性循環難以終止。
- 預算赤字扭曲跨代資源配置，對當代而言，政府補貼扭曲市場價格，降低經濟效率，如高失業津貼降低工作誘因。另就跨代來說，當代債務由下代清償，將造成不同世代間收付不對等 (當代多拿少付、下代少收多付)，且在缺乏下代同意下，將違反民主政治過程正當性，也將釀成跨代資源分配不公平。

再討論政府執行財政政策與央行發行準備貨幣變動間的關係。一國財金當局包括財政部與央行，兩者的簡化預算限制式表示如下：

(1) 政府預算限制式

$$G_t + iB^T_{t-1} = T_t + (B^T_t - B^T_{t-1}) + RCB_t$$

G_t 與 T_t 是 t 期的名目政府支出與稅收，i 是公債利率，$(B^T_t - B^T_{t-1})$ 是 t 期增加的公債餘額，RCB_t 是 t 期的央行繳庫盈餘。上式即是當期政府總支出 $(G_t + iB^T_{t-1})$ 採取課稅、增加發行公債與央行繳庫盈餘融通。

(2) 央行預算限制式

$$(B^C_t - B^C_{t-1}) + RCB_t = iB^C_{t-1} + (M_t - M_{t-1})$$

央行若未執行貨幣政策，上式意味著央行在 t 期增加持有公債餘額 $(B^C_t - B^C_{t-1})$ 或公債貨幣化部分，再加上當期繳庫盈餘，將等於央行持有公債利息收入 iB^C_{t-1}，再加上 t 期增加購買公債引起貨幣餘額遞增 $(M_t - M_{t-1})$。至於民間在 t 期持有公債餘額 B^P_t 將是：

$$B^P_t = B^T_t - B^C_t$$

結合前述三式可得下列結果：

$$G_t + iB^T_{t-1} = T_t + (B_t - B_{t-1}) + (M_t - M_{t-1})$$

再將上述政府預算限制式重新表述如下：

$$\underbrace{G}_{\text{政府實質支出}} + \underbrace{iB}_{\text{公債利息支出}} = \underbrace{T}_{\text{政府實質支出}} + \underbrace{\frac{dB}{dt}}_{\substack{\text{公債融通}\\\text{或累積}}} + \underbrace{\frac{dM}{dt}}_{\substack{\text{貨幣融通}\\\text{或貨幣餘額增加}}}$$

$\frac{dB}{dt} = (B_t - B_{t-1})$，$\frac{dM}{dt} = (M_t - M_{t-1})$。再將上式以名目 GDP 或產出 Y 平減：

$$\frac{G}{Y} + \frac{iB}{Y} = \frac{T}{Y} + \frac{dB}{Y} + \frac{dM}{Y}$$

$$g + rb = t + \left(\frac{1}{Y}\right)\left(\frac{dB}{dt}\right) + m$$

$g = \frac{G}{Y}$ 是名目政府支出占產出比率，$b = \frac{B}{Y}$ 是公債餘額占產出比率，$m = \frac{dM}{Y}$ 是央行融通金額 (公債貨幣化部分) 占產出比率。至於公債餘額占產出比率或政府債務負擔比率 b 的累積可表為：

$$\frac{db}{dt} = \frac{1}{Y}\frac{dB}{dt} - B\frac{dY}{dt}$$

重新整理上式可得：

$$\frac{dB}{dt} = \left(\frac{1}{Y}\right)\left(\frac{db}{dt}\right) - b\frac{dY}{dt}$$

再將上式代入每單位產出的政府預算限制式：

$$g + ib = t + \left(\frac{db}{dt}\right) + b\dot{Y} + m$$

$\dot{Y} = \left(\frac{1}{Y}\right)\left(\frac{dY}{dt}\right)$ 是名目產出成長率，而實質產出成長 $g_y = \dot{y} = \left(\frac{1}{Y}\right)\left(\frac{dy}{dt}\right)$ 等於名目產出成長率 $\dot{Y}$ 扣除通膨率 π：

$$\dot{Y} = g_y + \pi$$

將名目產出成長率代入每單位產出的政府預算限制式，經整理可得政府債務負擔比率累積方程式：

$$\frac{db}{dt} = (i - \pi - g_y)b + (g - t) - m$$

上式涵義為：在政府預算平衡 $(g-t) = 0$ 與央行穩定貨幣餘額不變 $(m = 0)$ 下，政府債務比率累積 $\frac{db}{dt}$ 將取決於 $(i-\pi-g_y)$，意味著政府實質債務以實質利率 $(i-\pi)$ 速度成長，而實質產出則以經濟成長率 g_y 成長。前者超越後者將讓政府債務比率累積；反之，則趨於遞減。其次，$(g-t)$ 是政府預算基本赤字，是指當期財政赤字扣除政府支付累積債務利息的差額，或當期政府支出(未包括公債利息支出)與政府稅收的差額，反映扣除公債利息支付外，政府必須再舉債融通部分。$(g-t)$ 值愈大將加速政府債務比率累積。最後，央行壟斷鑄幣權，將政府債務貨幣化的比率 $m > 0$ 愈高，政府債務比率累積遞減。

政府穩定債務占產出比率，即是追求 $\frac{db}{dt} = 0$，預算赤字規模將等於發行在外政府債務與名目產出成長率的乘積。至於最適政府債務占產出比率係指政府舉債支付利息，無須再對未來世代增加課稅來支付利息，亦即政府債務清償條件 (solvency condition) 是：實質產出成長率大於實質利率 $(g_y-r) > 0$，政府增加舉債付息，將會造成政府債務占產出比率遞減。反之，$(g_y-r) < 0$ 意味著政府增加舉債付息，將引起政府債務占產出比率累積，呈現發散現象。

就政府債務占產出比率累積方程式求解，可得：

$$b_t = \left(b_0 - \frac{d-m}{r-\pi-g_y}\right)e^{r-\pi-g_y} + \frac{d-m}{r-\pi-g_y}$$

$(d=g-t)$ 是基本赤字占產出比率。依據政府預算限制式，政府籌措基本赤字財源應以課稅優先，而後再以發行公債彌補預算缺口。然而大多數國家的政府債務缺乏自償性，尤其是自 2008 年金融海嘯與 2020 年新冠肺炎疫情蔓延迄今，各國累積龐大債務幾乎都投入紓困與給付失業救濟金，此種債務持續累積，實際上近似於跨世代掏空行為，挪用未來世代資源給當代使用，卻由未來世代承擔債務，債留子孫將是違反世代正義。

政府長期不遵守財政紀律，持續累積債務超逾某一臨界值，一旦未來稅收無法支付政府支出與公債利息支付，政府債信將遭投資人質疑，削弱公債需求造成公債價格下跌，公債利率將會逐步攀升。即使如此，政府債信低落將讓公債乏人問津。此時，政府僅能將新發行公債賣給央行，直接將債務貨幣化，以新增貨幣的鑄幣稅挹注預算赤字，推動物價上漲而轉化成通膨稅。在此，央行將公債貨幣化可獲得下列利益：(1) 增加貨幣發行獲取鑄幣稅，可降低政府債務比率累積，$\frac{db}{dt}<0$；(b) 增加貨幣發行引發通膨，而公債票息早在發行時就已固定，通膨率攀升引起 $(i-\pi)$ 遞減，將會減輕已發行公債還本付息的實質負擔，形同通膨賴債 (inflationary repudiation)，這些利益都是以犧牲公債持有者與全民利益為代價。隨著體系通膨率攀升至鄰界水準，央行缺乏足夠外匯來穩定匯率，匯率巨貶引來輸入性通膨，將加速通膨螺旋形成，終將導致體系瀕臨崩潰。

實際經驗顯示，多國政府發行公債從未考慮清償問題，甚至持續舉債擴大支出，爛攤子則丟給後繼者收拾。繼任政府若還有舉債空間，也不遑多讓有樣學樣以債養債，直到政府已無舉債空間，只能改採公債貨幣化來解決。換言之，政府債務累積猶如蓄積通膨壓力的活火山，債務規模愈大，爆發危機可能性愈大。尤其是政府瀕臨債務危機，必然想到印鈔解決，更是醞釀通膨的溫床。是以理性成員無須等到政府債務瀕臨危機，就會預先調整通膨預期，正好解釋高債務比率國家為何普遍出現高通膨現象。在景氣衰退期間，這些國家已經缺乏採取擴張財政或貨幣政策的轉圜空間，擴張支出將對預算赤字落井下石，可能觸發債務危機的敏感神經；執行緊縮撙節計畫 (austerity) 則讓景氣雪上加霜，因而進退維谷。另外，改採擴張貨幣政策也會勾起人們聯想政府債務貨幣化，觸發通膨預期的敏感神經，啟動加速通膨的惡性循環。

最後，政府舉債融通赤字雖可動員資源加速成長，然而債務負擔遞增終將窒礙成長。若以政府債務比率衡量債務負擔程度，則紅色警戒線為何？基於債務結構、資金用途與國幣是否為國際關鍵性貨幣，各國政府債務容忍度 (debt intolerance) 並不一致。一般而言，政府的外債比率愈高、短期債務或非自償性債務比率偏高，債務容忍度將愈低。不過國幣躍升為國際關鍵性貨幣，如美元，公債貨幣化可將本國債務負擔轉嫁給外國持有貨幣者，將可提升債務容忍度。Carmen M. Reinhart 與 Kenneth S. Rogoff (2010) 檢視先進國家與新興國家的政府債務，發現政府債務比率高於 90%，而外債占產出比率超過 60%，其平均經濟成長率顯著呈現滑落。一般而言，一國的政府債務比率超過 90% 將潛藏債務危機，超過 150% 則淪落無力清償窘境，高度債務危機迫在眉睫。尤其是政府債務結構若以外債或短債為主，問題更是急迫棘手。

觀念問題

- 政府支出逐年上升，預算赤字擴大日益受到重視，試回答下列問題：
  (1) 政府是否能夠永遠負債？
  (2) 政府永遠負債的能力會受哪兩個主要因素影響？
  (3) 政府負債如何成為後代子孫的潛在負擔？
  (4) Ricardo 等值理論與政府負債是否成為負擔問題之間的關係為何？
- 某國經濟資料如下：(a) 政府預算赤字占 GDP 的比例 4%、(b) 負債占 GDP 比例是 100%、(c) 名目利率是 10%、(d) 通貨膨脹率是 4%。試回答下列問題：
  (1) 初級赤字占 GDP 比例為何？
  (2) 通貨膨脹調整後的初級赤字占 GDP 比例為何？
  (3) 實際產出低於自然產出 2%，試問循環調整與通貨膨脹調整後初級赤字占 GDP 比例為何？
  (4) 名目自然產出以 2% 成長，試問赤字占 GDP 比例如何變化？

供給面經濟學

16.3.1　供給學派的主要看法

　　重商主義早就指出，租稅變動影響工資與生產成本，進而衝擊貿易盈餘，成為供給學派或供給導向總體理論的起源。爾後，古典學派基於供給學派思維，著重財政政策對經濟誘因、總供給與經濟成長影響，關注焦點放在政府調低稅率將會改變相對價格，誘使人們調整決策而影響資源配置與實質經濟活動。1930 年代大蕭條，Keynesian 學派轉向需求導向總體理論，關注焦點放在財政政策對總需求影響，著重政府擴大支出紓解總需求不足問題。1970 年代爆發石油危機，各國陷入通膨與失業率遞增、生產力衰退與成長遲緩的停滯性膨脹困境，需求管理政策紓解經濟問題乏善可陳而遭質疑。

　　1980 年夏天，美國參眾兩院聯合經濟委員會 (Joint Economic Committee) 依照慣例發表年中經濟報告指出：「依據戰後經濟實績，政府在緩和經濟衰退、降低景氣蕭條兩方面一直缺乏實效政策……，今後必須注意體系供給面與長期生產潛力。」，此即供給學派正是出場的背景。美國 Reagan 總統 (1981) 從總供給著眼，提出降低稅率刺激經濟活動，基本思維是：高稅率與龐大政府部門削弱人們創新與儲蓄誘因，減稅或可刺激儲蓄與投資意願，帶動總供給 (自然產出) 擴張，供給學派或雷根經濟學 (Reaganomics) 自此登上總體理論舞台而盛極一時。

雷根經濟學

或稱供給學派，藉由緊縮政府支出成長、降低所得與資本利得稅率、減輕管制經濟活動、控制貨幣供給來降低通膨。

產能租稅曲線

或稱 Laffer 曲線，稅收將隨稅率調高而遞增，但稅率超越某一水準後，稅收將轉而遞減。

(一) 稅率與總供給的關係

　　Arthur Betz Laffer (1974) 提出產能租稅曲線 (capacity output tax curve) 或稱 Laffer 曲線，指出體系存在兩種稅率產生相同稅收，政府減稅無須擔心稅收減少，反而因減稅而增加產出。零稅率意味著人們將可獲得全部生產的果實，政府未干擾生產可讓產出極大化，但也意味著政府無稅收而難以為繼。100% 稅率隱含人們在貨幣經濟體系的工作成果全歸政府所有，將會轉向非市場活動以規避稅負，零稅基也讓政府無稅可收。是以稅率將落在 $0 < t < 100\%$ 之間，稅收從零 (當 $t = 0$ 時，$TR = 0$) 回歸至零 (當 $t = 100\%$ 時，$TR = 0$)。圖 16-9 顯示反映稅收與稅率組合關係的 Laffer 曲線，將是呈現向下拋物線型態。該曲線在轉折點 E 左邊，稅收將隨稅率調高而遞增，若持續調高超越 E 點對應的 t^* 後，稅收轉趨滑落。此係高稅率可能釀成稅基萎縮，導致稅收不增反減。政府唯有將稅率訂在最適水準 t^*，方能讓稅收極大化。至於產能租稅曲線形狀與其高峰

點，將視因素供給者對稅率變動的反應而定，並取決於體系開放程度、稅收使用方式、儲蓄與工作倫理的強度、考慮產能租稅關係的期間長度等因素。

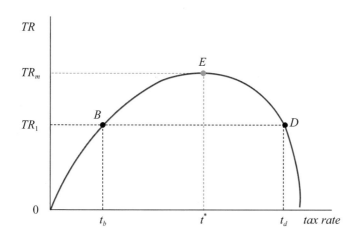

圖 16-9
Laffer 曲線

接著，政府稅收 TR 可簡化為稅率 t 與稅基 (所得)y 的乘積與定額稅 T_0 之和，而總產出與稅率呈反向關係：

$$TR = T_0 + ty(t)$$

就上式對稅率 t 微分，可得：

$$dTR = ydt + tdy = ydt\left[1 + \frac{t}{y}\frac{dy}{dt}\right]$$

$$\frac{dTR}{dt} = y\left[1 + \frac{t}{y}\frac{dy}{dt}\right] = y[1 + \varepsilon(y, t)]$$

$\varepsilon(y, t) = \frac{t}{y}\frac{dy}{dt} < 0$ 是產出的稅率彈性。Laffer 曲線係指在政府預算平衡、人們對休閒、公有財與私有財偏好已知下，各種稅率讓人們願意生產的實質產出，進而讓政府可以課稅的組合軌跡。稅率趨近於零，政府無稅可收；稅率上升帶來稅收增加，政府將能提供公共財與勞務，如法律、國防、初級教育、治安與基礎建設，提昇資本與勞工生產效率，經濟活動隨之擴張。在稅率攀升初期，生產效率遞增效果 (政府支出增加帶來效率遞增) 超越反誘因效果 (稅率遞增釀成效率損失)，總產出攀升將擴大稅收。B 點的稅率不高而有上調空間，一旦稅收達到尖峰 TR_m 的 E 點，對應稅率 t^* 將是最適稅率。政府若持續調高稅率至 t_d，人們將評估被國稅局查獲逃漏稅成本低於逃稅利益，勢必投入逃漏稅活動而大幅流失稅基，實際稅收反而縮水。就經濟學觀點，政府在 D 點調低稅率，將會發揮下列效果：

- D 點稅率 t_d 高於最適稅率 t^*，降低稅率將提升儲蓄、投資與薪資的稅後報酬，提高人們增加儲蓄、減少避稅與休閒活動的誘因，帶動總產出趨於擴張。
- 課稅引起的替代效果大於所得效果 (高稅率削弱經濟誘因，稅後淨效果將降低工時)。同時，稅收增加多數用於擴大福利支出，對勞動供給具有反誘因效果。
- 如果稅率降幅低於產出增幅，降低稅率措施將能擴大稅收。

總之，體系內總產出先隨稅率攀升而邁向高峰，隨後將因高稅率帶來效率損失與反誘因效果，抵銷政府支出的提升效率效果，再配合因素逃離正式生產活動，將讓課稅的產出 (稅基) 呈現遞減現象。值得注意者，Laffer 曲線描述體系內平均稅率對長期產出和稅收的影響，但在解釋實際現象則會出現某些問題：

1. 就短期而言，政府政策從付諸實施至產生效果將存在時間落後，促使顯現稅率與稅收關係的軌跡係呈現單調遞增，而非 Laffer 曲線顯現的向下拋物線型態。

2. 人們的所得來源，包括勞動所得與資本所得，課稅標的不同將讓稅率變化對工作誘因或勞動供給影響亦不同。依據 Laffer 曲線理論，人們的所得全部是勞動所得，隨著人們的邊際稅率遞增引起稅後工資下降，將會產生替代效果與所得效果，可能減少工時，也會相對減少投入提升技術的時間，是以高邊際稅率沮喪人們工作意願，降低勞動生產效率。至於政府對資本所得課稅僅有所得效果，影響工時不大。是以對勞動所得課徵輕稅、對資本所得課徵重稅，將有助於激發勞工的工作意願。

3. Laffer 曲線僅是關注平均稅率、產出與稅收間的關係，將不同所得來源混為一談，忽略對不同所得族群的所得分配型態造成影響。一般而言，各國採取累進所得稅制，所得階層額外的高所得部分才適用高稅率，也僅對該部分所得產生較大負面衝擊；至於低所得階層則與高累進稅率無緣。

4 Laffer 曲線假設人們工作態度是功利性，無法解釋人們努力工作的原因。高累進稅率影響工作的可能結果有三種：(1)Laffer 曲線預言高所得階層寧願更多閒暇而非更多工時；(2) 某些階層將更努力工作賺取所得以彌補課稅損失；(3) 對於「喜歡自己工作，以及工作帶來價值觀念或成就者」，如醫生、科學家、藝術家與高階經理們，則將 800 萬元年薪視同 1,000 萬元年薪一樣，努力工作。

在 1980 年代，Reagan 總統採取減稅改善停滯性膨脹問題，在第一個任期內 (1981~1985) 創造累計高達 6,002 億美元赤字，超過 1933~1980 年間的美國歷屆總統任內赤字總和。然而 Reagan 總統初任以 1981~1982 年嚴重衰退爲開端，而以 1983~1984 年強勁成長結尾，戲劇性結局讓 Reagan 贏得連任。然而 1983~1984 年強勁成長，很大程度來源是龐大預算赤字創造的需求，不自覺中倚賴 Keynesian 學派說法。

(二) 稅率與因素供給的關係

供給學派強調創造誘因與減輕政府干預，透過調整稅率改變相對價格，衝擊「工時與休閒決策」、「消費與儲蓄 (投資) 決策」、「市場與非市場經濟活動」，達到刺激自然產出成長來擴大總供給。政府透過減稅或補貼 (社會福利) 提升休閒價格，減稅勢必伴隨縮減福利支出來維持預算平衡，造成納稅者 (工作意願上升) 與接受政府補貼者 (工作誘因下降) 的所得效果相互抵銷，總和所得效果微不足道，預期僅有替代效果發揮作用，有助於增加工時。此外，調低稅率將縮減非市場活動的相對報酬，也會增加一般市場活動的勞動供給。

圖 16-10 顯示在無稅狀態下，勞動市場均衡在 A 點。一旦政府對實質工資課稅，勞動供給曲線 N_1^s 將左移至 N_2^s，新均衡點落在 B。廠商支付實質工資 (僱用因素成本)w_2 將與勞工獲取淨實質工資 (因素所有者的所得)w_3 之間出現分歧，兩者差額 $w_2 w_3$ 即是稅楔 (tax wedge)。課稅結果將讓因素供需雙方面對不同的相對價格，促使最適決策 (就業減少爲 N_2) 偏離無稅狀態 (N_1 就業)，透過生產過程，將會降低總供給 (自然產出)。

稅楔
課稅導致商品市場均衡時，消費者支付較高價格，而廠商取得較少收益的結果。

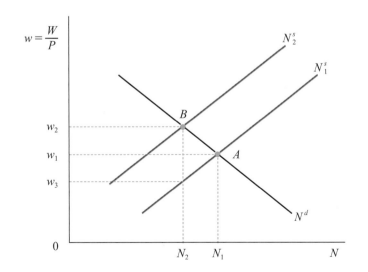

圖 16-10
勞動市場稅楔

另外，政府運用減稅提升儲蓄的稅後報酬，改變跨期消費的相對價格來提升儲蓄誘因。同時，政府也訂定《產業升級條例》給予廠商租稅抵減，降低資本財稅率，經由兩種管道而擴大資本財供給與自然產出：

- 促使消費轉向儲蓄投資活動，加速資本累積以提升勞動生產力。
- 原先轉往國外避稅的資金，逐漸「鮭魚還鄉」投入國內生產性資本。

政府課稅將會影響生產因素決策，不過降低個人綜合所得稅率影響勞動供給效果薄弱，故以降低工資稅率來紓緩通膨的效果不明顯。但就降低營利事業所得稅率而言，執行「投資抵減與加速折舊以加速資本累積」的供給管理政策，透過擴大產能來紓解通膨，長期將能發揮效果。實務上，體系內存在能讓稅收極大化的租稅結構，將隨生產因素供需彈性而變。由於勞動所得彈性遠大於資本所得彈性，在維持既定稅收下，針對「增加營利事業所得稅、減少個人綜合所得稅」和「增加個人綜合所得稅、降低營利事業所得稅」兩種策略，後者的效果明顯優於前者。

以上所述可用圖 16-11 說明財政政策的長短期效果。體系初始均衡落在 A 點，均衡通膨率 π_1，實際產出 y_1 低於自然產出 y_1^* 而陷入衰退。依據 Keynesian 學派說法，政府減稅促使總需求 AD_1 右移至 AD_2，短期均衡落在 B 點，通膨率上升至 π_2，實際產出擴大為 y_2。若再引進供給學派看法，短期總供給 SAS_1 將因減稅而右移至 SAS_2，均衡點落在 C，均衡產出返回自然產出 y_1^*，均衡通膨率可能下降至 π_3。另外，供給學派指出，體系初始均衡落在總需求 AD_1 與長期總供給 $LRAS_1$ 相交的 D 點，減稅除讓總需求 AD_1 右移至 AD_2 外，也將提升投資與工作誘因而對總供給發揮正面影響，長期總供給曲線 $LRAS_1$ 將右移至

圖 16-11
財政政策的長短期效果

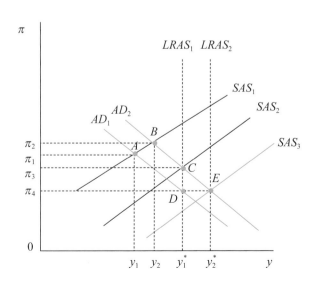

$LRAS_2$。體系在 E 點達成均衡，通膨率下跌至 y_2^*，自然產出擴大為 y_4，短期總供給曲線 SAS_2 也因通膨率下跌而右移至 SAS_3。

供給學派推理符合邏輯，但供給管理政策付諸實施卻會引發下列困擾：

- 降低稅率提高稅後實質工資，經由所得效果與替代效果運作，再配合人們採取漸進方式調整決策，短期未必刺激工作誘因，甚至可能縮減工時。
- 體系內勞動與儲蓄供給曲線缺乏工資與利率彈性，減稅或許讓兩者垂直下移，然而幅度畢竟有限，短期擴大產出與就業效果有限。
- 政府獎勵廠商研發活動，提升生產力與擴大產出，長期或有助於穩定物價。但就短期來看，生產力提升造成總需求遞增可能超越產出擴張，物價可能出現攀升現象。
- 政府調低稅率立即擴大預算赤字而具膨脹性，然而人們調整工時或改變消費決策卻不顯著。但就長期來看，預算赤字擴大逼迫政府緊縮支出規模，人們也將調整工時與消費而對總供給發揮效果。
- 政府減稅與縮減支出，移轉公部門資源由私部門使用，擴大誘因與增進效率而擴張產能，自然產出增加有助於紓解停滯性膨脹。然而此種政策涉及社會公平問題，「富人獲得較高減稅利益、窮人的福利補助卻縮水」，勢必惡化所得分配不均。

最後，供給學派與 Keynesian 學派同時強調以財政政策來解決經濟問題，不過兩者思維卻是南轅北轍，表 16-2 將比較兩者的差異性。

項目 ＼ 學派	Keynesian 學派	供給學派
1. 環境背景	1930 年代大蕭條造成產能閒置與大量失業，體系面臨有效需求不足問題。	1970 年代停滯性膨脹造成失業率與通膨率同步遞增，體系面臨生產力滑落與中間財價格調整，造成總供給成長遲緩。
2. 對有效需求的看法	• 利用政府干預影響有效需求，進而改變就業與產出。 • 基於功能性財政概念，以預算赤字解決經濟問題。	• 利用政府對儲蓄與投資影響來改變總供給，經由提升生產力來影響就業與產出。 • 基於健全財政概念，維持預算平衡。

表 16-2

Keynesian 學派與供給學派的比較

項目 \ 學派	Keynesian 學派	供給學派
3. 對儲蓄與資本累積的看法	• 重視短期需求管理效果。 • 採取累進稅率促使所得分配平均化，經由刺激消費而提升總需求。 • 重視消費與資本累積發揮的需求效果。	• 重視長期供給管理效果。 • 採取減稅來提升投資誘因，透過加速資本累積以擴大總供給。 • 解除資本管制，強化自由競爭機能，促使資源分配合理化。
4. 政策效果	• 擴大政府干預經濟活動角色，運用權衡性政策擴大支出以解決經濟問題。 • 減稅係在提升可支配所得與消費支出，進而影響產出與就業。 • 運用加稅來對抗通膨。	• 縮小政府參與經濟活動規模，解除管制刺激各種誘因與提升效率。 • 減稅旨在改變相對價格，經由刺激儲蓄與投資而提高生產力，進而擴大未來總供給。 • 運用減稅來對抗通膨，短期效果欠佳，長期效果顯著。

16.3.2 Barro-Ricardo 等值理論

David Ricardo (1817) 率先在《政治經濟學與租稅原理》(*On the Principles of Political Economy and Taxation*) 中指出，人們若無財政幻覺與未規避稅負，政府以租稅融通 (平衡預算) 或債務融通 (赤字預算) 支出，產生效果將無差異。換言之，政府課稅將減少人們的可支配所得，緊縮消費支出，從而抵銷政府支出擴張。反觀政府舉債挹注支出，人們確信未來公債到期將需增稅來清償本息，將在目前增加儲蓄以因應未來較高租稅負債，政府支出擴張也將被抵銷。爾後，Barro (1974) 在《政府債券是淨財富嗎？》(*Are Government Bonds Net Wealth*?) 中認為政府舉債融通預算赤字，人們將增加儲蓄以提高給後代的遺產，讓其因應未來增加的稅負。不論政府採取何種融通策略，體系仍將維持原來產出與物價，對實質利率、投資和消費均無影響，此即 Barro-Ricardo 等值理論。

Barro-Ricardo 等值理論係基於下列假設：

• 生命循環消費理論　消費者追求一生中能夠均勻消費，若預期未來稅負增加，則會將當前的減稅金額儲蓄，用於支付未來遞增的租稅負債。
• 消費者的理性預期　消費者將減稅訊息納入理性預期形成，意識到這意味著未來租稅負債將會增加。
• 可貸資金市場完全性　人們可以透過借貸來融通消費支出，而且政府與人們的借貸利率完全相同。

- 跨代利他主義　人們的生命無窮，減稅利益與未來租稅負擔遞增全由自己承擔，或者是目前減稅隱含子女的未來租稅負債遞增。是以雙親將透過饋贈子女更多財產來因應當前的減稅政策，讓其能夠因應未來租稅負債遞增。
- 定額稅制與移轉支付。

　　Ricardo 等值理論隱含的思維將可說明，亦即政府減稅短期內將增加人們的可支配所得，也同時增加未來租稅負債，促使長期可支配所得下降，是以理性消費者將認為減稅不影響終生所得。Ricardo (1820) 研究政府發行公債或加稅來融通戰爭支出的效果，得出結論是可能毫無差異。Barro (1974) 重新研究此一想法，也認為在某些條件下，政府發行公債與加稅融通支出產生結果相同，亦即兩者在很大程度上是同等效果。實務上，Barro-Ricardo 等值理論隱含各種問題：

- 消費者未必採取理性預期　人們多數未預期減稅會導致未來租稅負債遞增，亦即不會預測未來政府預算赤字，也忽略未來稅負增加的可能性。
- 減稅促進成長與減少政府融資需求　景氣衰退期間，自動穩定因子運作 (稅收減少，失業救濟給付增加) 引起政府借款劇增。不過減稅若能刺激民間支出與經濟成長，促使稅收遞增而縮減預算赤字，將能降低政府融通餘額。舉例來說，政府實施紓困計畫 800 億元，未必意味著必須加稅 800 億元。尤其是減稅刺激經濟成長而能脫離衰退，將有助於改善政府財政狀況。
- 景氣衰退將無排擠效果　景氣衰退讓未來前景茫然，人們未雨綢繆提升儲蓄意願，政府將可利用民間儲蓄擴張支出，不會衍生排擠效果，甚至刺激民間擴張支出，拉入效果讓最終產出成長超過初始投入。

　　尤其是體系採取累進所得稅制度、人們生命有限與可貸資金市場不具完全性，政府的福利支出勢必產生所得重分配與跨代效果，Ricardo 等值理論將難以成立：

- 無限生命期　人們有子女來延續其生命，政府增加支出累積債務，未來須向「同一批人」或「其後代」課稅清償。反觀有限生命期則指人們生命有限，或鰥寡孤獨而無後者，當代人享受政府目前支出的正財富效果，卻未饋贈後代遺產，或是讓不相關者承擔加稅的負財富效果。
- 跨代效果　跨代模型 (overlapping generation model)　指出人們的效用取

決於本人一生的消費與預擬餽贈的遺產，而透過遺產餽贈將可串聯無數代人的效用。在面對終身財富限制下，某些人因邊際稅率不同，以及人們在可貸資金市場的信用評等不同，借貸條件 (利率) 也因人而異，進而產生財富效果。

- 政府債信遠高於個人　　人們使用信用卡透支的利率遠超過 10%，政府發行公債利率不到 2%，發行國庫券利率甚至不及 0.5%，顯示政府舉債利率遠低於人們舉債繳稅的利率，反映人們以較高利率貼現未來必須加稅的金額 (清償公債本息)。

最後，Barro-Ricardo 等值理論對政府融通方式，提出有力佐證與辯解，即以發行公債取代課稅的經濟效果相同。不過發行公債顯示政府預算入不敷出，陷入寅吃卯糧窘境，基於「羊毛出在羊身上」，清償公債本息支出終歸要由當代或後人買單，難保不落入「以債養債」(No Ponzi game) 或「借新還舊」的困境。在等值理論成立下，公債等同於未來租稅負債，無法視為民間財富，無所助益於體系產出增加。然而政府若改以發行貨幣清償公債本息，則公債餘額貨幣化將醞釀通膨危機。

以債養債

或稱 Ponzi 騙局。投資人透過吸收新投資人加入所支付的資金，藉以取回先前的投資。隨著更多人加入而後續流入資金不足以支付先前的投資人，Ponzi 泡沫將會破滅。

觀念問題

- 依據 Barro-Ricardo 等值理論，試說明所得稅增加對消費與儲蓄毫無影響？
- 某國政府原先維持預算平衡，且不適用 Barro-Ricardo 等值理論，試以 *IS-LM* 模型分析下列問題：
  (1) 政府增加支出並維持稅收不變，對短期產出影響為何？
  (2) 政府等額增加支出與稅收，對短期產出影響為何？結果與 (1) 題有何差異？
- 某國適用 Barro-Ricardo 等值理論，試回答下列問題：
  (1) 政府支出增加而維持稅收不變，對短期產出影響是否異於前題的答案？
  (2) 政府等額增加支出與稅收，對短期產出影響是否異於前題的答案？
- 試評論：「依據 Barro-Ricardo 等值理論，當政府支出維持不變，政府預算赤字擴大將推動實質利率上升，進而引起儲蓄增加。」

總體經濟學者：Arthur Betz Laffer (1940~)

(一) 生平

　　1940 年 8 月 14 日出生於美國 Ohio 州 Youngstown，1958 年畢業於 Cleveland 的 University School 高中，1963 年與 1965 年分別從耶魯大學取得經濟碩士與 MBA，1972 年從 Stanford 大學取得經濟學博士。在 1969~1974 年 Nixon 總統任內，擔任行政管理與預算局的經濟學者，1974~1976 年任教於芝加哥大學，1976~1984 年任教於 Southern California 大學，1984~1987 年任教於 Pepperdine 大學。1981~1989 年擔任雷根總統的經濟政策顧問委員會成員，同時擔任政治顧問，並在 1979 年開辦諮詢公司。

(二) 對總體理論貢獻

　　Laffer 曲線理論盛行於雷根總統任內，供給學派也因而名噪一時，登上經濟學主流的大雅之堂，並成為雷根經濟學的核心部分。

16.3.3　公債管理政策

　　公債管理政策 (debt management policy)　是指財政部透過管理公債來達成追求目標。就廣義而言，將包括「公債規模控制」與「公債結構調整」政策；從狹義來看，則是針對既定公債規模，透過發行、償還和調換等措施來調整公債結構，進而影響經濟活動以達成追求目標。基本上，公債管理政策涵蓋四個層面：

> **公債管理政策**
> 財政部透過管理公債來達成既定目標，包括公債規模控制與公債結構調整。

- 公債組合　財政部安排長期公債與短期國庫券最適組合來融通政府債務。
- 公債多元化　政府追求財務收入穩定性，安排公債組合多元化。
- 公債期限　長期公債附加高期限溢酬 (maturity premium) 卻可穩定長期利息支付；短期公債附加低期限溢酬卻須頻繁續發，短期利率波動較大而讓利息支付不確定。是以財政部將須操作公債期限，藉以降低發行成本。

> **期限溢酬**
> 金融資產期限愈長，隱含投資風險愈高，從而給予風險補償。

- 公債發行對象　央行購買公債無異於政府債務貨幣化 (類似量化寬鬆)，勢必招來通膨壓力。若是賣給廠商，勢必緊縮投入實體投資的資金；如以個人為銷售對象，勢將產生排擠投資效果。

本質上，公債管理政策是財政政策的一環，也須符合後者追求目標，包括穩定經濟 (如穩定通膨與自然就業、維持國際收支平衡)、促進經濟發展 (如經濟成長、逆循環波動) 以及公平所得分配等。不過公債管理政策也有自身追求目標，如擴大公債發行和分配範圍、確保公債募資成功，維持公債市場穩定性、降低舉債成本與實現均衡利率期限結構 (terms structure of interest) 等，這些目標未必並行不悖。舉例來說，財政部規劃募集十年期債務資金，可選擇發行十年期公債或在十年內滾動發行短期公債兩種策略。前者雖可避免再融資風險 (refinancing risk) 和利率風險，卻須附加高期限溢酬，融資成本較高。後者雖然附加低期限溢酬，但須頻繁續發而暴露於利率風險和再融資風險。在蕭條期間，政府尋求舉債成本極小化，選擇增發長期公債來取代短期公債，但因債券期限延長而降低市場流動性，抑制總需求回升。隨著景氣復甦帶動市場預期利率攀升，政府想以低利率發行長期公債，顯然癡人說夢。一旦景氣繁榮推動利率攀上高峰，政府改採發行短期公債來降低債務成本，又將引導長期利率下降、市場流動性增加，無疑是對過熱景氣添薪加材而流於失控。有鑑於此，政府追求債務風險極小化，必須重視下列原則：

- 財政健全避免未如期清償債務而損及政府債信，擴大再融資困難度，如歐豬五國主權債務危機，嚴重危及金融市場穩定性。
- 公債管理政策應配合財政與貨幣政策操作，落實特定總體目標。

接著，公債管理政策是否影響經濟活動，將視公債結構調整能否影響實質變數而定，Tobin (1963) 因而指出公債管理發揮效果將取決於兩個因素：

- 預期資本邊際效率　　取決於技術、資源和市場預期等因素，政府無法直接控制，但長期卻可透過相關政策間接影響。
- 必要報酬率 (the required rate of return)　　政府透過調整公債結構影響人們的資產組合，直接改變人們要求的必要報酬率。

在其他條件不變下，當資本的必要報酬率高於實際報酬率，對應的資本財價格將低於重置成本 (或 Tobin 的 $q < 1$)，廠商將缺乏投資誘因；反之，$q > 1$ 將吸引廠商擴大投資，帶領景氣趨於繁榮。是以在預期資本邊際效率不變下，公債管理政策能否發揮效果，端視能否改變資本的必要報酬率而定，是以 Tobin 從資產組合替代性來解答該問題：

- 短期公債 (國庫券)　　銀行偏好以持有國庫券 (次級準備) 取代貨幣 (超額準備)，而人們也會考慮將國庫券納入資產組合，短期公債需求增加，降

利率期限結構
反映債券殖利率與期限間的關係。

再融資風險
金融商品類型與融資方式變動，導致廠商再次融資將面臨不確定性。

必要報酬率
在不確定環境下，人們進行投資所要求的最低報酬率或風險溢酬。

低必要的資本報酬率，提升投資誘因而發揮擴張效果。

- 長期公債　長期公債、國庫券與貨幣彼此間的替代性遠超過三者各自對實體資本的替代性。財政部增加發行長期公債，降低其價格與提高殖利率，吸引人們增加持有，導致實體資本的必要報酬率下降，擴大投資誘因而具有擴張性。

財政部發行長短期公債均具擴張性，調整公債結構效果將取決於兩者對資本財的替代程度而定。Tobin 認為長期公債與資本財間的替代性，超過短期公債 (國庫券) 與資本財間的替代性，以國庫券取代長期公債的擴張效果較佳，但以國庫券取代準備貨幣則具緊縮性。爾後，Friedman (1978) 建立資產組合平衡模型 (portfolio balance model)，指出財政部調整公債組合，對實體資本的替代性若相對調整前更差，則公債管理操作將可增加資本財需求，從而產生拉入效果。

資產組合平衡模型

在資產不完全替代下，人們基於風險偏好，透過安排最適資產組合，而決定資產的均衡報酬率。

最後，J. Agell 與 M. Persson (1992) 驗證 1960~1980 年代美國財政部調整公債期限結構的效果，發現投資人安排資產組合，將會蒐集央行貨幣政策、財政部租稅政策與公債管理政策等重大政策調整訊息，甚至考慮無關資產內在價值的謠言，顯示該項效果小且不穩定。不過 Friedman (1992) 批判 Agell 與 Persson 的說法，指出即使依據兩人結論：「長期債券增加 1% 將提高市場利率 0.0476%」，但以美國現存公債餘額的調整幅度而言，公債期限結構對利率影響也非極小而可忽略，亦即美國公債管理政策將對金融市場的長短期利率、產出與資本形成發揮重大影響。

總體經濟學者：Robert J. Barro (1944~)

(一) 生平

1944 年 9 月 28 日出生於美國紐約。1965 年畢業於加州理工學院。1970 年獲得哈佛大學經濟學博士。1968~1972 年任教於 Brown 大學。1973~1975 年，1982~1984 年任教於芝加哥大學。1975~1982 年任教於 Rochester 大學。1986 年起，任教於哈佛大學 Waggoner 經濟學講座教授，同時又是 Stanford 大學胡佛研究所高級研究員。1988 年獲選為美國藝術與科學學院院士。1996 年成為美國國會預算局學術顧問委員會委員。1998 年擔任美國經濟學會副主席，並獲得 Adam Smith 獎。

(二) 對總體理論貢獻

Barro 在早期是 Warlas-Keynes 失衡總體理論的核心人物，與 H. I. Grossman 出版《貨幣、就業與通貨膨脹》(*Money, Employment and Inflation*, 1976) 而奠定「非 Warlas 均衡理論」的基礎，認為政府干預將能穩定經濟活動，並提出等值理論而成為經濟理論的重要文獻。不過 Barro 在發現主張價格黏性的 Keynesian 理論無從解決價格決定問題後，遂轉向研究理性預期理論。從 1980 年代末期起，Barro 關注研究成長理論，針對經濟成長、貨幣政策與財政政策議題進行實證研究，並與 Xavier Sala-i-Martin 出版《經濟成長》(*Economic Growth*, 1995) 系統化介紹 1950~1990 年代攸關經濟成長的主要研究成果，是為成長理論的經典著作。此外，Barro 也在決定經濟成長的因素、就業和通膨以及貨幣政策、景氣循環、稅收、個人儲蓄等領域進行開創性研究，對各國擬定總體政策發揮重大影響。

16.3.4　財政重整的影響效果

在 1930 年代之前，歐洲各國政府口頭反對舉債，實際卻大肆發行公債，有些國家債務比率甚至長期超越 100%~200%。隨著 Keynesian 學派傳播「功能性財政」概念，歐美各國預算赤字和舉債規模連年攀升。邁入 1980 年代後，美國 Reagan 總統執行「削減財政赤字、緊縮債務規模」的供給學派主張，然而預算赤字與舉債規模卻奔向史無前例的高峰。2008 年金融海嘯，各國政府為求力挽狂瀾，無不擴大預算赤字與債務規模，終於在 2010 年點燃歐豬五國主權債務危機，要求財政健全性與永續性的呼聲，響徹雲霄。

金融海嘯過後，國際金融機構與市場投資人憂慮政府財政惡化明顯高於景氣疲軟，主權債務危機率先從歐元區爆發，持續蔓延到英國與美國。許多

財政重整
政府削減預算赤字與債務累積，以維持財政健全性與永續性。

國家面臨市場要求「財政重整」(fiscal consolidation)，縮減預算赤字與債務累積，重建財政健全性與可持續性。然而 Bernanke (2012) 提出財政懸崖 (fiscal cliff)，指出美國政府減稅優惠將在 2012 年底到期，國會也將啟動削減赤字機制，此舉將造成 2013 年政府支出驟減，財政赤字將如懸崖般陡然直線墜落，從而讓廠商生產力與人們消費劇減，稅務負擔和醫療支出上升，勢必影響景氣復甦步伐。由於財政重整勢必遭遇景氣衰退風險，是以此種呼聲卻在歐債危機爆發後的數年間戛然而止。隨著 2020 年初屆臨，新冠肺炎疫情猛然出現擴散未曾稍止，封城鎖國引爆廠商倒閉潮與龐大失業潮，各國政府再度紓困，再度讓赤字與債務規模爆表。

依據經濟合作暨發展組織 (OECD) 定義，財政重整係指政府執行削減預算赤字與降低債務累積的政策。基本上，政府可搭配下列方法削減債務：

- 債務違約　包括拒絕清償債務、債務重組與債務減免。政府債務違約短期將被排除舉債門外，調整成本驟升。就長期而言，政府施政未讓景氣起色，金融市場將讓舉債維艱，融資成本更是高漲。

- 經濟成長　經濟成長擴大就業與產出，稅收增加提升政府償債能力，信用風酬溢酬遞減將可改善政府債務比率。然而經濟成長僅能錦上添花，毫無雪中送炭能力。成功削減預算赤字與債務規模的國家將可提升經濟成長率；反之，債台高築國家未能改革，只想靜待經濟成長紓緩來解救，勢必陷入嚴重衰退危機。

- 量化寬鬆　央行執行量化寬鬆將會引發通膨，而未預期通膨則可降低公債融資成本，改善政府債務比率。然而此舉將視央行對通膨的態度與政策而定，若是緩慢調高利率因應，可望降低政府債務餘額；但若迅速調高利率，不僅推動短期融資成本上漲，也將引發長期債券殖利率攀升，政府債務難以縮減。尤其是通膨容易失控，後果嚴重，得不償失。

- 緊縮預算規模　撙節政府支出與增加稅收以緊縮預算赤字與債務。依據 OECD 統計，多數國家傾向以削減支出來達成財政重整目標，其中的 2/3 赤字或債務減少係因削減支出，而僅有 1/3 是來自增加課稅。

基本上，財政健全性與可持續性將為體系帶來長期效益，至於緊縮財政是否釀成產出下降與削弱經濟活動則有待觀察。以下可從三方面來說明：

(1) Keynesian 效果　Keynesian-Cross 模型指出財政重整將緊縮政府支出，衝擊人們消費與投資意願，進而減少產出，反覆循環將讓景氣萎縮，負面乘數效果大於 1。

(2) 弱化的 Keynesian 效果　依據 IS-LM 模型，財政重整產生負面衝擊，引導利率下降與產出減少，可能衍生拉入效果部分抵銷總需求緊縮幅度。尤其是再考慮預期與跨期選擇因素後，所得變動引發財富效果或預期效果，可能縮小負乘數效果小於 1 甚至趨近於 0。

(3) 非 Keynesian 效果　Francesco Giavazzi 與 Marco Pagano (1990) 提出「擴張性財政重整」(expansionary fiscal consolidation) 或稱緊縮財政政策的「非 Keynesian 效果」，引發各國政府是否立即緊縮支出的爭論焦點。此一概念的關鍵是「預期因素」，政府削減赤字或債務規模，人們若解讀是政府支出占產出比率將持續遞減信號，則將調高預期恆常所得，預期未來所得、財富與利率發生變化，引發消費與投資決策調

擴張性財政重整
政府透過財政整頓（調整政府支出和稅收），來增加廠商與家計部門的產出與消費。

整,總需求將不減反增,影響途徑如下:

- 財富效果　Giavazzi 與 Pagano (1996) 認為當政府債務超越某一規模,財政重整讓人們預期未來再無更大規模重整計畫,逆向預期未來所得與財富增加,擴張消費超過政府緊縮支出,形成總需求擴張的非 Keynesian 效果。

- 利率下降　Christopher McDermott 與 Robert F. Wescott (1996) 認為政府面對債務規模持續擴大,財政重整將強化財政健全性與可持續性,有助於降低公債信用風險溢酬,促使利率下跌而提升消費與投資誘因。

- 勞動成本下降　Alberto Alesina、Reza Baqir 與 William Easterly (1999) 認為政府緊縮支出將抑制公部門薪資成長,連帶影響民間薪資 (勞動成本),有助於提升廠商的國際競爭力。

接著,總體理論對財政重整的短期效果存在各種預測,但在歐債危機擴大後,深陷危機國家是否立即推動重整計畫,卻招來正反雙方爭論不休而無交集。

- 反對立即財政重整　政府迅速緊縮赤字,短期將減緩經濟成長與擴大失業,稅收下降反而惡化財政問題。聯合國在《2011 年世界經濟情勢與展望》(*World Economic Situation and Prospects, 2011*) 報告中指出,先進國家實施嚴峻的緊縮財政政策,可能再次醞釀衰退而悖離財政重整目的。是以 *IMF* 總裁 Christine Lagarde (2012) 認為各國短期內應尋求有效刺激成長策略,中長期再配合推動財政重整政策。

- 支持立即財政重整　景氣復甦期間,政府若未財政重整,落入衰退期間,財政重整更不可行。財政重整若能迅速降低政府債務至可持續水準,支付相關債務成本就愈小,愈能因應下次衰退。依據 *OECD* 估計,愛爾蘭以每年減少 0.5% *GDP* 的速度縮減預算赤字,需要七年來降低政府債務至可持續水準,影響預算總額為 *GDP* 的 3.5%。但以每年減少 1.5% *GDP* 的速度緊縮赤字,僅需二年時間且影響預算總額僅為 *GDP* 的 3%。此外,許多國家面臨嚴重信心危機,政府若能提出可信的財政重整計畫,重振消費者、廠商與市場信心,反而會擴大總支出而刺激經濟成長。

由於總體理論無法提供一致性看法,經濟學者遂針對財政重整與經濟成長關係進行實證,結果仍是偏向否定短期會產生「非 Keynesian 效果」,不過歸納財政重整可能出現「非 Keynesian 效果」的有利環境如下:

- 開放經濟體系。

- 有利的外在經濟環境，不過財政重整前的惡劣國內經濟情勢未必阻礙「非 Keynesian 效果」的形成。
- 較長期大規模財政重整計畫。
- 以削減政府支出為財政重整主軸。
- 建立財政重整計畫可信度，如刪減公務人員薪資與社會福利支出，展現達成目標的決心與態度。

知識補給站

Dermott 與 Wescott (1996) 以「降低政府債務占 GDP 比率」(3 年內降低超過 3%)、「經濟成長」及「創造就業」三項標準評估 20 個工業化國家、74 個財政重整案例，發現僅有 14 個案例算是「成功」，突顯「擴張性財政重整」似乎是特例而非通則。爾後，Prammer (2004) 整理相關文獻也未支持「擴張性財政重整」的說法，但是指出政府建立財政重整可信度是出現「非 Keynesian 效果」的關鍵。Rzo ca 與 Ci kowicz (2005) 接續指出租稅乘數甚少超過 0.5、政府支出乘數則很少超過 1，財政重整出現「Keynesian 效果」遠比出現「非 Keynesian 效果」普遍，造成產出減少程度小於財政緊縮，拉入效果發揮作用。Alesina 與 Ardagna (2009) 再檢視 1970~2007 年間 OECD 成員國的 107 個財政重整案例，發現僅有 27 個案例在財政重整期間展現經濟成長趨勢。

IMF (2010) 檢視 1980~2009 年間，15 個財政重整的先進國家，發現財政重整規模若為 GDP 的 1%，將讓後續兩年產出減少 0.5%、失業率上升 0.33%、消費下降約 1%。但就債務危機國而言，緊縮效果相對輕微，出現「非 Keynesian 效果」可能性偏低。另外，Reinhart 與 Rogoff (2010) 觀察 44 國債務餘額與經濟成長間的關係，發現高債務餘額長期與低成長呈現非線性關係，此係政府債務餘額逼近歷史高峰，信用風險溢酬遞增逼迫政府緊縮赤字，透過穩定債信來降低風險溢酬，從而衝擊短期經濟活動。在政府債務逼近正常水準的國家中，債務餘額變化與經濟成長的關係並不顯著。至於先進國家的政府債務占 GDP 超過 90% 者，其經濟成長率中位數，相對其他國家的中位數成長率低了約 1%，平均經濟成長率差距更超過 4%。就新興國家而言，同樣出現一定程度的高債務餘額伴隨低成長現象，不同的是，要求的關鍵債務餘額僅為 GDP 的 60% 左右。

從經驗或理論來看，Irons 與 Bivens (2010) 指出，低於預期的成長將導致稅收減少與赤字增加，加速累積政府債務，推動利率上漲而緊縮投資與經濟成長。是以經濟成長持續趨緩，低成長與高債務餘額將會同時出現。另外，經濟學者運用 Granger 因果關係檢定，也證明是低成長導致高債務餘額。不過 Kumar 與 Woo (2010) 卻又偏向支持 Reinhart 與 Rogoff (2010) 看法，透過跨國比較政府債務餘額與經濟成長的關係後，在控制其他影響經濟成長因素下，期初政府債務餘額與接下來五年間每人 GDP 成長率的平均值呈現負向關係，而且相對債務餘額下降期間，債務餘額上升期間的每人 GDP 成長率較低。

16.4 傳統總體理論的檢討

16.4.1 傳統總體理論的基本特質

　　Adam Smith 在《國富論》(1776) 中指出，在價格機能運作下，體系將邁向自然就業，然而此種信念卻在 1930 年代大蕭條毀於一旦。Keynesian 學派認為大蕭條的關鍵就在有效需求不足，唯有財政政策才能振衰起敝，貨幣政策顯然無能。1960 年代通膨肆虐，貨幣學派指出貨幣餘額波動主導景氣循環，通膨純屬貨幣現象，大蕭條乃是央行執行政策失誤的結果。邁入 1970 年代後，Eugene Fama (1965) 提出「效率市場臆說」，指出人們效率運用可取得訊息，評估風險與預期報酬後，透過資本資產定價模型 (CAPM) 訂定金融資產價格，正確反映其內在價值。隨著該理論盛行而認為金融市場恆處均衡狀態，突顯理性預期居中扮演的角色。在 1980~2000 年代，體系邁入大溫和 (the Great Moderation)，穩定低通膨環境讓經濟學者誤認景氣循環已遭控制，聯準會前主席 Alan Greenspan 甚至認為現代金融理論讓每件事都在掌控中，拒絕嚴控次級房貸與解決房地產泡沫。然而兩者問題日益惡化，終於在 2008 年引爆金融海嘯，體系陷入百年罕見衰退，總體理論與實際環境背道而馳，讓 Greenspan 難以置信。

　　歷經金融海嘯浩劫，Stiglitz (2009) 指出，金融市場未能發揮效率配置資源和管理風險功能，讓個體經濟失靈擴散成總體經濟災難。景氣衰退僅為冰山一角，下面潛藏無數的個別市場失靈，如訊息不全、不完全市場與非理性行為等，匯聚而成龐大的總體無效率，突顯總體理論運用與實際經濟運作存在落差。Krugman (2009) 在《經濟學者是如何弄錯的？》(*How Did Economists Get It So Wrong?*) 中，指陳傳統總體理論缺失。以下說明傳統理論隱含的市場特性、行為假設與政策內涵。

(一) 經濟環境或市場特性

　　K. J. Arrow 與 Gerard Debreu (1954) 提出「完全市場」隱含體系存在「最終交易仲介者」或「拍賣者」(auctioneer)，蒐集供需雙方交易訊息，負責撮合完成所有交易。在此過程中，拍賣者將排除異常或失衡情況，「價格機能」或「看不見的手」將引導市場邁向均衡，形成「市場結清模型」。即使體系面對未來不確定性，類似期貨及選擇權等兼具「時間性」與「取決於未來狀態」的跨期商品，也能透過市場定價完成交易，充分發揮市場效率。就長期而言，透過市場制度運作，體系將會趨向最適市場均衡。

- 完全市場運作機制 新興古典學派立基於「完全市場經濟」，體系經由拍賣者撮合或價格機能運作，人們履行契約完成所有商品交易，既不從事超越本身能力的各期交易 (跨期預算限制成立)，也無違約、倒閉與破產風險情況發生。此外，貨幣扮演交易媒介，僅是衡量商品的絕對價格；資金市場不會出現流動性匱乏情境，總體經濟劇烈波動景象不會發生。

- 最終交易仲介者 (拍賣者) 傳統理論設想體系邁向均衡過程，將是類似個別完全競爭市場運作模式，透過「拍賣者」仲介完成所有交易，除決定均衡價格外，經濟泡沫的異常交易也將遭到排除。此外，基於資本資產定價模型，傳統理論設想拍賣者透過時間歷程動態規劃，決定目前與未來資產均衡價格，確保體系處於全面均衡。

(二) 行為假設

總體理論在二十世紀出現兩次重大革命：(1)1930 年代大蕭條後，經濟學者著手建立數學模型，推演總體政策效果而供決策參考；(2)1970 年代停滯性膨脹後，經濟學者引進理性預期概念，建立隨機模型探討如何使經濟活動運作。隨著新興古典與新興 Keynesian 學派將人們基於「理性預期」的決策運用於「效率市場」，彰顯資產價格將會反映與其價值相關的所有可得訊息。

- 理性預期 在既定條件約束下，經濟理論假設人們將追求自身利益極大，此種理性假設雖然不近真實，卻離現實不遠。爾後，新興古典學派認為理性成員與政府均已了解經濟結構，效率運用可得訊息形成理性預期，人們決策將會影響經濟活動，形成「上有政策，下有對策」。

- 效率市場 「強式型」(strong-form) 效率市場臆說認為金融市場迅速反映所有訊息而恆處均衡狀態，股價確實反映公司內在價值，經營階層追求股價極大化，不僅有利於公司營運，兼具效率配置資源。實務上，資產市場雖已證實效率市場臆說難以成立，然而學者們依然堅持己見，導致 Krugman (2009) 批判最是傳神：「金融學者認為我們應將國家資本發展任由 Keynes 所稱的「賭場」(即資本市場) 來決定」。

強式型效率市場臆說
金融資產價格充分反映所有訊息而處於均衡狀態。

(三) 總體政策內涵

在 1950~1960 年代，Keynesian 學派突顯財政政策紓緩景氣蕭條的重要性，貨幣因素影響景氣並不顯著。隨著 1970 年代固定匯率制度崩解後，過度寬鬆貨幣政策導致通膨偏差 (inflationary bias)，Friedman (1963) 的「無論何時何地，通膨具屬貨幣現象」的說法不僅廣為人們接受，攸關貨幣政策的功能也形成共

通膨偏差
央行執行穩定物價政策，往往受各種因素干擾，反而出現物價大幅上漲現象。

識。在 1990 年代「新經濟」期間，許多人將部分功勞歸諸於成功的貨幣政策，基本上認為金融體系運作穩定，促使傳統理論檢視貨幣政策時，無須關注金融摩擦因素對政策效果的影響。

通膨目標機制
央行訂定通膨率目標，一旦預測通膨率高於目標值，將採緊縮政策；反之，則採擴張政策。

- 穩定通膨　紐西蘭央行在 1990 年率先採取「通膨目標機制」(inflation targeting)，宣示未來追求的通膨目標，一旦預測通膨率高於目標值，將採緊縮政策；反之，則採擴張政策。此後，全球超過 22 國的央行群起效尤，穩定通膨遂成首要目標，控制通膨遂成評價貨幣政策績效的重要依據。隨著金融創新、金融自由化與國際化盛行，金融廣化 (financial widening) 與金融深化 (financial deepening) 擴大貨幣流通速度變異性、貨幣餘額與最終目標 (包括通膨率、經濟成長率) 的長期關係日益不穩定，金融商品多元化模糊貨幣定義，削弱央行預測與控制貨幣餘額能力，多數央行逐漸以「利率」取代「貨幣餘額」做為中間目標。瑞典央行副總裁 O. Svensson (2002) 因而建議設定貨幣政策目標為「追求穩定低通膨，兼顧降低實質經濟波動」，此即稱為「彈性的通膨目標機制」。

金融廣化
係指金融體系內參與者及金融商品數量與多元化。

資本結構無關論
廠商採取何種融資策略營運，均不影響廠商市場價值。

- 穩定金融　傳統總體理論基於 Modigliani-Miller (1958) 的資本結構無關論 (capital structure irrelevance theory)，不論廠商採取何種債務與權益比率營運 (金融決策)，均不影響廠商市場價值 (取決於廠商實質決策)，此即反映金融體系運作不影響實質經濟活動。然而金融國際化提升外部融資便利性，促進資源效率配置與經濟成長，而信用與資產價格膨脹過速，或過度擴張資產負債表而釀成金融失衡，金融危機很可能接踵而至，重創實質經濟活動勢所難免。

總體經濟學者：Kenneth J. Arrow (1921~2017)

(一) 生平

　　1921 年 8 月 23 日出生於美國紐約市，1940 年畢業於紐約市立大學。1941 年取得 Columbia 大學碩士，旋即在 1942~1946 年間服役於陸軍航空兵司令部。1949 年獲得 Columbia 大學數學博士。1953 ~1956 與 1962~1963 年擔任 Stanford 大學經濟系主任，並在 1962 年擔任美國總統經濟顧問委員會。1968~1975 年擔任哈佛大學教授，1972 年獲頒諾貝爾經濟學獎，1975 年轉往 Stanford 大學任教，並擔任哈佛大學特聘教授。2017 年 2 月 21 日過世，享年 96 歲。

(二) 對總體理論貢獻

　　Arrow 是新古典學派開創者之一，主要貢獻是個體理論、社會選擇理論 (Arrow 不可能定理)，由於在一般均衡理論的突出貢獻而獲頒諾貝爾經濟學獎，同時也在保險經濟學、組織經濟學、訊息經濟學、福利經濟學和政治民主理論等領域發揮創造性貢獻。

總體經濟學者：**Gerard Debreu (1927~2004)**

(一) 生平

　　1921 年 7 月 4 日生於法國 Calais。1941~1944 年就讀於法國巴黎高等師範學院。1945~1948 年擔任數學助教與國家科學研究中心研究助理，1948~1950 獲得 Rockefeller 基金會獎學金。1955~1960 年任教於耶魯大學，1956 年取得巴黎大學經濟學博士。自 1962 起年任教於加州大學 Berkely 分校，並於 1975 年獲得數學教授職務。1972 年擔任《經濟理論雜誌》主編，1976~1979 年擔任《應用數學雜誌》主編。1976 年獲得名譽勳級會騎士稱號，1977 年獲得 Bonn 大學 Alexander von Humboldt 基金會美國高級科學家獎。1982~1985 年擔任經濟科學處的處長。1983 年獲頒諾貝爾經濟學獎。1984 年成為法國科學院的外國非正式會員和全國榮譽團體的負責人。2004 年 2 月 21 日過世，享年 83 歲。

(二) 對總體理論貢獻

　　在 1950 年代初期，Debreu 以拓樸學、集合論為基礎建立個體理論，引發經濟理論研究方法革命，同時首倡一般均衡分析而成為個體理論的標準架構，帶領資本理論、區域理論、金融理論、國際貿易和總體理論開始運用一般均衡分析重新建立理論架構，而其主要貢獻，包括資源未被充分利用的衡量、Pareto 最適理論 (福利經濟學)、一般均衡理論、以效用函數表示偏好次序關係等。

16.4.2　傳統總體理論的缺陷

　　金融海嘯重創國際景氣，百年罕見，傳統理論與相關政策卻是束手無策，從而引發檢討傳統理論的風潮。以下首先檢視傳統理論面臨的缺陷。

(一) 完全市場

　　Kevin M. Warsh (2007) 指出，傳統理論基於「完全市場經濟」架構，存在拍賣者隨時撮合交易與排除異常交易情況。此種情境猶如中央計劃經濟，政府扮演全知 (訊息完全)、全能 (效率) 與仁慈 (無交易成本) 的「上帝」角色，保證訂定正確的最終交易契約，排除異常交易情況。事實上，分權經濟體系卻是充斥交易成本與資訊不對稱，W. H. Buiter (2009) 認為在分權化市場經濟並無「拍賣者」引導經濟活動運作，人們基於私利與非理性投機行為，擁有高度誘因從事詐欺活動，導致市場交易因時、因地經常意外變化，能否順利完成交易活動，充滿變數。

　　景氣循環係由人們信心、實質經濟活動與金融因素交互作用而成，「變數潛在的自發性變動、相互作用與不對稱循環」糾結不清，金融扭曲與名目僵化相互作用，將讓金融失衡對產出與通膨變動發揮關鍵性影響。Bernanke、Mark Gertler 與 Simon Gilchrist (1994) 在《金融加速器與追求質量》(*The Financial Accelerator and the Flight to Quality*) 中提出金融加速因子模型 (financial accelerator model)，指出景氣回春提升抵押品潛在價值，吸引銀行過度授信；而景氣逆轉貶低抵押品價值，銀行將迅速緊縮授信回應。換言之，信用市場景況惡化可能擴大對實質經濟的不利衝擊，而金融加速器則可視為貸款代理成本在景氣循環期間的內生變化，突顯金融脆弱性 (financial fragility) 與實質經濟間的關聯性。稍後的 Claudio Borio (2006) 接續提出銀行信用市場摩擦性，如廠商破產與債務增加、資產價格崩跌、銀行倒閉等，是衝擊景氣循環的金融加速因子。尤其是小型開放體系，金融自由化、金融制度變革將擴大景氣擴張期間的金融失衡範圍，扭曲實質經濟而抑制體系持續擴張，爾後景氣反轉衰退，勢必引來金融壓力而釀成不利影響。

金融脆弱性
金融業採取高財務槓桿營運，促使營運容易陷入失敗困境。

(二) 行為假設

　　Borio (2006) 認為人們行為或許符合理性，但在匯集成總體活動後，是否依然理性則有待商榷。尤其就金融市場而言，傳統理論基於「理性預期與效率市場」的前提，更與現實環境相去甚遠：

囚犯困局
兩個共犯彼此猜忌並認罪舉發對方，結果同時陷入不利困境。

資本適足率
銀行資本淨額除以風險性資產總額的比率。

- 囚犯困局 (prisoner's dilemmas)　兩個共犯互相猜忌並認罪舉發對方，結果同陷不利困局。舉例來說，資本適足率 (capital adequacy) 原意在確保銀

行營運健全性，然而景氣衰退迫使銀行緊縮授信以符合該項要求，卻是逼迫廠商只好收縮營運規模。如此一來，讓景氣益形惡化，銀行只有持續緊縮授信，廠商也僅能再度縮小規模，惡性循環終將引爆系統性風險。囚犯困局驗證個別銀行緊縮放款的理性行為，卻未保證放款市場的集體理性會成為效率市場。

- 從眾效果　散戶擁有訊息不足，通常尾隨大戶或投信操作，容易加劇股市波動。在繁榮期間，銀行間相互模仿競爭放款，引發順景氣循環波動。就投資人或銀行來看，這些決策模式係屬理性，然而群集互動卻讓股市或放款市場非理性動盪，演變成缺乏效率市場。

- 協調失敗　面對銀行逾期放款激增、擠兌與破產情境，人們唯恐存款泡湯，爭相擠兌而加速銀行崩潰。人們理性決定提款，卻因彼此難以協調，而讓存款市場喪失集體理性，淪為無效率市場。同樣地，廠商一起降價將能增進社會福利，但是追求利潤極大的決策卻非降價，因而形成社會損失的總體外部性 (macroeconomic externality)。換言之，體系缺乏誘因讓廠商一起避免造成社會成本的行動，從而形成協調失敗。

稍後的英國金融監理局 (Financial Services Authority)(2009) 也深入檢討傳統總體理論遵守的「效率市場臆說與理性預期」命題，指出其不符合實情如下：

- 行為經濟學 (behavioral economics)　指出人們基於本能或直覺決策，從眾效果與非理性決策司空見慣，個體決策未必符合理性。

- 個人理性未必確保總體理性，訊息不全或資產管理者與投資人間的代理關係，促使決策可能引發市場價格出現自我強化動能 (self-reinforcing momentum) 的特性。1980 年諾貝爾經濟學獎得主 Herbert Simon 提出有限理性 (bounded rationality) 假設，說明人們時而健忘、衝動、情緒化與目光如豆，甚難真正追求最適目標。儘管如此，有限理性假設依然認為人們行為接近理性，面對主觀侷限性約束時，仍將權衡取捨，選擇較好的結果。

- 在不完全市場，大規模效果、從眾效果與市場過度反應交互運作，促使金融資產價格可能長期偏離內在價值，難以預測的非理性市場價格實際主導經濟活動。

- 縱使效率市場價格隨機漫步，人們難以藉由過去變動型態預測未來變化，但不表示自我強化的從眾效果以及價格超過理性均衡水準的可能性不會出現。

- 持續擴張流動性與創造市場完全性在超越某一程度後，資源效率配置產生的邊際效益，將被引發的金融不穩定性抵銷。

協調失敗
人們決策無法協調，從而引爆經濟衰退。

總體外部性
廠商追求利潤極大，採取不降價策略而形成價格僵化，造成社會損失。

行為經濟學
結合經濟理論、經濟活動運作規律與心理學，藉以發現經濟模型潛存的錯誤或遺漏，進而修正傳統理論對人們理性、自利、訊息完全、效用極大化與偏好一致性等基本假設的缺陷。

有限理性
人們做決策時，理性將會受到本身運算能力、訊息、時間與記憶等因素限制。

在現實環境中，不完全市場林立，非理性行為隨時可見，Bruce C. Greenwald 與 Joseph E. Stiglitz (1986) 早就指出，「看不見的手」蹤跡難覓係因其根本不存在。在歷經金融海嘯洗禮後，建立總體模型必須拋棄效率市場與理性預期觀點，但將引起總體理論巨變。尤其在訊息不全與風險不對稱市場下，市場經濟更難達到「受限制的 Pareto 效率」(constrained Pareto efficient) 境界。

(三) 總體政策內涵

傳統上，央行採取「通膨目標機制」，追求穩定低通膨、確保高經濟成長與經濟活動穩定性，忽略銀行信用市場摩擦性與金融脆弱性引發系統風險，將會衝擊貨幣政策傳遞過程。Friedman (2004) 曾經指出貨幣政策追求眾多目標，而「通膨目標機制」則是當中較受矚目者，過度聚焦通膨將讓央行犧牲其他目標。面對金融扭曲與名目僵化相互作用，央行必須權衡通膨與實質經濟穩定，執行貨幣政策方可確保金融市場穩定。

傳統理論討論貨幣政策傳遞管道，僅是透過實質利率變化影響消費與投資支出，忽略貨幣餘額與銀行信用餘額的影響。不過 Stiglitz (2009) 指出，傳統理論過於簡化，認為低通膨足以確保高成長和經濟穩定，忽略金融市場脆弱性潛藏系統風險的影響。央行過度追求低通膨率，全然忽略金融業槓桿與風險早已超越合理範圍，勢必重創實體部門運作。

16.4.3　傳統總體理論面臨的問題

傳統總體理論假設完全市場具有內在穩定性，不會出現廠商大規模破產與倒閉情境。金融市場效率運作恆處均衡狀態，不會影響實質部門活動。不過 Krugman (2009) 指出，簡化模式忽略實際經濟活動常有的情境：

* 人們的非理性決策是醞釀經濟泡沫與幻滅的溫床。
* 金融機構或大企業胡作非為，如作假帳或掏空，往往引發體系劇烈震盪。
* 不完全金融市場運作失序，將讓體系陷入難以預期的崩潰。
* 金融監理疏鬆，引發系統風險。

在 1990 年代「新經濟」期間，全球經濟強勁成長、實質利率長期偏低、貨幣餘額與信用餘額大幅擴張，卻未引燃膨脹。此外，「經濟全球化」、「金融自由化」與「央行對抗通膨可信度提高」蔚為風潮，帶動銀行信用擴張與資產價格上漲。尤其是資產證券化消除廠商面臨的現金流量限制，潛在流動性遽增，金融失衡逐漸成型。在上述「三合一」運作下，國際經濟金融環境巨變，體系內「結構性」風險未必是飆高的通膨率，長期擴張引發金融失衡崛起則取

而代之。

　　資訊不對稱窒礙金融體系效率運作，緊密聯結金融摩擦與景氣循環。金融體系若遭逆襲，資訊不對稱擴大，引爆金融摩擦遽升，窒礙金融業仲介功能而重創景氣。學者曾經質疑金融市場效率運作，指出金融危機重創景氣的後果，如 Robert Shiller 預警房地產泡沫幻滅的後果，然而 Alan Greenspan (2004) 卻在美國經濟學會演講指出，在 1980~2000 年代，貨幣政策一直在有利於穩定通膨的環境中運作，而該環境的特徵，包括：(1) 支持穩定通膨的政治力遞增、(2) 全球化釋放強大新競爭力、(3) 在這段期間內，生產力加速提升抑制成本上漲壓力，直指「全國性價格扭曲決無可能」。稍後的 Bernanke (2005) 也認為「大部分是反映堅實基本面」，導致這些主張被淹沒而難成氣候。

　　傳統總體理論未能預見金融危機，也無從及時提出因應對策，Luigi Spaventa (2009) 歸納可能原因如下：

- 傳統總體理論基於《一般理論》的分析架構，配合「Modigliani-Miller 理論」與「效率市場臆說」觀點，認為金融市場效率運作而迅速均衡，並不影響實質經濟活動，因而忽略考慮金融市場運作情況，關注焦點放在商品與勞動市場運作。
- 在 1980~2000 年間的「大溫和」期間，在新興市場需求擴張下，全球經濟維持低通膨持續成長，尤其是貨幣政策有效減緩通膨壓力，降低金融市場波動，促使總體理論忽略金融失衡對景氣循環的衝擊。
- 總體理論若將經濟成員差異性、資訊不對稱、財務槓桿與銀行資產負債表等諸多變數引進模型，將是龐大而困難的工程。簡化模型應用方便而容易處理，卻難以反映實際現象，如金融變數的非線性行為即與線性模型不符，導致無從對金融危機提出因應策略。

　　檢視 2008 年金融海嘯原因，由於金融產業未落實資金配置與風險管理的關鍵角色，政府必須強化金融監理來降低系統風險，而相關政策變革如下：

- **貨幣政策**　在低通膨環境下，央行必須關注財務槓桿與曝險過度上揚情勢，提升貨幣政策因應彈性。經濟泡沫若侷限在特定部門，如商業用不動產價格飆漲，央行可透過金融檢查程序，採取針對性措施，如對銀行進行特定的壓力測試 (stress testing)、緊縮放款成數或提高最低自有資本等，不宜以「逆風而行」政策因應。
- **審慎監理政策**　傳統上，政府關注個體審慎監理 (micro prudential)，現在則兼顧總體審慎監理 (macro prudential)，明確處理金融機構集體行為風險

壓力測試
央行模擬在某些極端狀況（壓力情境），金融機構可能蒙受的損失，進而評估其承擔風險能力。

個體審慎監理
偏重個別金融機構營運狀況與風險的金融監理。

總體審慎監理
針對金融機構集體行為與傳染效果，金融市場羊群效應或金融體系與實體經濟相互關聯引發系統風險，而進行監理。

的內生性。

- 央行與金管會間的互動　央行提供攸關總體經濟、金融制度與市場行為的總體意見，金管會則提供攸關銀行業務、風險管理實務、風險評估、風險概況以及資產定價的個體看法。兩者需密集溝通而發展相同見解，共同開發金融檢測與壓力測試工具，發揮總體審慎監理效率。

傳統上，總體理論認為在效率金融市場運作下，代表性成員基於理性預期決策，群聚而成總體經濟活動，故盛行以代表性成員的實質模型做為總體模型架構，忽略多元性成員特質與金融部門運作的影響。然而在金融海嘯期間，瘋狂群眾的行動顯然無法以代表性成員的理性行為來推估，總體模型適用性遭致嚴苛挑戰。實務上，「人們存在嚴重認知侷限」，由此產生的偏執匯集成總體行動，將不相關風險轉變為高度相關風險，形成 Keynes 的「動物本能」而引發景氣循環。是以政府擬定政策，必須將此種瘋狂行動因素的影響納入考慮。

最後，Borio (2006) 歸納金融海嘯前後總體理論思維的比較於表 16-3。

表 16-3

金融海嘯前後
的總體理論思
維比較

項目	金融海嘯前	金融海嘯後
金融因素影響	金融體系與銀行信用市場不影響實質經濟活動	金融體系與銀行信用市場內部不穩定，將引發實質經濟波動
完全市場經濟	所有商品透過拍賣者撮合完成交易而達成均衡，既不會從事雙方無法負擔的交易活動，也不會發生倒帳、倒閉與破產	現實環境充斥交易成本與資訊不對稱，完全市場僅是理想的理論架構，係屬遙不可及的夢想
理性預期形成	效率運用訊息形成理性預期，進而決定最適決策	在不完全市場，非理性決策扮演重要角色
效率金融市場	資產價格迅速反映所有訊息，促使金融市場處於均衡狀態	金融資產價格有時係不理性的結果，可能長期大幅偏離內在價值
景氣循環	景氣循環係屬外生性質，體系遭到外生衝擊，將而可迅速回歸均衡	景氣循環係屬持續出現的內生性質，由信心、實質活動與金融因素交互作用而成
非線性關係與不連續性	景氣循環是連續過程，無法單獨切割何時出現轉折點	景氣循環轉折點不僅很難預測且是不連續過程
物價穩定與金融穩定	物價穩定即可達成金融穩定	物價穩定未必確保金融穩定
貨幣政策策略	偏重物價穩定	物價穩定與金融穩定同等重要

資料來源：侯德潛與吳懿娟，金融危機與當代經濟理論的省思，全球金融危機專輯第十四章，改編自 Borio (2006) 表 1 及 Minsky (1992)。

總體經濟學者：Robert J. Shiller (1946~)

(一) 生平

1946 年 3 月 29 日出生於美國 Michigan 州 Detroit。1967 年畢業於 Michigan 大學，1972 年取得 MIT 博士。自 1980 年迄今，一直是國家經濟研究局 (*NBER*) 研究員。1981 年發表《股價是否變動太多而無法由後續股利變動來證明是合理？》(*Do stock prices move too much to be justified by subsequent changes in dividends?*)，挑戰「效率市場臆說」的主流觀點。1982 年任教於耶魯大學 Sterling 學院，擔任 Cowles Foundation 研究員，同時是管理學院國際金融中心成員。自 1991 年起，探討攸關行為金融與房地產風險管理議題，並與 Richard Thaler 成為 *NBER* 的行為金融論壇的共同作者，同時出版《總體市場》(*Macro Markets*) 獲得 TIAA-CREF 的獎項。1991 年 Shiller 與 Fiserv. 公司執行長從 Shiller-Weiss 案例中，利用房屋銷售價格建立 Case-Shiller 指數，探討經濟泡沫的行為層面。2000 年出版《非理性繁榮》(*Irrational Exuberance*) 成為紐約時報暢銷書，警告股市在 2000 年 3 月已經達到非常高峰的泡沫。2003 年在 Brookings 研究機構發表《房地產市場有無泡沫？》(*Is There a Bubble in the Housing Market?*)，2005 年發表《如何從房地產熱潮中獲利？》(*How to Profit from the Real Estate Boom?*)，指出房價漲幅長期不能超過通膨率。2005 年擔任美國經濟學會副主席，並在《非理性繁榮》第二版指出，股市和房市持續上揚，終將導致消費者與企業信心下降，引發景氣衰退。2006~2007 年擔任美國東部經濟學會主席，2009 年獲得 Deutsche 銀行獎，2011 年成為彭博社調查在全球金融最具影響力的 50 人，2013 年獲頒諾貝爾經濟學獎。

(二) 對總體理論貢獻

Shiller 是行為金融學派 (behavioral finance school) 的重要學者，探討金融市場波動和動態資產價格而發揮開創性貢獻，並對理論發展、實際操作與和政策制定產生重大影響。此外，Shiller 針對風險分擔、金融市場波動，泡沫和危機的研究，已經在學術界、從業者和政策制定者間獲得廣泛注意。尤其是 Shiller 在 2010 年支持修復金融體系的構想，而為規避未來金融危機發生，銀行將需發行稱為或有資本 (contingent capital) 的新型態債務，亦即金融監理當局確定金融系統性金融風險擴大，而銀行無法符合資本適足率要求時，該類債務即自動轉換成股票。

問題研討

小組討論題

一、評論題

1. 依據Laffer曲線的說法，政府提高稅率勢必流失稅基，導致政府稅收遞減。

2. 政府運用財政刺激來紓緩金融危機，將能抵銷總需求下降與降低蕭條規模。

3. 廠商擴大使用槓桿比率，除引起預期盈餘與破產風險上升外，也將擴大金融脆弱性。

4. 金融體系高度證券化，除能分散風險外，也可減輕房屋價格下跌的衝擊。

二、問答題

1. 試說明政府債務增加是否會影響體系的資本累積？

2. 某國 Laffer 曲線最高點對應的所得稅率 $t = 0.18$，目前稅率 $t = 0.22$。若政府維持支出 G 不變，並降低所得稅率為 $t = 0.19$，試問：預算赤字將如何變化？為什麼？

3. 試問 Ricardo 等值理論成立的條件為何？破壞等值理論成立的因素為何？

4. 何謂 Ricardo 等值定理？假設家計部門的預算限制式為：

$$\int_{t=0}^{\infty} e^{-R(t)} C(t)dt \leq K(0) + D(0) + \int_{t=0}^{\infty} e^{-R(t)} [W(t) - T(t)]dt$$

$K(0)$ 與 $D(0)$ 分別為家計部門期初擁有的資產與公債，而 $W(t)$ 為勞動所得，$T(t)$ 為政府稅收。假設政府預算限制式為：

$$\int_{t=0}^{\infty} e^{-R(t)} C(t)dt \leq -D(0) + \int_{t=0}^{\infty} e^{-R(t)} T(t)dt$$

$G(t)$ 為政府支出，試闡釋 Ricardo 等值理論所延伸的減稅影響為何？

5. 台灣對外貿易長期順差，央行持有外匯準備超越 4,000 億美元而高居全球第四。然而相對先進國家而言，不論政府消費支出或公共建設支出占 *GDP* 比例均屬偏低，公共服務不足被長期詬病。另外，台灣稅賦偏低讓政府預算年年赤字，從而累積龐大債務餘額。試回答下列問題：

   (a) 央行持有龐大外匯準備，反映何種經濟意義？

   (b) 政府能否直接動用外匯準備來融通公共支出？為什麼？

   (c) 政府增稅若有困難，增加發行公債來融通公共支出，短期對生產將有何影響？

   (d) 政府債務若由國人擁有，是否會有債留子孫的疑慮？假設政府採取課

稅清償到期公債，試說明對所得分配與資源移動造成何種影響？

6. 日本自 1980 年代末期即陷入長期通縮狀態，日圓也曾大幅升值至 76 日圓
   兌換 1 美元。隨著日本首相安倍晉三在 2012 年 12 月上任，要求日本銀行
   扭轉通縮爲釘住通膨率 2%，無限制實施量化寬鬆政策，並推出上千兆日
   圓公共支出計畫，從而形成「安倍經濟學」概念，促使日圓匯率迅速劇貶
   至近 100 日圓兌換 1 美元，日經股價指數也狂飆兩成以上。試回答下列問
   題：

   (a) 試從債務通縮概念說明經濟衰退現象。

   (b) 日本銀行試圖以增加強力貨幣來解決債務通縮，其對景氣影響能否成
       功？試解釋成功或不成功的理由。

   (c) 日本面對政府債台高築，又擬定發行公債擴大公共支出，試問：可能
       結果爲何？

7. 台灣政府債務餘額近年來呈現三級跳成長，經濟學者雖爲此憂心忡忡，然
   而 Barro -Ricardo 等值理論卻指出，政府發行公債並不值得憂慮。試問隱
   含在公債成長背後的何種問題才值得憂慮呢？

8. 政府預算支出包括歲出 G_t (包含利息支出) 與政府債務還本支出，而預算
   收入包括稅入 T_t 與賒借收入，令 B_t 代表 t 期期初未償還債務餘額。試回答
   下列問題：

   (a) 試問政府預算限制式爲何？

   (b) 財政赤字可定義爲歲出與歲入金額的短差 $(G_t - T_t)$，試由政府預算限制
       式推演出財政赤字將等於未償餘額增加數。

9. 下列是有關減稅方案產生的經濟效果議題：

   (a) 何謂 Laffer 曲線？試依據簡單 IS-LM 模型進行說明。

   (b) 美國歐巴馬總統上任後，提出減稅方案來挽救景氣蕭條，試依據
       Keynesian 學派與供給學派分析減稅的總體效果。

10. 政府編列龐大經費投入教育，試問何種使用方式將讓社會福利最大，並說
    明理由：

    (a) 免費提供所有中小學生營養午餐。

    (b) 五年 500 億元補助重點大學，以提升高等教育水準。

    (c) 補助偏遠地區中小學的軟硬體設施，或直接補助貧困家庭的中小學生。

    (d) 發放行政院版的教育券，補貼失業的學士或碩士去做研究助理。

三、計算題

1. 主計總處估計 2011 年的台灣自然產出 $y^* = 6,000$，實際產出 $y = 3,800$。此

外，立法院通過中央政府預算結構為：租稅函數 $T = 0.2(y - D)$、$D = 200$ 是免稅額，實質政府支出 $G = 800$。試計算下列問題：

(a) 台灣在 2011 年的結構性、循環性與實際赤字或盈餘為何？

(b) 政府預擬追加發放農民年金 260，並決議提高稅率為 $t = 0.25$ 支應，試問結構性赤字將如何變化？

(c) 延續 (b) 題，政府追加發放農民年金與提高稅率後，均衡產出上升為 $y = 4,000$，試問循環性赤字將如何變化？

2. Laffer 曲線顯示稅收 T 與稅率 t 關係的軌跡，T 是稅率與稅基 T_B 的乘積，稅基則是稅率的遞減函數：

$$T_B = 4,000 - 4,000t$$

(a) ε_1 是稅收的稅率彈性，ε_2 是稅基的稅率彈性。試以 ε_2 來表示 ε_1 值。

(b) 假設 $t = 0.25$、0.4、0.8、0.7，試描述稅收遞增的稅率範圍，以及稅收遞減的稅基的稅率範圍。

3. 某國的相關總體行為方程式如下：

生產函數　　　　　$Y = F(N)$，$F_N > 0$

勞動供給函數　　　$W^* = \dfrac{P}{(1 - 0)} h(N)$，$h_N > 0$

勞動需求函數　　　$W^d = PF(N)$，$F_{NN} < 0$

勞動市場均衡　　　$W^d = W^s$

總稅收方程式　　　$Y = \theta Y$

依據上述模型，試說明 Keynesian 學派與供給學派是否可以推演出 Laffer 曲線？

4. 某國總體模型可表示如下：

IS：　$y = C[(1 - \theta)y, a] + I(r) + G$，$I_r < 0 < C_{yd}$，$0 < C_a < 1$

LM：　$\dfrac{M}{P} = L(y, r, a)$，$L_r < 0 < L_y$，$0 < L_a < 1$

政府預算限制融通　　$\dfrac{dB}{dt} + \dfrac{dM}{dt} = P(G - \theta y)$

$a = \dfrac{(M + B)}{P}$ 是實質資產，$y_d = (1 - \theta)y$。試回答下列問題：

(a) 試推演在穩定狀態下，政府以貨幣融通預算赤字的政府支出乘數。

(b) 試推演當政府採取債券融通預算赤字時，體系維持動態安定性 (dynamic stability) 必要條件為：債券融通必須要能提高短期均衡所得，

亦即 $\dfrac{\partial y}{\partial B} > 0$。

(c) 試說明 (b) 題要求的穩定條件與財富效果的關聯性？

貨幣政策與總體
審慎政策

個案導讀

2020 年新冠肺炎疫情 (非經濟因素) 來襲，疫情蔓延與防疫管制雙重衝擊體系總供給與總需求，經濟前景堪慮，市場氛圍急遽惡化，金融市場驟然陷入劇烈震盪。各國採取大規模財政與貨幣刺激的場景，喚醒世人對 2008 年金融海嘯的深層記憶，也將本次的黑天鵝來襲比擬為另一回金融危機重現。然而兩者性質迥異。前者乃是美國長年金融監理疏鬆，催化資產泡沫而種下禍根，泡沫幻滅緊縮需求而拖累實質部門，金融產業修復遲緩，牽累實質部門復甦速度；後者則宛如天災，窒礙實質部門生產與商品交流而觸發金融市場恐慌，疫情若能受到掌控，景氣當能較快復甦。

相較於 2008 年金融海嘯，新冠肺炎疫情蔓延帶來封城鎖國，人員與物資流動橫遭限制，急速冷卻實質經濟運行。各國政府因而實施大規模財政刺激，輔以量化寬鬆直接融通廠商度過難關。為因應此次疫情衝擊，美國在 2020 年 3 月與 12 月分別提出 2.2 兆美元與 9,000 億美元的財政刺激計畫，邁入 2021 年 3 月再端出 1.9 兆美元紓困方案，稍後又於 8 月推出基建方案 5,790 億美元；財政

部指出單是 2021 年 3 月的赤字就暴增 454% 達到 5,410 億美元。另一方面，聯準會也不遑多讓，在金融海嘯過後的 2008~2014 年間，除將政策利率由 5.25% 邊降 500 個基點至 0%~0.25% 目標區外，並連續執行三輪規模逼近 4 兆美元的量化寬鬆。在此次疫情期間，聯準會僅是降息 150 個基點即觸及零利率底限，降幅不及海嘯當時的 1/3，不過在 2020 年 3 月 23 日宣布實施無限量化寬鬆，擴大支援市場流動性與信用。

　　針對黑天鵝群集衝擊景氣，政府採取政策操作因應，本章首先說明政府執行穩定政策的影響流程，說明權衡性政策可能遭遇的時間落後類型與時間不一致問題，進而提出解決方法。其次，將說明貨幣法則的評價與類型，說明執行法則或權衡面臨的困擾。接著，再說明央行執行非傳統貨幣政策的量化寬鬆內容，及其可能衍生的後果。在訊息不全下，央行追求產出變異性極小，將討論如何選擇貨幣指標。最後，央行執行貨幣政策穩定通膨，執行總體審慎政策穩定金融，將分別探討兩者內容與相互關聯性。

17.1 政策目標與政策工具

17.1.1 穩定政策影響流程

　　政府可從總需求與總供給兩個層面著手，運行穩定經濟活動，相關政策工具與目標如表 17-1 所示。

- 總供給層面　　政府激勵提升生產力增加總供給，從而形成供給管理政策，政策工具包括：(1) 提高因素使用率與增進資源配置效率，促使產出增加；(2) 健全仲介儲蓄與投資管道以累積實體資本，提升教育水準累積人力資本，獎勵研發活動加速技術創新，進而加速自然產出成長。不過供給管理政策調節速度很慢，短期微調效果不佳。
- 總需求層面　　政府審度時勢，採取貨幣或財政政策來穩定總需求變化，包括央行採取公開市場操作、調整貼現率或準備率來控制通膨率，財政部運用支出與稅率來控制預算規模與影響每人實質產出成長率，從而形成需求管理政策。

經濟層面	政策類型	政策工具	政策目標
總供給	供給管理政策	產業升級政策 教育人力投資政策	失業率 產出成長率
總需求	貨幣政策	公開市場操作	通膨率
		貼現率與準備率	
	財政政策	政府支出	政府規模
		稅率	產出成長率

表 17-1
政策工具與政策目標

　　圖 17-1 顯示政策工具、政策目標與社會福祉三者關係的流程。政府追求經濟福祉極大，建立結構式模型，透過消費、投資、貨幣需求、短期與長期 Phillips 曲線等結構性關係，連結政策工具與非政策變數 (如廠商與消費者心理、戰爭、國外需求與供給衝擊等)，進而傳遞至目標變數，如失業率、通膨率、自然實質產出、國際收支或匯率、公私部門支出份額、所得分配等。隨著政府將非政策因素與政策工具的數值套入結構性經濟關係，即可產生各種目標變數值，進而決定經濟福祉。至於該圖顯示的相關變數雖會影響經濟福祉，但並非主要的決定變數。

　　在政策形成過程中，Calvert Simons(1936) 在《貨幣政策的法則與權衡》(*Rules versus Authorities in Monetary Policy*) 中率先挑起「法則對應權衡」(rules versus discretion) 的爭論，認為大蕭條乃是央行政策錯誤未能穩定貨幣數量所致，政府應透過預算赤字融通擴張貨幣餘額策略，藉此脫離蕭條環境，此種說法在攸關財政與貨幣政策的共識上發揮重大貢獻。法則與權衡可視為兩組人對「體系自我調整能力」(價格機能) 與「穩定政策績效」(政府干預) 產生樂觀

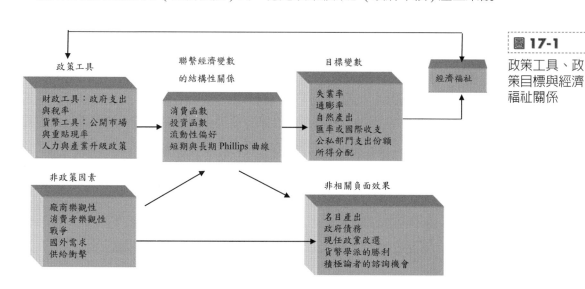

圖 17-1
政策工具、政策目標與經濟福祉關係

與悲觀看法的對比。積極論者 (activism) 對前者運作極度悲觀,但對後者效果卻持樂觀態度;相反的,法則支持者樂觀看待前者運作,卻對後者效果悲觀以對。

17.1.2　時間落後與時間不一致

Milton Friedman(1959) 指出央行調整貨幣工具傳遞至最終目標有所反應,整個過程潛藏「長而變異」的時間落後,發揮效果難以確定,是以反對權衡而偏好法則。在貨幣經濟體系中,政府基於撫平景氣循環,時時審度經濟金融情勢變化,主動調整政策工具,引導經濟活動朝既定軌跡運行。然而在訊息不全環境,政府規劃政策將須考慮下列環境限制:

(一) 實質管理限制

體系面臨外生干擾,政府評估因應模式,相關的時間落後將如圖 17-2 所示。

內在落後
政府獲知外生干擾,直迄擬定政策所需時間。

認知落後
體系遭致干擾,直迄政府採取政策因應所需的時間。

行動落後
又稱行政落後,政府擬定政策付諸執行所耗費的時間。

中期落後
政府調整政策工具,改變人們決策並付諸執行所需時間。

1. 內在落後 (inside lag)

政府蒐集訊息進行解讀,掌握外生干擾隱含的意象,然後評估財政與貨幣政策的相對效率,選擇使用的工具類型與規模。從黑天鵝群集帶來外生干擾起,直迄政府毅然以政策因應,所需耗費時間稱為認知落後 (recognition lag)。

財政部必須編制預算送交立法院同意,才能執行財政政策,整段過程所需時間即是行動落後 (action lag) 或行政落後 (adiministrative lag);而央行決議採取貨幣政策至付諸實施所需時間,也稱為行政落後。上述兩種時間落後係由政府掌握黑天鵝行蹤起,直迄擬定政策因應所需時間,純屬內部作業而統稱內部落後。一般而言,此類時間落後長度須視蒐集研判資料速度、行政立法機構編制與通過預算時程而定,在此過程中,財政政策耗用時間遠超過貨幣政策。

2. 中期落後 (intermediate lag)

財政部調整預算內容,首先衝擊商品與金融市場變化,影響人們調整決策所需時間,端視當時經濟金融環境而定。另外,央行調整利率或信用狀況影響人們決策的時間歷程,則視金融機構反應與金融市場敏感度而定。比較兩者所需的中期落後可知,財政政策所需時間顯然短於貨幣政策。

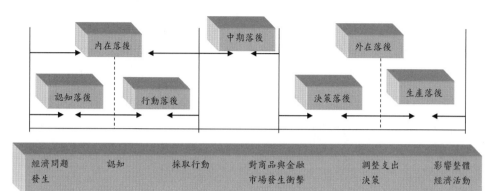

圖 **17-2**
權衡政策的時
間落後類型

3. 外在落後 (outside lag)

政府執行宣告的政策，引起人們調整決策並產生實質效果所需時間，此即歸為外在落後，可分為兩部分：

外在落後

政府調整政策工具，改變人們決策並產生實質效果所需時間。

- 決策落後 (decision lag)　人們重新評估政府政策或金融環境變化，決定調整決策所需時間。

決策落後

人們評估政府調整政策，決定調整決策所需時間。

- 生產落後 (production lag)　人們改變決策行為，調整消費與生產所需時間。

比較兩種政策所需的外在落後可知：貨幣政策效果迂迴轉進，必須改變人們決策才能發揮效果，耗時長而不確定。相對地，財政政策直接改變商品市場需求狀況，發揮效果時間短且明確。

生產落後

人們調整消費決策，帶動生產所需時間。

(二) 政治限制

財政政策將反映在政府預算內容，除影響所得分配外，政策轉換同時改變財富分配狀態。政府執行政策應遵循：「民之所欲，常在我心」，但此信念往往事與願違，財政政策施行未若想像的理所當然，理由如下：

- 訊息不全讓人們難以了解自身利益所在，甚至支持偏誤的財政政策，擴大實質部門波動性。
- 財政政策引起所得與財富在不同團體間重分配，利益團體各顯神通，透過各種途徑影響政策內涵與施行方式，徒增政策擬定的困擾與壓力。
- 財政政策透過選擇公私部門資源配置方式，影響長期經濟成長時徑。然而符合經濟福祉極大的政策卻未必讓人們同時滿意，公私利益無法調和引發是否執行財政政策的爭論。

反觀貨幣政策效果具有全面性與迂迴性質，執行過程面臨的政治干擾較

小。不過央行調整貨幣工具影響銀行準備、貨幣餘額、利率及銀行信用餘額，卻因時間落後存在高度變異性，短則 6 個月、長則 18 個月，一年半載難以預測何時發揮作用，「逆風而行」政策可能逆轉為推波助瀾，擴大景氣循環波動。

(三)經濟限制

政府執行政策，追求目標包括穩定通膨、自然就業、經濟成長、國際收支平衡與所得分配公平。然而各種目標彼此存在替代性或互補性，政府欲以單一工具同時達成多元目標，顯然捉襟見肘而力有未逮。

綜合以上所述，政府追求穩定經濟活動，可採取兩種操作策略：

• 法則或內在穩定因子　每段期間初始之際，政府事先評估經濟金融環境，將預擬目標所需之政策工具內生於預算制度或貨幣法則，再依兩者內涵付諸執行。

• 權衡　政府視實際環境變化，主動調整政策工具，何者較適於解決經濟問題，則屬見仁見智而有分歧說法。

接著，Prescott 與 Kydland(1977) 在《法則而非權衡：最適計畫的不一致性》(*Rules Rather Than Discretion: The Inconsistency of Optimal Plans*) 中提出貨幣政策的「動態不一致性」(dynamic inconsistency) 或「時間不一致」(time inconsistency)，認為決策者偏好將隨時間推移而變化，不同時間的偏好未必一致。舉例來說，政府追求人們福祉，在 t 期宣告 $t+1$ 期政策，承諾 $t+1$ 期將採緊縮政策抑低通膨。人們將基於對 $t+1$ 期的預期政策形成 t 期決策，然而 $t+1$ 期的福祉是取決人們在 t 期的決策與政府在 $t+1$ 期的實際政策。不過當政府宣告 $t+1$ 預擬執行緊縮政策，人們已將其納入預期先行反應，到了 $t+1$ 期即就已出現通膨降低，政府若再執行原先承諾，勢必產生失業增加的負面效果，因而改弦更張缺乏執行緊縮誘因，原先承諾的政策遭到放棄，此一結果偏離政府初始追求的目標而引發「時間不一致」問題。

一般而言，政府採取「預先宣告」或「伺機選擇」策略來執行 $t+1$ 期政策，其間差異就在是否影響人們的 t 期決策：

• 預先宣告　政府在 t 期「預先宣告」$t+1$ 期政策，勢必影響人們的 t 期決策，從而產生「時間不一致」。此係政府在 t 期無法承諾預擬的 $t+1$ 期政策，到了 $t+1$ 期是否繼續執行或可能放棄而另選最適政策。尤其是理性成員預期政府宣告缺乏可信度，並將其納入 t 期決策考慮時，將會出現類似 (囚犯困局) 的結果。

• 伺機選擇　政府在 $t+1$ 期伺機選擇政策，此時人們已經做出 t 期決策，

時間不一致
或稱功能不一致，係指決策者的偏好隨著時間變化的狀況，促使每個時間點的偏好不一致，導致原先宣告執行政策產生的結果偏離追求的政策目標。

將不受政府在 $t+1$ 期選擇政策的影響。

Prescott 與 Kydland 指出「預先承諾落實某項政策」相對「每期伺機抉擇最適政策」，將能發揮更佳實質效果。Robert J. Barro 與 David B. Cordon(1983) 則是舉例指出，央行執行低通膨政策，將存在時間不一致問題。由於體系存在累進所得稅與失業補貼扭曲勞動市場機制，高失業率提供政府擴大就業與增加產出誘因。依據附加預期的 Phillips 曲線，央行僅能製造非預期通膨來提升就業率。一旦人們預期央行執行低通膨政策，則央行決策即是伺機實施較高通膨政策，亦即具有通膨傾向。不過當人們理性預期央行欺騙行為，簽訂勞動契約將考慮未來可能發生高通膨因素，結果將產生較高均衡通膨率，而就業和產出依然落在自然失業率水準，此即說明「依據法則行事」將優於「伺機選擇政策」。

經濟理論將決策架構廣泛地歸類為法則或權衡。在法則架構中，政策回應必須遵循預先設定的計畫。本質上，計畫可以是非激進主義者 (nonactivism)，可能迫使央行在所有情況下都採取相同行動方針；或是激進者，可能會指導央行以預先確定方式因應不同情況，共同點是法則應該提前約束央行的行動。至於在權衡架構中，央行將擁有很大自由權針對特定情況設計最適政策回應。權衡支持者指出，這種靈活性促使央行能夠因應未預期情況。

非激進主義者

主張政府若能避免採取積極干預政策來消除失業，景氣將會獲得改善。

在 1930 年代，Calvert Simons 認為貨幣法則降低物價波動的不確定性，有助於人們擬定決策。稍後的 Milton Friedman 延伸此一論點，指出現實世界的央行擁有訊息不全，掌握貨幣工具也非完善，即使是善意的逆景氣循環政策最終也可能破壞經濟穩定，是以指出穩定貨幣成長率法則至少可以防止貨幣政策干擾經濟活動運作。Geoffrey Brennan 與 James Buchanan 則以政治理由為貨幣法則辯護央行採取權衡將會產生高於體系的最適通膨率，從而享受鑄幣稅收入。

傳統上，在政治因素干擾下，央行常以犧牲物價穩定來換取高經濟成長與就業率，在缺乏宣告下，央行很難長期控制通膨率在較低水準。是以政府可為央行訂定具體通膨目標，委託央行獨立執行貨幣政策來落實。此一制度將可增強央行責任心和誠信保證，約束其履行承諾，達成解決時間不一致問題。

最後，解決貨幣政策的時間不一致的方法有二：

- 央行的聲譽約束 (reputation)　Barro 和 Gordon(1983) 認為人們基於央行宣布的政策形成通膨預期，央行將可採取欺騙或守信策略因應。央行若以詐欺方式製造未預期通膨，即使提高本期產出，人們卻將調高預期通膨來懲罰央行，擴大未來物價漲幅。此一結果迫使央行為重視未來福祉而選擇「守信策略」(看重自己的聲譽)，確保政策一致性，制約其伺機選擇傾向。

• 委託代理 (delegation) Kenneth Rogoff (1985) 指出政府任命央行總裁，應該選擇賦予通膨目標權數 (相對失業率目標) 大於人們賦予通膨目標權數者。保守的總裁重視通膨帶來的成本，執行政策必然保守，對外生干擾僅會採取小幅逆向調整措施。只要人們確信央行總裁態度保守，將會降低預期通膨，促使央行降低通膨偏差，實際通膨率將趨近於最適通膨率。

觀念問題

• 央行可採權衡或法則來執行貨幣政策，試說明兩者差異性為何？
• 央行執行貨幣政策將面臨哪些時效問題？這些時間落後將對景氣造成何種影響？
• 試說明影響貨幣政策與財政政策合時與否的時間落後型態為何？
• 政府執行政策的效果若存在「長而變異」的時間落後，將造成何種問題？如果時間落後係屬「長而固定」性質，依然會存在相同問題嗎？

17.2 法則與權衡

17.2.1 法則與權衡的評價

Milton Friedman (1969) 在《貨幣政策的角色》(*The Role of Monetary Policy*) 中指出貨幣政策的可行性與不可行性，亦即貨幣政策的侷限性有二：(1) 無法長期釘住貨幣政策利率，此即 Fisher 方程式描繪貨幣利率與預期通膨率的關系；(2) 無法長期釘住失業率，此即 Phillips 曲線描繪通膨與失業率的取捨關係頂多短期成立，長期透過人們理性預期調節，兩者間將無替代關係。此一概念架構形塑往後多年各國央行鷹與鴿兩派考量的貨幣政策內容。以美國聯準會歷任主席為例，Greenspan 透過寬鬆低利率政策刺激股市與房市榮景；歷經金融海嘯洗禮後，Bernanke 實施量化寬鬆，意圖有效引導景氣復甦；Janet Louise Yellen 執行鴿派緩慢縮表升息的穩健步伐，邁向自然失業率與穩定通膨的雙重目標。

此外，Friedman 指出，貨幣政策達成的總體目標是：央行採取總體調控避免貨幣擴張成為主要經濟亂源，而貨幣供給應可做為穩定通膨、振興就業市場、以及刺激經濟成長的核心工具。各國央行目前皆以利率做為主要貨幣工

具,但是面臨百年罕見的金融海嘯,聯準會則透過量化寬鬆增加貨幣供給,避免通縮與對經濟成長的負面衝擊,如同聯準會前主席 Bernanke 指出,「金融風暴來臨時,聯準會必須降低利率,大幅擴張貨幣供給,有效刺激景氣而絕不會毫無積極作為」。有鑑於此,金融海嘯期間,美國景氣衰退僅持續 19 個月,體系產能僅緊縮 1/6。反觀 1930 年代大蕭條期間,美國景氣衰退持續 43 個月,體系產能縮減過半。此即顯示 Friedman 強調央行迅速擴張貨幣供給應急措施,不僅創建長達半世紀的總體概念架構,更有效抑制金融海嘯的衰退陣痛,樹立國際貨幣政策的優質典範。

Sargent 指出,以 Friedman 領銜的貨幣學派核心見解,應為貨幣政策不變原則 (monetary policy invariance principle),隱含因應不同型態貨幣刺激,失業的反應將是呈現劇烈差異。尤其是貨幣刺激若被充分預期,則不會有任何失業反應,而是全數以通膨變動型態出現。就長期而言,貨幣政策對體系就業、實質產出與實質利率均無顯著影響,僅能穩定通膨。倘若央行執意實施寬鬆政策,意圖短暫調控失業率,結局是徒然讓人們理性預期通膨,牽引 Phillips 曲線右移,短暫實質經濟失衡將會回歸動態均衡,長期仍將趨近初始的就業水準,堅守自然失業率與通膨率長期不變規律。爾後,Robert Lucas 實證研究發現,國際追蹤資料 (panel data) 顯示接近長期的自然失業、通膨率與實質產出等總體現象,而紐西蘭央行領銜的各國央行實施通膨目標 (inflation target),除 Phillips 曲線外,央行透過調整利率刺激實質產出與經濟成長,而最適利率決策則遵循涵蓋預期通膨與產出缺口的 Taylor 法則。

表 17-2 是有關政策法則與權衡的效益評估,以下將分類說明。

1. **政策工具法則** 錨 (anchor) 是指輪船停泊後用來固定自身方位的工具。名目錨 (nominal anchor) 則指央行執行貨幣政策也將訂定名目錨,如準備貨幣、貨幣供給、物價或名目產出等名目變數,確保貨幣政策環繞此一名目錨來執行,落實穩定通膨目標。名目錨猶如行為規範,央行必須長期關注的行為準則,讓貨幣政策不因短期需求而導致經濟活動四處漂泊而喪失方向。

名目錨
央行對名目變數設定限制,防止通膨無止境擴散變動。

為落實穩定通膨目標,貨幣政策的名目錨可有兩類:

(1) 貨幣指標制

央行採取以貨幣指標為錨的策略,如設定每年 M_2 成長率為 5%,央行將致力於實現這個目標,此將意味著成功落實穩定通膨的最終目標,亦即釘著錨而達到穩定經濟活動的意思。貨幣指標制的優點是其名目錨實施的透明性,央

貨幣指標
又稱中間變數,央行選定能夠掌控且與政策目標高度相關的金融變數為指標,由其變化即可掌握政策效果。

行是否實現其訂定的指標，透過媒體傳播就能得知，將可提供人們及時調整通膨預期。不過該指標制必須存在關聯性才能調節，如通膨需與定位錨的貨幣餘額息息相關，否則此種調節不會有任何預期效果。

(2) 通膨指標制

有些國家的貨幣餘額與目標變數 (如通膨) 之間缺乏相聯性，造成貨幣指標制的適用性相對較差。是以央行改採通膨指標制為錨的策略，將穩定通膨視為中長期目標，執行貨幣政策不僅是運用貨幣餘額，還廣泛綜合資訊與運用其他變數，並就施行貨幣政策計畫和目標與大眾定期交流，提高政策透明度。

通膨指標制的優點在於不全然依賴貨幣餘額與通膨間的關聯性，可以隨時考慮新變數，而且不僅侷限於單一變數；再者，這種名目錨讓人們容易理解與解讀，能夠有效提高透明度而讓人們調整預期。不過通膨指標的缺陷也非常明顯，信號遲滯且較僵化、增加波動的可能性等。由於通膨不易由央行掌控，甚至需要經過一段時間觀察才能確認，此時採取行動因應可能為時已晚。尤其是實際通膨率超標，央行可能過於關注通膨而力行緊縮，導致景氣出現巨幅波動。

此外，Friedman 曾經指出，貨幣政策影響是長期且潛藏時間落後，尤其是類似美國的經濟環境，貨幣政策真正影響產出往往長達一年半載，兩年才能影響通膨預期。是以時間落後讓央行無法等待實際通膨出現方才出招，因而須具一定的前瞻性且能先發制人。聯準會雖未明確公布策略，但是出手的政策卻一直將控制通膨擺在優先位置，此即「隱性名目錨」，不直接公布而僅在暗中策劃。這種策略的優點是不依賴貨幣餘額與和通膨間的關係，而將通膨遏制在初始階段，但卻缺乏透明度，普羅大眾會對聯準會動作持續進行不同解讀。為讓市場產生某種政策確定性而且先發制人，則須依賴一批擁有強大自主權的有能力官員。

2. **貨幣供給法則**　　貨幣供給非由央行充分掌控，也非目標變數，卻是聯繫政策工具與目標變數的關鍵變數。此即央行調整貨幣工具將迅速引起貨幣供給變化，終將改變目標變數，故被稱為中間變數 (intermediate variable) 或貨幣指標 (monetary indicator)。央行採取貨幣供給法則將能發揮兩種利益：(1) 提供名目錨；(2) 當商品市場需求隨機波動，而貨幣需求穩定時，採取貨幣供給法則將優於利率法則。

3. **目標變數法則**　　央行執行貨幣政策，將面臨高變異性的時間落後、預測誤差與貨幣乘數效果不確定，甚難掌握目標變數變化。尤其是央行更應注意調整工具變數，確實能讓目標變數變化，而且避免後者變化引發商品或

中間變數或貨幣指標
央行為達成貨幣政策目標，而選定的中間性或傳遞性金融變數。

貨幣需求隨機變動。

央行擬訂貨幣政策，通常選擇失業率與通膨率為主要目標變數。失業率係對實際與自然產出率呈反向移動，是以目標失業率法則將類似目標產出率法則。另外，體系內名目產出成長率將等於通膨率加上實質產出成長率，央行採取名目產出成長法則，將會兼具其他目標變數法則的特性：

- 央行採取通膨法則 (穩定物價)，面對來自供給面衝擊，必須針對物價變動採取減火政策，但將引發產出變異性。
- 央行採取實質產出或失業法則 (穩定實質產出或失業率)，必須針對供給面干擾採取調節政策，但卻會釀成通膨變異性。
- 央行採取名目產出法則 (穩定名目產出)，將無須對供給面衝擊進行政策反應，亦即採取中立政策因應。換言之，名目產出成長法則代表對供給干擾的妥協，並且提供名目錨，是以有些經濟學者支持聯準會選擇該法則。

4. Taylor 法則

央行採取 Taylor 法則，賦予通膨率與產出率權數，將是類似名目產出成長法則。名目產出法則是針對通膨率與實質產出成長率 (相對預擬水準)，而傳統 Taylor 法則係針對目標通膨率與實質產出相對自然產出。這兩者間有何差異？歷經 1981~1982 年極度蕭條後，實質產出成長率從 1983 年初迅速回升，然而先前的蕭條卻創下巨大的負產出缺口比率，直至 1987 年均未回到零。是以在 1983~1987 年的干預期間，Taylor 法則基於產出缺口設定較低利率，超過基於產出成長率的法則利率，引發產出波動較小。此種區別促使傳統 Taylor 法則優於名目產出成長率。不論名目產出成長法則或 Taylor 法則，兩者均是針對超額通膨率與產出率不足進行反應，從而避免表 17-2 顯示其他法則的缺點。不過兩種方法仍然受限於央行控制的工具變動，以及預測通膨與產出最終反應的困難與時間落後。

最後，總體理論往往過於誇大權衡與法則的區別。央行執行 Taylor 法則，將可主動調整法則內的通膨率與產出缺口所占的權數。此外，央行也須選擇長期預擬的實質利率與預擬通膨率，決定自然產出的目前值，進而計算產出比率。在執行 Taylor 法則時，央行仍將進行許多權衡，導致法則與權衡的差異未如想像中的巨大。

表 17-2

政策法則效益
評估

政策法則固定的變數	主要利益	主要缺陷
準備貨幣成長率	央行掌控將是可行，提供名目錨	可能擴大通膨率與失業率變異性
名目利率	央行在短期掌控將是可行	商品需求不穩定將擴大失業率變異性，不會提供名目錨，通膨率增加將無界限
貨幣成長率	提供名目錨	貨幣供給難以控制，貨幣需求不穩定將擴大通膨率與失業率變異性
通膨率或物價水準	提供名目錨。假設能夠成功，多數可能穩定通膨預期與避免時間不一致	難以控制，對供給衝擊將需要顯著反應，創造高變異性的失業率
失業率或產出率	避免失業率變動的福利成本，允許家計部門與廠商執行計畫而不會犯錯	難以控制，對供給衝擊將需要調節性反應，創造高變異性的失業率，但不會提供名目錨
名目產出成長率	提供名目錨。將供給衝擊效果分割成實質產出與通膨	難以控制
Taylor 法則 (通膨與產出組合機制)	當降低產出與通膨風險時，提供通膨機制與名目錨的利益	難以控制

17.2.2 貨幣法則類型

在 1930 年代，Henry Simons 與 Lloyd Mints 創立 Chicago 學派，主張體系透過自由貿易、物價浮動與穩定貨幣政策，將可穩定經濟活動運行。同時，大蕭條發生原因在於工會拒絕調低貨幣工資，而廠商視營運變化，調整銀行信用需求，促使銀行創造貨幣供給僅是扮演消極角色。就交易方程式 $MV = PT$ 而言，PT 不穩定導致 MV 不穩定。央行若要紓緩蕭條，唯有採取全額準備才能完全掌控貨幣餘額，而為避免流通速度隨機變化產生抵銷效果，最好穩定貨幣餘額不變，此即 Simons 法則。就長期而言，Simons 指出自由放任是維持經濟自由的基礎，健全金融體系才能解決經濟問題。爾後，Milton Friedman 接續強調市場機能，指出人們長期追求政治自由、經濟效率與經濟平等，政府應基於競爭原則建立貨幣機構、央行應依法則運作、持續降低所得分配不均，落實效率運用資源來達成三項目標。

貨幣法則是指：「針對過往未曾識別或接受的風險狀況發生時，明確設定央行調整貨幣工具的應變計畫 (contingency plan)」，支持者存在消極與積極兩種態度。消極論者認為央行採取權衡性貨幣政策的績效不彰，改採貨幣法則將

可紓解景氣波動。

- 訊息不全　央行基於不完全訊息擬定政策，面對金融環境劇變，若未採取完全控制策略，權衡政策將會發生偏差。
- 時間落後　央行採取「逆風而行」政策，將因時間落後呈現高度變異性，難以選擇執行時機，甚至因金融環境劇變反而擴大景氣循環。
- 政策規模不確定　央行無從評估達成既定目標所需的政策規模，效果不確定性讓體系難以朝目標調整，甚至因政策規模不當而偏離預期目標。

　另外，積極論者認為採取法則將能紓解景氣循環：

- 內在穩定效果　在蕭條期間，貨幣餘額以高於法則成長率增加，貨幣需求成長率卻低於長期趨勢值，超額貨幣供給將發揮寬鬆效果。邁入繁榮期間，貨幣法則抑低貨幣成長率，貨幣需求成長率高於趨勢值，超額貨幣需求產生緊縮效果。無論蕭條或繁榮，貨幣法則透過貨幣供需自動失衡發揮調整循環效果，而權衡政策則缺乏類似效果。
- 穩定金融　央行採取權衡釀成非預期貨幣餘額波動，引發金融失衡而衝擊實質部門穩定性。反觀央行執行法則，人們充分預期貨幣餘額變化，將能塑造穩定金融環境，有助於經濟活動運行。

　一般而言，央行採取貨幣法則的類型如下：

(一) Simons法則

　在健全金融體系下，央行維持固定貨幣餘額以穩定物價。爾後，Irving Fisher(1945) 修正為物價低於目標水準，央行將採寬鬆政策；反之，則採緊縮政策，此即 Fisher-Simons 的物價水準法則 (price-level rules)。

(二) Friedman法則

　貨幣政策與物價密切相關，穩定物價責任卻分散在許多機構，導致物價波動責任乏人承擔。是以 Friedman (1963) 改採固定成長率法則 (constant growth rate rule, CGRR)，內容如下：

- 確定最適貨幣定義，再由央行運用貨幣工具控制該項貨幣餘額。
- 央行預估每段期間的經濟成長率、貨幣需求彈性，以及訂定目標通膨率。依據貨幣數量學說，求出貨幣需求函數，再估計合理貨幣成長率作為控制目標：

Simons 法則
或稱物價水準法則，央行訂定目標物價水準，藉由維持貨幣餘額固定來達成目標。

Friedman 法則
或稱固定成長率法則，央行藉由穩定貨幣成長率來穩定通膨率。

$$M^d = \frac{Py}{V} = \frac{Py}{V(i, y)}$$

V 是流通速度，通常假設貨幣需求穩定而為固定值。當貨幣市場達成均衡時，

$$M^d = \frac{Py}{V(i, y)} = M^s$$

就上式取自然對數並對時間偏微分，可得貨幣成長率：

$$\dot{M}^s = \pi + \dot{y} - \varepsilon(V, y)\dot{y} - \varepsilon(V, i)\dot{i}$$
$$= \pi + [1 - \varepsilon(V, y)]\dot{y} - \varepsilon(V, i)\dot{i}$$

$\varepsilon(V, y)$ 是流通速度的所得彈性，$\varepsilon(V, i)$ 是流通速度的利率彈性，$\dot{i}$ 是利率成長率，通常假設為 0。

- 央行預估每季貨幣需求成長情況，進而決定必須控制的貨幣成長率，不過累加季成長率不得超過全年的成長率值。

(三) Bronfenbrenner法則

當體系出現成長狀況，貨幣需求可表為：

$$M^d = kPy = kPN(\frac{y}{N})$$

N 為勞動，AP_N 為勞動平均生產力。當貨幣市場達成均衡時，

$$M^d = M^s$$

就上式取自然對數並對時間全微分，當體系出現技術進步，貨幣法則將訂定如下：

$$m = \frac{d\ln M^s}{dt} = \frac{d\ln k}{dt} + \frac{d\ln N}{dt} + \frac{d\ln AP_N}{dt} + \frac{d\ln P}{dt}$$
$$= l + n + \lambda + \pi$$

上式法則，央行將依勞動成長率 $n = \dfrac{d\ln N}{dt}$、勞動生產力成長率 $\lambda = \dfrac{d\ln AP_N}{dt}$，以及貨幣需求成長率 $l = \dfrac{d\ln k}{dt}$ 等因素調整貨幣成長率 $m = \dfrac{d\ln M^s}{dt}$，充分反映實際環境變化。

(四) Meltzer-McCallum準備貨幣法則

在 1970 年代，美國聯準會採取 Friedman 法則，然而實際資料顯示，在此

十年間的貨幣成長率相對穩定，產出和通膨率卻劇烈波動，引發人們質疑該法則的有效性。Bennett T. McCallum (1988) 認為 Friedman 法則假設貨幣需求與貨幣流通速度不變，不符合實際現象，主張央行應依貨幣流通速度與目標變數變化，階段性調整準備貨幣餘額，方能具有更強適用性，並修正 Friedman 法則如下：

- 貨幣供給既非貨幣政策的最終目標，也非央行直接掌控的工具。尤其在體系出現重大制度變革之際，央行無力讓貨幣供給達到預期目標。不過在一定條件和財政政策配合下，央行將能控制準備貨幣達成預期目標。
- 由於流通速度波動起伏，央行穩定準備貨幣成長率不僅難以達標，甚至擴大實際產出波動，應依流通速度變化，階段性逆向調整準備貨幣餘額。
- 名目產出是物價與實質產出的乘積，以穩定名目產出為目標，將可間接控制通膨。央行須依實際與目標產出成長率間的差距，階段性調整準備貨幣。

基於上述修正，Meltzer (1987) 與 McCallum (1988) 提出名目產出成長法則，央行須視總體環境變化相應調整準備貨幣，此即 McCallum-Meltzer 法則：

$$\dot{H}_t = \dot{Y}^* - \dot{V}_t^* + \lambda(\dot{Y}^* - \dot{Y}_t)$$

$\dot{H}_t = \dfrac{d \ln H}{dt}$ 是準備貨幣成長率，$\dot{Y}^* = \dfrac{d \ln Y^*}{dt}$ 是目標名目產出成長率，$\dot{Y}^* = \pi^* + \dot{y}^*$，$\pi^*$ 是目標通膨率，$\dot{y}^*$ 是實質產出的長期平均成長率。$\dot{V}_t^* = \dfrac{d \ln V^*}{dt}$ 是前 16 季的準備貨幣流通速度的平均成長率。$\ln V_t = \ln Y_t - \ln H_t$ 是準備貨幣流通速度對數，反映技術進步或恆常性制度變化，導致準備貨幣需求長期變化，並非反映景氣循環情況。$(\dot{Y}^* - \dot{Y}_t)$ 是誤差調整項，一旦前期產出成長率 $\dot{Y}_{t-1}$ 低於目標產出成長率 $\dot{Y}^*$，央行將須調高準備貨幣成長率以彌補目標的誤差。

從 1970 年代初期起，聯準會基本上接受貨幣學派主張，控制貨幣餘額穩定經濟活動。到了 1990 年代，美國國會通過預算平衡案，聯邦政府無法再採擴張財政政策刺激景氣，貨幣政策遂成為唯一的穩定經濟活動工具。但在同一期間，金融自由化與金融創新盛行，短期利率波動轉趨劇烈，聯準會因而放棄實施十餘年「控制貨幣餘額」法則，改採「調整利率」的 Taylor 法則。

(五) Taylor 法則

Taylor (1993) 提出央行依據通膨率和產出 (或失業) 變化，調整短期利率的法則，但僅能在金融市場健全運作、利率完全自由化的前提下，方才發揮效

果。內容可見第九章。

最後，央行選擇法則紓緩景氣循環，將會面臨下列困擾：

- 何種貨幣餘額變動能夠充分反映景氣變化，一直是懸而未決的問題。
- 在景氣循環期間，貨幣流通速度變化不穩定，將會破壞貨幣餘額與經濟活動間的穩定關係。
- 貨幣法則強調穩定貨幣成長率，然而貨幣餘額變動效果卻存在高度變異性的時間落後，促使央行難以精準預測未來。
- 影響景氣或總需求的因素，包括貨幣餘額與其他變數，如經濟結構與環境變數等因素。
- 貨幣法則係建立在物價與工資自由浮動的完全競爭市場，然而體系充斥壟斷市場結構，央行採取法則將因工資與物價調整緩慢，延緩經濟活動對法則的反應，勢必釀成衰退或物價上漲。

另就執行權衡政策而言，央行則將面臨下列問題：

- 基於過去訊息及未來可能改善程度，央行難以判斷是否採取權衡政策。
- 除非央行擁有獨立決策權，否則將偏向關注金融業的利益與需求，缺乏以體系需求為評估依據的誘因，期待以權衡來實現短期穩定，無異於委託銀行執行此項任務，此即 Friedman 堅持「以法則代替權衡」的理由之一。
- 貨幣法則強調體系存在穩定性，流通速度與經濟成長率在短期雖呈現季節性或循環性波動，但長期則呈現高度穩定關係。
- 在浮動匯率制度下，央行採取法則可能擴大國內經濟活動不穩定現象，不過僅會出現在若干特殊情況或經濟結構，如糧食輸入比率甚大的國家或貶值場合。然而在此特殊情況下，採取固定匯率更會引爆不穩定的結果。

17.3 非傳統貨幣政策的量化寬鬆

量化寬鬆是由中央行透過公開市場，買進債券、證券甚至房貸證券等資產，增加銀行超額準備，直接挹注銀行產業流動性，增加市場流通的貨幣餘額，因而被視為間接「印鈔票」。傳統貨幣政策是指央行透過調低利率釋放流動性，藉以刺激民間支出。然而當金融市場已經逼近零利率，或宛如 Keynesian 學派的流動性陷阱情境，央行無法再借助傳統貨幣工具影響利率，僅能改採量化寬鬆釋放貨幣至銀行產業，讓深陷流動性枯竭的信用市場回復正常運

作，提供民間足夠資金以維持正常活動。

　　Bernanke 在 1999 年建議日本銀行採取「廉價日圓政策」，降低短期利率逼近於零，意圖讓日本脫離長期通縮困境。從 2001 年 3 月起，日本銀行率先推動量化寬鬆，大量買進公債、商業本票及資產擔保證券 (asset -backed security, *ABS*)，對銀行挹注超額流動性，以提高民間資產流動性、促使日圓貶值，希望能夠提升銀行授信額度，刺激民間支出帶動經濟成長，此即猶如「從直升機灑錢」的政策，然而成效不佳。

　　爾後，2007 年美國次貸危機旋即擴散成 2008 年金融海嘯，重創國際景氣與沮喪金融交易，各國政府積極尋求紓緩之道。然而美國聯邦資金利率 (federal fund rate) 趨近於零，而傳統貨幣政策是透過降低利率的「資本成本管道」傳遞至實質部門，在此管道窒礙難行下，聯準會遂直接向民間購入中長期資產，藉由預期通膨管道、財富管道、信用管道與匯率管道來傳遞貨幣政策效果，此即非傳統貨幣政策 (non- traditional monetary policy) 的量化寬鬆。

　　除日本與美國外，英國甚至歐元區為振興景氣與打擊通縮，群起效尤紛紛推出各自的量化寬鬆，相關類型有二：

1. 意圖的 (intentional) 與結果的 (consequential) 量化寬鬆

　　日本銀行在 2001~2006 年設定特定規模的準備餘額目標，大幅擴張準備貨幣與銀行超額準備，此即意圖的量化寬鬆。從 2008 年 9 月起，聯準會大幅擴增銀行業超額準備餘額，此係擴張本身資產結果的量化寬鬆。

2. 量化 (quantitative) 與質化 (qualitative) 寬鬆

　　在維持流動性與風險資產組合不變下，央行擴大資產規模以增加準備貨幣，此即量化寬鬆。在維持資產規模不變下，央行將資產組合轉為持有低流動性與高風險性資產，此即質化寬鬆。

　　在 2008 年 9 月 15 日，雷曼兄弟破產前，聯準會的信用政策僅是改變資產組合而非規模，係屬質化寬鬆。隨著雷曼兄弟破產，聯準會迫於形勢而擴增資產規模，則是屬於量化寬鬆。至於聯準會稱其政策為信用寬鬆 (credit easing)，則是兼具質化與量化寬鬆兩個層面。

　　接著，依據聯準會的資產項目，操作量化寬鬆的貨幣工具，可分為三類：

1. 金融機構短期借貸機制

　　銀行面臨短期資金需求，聯準會採取的量化寬鬆工具，包括四種。

　　(1) 定期資金標售機制 (term auction facility, *TAF*)

　　2007 年次貸危機引發銀行間資金緊俏，促使期限溢酬飆升，聯準會因而

資產擔保證券
以資產的組合為擔保而發行的債務。

非傳統貨幣政策
央行直接向民間購入中長期資產，透過預期通膨、財富、信用與匯率等管道來影響實質經濟活動。

信用寬鬆
央行透過購買民間部門資產，藉以增加陷入困境的市場流動性。

定期資金標售機制
美國聯準會為解決短期融資市場緊峭問題，向銀行拍賣 24 天與 84 天的抵押放款。

在 2007 年 12 月推出定期資金標售機制 (*TAF*)，以定期、定額、訂定最低投標利率 (stop-out rate) 的標售方式，出售中長期資金給符合申請貼現窗口主要融通機構的銀行，天期為 24 天與 84 天。競標方式為單一價格標 (single-price auction) 或稱荷蘭標，不論參與競標的投標利率為何，所有標借銀行的借款利率都相同。

(2) 流動性換匯 (liquidity swap lines)

流動性換匯
某國央行用於向他國央行提供其貨幣流動性的通貨交換。

隨著國際金融市場日益整合，各國銀行皆有大幅美元需求，在次貸危機爆發後，國際金融體系資金緊俏，對美元資金需求遽增。是以聯準會於 2007 年 12 月起，與各國央行簽訂美元換匯協定，大幅釋出美元資金，紓緩美元流動性短缺問題。

(3) 主要交易商信用機制 (primary dealer credit facility, *PDCF*) 與定期證券借貸機制 (term securities lending facility, *TSLF*)

截至 2011 年 10 月底，聯準會在公開市場的主要交易商共計 22 家，主要是協助聯準會進行公開市場操作與擔任金融市場造市者。次貸危機造成主要交易商籌資日益困難，然而非銀行無法使用貼現窗口融通，聯準會遂建立主要交易商信用機制 (*PDCF*)，提供主要交易商可用公債與投資等級公司債、機構債

機構債
由政府支持的企業或財政部以外的政府部門發行發行的證券。

(agency debt)、資產擔保債券 (*ABS*) 與抵押擔保債券 (mortgage backed securities, *MBS*) 做為擔保品，向聯邦準備銀行紐約分行 (FRBNY) 取得隔夜融通資金，類似貼現窗口只是對象不同。此外，聯準會建立定期證券借貸機制 (*TSLF*)，主

抵押擔保債券
將金融機構的不動產擔保抵押款包裝組合移交給信託機構，由政府支持企業擔保發行之債券。

要交易商可用 *MBS* 等流動性較差的證券做擔保向 FRBNY 借入公債，主要交易商再以公債擔保向市場籌資，從而提升公債以外證券的流動性。

(4) 資產擔保商業本票貨幣基金融通機制 (asset-backed commercial paper money market mutual fund liquidity facility, *AMLF*)

聯準會在 2008 年 9 月宣布實施資產擔保商業本票貨幣基金融通機制，由聯邦準備銀行波士頓分行融通銀行與銀行控股公司，使其可以購入貨幣市場高品質擔保商業本票。

2. 對特定市場融資機制

聯準會除建立上述機制提供金融機構流動性外，還進入金融市場扮演仲介角色，直接融通資金需求者。

(1) 商業本票融資機制 (commercial paper funding facility, *CPFF*)

商業本票融資機制
央行用於購買商業本票以確保貨幣市場流動性的特殊目的工具。

商業本票市場是美國廠商融通員工薪資與存貨的短期主要資金來源，金融海嘯衝擊金融市場而讓其幾乎停擺。聯準會在 2008 年 10 月 7 日宣布成立商業本票融資機制，透過成立特殊目的公司 (special purpose vehicle, *SPV*)，向合格

發行機構買進美元計價的 3 個月期、信用評等至少爲 A^- 之無擔保商業本票 (*CP*) 與資產擔保商業本票 (*ABCP*)。

(2) 定期資產擔保證券融通機制 (term asset-backed securities loan facility, *TALF*)

聯準會在 2008 年 11 月建立定期資產擔保證券融通機制，收購缺乏流動性的資產擔保證券，包括 *ABS*、以汽車、信用卡貸款、學生貸款和中小企業貸款爲擔保品的證券。

(3) 貨幣市場投資人融通機制 (money market investor funding facility, *MMIFF*)

貨幣市場是金融業與非金融業的重要短期資金來源，聯準會在 2008 年建立貨幣市場投資人融通機制，成立 5 家特殊目的公司而由聯邦準備銀行紐約分行 (FRBNY) 提供融資，買進合格的貨幣市場金融資產，以提升貨幣市場流動性。

3. 大規模資產購買計畫 (large scale asset purchase program, *LSAP*)

此即是三輪的量化寬鬆。此外，聯準會也執行扭轉操作 (operation twist)，在 2012 年買進 4,000 億美元 6~30 年期公債，同時賣出三年期以下的公債 4,000 億美元，用以延長債券到期年限。

接著，再說明聯準會執行量化寬鬆的內容。

• 第一次量化寬鬆 (*QE1*)

在 2008 年金融海嘯前，聯準會資產規模約 9,000 億美元，持有公債餘額約在 7,000~8,000 億美元。雷曼兄弟破產引爆金融海嘯，大幅緊縮證券化放款逾 1.2 兆美元，商業本票流通餘額由 2.22 兆美元高峰遽降爲 1.45 兆美元，減幅達 8,000 億美元，銀行信用年增率於 2008 年 10 月轉爲負數。機構債與機構保證之房貸擔保債券 (agency *MBS*) 利率急劇上升，加重房貸借款者的融資成本負擔。爲紓緩幾近崩潰的 *MBS* 市場，聯準會於 2008 年 11 月 25 日宣布推出 *QE1* 政策，截至 2010 年 3 月結束 *QE1* 止，總計買入 1.725 兆美元資產，包括 1.25 兆美元 *MBS*、1,750 億美元機構債與 3,000 億美元公債。聯準會執行 *QE1* 膨脹資產規模至 2.3 兆美元，並引導長期公債殖利率下降 0.5%。

• 第二次量化寬鬆 (*QE2*)

歷經金融海嘯洗禮，美國產出與就業復甦速度遲緩，相對聯準會設定的長期目標而言：(1)2010 年通膨率遠低於 1.7%~2.0% 的目標區域，落在四十一年來谷底；(2)2010 年失業率 9.6% 則超越目標區域 5%~5.25%，登上二十六年

定期資產擔保證券融通機制

央行透過購買資產擔保證券，增加銀行流動性，進而讓其對消費者與小廠商進行更多信貸，達到擴張景氣效果。

貨幣市場投資人融通機制

央行對貨幣市場基金提供流動性，提升其滿足投資人贖回要求的能力，強化投資人投資貨幣市場工具的意願。

大規模資產購買計畫

央行在金融市場購買證券，引發證券價上漲與收益率下跌，藉以支持抵押放款市場，促進景氣復甦。

扭轉操作

央行買進長期債券，同時賣出短期債券，改變殖利率曲線的形狀。

來高峰。在短期利率缺乏調降空間下，聯準會為達成《聯邦準備法》第 2 條 (Federal Reserve Act Section 2a) 賦予的達成自然就業與穩定物價雙重任務，於 2010 年 11 月 3 日決議再執行第二輪量化寬鬆 *QE2*，從 2010 年 11 月至 2011 年 6 月底止，以每月 750 億美元速度共買入 6,000 億美元公債。

此外，*QE1* 購買機構債與機構保證之房貸擔保債券的到期本金，也再投入購買公債。在 2011 年第二季結束前，再投入公債規模約為 2,500~3,000 億美元，每月約以 350 億美元速度投入購買公債。合計新增 *QE2* 的 6,000 億美元，以及 *QE1* 到期持續投入的 2,500~3,000 億美元，聯準會購買公債總規模為 8,500~9,000 億美元，總買進速度為每月 1,100 億美元，激勵效果約等同調降聯邦資金利率 0.75%。

Joseph Stiglitz 指出，美國大企業不缺資金，利率微幅變動對其影響不大。至於中小企業係以不動產抵押取得融資，目前房價較金融海嘯前下跌三至四成，導致取得資金遭到受限，而 *QE2* 購買標的是公債，無從協助中小企業取得資金，激勵效果不大。另外，美國採取財政刺激措施，提供各州資金以留住就業機會，此即 Krugman 所指美國需要的是第二輪財政激勵政策。不過 Bernanke 指出 *QE1* 與 *QE2* 均有效，*QE1* 紓緩金融情勢而促進經濟成長，*QE2* 促使房貸利率下降，提升人們購屋誘因、並能再融資取得資金。此外，*QE2* 引導公司債利率走低，推動股價上漲，提高廠商與消費者信心，激勵民間支出從而支持景氣擴張。聯準會雖然肩負提振就業與穩定物價任務，卻無法單獨解決所有經濟問題，此係不僅需要時間，且有賴央行、國會、財政部、監理當局與民間部門通力合作，才能奏功。

• 第三次量化寬鬆 (*QE3*)

從 1930 年代大蕭條迄今，每逢美國總統爭取連任之際，失業率均未曾超過 7.4%。然而聯準會在 2012 年的總統大選年，公布的失業率仍在 8% 以上，景氣復甦力道不如預期。是以聯準會於 2012 年 9 月再實施 *QE3*，採取開放式每月買入 *MBS* 債券 400 億美元，到了 12 月再追加每月購入公債 450 億美元，總計每月購入 850 億美元的公債與 *MBS* 債券，而且維持聯邦資金利率逼近零水準直至 2015 年。*QE3* 採開放式並未訂定執行到期或購買金額，不過聯準會最終在 2013 年 12 月開始退場，直至 2014 年 10 月完全結束 *QE3*，此時的聯準會資產負債表規模已達 4.5 兆美元。

• 無限量化寬鬆 (*QE infinite*)

邁入 2020 年 3 月爆發新冠肺炎疫情，聯準會推出新一輪無限量化寬鬆，

而美股即日反應是崩跌而非上漲。新冠肺炎疫情與金融海嘯的差異是：金融海嘯只是資產貶值蒸發，而新冠肺炎則讓廠商停工、生產停頓，單是增加貨幣供給，無法讓廠商恢復生產，員工因為停產而被裁員、無所得則無消費，亦即倚賴量化寬鬆難以挽救景氣，也無法整救股市。是以美國政府先後推出 2.7 兆美元直接向廠商與人們紓困，讓人們擁有一定消費能力，股市才逐漸復甦。自 2020 年 3 月後，聯準會已經兩度緊急降息，降低基準利率趨近於零，回至金融海嘯爆發後的水準，3 月 23 日更宣布無限量收購美國公債與房貸擔保證券 (MBS)，重啟量化寬鬆的資產收購計畫。

聯準會推出量化寬鬆後，Jack Meaning 與 Feng Zhu (2011) 指出，聯準會的大規模資產購買計畫與英格蘭銀行的資產購買融資 (asset purchase facility) 顯示對吸收市場債券供給，提高債券價格與壓低市場殖利率發揮顯著效果，尤其是政策宣示效果顯著，至於對實質部門是否發揮正面助益則仍有許多爭議。但可確認者，當市場出現信用緊縮時，傳統貨幣政策已無用武之地，量化寬鬆已成為央行必要的選項。

最後，量化寬鬆措施直接有效刺激景氣，甚至出現直接快速效果，如直接推動資產價格上漲，形成股市與房市榮景；熱錢增加也帶動投資及消費，發揮間接振興景氣效果。不過 Joseph Stiglitz (2015) 指出，聯準會執行零利率政策與資產購買計畫，持續買入債券壓低市場殖利率，造成資產價格不斷上揚，富裕階層持有的股票、債券與房地產等資產因而受惠，財富大幅增加；反觀傳統薪資階級持有財富係以儲蓄存款為主，無法從量化寬鬆獲得好處，原本存在的貧富差距問題更形惡化。此外，量化寬鬆若未能激發實質經濟活動配合，最直

資產購買融資

央行透過購買商業本票、公司債、信用擔保債券以及銀行團放款，用以增加企業信貸市場流動性與交易活動。

政策選項	2008 年金融海嘯	2020 年新冠肺炎疫情
貨幣政策	・降息空間較大 ・實施量化寬鬆 (QE) ・前瞻指引 ・挹注市場流動性 ・建立美元流動性換匯機制	・降息但空間有限 ・實施量化寬鬆 (QE) ・前瞻指引 ・挹注市場流動性 ・重啟美元流動性換匯機制
財政政策	・擴大政府支出 ・挹注問題金融機構資金 ・支持房地產方案 ・擴大信用保證機制 ・發放消費券 ・減稅方案	・擴大政府支出 ・提供受疫情衝擊的中小企業優惠利率貸款 ・提高失業補助、補助有薪病假及檢測醫療費用 ・發放現金或消費券 ・減稅或延後繳稅時間

表 17-3

主要國家針對金融海嘯與新冠肺炎疫情，採取政策比較

接效果即是釀成貨幣貶值，引發通膨甚至加劇貧富懸殊；而熱錢充斥市場，塑造信用繁榮卻是奔向股市與房市，長期將會釀成資產泡沫。

觀 念 問 題

- 「在固定成長率法則 (CGRR) 下，央行的單一目標即是貨幣成長率」。試問該項敘述建議支持 CGRR 者不關心實質產出與就業水準？
- 試說明為何貨幣需求穩定性對支持固定貨幣成長率者的重要性。假設貨幣需求不穩定，對偏好該法則者，將會有何影響？

17.4 最適貨幣指標的選擇

　　1970 年代的石油危機引發實質部門劇烈震盪，也讓體系陷入停滯性膨脹。到了 1970 年代末期，全球展開金融自由化與金融創新風潮，間接金融面臨來自直接金融的強烈競爭，呈現反金融仲介 (disintermediation) 現象，銀行體系資金大幅流失。另外，金融國際化加速國際金融市場整合，彼此連動性上升結果也引發金融部門劇烈波動。換言之，經濟金融國際化擴大商品市場與金融市場波動性，除讓 IS-LM 兩條曲線斜率變動外，也讓兩者隨機波動。

反金融仲介
直接金融取代間接金融的現象。

　　為了因應金融自由化與金融科技發展，銀行逐步解除存款與放款利率上限，推動發行擔保支持證券，積極縮減反金融仲介的誘因，降低直接金融對銀行抵押放款的衝擊。另外，銀行創新可調整利率擔保放款 (adjustable-rate mortgage, ARM)，將依公開市場利率調整放款利率，改變廠商的融資成本，進而影響廠商投資決策，投資支出變得相對缺乏利率彈性。這些情勢變化促使圖 17-3 中的 IS 曲線逐步旋轉為 IS*，相對變得缺乏利率彈性。另就金融市場而言，形形色色準貨幣依據市場利率來支付報酬率，提升與直接金融搶食資金的競爭力，金融市場利率上升不會導致貨幣需求大幅下降，LM 曲線同樣旋轉為 LM*，變得相對缺乏利率彈性。

可調整利率擔保放款
或稱指數型房貸，係指釘住某一指數，定期調整利率的放款。

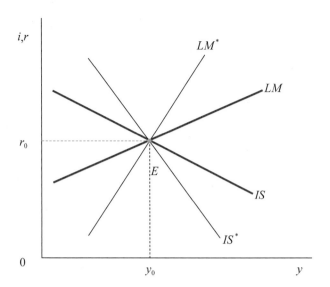

圖 17-3
金融自由化的
衝擊效果

　　圖 17-4 顯示經濟金融國際化盛行後，*IS-LM* 兩條曲線斜率相對過往轉為
缺乏利率彈性。一旦體系遭逢實質干擾，如新冠肺炎疫情擴散，阻礙生產活動
與商品交流，或金融面震撼，如金融海嘯釀成金融市場流動性枯竭，這些隨機
干擾將釀成 *IS-LM* 兩條曲線隨機移動。(B) 圖顯示的 *IS-LM* 兩條曲線斜率相對
(A) 圖為陡，是以任何干擾發生，均會引起 (B) 圖中的市場利率相對劇烈波動，
此即 1980 年代利率劇烈波動的原因。隨著央行改採優先穩定利率措施，透過
公開市場操作來消弭 *IS-LM* 兩條曲線移動對利率的干擾，促使 1990 年代的利
率波動幅度相對縮小。

　　網路通訊技術進步與金融科技發展，除改變 *IS-LM* 曲線型態外，也讓兩

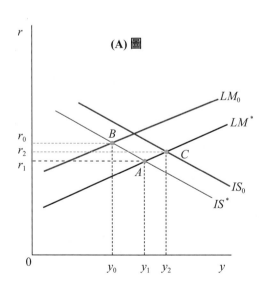

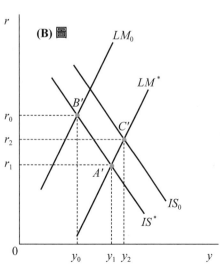

圖 17-4
金融自由化與
利率波動性

者隨機移動而難以預測。在此,央行意圖藉由調整貨幣工具來落實目標變數,但因目標變數變化可能出自於經濟環境變化、經濟結構係數變動或政策工具調整,尤其是政策工具調整傳遞至目標變數的過程中,存在高度時間落後變異性,央行為求及早掌握調整貨幣工具效果,將會選擇受經濟環境影響薄弱而對貨幣工具調整反應迅速的變數作為近似目標 (proximate target) 或貨幣指標,由指標變化來評估調整政策工具的效果。

　　一般而言,央行選取「釘住利率」或「控制貨幣餘額」指標,藉以衡量執行貨幣政策效果。在訊息完全環境下,央行採取任一指標,產生結果將無差異。但在訊息不全環境,經濟結構波動來源不同,選取不同指標產生的結果也不同。William Poole (1970) 率先針對央行追求達成自然產出境界,探討如何選擇指標而能讓實際產出偏離自然產出的變異性最小,開啟研究指標選擇議題的風潮。為求簡化,我們先做下列假設:

- 不考慮體系供給面波動,物價水準為固定值且無預期因素存在。
- 央行完全掌握貨幣工具,將能直接影響「釘住利率」或「控制貨幣餘額」指標,進而改變目標變數,而兩種指標又與經濟結構變化關聯性極低。
- 體系內結構式總體模型的係數均為確定值。
- 體系內不確定因素係以干擾項附加於結構式模型。
- 體系內暫時性波動 (temporary fluctuation) 與結構性移動 (structural shift) 因素將能明確區分。

　　在不確定環境下,廠商擬訂投資決策,勢必考慮景氣循環影響,投資支出隨機變動,是以 IS 曲線可設定如下:

$$y = a_0 + a_1 r + u$$

$a_0 > 0 > a_1$,$\mu \sim N(0, \sigma_\mu^2)$。另外,體系內貨幣需求取決於資產組合的預期報酬率與風險,貨幣供給也與銀行安排資產組合方式息息相關,兩者均呈現隨機波動,是以 LM 曲線可設定如下:

$$M = b_0 + b_1 y + b_2 r + v$$

$b_0, b_1 > 0 > b_2$,$v \sim N(0, \sigma_v^2)$。假設 IS 曲線與 LM 曲線相互獨立,$Cov(u, v) = 0$。接著,央行選擇「控制貨幣餘額」或「釘住利率」指標,追求實際產出偏離自然產出 y^* 的變異數極小,是以上述兩式釘住不同指標,將會形成不同的產出變異數值,再比較其大小後,即可決定何種指標較具效率。央行設定目標函數如下:

$$Min \quad E(y-y^*)^2$$

(1) 釘住利率指標 $(r=r^*)$

$$y = a_0 + a_1 r^* + u$$

就上式求產出的變異數值：

$$\sigma_y^2(r^*) = \sigma_u^2$$

(2) 釘住貨幣指標 $(M=M^*)$

$$y = \frac{b_2(a_1+u) + a_1(M^* - b_0 - v)}{b_2 + a_1 b_1}$$

就上式求其變異數值：

$$\sigma_y^2(M^*) = \frac{b_2^2 \sigma_u^2 + a_1^2 \sigma_v^2}{(b_2 + a_1 b_1)^2}$$

比較上述兩個產出的變異數，央行選取何種指標將取決於：

$$\frac{\sigma_y^2(M^*)}{\sigma_y^2(r^*)} = \frac{b_2^2 \sigma_u^2 + a_1^2 \sigma_v^2}{\sigma_u^2(b_2 + a_1 b_1)^2} \gtreqless 1$$

簡化上式可得下列條件：

$$\sigma_v^2 \gtreqless \sigma_u^2 \left(\frac{2b_1 b_2}{a_1} + b_1^2 \right)$$

從上式可歸納出央行選擇貨幣指標的原則如下：

(1) 圖 17-5 顯示貨幣市場波動幅度 σ_v^2 大於商品市場波動幅度 σ_u^2 與 $\left(\frac{2b_1 b_2}{a_1} + b_1^2 \right)$ 乘積。央行採取「控制貨幣餘額」M^*，LM 曲線將以 $LM(M^*)$ 為中心在 $LM_0 \sim LM_1$ 間波動；商品市場面對隨機干擾，IS 曲線也以 IS^* 為中心在 $LM_0 \sim LM_1$ 間波動，實際產出波動範圍落在 $y_0 \sim y_3$ 區間。如果央行改採「釘住利率」r^*，LM 曲線轉為水平的 $LM(r^*)$ 曲線，搭配 IS 曲線在 $IS_0 \sim IS_1$ 間波動，實際產出波動範圍落在 $y_1 \sim y_2$ 區間。比較兩者可知，採取「釘住利率」相對「控制貨幣餘額」，將讓產出波動幅度較小。

(2) 商品市場若處於投資陷阱環境，或貨幣市場落入流動性陷阱，此時央行應採取「控制貨幣餘額」指標。

(3) 商品市場若呈現高利率彈性 (IS 曲線趨於水平)，或貨幣市場缺乏利率

彈性 (LM 曲線趨於垂直)，此時央行應採取「釘住利率」指標。

圖 17-5

貨幣市場隨機
性較大狀況

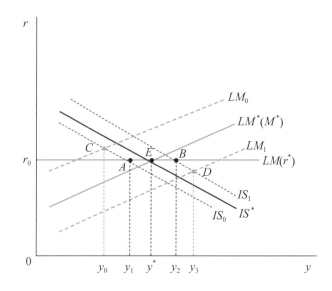

(4) 圖 17-6 顯示貨幣市場波動幅度 σ_v^2 小於商品市場波動幅度 σ_u^2 與 $(\frac{2b_1b_2}{a_1} + b_1^2)$ 乘積。央行採取「控制貨幣餘額」M^*，將讓 LM 曲線在 $LM_0 \sim LM_1$ 間波動，IS 曲線則在 $IS_0 \sim IS_1$ 間波動，實際產出波動範圍落在 $y_1 \sim y_2$ 區間。反觀央行採取「釘住利率」r^*，LM 曲線成為水平線 $LM(r^*)$，搭配 IS 曲線在 $IS_0 \sim IS_1$ 間波動，實際產出波動範圍落在 $y_0 \sim y_3$ 區間。比較兩者可知，採取「控制貨幣餘額」相對「釘住利率」將會縮小產出波動幅度。

圖 17-6

商品市場隨機
性較大狀況

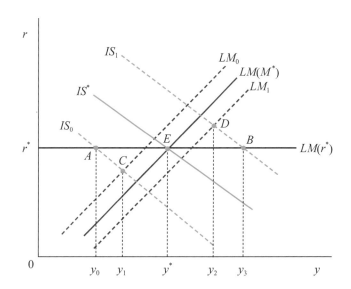

　　傳統上，各國央行偏好「控制貨幣餘額」，來達成穩定產出的目標。然而邁入 1980 年代後，金融自由化與國際化蔚為風潮，金融科技發展迅速，引領高流動性商品頻頻問市，導致央行控制貨幣餘額成效不彰。各國央行紛紛轉向改採能迅速反應市場訊息的利率做為操作工具。其中，John Taylor(1993) 使用 1987~1992 年的季資料，研究名目聯邦基金利率，認為聯準會透過調整名目聯邦基金利率，具有達成穩定通膨與實質產出的效果。是以自 1990 年以後，聯準會改採聯邦基金利率做為貨幣工具而形成 Taylor 法則，將能合理解釋美國穩定物價、經濟成長與自然就業的貨幣政策目標。此後，J. Dick (1998) 以 Taylor 法則檢驗其他七大工業國 (G7)，發現自第二次石油危機後，七國的央行主要依循該法則訂定利率。R. Clarida、J. Gali 與 M. Gertler (1999) 接續針對法國、德國、義大利、英國與日本進行估計，發現貨幣政策的反應函數都能成功描述 1980 年以後德國與日本的名目利率走勢。這種以名目利率做為貨幣政策操作法則，事實上已廣泛為眾多工業化大國所採行。

17.5　央行的角色與總體審慎政策

17.5.1　總體審慎政策

　　傳統上，總體理論對央行執行貨幣政策目標的看法普遍趨於一致，亦即貨幣政策應於任何兩年期間內，達成穩定物價兼顧最大可能就業狀態，而操作目標則是界定在消費者物價指數、通膨或某種類型的核心通膨。1970~1980 年代爆發兩次石油危機，停滯性膨脹重創實質經濟活動。紐西蘭央行遂於 1989 年率先實施「通膨目標機制」，將穩定通膨列為首要追求目標，享有獨立執行政策權力。不過各國《中央銀行法》明訂央行負有穩定通膨責任，卻甚少規範維持金融穩定。尤其是多數央行將金融監理權移轉給監理機構後，如台灣由金管會主掌金融監理，不僅陷入無從即時掌握金融機構營運動態資訊，也缺乏擁有穩定金融的監理工具。

　　央行執行貨幣政策採取「一目標一工具」的操作架構，目標就是穩定通膨，工具則為短期政策利率。央行預先擬定短期利率決策，再透過公開市場操作調節金融市場，讓極短期利率 (隔夜拆款利率) 沿著預期水準 (政策利率) 變動，進而落實通膨目標。穩定通膨是貨幣政策追求的優先目標，維持低通膨率則成為穩定金融的主要貢獻。

　　反觀「總體審慎」概念則是首度出現於 1970 年代末期的 Cooke 委員會 (巴塞爾銀行監理委員會前身) 的會議紀錄與英格蘭銀行準備的文件中，係指攸關

總體經濟活動的系統性監理。邁入 1980 年代中期，國際清算銀行巴賽爾監理委員會 (BIS)(1986) 考慮「安全穩健金融體系與支付系統機制問題」時，提出總體審慎政策 (macroprudential policy)。到了 2010 年 9 月，國際清算銀行公布《Basel III 建議案》，經由 2010 年 12 月 G20 高峰會議通過後，將總體審慎納入金融監理規範，針對系統風險重新定位監理規定，抑制個別銀行採行足以釀成風險 (或產生金融體系負面外部性風險) 的策略，控制足以產生重大總體經濟成本的系統性風險，透過「明確修正所有金融機構共同暴險與金融體系順循環交互影響」，來降低系統風險。至於英格蘭銀行 (Bank of England)(2009) 則認為總體審慎政策應提供穩定的金融仲介服務 (包括收支服務、信用中介和對抗風險的保險)，以避免信用與流動性供給，出現大幅波動。

總體審慎政策

維持金融穩定，降低金融業系統風險的監理政策。

首任巴塞爾銀行監理委員會主席 George Blunden (1987) 指出從個別銀行表面來看是審慎業務，但從系統化角度來看，則可能需要加以限制。直到前國際清算銀行總經理 Andrew Crockett (2000) 方才以總體審慎方式執行監理，給予新的詮釋。概括而言，總體審慎政策目標應追求穩定金融，而有關金融穩定的定義大致分為兩類：

- 正面「穩定金融」 在不同期間內，金融體系堪足承受外部不利衝擊，或承受正常規模衝擊的脆弱程度，進而評估與管理金融風險，促進資源效率配置。
- 負面「金融不穩定」 金融體系承受來自內部自發性干擾的韌性，或正常規模衝擊的脆弱性，如金融體系無從對抗貨幣、銀行或外債危機的不利衝擊，無法效率配置資源，甚至窒礙實質部門活動。

過去數十年，總體政策與個體監理政策間出現鴻溝，總體審慎政策正好填補該政策架構中遺漏的鴻溝。換言之，總體審慎政策介於貨幣政策與個體審慎政策之間，具有互補作用。總體審慎政策為解決縱向時間構面 (time dimension) 的順循環問題，在景氣繁榮備足緩衝 (cushions) 而於景氣衰退時派上用場，上述緩衝扮演穩定因子角色；至於橫向跨部門構面 (cross-sectional dimension) 則闡釋金融機構在金融體系中的風險近似且相互關聯，是以基於個別金融機構在系統的重要性，採行必要的審慎工具，個別金融機構失靈對整體金融體系影響較大時，應採取較嚴謹標準。

傳統上，央行關注通膨與產出缺口，甚至涉及匯率穩定，使用總體模型模擬貨幣政策，鮮少考量金融體系運作，如銀行間的內部連結關係，以及金融脆弱性的影響，如金融系統風險、國內外傳染效果與從眾效果等，凡此則有待總體審慎政策化解。兩種政策的關聯性，可說明如下：

- 貨幣政策係以物價與產出為政策目標，若是考慮金融機構決策行為，勢必衝擊貨幣指標的效率性。然而隨著非銀行金融機構在仲介資金過程扮演角色益形重要，類似銀行營運模式強烈影響貨幣政策傳遞過程，就在貨幣政策視而不見釀成金融失衡下，引進總體審慎政策紓解，遂成關注焦點。

- 不同工具用於達成不同目標係普遍共識，貨幣政策穩定通膨，總體審慎政策穩定金融。傳統金融監理係屬關注個別金融機構健全營運的個體審慎監理，忽略追求降低系統風險以穩定金融的總體審慎監理。

- 央行關切資產價格變動，卻對判斷資產泡沫難以著力，執行貨幣政策也無從選擇以何種資產為目標。尤其是央行通常是在資產泡沫幻滅後，再行善後以減輕衝擊經濟活動，但易滋生道德危險，改採取總體審慎政策則可避免資產泡沫發生。

- 央行篤信效率市場臆說，深信所有資產均依內在價值定價，投資人將兼顧風險與預期報酬平衡，促使金融市場恆處均衡狀態。在 1990~2007 年的「大溫和年代」，貨幣政策未曾考慮金融失衡問題。然而 2008 年金融海嘯卻是重創實質景氣，促使總體審慎政策浮上檯面，成為紓解問題的關鍵。

　　從 1990 年代迄今，歷經穩定低通膨環境，許多央行誤認穩定通膨即能確保穩定金融。然而金融海嘯卻昭告人們，穩定通膨未必確保穩定金融無虞。各國政府在檢討金融海嘯緣起後，指出金融監理疏鬆扮演關鍵因素：

- 貨幣政策與總體審慎政策　　從 1990 年代起，央行採取通膨目標機制操作模式，運用利率來穩定通膨。金管會則採一元化金融監理模式，執行個體審慎政策，監理個別金融機構健全營運。然而落在上述貨幣政策與金融體系監理卻是乏人管轄，誘使不同金融機構從中謀取監理套利，此一監理漏洞衍生系統風險遽增，遂成為醞釀金融海嘯的溫床，總體審慎政策也因而迅速躍上檯面。

- 銀行與非銀行金融機構　　傳統個體審慎監理嚴格監理銀行營運，金融安全網也僅保護銀行，如存款保險、央行扮演最後貸款者。反觀非銀行金融機構監理疏鬆，也缺乏金融安全網保護。然而兩者營運模式雷同，如仰賴購入資金 (purchase fund)、以短支長的期限錯配及通貨錯配 (currency mismatch)，在信用緊縮期間，流動性風險飆漲，醞釀流動性危機。共同基金遭到投資人瘋狂贖回，猶如銀行存款擠兌，但卻缺乏類似存款保險機制化解，金融系統風險遽增而引爆金融危機。

> **通貨錯配**
> 一國外債係以外幣計價，資產則以國幣衡量，並未採取規避匯率風險操作。

- 金融機構資產負債表現象
  1. **資本偏低** 金融機構資本少且品質不佳，金融海嘯由初期的流動性危機擴散為償債危機，即是突顯支付償債能力不足。尤其是 Basel II 鼓勵銀行以內部模型控管風險，可採內部評等法 (internal ratings-based approach, IRB) 計提信用風險資本，大型金融機構享有較低資本計提，卻在海嘯期間品嘗償債不足苦果。
  2. **銀行準備不足** 銀行持有準備與流動性資產明顯不足。
     (1) 銀行持有準備偏低 從 1990 年代初期起，各國央行持續調低法定準備率，降低銀行資金成本與提高國際競爭力，卻讓銀行業持有實際準備偏低，承受金融危機衝擊能力大幅下降。
     (2) 高流動性資產不足 各國監理金融機構流動性，係以市場紀律、自律規範及質量並重為主軸，而國際清算銀行的「流動性風險管理準則」缺乏強制性，誘使金融機構持有流動資產比率偏低，且是流動性不佳的資產。一旦銀行陷入財務困窘，將淪落無可立即變現的流動資產，也缺乏合格擔保品可向央行申請金援的場景。許多央行被迫放寬合格擔保品規定，甚至以擔保品融券或換券方式出借政府債券，交換低流動性資產。
     (3) 高槓桿操作 金融機構盛行表外的證券化業務，以規避 Basel 協定規範。另外，在風險基礎資本規定中，交易帳資產的風險權數較低，銀行追求高報酬，遂在交易帳採高槓桿操作資產，這些資產卻多屬低流動性資產，如結構性商品。在金融海嘯前的高槓桿操作與後續的去槓桿化操作，均成為醞釀金融不穩定的因子。

針對上述金融監理缺失，貨幣政策架構與金融監理架構調整速度，遠落後於金融結構變遷速度，早已埋下引發金融海嘯的遠因。2000 年以來的寬鬆貨幣政策，誘使銀行放寬授信條件而高度膨脹信用，推動資產價格泡沫而陷入金融失衡，成為醞釀金融海嘯的溫床。尤其是金融機構存在「太大不能倒」(too big to fail)，屢屢成為引爆金融危機的核心問題，金融監理缺失成為各方詬病焦點。金融海嘯衝擊層面既深且廣，央行使用傳統貨幣政策化解力有未逮，因而同時祭出非傳統「量化寬鬆」搭配「總體審慎政策」，追求穩定金融。

一般而言，個體審慎政策強調保護存款保險基金，要求銀行提存損失準備，藉以降低道德危機。反觀總體審慎政策則為避免經濟泡沫化，透過「明確修正金融機構共同暴險與金融體系順循環之交互影響」，抑制個別銀行採取醞釀信用違約與緊急處置資產的行為，控制引爆總體經濟成本的系統風險。有關

總體與個體審慎政策性質的比較，列於表 17-4。

	總體審慎政策	個體審慎政策
近期目標	控制金融產業系統風險	控制金融機構非系統風險
最終目標	避免金融失衡釀成總體成本	確保投資人或存款者權益
風險特性	因集體行為而具內生性	個別代理人間相互獨立而具外生性
跨機構關聯性與暴險	重要	無關
審慎控制校準 (calibration)	依據系統風險「由上而下」	依據個別金融機構非系統風險「由下而上」

表 17-4
總體與個體審慎政策的比較

資料來源：Borio (2003)。

接著，Albert Caruana (2010) 認為，金融監理政策是政府穩定金融的重要政策一環，但仍不足以獨自調節複雜的系統風險，表 17-4 是政府能夠選擇的穩定金融工具類型。

政策類型	政策目標	政策工具
個體審慎政策	限制金融機構風險	資本品質或金額，槓桿比率
總體審慎政策	限制金融系統風險	逆景氣循環資本計提
貨幣政策	穩定物價	政策利率 附買回操作
	流動性管理	擔保品政策 對準備金計息 政策融通
	對抗金融失衡	政策利率 法定準備 調節流動性
財政政策	管理總需求	稅負 自動穩定因子 (累進所得稅) 逆循環權衡性措施
	景氣繁榮建立財政緩衝	降低負債水準 對金融機構課稅
資本管制政策	限制系統幣別錯置	限制持有外匯淨部位 限制外幣資產類型
金融基礎設施政策	加強金融體系基礎設施之韌性	推動衍生性商品集中交易

表 17-5
穩定金融工具類型

資料來源：Hannoun (2010)。

在金融海嘯期間,央行操作規模與頻率雙創歷史紀錄,甚至實施非傳統量化寬鬆,而在總體審慎架構中躍居重要角色。有效貨幣政策須基於健全金融體系,透過傳遞機制方能影響實質經濟活動。為強化監理金融體系,央行必須同時執行貨幣政策與總體審慎政策的理由如下:

- 央行能夠迅速提供無限制流動性,是穩定金融的最後保證。
- 在監理支付系統健全運作方面,央行居於金融體系的核心。
- 央行專責分析景氣循環與金融發展趨勢。
- 央行必須確立實際可行且與貨幣政策目標一致的穩定金融目標。
- 金融泡沫幻滅不利於穩定通膨與經濟成長,勢必衝擊貨幣政策傳遞機制,是以健全金融體系對確保傳遞機制有效性非常重要。
- 以貨幣工具抑制金融失衡,勢必衝擊其他經濟部門,央行唯有搭配總體審慎政策,方能穩定經濟活動。

總之,央行執行總體審慎監理,將能補足貨幣政策與個體審慎監理間的漏洞,有效穩定金融。不過央行執行總體審慎監理,卻會損及央行獨立性與公信力。尤其是央行擁有權力或責任愈大,權責性也愈大,如何彰顯央行穩定金融的權責性,有賴制度性與組織方面的架構設計。

17.5.2 總體審慎指標與政策工具

總體審慎政策旨在控制金融體系的系統風險,而監控分析系統風險來源與金融脆弱性,才能有效控制系統風險。總體審慎分析主要包括:

- 風險監控:偵測風險來源或金融體系內外的脆弱性。
- 風險評估:評估已偵測風險的潛在嚴重程度。

央行監控風險須確保「每塊石頭都被翻過」,金融預警指標與金融穩定指標提供發揮風險監控作用,而總體壓力測試 (stress testing) 是用來評估金融體系承受金融危機韌性的重要工具。央行穩定通膨必須緊密監控經濟金融指標變化,據以釐訂貨幣政策;同樣地,若要穩定金融也須依賴總體審慎指標,據以決定採取何種總體審慎政策。

國際貨幣基金 (IMF) 建構金融健全指標 (financial soundness indicators, FSIs),涵蓋層面包括金融機構、企業部門、家庭部門、不動產市場及市場流動性等,金融機構部分包括盈餘及獲利能力、資產品質、資本適足性、流動性、信用風險集中度及市場風險敏感性等。除家庭部門債務對所得比率 (debt-to-income ratio, DIR) 外,IMF 的金融健全指標內容多數偏向個別產業及家庭部

門的健全性，主要在偵測個別金融機構放款品質，較難據以快速偵測金融產業穩定性。

(一) 信用成長動態 (信用對產出比率)

多數金融危機與信用過度膨脹釀成資產泡沫有關，促使「信用對產出比率」成為總體審慎的最重要金融指標。國際清算銀行巴賽爾金融監理委員會在 2010 年 12 月宣布以民間信用與產出缺口 (此即信用對產出比率偏離長期趨勢值的離差) 為基礎，設算金融機構必須計提逆循環緩衝資本 (capital conservation buffer)，限制銀行分配盈餘而加速累積資本，以因應景氣衰退可能遭致的額外損失。根據 Basel III 協定，銀行須在法定最低資本適足率基礎上再增提緩衝資本 2.5%，並在 2016~2019 年間，分四年提足。Jean ClaudeTrichet(2010) 指出資產泡沫與破滅之金融循環與廣義貨幣與信用統計資料間的關聯性，係反映金融失衡的可信賴經濟指標，全球信用對產出比率提供金融危機初期的訊息，一旦乖離歷史軌跡即是反映失衡與資產價格失序的訊息。

> **緩衝資本**
> 限制銀行分配盈餘以加速累積資本，用以因應景氣衰退帶來的額外損失。

(二) 財務健全指標 (債務對所得比率)

此係家計部門將所得用於清償債務 (本金與利息) 的比率，可用於衡量家計部門財務健全性。金融機構承作房屋抵押放款或其他消費性貸款之徵信作業，大都以此財務健全指標綜合衡量是否同意放款。

金融海嘯的根源突顯金融機構資本偏低，持有流動性資產餘額少又品質不佳，以及監理金融系統風險疏鬆等，促使「個別金融機構健全即能穩定金融」的傳統監理思維遭致質疑。是以金融監理新思維要求央行採取總體審慎政策，事前預防金融危機並落實穩定金融，相關內容如下。

(三) 總體審慎工具

又稱逆景氣循環工具，以個體審慎工具為基礎，強化金融機構因應景氣循環的韌性，藉以穩定金融並防範金融危機發生。此一工具同時監理銀行與非銀行金融機構，消除兩者間的監理漏洞，杜絕謀取監理套利，解決銀行資本少且流動性不足的表內監理疏失，避免發生「太大不能倒」的監理迷思。

> **逆循環的必要資本**
> 繁榮時期，銀行增提緩衝資本，用於彌補景氣衰退可能遭致的損失。

1. 逆循環必要資本 (counter cyclical capital requirement)　在 Basel III 要求計提最低資本基礎下，依景氣循環計提緩衝資本。在繁榮期間，銀行須增提緩衝資本，彌補景氣衰退可能遭致的損失，維持常態授信業務與融通實質經濟活動所需資金。

2. 變動風險權數 (variable risk weights)　針對銀行承作特定類別放款暴險程度，央行透過調整風險權數，增加資本計提以抑制其擴張。

> **變動風險權數**
> 央行針對銀行承作特定類別放款的暴險來訂定風險權數，用於提高銀行資本計提數。

3. **槓桿比率**　銀行運用表外交易來符合資本計提規定，同時採取高槓桿操作創造盈餘，勢必危及穩定金融。一旦金融體系出現資金枯竭，去槓桿化將會擴大金融危機，是以央行規範銀行槓桿操作比率事先預防。

4. **動態放款損失準備**　銀行評估預期放款損失與信用循環，動態提列放款損失準備。景氣繁榮時期，銀行將提存較高放款損失準備；反之，景氣衰退時期，銀行提存損失準備則將減少。

5. **擔保品規定**　提高擔保品規定以限制特定類型放款，如限制抵押放款價值比率 (loan-to-value ratio, *LTV*)、規定股票交易保證金 (margins)，以及規定附條件交易的擔保品折價 (haircuts) 等。

6. **量化信用管制與法定準備規定**　央行調高法定流動準備率，規定銀行持有最低流動資產比率，提高銀行對應短期負債必須持有的流動資產餘額與品質。另外，央行直接限制放款金額，如採取打房措施限制銀行房屋抵押放款成數，規定銀行放款對核心存款比率，降低依賴購入資金而衍生流動性枯竭問題。

　　無論貨幣政策或總體審慎政策，採取固定比率或金額的法則，具備高透明度且不易受政治干擾的優點，又稱自動穩定工具，如 Basel 的最低資本計提規定、逆循環緩衝資本與最低流動性規定等。然而經濟金融情勢瞬息萬變，金融國際化與金融深化持續推展，不確定性有增無減，央行採取法則措施，實務上附加權衡基礎，藉以提升政策彈性而充分預期政策效果。

(四) 改善市場基礎設施

　　央行兼負監理支付系統與維繫支付系統穩健運作，如實施即時總額清算交割 (real-time gross settlement, *RTGS*) 及款券同步交割 (delivery versus payment, *DVP*)，提升資金移轉效率與安全性。不過店頭市場交易的衍生性金融商品欠缺集中交易結算機制，容易衍生交易對手風險弊端。是以各國推動金融改革，考慮設置衍生性金融商品的集中交易結算機制，強化金融市場的基礎設施以穩定金融。

(五) 貨幣工具

　　央行運用利率政策與公開市場操作穩定通膨，兼顧預防金融危機與穩定金融，也可視為廣義的總體審慎政策。

1. **逆風而行**　市場效率臆說指出金融市場恆處均衡狀態，甚難出現金融失衡。傳統上，央行基於資產泡沫不易鑑定，難以設定資產價格目標，甚少以「逆風而行」預作防範，若是調高利率勢必傷及無辜，是以通常事

抵押放款價值比率
銀行放款與其抵押品價值的比率。

即時總額清算交割
在央行帳戶上，以每一訂單為基礎清算銀行間支付的連續過程。

款券同步交割
證券交割涉及同時交付證券與收取清算的付款金額。

後才來清理泡沫幻滅。在金融海嘯後，央行採取事後清理操作，容易滋生「Greenspan 賣權」(Greenspan put) 的道德危險，此係當股市泡沫幻滅之際，央行往往維持低利率，不計代價增加流動性護盤金融體系。此種情景讓投資人猶如手握可於特定期間以特定履約價出售的賣權，即使股市劇跌也無須憂慮陷入虧損。換言之，此種操作醞釀景氣欠佳卻又滿滿泡沫的環境，誘使金融機構勇於承擔風險。金融失衡終將危及物價穩定，面對信用擴張醞釀資產價格快速攀升，央行唯有改採審慎政策，適度調高利率遏止金融失衡危及金融穩定。Bernake(2010) 指出，金融監理是穩定金融工具，聯準會須密切監控金融情勢是否持續露出金融失衡徵兆，不應排除以「逆風而行」化解。

Greenspang 賣權

Greenspang 領導的聯準會積極主動阻止股市崩跌，作為一種防止損失的保險形式，類似一般的賣權。

2. **總體模型納入金融部門**　央行將金融部門納入傳統總體模型，掌握金融環境變遷對實質部門的衝擊，除能強化貨幣政策傳遞機制外，也能分析金融失衡加強監控金融系統風險，並可預測通膨、資源利用或產出，兼顧穩定通膨與穩定金融。

3. **延長貨幣政策的目標期間**　各國央行訂定中期通膨目標期間約二至三年，而金融失衡通常也落在這二至三年間，央行若將穩定金融納入貨幣政策考量範圍，應評估延長貨幣政策的目標期間，俾有更多空間兼顧穩定通膨與穩定金融。不過此舉可能持續造成短暫乖離目標的情形，影響央行公信力與權責性，而延長目標期間與延長多久則成為央行必須審慎思考的議題。

(六) 溝通政策

央行對市場提出潛在風險警告、出版穩定金融報告、央行官員接受訪問或專題演講等，有助於達成通膨目標與穩定金融。其中，穩定金融報告揭示央行對系統風險的偵測、採取總體審慎政策的背後理由。不過穩定金融存在不易正確描述、量化及預測的特質，而央行事前採取措施不易為人們了解，甚難舉反例說明未採措施可能發生危機，溝通政策困難度相對貨幣政策為大。

(七) 市場紀律

在政策透明化、無金融機構可以太大不能倒、以及政府紓困銀行的損失應由銀行股東及債權人共同承擔等前提下，重建市場紀律是預防金融危機的重要工具。

接著，央行若能設計制度，降低金融機構股東及債權人面對危機要求政府買單的依賴，將可增強金融機構承擔風險責任。至於央行採取紓解危機的工具如下：

(1) 最後貸款者　　央行透過無限制金援問題銀行，迅速弭平擠兌危機，扮演最後貸款者角色，如英格蘭銀行緊急金援北岩(Northern Rock)銀行。

(2) 最後中介者、造市者或資本供給者　　金融海嘯引爆流動性危機，旋即惡化為銀行難以償債危機，造成貨幣市場失靈而讓拆款市場深陷極端流動性匱乏。然而陷入困境的非銀行金融機構既不符合申請最後貸款資格，也缺乏優質擔保品，迫使聯準會調整貸放作業規定，緊急金援這些機構，如房利美、房地美及南山人壽 (AIG)，放寬合格擔保品規定及延長融通期限長達一年，數度調降緊急融通利率與目標利率間的加碼幅度，藉以彌補拆款市場的資金缺口，讓拆款市場及貨幣市場順利運作，從而扮演最後中介者角色。央行除買入政府債券外，也買入其他特定市場債券 (如 MBS 、公司債或商業本票等)，兼具最後造市者角色。甚至在銀行淪落資本嚴重不足時，央行再扮演最後資本供給者角色，如日本銀行在 2000 年金融危機買入銀行股票。

(3) 特別解決機制 (special resolution regime, SRR)　　此係解決問題銀行的工具，由相關主管機關組成，如央行、財政部、金融監理機構及存款保險公司等，有些國家由財政部主導；或由央行主導，如英國《銀行法2009》設立特別解決機制，由英格蘭銀行主導；有些則由存款保險公司主導，如美國聯邦存款保險公司。

或有資本

在特定事件發生下，公司募集股權資金彌補可能發生的損失。

管理混合式證券

在金融危機過程中，銀行發行債券將以事先約定條件轉換為股權，藉以補足銀行資本不足。

(4) 或有資本或管理混合式證券　　巴賽爾銀行金融穩定委員會 (financial stability board, FSB) 及監理委員會提出「或有資本」(contingent capital)，而 Squam Lake Group (2010) 提出「管理混合式證券」(regulatory hybrid securities)，在金融危機過程中，以事先約定條件強制將債權轉換為股權，快速補足問題銀行機構的資本不足，大幅減輕政府紓困負擔。

(5) 溝通政策　　央行採取透明化溝通策略，儘速疏解金融危機對經濟的威脅，包括宣布紓困措施、央行官員信心喊話、專題演講或接受訪問等。此外，央行網站增設「金融危機專頁」，將央行管理危機作為透明化，如美國聯準會、英格蘭銀行與歐洲央行將溝通策略見之於本身網站。

貨幣政策以穩定通膨為核心，追求通膨率依目標水準變動，以及資源正常利用。總體審慎政策則在穩定金融，透過調節景氣循環機制，規避順循環問題及系統風險，強化金融產業韌性，促使在景氣低迷時，金融機構仍能正常融通經濟活動所需資金，承受金融危機不利衝擊。兩種政策的目標與執行工具明顯不同，不過穩定通膨與穩定金融相輔相成，具有正面互補功能。貨幣政策影響資產價格及資產負債表，將能影響金融穩定；總體審慎政策直接影響金融情

勢，勢必衝擊貨幣政策的傳遞機制。

　　就長期而言，在特定情況下，貨幣政策與總體審慎政策可能出現潛在衝突，如技術進步正向衝擊產出成長，延長低通膨持續期間，有利於央行維持較長期間的寬鬆政策。然而從穩定金融觀點來看，此舉卻引發資產價格相對物價波動劇烈，央行需要大幅緊縮調整利率抑制金融失衡，但也衍生出穩定通膨的副作用，亦即引發景氣循環。在 1990~2008 年間，各國名目產出穩定成長，銀行資產規模卻是成長迅速即為最佳例證。央行若以貨幣政策抑制金融失衡，可能降低對通膨目標的承諾，損害長期營造的公信力，甚至引發實質經濟不穩定。惟若改為總體審慎政策抑制金融失衡，則不會出現採取貨幣政策的疑慮與後果，此即兩種政策差異之所在。

　　1969 年諾貝爾經濟學獎得主 Jan Tinbergen 提出 Tinbergen 法則，指出一種工具無法達成兩種目標，要達成兩種目標必須要有兩種工具。當央行肩負穩定通膨與穩定金融的雙重任務時，實施穩定通膨的貨幣政策，顯然無從穩定金融，必須另為配合穩定金融的獨立總體審慎政策，才能達成「一工具一目標」的政策搭配原則。

總體經濟學者：Jan Tinbergen (1903~1994)

(一) 生平

　　1903 年 4 月 12 日出生於荷蘭 Hague。1921~1925 年畢業於 Leiden 大學。1929 年取得博士學位，1929~1945 年間任職於荷蘭中央統計局擔任統計員，並自 1933~1973 任教於 Rotterdam 大學的 Netherlands School 經濟學院，其中在 1936~1938 年間曾任職於國際聯盟祕書處。1945~1955 年擔任荷蘭中央計畫局局長，為多個開發中國家和國際組織提供諮詢服務。1945 年獲選為荷蘭皇家藝術與科學學院及國際科學院院士。1956 年與 Henri Theil 創辦 Rotterdam Erasmus 大學的計量經濟學研究所，1969 年獲頒諾貝爾經濟學獎。1994 年 6 月 9 日過世，享年 91 歲。

(二) 對總體理論貢獻

　　Tinbergen 是最早將數學應用於經濟學的經濟學者之一，被視為是國際經濟學和計量經濟學領域的先驅，透過對國際收支調整政策有效性的研究，提出「Tinbergen 法則」，認為「要實現 N 個獨立經濟目標，至少要使用 N 種獨立且有效的政策工具」。Tinbergen 最早提出國家綜合總體經濟模型，首先為荷蘭建立該模型，而二次大戰後又應用於美國和英國。由於他與 Ragnar Frisch 在建立動態總體模型與運用上的貢獻，在 1969 年共同獲頒第一屆諾貝爾經濟學獎。

問題研討

小組討論題

一、評論題

1. 當民間投資呈現高度隨機波動，而政府追求穩定實質產出目標，試以模型分析，央行應該採取控制貨幣餘額或釘住利率措施？

2. 行政院主計總處設定台灣的理性預期總體模型如下：

   總需求函數　$y = D(P, G, M) + u$，$u \sim N(0, \sigma_u^2)$

   總供給函數　$y = y^* + \beta(P - P^e)$

   $D_P < 0$，$D_G, D_M, D_w > 0$，y 與 y^* 是實際與自然產出、P 是物價、G 是政府支出、M 是貨幣餘額、$\beta > 0$，u 是總需求的隨機干擾因素且呈現常態分配。試回答下列問題：

   (a) 試畫出台灣的長期與短期總供給曲線與總需求曲線。

   (b) 央行未預期增加貨幣供給，將對長期與短期均衡造成何種影響？

3. 優良的貨幣指標需具備相關性、可測性與可控性，當體系面臨干擾時，不同干擾項來源將影響央行選擇貨幣指標，試以 *IS-LM* 模型回答下列問題：

   (a) 何謂貨幣指標？獲選為貨幣指標將須具備哪些條件？

   (b) 經濟干擾若來自政府支出波動，央行該採利率或貨幣餘額作為指標？

   (c) 經濟干擾若來自股市震盪，央行該採利率或貨幣餘額作為指標？

4. 歷經 2008 年金融海嘯洗禮，體系處於「流動性陷阱」環境，造成傳統利率政策難有效果可言。Keynesian 學派的名言是「體系處於流動性陷阱時，貨幣政策無效，財政政策有效」。然而美國聯準會為解決此一困境，創新貨幣工具稱為「資產購買」，藉由購買問題金融機構的證券或資產挹注市場資金，「資產購買政策」不僅成為歐美央行的政策主軸，也「去汙名化重貼現窗口」。針對該項敘述，回答下列問題：

   (a) 何謂「流動性陷阱」？

   (b) 何謂「資產購買」？

   (c) 何謂「去汙名化重貼現窗口」？

5. 試舉例說明政府施行政策何以會產生時間不一致現象？如果人們了解政策存在時間不一致，並納入預期形成而擬定決策，則會產生何種效果？又應如何解決政府政策的時間不一致問題？

6. 央行理監事會考慮兩種貨幣政策選擇：(1) 維持貨幣餘額固定而讓利率浮

動調整；(2) 維持利率固定而讓貨幣餘額浮動調整。針對下列情況，試利用 *IS-LM* 模型分析，何種政策將是較佳選擇：

(a) 體系干擾來源是來自商品與勞務需求的外生變動。

(b) 體系干擾來源是來自貨幣需求的外生變動。

7. 小型開放且跨國資金全移動的 Mundell-Fleming 模型可表示如下：

$$y = C(y) + I(r) + G + B(e, y, y^*) + \varepsilon，\varepsilon \sim N(0, \sigma_\varepsilon^2)$$
$$L(y, r) + v = D + FR，v \sim N(0, \sigma_v^2)$$
$$r = r^*$$

假設央行追求實際產出變異幅度最小，試以 *IS-LM-BP* 模型回答下列問題：

(a) 體系面臨商品市場隨機干擾，央行應該採取浮動或固定匯率？

(b) 體系面臨貨幣市場隨機干擾，央行應該採取浮動或固定匯率？

8. Basel 銀行監理委員會副祕書長 Karl Cordewenery 在金融監督管理委員會舉辦的「新版巴塞爾資本協定 III 發展新趨勢研討會」中詮釋，Basel III 採取個體審慎政策 (提高最低資本要求及資本品質、風險覆蓋範圍、槓桿比率、流動性風險管理等) 與總體審慎政策 (保留緩衝資本機制、逆景氣循環緩衝之設計等)。試就總體審慎監政策措施，說明其總體經濟涵義。

9. 央行宣告政策目標是降低通膨率，並選擇降低名目 *GDP* 成長率的政策。針對下列狀況，試利用 Phillips 曲線說明對體系產出率、失業率與通膨率的影響。

(a) 人們發現該項宣告具有信用，央行將堅持其宣告的政策。

(b) 人們發現該項宣告具有信用，不過央行卻放棄其宣告的政策，並維持名目 *GDP* 成長率不變。

(c) 人們發現該項宣告缺乏信用，不過央行卻堅持其宣告的政策。

(d) 人們發現該項宣告缺乏信用，但是央行放棄其宣告的政策，同時並未降低名目 *GDP* 成長率。

二、計算題

1. 央行經研處設立台灣的總體模型如下：

總需求函數　　$y_t^d = \gamma(m_t - p_t) + u_t，u \sim N(0, \sigma_u^2)$

總供給函數　　$y_t^s = \beta(p_t - {}_{t-1}Ep_t)$

均衡條件　　　$y_t^d = y_t^s = y_t$

y_t 為 t 期所得，p_t 為 t 期物價，$E_{t-1}(p_t)$ 為 $t-1$ 期對 t 期物價的預期，m_t 是 t

期貨幣供給，u_t 為 t 期需求面隨機干擾項。試回答下列問題：

(a) 人們的預期若是外生，且貨幣政策依循下列法則 $m_t = ap_{t-1}$，則物價 p_t 為何？

(b) 人們係採理性預期形成，則預期物價 $E_{t-1}(p_t)$、物價 p_t 與所得 y_t 分別為何？

(c) 依據 (b) 題的結果，試問央行增加貨幣供給對物價與所得的影響為何？

2. 央行能以貨幣政策完全控制通膨率，而想解決的最適化政策問題如下：

央行目標函數　　Max　　$U(u, \pi) = -(u + \alpha \pi^2)$　　$\alpha > 0$

附加預期 Phillips 曲線　$S. t.$　$\pi = \beta(u^* - u) + \pi^e$　$\beta > 0$

均衡條件　　$y_t^d = y_t^s = y_t$

試回答下列問題：

(a) 人們事先無預期物價上漲心理 ($\pi^e = 0$)，央行的最適通膨率為何？

(b) 人們事先完全預知 (perfect foresight) 通膨率 ($\pi^e = 0$)，央行的最適通膨率為何？

(c) 人們採取理性預期形成，則預期物價 $E_{t-1}(p_t)$、物價 p_t 與所得 y_t 為何？

(d) 比較 (a) 與 (b) 題情況下所達成的社會福利高低，並說明此種結果之原因？

3. 中研院經濟所建立台灣總體模型如下？

$AD: P_t - P_{t-1} = -\alpha(y_t - y_{t-1}) + M_t - M_{t-1}$　$\alpha > 0$

$AS: y^* - y = \beta(p_t - {}_{t-1}p_t^e) + \varepsilon$　$\beta > 0$

(1) ${}_{t-1}p_t^e$ 是由外生因素決定的固定值，試計算 $\dfrac{dy_t}{dM_t}, \dfrac{dP_t}{dM_t}$。

(2) ${}_{t-1}p_t^e$ 係依理性預期形成的物價預期值，試計算 ${}_{t-1}p_t^e$ 的形成方程式。

(3) 貨幣供給函數若為 $M_t = \overline{M}_t + \varepsilon_t$，$\overline{M}_t$ 與 ε_t 分別是 $t-1$ 期可正確預期與未能正確預期的 t 期貨幣餘額部分，亦即 ${}_{t-1}\overline{M}_t^e = \overline{M}_t$，$\varepsilon_t \sim N(0, \sigma_\varepsilon^2)$。試計算下列問題：

(a) 事先可預期之貨幣政策，試計算 $\dfrac{dy_t}{dM_t}, \dfrac{dP_t}{dM_t}$。

(b) 事先未能預期之貨幣政策，試計算 $\dfrac{dy_t}{dM_t}, \dfrac{dP_t}{dM_t}$。

4. 央行理事會依據 Taylor 法則，訂定台灣拆款市場利率 (*TIBOR*) 調整法則如下：

$$TIBOR = \pi + 2.0\% + 0.5(\pi - 2.0\%) + 0.5x$$

π 是通貨膨脹率，x 是產出缺口。假設 $TIBOR = 4.5\%$，$\pi = 3\%$，$x = -3\%$。試問央行將會調升或調降利率？央行在公開市場買進或賣出債券？

5. 銀行體系積極推動信用卡，誘使人們降低交易性貨幣需求，但也同時刺激消費者增加商品消費。是以央行經研處將信用卡使用引進 IS-LM 模型：

$$IS: \quad y = C(y-T) + I(r) + G \qquad 1 > C_{y-T} > 0 > I_r，C_x > 0$$

$$LM: \frac{M}{P} = L(y, r, x) \qquad L_y > 0 > L_r, L_x$$

x 是信用卡的使用參數，x 愈大代表信用卡使用愈普及。試回答下列問題：

(a) 試依上述模型求出可貸資金市場的供給與需求函數？並說明商品市場與貨幣市場達成均衡時，可貸資金市場也會同時均衡？

(b) 何謂名目利率指標與名目貨幣餘額指標？在這兩種指標下，貨幣市場決定的內生變數爲何？

(c) 試繪圖說明，央行採取何種指標，將讓信用卡的普及對產出影響較大？

6. 政府設定的效用函數如下：

$$U(u, \pi) = -u - 2\pi^2 \qquad \alpha > 0$$

附加預期 Phillips 曲線　　$u = 0.05 - 0.4(\pi - \pi^*)$
π 與 π^e 是實際與預期通膨率，u 是實際失業率，$u^* = 5\%$ 是自然失業率。政府對人們宣稱將控制通膨率爲零，試回答下列問題：

(a) 人們若相信政府宣告，此時是否會發生時間不一致？若是發生時間不一致，政府的最適通膨率 π 與效用 U 爲何？

(b) 人們若不相信政府宣告，政府的效用 U 將爲何？與 (a) 題結果的比較爲何？

7. 政府追求的效用函數如下：

$$U(u, \pi) = -(u + 50\pi^2) \qquad \alpha > 0$$

附加預期 Phillips 曲線　　$\pi = -0.5(u - 3\%) + \pi^*$
π 與 π^e 是實際與預期通貨膨脹率，u 是實際失業率，$u^* = 5\%$ 是自然失業率。政府對人們宣稱將讓通膨率爲零，試回答下列問題：

(a) 試計算央行採取法則與權衡下，體系達成均衡的最適 π？

(b) 何謂「時間不一致」？(a) 題中何種均衡將會發生時間不一致？理由爲

何？

8. 假設央行不會永遠對經濟環境變化進行系統性反應，同時採取利率法則如下：

$$r_t = r^* + h(\pi_{t+1}^e - \pi^*) + a_t \quad h > 0$$

a_t 是白噪音 (white noise) 的隨機變數，反應貨幣政策的非系統部分。人們採取理性預期形成，而體系總需求與總供給函數如下：

商品市場　　$y_t - y^* = z_t - \alpha(r_t - r^*)$

短期 SAS 曲線　　$\pi_t = {}_t\pi_{t+1}^e + \gamma(y_t - y^*) + s_t$

z_t 與 s_t 反應需求與供給衝擊的白噪音。試回答下列問題：

(a) 試推演體系產出的變異數為 $\sigma_y^{2*} = E\left[(y_t - y^*)^2\right] = \sigma_z^2 + \alpha^2\sigma_a^2$，$\sigma_z^2$ 與 σ_a^2 分別是 z 與 a 的變異數。

(b) 在該模型中，貨幣政策是否發揮效果？

(c) 試說明貨幣政策可預測性效果愈大，將代表何種意義？

名詞索引

九畫

十畫

十一畫

十二畫

十三畫

國家圖書館出版品預行編目資料

總體經濟學／謝德宗著. －－二版. －－臺北
　市：五南圖書出版股份有限公司，2022.09
　面；　公分
　ISBN 978-626-343-234-5(平裝)

1.CST: 總體經濟學

550　　　　　　　　　　　111012939

1MCU

總體經濟學

作　　者 ―	謝德宗
發 行 人 ―	楊榮川
總 經 理 ―	楊士清
總 編 輯 ―	楊秀麗
主　　編 ―	侯家嵐
責任編輯 ―	吳瑀芳
文字校對 ―	許宸瑞
封面設計 ―	王麗娟

出 版 者 ― 五南圖書出版股份有限公司

地　　址：106台北市大安區和平東路二段339號4樓

電　　話：(02)2705-5066　　傳　　真：(02)2706-6100

網　　址：https://www.wunan.com.tw

電子郵件：wunan@wunan.com.tw

劃撥帳號：01068953

戶　　名：五南圖書出版股份有限公司

法律顧問　林勝安律師事務所　林勝安律師

出版日期　2014年11月初版一刷
　　　　　2022年 9 月二版一刷

定　　價　新臺幣820元

經典永恆・名著常在

五十週年的獻禮——經典名著文庫

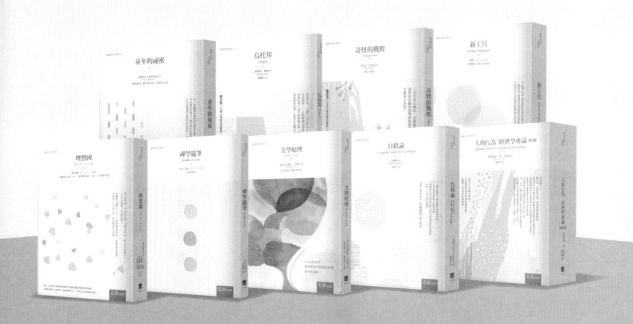

五南，五十年了，半個世紀，人生旅程的一大半，走過來了。
思索著，邁向百年的未來歷程，能為知識界、文化學術界作些什麼？
在速食文化的生態下，有什麼值得讓人雋永品味的？

歷代經典・當今名著，經過時間的洗禮，千錘百鍊，流傳至今，光芒耀人；
不僅使我們能領悟前人的智慧，同時也增深加廣我們思考的深度與視野。
我們決心投入巨資，有計畫的系統梳選，成立「經典名著文庫」，
希望收入古今中外思想性的、充滿睿智與獨見的經典、名著。
這是一項理想性的、永續性的巨大出版工程。
不在意讀者的眾寡，只考慮它的學術價值，力求完整展現先哲思想的軌跡；
為知識界開啟一片智慧之窗，營造一座百花綻放的世界文明公園，
任君遨遊、取菁吸蜜、嘉惠學子！